JN421557

한국사회보장법의 역사

전 광 석 저

집 현 재

머 리 말

법학자가 법의 역사에 관심을 갖는 것은 당연하다. 그렇기 때문에 법학교과서는 서장(序章)에 일반적으로 법의 역사를 서술한다. 다른 학문 분야에서도 마찬가지이다. 다만 법학의 경우 이는 특별한 의미를 갖는다. 입법은 당대의 사회문제에 대한 유권적 처방이며, 이후 입법은 한편으로는 현실을 선도하고, 다른 한편으로는 현실의 변화를 수용하면서 생명력을 유지한다. 이와 같은 법과 현실의 구도, 그리고 그 구도의 변화는 법이론이 형성되는 환경이다. 법의 해석과 적용에 기여하기 위한 추상적 기준인 이론이 현실과 규범에 대한 이해가 없이 형성될 수는 없기 때문이다. 사회보장법에서 이와 같은 역사연구의 필요성은 더욱 크다. 사회보장법은 인간의 행위와 법적 결과는 매개하는 질서규범의 성격에 비해서 개인의 생활 및 사회에서 입법목적을 실현하는 목적규범의 성격이 강하고, 그만큼 규범 그 자체뿐 아니라 규범의 외부적 환경, 그리고 입법목적의 실현 여부에 대한 이해가 필요하기 때문이다. 이는 사회보장법의 역사연구가 과거 우리의 사회현실 및 규범, 현실과 규범의 상호작용을 충실히 이해하고, 또 이로써 일반 역사를 충실히 보충하는 작업이지만 동시에 (혹은 적어도 부수적으로는) 현재 우리의 규범 및 사회문제, 그리고 사회문제의 구조를 이해하는 데 기여할 수 있다는 사실을 알려 준다.

위와 같은 역사연구의 필요성을 인식하고 2014년 저술작업을 시작하였다. 지난 5년간 항상 이 작업에 집중할 수 있었던 것은 아니지만 적어도 이 주제는 필자의 관심에는 늘 있었다. 어려움도 있었다. 우선 지난 70여년 동안 축적된 자료를 수집하는 작업이 쉽지는 않았다. 그러나 이는 필자의 연구실을 거쳐 간 조교, 대학원생들이 효율적으로 도와주어 극복할 수 있었다. 특히 공주대 윤수정 교수와 김정민 조교, 그리고 헌법재판소 헌법재판연구원 원장 재직 중에는 김미순 주임이 큰 도움을 주었다. 박사과정에 있는 남경국과 김정민은 부분적으로 원고를 읽고 유용한 제안을 하였다. 보다 근본적으로는 특히 다음과 같은 두 가지 어려움이 있었다. 첫째, 일반 역사, 그리고 사회과학적 역사의 서술범위와 사회보장법의 역사 서술범위가 뚜렷하게 구분되지 않는다는 점이다. 둘째, 역사를 이해하고 설명하는 맥락이 때로는 광범위하여 설명력이 분산될 수 있고, 때로는 협소하여 설명력이 제한될 수 있다는 점이다. 사회보장법의 역사 연구가 일반 역사연구와 기본적으로 다르지 않다는 위안을 할 뿐이다. 역사 서술은 시대의 상대적 특수성을 추출하는 과제를 가지며, 특히 사회보장법의 역사 서술은 이러한 특수성이 강하게 나타나고, 필연적으로 개방적이다. 이 점에서 이 연구도 되돌아보면 '미완의 시대'에 대한 서술이며, 다가오는 시대에 새로운 범주에 대한, 그리고 또 다른 관점에서의 연구 과제를 남긴다.

역사 연구의 범위, 역사 이해와 설명의 방법, 완성된 시대와 미완의 시대의 회색지대에 대한 생각은 집필단계뿐 아니라 교정단계에서도 그치지 않았고, 이에 교정과정에서 적지 않은 부분이 다시 고쳐지고, 또 추가로 서술되었다. 도서출판 집현재의 위호준 사장은 직접, 그리고 인내심을 갖고 이에 참여했다. 감사한 마음을 전한다.

2019년 4월 5일

전 광 석

차 례

제1장 서 장

제 1 절 사회보장법의 구조 · 역사 · 체계 1

Ⅰ. 구 조 1

1. 구조적 다원성과 다층성 1
   (1) 복지실현의 과제 1
   (2) 국가와 사회, 분배와 재분배 2
   (3) 이른바 보충성의 원칙과 관련하여 5
2. 1차적 법률관계와 2차적 법률관계 7
   (1) 사회보장법 7
   (2) 고용관계 · 시장 · 가족관계에서 복지의 실현 8
   (3) 세법 17
3. 상호의존성 및 상호보충성의 실현구조 19
   (1) 입법 및 입법평가의 단계적 점검 19
   (2) 다원적 보충관계 20
   (3) 다층적 보충관계 23
   (4) 과제 전가(轉嫁)의 문제 25

Ⅱ. 역 사 26

1. 가변적 현실과 규범의 유형화; 체계형성 26
2. 빈곤과 빈곤정책 27
   (1) 빈곤정책의 성격 변화 27
   (2) 빈곤에 대한 정책적 이해 28
3. 사회적 약자에 대한 객관적 정책과 주관적 보호, 자립지원과 사회통합 – 아동 · 노인 · 장애인을 중심으로 – 31
   (1) 아동 31
   (2) 노인 31
   (3) 장애인 33
4. 국가보상과 사회보장 34
5. 사회보험; 사회정책의 수단에서 일반적인 국가정책으로 35
   (1) 경제적 · 정치적 및 사회적 정합성 35
   (2) 사회보험의 형성 37
   (3) 사회정책에서 국가정책으로의 발전 40

Ⅲ. 미시적 법률관계와 거시질서 ········· 45
1. 미시적 법률관계 45
(1) 사회보장체계의 형성과 법률관계 45
(2) 사회보험의 법률관계 45
(3) 사회보상의 법률관계 47
(4) 공공부조 및 사회복지관련제도의 법률관계 47
2. 거시질서 50
(1) 거시질서의 요소; 민주주의, 경제질서 50
(2) 거시질서와 미시질서의 상호작용; 법치국가원리와의 관계 52
(3) 상위 및 동위 규범체계 52

제 2 절 연구의 대상 ········· 56

제 3 절 연구의 목적 및 방법론 ········· 61

Ⅰ. 기존의 연구 ········· 61
1. 법 학 61
2. 사회과학 62

Ⅱ. 연구의 목적 ········· 65
1. 사회보장법과 사회정책; 정책수단의 성격과 독자성 65
(1) 사회보장법과 정책정합성 65
(2) 사회보장법의 독자성 67
2. 연구의 목적 70
(1) 사회보장법의 역사와 사회보장의 역사의 상호보충 70
(2) 일반역사와 사회보장법 및 사회보장의 역사 73
(3) 체계 및 이론형성 75
(4) 정책적 유용성 79

Ⅲ. 연구 및 서술의 방법론 ········· 82
1. 연구방법론 82
2. 서술방법론 84

제 2 장 시대구분 및 연구의 내용

제 1 절 시대구분의 의미 ········· 89

제 2 절 시대구분의 선례 ········· 90

제 3 절 시대구분의 기준 ········· 93

Ⅰ. 사회문제에 대한 정치적 대응 ········· 93
Ⅱ. 생활위험의 포섭과 생활유형의 변화 ········· 94
Ⅲ. 새로운 사회적 위험, 사회적 위험에 대한 이해의 변화 ········· 96
Ⅳ. 복지와 평등이념의 상호작용 ········· 97

제 4 절 시대구분 ········· 99

Ⅰ. 국가건설의 시대적 과제, 구호행정과 조선구호령, 공무원연금법(1945-1960년) ··· 99
Ⅱ. 사회정책에 대한 인식의 형성과 제한적 법제화(1961-1976년) ········· 100
Ⅲ. 사회문제의 심화, 의료보험법의 제정 및 시행과 국민연금법의 제정 (1977-1986년) ········· 102
Ⅳ. 헌법의 기능변화, 민주주의로 이행, 그리고 사회보장법의 확대 (1986-1997년) ········· 104
Ⅴ. 복지정치의 구조화, 사회구조의 변화(1997-2007년) ········· 106
1. 시장기능의 강화와 사회안전망의 구축 106
2. 사회보장의 구조변화 107
Ⅵ. 재정 및 제도의 위기, 고용과 복지, 재사회화, 탈표준화(2007-현재) ····· 108
1. 재정 및 제도의 위기 108
2. 고용과 복지 110
3. 재사회화와 탈표준화 111

제 3 장 국가건설, 구호행정과 조선구호령, 공무원연금법(1945-1960년)

제 1 절 정치적 및 사회경제적 상황 ········· 113

Ⅰ. 1948년 헌법 제정과 국가의 과제 ········· 113
Ⅱ. 정치적 상황 ········· 114
1. 실험적 헌법과 실험의 좌절 114
2. 헌법과 사회정책적 인식의 불균형 117
Ⅲ. 사회경제적 상황 ········· 120

제 2 절 구호행정과 조선구호령 ········· 122

Ⅰ. 구호행정 ········· 122
Ⅱ. 조선구호령 ········· 123

제 3 절 근로자 재해보상 ········· 127

제 4 절 공무원연금법 ······ 129
Ⅰ. 공무원연금법의 이중적 성격과 입법 배경 ······ 129
Ⅱ. 공무원연금법의 주요 내용 ······ 132
제 5 절 정 리 ······ 135

제 4 장 사회정책에 대한 인식의 형성과 제한적 법제화(1961-1976년)

제 1 절 사회보장에 관한 인식의 발아 ······ 137
Ⅰ. 2차 세계대전 이후 사회보장의 국제화 ······ 137
Ⅱ. 외국의 영향 ······ 138
Ⅲ. '전국종합경제회의'와 사회보장제도심의위원회의 설치 ······ 139
Ⅳ. 건강보험제도 도입을 위한 연구회 ······ 140
제 2 절 군사정부에서 사회보장입법에 대한 논의와 결과 ······ 141
Ⅰ. 사회보장제도심의위원회의 조직과 최고회의 의장 지시각서 ······ 141
Ⅱ. 사회보장심의위원회에서 입법준비작업과 법제화에 관한 초기 구상 ······ 143
1. 군사정부 초기 사회보장 구상 143
2. 사회보장심의위원회의 입법구상 144
Ⅲ. 1963년 사회보장 3법, 그 이후 ······ 148
1. 사회보장에 관한 법률 148
2. 산업재해보상보험법 151
3. 의료보험법 154
제 3 절 1963년 이후 사회보장 3법, 그리고 전후(前後)의 사회보장법 ······ 157
Ⅰ. 1963년 사회보장 3법 ······ 157
1. 사회보장에 관한 법률 157
2. 산업재해보상보험법 158
3. 의료보험법 161
Ⅱ. 1960-70년대 그밖의 사회보장법 ······ 162
1. 공무원연금법 162
2. 군인연금법 165
3. 사회보상입법 166
4. 생활보호법 168

(1) 헌법과 조선구호령의 경험 168
(2) 1961년 생활보호법의 주요 내용 169
5. 아동복리법 171

제 4 절 국민복지연금법의 제정과 시행 유보 173
Ⅰ. 구상과 제정 173
Ⅱ. 국민복지연금법의 주요 내용 178
Ⅲ. 시행 유보 183

제 5 절 사립학교교원연금법의 제정과 시행 184

제 6 절 정 리 186

제 5 장 사회문제의 심화, 의료보험법과 국민연금법의 제정 및 시행(1977-1986년)

제 1 절 사회문제의 심화 - 산업화 시대의 사회경제적 불평등과 정치적 상황 189
Ⅰ. 사회경제적 불균형 189
Ⅱ. 정치적 상황 191

제 2 절 경제와 사회의 균형발전의 구상 192

제 3 절 의료보험법의 제정과 전개 193
Ⅰ. 질병보호의 정책적 필요성과 가능성, 그리고 정치적 효용성 193
Ⅱ. 의료보험의 구조적 특성 195
Ⅲ. 의료보험법의 제정과정과 복지정치 196
1. 정부의 의료보험 및 의료보호 구상 196
2. 의료보험의 복지정치 197
(1) 제도 일반 197
(2) 관리운영방식 199
Ⅳ. 의료보험법 및 의료보호법의 주요 내용 201
1. 의료보험법의 주요 내용 201
2. 의료보호법의 주요 내용 205
Ⅴ. 1977년 이후 의료보험법 및 의료보호법의 전개, 1978년 공무원 및 사립학교교직원의료보험의 시행 207
1. 의료보험법의 발전 207

2. 공무원 및 사립학교교직원 의료보험법의 제정과 시행 210
3. 의료보호법의 전개 211

제 4 절 국민연금법의 제정과 시행 …… 212

Ⅰ. 국민연금법 제정의 사회경제적 배경 …… 212

Ⅱ. 국민연금법의 제정경과 및 기본요강 …… 214
1. 정부 내 제정논의 214
2. 국민연금법에 대한 노사 간의 주요 쟁점 217
(1) 기본구상 217
(2) 국민연금과 퇴직금과의 관계 218
(3) 가입대상 219
(4) 급여 시기 및 내용, 급여의 조건 220
(5) 재정 222
(6) 관리운영 223
(7) 다른 사회보험과의 관계 223

Ⅲ. 국민연금법의 내용 및 남긴 과제 …… 224
1. 국민연금법의 제정 및 내용 224
2. 남긴 과제 231
(1) 체계내적 문제 – 재정안정성과 운영의 민주성 231
(2) 체계외적 과제 – 퇴직금과의 관계, 전체 사회보장법체계와 국민연금법 233

제 5 절 그밖의 사회보장입법 …… 233

Ⅰ. 공무원연금법 및 군인연금법, 사립학교교원연금법 …… 233

Ⅱ. 산업재해보상보험법 …… 234

Ⅲ. 사회보상입법 …… 236

Ⅳ. 생활보호법 …… 239

Ⅴ. 아동복지법, 노인복지법 및 심신장애자복지법의 제정 및 시행 …… 240
1. 아동복지법 241
2. 노인복지법 242
3. 심신장애자복지법 242
(1) 국제기구의 영향 242
(2) 심신장애자복지법의 주요 내용 243

제 6 절 정 리 …… 244

제 6 장 헌법의 기능변화, 정치적 환경의 변화, 그리고 사회보장입법의 구축 (1987-1997년)

제 1 절 1987년 헌법 개정과 사회보장의 과제 ········· 247

Ⅰ. 1987년 헌법과 사회보장 ········· 247

Ⅱ. 헌법재판소 ········· 249

제 2 절 정치적 환경의 변화; 사회보장법과 민주주의, 복지와 평등 ········· 251

제 3 절 신자유주의와 세계화 ········· 253

제 4 절 국민연금 급여조건의 조정, 농어촌 국민연금 실시 ········· 255

Ⅰ. 장애연금과 가입기간, 사망일시금 ········· 256

Ⅱ. 사업장 가입자 확대, 농어촌 국민연금 실시 ········· 257

1. 제도 시행의 배경 257
2. 제도설계에 대한 논의와 1995년 실시 257
3. 문제와 과제 260

Ⅲ. 외국인 가입자 ········· 260

제 5 절 전국민의료보험 ········· 261

Ⅰ. 지역 의료보험의 실시와 관리운영방식 ········· 261

Ⅱ. 사업장 가입자 확대, 지역의료보험의 실시 ········· 262

Ⅲ. 국민의료보험법안의 국회 의결과 대통령의 거부권 행사 ········· 263

1. 논의의 배경과 법안 의결 263
2. 대통령의 거부권 행사 265

Ⅳ. 1990년대 의료보험 ········· 266

제 6 절 고용문제와 고용보험법의 제정과 시행 ········· 267

Ⅰ. 노동시장의 유연화와 고용문제 ········· 267

Ⅱ. 정부 및 노사의 구상 ········· 269

Ⅲ. 고용보험법의 주요 내용 ········· 270

Ⅳ. 이후 고용보험법의 전개 ········· 272

제 7 절 사회보장법의 이념, 기본원칙 및 기본원리에 대한 점검-사회보장기본법의 제정 ········· 273

Ⅰ. 기본법 제정의 의의와 기능 ········· 273

Ⅱ. 기본법의 기능조건 ········· 274
Ⅲ. 정치적 의지 및 정책 이해의 부족, 실효성의 결여 ········· 275

제 8 절 그밖의 사회보장법 ········· 278

Ⅰ. 사회보험법 ········· 278
1. 특수직역연금법 278
(1) 점진적 개선과 재정위기 278
(2) 공무원연금법 1차 개혁 279
(3) 군인연금법과 사립학교교원연금법 281
2. 산업재해보상보험법 281
Ⅱ. 사회보상법 ········· 283
Ⅲ. 생활보호법 ········· 284
Ⅳ. 아동복지법, 노인복지법, 장애인복지법 ········· 286
1. 개 관 286
2. 노인복지법 287
3. 장애인복지법, 장애인고용촉진 등에 관한 법률과 장애인·노인·임산부 등의 편의증진보장에 관한 법률 289
(1) 장애인복지법 289
(2) 장애인고용촉진 등에 관한 법률 290
(3) 장애인·노인·임산부 등의 편의증진보장에 관한 법률 291

제 9 절 정 리 ········· 292

제 7 장 복지정치의 구조화, 사회구조의 변화(1998-2007년)

제 1 절 1997년 외환위기, 시장기능의 강화와 사회안전망의 구축 ········· 295

제 2 절 사회보장의 구조변화 ········· 299

제 3 절 노동시장의 유연화와 사회보장법; 고용보험법의 적용 확대·급여 개선과 국민기초생활보장법의 제정 ········· 301

Ⅰ. 고용보험법 ········· 301
1. 적용 확대 301
2. 급여 및 급여조건의 개선, 급여구조의 변화 303
(1) 급여 및 급여조건의 개선 303
(2) 급여구조의 변화 304

3. 산전후 휴가급여와 육아휴직급여의 도입 304
4. 보험료 통합징수 305

Ⅱ. 국민기초생활보장법의 제정과 시행 ······ 305
1. 권리에 기반한 보편적 사회안전망－1999년 국민기초생활보장법의 제정 305
2. 국민기초생활보장법의 주요 내용 306
(1) 보편성의 원칙 306
(2) 수급자 선정기준의 단일화와 합리화 306
(3) 자활급여와 차상위자 309
3. 시행 이후 제도 개선 310
(1) 수급권자－차상위자와 외국인 등 310
(2) 사각지대; 부양능력기준, 재산기준, 최저생계비 311
(3) 탈수급, 노동시장 진입 314

제 4 절 국민건강보험법의 제정과 관리운영의 개편 등, 국민연금법 및 공무원연금법의 개혁 ······ 316

Ⅰ. 국민건강보험법의 제정과 관리운영의 개편 등 ······ 316
1. 개편논의의 정치적 및 사회경제적 배경 316
2. 의료보험의 단계적 통합 318
(1) 지역의료보험과 '공무원 및 사립학교교직원 의료보험'의 통합 318
(2) 국민건강보험법의 제정과 시행 319
3. 이후 국민건강보험법의 전개 322

Ⅱ. 국민연금법 1차 개혁 ······ 324
1. 개혁 논의의 배경 324
2. 개정 법률의 주요 내용 324
(1) 가입대상의 확대; 전국민 국민연금 324
(2) 급여조건의 완화, 연금분할청구권, 급여수준의 인하 325
(3) 연금기금의 안정성, 투명성 강화 327
(4) 퇴직금 전환금의 폐지 328
(5) 그밖의 변화 329
3. 이후 국민연금법의 전개 329

Ⅲ. 국민연금법 2차 개혁 ······ 330
1. 연금액 인하 330
2. 그밖의 개정 330

Ⅳ. 공무원연금 2차 개혁 ······ 332
1. 1995년 1차 개혁 이후의 상황 332
2. 2차 개혁의 주요 내용 및 남겨진 문제 332
3. 이후의 전개 334

제 5 절 고령사회의 새로운 실험; 노인장기요양보험법의 제정과 시행 334
Ⅰ. 고령사회의 현실적 상황과 규범적 대응 334
1. 현실적 상황 334
2. 규범적 대응 335
Ⅱ. 노인장기요양보장의 특수성 336
1. 사회변화와 실험적 입법 337
2. 부분적 보호와 종합적 고찰의 필요성 338
3. 결정과 집행의 다원적 구조 338
Ⅲ. 노인장기요양보험법의 도입－쟁점 및 제도화 339
1. 제도선택의 문제; 사회보험과 조세, 사회보험과 민간보험, 관리운영 339
2. 적용대상의 문제; 선택성과 포괄성 340
3. 급여의 종류와 수준, 본인부담 340
Ⅳ. 노인장기요양보험법의 주요 내용 341
1. 보호되는 위험과 인적 범위 341
2. 급여의 종류와 내용, 절차 342
(1) 기본원칙 342
(2) 본인부담 342
(3) 급여의 종류와 내용, 절차 343
3. 장기요양기관, 장기요양요원, 비용보상관계 344
4. 재정 및 관리 · 운영 345
Ⅴ. 남긴 과제 345
1. 수급자 선정 및 범위 346
2. 급여의 범위, 종류 및 내용 346
3. 하부구조 구축의 문제 347
(1) 장기요양 하부구조에 대한 근본적인 재점검의 필요성 347
(2) 적정공급과 전달체계의 문제 348
제 6 절 장애인정책의 이념적 보완－복지입법의 확대와 차별금지법의 제정 350
Ⅰ. 개 관 350
Ⅱ. 장애인복지입법의 확대 351
1. 장애인복지법 351
2. 장애인고용촉진 및 직업재활법 353
Ⅲ. 장애인차별금지법의 제정 및 시행 354
1. 입법 배경 354
2. 입법과정 및 쟁점 355
3. 장애인차별금지법의 주요 내용 356

제 7 절　그밖의 사회보장입법 ······ 358
Ⅰ. 산업재해보상보험법 – 사용자책임보상법과 사회보장법의 사이 ······ 358
Ⅱ. 사회보상법 ······ 360
Ⅲ. 아동복지법과 노인복지법 ······ 361
제 8 절　정　리 ······ 362

제 8 장　재정 및 제도의 위기, 저출산사회와 사회보장, 고용과 복지, 재사회화, 탈표준화(2007년 이후 시기)

제 1 절　1997년말과 2007년 이후 상황의 차이, 새로운 상황의 유형 ······ 365
제 2 절　새로운 상황과 과제 ······ 366
Ⅰ. 재정 및 제도의 위기 ······ 366
Ⅱ. 저출산 사회의 사회보장 ······ 369
Ⅲ. 고용과 복지 ······ 371
Ⅳ. 사회분열과 새로운 빈곤 ······ 374
Ⅴ. 재사회화와 탈표준화 ······ 376
제 3 절　기초연금법의 시행과 국민기초생활보장법의 개편 ······ 378
Ⅰ. 2007년 국민연금법의 개정과 기초노령연금법의 제정 및 시행 ······ 378
1. 입법의 배경　378
2. 기초노령연금법의 주요 내용 및 시행　378
3. 이후의 발전　381
Ⅱ. 국민기초생활보장법의 개편 ······ 382
1. 2014년 이전 소폭 개정　382
2. 개별적·상대적 사회안전망; 2014년 개정 법률　382
(1) 상대적 빈곤개념의 도입 383
(2) 통합급여에서 개별급여로의 전환 383
(3) 자활급여의 문제 386
제 4 절　공무원연금 개혁 ······ 390
Ⅰ. 2009년 공무원연금 3차 개혁 ······ 390
1. 연금산정 및 조정기준의 재개정　390

2. 순직공무원 제도 391
3. 2009년 개혁 이후 변화 392
Ⅱ. 2015년 공무원연금 4차 개혁 ······ 392
1. 소득재분배 연금산정방식, 지출억제와 수입증대 392
2. 분할연금, 장해급여 393
Ⅲ. 공무원재해보상에 관한 분리 입법 ······ 394
제 5 절 그밖에 사회보장법의 변화 ······ 394
Ⅰ. 사회보험법 ······ 394
1. 국민건강보험법 394
2. 국민연금법 397
(1) 국민연금과 직역연금 연계 397
(2) 사각지대 축소를 위한 입법 398
(3) 실업크레딧 제도 399
3. 산업재해보상보험법 400
(1) 직업재활, 예방사업, 사각지대 축소 400
(2) 급여의 형평성 및 효율성 제고 401
(3) 재해인정기준 402
(4) 출퇴근 재해 403
4. 고용보험법 405
(1) 적용대상의 확대 406
(2) 고용지원의 강화 406
5. 보험료 통합징수 407
Ⅱ. 사회보상법 ······ 407
Ⅲ. 아동복지법, 노인복지법, 장애인복지법 ······ 408
1. 아동복지법 408
2. 노인복지법 408
3. 장애인복지입법의 세분화 409
(1) 개관 409
(2) 장애인복지법, 장애인고용촉진 및 직업재활법 409
(3) 장애인연금법, 장애인 활동지원에 관한 법률 411
(4) 발달장애인 권리보장 및 지원에 관한 법률 413
제 6 절 정 리 ······ 416

제 9 장 다가오는 시대, 시대를 뒤돌아보며

제 1 절 국가의 과제, 실현 수단의 다원성 · 다층성과 협력관계 419
제 2 절 시대를 뒤돌아보며 420

사항색인 423

제 1 장 서 장

제 1 절 사회보장법의 구조 · 역사 · 체계

Ⅰ. 구 조

1. 구조적 다원성과 다층성

(1) 복지실현의 과제

국가의 복지실현의 과제는 대한민국 국가건설의 기본법으로 제정된 1948년 헌법에 이미 포함되어 있었고, 또 부분적으로 구체화되었다.[1] 노령, 질병, 기타 근로능력의 상실로 인하여 생활유지의 능력이 없는 자는 국가의 보호를 받는다(1948년 헌법 제19조). 이 규정은 소득활동능력이 없는 것으로 의제되는 자로 보호의 대상을 한정하였다. 이로써 실업 등과 같이 사회구조적인 원인에 의하여 소득활동의 기회를 갖지 못하는 경우에는 배제되었고, 또 현실적으로 최저생활을 유지할 수 없는 상당 부분의 국민을 포섭할 수 없었다. 이는 식민지 시대인 1944년 제정된 「조선구호령」이 영향을 미친 것이었다. 1948년 헌법제정자들의 복지 및 빈곤에 대한 이해가 식민지 시대의 수준을 넘지 못하고 있었다는 것을 알 수 있다. 당시 이러한 제한적인 복지인식은 1961년 최초의 공공부조법인 「생활보호법」에 그대로 반영되었다. 이와 같은 제한적인 복지인식은 놀랍게도 1999년 제정되고, 2000년 시행된 「국민기초생활보장법」이 기존의 「생활보호법」을 대체할 때까지 계속 이어져 왔다.[2]

위와 같은 한계에도 불구하고 1948년 헌법은 사회보장의 국가과제를 선언하였다는 점에서 국가의 불간섭을 통하여 자유권을 보장하는 전통적인 헌법관계 외에 적극적인 급여와 지원을 국가와 개인의 헌법관계를 보충하고 이를 (재)구

---

1) 1948년 헌법제정과정에서 이에 관한 논의에 대해서는 예컨대 김종수, "제헌헌법 사회보장 이념의 재발견과 계승－"생활균등권"을 중심으로", 사회보장법연구 제2권 제2호(2013), 17면 이하; 유진오, 헌법기초회고록(일조각, 1980), 20면, 24면 이하; 이영록, "제헌헌법상의 경제조항의 이념과 그 역사적 기능", 헌법학연구 제19권 제2호(2013), 71면 이하; 전광석, "제헌의회의 헌법구상", 법학연구(연세대 법학연구소) 제15권 제4호(2005), 36면 이하, 58면 이하 등 참조.

2) 이 점에 대해서는 전광석, "최저생활보장의 규범적 기초－헌법 및 관련 법제의 형성과 과제를 중심으로", 저스티스 제156호(2016), 65면 이하 참조.

성하는 의미를 가졌다. 헌법은 국가에게 경제에 관한 규제와 조정의 권한을 부여하였다(제6장). 경제질서는 동시에 사회질서와 사회적 기본권을 형성하기 위하여 필요한 거시질서로서 이해되었다. 즉 1948년 헌법상의 경제에 관한 규정은 사회질서에 관한 선언이기도 하였다. 헌법은 이 점을 다음과 같이 명확히 규정하였다. "대한민국의 경제질서는 모든 국민에게 생활의 기본적 수요를 충족할 수 있게 하는 사회정의의 실현과 국민경제의 발전을 기본으로 삼는다"(제84조). 복지국가의 헌법목표, 이를 실현하기 위한 요소로서 사회적 기본권의 보장 및 경제질서에 대한 구상은 이후 부분적으로 변화가 있었지만 기본적으로는 동일성을 유지하면서 현행 헌법에 계속 이어져 오고 있다.[3)]

복지국가가 헌법원리로서의 성격을 갖기 때문에 헌법의 다른 규정은 복지국가의 실현에 기여할 수 있도록 이해되어야 한다. 나아가서 직접 복지의 실현에 기여하기 위하여 다양한 법률이 제정되어야 한다. 또 복지의 실현을 직접적인 목적으로 하는 것은 아니지만 개인의 생활위험과 상황이 발생하는 생활관계를 규율하는 경우 복지국가원리를 존중하여야 하며, 이와 같이 직접적 혹은 간접적으로 복지의 실현에 관련성을 갖는 법률들이 함께 기능하게 된다. 이에 한편으로는 복지실현을 직접 목적으로 하는 사회보장법 및 제도들이 기능적으로 협력하여야 한다(구조적 다원성). 예컨대 노인빈곤을 보호하기 위하여 「국민연금법」과 「기초연금법」, 그리고 「노인복지법」 등이 종합적으로 관찰되어야 한다. 다른 한편 사회보장법은 개별 생활위험과 상황을 규율하는 법 및 제도들과 상호 기능을 보완하면서(구조적 다층성) 복지를 실현할 수 있어야 한다. 위에서 언급한 법률들이 「국민건강보험법」, 「노인장기요양보험법」, 「국민기초생활보장법」 등 공법과 「근로자퇴직급여보장법」, 그리고 세법 등과 기능을 분담하고 협력하는 구조에 대한 이해가 필요하다는 것이다.

(2) 국가와 사회, 분배와 재분배

1) 국가와 사회

복지국가의 구체적 내용, 그리고 다원적이고 다층적인 협력관계 속에서 복지를 실현하는 방법론과 관련하여 헌법이 구체적이고 명확한 규정을 두고 있는

3) 1948년 이후 헌법의 경제질서에 관한 규정의 변화 및 평가에 대해서는 예컨대 전광석, "헌법 제119조", 헌법주석[법원, 경제질서 등] 제101조-130조(경인문화사, 2018), 1477면 이하 참조. 1987년 헌법에서 복지국가원리에 대해서는 예컨대 헌재 2001.1.18, 2000헌바7, 13-1, 109면 이하 참조.

것은 아니다. 그러나 헌법에 우호적인 다음과 같은 방향을 제시할 수 있다. 고용관계, 시장, 가족관계 등 개별 생활관계에서 발생하는 사회문제는 1차적으로는 해당 생활영역에서 개인의 자율적인 결정에 의하여 자기책임 하에 극복되어야 한다. 이와 같이 국가의 개입이 없이 개인이 자기결정권에 기초하여 생활을 형성하는 사회보장의 방법은 헌법의 인간상에 충실한 구상이다.[4] 이는 동시에 헌법이 기능하기 위한 전제조건으로서 도덕적 의무에 해당하기도 한다. 국가는 개인이 자기결정권에 기초하여 자율적으로 문제를 극복할 수 없는 전형적인 상황을 추출하고, 이러한 영역에서 개인의 자기결정을 보충하거나 대체하여 개인을 사회적 위험으로부터 보호하고, 이로써 사회통합을 실현하여야 한다.

개인에게 발생하는 사회적 위험과 상황을 국가가 독점적으로 관할하는 것은 규범적으로 정당하지 않고, 또 현실적으로 가능하지 않다. 규범적으로 보면 개인의 생활 위험 및 상황을 국가가 직접 일방적으로, 그리고 독점적·포괄적으로 관할하는 경우에는 개인이 미래의 생활관계를 자율적인 결정에 의하여 형성하는 기회를 상실하며, 또 이 경우 개인의 생활관계가 공법체계에 전면적으로 포섭되어 개인의 주관적 지위가 복지실현의 객관적 과제에 종속될 위험도 있다.[5] 현실적으로 보면 국가는 개인의 구체적인 생활상황을 포괄적으로 파악하고 적시(適時)에 적합한 수단을 선택하여 지원하는 능력에 한계가 있다. 특히 국가는 일반적인 법질서에서 추상적인 인격체인 개인에게 자율적인 결정에 의하여 복지를 실현할 수 있도록 하여야 할 뿐 아니라 직접 개인의 개별적인 위험과 상황을 추상적(예컨대 사회보험), 혹은 구체적으로 보호하여야 한다(예컨대 공공부조). 이와 같은 복잡한 복지실현의 구조에서 국가는 한편으로는 개인 및 사회적 단위와 복지실현의 과제를 분담하여야 하며, 다른 한편으로는 보호를 필요로 하는 개별적인 상황과 구체적인 보호의 방법에 대한 판단에 있어서 개인 및 사회적 단위와 협력하여야 한다.

국가가 직접 복지를 실현하는 방법, 그리고 고용관계, 시장 및 가족관계에

4) 헌법상의 인간상에 대해서는 헌재 1998.5.28, 96헌가5, 10-1, 555면; 2002.10.31, 2002헌바50, 14-2, 390면 등 참조.

5) 헌법의 일반 주제로서 국가와 사회의 구분과 상호 기능관계에 대해서는 예컨대 허영, 헌법이론과 헌법(박영사, 2015), 194면 이하 참조. 이밖에 Ernst-Wolfgang Böckenförde, "Die Bedeutung der Unterscheidung von Staat und Gesellschaft im demokratischen Sozialstaat der Gegenwart", *Staat–Gesellschaft–Freiheit*(Suhrkamp, 1976), 185면 이하; Hans F. Zacher, "Das soziale Staatsziel", Josef Isensee/ Paul Kirchhof(편), *Handbuch des Staatsrechts*, Bd.2(C.F. Müller, 2004), 678면 이하 등 참조.

적용되는 법률관계에 사회적 관점을 반영하여 복지를 실현하는 방법은 서로 보충적인 관계에 있어야 한다. 고용관계, 시장 및 가족관계에서 복지의 생산·배분 및 전달이 규범적 혹은 현실적인 이유에서 한계에 이르렀을 때 국가의 개입에 의한 복지실현이 필요하고 정당성을 갖는다. 즉 국가는 개별 생활영역에서 개인이 자율적 결정에 의하여 복지를 실현할 수 없을 때, 혹은 실현할 수 없다고 의제되는 때 개입하여야 한다. 그러나 이와 같은 관계에 규범적으로 보충성의 원칙이 적용되는 것은 아니다. 국가는 적어도 모든 국민에게 최저생활을 보장하는 과제를 가지며, 또 국가가 개입하는 계기인 사회적 보호의 필요성과 범위에 대한 판단여지가 넓기 때문이다. 이 점에 대해서도 아래에서 다시 설명한다.[6] 또 국가가 직접 충실하게 복지를 실현하면 그만큼 국가가 개별 생활영역을 규율하고 법률관계에 개입하는 부담은 줄어든다. 그리고 그 결과 시장은 효율성을 향상시키는 데 집중할 수 있게 된다. 이 점에서 보면 개인의 생활위험 및 상황 등 사회문제를 경제정책에 포섭하여 국가가 직접, 그리고 독점적·포괄적으로 관할하려는 사회주의의 구상은 무모한 시도였다. 또 이러한 실험은 지난 세기말 실패로 끝났다.[7]

2) 분배와 재분배, 경제질서와 사회질서

국가와 사회의 복지실현의 분담은 구체적으로는 분배와 재분배, 그리고 경제질서와 사회질서의 관계에 관한 문제이다. 개인의 사회문제는 1차적으로 개인이 시장에서 능력에 따라 수행하는 소득활동을 통하여 극복되고, 또 개인은 미래의 생활을 설계하여 이에 기초하여 생활위험을 배려할 수 있어야 한다. 국가는 시장에서 분배의 정의를 실현하여야 한다. 즉 시장의 공정경쟁질서는 결코 자연적으로 조성되는 것은 아니며(시장의 내재적 한계), 이에 국가는 독과점 등으로 인하여 공정경쟁질서가 훼손되지 않도록 시장의 지배와 경제력의 남용을 방지하여야 한다.[8] 그리고 시장의 분배기제를 통하여 개인의 생활위험과 상황

6) 이에 대해서 자세히는 아래 (3) 참조.

7) 이 점에 대해서는 예컨대 Franz-Xaver Kaufmann, *Variante des Wohlfahrtsstaats*(Suhrkamp, 2003), 54면 이하; Guy Standing, "Social Protection in Central and Eastern Europe; a Tale of Slipping Anchors and Torn Safety Nets", Gøsta Esping-Andersen(편), *Welfare States in Transition*(Sage Publication, 2000), 227면 이하 등 참조.

8) 이와 같은 시장의 내재적 한계, 그리고 시장의 기능을 보장하는 국가 개입의 필요성과 정당성에 대해서는 전광석, 한국헌법론(집현재, 2019), 896면 이하 참조. 이에 관한 헌법재판소의 결정으로는 헌재 1996.4.25, 92헌바47, 8-1, 380면 이하; 2001.2.22, 99헌마365, 13-1, 316면 이하; 2002.7.18, 2001헌마605, 14-2, 97면; 2003.2.27, 2002헌바4, 15-1, 205면 이하; 2003.2.27, 2002

이 극복될 수 없는 경우 국가는 시장과는 분리된 독자적인 사회질서를 형성하여 재분배를 통하여 개인의 생활위험을 보호하고 지원하여야 한다. 이 점을 우리 헌법은 적정한 소득의 분배에 관한 헌법의 과제로 구체화하고 있다(제119조 제2항).

위와 같이 헌법은 분배와 재분배, 그리고 경제질서와 사회질서의 기능적 협력을 통하여 복지가 실현되는 구도를 예정하고 있다. 시장에서는 참가자의 자율성이 보장되고, 이러한 기초 위에서 정당한 교환이 이루어져야 한다. 시장은 개인의 생활에 필수적인 상품, 재화, 서비스 등의 소비가 이루어지는 장(forum)이지만, 개인의 생활을 보호하는 것이 시장의 과제는 아니다(시장의 기능적 한계). 이를 위해서는 시장에 사회적 책임을 부과하는 헌법적 결정이 필요하다. 시장에서 분배정의를 실현하기 위한 경제질서가 형성되지 않는 경우 사회통합은 전적으로 국가의 과제가 된다. 그러나 이는 헌법적으로 정당성을 가질 수 없으며, 현실적으로 가능하지 않다는 점에 대해서는 위에서 지적하였다. 또 시장이 사회적 배려를 전혀 할 수 없는 경우에는 시장에 대한 신뢰와 정당성은 상실 혹은 감소할 것이다. 따라서 개인의 생활위험과 상황을 배려하는 사회질서가 기능할 수 있을 때 비로소 경제적 효용성 및 시장의 자율성이 정당성을 가질 수 있다.[9] 시장이 어느 정도 사회적 책임과 배려를 부담할 수 없는 경우에는 헌법상의 경제질서도 기능할 수 없다. 헌법이 의도하는 복지실현이 불가능하거나, 국가가 사회적 목적을 위하여 시장을 전적으로 지배하여 결과적으로 시장경제질서를 부인하는 극단적인 상황이 나타날 것이다. 이 경우 국가와 사회, 경제절서와 사회질서의 분화에 기초하여 복지를 실현하는 헌법적 구상은 실현될 수 없게 된다.[10]

(3) 이른바 보충성의 원칙과 관련하여

고용관계, 시장 및 가족관계에서 사용자 및 근로자, 생산자와 소비자, 그리고 가족구성원들은 기본권의 주체이며, 이들이 스스로 생활을 형성하는 방법을 결정하는 권리(기본권)는 최대한 보장되어야 한다. 따라서 논리적으로 보면 1차적 법률관계에서 복지실현이 한계에 달했을 때 비로소 국가의 개입이 정당성

헌바4, 15-1, 216면 등 참조.

9) 복지정책의 경제적 효용성에 대해서는 전광석, 복지국가론－기원·발전·개편(신조사, 2012), 71면 이하 참조.

10) 경제질서와 사회질서의 기능적 관계 및 작용에 대해서는 전광석, "사회통합과 사회보장법", 사회보장법학 제5권 제2호(2016), 24면 이하 참조.

을 갖는다. 이른바 보충성의 원칙은 이 점을 강조하며, 헌법적 효력을 부여하는 시도가 있기도 하다. 이에 따르면 1차적 법률관계가 기능하는 상황에도 국가가 개입하는 것은 헌법적으로 바람직하지 않으며, 경우에 따라서는 헌법에 위반된다. 또 헌법재판소도 이에 관한 결정을 남긴 바 있다.[11] 그러나 이와 같은 논리와 헌법적 평가는 이론적인 타당성과 헌법적 정당성, 그리고 현실성을 모두 결여하고 있다.[12]

'이론적'으로 보면 개인에게 인간다운 생활을 보장하고, 최소한의 사회경제적 동질성에 기초하여 사회통합을 실현하는 과제를 갖는 복지'국가'는 복지'사회'의 기능을 전제로 하고, 국가는 이러한 기능이 실현되기 위하여 필요한 조건을 보장하여야 한다. 그리고 전형적인 사회적 위험을 최소한 혹은 적절한 수준으로 보장하는 국가의 과제는 복지사회가 기능하기 위한 전제조건에 해당한다. 이와 같은 국가와 사회의 기능적 보완관계에서 보충성의 원칙이 이론적 설명력을 가질 수 없다. 국가는 자신의 능력으로 생활위험을 극복할 수 없는 국민을 보호하여야 하며, 또 모든 국민에게 기초 생활을 보장할 수 있을 때 비로소 개인은 자율적인 결정에 의하여 적절한 수준의 복지를 확보하기 위한 구상을 할 수 있기 때문이다.

'헌법적'으로 보면 복지를 실현하기 위한 국가개입의 범위와 정도에 관한 판단은 1차적으로는 입법권에 위임되어 있다. 예컨대 사회보험 강제가입의 정당성을 판단하는 기준은 특정한 사회적 위험에 대한 '추상적인 보호의 필요성'이다.[13] 그런데 추상적인 보호의 필요성이라는 개념을 기준으로 구체적인 법률관계를 심사하고, 국가개입의 한계를 확인하기는 어렵다. 역사적으로 보면 노동자보험으로 출발한 사회보험이 전국민을 대상으로 확대되었던 것은 적어도 추상적으로는 모든 국민이 보호의 필요성이 있다는 입법적 판단에 기초한 것이었다. 이때 일부 집단에 대해서 구체적으로 보호의 필요성이 없다는 이유로 입

---

11) 예컨대 헌재 1989.12.22, 88헌가13, 1, 377면 참조.

12) 보충성의 원칙은 우리 헌법학에서 특히 사회적 기본권과 관련하여 이례적으로 폭넓은 공감을 받은 바 있다. 예컨대 전훈, "양극화 해소대책과 보충성원칙", 공법연구 제35집 제1호(2006), 625면 이하; 정극원, "헌법상 보충성의 원칙", 헌법학연구 제12권 제3호(2006), 190면 이하; 홍성방, "헌법상 보충성의 원칙", 공법연구 제36집 제1호(2007), 615면 이하; 홍완식, "헌법과 사회보장법에 있어서의 보충성의 원리", 공법연구 제28집 제4호 제2권(2000), 184면 이하 등 참조. 이에 비해서 보충성의 원칙에 헌법적인 성격을 부인하는 문헌으로는 예컨대 Josef Isensee, *Subsidiaritätsprinzip und Verfassungsrecht*(Duncker & Humblot, 1968), 313면 이하 참조.

13) *BVerfGE* 11, 105(113); 63, 1(35); 75, 108(146) 등 참조.

법적 결정이 헌법에 위반된다고 볼 수는 없다. 더구나 우리 헌법재판소와 같이 사회보험의 목적이 소득재분배에 있다고 이해하는 경우에는 (고소득자를 포함하여) 모든 국민으로 가입대상을 확대하는 데 헌법적 장애는 거의 없게 된다.[14] 그만큼 보충성의 원칙이 헌법적 효력을 가질 수는 없다. 헌법재판소는 보충성의 원칙을 심사기준으로 적용하고는 있으나 강한 의미를 부여하고 있지는 않다. 예컨대 헌법재판소는 사회보험의 의무가입에 대한 심사에서 보호의 필요성이 없다는 이유로 위헌결정을 하지는 않고 있다.[15]

'현실적'으로 보면 보충성의 원칙에 헌법적 효력을 부여하고 이를 기준으로 헌법심사를 하는 경우에는 (고소득자를 포함하여) 거의 모든 국민을 가입자로 하고 있는 사회보험법의 규정은 모두 헌법에 위반된다는 판단을 피할 수 없다. 이 경우 헌법은 헌법현실과 가교(架橋)할 수 없을 정도로 괴리를 보이게 되며, 이런 상황에서 헌법의 규범력은 더 이상 실현될 수 없다.

2. 1차적 법률관계와 2차적 법률관계

(1) 사회보장법

헌법이 사회적 기본권 및 경제질서를 통하여 복지실현의 과제를 선언하였지만 복지실현의 방법론을 헌법이 직접 제시한 것은 아니다. 국가는 개인의 사회적 상황을 직접 보호하는 목적을 갖는 법과 제도를 창설하여 복지과제를 실현할 수 있다. 질병, 그리고 노령·장애·사망, 산업재해, 실업, 장기요양문제 등을 보호하기 위하여 사회보험법을, 그리고 빈곤을 보호하기 위하여 각종 공공부조법을 제정·시행하고 있다. 이러한 방법론에서는 국가, 지방자치단체 혹은 공법상의 법인이 개인과 직접적인 법률관계를 형성하고, 이러한 법률관계 속에서 개인의 개별적인 급부청구권과 국가의 급부의무가 성립되며, 개인은 사회적 위험과 상황으로부터 보호된다(좁은 의미의 사회보장법).

사회보장법은 위에서 지적한 바와 같이 기초보장를 과제로 하며, 개인은 기초보장이 실현되는 기반 위에서 자신의 생활을 자율적으로 설계할 수 있어야 한다. 예컨대 국민건강보험과 국민연금에서 보험료산정의 기준인 소득 혹은 보

---

14) 헌재 2000.6.29, 99헌마289, 12-1, 942면 이하; 2001.2.22, 99헌마365, 13-1, 312면 이하 등 참조.

15) 헌재 2001.2.22, 99헌마365, 13-1, 312면 이하(국민연금); 2003.10.30, 2000헌마801, 15-2(하), 106면 이하(국민건강보험); 2007.4.26, 2004헌가29등, 19-1, 367면 이하(국민연금); 2013.7.25, 2010헌바51, 25-2(상), 40면 이하(국민건강보험) 등 참조.

험료 자체에 상한을 두는 것은 이러한 관점에서 이해하여야 한다.[16] 이에 국가는 개별생활영역에서 발생하는 사회문제 및 상황을 보호하기 위하여 해당 생활영역을 규율하는 법과 제도를 조정하고, 또 그러한 법과 제도가 기능할 수 있도록 배려하여야 한다. 이와 같은 목적으로 고용관계·시장·가족관계에 적용되는 법원리 그 자체가, 그리고 법원리를 부분적으로 수정하여 복지가 실현될 수 있도록 하여야 한다. 또 세법에 의한 과세권의 행사에 있어서 사회적 배려를 하는 방법으로 사회보장에 기여하여야 한다(넓은 의미의 사회보장법).

(2) 고용관계 · 시장 · 가족관계에서 복지의 실현

1) 1차적 법률관계에서 복지실현, 새로운 상황

국가는 고용관계, 시장 및 가족관계에서 개인의 자기결정권, 그리고 사회적 자율성에 기초하여 복지를 실현하기 위하여 필요한 질서를 형성하고, 기능할 수 있도록 하여야 한다. 복지선도국가를 중심으로 보면 1950-60년대 전세계적으로 높은 경제성장의 시기에 복지지출이 팽창하였으며, 이러한 경향은 1970년대 중반 이후 경제성장이 한계를 보이면서 새로운 국면을 맞게 되었다.[17] 즉 국가재정이 긴축되면서 사회보장의 재정 역시 억제 혹은 조정되어야 했고, 이에 기존의 법과 제도가 재점검되고 개편되었다. 1980년대 이후 시기에는 저출산과 고령화로 인하여 인구구조가 균형을 상실하기 시작하면서 재정적 지속가능성과 사회적 지속가능성의 균형발전이 시대의 의제가 되었다. 이어 1990년대 이후에는 신자유주의가 지배적인 이념으로 자리 잡고, 또 세계화의 경향이 깊어졌다.

위와 같은 새로운 상황에서 사회보장법과 1차적인 법률관계에서의 복지실현은 상호 기능을 보완하고 협력하는 필요성이 더욱 강화되었다. 고용관계에서 복지를 실현하는 방법이 국가의 직접적인 복지실현을 보충하는 필요성과 가능성이 적극적으로 검토되었다. 다만 그렇다고 해서 국가의 과제가 축소된 것은

---

16) 국민건강보험법 제70조 및 제73조, 시행령 제32조 및 제44조; 국민연금법 제3조 제1항 제3호, 시행령 제5조 제3항 참조.

17) 1980년대 경제성장의 한계상황에 대해서는 예컨대 Peter Flora(편), *Growth to Limits, the Western Welfare States since World War II* vol.4(Walter de Gruyter, 1986); Fritz W. Scharf, "The Viability of advanced welfare states in the international eonomy. Vulnerabilities and options", Stephan Leibfried(편), *Welfare State Futures*(Cambridge University Press, 2001), 13면 이하 등 참조.

아니다.[18] 복지실현의 기능이 다층적으로 분화될수록 국가는 여러 층위에서 복지가 협력적으로 실현될 수 있도록 배려·조정하여야 하며, 사후에 이러한 배려와 조정의 결과 정책구상이 충실하게 실현되고 있는가를 점검하여야 하기 때문이다. 또 무엇보다도 국가는 자율적인 결정에 의하여 생활을 유지할 수 없는 국민에게 최저생활을 보장하여야 한다. 개별생활영역에서 복지가 실현되는 구도는 다음과 같다.

2) 고용관계

a) 고용사회의 보편화와 노동(자)문제

산업화 이후 전통적인 다기능공동체인 가족의 규모가 축소되며, 또 그 기능이 약화되었다. 이제 고용관계에 포섭되어 노동력의 대가로서 지급되는 임금은 가장 중요한 경제적 생활의 기초가 되었다. 그런데 노동력과 임금의 교환관계가 전적으로 공급과 수요를 구성요소로 하는 시장의 법칙에 의하여 규율되는 경우에는 임금이 개인의 생활위험을 보호할 수 없는 경우가 빈번하게 나타난다.

이러한 상황의 변화는 다음과 같이 정리될 수 있다.

첫째, 이제 개인이 전통적인 가족구조에서의 후견적 유대에서 벗어나면서 개별적인 생활국면에서, 그리고 전 생애에 걸쳐 정상적인 생활을 저해하는 위험과 상황을 직접, 그리고 개별적으로 감당하여야 한다. 새로운 산업구조와 작업환경에서 이전에는 경험하지 못했던 새로운 위험요소들이 증가하기도 하였다.[19] 이 전 시기에 비해서 발생빈도가 높아지고 정도가 심각해진 산업재해가 대표적인 예이다.

둘째, 산업화 이후 자본집약산업으로 산업구조가 전환되면서 노동시장에서 노동의 공급은 노동의 수요를 초과하게 되었으며, 그 결과 노동의 가격, 즉 임금은 노동력의 양과 질에 상응하지 못하고 하락하거나, 혹은 실업의 문제가 발생하였다. 이로써 고용사회에서 일반적으로 근로자의 유일한, 혹은 가장 중요한 경제적 기초인 임금이 근로자의 생활을 보장하는데 안정성이 약화되거나 상실되게 되었다.

---

18) 국가기능의 분화와 국가과제의 세분화에 대해서는 전광석, "사회적 기본권의 논의구조", 유럽헌법연구 제14호(2013), 184면 이하; 전광석, "공공거버넌스와 공법이론; 구조이해와 기능", 공법연구 제38집 제3호(2010), 185면 이하 등 참조.

19) 산업사회에서 개인의 새로운 위험상황에 대해서는 예컨대 Michael Stolleis, "Der lange Abschied vom 19. Jahrhundert", *Ausgewählte Aufsätze und Beiträge* Bd.1(Vittorio Klostermann, 2011), 488면 이하 참조.

셋째, 보다 근본적으로 보면 산업사회에서 노동은 생산에 기여하는 추상적인 요소로서 이해되었다. 이는 한편으로는 근로자의 노동력에 대한 평가가 근로자의 구체적인 생활상황과는 분리되었다는 의미를 갖는다. 다른 한편 노동력은 생산에 기여하는 요소이기 때문에 다른 생산요소와 마찬가지로 노동의 가격과 대체성을 기준으로 노동을 도구화하는－오늘날의 표현에 따르면 유연성(flexibility)을 강화하는－문제는 자본주의에 내재해 있었다. 오랫동안 유지되어 왔던 고용관계의 정형, 즉 전일제, 종신제, 그리고 정규직의 노동이 특히 1990년대 이후 파편화되어가고 있었다. 이 점에서 보면 막스(Karl Marx)의 자본주의에 대한 진단은 여전히 현재적이다.[20]

b) 자본과 노동

노동과 노동자의 문제는 기본적으로 자본과의 관계에서 발생한다. 자본과 노동의 관계에서 노동은 이중적으로 불균형한 상태에 있기 때문이다. 첫째, 위에서 지적했듯이 근로자의 입장에서 보면 고용관계에서 취득하는 임금이 가장 중요한, 그리고 일반적으로는 유일한 생활의 경제적 기초이다. 그만큼 노동자의 자본에 대한 생활 의존성이 크다. 둘째, 일반적으로 자본은 노동을 매개로 부가가치를 창출하며, 노동은 투자된 자본의 기반 위에서 노동력을 행사하고 대가를 취득한다. 이 점에서 자본과 노동은 상호 의존 및 협력관계에 있다.[21] 이로부터 자본의 노동에 대한 책임과 배려의무를 도출할 수 있다. 그러나 노동은 자본의 투자가 없이는 수행될 수 없다는 점에서 노동의 자본에 대한 종속성이 강하다. 노동의 공급이 수요를 초과하는 경우 이러한 종속성은 더욱 강화된다.

이와 같은 불균형은 자본주의 시장경제에서 구조적으로 내재해 있다. 따라서 자본과 노동의 관계는 처음부터 국가의 개입을 필요로 하였다. 다만 국가개입의 정도와 방법에 차이가 있을 뿐이다. 근로자의 사회적 상황을 고려한 일반적인 근로조건, (여성, 연소자 등) 개별적으로 보호가 필요한 집단에 대한 특별한 근로조건, 최저임금제, 퇴직 후 소득이 상실되는 상황에 대한 사용자의 책임 등이 국가개입의 범주에 해당한다. 이와 같은 실체적인 근로조건을 법정화하여

---

20) 이 점과 관련하여 자본주의에 대한 헌법적 분석으로는 예컨대 예컨대 Ernst-Wolfgang Böckenförde, "Woran der Kapitalismus krankt", *Wissenschft–Politik–Verfassungsgericht*(Suhrkamp, 2006), 64면 이하 참조.

21) 이 점에 대해서는 Mark H. Leff, "Historical Perspectives on Old-Age Insurance-The State of Art on the Art of the State" Edward D. Berkowitz(편), *Social Security After Fifty–Success and Failure*(Greenwood Press, 1987), 39면 이하 참조.

보장할 것인가, 아니면 이를 근로자와 사용자의 관계에서 협의 및 합의를 통하여 조정할 수 있도록 조직 및 절차를 보장하여 노사 간에 자율적으로 실현할 것인가는 방법론적인 문제이다. 이에 대해서는 아래에서 다시 서술한다.

자본과 노동이 구조적으로 불균형관계에 있기 때문에 고용관계에 대한 국가개입이 필요하고, 또 정당성이 있지만 여기에는 규범적으로 한계가 있다. 국가는 자본과 노동의 관계에서 노동을 보호하는 과제를 갖지만, 노동의 권리가 자본의 권리를 부인할 만큼 우월한 효력이 있지는 않기 때문이다. 따라서 예컨대 노동의 권리에 의하여 근로자에게 직장존속보장청구권이 인정될 수 없다.[22] 또 자본주의 시장경제의 헌법질서에서 근로자의 기본권인 노동 3권과 관련하여 헌법이 명시적인 근거를 두고 있지 않는 한 노동 3권에 대응하는 사용자의 직장폐쇄권을 부인할 수는 없다. 실제 「근로기준법」은 사용자에게 방어적인 직장폐쇄권을 인정하고 있다. 다만 사용자는 방어적 직장폐쇄, 즉 노동조합이 쟁의행위를 개시한 후에 직장폐쇄를 할 수 있다는 제한이 있다(노조법 第46條). 따라서 사용자의 규범적 및 현실적 부담능력을 벗어나는 노동자에 대한 보호는 고용관계에서 분리하여 국가의 과제가 되어야 한다.

c) 노동의 권리와 노동자의 권리

고용사회에서 모든 개인에게 노동의 기회를 부여하는 것은 국가의 가장 기본적인 과제이며, 우리 헌법은 이를 기본권으로 보장하고 있다. 다만 사기업의 사용자는 영업의 자유의 주체로서, 고용 및 인력배치의 자유가 있기 때문에 고용청구권을 내용으로 하는 노동의 권리의 직접적인 상대방이 될 수는 없다. 따라서 자본주의 시장경제의 헌법질서에서 노동의 권리를 직접적으로 실현하는 것은 규범적으로 불가능하다. 국가는 개인이 노동의 기회를 갖기 위하여 필요한 직업 및 취업 훈련, 취업의 알선, 취업준비를 위하여 필요한 기간 어느 정도 소득을 보장하는 등 '사회적 · 경제적 방법으로 근로자의 고용의 증진에 노력하여야' 한다(헌법 제32조 제1항 제2문).

자본과 노동의 대립과 협력의 이중적 관계에서 헌법 및 노동법은 두 가지 방법을 제도화하여 근로자의 사회문제를 보호하여야 한다. 첫째, 근로조건의 실체법적 기준을 법제화하여 근로자의 생활을 보호하는 방법이다. 이에 따르면 국가는 노동력의 공급과 수요라는 요소 이외에 노동력의 가치를 기준으로 노동

---

22) 헌재 2001.11.28, 2001헌바50, 14-2, 678면 이하 참조.

력과 임금이 정당하게 교환될 수 있도록 하고, 나아가서 근로자의 생활을 배려하여야 한다. 구체적으로는 근로조건의 최저기준을 법률에 정하고, 이를 기초로 사용자와 근로자 간에 체결되는 근로계약의 내용을 선도할 수 있어야 한다. 우리 헌법은 근로조건의 기준으로 인간의 존엄을 제시하고, 근로조건의 최소한은 법률로 정하도록 하였다(제32조 제3항). 이는 「근로기준법」에 의하여 구체화되어 있다. 또 헌법은 최저임금제를 실시하도록 하였다(제32조 제1항). 이로써 고용관계에서 취득하는 임금이 근로자에게 최저생활의 경제적 기초가 될 수 있도록 하였다. 이는 「최저임금법」에 의하여 실현되고 있다. 둘째, 산업사회에서 구조적인 이유에서 자본과 노동 간에 협상력이 균형을 상실하고 있는 상태에서는 근로조건을 정하는 계약은 정당성을 가질 수 없다. 이에 헌법은 근로자가 사용자와 대등한 협상력을 갖고 근로조건에 대한 협의 및 합의를 할 수 있도록 조직법 및 절차법적 배려를 하였다. 즉 근로자에게 단결권·단체교섭권·단체행동권 등 노동 3권을 보장하고 있다(제33조). 이는 「노동조합 및 노동관계조정법」에 의하여 구체화되어 있다.

근로조건의 실체법적 보호(제32조)와 조직법적 및 절차법적 보호(제33조)는 상호 기능을 보충하는 관계에 있다. 근로조건의 실체법적 기준은 자본과 노동의 교섭에 있어서 최저기준으로 적용된다. 이는 자본과 노동 간의 단체교섭에서 최저기준을 상회(上回)하는 계약 내용에 대한 협의와 합의를 유인할 수 있다. 그리고 이와 같이 합의된 단체교섭의 결과는 이제 거꾸로 근로조건의 최저기준을 법제화하는 데 반영되어 법정 근로기준을 상향조정하도록 입법권을 선도하게 될 것으로 기대된다.

노동에 대한 사회적 보호는 근로자의 생활보장에 관한 법률관계에도 미친다. 「근로기준법」 제34조 및 「근로자퇴직급여보장법」에 의한 퇴직급여가 이에 해당하는 대표적인 예이다. 단체교섭의 대상에는 임금 등 근로조건뿐 아니라 퇴직 후 생활보장이 포함된다. 다만 고용관계에서 취득하는 임금이 노동력에 대한 반대급부의 범위를 벗어날 수는 없다.[23] 따라서 퇴직 후 생활보장을 위한 배려에 대해서는 국가의 적극적인 개입이 필요하다. 이 지점에서 분배와 재분배의 기능이 분리된다. 고용은 국가의 복지실현의 과제와 상호 밀접한 관계를 갖는다. 1961년 제정된 「근로기준법」에 도입된 퇴직금제도는 노후 소득보장

23) 이러한 이유에서 법원은 쟁의기간 중 임금지급청구권을 거부한 바 있다. 대판 1995.12.21, 94다26721 참조.

을 목적으로 하였지만 오랫동안 명목적인 기능에 머물고 있었고, 오히려 공적 복지실현이 지체되는 문제를 덮는 역할을 해왔다.[24] 또 공적 복지제도가 축소되어야 하는 필요가 있는 경우에 긴축 부분을 고용관계에 전가하는 정책은 흔히 볼 수 있다. 예컨대 위에서 언급한 「근로자퇴직급여보장법」은 2007년 「국민연금법」 개정에 의하여 연금 수준이 낮아지면서 이를 보전하기 위한 조치로 취해진 것이었다.[25] 거꾸로 기업의 구조조정, 노동시장의 유연화를 추진하기 위하여 정리해고가 도입되고, 단시간 및 초단시간 고용이 널리 퍼져서 실업이 증가하거나, 고용관계에 있음에도 불구하고 고용이 생활의 경제적 기초가 될 수 없는 경우에는 사회적 안전망을 충실히 하여야 한다. 우리나라에서 1990년대 새로운 경제 및 고용환경에서 「고용보험법」이 제정되었고, 또 기존의 「생활보호법」의 문제를 획기적으로 개혁하는 「국민기초생활보장법」이 제정되었던 것이 좋은 예이다.[26]

3) 시장

노동과 임금이 정당한 조건 하에 교환되고 있으며, 또 근로자를 보호하기 위한 실체법적, 그리고 조직법적 및 절차법적 조치가 기능하는 경우에도 시장에서 생활에 필요한 상품, 재화 및 서비스의 가격이 지나치게 높아서 이를 부담할 수 없는 경우에는 개인은 정상적인 생활을 유지할 수 없다. 이에 국가의 개입이 필요하다. 우리 헌법은 경제질서에 관한 규정(제119조 제2항)에서 국가의 규제와 조정의 권한을 부여하고 있다.

a) 시장의 내재적 한계와 국가개입

시장의 자율성은 보장되어야 한다. 그러나 현실적으로는 시장에 참여하는 주체가 경쟁조건을 유리하게 형성하기 위하여 오히려 시장질서를 왜곡하는 위험이 항상 존재하고 있다(시장의 내재적 한계). 시장이 '보이지 않는 손'에 의하여 균형을 이룬다는 가설은 (시장질서를 왜곡하는) '보이는 손'에 의하여 잠식되어 왔던 것이 시장의 현실이었다. 이에 국가는 독과점을 방지하여 공정경쟁의 시장환경을 조성·유지하여야 한다.[27] 이와 같은 규제와 조정은 직접적으로 개

24) 퇴직금제도의 노령보장기능과 그 한계에 대해서는 예컨대 민재성/박재용, 퇴직금제도의 문제점과 개선방향(한국개발연구원, 1984), 16면 이하 참조.

25) 독일의 예에 대해서는 아래 각주 51 참조.

26) 당시의 상황에 대해서는 예컨대 최영기/전광석/이철수/유범상, 한국의 노동법 개정과 노사관계－'87년 이후 노동법 개정사를 중심으로－(한국노동연구원, 2000), 432면 이하 참조.

27) 헌재 2003.7.24, 2001헌가25, 15-2(상), 9면 이하 참조.

인의 생활을 보호하는 목적을 갖는 것은 아니다. 그러나 간접적으로는 독과점 등 시장의 남용을 방지하여 개인이 부담할 수 있는 가격에 의하여 생활수요를 충족할 수 있는 환경을 조성하는 데 기여한다.

b) 시장의 기능적 한계와 국가개입

시장이 국가의 규제와 조정에 의하여 기능을 유지하고 이로써 분배의 정의가 실현될 수 있다고 하더라도 개인이 적정한 가격으로 소비재를 구입하고, 이를 통하여 정상적인 생활을 유지하도록 하는 것이 시장의 본질적인 과제는 아니다. 따라서 시장의 내재적 한계를 극복하기 위한 규제와 조정이 선언적인 의미를 갖는 반면 시장에 사회적 책임을 부과하는 헌법적 결정은 창설적인 의미를 갖는다. 이를 근거로 국가는 시장을 대체하여 직접 복지를 실현하거나 혹은 시장에 사회적 책임을 부과한다.

국가는 복지를 실현하기 위하여 규범적 및 경제적 조치, 그리고 대인서비스 등 다양한 수단을 사용한다.[28] 첫째, 국가는 생활에 필수적인 상품, 재화 및 서비스를 직접 공급하거나 혹은 적정한 가격으로 공급될 수 있도록 배려하여야 한다. 다만 일반적으로 국가가 직접 공급기능을 담당하는 것은 해당 분야에서 개인의 시장진입을 차단하여 시장의 기능을 저해할 수 있다. 따라서 이와 같은 국가행위는 제한된 경우에 한하여 허용된다. 시장경제질서에서 국가의 직접개입은 전형적인 사회적 위험 및 상황을 개인이 자신의 경제적 부담능력으로 극복될 수 없을 때 혹은 그와 같이 의제되는 경우에 한하여 정당화된다. 사회보장급여가 여기에 해당한다. 둘째, 시장에서 교환되는 상품, 재화 및 서비스의 가격을 통제하여 개인의 생활을 보호할 수 있다. 일반적으로 생활필수품에 대하여 직접 혹은 간접적인 방법으로 가격을 통제하는 경우가 여기에 해당한다. 특히 사회적 위험의 성격을 갖는 상황을 보호하기 위하여 필요한 상품과 재화 및 서비스의 공급과 가격의 결정은 일반적인 시장의 원칙에 전적으로 유보되어 있는 것은 아니다. 예컨대 의료서비스가 공법적 법률관계에서 제공되는 경우에는 의료 공급이 통제되거나 혹은 강제되고, 또 가격에 대한 통제가 이루어진다. 「의료법」상의 의료기관이 「국민건강보험법」상의 요양기관으로 당연 지정되고 (법 42조 제5항).[29] 또 요양급여의 가격(수가)이 의약계대표와 공단 간의 협의에 의하여

28) 국가개입의 다양한 수단에 대해서는 예컨대 Franz-Xaver Kaufmann, "Steuerung wohlfahrtsstaatlicher Abläufe durch Recht", *Jahrbuch für Rechtssoziologie und Rechtstheorie* Bd.13(1988), 71면 이하

29) 헌재 2002.10.31, 99헌바76등, 14-2, 410면 이하 참조.

결정되는 것이 대표적인 예이다(법 제42조).[30)]

그러나 국가의 시장개입이 시장기능을 과도하게 제한해서는 안되며, 이 경우 국가의 규제와 조정은 오히려 복지실현에 장애가 될 수도 있다. 개인의 소비를 사회적 관점에서 보호하기 위한 국가의 개입은 경우에 따라서 시장 참여자의 주권적 권리를 침해할 수 있고, 객관적으로는 시장의 생산과 교환기능을 억제할 수도 있다. 또 수익성이 실현될 수 없는 조건 하에서는 공급자가 시장에 접근 자체를 꺼려하여 생활에 필요한 상품, 재화 및 서비스의 공급과 소비가 원활히 이루어지지 못하거나, 혹은 생산자가 국가의 규제와 조정에 의하여 변형된 새로운 상황에 적응하여 필요한 수준에 미치는 못하는 상품, 재화 및 서비스를 공급할 우려가 있다.

4) 가족관계

전통적인 대가족구조에서는 가족 구성원 상호 간에 기능을 분담하여 생산과 소비, 그리고 부양 등의 기능이 수행되었으며, 이러한 의미에서 가족은 다기능공동체의 성격을 가졌다.[31)] 성인은 소득활동을 통하여 가족을 부양하고, 노인은 자녀양육 및 가족의 유지에 필요한 각종 서비스를 제공하였다. 아동은 무엇보다도 미래세대의 잠재적인 소득원(所得源)으로 기대되었고, 또 이러한 기대는 대부분의 경우에 실현되었다. 이러한 가족과 가족구성원 세대에게 기대되는 기능을 배경으로 가족법은 부양의 의무와 권리의 범위 및 정도를 합리적으로 형성하는 과제를 갖는다.

그러나 산업화, 그리고 도시화 및 가족구조의 (대가족에서 소가족 및 핵가족으로의) 변화가 진행되면서 가족규모는 축소되고 기능은 점점 약화되었다. 즉, 가족은 생산과 소비 및 부양이 함께 이루어지는 다기능공동체의 성격을 감소 혹은 상실하여 갔다. 이제 가족은 부모와 자녀로 구성되는 단순구조, 그리고 가족의 존속이 성인남성의 소득활동에 의존하는 단선구조를 띠게 되었다. 가족의 생활수요는 시장을 매개로 충족되고, 자녀부양은 부부 일방에 의존하거나 혹은 시장에서 구입하는 서비스를 필요로 하게 되었다. 무엇보다도 자녀에게 부양을 기대할 수 있는 현실적 및 정서적 환경이 약화 혹은 상실되어 가면서 가족의 미래가 불투명하게 되었다. 민법상 부양제도가 현실적으로 기능하는 가능성이

30) 헌재 2007.8.30, 2006헌마417, 19-2, 341면 이하 참조.

31) 가족의 다양한 기능에 대해서는 예컨대 전광석, 한국헌법론(집현재, 2019), 498면 이하 참조.

감소하는 상황은 「국민기초생활보장법」에도 영향을 미쳤다. 규범적인 부양의무가 현실적으로 기능하지 못하는 부분에서 「국민기초생활보장법」은 입법목적을 실현할 수 없기 때문이다. 실제 비현실적인 부양의무기준은 「국민기초생활보장법」이 수급자 선정과 관련하여 규범목적을 실현할 수 없는 가장 중요한 장애요소였다.

이와 같은 상황에서 가족부양의 문제는 사회화되어야 했다. 두 가지 측면이 정책적 주목을 받았다. 소득능력을 상실한 가족구성원에게 소득상실에 대한 대체급여를 제공하고, 자녀양육 혹은 노인부양을 위한 비용을 공법적으로 보호하는 방법이다. 그러나 가족단위의 소득상실과 자녀부양의 문제가 같은 비중으로 균형있게 배려되지는 않아 왔다.[32] 역사적으로 보면 가족구성원 중 성인남성이 소득능력 및 소득을 상실하는 문제는 지속적으로 주목을 받아 왔다. 연금보험과 산재보험은 주로 이러한 문제에 대한 처방을 담았다. 아동보호는 주로 노동법에서 아동의 노동을 금지시키고, 근로시간 및 근로장소를 제한하는 형태로 실현되었다. 이에 비해서 자녀양육을 지원하여 가족의 부담을 경감하고 가족의 존속을 보호하는 측면은 소홀히 되었다. 이와 같은 편향적인 정책은 자녀양육 등 서비스에 대한 수요는 가족 내부에서 여성, 노인 등의 가사활동에 의하여 충족된다고 가정하였기 때문이다. 또 자녀는 성장하여 성인이 된 후에는 부모를 부양하는 의무를 지고, 또 부양의무가 실현되는 것이 자연스러운 현상이라는 생각이 지배하였다.

가족에서 여성이 독자적인 위상을 갖게 되었고, 사회적으로 남성과 같은 역할능력을 갖추고 또 그러한 의지가 일반화되면서 상황은 바뀌었다. 이는 다음과 같은 세 가지로 정리될 수 있다. 첫째, 전통적으로 소득활동을 하는 성인남성이 소득능력을 상실했을 때 사회보험에서 부양을 대체하기 위하여 급여를 지급하여 왔지만, 이제 여성의 소득활동을 지원하여 가족 자체에서 복지가 실현될 수 있어야 한다. 둘째, 가족에서 복지는 특히 가정, 사회 및 직장에서 여성의 평등을 보장하는 기반 위에서 비로소 실현될 수 있다. 셋째, 여성의 평등을 보장하고 지속적인 소득활동을 지원하기 위해서는 자녀양육을 사회화하여야 한다. 저출산과 고령사회가 심화되고, 세대 간의 형평 혹은 세대 간 정의의 문제가 의제화되면서 자녀양육을 사회화하는 문제는 더욱 주목을 받게 되었다.[33]

32) 아동정책에서 나타나는 이러한 딜렘마에 대해서는 예컨대 전광석, "사회복지법의 규범체계와 과제", 법제연구 제41호(2011), 16면 이하 참조.

33) 이 점에 대해서는 예컨대 전광석, "지속가능성과 세대 간 정의", 헌법학연구 제17권 제2호(2011),

위와 같은 변화는 1980년대 이후 고용관계에서 여성노동을 보호하여 남녀평등의 실현에 기여해 왔던 「남녀고용평등법」이 2007년 「남녀고용평등 및 일·가정 양립지원에 관한 법률」로 개칭·개정된 데에 상징적으로 나타나 있다. 가족 자체가 복지를 실현하는 기능을 수행하며, 따라서 가족의 유지 및 보호를 위해서는 가족구성원의 부담을 개별적으로 보호하여야 한다는 인식이 자리잡기 시작하였다. 가족구성원에 대한 개별적인 보호의 경향은 이혼배우자의 재산법적 지위를 배려하는 형태로 발전하였다. 이에 1990년 민법에서 이혼배우자의 재산분할청구권을 도입하였으며(제839조의 2), 이러한 이념 및 제도화는 1998년 「국민연금법」(제64조 제1항), 그리고 2015년 「공무원연금법」(제46조의 3) 및 「사립학교교직원연금법」(제42조)으로 확대되었다.

(3) 세법

세법은 복지를 실현하는 간접적이지만 중요한 수단이다. 세법은 기본적으로는 국가재정을 충당하는 목적을 갖는다. 세법에 의하여 과세권이 행사되고 과세의 결과 개인의 가처분소득은 줄어든다. 세법은 다양한 형태로 개인의 생활수요를 배려할 수 있다.[34)] 첫째, 세법은 개인의 소득 중 기본적인 생활을 위하여 필요한 비용에 대해서, 혹은 필요한 상품, 재화, 서비스 등에 대해서 과세부담을 경감하는 방법으로 복지의 실현에 기여할 수 있다. 나아가서 세법은 현재 개인의 생활을 위하여 필요한 비용뿐 아니라 미래의 생활을 사전에 배려하기 위하여 납부하는 보험료를 소득에서 공제하여 복지실현에 기여한다.[35)] 둘째, 임금 및 소득과 마찬가지로 사회보장급여는 개인의 경제적 부담능력을 증가시키고, 따라서 기본적으로 과세의 대상이다. 그러나 세법은 사회보장급여가 개인의 생활을 보호한다는 점에 착안하여 부분적으로 과세의 대상에서 제외하고 있다.[36)] 특히 사회보장급여가 재해보상의 성격을 갖거나, 최저생활을 보장하는 목적을 갖는 경우에는 과세의 대상에서 제외하여 보다 직접적으로 복지의 실현에 기여한다.[37)]

302면 이하 참조.

34) 이에 대해서 자세히는 예컨대 전광석, "사회보장법과 세법의 기능적인 상관관계", 공법연구 제32집 제1호(2003), 207면 이하 참조.

35) 소득세법 제51조의 3(연금보험료), 제52조(국민건강보험법, 고용보험법, 노인장기요양보험법에 의한 근로자부담 보험료) 참조.

36) 소득세법 제12조 제4호 가. 참조.

37) 소득세법 제12조 제4호 가.; 제12조 제3호 사.; 제12조 제3호 다. 및 제4호 다. 참조.

세법을 통하여 복지를 실현하는 방법은 다음과 같은 뚜렷한 규범적 및 체계적 장점이 있다.

첫째, '규범적'인 측면에서 보았을 때 세법은 개인의 소득 중 개별적인 혹은 가족단위의 생활을 위하여 소비되는 혹은 소비되는 것으로 의제되는 소득 부분에 대해서 과세를 면제하여 국가의 개입이 없이 복지를 실현한다.[38] 이로써 개인에게는 국가의 개입에 의한 인위적 자유가 아니라, 자연적 자유가 실현될 수 있다.

둘째, '체계적'인 측면에서 보았을 때 (물론 세법이 현실적인 생활수요를 충실히 배려하였을 경우에) 세법은 사회보험과 공공부조의 체계가 남기는 공백을 보충한다. 사회보험은 개인의 소득활동 기간 중의 생활수준을 부분적으로 유지할 수 있도록 '적절한' 생활을 '추상적'으로 보호한다. 가입자에게 사회적 위험이 발생했을 때 가입자가 납부한 보험료 수준에 상응하여 법률에 정해진 종류와 내용 및 수준의 급여가 지급된다(급여의 적절성). 이때 가입자 개인의 구체적인 소득 및 자산이 급여의 조건으로 조사되지는 않는다. 따라서 가입자의 자산 혹은 부채가 있기 때문에 사회보험급여가 과잉보장이 된다거나 혹은 거꾸로 사회보장급여에도 불구하고 생활이 유지될 수 없다는 구체적인 상황은 사회보험 자체의 과제는 아니다(추상적 보호). 이에 비해서 공공부조는 개인에게 '최저생활'을 '구체적'으로 보호한다. 자산조사의 결과 최저생활을 유지할 수 없는 구체적인 상황이 존재할 때 수급자로 선정되며(구체적 보호), 이때 최저생활을 보장하기 위한 목적으로 급여의 종류와 내용 및 수준이 결정된다(최저보장). 그런데 세법은 개인의 구체적인 수요를 충족하기 위하여 필요한 비용을 과세의 대상에서 제외하여 '적절한' 소비행태를 '구체적'으로 보호할 수 있다.

이와 같은 세법의 규범적 및 체계적 장점은 개인의 구체적인 경제적 부담능력을 기준으로 과세가 이루어지는 직접세, 그 중에서도 소득세에서는 충실하게 나타난다. 그러나 세법은 사회보장의 기능에 있어서 다음과 같은 한계도 있다. 과세의 경감 및 면제는 소득근로자를 대상으로 한다. 이에 비해서 소득근로자가 아니며, 일반적으로 소득근로자에 비해서 열악한 경제적 상황에 있는 국민에게는 소득공제의 방법은 복지실현의 효과를 가질 수 없다. 이밖에 소득공제의 방법은 저소득자에 비해서 고소득자에게 유리하게 작용한다. 공제되는 소득

38) 최저생활보장과 관련된 헌법적 요청에 대해서는 예컨대 헌재 1994.7.29, 92헌바49등, 6-2, 95면 참조.

의 범위가 고소득자가 오히려 넓고, 또 그 결과 고소득자에 대한 누진 과세가 피해질 수 있어 소득역진의 효과가 나타나기도 한다.

또 간접세의 경우에는 세법은 이중으로 부정적인 효과가 나타난다. 첫째, 소득에 대해서, 그리고 개인의 구체적인 경제적 부담능력을 기준으로 과세가 이루어지는 직접세와는 달리 간접세는 개인의 추상적인 구매력을 기준으로 물건에 대한 과세를 하기 때문에 개인의 구체적인 사회적 상황이 배려되지 못한다. 둘째, 간접세는 소득 수준이 낮은 국민을 포함하여 모든 국민에게 부과되는데, 조세를 재원으로 운영되는 조치가 소득수준이 높은 국민을 포함하여 모든 국민에게 적용되는 경우에는 소득역진현상은 보다 뚜렷하다.[39]

3. 상호의존성 및 상호보충성의 실현구조

(1) 입법 및 입법평가의 단계적 점검

국가의 복지실현의 과제는 국가가 직접 급여를 지급하는 방법과, 사회적 보호의 목적으로 국가가 개별 생활영역에 개입하는 방법을 혼합하여 실현된다. 규범적 및 정책적으로 특정한 사회보장의 방법이 우선하는 것은 아니기 때문에 입법자는 사회적 목적에 직접 기여하는 급여를 지급하는 방법과 생활관계에서 일반적인 사회적 배려를 하는 방법을 함께 기능적으로 검토하여야 한다. 이때 다음과 같은 단계적 점검이 필요하다. 첫째, 규범 각각의 기능, 그리고 규범과 규범 간의 기능적 협력관계가 입법자가 의도했던 바와 같이 법제화되었는가에 대한 점검이 필요하다. 둘째, 이러한 규범 상호 간의 기능적 협력관계에서 의도한 바와 같은 정책효과가 실현되는가의 문제를 분석·평가하여야 한다. 이 점은 민법, 형법 등과는 달리 사회보장법이 사회적 보호의 결과를 실현하는 목적을 갖기 때문에 특히 필요한 작업이다.[40] 셋째, 기존의 규범과 현실의 상호작용 및 그 정합성이 새로이 형성되는 문제상황에서 기능하는 가능성 및 한계를 (재)평가하여야 한다.[41] 이러한 보충과 협력관계에 대한 이해가 결여되어 있는 경우에

39) 이 점에 대해서는 아래 각주 58 참조.

40) 아래 각주 60 참조.

41) 일반적으로 법사학연구에서 위에서 서술한 바와 같은 연구의 범주에 대해서는 예컨대 Helmut Coing, *Aufgaben des Rechtshistorikers*(Franz Steiner Verlag, 1974), 158면 이하 참조. 이는 사회보장법의 비교연구에서도 적용되어야 하는 방법론이다. 이에 대해서는 예컨대 Danny Pieters, "Reflections on the Methodology of Social Security Law Comparison", *Festschrift für Hans F. Zacher*(C.F.Müller, 1998), 715면 이하; Hans F. Zacher, "Vorfragen zu den Methoden der Sozialrechtsvergleichung", Hans F. Zacher(편), *Methodische Probleme des*

는 제도 간에 기능의 중복이 발생하거나 혹은 제도 간에 과제를 전가(轉嫁)하여 보장의 공백이 발생할 수 있다.[42)]

(2) 다원적 보충관계

사회보장을 1차적인 목적으로 제정된 사회보장법 및 사회보장제도 간의 협력을 통하여 입법목적이 실현되어야 한다. 이러한 과제는 같은 목적을 갖는 제도가 다원적으로 형성되면서 나타난다.

2007년 고령사회에서 전형적인 사회적 위험으로 인식된 노인요양문제를 보호하기 위하여 「노인장기요양보험법」이 제정되었다. 「노인장기요양보험법」은 기본적으로 노인장기요양문제를 사회화하는 목적을 가졌지만 동시에 고령사회가 깊어지면서 국민건강보험에서 노인진료비가 급증하는 결과 건강보험이 겪는 재정적 부담을 분산시키는 목적이 있었다.[43)] 이에 노인의 건강보장에 관한 한 건강보험과 노인장기요양보험의 기능분담이 새로운 과제로 제기되었다. 또 「노인장기요양보험법」은 노인이 신체적 및 가사활동을 할 수 없는 상황을 보호하기 때문에 이 보다 범위가 넓은 일상적인 혹은 사회경제적 활동을 지원하는 문제는 여전히 「노인복지법」의 과제로 남게 된다. 이는 「노인복지법」을 중심으로 보면 다음과 같이 기능이 축소 혹은 확대되는 의미가 있다. 즉 한편으로는 그동안 「노인복지법」이 부분적으로 담당했던 장기요양의 부담을 덜을 수 있게 되었다. 그러나 다른 한편 「노인장기요양보험법」이 지원하지 않는 노인의 일상적 및 사회경제적 활동, 그리고 「노인장기요양보험법」의 적용대상이 아닌 노인의 장기요양을 포함하여 노인활동을 지원하는 포괄적인 과제를 새로이 인식하는 계기가 되었고, 또 이에 집중하여야 하는 부담이 생겼다.[44)]

「국민연금법」과 「기초연금법」의 기능관계 역시 검토가 필요하다. 1998년, 그리고 2007년 「국민연금법」의 개정을 통하여 국민연금의 수준은 거의 50% 낮아졌다. 그 결과 국민연금이 저소득자인 가입자에게는 최저생활도 보장할 수 없게 되었다. 이에 「기초연금법」(당시 「기초노령연금법」)이 구상되었고, 2007년

Sozialrechtsvergleichs(Duncker & Humblot, 1977), 21면 이하 등 참조.

42) 이에 대해서는 아래 (4) 참조.

43) 이에 대해서는 권순만, "인구고령화와 의료비 지출 및 장기요양제도 도입의 정책과제", 사회보장연구 제22권 제2호(2006), 3면 이하 참조.

44) 이 점에 대해서는 전광석, "한국 노인장기요양 관련 법제도의 현황과 과제", 사회보장법학 제2권 제1호(2013), 111면 이하 참조.

제정되었다. 비록 「기초연금법」을 제정한 직접적인 계기가 국민연금의 수준이 낮아졌다는 데 있었지만 이 경우 「기초연금법」의 기능에 대해서는 근본적인 검토가 필요하였다. 국민연금의 수준이 낮아졌다는 사실은 보다 일반적으로 보면 노인빈곤이 깊어진다는 의미를 가졌지만 그렇다고 노인빈곤의 문제가 반드시 국민연금과 연관성을 갖는 것은 아니다. 또 기존에 빈곤보호의 기본법인 「국민기초생활보장법」이 특히 부양의무 및 재산의 소득환산에 관한 기준이 비현실적이었기 때문에 노인빈곤을 충실히 보호할 수 없었다는 사실도 고려되어야 했다.[45] 「기초연금법」은 도입될 당시에도, 그리고 현재에도 아직 올바른 방향성을 갖지 못하고 있다.[46]

특정한 사회적 위험을 보호하기 위한 법이 기능하기 위한 조건을 갖추지 못했기 때문에 입법목적이 실현될 수 없는 문제도 발견된다. 예컨대 1995년 시행된 「고용보험법」은 실업이 발생했을 때 상실되는 소득의 일부를 현금급여를 지급하여 보장한다. 그런데 이 경우 가입자의 근로의욕을 감소 혹은 상실시킬 수 있다는 우려를 하였다. 이는 이미 1960년대 초 사회보장입법의 시기에 나타났던 우려였으며, 이에 실업보험은 정책적 논의에서 제외되었다.[47] 이에 「고용보험법」은 기본적으로 고용안정사업 및 직업능력개발사업에 중점을 두어 실업을 예방하는 입법목적을 가졌다. 그러나 1998년 이후 실업이 증가하면서 고용보험법사업은 구직급여에 집중하여야 했고, 그 결과 실업을 사전에 예방하는 원래의 목적은 소홀히 되었다.[48] 이는 고용보험의 입법목적이 실현되기 위한 전제조건으로서 실업으로 인한 소득상실이 보장되어야 하며, 그렇지 않은 경우 고용보험이 기능할 수 없다는 점을 알려 준다.

이와 같이 실업 및 취업보호와 관련된 기능적 관계는 「국민기초생활보장법」의 자활급여와 관련해서도 나타난다. 1999년 기존의 「생활보호법」을 대체하여 제정된 「국민기초생활보장법」은 자활을 통하여 개인이 스스로의 능력으로 생활을 형성하는 입법목적을 제시하였다. 그러나 사실 최저생활보장과 자활보호

45) 이 점에 대해서는 예컨대 전광석, 위 각주 2의 논문, 73면 이하 참조.
46) 「기초연금법」의 목표와 관련된 이러한 지적에 대해서는 제8장 각주 29 참조.
47) 당시 이에 관한 논의상황에 대해서는 예컨대 민부기, "산재보험제도의 창설", 최고회의보 제26호(1963.11), 76면 참조.
48) 1998년 이후 「고용보험법」의 시행 경험에 대해서는 예컨대 안학순, "한국 고용보험제도의 적극적 노동시장정책에서 소득보장기능 강화로의 전환과정에 관한 연구", 연세사회복지연구 제5권(1988), 72면 이하 참조. 이 점을 비롯하여 초기 고용보험의 운영현황에 대해서는 예컨대 방하남, "한국고용보험제도의 현황과 발전과제", 한국사회정책 제4집 제1호(1997), 272면 이하 참조.

의 이념은 어느 정도 긴장관계에 있다. 자활지원을 통하여 개인에게 최저생활을 보장하기 위해서는 다음과 같은 규범적 및 정책적 조건이 필요하다. 첫째, 규범적으로는 자활사업으로부터 얻은 소득이 최저생계비용을 일부 초과하는 경우에도 생계급여를 계속 지급하여 근로유인을 유지할 수 있도록 하여야 한다. 그렇지 않을 경우 자활활동을 포기하고 생계급여를 수급하려는 유인이 생길 수 있고, 이 경우 빈곤으로부터 벗어날 수 없을 것이기 때문이다. 또 최저생계비를 초과하는 소득이 일시적으로 있다고 해서 현물급여의 성격이 있는 의료급여를 중단하는 것은 바람직하지 않다. 이 경우 수급자는 수급자격을 계속 유지하기 위하여 최저생계비에 미달하는 소득수준을 유지하려는 유인을 갖기 때문이다. 둘째, 자활을 지원하기 위하여 필요한 직업훈련 및 취업알선, 그리고 취업유지지원 등의 프로그램이 실시되어야 한다.[49] 1999년 시행된 「국민기초생활보장법」은 최저생활보장을 우선하고, 이에 비해서 자활보호의 이념은 소홀히 되었다. 근로빈곤층과 같이 근로능력이 있는 국민을 대상으로 자활사업을 시행하기 위해서는 이에 관한 독립 법률, 예컨대 "빈곤예방 및 저소득층 자립지원법" 혹은 "실업부조법"을 제정하고, 「국민기초생활보장법」은 그밖에 소득능력이 없는 국민에게 최저생활 그 자체를 보장하는 데 집중하는 기능의 분담이 필요하다.

「국민연금법」상의 국민연금과 「근로기준법」상의 퇴직금은 모두 노후 혹은 퇴직 후 소득보장을 목적으로 하며, 이 경우 제도 간 기능이 조정되어야 했다. 일반적으로 국민연금이 충실하게 소득보장을 하는 경우 퇴직금제도는 그만큼 부담이 줄어든다. 1988년 시행된 「국민연금법」은 이러한 구상을 한 것으로 보인다. 당시 「국민연금법」은 사용자와 근로자가 각각 보험료의 3분의 1을, 그리고 퇴직금전환금에서 3분의 1의 재정을 부담하도록 하였다. 이는 한편으로는 사용자 및 근로자의 보험료 부담을 덜어주는 효과가 있었지만 동시에 국민연금이 노후소득보장의 기능을 수행하게 되면서 퇴직금의 기능이 축소될 것으로 예상하였기 때문이다.[50]

이에 비해서 국민연금의 수준을 인하하는 상황에서는 이로 인하여 발생하는 보장의 공백을 퇴직급여가 충실히 메울 수 있도록 하여야 한다. 이와 같은 협력관계를 형성함에 있어서 다음과 같은 기능적 및 현실적 고려가 필요하다. 첫째, 「근로기준법」상의 퇴직급여의 기능은 단일하지 않다. 즉 근로자가 장기

49) 이에 대해서는 전광석, 위 각주 2의 논문, 81면 이하 참조.
50) 퇴직금전환금으로부터 보험료를 부담하게 하는 규정은 1998년 폐지되었다.

간 재직한 후 퇴직급여를 수령하는 경우에는 퇴직급여는 노후에 상실되는 소득을 대체하며, 따라서 국민연금과 기능적 연계가 필요하다. 그러나 근로자가 단기간 재직 후 퇴직하는 경우에는 퇴직급여는 다시 취업을 하는 기간까지 소득을 보장하는 일종의 실업급여와 같은 기능을 수행한다. 이 경우에는 퇴직급여는 국민연금과 기능적 연계는 거의 없게 된다. 그만큼 세밀한 제도분석 및 평가가 필요하다. 둘째, 현실적으로 퇴직연금 등 사적인 제도가 국민연금을 보충하기 위해서는 사용자 및 근로자가 퇴직연금 및 개인연금에 참여하려는 의지와 능력이 있어야 하며, 또 국가는 이를 유인하고 지원하여야 한다. 예컨대 2007년 「국민연금법」의 개정에 의하여 연금수준이 낮아지면서 한편으로는 기업연금의 실질화를 위하여 「근로자퇴직급여보장법」을 제정하였으며, 다른 한편 기초노령연금의 도입을 추진한 바 있다. 그러나 특히 기업연금의 실질화와 관련하여 제도적 지원 외에 재정적 지원이 보충되었는지는 명확하지 않다. 독일의 경우 2001년 「법정연금법」(Gesetzliche Rentenversicherung)을 개정하여 연금의 수준을 인하하였고, 이를 보충하기 위하여 가입자가 민간보험에 가입하여 보험료를 납부하는 경우 보험료 지출에 대한 과세를 완화하는 재정적 지원을 하였다(이른바 "Riester-Rente).[51] 셋째, 사회보험급여가 낮고, 또 사각지대가 넓은 경우에는 이로 인한 보장의 공백을 결국 공공부조가 부담하여야 한다. 그러나 이 경우 공공부조가 자신의 고유한 과제, 즉 비전형적인 원인에 의하여 발생하는 빈곤을 보호하는 과제에 충실할 수 없게 된다. 이에 필연적으로 개인의 개별적인 상황과 위험을 구체적으로 보호하는 제도가 다원화되어야 되며, 이를 통하여 사회보험이 남긴 보장의 공백을 메우고, 또 공공부조의 부담을 덜어주어야 한다.

(3) 다층적 보충관계

국가의 직접적인 복지실현, 그리고 고용관계, 시장 및 가족관계 등 개별생활영역에서 간접적으로 복지를 실현하는 제도 간에 기능적 협력관계가 이해되고 형성되어야 한다. 위에서 언급했듯이 국가는 복지실현을 1차적인 목적으로 하는 제도 및 제도 간의 관계를 기능적합하게 형성하고, 사후 평가를 통하여 개선하여야 한다. 이에 비해서 국가의 복지과제와 개별생활영역에서 이루어지는 복지실현의 관계를 기능적으로 형성하는 것은 훨씬 어려운 입법 및 입법평가의 과제이다. 개별생활영역에서는 해당 생활관계 당사자 간의 협의와 합의에 의하

51) 이에 대해서는 전광석, 독일의 사회정책과 사회보장법(박영사, 2008), 152면 이하 참조.

여 비로소 복지가 실현되기 때문이다. 아래에서 몇 가지 예를 들어 본다.

노후소득을 보장하는 국민연금과 세법의 소득공제제도가 복지실현을 위하여 협력적으로 기능하여야 한다. 세법을 통하여 복지를 실현하는 다양한 국면에 대해서는 위에서 서술하였다.[52)]

여러 제도 간의 이질적인 기능을 조정하여 복지를 실현하는 과제를 건강보장을 중심으로 살펴보자. 「국민건강보험법」과 「의료급여법」은 건강보험공단과 가입자의 급여관계, 혹은 국가의 일방적인 급여를 개별적으로 법률관계를 형성하여 질병을 보호하고 건강을 증진하는 목적을 갖는다. 그러나 개인의 건강은 환경적 요인에 의하여 영향을 받으며(환경적 요소), 또 개인의 생활습관 등 행태가 중요한 영향을 미친다(행태적 요소). 따라서 질병을 예방하기 위하여 필요한 환경을 조성하고, 또 건강한 생활행태를 유인하는 공중보건정책은 국민건강의 보장에 효율적이며, 그 결과 「국민건강보험법」과 「의료급여법」의 기능을 충실히 보충한다. 다만 객관적인 제도에 의하여 실현되는 건강증진의 공익은 개별적인 법률관계에서 실현되는 개인의 이익에 비해서 정책적 주목을 받는 정도가 약하고, 그 결과 「국민건강보험법」이 발전하면서 공중보건정책에 대한 정치적 관심을 약해지는 것이 일반적이다.[53)] 그만큼 공중보건과 건강보험 간의 기능관계, 특히 전자의 효과가 객관적으로 인식되고, 정책적 비중을 가져야 한다.[54)] 개별적인 급여관계를 규율하는 법, 그리고 사회적 위험과 상황을 개선하는 구조정책 간의 협력관계는 「주거급여법」에 의한 주거급여와 공공임대주택의 건설을 통한 구조개선정책, 그리고 주택시장정책 사이의 관계에서도 검토를 필요로 한다.[55)]

1990년대 이후 복지를 다층적으로 실현하는 과제는 사회보장법과 노동법, 복지정책과 노동정책을 근본적으로 재구조화하는 요청으로 나타났다. 전통적으로 복지정책은 고용 및 소득의 불안정을 지원하는 과제를 가졌지만, 이제 고용

---

52) 위 I.2.(3) 참조.

53) 이러한 정책선택과 정책효과의 비대칭성의 역설에 대해서는 예컨대 Stefan Huster, "Gesundheitsgerechtigkeit: Public Health im Sozialstaat", *Juristen Zeitung*(2008), 859면 이하 참조. 같은 문제인식에 대해서는 신영전, "글로벌 경제위기와 의료보장의 사각지대", 한국사회정책 제17집 제1호(2010), 118면; 이진석, "보건의료정책의 역사적 변화와 전망", 김병섭 외, 우리 복지국가의 역사적 변화와 전망(서울대 출판문화원, 2015), 192면, 197면 등 참조.

54) 건강보장에서 공중보건의 기능에 대해서는 예컨대 박지용, "보건의료에 대한 헌법적 기초로서 개념적 및 역사적 접근", 헌법학연구 제19권 제4호(2013), 513면 이하; 박지용, "빈곤과 건강보험법-한국 의료보장법과 의료체계를 중심으로", 사회보장법학 제2권 제1호(2013), 95면 이하 등 참조.

55) 이 점에 대해서는 제8장 각주 35 참조.

과 소득의 불안정이 넓게 퍼지고 깊어지면서 이를 복지정책이 부담하는 데에는 한계가 있었기 때문이다. 이에 노동법 및 노동정책을 '회생'시키는 과제가 새롭게 강조되고 있다.[56)]

(4) 과제 전가(轉嫁)의 문제

위와 같이 복지의 다원적 및 다층적 실현구조를 이해하여야 하며, 이는 다음과 같은 관점에서 주목할 필요가 있다. 즉 다원적 및 다층적 구조에서 상호 기능을 보완하면서 복지를 실현하여야 하며, 그렇지 못할 경우 제도 간에 과제를 전가하여 책임을 회피하는 문제가 발생할 수 있다. 다음과 같은 예를 들어 보자.

첫째, 국민연금이 연금수준을 인하하는 필요성이 있고, 또 이러한 조치가 취해진 후 「근로기준법」의 퇴직급여를 충실하게 하는 조치는 추상적으로 보면 타당하다. 그러나 이와 같은 복지실현 방법의 분산이 타당성을 갖기 위해서는 기업에서 퇴직급여가 실효적으로 기능할 수 있어야 한다. 즉 퇴직급여제도가 노후소득을 보장할 수 있도록 설계되어야 하고, 또 실제 급여가 보장되어야 한다. 그렇지 않은 경우 퇴직급여보장은 국민연금이 남긴 보장의 공백을 덮고, 이에 대한 정치적 비난을 회피하는 수단이 될 뿐이다(blame avoidance). 둘째, 전체적으로 사회보장이 충실히 기능하지 못하는 경우 위에서 언급한 바와 같이 세법상의 배려를 통하여 기능이 보완될 수 있어야 한다. 그러나 세법상의 배려는 부분적이고 어느 정도 소득역진적이다. 소득근로자가 적용(수혜)대상이며, 소득공제에서는 고소득자가 보다 많은 혜택을 받을 수 있기 때문이다. 이 점에 대해서는 위에서 지적한 바 있다.[57)] 그 결과 세법상의 조치는 외형적으로 저소득 근로자의 가처분소득을 증가시키는 효과가 있지만, 사회보장이 지체되는 문제를 덮는 방편이 될 수 있다. 이는 1960-70년대 우리의 경험이었다.[58)]

---

56) 이에 대해서는 예컨대 도재형, "노동법의 위기와 회생, 그리고 과제", 인권과 정의(2016.6), 69면 이하 참조.

57) 위 각주 39 참조.

58) 당시 근로소득공제의 정책 내용 및 문제점에 대해서는 예컨대 김도균, "한국 재정복지와 '근로소득세 면세점 제도'에 관한 연구", 사회보장연구 제29권 제4호(2013), 64면 이하; 남찬섭, "한국복지정치의 딜레마-낮은 조세능력과 자가복지(自家福祉)로 인한 한계에 중점을 두어", 사회복지연구 제38호(2008), 42면 이하; 양재진/민효상, "한국 복지국가의 저부담 조세체제의 기원과 복지증세에 관한 연구". 동향과 전망 제88호(2013), 58면 이하; 윤홍식, "박정희 정권시기 한국 복지체제; 반공개발국가, 복지국가의 기능적 등가물", 한국사회정책 제25권 제1호(2018), 213면 이하 등 참조.

Ⅱ. 역 사

1. 가변적 현실과 규범의 유형화; 체계형성

사회보장법의 다원적 및 다층적 실현구조, 그리고 다원적 및 다층적 구조의 상호기능은 상대적이며, 또 가변적이다. 위에서 서술한 국민연금과 퇴직금의 관계, 그리고 이들 제도와 기초연금의 관계가 좋은 예이다. 따라서 사회보장법은 변화하는 사회현실 및 이에 대한 규범적 대응, 그리고 이들 상호간의 상대적 관계를 지속적으로 점검하면서 제정 혹은 개정된다. 역사적으로 보면 사회보장법은 과거의 현실과 규범의 상호관계 속에서 체계를 형성하여 왔다. 사회현실의 변화와 새로운 사회문제의 등장으로 인하여 기존의 체계는 유지 혹은 전환되면서 (재)형성된다. 이와 같은 동태적인 과정에서 보면 과거의 사회보장법은 현재의 사회보장법을 이해하는 기반이 된다.[59] 과거의 사회보장법은 지나간 시대의 사회문제를 현재의 새로운 사회문제와 비교하는 준거틀이 되기 때문이다.

이 점에 보면 사회보장법은 민법, 형법 등과 같은 전통적인 법영역과는 기능방식이 근본적으로 다르다. 민법, 형법 등은 이상적(理想的)으로 기능할 수 있는 추상적인 법질서를 제시하고, 개인의 행위를 구성요건에 포섭하여 법적 효과를 부여하는 방식으로 규범력을 실현한다. 그 결과 나타나는 개인의 행복과 불운과 같은 현실적인 상황은 이들 법의 1차적인 관심은 아니다. 이와 같은 시민법 질서는 서구에서 사회가 안정적으로 형성되고 기능하는 시대를 배경으로 하였다. 19세기 중후반을 지배하였던 법실증주의는 이와 같은 아름다운 시대(belle époque)의 산물이었다.[60] 이에 비해서 사회보장법은 개인의 사회적 위험과 상황을 보호하고, 사회정의와 사회통합을 실현하는 목표를 지향하며, 동시에 그러한 목표를 실현하는 과제를 갖는다.

다음과 같은 예를 들어보자. 사회보험은 사회적 위험이 발생하였을 때 보험급여를 지급하여 사회적 위험이 극복된다는 가정을 하며, 이러한 의미에서 추

59) 이와 같은 의미에서 복지국가를 절차적 원리로 파악하는 시도에 대해서는 예컨대 Franz-Xaver Kaufmann, "Der Sozialstaat als Prozess－für eine Sozialpolitik zweiter Ordnung", *Festschrift für Hans F. Zacher*(C.F.Müller, 1998), 307면 이하; Hans F. Zacher, "Der Sozialstaat als Prozess", Hans F. Zacher, *Abhandlungen zum Sozialrecht*(C.F.Müller, 1993), 73면 이하 등 참조. 이에 대한 보다 일반적인 역사적 접근으로는 예컨대 Michael Stolleis, *Die unvollendete Gerechtigkeit. Das Projekt Sozialstaat und seine Zukunft*(Franz Steiner Verlag, 2005) 참조.

60) 이후 시대의 변화에 따라 공법적 사고가 사법에 침투하는 현상에 대해서는 Michael Stolleis, "Öffentliches Recht und Privatrecht im Prozess der Entstehung des modernen Staates", *Ausgewählte Aufsätze und Beiträge* Bd.1(Vittorio Klostermann, 2011), 524면 이하 참조.

상적인 보호에 해당한다. 그렇더라도 사회보험은 개인에게 발생하는 전형적인 위험을 보호하기 위하여 지속적으로 제도를 점검하고, 또 새로운 사회적 위험을 포섭하면서 진화하여야 한다. 이와 같은 선택적 확대를 통하여 대상계층을 보편화하고(전국민 사회보험), 또 사회적 위험을 포괄적으로 보호하여야 한다(사회보험의 과제의 확대). 사회보험과 비교하여 공공부조와 사회복지서비스는 개별적인 사회적 상황을 구체적으로 보호하는 과제를 갖는다. 이 경우에도 개인에게 청구권을 부여하여 법적 안정성을 보장하기 위해서는 구성요건에 대한 유형화와 법제화가 어느 정도 필요하다. 다만 법제화와 유형화는 구체적인 보호의 필요성과는 긴장관계에 있다. 유형화와 법제화의 과정에서 모든 개별적인 상황이 포괄될 수는 없으며, 따라서 부분적으로 규율의 공백은 피할 수 없기 때문이다.

따라서 개별적인 상황이 실제 구체적으로 보호될 수 없는 경우에는 법률을 보충하고, 제도를 개선하며, 또 행정적 재량에 대한 통제를 통하여 해당 상황이 실제 보호될 수 있도록 하여야 한다.[61] 이와 같은 규범구조 및 상황의 다양성과 가변성을 고려하면 사회보장법은 개별적인 상황을 추상적 혹은 구체적으로 기능적합하게 포섭할 수 있도록 제도를 세분화하고 유형화하여 체계를 형성하고, 또 체계 간에 협력관계가 기능할 수 있어야 한다.

2. 빈곤과 빈곤정책

(1) 빈곤정책의 성격 변화

역사적으로 가장 오래된 사회문제 및 사회보장의 유형은 빈곤 및 빈곤정책이다. 이미 1601년 영국에서는 세계 최초로 구빈법(Poor Law)이 제정되어 빈곤에 대한 국가책임이 인정되었다.[62] 빈곤은 개인의 생존에 관한 문제이지만 다음과 같은 객관적 의미도 가졌다. 첫째, 빈곤이 널리 퍼지고 깊어지게 되면 이는 국가의 정당성에 영향을 미치며, 개인이 국가의 존립에 충실할 것을 기대할 수 없다. 둘째, 개인은 생존을 위하여 일탈행위를 감행하며, 그 결과 빈곤은 사회질서를 혼란하게 하는 범죄의 원인이 될 수 있다. 따라서 빈곤정책은 국가 및

61) 법제화와 행정적 재량의 긴장관계에 대해서는 예컨대 Hans F. Zacher, "Verrechtlichung des Sozialrechts", Friedrich Kübler(편), *Verrechtlichung von Wirtschaft, Arbeit und sozialer Solidarität*(Suhrkamp, 1984), 59면 이하 참조.

62) 영국에서 구빈법 및 신구빈법 제정의 배경과 현실에 대해서는 예컨대 박광준, 사회복지의 사상과 역사-서구복지국가와 한국(양서원, 2013), 55면 이하 참조.

사회질서를 유지하기 위한 정책수단으로 이해되어 왔으며, 수급자에게는 선거권 박탈과 같은 제재가 따랐다. 이는 영국뿐 아니라 독일과 일본에서도 관찰되는 현상이었다.[63] 우리의 경우 식민지시대에 빈곤보호를 위하여 제정된 「조선구호령」(1944년)은 이와 같이 객관적 정책의 관점이 지배하였으며, 군사적 통제와 국민동원의 수단으로 시행되었다.[64]

빈곤에 대한 사회적 이해, 그리고 이에 관한 인권의식이 진화하면서 빈곤정책은 빈곤 그 자체를 보호하는 국가과제로 인식되는 변화가 있었다. 이에 상응하여 개인은 빈곤정책에 대한 주관적 권리를 갖게 되었다.[65] 또 빈곤은 개인이 사회경제적 발전(진보)에 참여하는 기회에서 배제되는 효과를 갖는다는 이해가 퍼지면서 빈곤에 대한 인권 및 평등인식은 강화되고, 또 민감해졌다.

(2) 빈곤에 대한 정책적 이해

빈곤에 관한 인식은 이중적인 측면을 가지며, 이는 역사서술에 있어서 중요한 기준으로 적용될 수 있다.

전반적으로 사회경제적 발전이 진행되는 상황에서도 빈곤은 여전히 사회문제로 남는다. 특히 빈곤정책의 수급자 선정기준으로 기준 중위소득을 선택하는 경우에는 빈곤은 본질적으로 영원한 사회문제이다. 빈곤은 기본적으로 개인이 최저생활을 할 수 없는 상황이며, 따라서 절대적으로 보호되어야 한다. 그러나 상대적으로는 개인이 해당 사회에서 전개되는 사회경제적 성장과 발전에 참여할 수 없으며, 따라서 사회통합에서 배제 및 소외되는 의미를 갖는다. 이 경우 빈곤은 평등의 관점에서 접근되어야 하며, 빈곤은 사회적 불평등 논의에서 핵심적인 의제가 된다.[66] 그리고 실제 제도화의 문제를 별론으로 하고, 이론적으로 보면 절대적 빈곤에서 상대적 빈곤으로 빈곤의 개념이 변화하는 것은 필연적이다.[67] 2014년 개정된 「국민기초생활보장법」에서 수급대상자를 선정하는 기

63) 박광준, 위 각주 62의 책, 78면, 272면 등 참조.

64) 이에 대해서는 예컨대 류진석, "일제시대의 방면위원제도", 하상락(편), 한국사회복지사론(박영사, 1988), 381면 이하, 396면 이하 참조.

65) 이러한 변화는 예컨대 독일에서는 법원의 판례가 선도하였다. 이에 대해서는 *BVerwGE* 1, 159면 이하 참조. 이 판결 이후 독일의 입법자는 최저생활보장의 요건이 강행규정으로 형성되어 있는 경우에는 개인은 이러한 급여에 대해서 청구권을 갖는다는 규정을 삽입하였다. 독일사회법전 제12권 제17조 제1항 참조.

66) 사회적 평등의 시각에서 빈곤이 갖는 의미에 대해서는 예컨대 전광석, "사회적 불평등의 구조, 평등의 이념과 규범", 법학연구(연세대 법학연구원) 제28권 제3호(2018), 22면 이하 참조.

67) 이에 대해서는 예컨대 박순일, 한국의 빈곤현실과 사회보장(일신사, 1994), 7면 이하 참조.

준으로 기존에 최저생계비 대신 기준 중위소득으로 하게 되면서 이제 빈곤을 상대적 개념으로 전환하게 되었다(국민기초생활보장법 제1조 제11호, 제6조의 2).

빈곤이 더 이상 도덕적 문제가 아니라 사회경제적 문제로 인식되면서 제도적 성격을 띠게 되었다. 즉 빈곤은 공적 복지에서 배제되었거나 혹은 정책이 실패한 결과로 인식되게 되었다. 전통적으로 빈곤은 가족 및 사회적 연대에 의한 보호와 배려에서 소외되는 결과였다.[68] 산업화 이후에는 빈곤은 개인이 근로능력 또는 취업기회를 상실하는 결과, 또는 저임금 등을 원인으로 발생하였다. 이후 공적 복지가 확대되면서 빈곤을 특유하게 보호하는 각종 제도들이 시행되었다. 이때 다양한 빈곤의 상황이 보호의 대상에 포섭되었다. 또 다음과 같은 인식의 전환도 있었다. 즉 전통적으로 빈곤은 근로무능력, 혹은 게으름 및 노동의 기피 등 개인적인 문제에서 기인한다고 이해되었으며, 여기에는 위에서 서술한 바와 같이 도덕적 및 사회적 비난이 가해졌다. 그러나 빈곤의 사회구조적 성격이 주목을 받은 이후 이와 같은 인식은 더 이상 유지될 수 없었다. 즉 이제 복지국가는 빈곤의 개별적인 원인에 관계없이 빈곤 상황 그 자체를 보호하는 과제를 갖는다. 다만 이러한 빈곤정책과 제도들이 빈곤의 다양한, 구조적 및 개별적인 원인과 상황을 모두 포괄하는 것은 규범적, 그리고 현실적으로 불가능하다는 한계는 여전히 남는다.

'규범'적으로 보면 빈곤정책은 개별적인 상황을 구체적으로 보호하여야 한다. 그러나 빈곤정책이 안정성을 갖기 위해서는 법제화를 필요로 한다. 그런데 법제화는 개별적인 상황을 유형화하고 어느 정도 추상화하여 규율하는 작업이다. 이때 유형화된 구성요건과 추상화된 급여의 종류와 내용 및 수준에서 벗어나는 빈곤의 원인과 상황은 빈곤정책의 사각지대로 남는다. 이와 같은 이유에서 최저생활을 보장하는 법률은 일반조항을 필요로 한다. "… 수급권자에 해당하지 아니하여도 생활이 어려운 사람으로서 일정 기간 동안 이 법에서 정하는 급여의 전부 또는 일부가 필요하다고 보건복지부장관 또는 소관 중앙행정기관의 장이 정하는 사람은 수급권자로 본다"는 규정이 좋은 예이다(국민기초생활보장법 제14조의 2). '현실'적인 측면에서 보면 사회보장이 보편화되어 있는 상황에서는 전형적인 사회적 위험은 사회보험에 의하여 보호되며 빈곤은 기본적으로는 비전형적인 원인에 의하여 발생한다. 그런데 빈곤법제가 이와 같은 모든 개별적인 상황을 예

68) 이 점에 대한 역사적 경험에 대해서는 예컨대 홍윤기, "연대와 사회결속-연대의 개념, 그 규범화의 형성과 전망", 윤홍식(편), 우리는 한배를 타고 있다(이매진, 2012), 42면 이하 참조.

상하고, 구체적 보호의 방법을 사전에 규율하는 것은 현실적으로 불가능하다. 이에 비해서 사회보장이 보편화되고 평등한 사회보장이 확대되면서 빈곤문제는 더욱 민감하게 인식된다. 즉 다원적 및 다층적인 사회보장의 실현구도 속에서 빈곤문제가 고려되어야 하지만 이 과정에서 피할 수 없는 개별적인 혹은 구조적 흠결은 불평등 의식을 더욱 깊게 한다.[69]

위와 같은 문제는 빈곤정책이 궁극적으로는 모든 국민에게 스스로의 능력으로 최저생활을 형성하기 위하여 필요한 조건을 보장하는 과제를 갖는다는 점을 고려하면 더욱 복잡하다. 오늘날 노인빈곤과 노동빈곤, 그리고 장기실업의 예에서 보듯이 소득 및 복지의 불안정으로 인하여 최저생활을 할 수 없는 상황이 발생하고 또 넓게 퍼져가고 있다. 그런데 개인에게 시장에서 혹은 공적 사회보장에 의하여 주어진 기회를 활용하는 가능성과 정도에는 차이가 있으며, 개인이 처한 환경이 또 다른 변수로 작용한다.[70] 이 모든 변수를 법과 제도에 반영하는 데에는 한계가 있기 때문이다.

빈곤정책의 공백과 불균형에는 정치적 이유도 작용한다. 빈곤정책의 대상자는 예컨대 사회보험 가입자에 비해서 조직화되기 어렵고, 따라서 정치적 주목을 받지 못한다. 이는 그만큼 다양하고 가변적인 빈곤의 원인과 상황을 정책적으로 적시(適時)에 적합하게 반영하는데 어려움을 준다. 또 빈곤의 원인과 상황이 다양하고, 또 비전형적이라는 사실은 정책형성에 있어서 다양한 시선(視線)을 필요로 하지만, 이는 그만큼 정책의 형성과 집행에 있어서 집중도를 분산시키는 원인이 되기도 한다.[71] 이때 정책적 집중의 차이가 정치적 계기에 의하여 결정되는 우려가 있다는 것이다.

69) 이 점에 대해서는 예컨대 전광석, "빈곤문제와 법학의 과제", 법과 사회 제5호(1992), 150면 이하 참조. 이밖에 독일의 경험에 대해서는 예컨대 Winfried Süss, "Vom Rand in die Mitte der Gesellschaft?" Armut als Problem der deutschen Sozialgeschichte 1961-1989", Ulrich Becker/Hans Günter Hockerts/Klaus Tenfeldt(편), *Sozialstaat Deutschland Geschichte und Gegenwart*(Dietz, 2010), 124면 이하 참조.

70) 이 점에 대해서는 예컨대 Amartya Sen, *Inequality Reexamined*(Harvard University Press, 1995), 23면 이하 참조.

71) 이는 현대 사회정책에 있어서도 일반적으로 나타나는 현상이다. 이에 대해서는 예컨대 Alexander Graser, "Zur Fragmentierung der Mindestsicherung－Eine Hypothese zum Zusammenhang zwischen dem Geltungsbereich eines sozialrechtlichen Regelwerks und seinem materiellen Schutzgehalt", *Zeitschrift für ausländisches und internationales Arbeits- und Sozialrecht*(2003), 319면 이하 참조.

3. 사회적 약자에 대한 객관적 정책과 주관적 보호, 자립지원과 사회통합 – 아동 · 노인 · 장애인을 중심으로 –

(1) 아동

사회적 주변집단을 보호하는 것은 국가의 가장 기본적인 과제이지만, 소홀히 되어 왔던 것이 역사적 경험이다. 아동과 노인, 그리고 장애인이 대표적이다. 아동은 일찍부터 국가의 존속이라는 객관적 목적에서, 그리고 보다 구체적으로는 미래 국방력의 공급원으로서 인식되었으며, 이와 같은 인식에 기초하여 보호의 대상이 되었다. 산업화 이후 노동법은 노동연령, 노동장소 및 시간 등에 대한 규제를 통하여 아동을 적극적으로 보호하였다. 오늘날 아동의 보호는 독자적인 목적으로 발전하여 왔다. 즉 아동은 성장과정에 있는 인격체로서, 육체적 및 정신적·심리적으로 건강하고 건전하게 성장할 수 있도록 지원하는 것 자체가 아동정책의 목적이 되었다.

1990년대 이후 저출산 고령사회가 깊어지면서 아동은 국가 및 사회의 지속가능성을 유지하는 매체로서 의미가 강조되고 있다. 특히 자녀양육을 사회화하는 문제가 주목을 받았다. 그럼에도 불구하고 아동정책에서 아동이 정책형성 및 권리의 주체가 되는 데에는 다음과 같은 한계가 있다. 즉 아동은 교육 및 부양의 대상으로서 자신의 생활을 스스로 설계하여 형성할 수 있는 상황에 있지 않으며, 따라서 아동 자신이 주체적으로 복지의 권리를 갖지는 못했다.[72] 「아동의 권리에 관한 국제협약」 및 「아동복지법」이 아동의 이익을 최대한 존중한다는 기본이념을 선언하고 있지만(아동권리협약 제3조; 아동복지법 제2조 제3항) 이는 결국 아동을 부양·교육하는 성인의 배려에 의존해 있다. 무엇보다도 아동은 시간이 흐르면서 성장하여 성인이 되기 때문에 자신의 이익을 기준으로 행동하는 기간이 짧다. 아동문제가 저출산 고령사회에서 적극적으로 정책적 주목을 받게 된 경우에도 아동 자신보다는 주로 아동을 양육하는 부모에 대한 배려가 규율의 대상이다.

(2) 노인

노인복지는 노령에 이르러 소득 혹은 노동능력이 감소 혹은 상실되는 문제에 주목하여, 소득보장을 중심으로 발전하여 왔다. 오랫동안 노인복지의 대표적인 수단은 연금보험이었다. 노령에 이르러 더 이상 소득활동을 할 수 없으며,

72) 위 각주 32 참조.

그 결과 소득이 상실되는 상황에서 연금이 지급되면 노인문제는 해결되는 것으로 의제되었다. 노인의 비전형적인 생활수요, 즉 요양 및 거동보호 등의 문제는 가족에서 다른 구성원이 지원할 수 있다고 보았기 때문이다. 그 결과 노인의 사회적 소외를 방지하고, 사회활동을 통하여 사회에 통합하기 위하여 필요한 서비스에 대한 관심은 소홀히 되었다. 이는 전통적으로 성인남성 부양자에 대한 소득보장(male breadwinner model)을 중심으로 사회정책을 형성해 온 서부 유럽국가에서 공통적으로 나타나는 현상이었다.[73)]

저출산 고령사회가 깊어되면서 노인문제는 새로운 관점에서 주목되어야 했다. 산업화 이후 가족의 기능이 약화되었지만 이는 연금제도 등을 통하여 가족의 소득상실을 보장하는 방법으로 접근되었다. 노인 부양 그 자체가 문제로 인식되지는 않았다. 그러나 저출산 및 고령사회에서 가족의 노인부양기능은 현저히 약화되었으며, 이는 새로운 사회문제였다. 장기요양과 같이 노인이 필요로 하는 서비스를 부모와 자녀세대로 구성된 가족에서 더 이상 기대할 수 없게 되었기 때문이다. 이로써 장기요양은 전통적인 사회적 위험인 질병, 소득상실 등과 마찬가지로 노인의 전형적인 사회적 위험이 되었다. 이러한 문제는 노인단독가구가 일반화되고 있는 상황에서 더욱 깊어졌다. 이에 노인문제는 다음과 같은 방향에서 다시 점검하여야 했다.

첫째, 기존의 노인 관련 제도는 한계가 있었고, 이제 노인에게 전형적으로 나타나는 생활위험을 특유하게 보호하는 방법이 필요하다. 전형적인 생활위험의 성격을 띠게 된 장기요양의 문제를 빈곤에 관한 기본법인 「국민기초생활보장법」이나 노인의 복지를 포괄적으로 규율하는 「노인복지법」이 담당하기에는 벅찼다. 또 이 경우 「국민기초생활보장법」은 일반적인 빈곤보호의 과제에 집중할 수 없고, 「노인복지법」은 노인의 다양한 상황을 종합적으로 보호하는 과제에 충실할 수 없게 된다. 이에 장기요양에 대한 보호를 특유하게 규율하는 입법이 필요하게 되었다.[74)] 노인장기요양문제는 모든 개인에게 발생하는 보편적인 생활위험으로서, 자본의 노동에 대한 책임에 기초하여 형성된 전통적인 사회보험과 전혀 다른 새로운 유형의 사회보험이었다.

둘째, 고령사회가 깊어지면서 고령에도 불구하고 노인이 사회의 구성원으로서, 사회통합의 중요한 축을 형성할 수 있어야 한다는 점이 정책적 주목을 받

73) 이에 대해서는 전광석, 위 각주 9의 책, 102면 이하 참조.
74) 이에 대해서는 예컨대 전광석, 위 각주 44의 논문, 105면 이하 참조.

게 되었다. 이에 노인이 신체의 기능이 감소 혹은 상실되는 결과 일상생활 및 사회문화적 활동에 있어서 제약을 받게 되며, 그 결과 사회적으로 소외되는 문제에 대한 종합적인 배려가 필요하게 되었다. 이는 위에서 언급한 바와 같이 「노인장기요양보험법」이 제정되면서 「노인복지법」에 새롭게 부과된 과제이다.[75]

셋째, 노동은 노인의 사회통합을 위한 중요한 매체이다. 노동은 한편으로는 소득의 수단으로서 노인에게 1차적 법률관계에서 자율적인 생활을 형성하는 기회를 부여한다. 다른 한편 노동은 인격을 실현하고, 사회에 참여하는 중심적인 매체이다. 노동은 개인이 일상생활을 설계하는 중심에 있기도 하다. 따라서 노인에게 신체적 및 정신적 능력에 적합한 일자리를 개발하고, 직업훈련 및 취업을 지원하는 것이 점점 중요성을 더해가고 있다. 또 노동을 통하여 정상적인 생활을 할 수 있게 되면, 노인이 공적 복지에 의존하는 정도가 낮아지며, 이로써 공적 복지가 사회적 약자의 보호에 집중할 수 있게 되는 효과가 있다. 「고용상 연령차별금지 및 고령자 고용촉진에 관한 법률」의 과제이다.

(3) 장애인

장애에 대한 이해는 시대에 따라 변화하여 왔다.[76] 초기에 장애는 비정상적인 신체 및 정신상태로 이해되었다. 이에 장애인정책은 장애인을 사회로부터 격리하여 폐쇄된 공간에서 보호하는 형태를 취하였다. 심지어 단종(斷種)을 시행하여 장애가 다음 세대에 이어지는 것을 차단하였다. 이러한 이해에 따르면 장애인에 대한 의료보호가 필수적이고, 또 가장 중요한 조치였다. 장애에 대한 이해에 있어서 적극적인 변화는 '비정상적인' 장애인을 재활조치를 취하여 '정상적인' 사회에 편입시키는 노력으로 나타났다. 이로써 장애인정책은 장애인에 대한 의료보호 이외에 정상적인 일상생활을 수행하기 위하여, 또 능력에 적합한 직업에 접근하여 사회에 편입될 수 있도록 재활보호에 중점을 두게 되었다.

장애에 대한 근본적인 발상의 전환은 '장애인'이 비정상적인 신체 및 정신상태에 있다는 사실이 아니라, 장애인을 둘러싼 '환경'이 장애의 원인이 된다는 인식에서 비롯되었다. 이러한 이해에 따르면 장애의 상황에 적합한 주변 환경이 조성될 수 있다면 장애인은 비장애인과 마찬가지로 정상적인 생활에 편입

75) 위 각주 44 참조.

76) 이러한 변화에 대해서는 예컨대 김경미/김미옥, "한국 장애인복지학 연구동향에 관한 분석과 고찰", 한국사회복지학 제58권(2006), 269면 이하; 김인재, "장애인 인권보장의 법적 과제", 법제연구 제23호(2002), 34면 이하 등 참조.

될 수 있다. '장애인'과 '정상인'의 개념적 대칭은 이제 '장애인'과 '비장애인'의 관계로 대체되었다. 이에 장애인이 생활하는 공간에서 시설 및 설비를 장애의 상황에 적합하게 정비하여 장애인과 비장애인의 평등을 실현하는 과제가 장애인정책을 견인하게 되었다. 이로써 장애인정책은 보호의 영역을 중심으로 보면 전통적인 의료 및 재활조치를 넘어서서 고용과 일상생활 등으로 확대되었으며, 이념적으로 보면 복지와 함께 평등이 함께 영향을 미치게 되었다.[77]

4. 국가보상과 사회보장

나라에 따라 차이가 있지만 국가유공자보상은 사회보장의 이념이 지배하는 제도로서 비교적 일찍부터 발전하였다. 국민국가가 건설되면서 국가의 존속을 위한 전쟁에 참가하여 입은 희생에 대해서 국가가 적극적으로 보호하여야 한다는 인식이 확립되었다. 장애, 사망 등 전쟁희생이 발생하여 개인 및 그 유가족이 정상적인 생활을 할 수 없는 상황, 또 국가의 입장에서 보면 전쟁수행의 의무를 부과한 결과 개인에게 발생한 희생을 방치할 수 없었기 때문이다. 이에 국가유공행위에 대한 보상이 일반적인 국가과제로 자리 잡게 되었다.

주로 전쟁 중에 발생한 희생 및 공헌을 보상하는 이념은 이후 확대되어, 국가 및 사회공동체의 존속 및 발전을 위한 희생 및 공헌행위가 보상의 대상에 포함되었다. 국가의 복지과제가 확대되면서 사회보장의 이념은 국가보상의 범위와 목표에 영향을 미쳤으며, 이에 국가보상은 질적, 그리고 양적으로 변화하였다. 사회보상의 범위는 다음과 같이 확대되었다. 즉, 전쟁희생과 같이 국가가 개인에게 법적 의무를 부과하여 수행한 국가유공행위 중 발생한 희생 이외에 접종피해와 같이 국가가 의무를 부과한 것은 아니지만 공공이익을 위하여 권고한 행위를 한 결과 발생한 피해도 사회보상의 대상에 포섭되었다. 나아가서 범죄피해와 같이 국가가 희생에 대한 (헌)법적 책임이 있는 것은 아니지만 범죄를 예방하는 의무가 있으며, 이를 게을리한 결과 발생했다고 볼 수 있는 경우에도 사회보상이 확대되었다.[78]

사회보장의 이념은 사회보상에 다음과 같이 반영되었다. 국가배상 혹은 보

---

77) 장애인정책에서 복지와 평등의 관계에 대해서는 예컨대 전광석, "헌법과 장애인정책; 복지와 평등의 이념적 보완관계를 중심으로", 전광석(편), 한국사회와 장애인정책(인간과 복지, 2011), 35면 이하 참조.

78) 사회보상과 관련된 국가 책임의 법적 구조에 대해서는 예컨대 전광석, "국가유공자보상에 대한 헌법적 보호의 가능성", 헌법학연구 제6집 제4호(2000), 122면 이하 참조.

상에서는 일반적으로 일시금 형태로 구제가 이루어진다. 이에 비해서 사회보상에서는 신체적 완전성 및 소득활동능력이 감소 혹은 상실된 결과 정상적인 생활을 유지하기 어렵다는 점을 주목하여 소득을 장기적으로 보장하기 위하여 연금의 형태로 급여를 지급하였다. 이밖에 치료 조치, 그리고 일상생활 및 직업활동을 통하여 사회에 다시 편입할 수 있도록 다양한 지원을 하는 방향으로 발전하였다. 우리나라에서 국가유공자보상이 이러한 발전단계를 밟아왔다.

5. 사회보험; 사회정책의 수단에서 일반적인 국가정책으로

(1) 경제적·정치적 및 사회적 정합성

산업화 이전 시기에 개인은 전통적인 농업생산의 산업구조와 대가족의 사회구조에 편입되어 생활관계를 형성하여 왔다. 그러나 산업화가 진행되면서 가족의 규모가 축소되고 세대구성이 단순해지면서 가족의 부양능력은 약화되었고, 또 생산과 소비 및 부양기능은 분화되었다. 이제 개인은 근로자로서 노동과 임금이 교환되는 단선적 생활관계에 편입되었다. 또 소규모가족에서 성인 남성 부양자의 소득을 매개로 부양이 이루어지는 단순구조가 형성되었다. 이와 같은 경제 및 사회구조에서 노동자의 소득활동 및 소득활동능력을 위협하는 생활위험은 직접적이고 포괄적으로 개인 및 가족의 정상적인 생활을 저해한다. 이에 우선 고용관계에서 근로자의 생활위험을 보호하는 노동법적 조치가 취해졌다. 그러나 이러한 방법은 기능적으로 한계가 있었다. 노동법은 노동과 임금의 정당한 교환관계를 보장하는 데 1차적인 기능이 있다. 그런데 근로자의 생활은 여전히 개인의 자율적인 결정에 유보되어 있으며, 근로자는 자기결정의 환경에 있지 못하거나, 또 결정의 실패가 얼마든지 있기 때문이다. 또 노동법은 다음과 같은 헌법적인 한계도 있었다. 근로자의 노동과 분리되어 근로자의 생활을 보호하는 조치는 노동에 대한 대가를 지급하는 자본의 책임범위를 벗어났다. 이는 사용자의 영업의 자유와 긴장관계에 있기 때문이다. 이와 같은 상황에서 발생하는 사회문제의 범위와 정도가 넓고 깊어지면서 국가는 노동자의 사회적 위험과 상황을 직접 보호하는 과제를 갖게 되었다. 그렇지 않은 경우 국가의 정치적 정당성이 유지될 수 없었다.

새로운 사회문제에 대응하는 방법론으로 두 가지 대안이 논의되었다. 첫째, 조세를 재원으로 하여 국가가 사회적 위험과 상황을 직접 보호하는 방법이다. 둘째, 보험의 원리에 기초하여 국가로부터 조직법적으로 분리된 공법상의 보험공동체(법인)를 조직하여, 여기에 개인을 의무적으로 가입하게 하고 해당 사회보험이 보호하는 위험이 발생한 경우에 급여를 지급하는 방법이다.

사회보험의 방법론은 다음과 같은 이유에서 경제적·정치적 및 사회적으로 기존의 헌법질서와 친화적이다.

'경제적인' 측면에서 보면 자본은 근로자의 사회보장을 위하여 부분적으로(보험료의 일부를 납부하는 형태로) 재정을 부담하지만 사회적 위험에 대한 직접적인 책임은 국가가 부담하며, 이로써 사회적 위험에 대한 책임에서 독립하여 자본의 효율성이 실현된다. 산재보험의 도입으로 인하여 산업재해에 대한 사용자의 직접적인 책임이 면제되는 것이 좋은 예이다. 보다 적극적으로 보면 자본의 노동에 대한 배려를 통하여 노동에 대한 통제, 그리고 노동의 자본에 대한 종속을 강화하는 계기가 될 수도 있다. 우리나라에서 1977년 도입된 의료보험에는 (특히 관리운영방식, 즉 조합방식에 있어서) 부분적으로 이와 같은 기업정책적 고려가 작용하였으며, 이는 당시 전국경제인연합회가 의료보험을 적극적으로 찬성한 배경이기도 하였다.[79] 다만 이러한 효과는 사회보험이 근로자의 범위를 넘어서 전체 국민을 가입자로 하는 단계에서는 엷어진다. 1980년대 이후 의료보험이 농어촌 및 도시지역으로 확대되면서 자본과 노동이 어느 정도 거부의사를 갖게 된 것은 이로써 도입 초기와는 달리 의료보험의 기업정책적 함의가 약화되었기 때문이다.

'정치적인' 측면에서 보면 사회보험급여는 국가의 일방적인 급여가 아니라 가입자가 납부한 보험료에 대한 반대급부의 성격을 가지며, 가입자는 국가 혹은 보험공동체에 대해서 급여에 대한 법적 청구권을 갖는다. 이와 같은 법률관계는 민주주의에서 협의와 합의의 정치과정에서 형성된다. 이로써 사회보험이 민주주의의 의사결정에 편입되어 정치적 성격을 강화하고, 또 법적으로 안정성을 갖게 되었다.[80] 이는 공공부조가 정치과정에서 의제로 선정되는 데 어려움이

---

79) 이 점에 대해서는 예컨대 우명숙, "한국 초기 사회복지정책의 재해석-제도주의적 시각의 분석적 유용성을 제안하며", 경제와 사회 제67호(2005), 233면 이하 참조. 사회보험의 기업정책적 측면에 대한 보다 일반적인 설명에 대해서는 예컨대 박경숙, "공적 연금과 사적 퇴직금의 연계: 퇴직준비금 전환에 따른 과제와 대책", 사회보장연구 제9권(1993), 4면 이하 참조. 유사한 맥락에서 기업복지는 노동자 복지를 자본에 전가하는 노동정치적 측면과 자본의 합리적 선택의 측면에서 분석될 수 있다. 이에 대해서는 예컨대 최균, "한국 기업복지의 전개와 성격", 경제와 사회(1992), 52면 이하; 송호근, "한국의 복지정책; '형식적' 기업복지의 이론적 기반", 한국사회학 제26집(1992), 104면 이하 등 참조.

80) 사회보험이 민주주의의 발전을 견인하는 독일의 예에 대해서는 예컨대 전광석, 위 각주 9의 책, 62면 이하 참조.

있고, 또 (헌)법적 청구권성이 약하다는 점과 비교된다.

'사회적인' 측면에서 보면 사회보험에서 가입자가 시장에 참여하여 얻은 소득의 일부를 보험료로 납부하고, 소득에 어느 정도 비례하여 급여를 받기 때문에 시장의 분배구조가 사회보장구조, 즉 재분배구조에 연장되어 개인이 자율적으로 생활을 형성하는 매체가 될 수 있다. 이에 사회보험에서 보험의 원리가 사회적 연대 및 소득재분배의 이념과 긴장관계를 형성하는 구도가 나타난다.

사회보험이 헌법질서와 친화적이라는 사실은 거꾸로 보면 이와 같은 경제적·사회적 및 정치적 구조가 갖추어진 경우에 사회보험이 도입 및 시행될 수 있는 유리한 환경이라는 것을 알 수 있다. 이는 1990년대 이후 동부유럽국가들이 자본주의 시장경제로의 전환에 맞추어 재편하는 데 나타나는 중요한 변수였다.[81]

위와 같은 기존 헌법질서와의 정합성을 기준으로 보면 사회문제가 노동자문제로 집약되는 경우에는 일반적으로 사회보험이 선호되었다. 당시 산업구조에서 자본은 노동을 매개로 비로소 부가가치를 창출할 수 있었으며, 노동의 자본에 대한 종속성을 제도적으로 안정화시킬 필요가 있었다. 이에 사회보험에서 사용자가 노동자와 함께 재정의 일부를 부담하는 합의가 이루어졌다. ─슈몰러(Gustav Schmoller)의 표현에 따르면─"사회정책의 세계사적 전환"으로서 사회보험이 창안된 것이다.[82] 이에 비해서 빈곤문제가 사회문제의 중심에 있는 경우에는 평등의 이념이 중시되고, 또 사회보험에서도 복지보다는 평등이 지도적 이념으로 작용하게 된다.[83]

(2) 사회보험의 형성

일반적으로는 고용관계에서 발생하는 산업재해가 사회보험의 1차적인 보호대상이 되었다. 산업재해에 대한 보호는 완전히 새로운 경험은 아니었다. 기존에 민법상의 손해배상청구권은 사업장에서 발생한 재해에 대한 사용자의 고의

---

81) 이에 대해서는 예컨대 Eberhard Eichenhofer, "Die Rolle des Sozialrechtsvergleichs im Transformationsprozess", Bernd von Maydell/Angelika Nussberger(편), *Transformation von Systemen sozialer Sicherheit in Mittel-und Osteuropa*(Duncker & Humblot, 2000), 358면 이하 참조.

82) Gerhard A. Ritter, *Sozialversicherung in Deutschland und England*(C.H.Beck, 1983), 11면 참조.

83) 빈곤문제가 정치적 의제의 중심에 위치하게 된 영국의 상황에 대해서는 Winfried Süss, "Armut im Wohlfahrtsstaat", Hans Günter Hockerts/Winfried Süss(편), *Soziale Ungleichheit im Sozialstaat*(R.Oldenbourg, 2010), 23면 이하 참조. 평등이 사회정책의 지도적인 이념으로 작용하게 된 스웨덴의 상황에 대해서는 전광석, 위 각주 9의 책, 91면 참조.

혹은 적어도 과실을 요건으로 성립하기 때문에 근로자가 이를 입증할 수 없는 경우 산업재해는 보호될 수 없었다. 이에 「근로기준법」에 재해보상제도가 도입되었다. 재해보상은 사용자의 과실을 묻지 않고, 즉 무과실책임에 의하여 산업재해를 보호하였기 때문에 민법상의 손해배상청구권에 비해서는 노동자보호에 충실하였다. 그러나 사용자가 배상능력이 없는 경우에는 재해보상 역시 산업재해를 보호하는 유용한 수단이 될 수 없었다. 우리나라에서 1953년 제정된 「근로기준법」이 재해보상에 관한 규정을 두었지만(법 제78조) 기능할 수 없었던 경험을 갖고 있다. 실제 1958년에서 1961년까지 산업재해 실태조사에 따르면 업무상의 재해를 입은 근로자는 약 10%의 보상밖에 받지 못하고 있었다.[84)]

산재보험은 보험의 원리에 따라 운영되고, 사용자가 보험료 전액을 부담하였으며, 국가 혹은 공법인을 운영주체로 하여 산업재해가 발생한 근로자에게 청구권을 부여하였다. 이로써 청구권의 상대방이 명확하고 재정의 안정성이 확보되어 근로자에게 발생하는 산업재해를 충실하게 보호할 수 있다.[85)] 산업재해를 공적 보험에 의하여 보상하는 방법은 한편으로는 근로자의 업무상의 재해로 인한 소득상실 혹은 소득능력상실을 보상하고, 업무상의 재해에 대한 사용자의 배상책임이라는 기업위험을 분산시킨다. 다른 한편 객관적으로는 책임관계 및 보상관계를 둘러싼 노동자와 사용자의 분쟁을 사전에 예방하여 노사관계의 안정과 산업평화를 유지·증진하는 효과가 있었다. 따라서 사회보험의 도입단계에서 일반적으로 관찰되는 사용자의 저항이 산재보험법의 경우에는 거의 발견되지 않는다. 이는 우리의 경험이기도 하다.[86)]

산업재해 외에 질병을 보호하는 사회보험이 우선적으로 도입되었다. 우리나라에서도 1963년 산업재해보상보험이 도입된 이후 1977년 일반적인 사회보험법으로는 「의료보험법」이 가장 먼저 시행되었다. 질병 보호와 건강보장은 개인이 정상적인 생활을 수행하는데 가장 기본적인 조건(basic liberty)에 해당한다. 또

---

84) 당시의 경험에 대해서는 김재희, "산업재해보상보험법 제정사", 법학논총(국민대) 제29권 제2호(2016), 64면 이하; 민부기, "산재보험제도의 창설", 최고회의보 제26호(1963.11), 74면 이하 등 참조. 예컨대 독일의 경우 산재보험이 도입되기 이전 시기에 산업재해의 약 20%만이 보상이 되었다고 한다. 이에 대해서는 전광석(역), 복지국가의 기원(법문사, 2006), 41면 이하 참조.

85) 산업재해를 보호하는 방법론이 진화하는 단계에 대해서는 Michael Stolleis, *Quellen zur Geschichte des Sozialrechts*(Musterschmidt, 1976), 34면 이하 참조.

86) 이에 대해서는 우명숙, "한국 복지제도 발전에서 산재보험 도입의 의의", 한국사회학 제41집 제3호(2007), 177면 이하; 최천송, 한국사회보장연구사(한국사회보장문제연구소, 1991), 36면 이하 등 참조. 이는 독일의 경우에도 마찬가지였다. 박근갑, 복지국가 만들기-독일 사회민주주의의 기원(문학과 지성사, 2009), 181면 이하 참조.

질병은 적시(適時)에 적합한 치료를 받지 못하는 경우에는 회복할 수 없는 피해를 발생시키며, 따라서 위험에 대한 민감도가 높다. 이밖에 질병은 단기적인 의료조치를 통하여 극복되기 때문에 국민에 대한 정책적 효과가 직접적이다. 질병에 이어 장애, 소득활동을 더 이상 할 수 없는 시기, 즉 퇴직 혹은 노후에 상실되는 소득에 대한 보상, 그리고 주부양자인 소득근로자가 사망하여 부양의 무자를 상실한 유족의 생활문제가 복지정책에 포섭되었다. 연금보험이 여기에 해당한다.

산업화가 진행되면서 노동에 대한 대가로서 지급되는 임금이 생활의 경제적 기초가 되는 생활유형이 보편화되었다. 이러한 상황에서 실업은 개인 및 가족의 정상적인 생활을 저해하는 치명적인 원인이 되었다. 그러나 실업은 심각한 생활위험으로서의 성격에도 불구하고 다음과 같은 몇 가지 이유에서 가장 늦게 사회보험에 의한 보호의 대상이 되었다. 첫째, 실업은 오랫동안 개인의 근로무능력 혹은 게으름 등으로 인한 근로의사의 결여 등 개인의 속성에 원인이 있다고 이해되었다. 즉 근로능력이 있음에도 불구하고 근로의 의사가 없는 상황이 실업의 정형이라는 선입견이 지배하였다.[87] 둘째, 사회보험은 사회적 위험의 발생확률, 급여의 종류 및 내용, 그리고 수준이 해당 위험을 보호하는 효과에 대한 예측가능성을 전제로 제도화되고 기능한다. 이를 뒷받침하기 위하여 필요한 사회통계학의 발달은 사회보험이 기능하기 위한 필수적인 조건이다. 그런데 실업은 경기변동의 산물로서의 성격이 강하기 때문에 이와 같은 예측이 어렵다. 바로 이러한 이유에서 주관적으로 보면 실업의 발생가능성에 대한 의식이 다른 사회적 위험에 비해서 약하다. 또 이와 같이 예측가능성이 낮기 때문에, 말을 바꾸어 자기관련성에 대한 의식이 낮기 때문에 일반적으로 보면 실업정책에 대한 신뢰가 낮다.[88] 이러한 문제에도 불구하고 실업이 더 이상 개인의 속성에 원인이 있는 것이 아니라, 경제 및 사회구조적 산물이라는 점이 인식되면서 실업 역시 점차 사회보험에 의한 보호의 대상이 되었다.

---

87) 위 각주 47 참조.

88) 미국의 예에 대해서는 Virginia P. Reno/ Robert B. Friedland, "Strong Support but Low Confidence", Eric R. Kingson/James H. Schulz(편), *Social security in the 21st Century*(Oxford University Press, 1997), 178면 이하 참조.

(3) 사회정책에서 국가정책으로의 발전

1) 보호의 대상, 보호되는 위험 및 정책과제의 확대

노동자의 사회문제를 보호하기 위하여 도입된 사회보험은 이후 가입자 범위, 보호하는 위험 및 정책과제를 확대하면서 사회정책의 수단에서 국가정책의 주요 요소의 위상을 갖게 되었다.

사회보험은 노동자의 사회문제를 보호하기 위하여 자본의 책임과 협력을 기반으로 형성되었고, 이는 사회적 위험이 발생한 근로자에게 새로운 생활의 기반이 되었다. 이후 사회보험에서 노동자와 유사한 사회경제적 상황에 있는 국민으로 가입자의 범위를 확대하는 문제가 자연스럽게 의제가 되었다. 사회보험은 자영인으로 가입자의 범위를 넓혀갔고, 이어서 거의 전국민 사회보험으로 발전하였다. 또 질병, 산업재해, 노령·장애·사망으로 인한 피부양자의 소득상실 외에 (위에서 설명했듯이) 실업의 구조적 성격이 인식되면서 실업을 보호하는 사회보험이 도입되었다. 1980년대 이후에는 고령사회가 진행되고 가족기능이 계속 약화되면서 노인의 장기요양문제가 전형적인 사회적 위험으로 인식되기 시작하였다.[89] 장기요양을 보호하는 방법으로서 조세를 재원으로 하는 방법과 보험료를 재원으로 하여 운영하는 사회보험의 방법이 대안으로 논의되었다. 그러나 1990년대 이후 사회보험의 방법이 일반화되었다.[90] 우리나라에서도 2007년 사회보험법으로 「노인장기요양보험법」이 제정되었다.

사회보험의 과제 역시 확대되었다. 사회적 위험을 사후에 보장하는 과제 외에 위험이 발생한 전후(前後) 단계에서 적극적인 배려를 할 수 있도록 하였다. 사전적으로는 사회적 위험을 예방하여 가입자가 소득활동을 중단하는 상황을 방지하여야 한다. 이는 그 자체가 복지실현을 위한 구상이었지만 동시에 공적

---

89) 초기, 즉 1980년대 이 문제에 대한 각국에서의 인식상황에 대해서는 예컨대 Gerhard Igl, *Pflegebedürftigkeit und Behinderung im Recht der sozialen Sicherheit*(Nomos, 1987); Bertram Schulin, "Landesbericht Bundesrepublik Deutschland", *Soziale Sicherung bei Pflegebedürftigkeit; Bestandsaufnahme und Reformbestrebungen*, Schriftenreihe des Deutschen Sozialrechtsverbandes. Bd.XXIX(1987), 8면 이하 등 참조.

90) 각국에서 제도화의 형태에 대해서는 예컨대 박광준, "일본의 개호보험도입과 관련된 제도간 조정에 관한 연구", 사회보장연구 제15권 제2호(1999), 113면 이하; Miyoko Motozawa, "Probleme der japanischen Pflegeversicherung", *Zeitschrift für ausländisches und internationales Arbeits – und Sozialrecht*(2003), 79면 이하; Xenia Scheil-Adlung, "Soziale Sicherheit bei Pflegebedürftigkeit in Deutschland und im internationalen Vergleich; Zwischen Tradition und Innovation", *Internationale Revue für soziale Sicherheit*(1995/1), 21면 이하; Walter J. Pfeil, "Die Neuregelung der Pflegevorsorge in Österreich", *Vierteljahresschrift für Sozialrecht*(1994), 185면 이하 등 참조.

급여의 부담을 감소시키고, 사회보장의 재정을 안정화시키는 효과도 있다. 장기요양의 문제는 노후에 피할 수 없는 위험이 아니라 예방될 수 있다는 경험이 보고되고 있다. 이때 예방은 노인장기요양보험만의 과제는 아니다. 국민연금은 장기요양의 예방에 직접 정책적 관련성을 갖는다. 장기요양의 문제가 사전에 예방될 수 있다면 국민연금의 지출을 감소시킬 수 있기 때문이다. 건강보험의 경우 1995년 건강진단 등 예방급여가 도입되었다. 장기요양의 건강보험과의 관련성은 국민연금과는 차이가 있다. 장기요양의 예방이 건강보험의 부담을 어느 정도 감소시키는 것은 사실이다. 이는 한국에서 장기요양제도를 도입하는 기본적인 취지 중의 하나였다.[91] 이에 비해서 질병의 예방은 장기요양사업에 직접적으로 긍정적인 영향을 미친다. 그만큼 건강보험에서 질병 그 자체뿐 아니라 장기요양이 필요한 상태로 악화되는 것을 방지하기 위한 조치가 취해져야 한다.[92] 보다 넓은 범위에서 일반적인 공공정책이 예방에 보다 효과적이며, 따라서 강화되어야 한다는 점에 대해서는 위에서 지적하였다.[93]

사회보험은 사후적으로 재활조치를 통하여 가입자가 사회에 재진입하여 정상적인 생활을 할 수 있도록 배려하는 과제를 갖게 되었다. 「산재보험법」은 1999년 법률 개정을 통하여 재해근로자의 재활 및 사회복귀를 촉진하는 목적을 삽입하였다. 이어 2002년 개정 「산재보험법」은 상징적으로 기존의 "산업재해보상기금"을 "산업재해보상보험 및 예방기금"으로 개칭하여 산재예방의 입법목적을 명확히 하였다.

2) 국가정책으로의 구조화

노동자보험으로 도입·시행된 사회보험은 위에서 서술한 바와 같이 가입자의 범위, 보호되는 위험, 그리고 과제영역이 확대되면서 사회정책의 범주를 넘어서 국가정책의 중요한 요소로 발전하였다. 이는 사회보험이 국가정책결정의 구조에 편입되었다는 의미를 갖는다. 동시에 사회보장의 재정적 기반으로 국가재정과 사회보험재정의 구분이 불명확해졌다. 또 국가의 일반적인 과제를 수행하기 위한 급여가 도입되면서 보험료와 급여의 등가관계가 완화되었다. 국민연금에서 자녀양육지원이 대표적인 예이다(국민연금법 제19조). 또 독일의 예를 보면 독일 통

91) 위 각주 43 참조.

92) 예컨대 독일의 요양보험법은 이에 관한 다른 사회보험의 과제를 명시적으로 규율하고 있다. 사회법전 제11권 제5조 제2항 참조.

93) 위 각주 53, 54 참조.

일과정에서 동독 주민에게 평등한 사회보험급여를 지급하기 위하여 필요한 재원을 국가의 일반재정이 아니라 사회보장재정이 부담하는 문제와 관련하여 제기되었던 문제였다.[94)]

a) 평등이념 및 객관적 기능의 강화

사회보험이 근로자뿐 아니라 전체 국민에게 생활의 경제적 기반이 되면서 사회보험에 관한 정책결정은 정치구조에 편입되었고, 그만큼 정치적 성격을 강하게 띠게 되었다. 이는 사회보험법에 다음과 같은 영향을 미쳤다.

첫째, 사회보험이 전체 국민에게 기초생활을 보장하는 매체가 되었다. 사회보험급여는 납부한 보험료에 상응하는 급여에 대한 가입자의 기대를 충족시켜야 하며, 또 이와 같은 법률관계는 민주주의의 구도에서 형성되기 때문에 정치적 안정성이 있었다. 또 사회보험에서는 보험자와 가입자의 개별적인 법률관계에 기초하여 법적 지위가 형성되기 때문에 제도적 안정성이 있다. 이와 같이 사회보험급여가 정치적 및 제도적 안정성을 갖게 되면서 기초생활을 평등하게 보장하는 가장 핵심적인 제도가 될 수 있다. 이에 상응하여 사회보험에의 포섭과 배제는 평등과 불평등의 결정적인 인식기반이 된다.

둘째, 사회보험은 '전체 가입자'의 사회적 위험을 '안정적(지속적)으로'를 보호할 수 있어야 한다. 이를 위하여 사회보험은 경제 및 사회적 상황, 그리고 가족구조 및 인구구조의 변화 등에 따라서 적시에 적합하게 개선되어야 한다. 이로써 사회보험의 정치적 및 제도적, 그리고 규범적 안정성은 이를 상대화하는 필요성과 긴장관계를 형성하게 되었다.[95)] 이와 같은 구도에서 보험의 원리가 완화되어 개별 보험료와 급여의 관계가 조정될 수 있다. 또 이와 같이 사회보험급여는 사회적 관련성이 강하기 때문에 재산권적 보호의 정도는 약화된다.[96)] 이 점과 관련하여 헌법재판소가 사회보험에서 등가성의 원칙은 개별적인 보험료와 급부와의 관계가 아니라 전체적인 관점에서 이해한 것은 주목할 만하다. 이에

---

94) 이에 대해서는 예컨대 Gerhard A. Ritter, *Wir sind das Volk! Wir sind ein Volk!*(C.H.Beck, 2009), 59면 이하 참조.

95) 서부 유럽에서 1980년대 사회보장법의 연구자들이 집중하였던 주제였다. 예컨대 Paul Pierson, "The New Politics of the Welfare State", *World Politics* vol.48(1996), 143면 이하; Rupert Scholz, *Der Sozialstaat zwischen Wachstums- und Rezessionsgesellschaft*(C.F.Müller, 1981); Michael Stolleis, *Möglichkeiten der Fortentwicklung des Rechts der sozialen Sicherheit zwischen Anpassungszwang und Bestandsschutz*(C.H.Beck, 1984) 등 참조.

96) 사회적 관련성과 재산권 보호의 관계에 대해서는 예컨대 헌재 1998.12.24, 89헌마214등, 10-2, 944면 이하; 2004.6.24, 2002헌바15, 16-1, 734면; 2012.8.23, 2010헌가65, 24-2(상), 383면 등 참조.

따르면 사회보험에서 보험자의 수입이 보험급여를 포함한 전체 지출을 충당할 수 있도록 개인의 보험료가 산정되어야 한다.[97]

b) 사회보험의 과제와 국가의 일반과제의 혼재

사회보험은 사전예방 및 사후재활로 과제를 확대하였을 뿐 아니라 사회적 위험 그 자체는 아니지만 해당 위험과 밀접한 관련성을 갖는 사안을 새로이 포섭하여야 했다. 위에서 언급하 바와 같이 연금보험에서 가입자의 자녀양육기간을 보험료를 납부하지 않으면서 보험가입기간으로 인정하는 것이 좋은 예이다(국민연금법 제19조). 자녀양육지원은 기본적으로 혼인과 가족의 형성과 유지를 지원하고, 이로써 국가 및 사회가 지속적으로 발전하기 위한 매체라는 점에서 보면 국가의 일반과제에 속한다. 그러나 연금보험에서 현재 연금보험 가입자는 노후에 연금청구권을 가질 뿐 아니라 균형 있는 인구구조를 형성하여 미래의 수급자에게 연금청구권이 실현될 수 있는 기반을 조성할 의무가 있다. 이러한 관점에서 보면 자녀양육에 대한 지원은 연금보험에 내재해 있는 특유한 기능조건이며, 결코 이질적인 것이 아니다. 이와 관련하여 예컨대 독일의 연방헌법재판소는 장기요양보험에서 자녀양육의 문제를 사회보험에 내재적인 과제로 보아, 자녀를 양육하지 않는 가입자에게 추가로 보험료를 부담하도록 하는 내용의 결정을 한 바 있다.[98]

c) 사회보장재정과 국가재정

사회보험이 국가정책에 편입되면서 사회보험재정과 국가재정의 관계가 다시 점검되어야 했다.[99] 사회보험재정의 확대, 고용의 불안정 및 고용유형의 변화, 그리고 인구구조의 불균형 등을 배경으로 사회보험의 재정위기가 예견되었으며, 이에 새로운 재정적 기반 위에서 제도의 개편을 논의하게 되었다. 사회보험이 가입자에게 사회적 위험이 발생한 후에 기존의 생활수준을 보장하고, 또

97) 헌재 2000.6.29, 99헌마289, 12-1, 943면 참조.

98) *BVerfGE* 103, 242면 이하 참조. 이에 대한 헌법적 논증 및 다른 사회보험, 예컨대 연금보험 및 건강보험에 확대적용하는 가능성에 대해서는 예컨대 Thorsten Kingreen, "Familie als Kategorie des Sozialrechts", *Juristen Zeitung*(2004), 938면 이하 참조. 역사적으로 이미 1957년 독일 연금개혁에 있어서 가입자와 연금수급자 뿐 아니라 자녀세대를 세대계약의 당사자로 포함시키려고 했던 구상과 그 좌절에 대해서는 예컨대 Hans Günter Hockerts, "Abschied von der dynamischen Rente-Über den Entzug der Demografie und der Finanzindustrie in der Politik der Alterssicherung", Ulrich Becker/Hans Günter Hockerts/Klaus Tenfeldt(편), *Sozialstaat Deutschland Geschichte und Gegenwart*(Dietz, 2010), 259면 이하 참조.

99) 이에 관한 전반적인 쟁점과 연구과제에 대해서는 예컨대 전광석, "사회보장재정의 규범적 논의구조", 사회보장법학 제4권 제1호(2015), 5면 이하 참조.

퇴직자 등 소득활동을 하지 않는 연금수급자가 현재의 경제성장에 참여하여 생활수준을 유지하는 목적은 오늘날 실현되기 어렵게 되었다. 예컨대 1957년 독일에서 연금개혁(Rentenreform)이 재정방식을 기존에 적립방식에서 부과방식으로 전환한 것은 경제성장의 과정에서 희생되었던 세대가 현재 경제성장의 혜택을 받을 수 있어야 한다는 사고를 제도화한 것이었다.[100] 이 점은 우리의 경우에도 1986년 「국민연금법」을 제정되면서 제기되었지만 당시 본격적으로 의제화되지는 못했다.[101] 그런데 위에서 서술한 바와 같이 1980년대 이후 경제성장의 한계에 관한 논의가 본격화하였으며, 90년대 이후에는 고용유형이 변화하고, 또 저출산 고령사회가 진행되면서 높은 수준의, 그리고 경제성장에 연동되는 연금보험은 지속될 수 없다고 예측되었다. 이에 세계적으로 사회보험의 재정방식을 부과방식(pay-as-you-go)에서 다시 적립방식(capital funding)으로 전환하는 방안이 검토되었다. 이러한 전환의 필요성은 세계은행(World Bank)에서 작성된 보고서 「Averting the Old Age Policies to protect the Old Age and Promote Growth, 1994)」가 선도하였다. 칠레는 이러한 제안에 따라서 연금보험의 체계를 전환한 대표적인 국가였다.[102]

사회보험이 국가정책의 중요한 요소로서 위상을 갖게 되면서 보험의 원리에 충실하면서 재정을 개선하는 데에는 한계가 있다. 구체적으로 보면 예컨대 건강보험에서는 노인 의료비가 증가하고 예방급여가 강화되면서, 또 연금보험에서는 인구구조의 변화로 인하여 가입자에게 적정한 수준의 급여를 지급하는 데 한계에 부딪치면서 보험료 수입만으로 재정을 감당할 수 없게 되었다. 이에 국가재정이 사회보장재정을 지원하는 필요성과 현실이 일반화되었다. 예컨대 우리 건강보험에서 국가는 매년 예산의 범위 내에서 보험료 예산수입의 14%를 지원하고 있으며, 또 「국민건강증진법」이 정하는 바에 따라서 보험료 예상수입의 6%에 해당하는 액이 지원되고 있다(국민건강보험법 제108조). 국민연금에서는 소규모사업장

100) 이에 대해서는 예컨대 Andreas Glaser, *Nachhaltige Entwicklung und Demokratie*(Mohr Siebeck, 2006), 323면 이하; Andreas Glaser, "Nachhaltigkeit und Sozialstaat", Wolfgang Kahl(편), *Nachhaltigkeit als Verbundbegriff*(Mohr Siebeck, 2008), 641면 이하 등 참조.

101) 이 점에 대해서는 국민연금사편찬위원회, 실록 국민의 연금(2015), 90면 이하, 131면 이하 참조.

102) 이에 대해서는 Monika Queisser, "Der Einfluss Internationaler Organisationen auf den Transformationsprozess", Bernd von Maydell/Angelika Nussberger(편), *Transformation von Systemen sozialer Sicherheit in Mittel- und Osteuropa*(Duncker & Humblot, 2000), 245면 이하 참조. 이밖에 칠레의 연금개혁과 문제점에 대해서 자세히는 전광석, 위 각주 9의 책, 178면 이하 참조.

근로자에 대한 보험료 일부가 지원되고 있다(국민연금법 제100조의 3, 시행령 제73조의 2, 제73조의 3). 이로써 사회보험의 안정성이 국가재정적인 결정에 좌우되는, 그 결과 사회보험의 중요한 장점이었던 재정적 독자성과 급여에 대한 주관적 권리성이 모두 약화되는 상황에 처하게 되었다.

Ⅲ. 미시적 법률관계와 거시질서

1. 미시적 법률관계

(1) 사회보장체계의 형성과 법률관계

사회보장법은 위에서 서술한 바와 같은 역사적 발전과정에서 형성된 제도를 국가와 개인의 법률관계를 중심으로 추상적인 차원에서 재구성하여 체계화될 수 있다. 사회보험, 사회보상, 공공부조, 사회서비스 등의 체계가 여기에 해당한다. 이러한 체계를 중심으로 사회보장법의 개별 제도와 기능, 제도 상호 간에 기능을 대체 혹은 보충하는 관계가 부분적 혹은 전면적으로 재검토되고, 사회보장법은 기존의 체계를 유지 혹은 전환하는 조정 및 선택의 과정을 거치면서 발전하여 왔다. 사회과학에서 널리 논의되고 있는 이른바 경로의존성(path dependency)은 이와 같은 체계의 유지 및 일탈의 가능성 속에서 정치적·경제적 및 헌법적 이유에서 특정한 시점에서 채택된 체제가 유지되는 경향을 보인다는 명제이다.[103)]

(2) 사회보험의 법률관계

사회보험에서 가입자의 범위는 법률에 의하여 정해지고, 가입자는 보험료를 납부하는 의무를 부담한다. 가입자에게 해당 사회보험이 보호하는 위험이 발생하면 법률에 정해진 급여가 지급된다. 이때 급여의 수준은 기본적으로 보험료

---

103) 경로의존성 및 경로의존성의 다양한 이해방법에 대해서는 정무권, "세계화, 민주화, 한국의 발전주의 생산레짐과 복지체제의 개편", 한국사회정책 제14집 제2권(2007), 8면 이하; 하연섭, 제도이론(다산출판사, 2003), 194면 이하; Giuliano Bonoli/Bruno Palier, "How do welfare states change? Institutions and their impact on the politics of welfare state reform in Western Europe", Stephan Leibfried(편), *Welfare State Futures*(Cambridge University Press, 2001), 57면 이하; Kathleen Thelen, "How Institutions evolve", James Mahoney/Dietrich Rueschemeyer(편), *Comparative Historical Analysis in the Social Sciences*(Cambridge University Press, 2003), 208면 이하; Michael Stolleis, "System und Geschichtlichkeit des Sozialrechts", Michael Stolleis, *Ausgewählte Aufsätze und Beiträge* Bd.2(Vittorio Klostermann, 2011), 882면 이하 등 참조.

산정의 대상인 소득에 비례하여 결정된다. 사회보험청구권은 국가의 일방적인 급여가 아니라 가입자가 납부한 보험료에 대한 반대급부의 성격이 있기 때문에 재산권적 보호의 대상이 된다.[104] 또 사회보험에서 가입자는 소득을 기준으로 보험료를 산정·납부하기 때문에 보험급여는 사회적 위험이 발생한 후에도 기존의 소득의 일부를 보장한다. 이러한 기대는 급여를 조정하는 법률 개정을 하는 경우에도 재산권 및 법치국가원리, 특히 신뢰보호의 원칙에 기반하여 헌법적 보호를 받는다.

위와 같은 미시적인 법률관계에서 형성되는 사회보험의 체계정합성은 다음과 같은 쟁점을 제기한다. 사회보험에서 가입의무의 기준인 사회적 보호의 필요성은 추상적인 개념으로서 전체 국민을 포괄할 수 있는가, 아니면 구체적인 상황이 기준이기 때문에 가입자의 범위는 필연적으로 전체 국민과는 구별되는 특정한 범위로 구획될 수 있는가?, 사회보험의 가입자가 직장근로자 외에 지역가입자로 확대되면서 지역가입자는 직장가입자와는 생활의 기반이 본질적으로 다르기 때문에 보험료 산정의 기초를 달리하는 것이 체계적인가.[105] 사회보험이 국가과제의 성격을 갖게 되면서 국가의 일반과제를 사회보험에 부과할 수 있는가, 국민연금에서 연금수준이 낮아지면서 연금이 더 이상 생활의 기초가 될 수 없는 상황은 사회보험의 본질에 반하는가, 그리고 같은 문제가 사회보험과 공공부조의 독자성을 부인하는 체계위반은 아닌가 등의 문제가 제기된다. 이밖에 「공무원연금법」의 개정과 관련하여 「공무원연금법」의 공무원법의 성격과 사회보장법의 성격을 조정하는 새로운 문제가 나타났다.[106]

---

104) 헌재 2003.12.18, 2002헌바1, 15-2(하), 450면 이하(건강보험급여); 2004.9.23, 2003헌바231 등, 16-2(상), 586면 이하; 2009.5.28, 2005헌바20, 21-1(하), 468면(산재보험급여); 2004.6.24, 2002헌바15, 16-1, 730면 이하(국민연금); 1995.7.21, 94헌바27, 7-2, 90면; 1996.10.4, 96헌가6, 8-2, 329면 이하; 1999.4.29, 97헌마333, 11-1, 513면(공무원연금); 1994.6.30, 92헌가9, 6-1, 550면; 2003.9.25, 2001헌가22, 15-2(상), 231면 이하(군인연금) 등 참조.

105) 헌재 2000.6.29, 99헌마289, 12-1, 952면 이하; 2012.5.31, 2009헌마299, 24-1(하), 505면 이하; 2004.11.25, 2001헌바5, 16-2(하), 307면 이하; 2013.7.25, 2010헌바51, 25-2(상), 49면 이하; 2014.5.29, 2011헌바384, 26-1(하), 304면 이하 등 참조.

106) 「공무원연금법」에서 공무원법적 특징에 관한 헌법적 논리에 대해서는 헌재 2002.7.18, 2000헌바57, 14-2, 1면 이하; 2007.3.29, 2005헌바33, 19-1, 211면 이하; 2010.7.29, 2008헌가15, 22-2(상), 16면 이하 등 참조. 이에 대해서 자세히는 예컨대 전광석, "공무원연금법의 체계와 체계전환; 입법사적 관점에서", 법학연구(연세대 법학연구원) 제28권 제3호(2018), 147면 이하 참조.

(3) 사회보상의 법률관계

사회보상에서는 전쟁희생, 그리고 국가 및 사회를 위한 희생 및 공헌이 급여의 원인이다. 이와 같이 개인의 희생 혹은 공헌에 대한 반대급부관계를 규율한다는 점에서 사회보상은 국가의 일방적인 급부관계를 규율하는 공공부조와 차이가 있다. 사회보상은 개인의 기여에 대한 반대급부라는 점에서 사회보험과 공통점을 갖는다. 이러한 공통점에 기초하여 사회보상급여 역시 원칙적으로 재산권적 보호의 대상이 된다.[107] 그러나 사회보상에서 전쟁희생, 접종피해, 범죄피해 등은 국가의 책임이 같은 정도로 인정되는 구성요건은 아니다. 따라서 사회보상의 구성요건에 있어서 항상 이중적 논의를 일으킨다. 첫째, 특정한 상황 혹은 행위가 국가 및 사회의 존속과 발전을 위한 희생 및 공헌에 해당하여 사회보상의 요건에 포함되는가? 둘째, 좀더 논란의 여지가 많은 쟁점은 특정한 희생 혹은 공헌이 기존에 사회보상의 구성요건과 유사하지만 보호될 수 없는 경우에 평등에 위반되는가의 여부이다.[108]

(4) 공공부조 및 사회복지관련제도의 법률관계

공공부조법은 모든 국민에게 인간다운 최저생활을 하기 위하여 필요한 조건을 보장하고, 궁극적으로 자활지원을 통하여 공공부조의 도움을 받지 않고(탈수급) 스스로의 능력으로 인간다운 생활을 할 수 있는 상태를 실현하는 목적을 갖는다(탈빈곤). 다만 최저생활 자체를 보장하는 과제와 자활을 지원하는 과제는 어느 정도 긴장관계에 있다.[109] 공공부조법에서는 최저생활을 할 수 없는 상황 자체가 급여의 조건이며, 이러한 상황에 처하게 된 원인은 기본적으로 급여의 지급 여부에 영향을 미치지 않는다. 공공부조급여는 국가의 일방적인 급여이기 때문에 재산권적 보호의 대상은 아니다.[110]

인간다운 최저생활은 절대적으로 보장되어야 한다. 따라서 이념적으로 보면 이는 다른 공익을 위하여 제한될 수 없다. 일반적으로 사회적 기본권의 실현에

---

107) 헌재 1995.7.21, 93헌가14, 7-2, 21면 이하 참조.

108) 이 점에 대해서는 예컨대 전광석, "국가유공자보상의 범위결정과 보상의 원칙-5.18 민주유공자법에 대한 규범체계적 접근을 중심으로", 민주주의와 인권 제9권 제2호(2009), 14면 이하 참조.

109) 이러한 긴장관계에 대해서는 예컨대 김수영, "사회복지와 노동시장의 연계가 초래한 근로연계복지의 딜레마", 한국사회복지학 제64권 제3호(2012), 203면 이하; 전광석, 위 각주 2의 논문, 72면 이하 등 참조.

110) 헌재 2009.9.24, 2007헌마1092, 21-2(상), 785면; 2012.2.23, 2009헌바47, 24-1(상), 108면 이하 등 참조.

는 규범적 및 현실적 한계가 작용한다. '규범적'으로 보면 사회적 기본권의 내용 및 실현의 방법론을 헌법이 직접 제시하지는 않으며, 이는 기본적으로 입법적 형성에 유보되어 있다. '현실적'으로는 사회적 기본권은 국가의 급부작용을 통하여 실현되는데, 이때 급부를 위한 국가 및 사회의 재정능력은 제한되어 있기 때문이다. 그러나 이와 같은 일반적인 한계는 최저생활보장의 기본권을 실현하는 데 있어서는 완화된다. 인간다운 최저생활의 권리는 헌법에서 어느 정도 그 내용이 도출될 수 있다. 개인은 의식주 등 물질적인 수요뿐 아니라 사회에 참여하여 주변 환경과의 의사소통을 할 수 있을 때 비로소 사회의 구성원으로서 자기결정에 의하여 자율적으로 생활을 형성할 수 있다. 따라서 사회경제적 참여를 위한 최저생활 역시 보장되어야 한다. 다만 보호의 수준에 대해서는 헌법적 심사의 가능성이 제한적이다. 그렇더라도 인간다운 최저생활의 상황은 어느 정도 객관화될 수 있으며, 이를 기준으로 적어도 보호의 수준이 명백하게 이에 미치는 못하는 경우에는 헌법에 위반된다고 할 수 있다. 이 점에서 일반적으로 완화된 심사기준인 '명백성 통제'는 최저생활보장의 권리에 대한 심사에 있어서는 적극적인 성격을 갖는다.[111)]

예컨대 독일의 연방헌법재판소는 인간다운 최저생활의 권리가 침해되었는가의 심사에 있어서 이른바 '명백성통제'를 하고 있다. 그러나 실질적으로는 적극적인 심사가 이루어진 바 있다. 최저생활보장을 위한 급여가 적시(適時)에 인상되지 못하는 상황을 헌법적으로 심사하는 기준을 확정하여 적용하는 시도 자체가 입법권 및 행정권과의 관계에서 적극적인 의지를 필요로 하기 때문이다.[112)] 그러나 우리 헌법재판소는 아직 보호의 범주와 관련해서도 소극적이다.[113)] 국가의 재정능력에 관련된 현실적인 논리도 인간다운 최저생활의 실현에 있어서는 설득력이 낮아진다. 인간다운 최저생활의 권리는 절대적으로 보호되어야 하기 때문에 오히려 이에 관한 헌법규범은 정부의 예산권한을 선도할 수 있어야 한

---

111) 이 점에 대해서 자세히는 전광석, "사회적 기본권 이론의 형성과 전개 – 인간다운 생활을 할 권리를 중심으로", 헌법논총 제29집(2018), 202면 이하; 전광석, "최저생활보장과 헌법재판", 헌법학연구 제25권 제1호(2019), 141면 이하 등 참조.

112) 독일의 연방헌법재판소 및 행정법원에서 인간다운 최저생활에 대한 적극적인 해석을 하는 예에 대해서는 *BVerfGE* 125, 175면(226면 이하); 132, 134(159면 이하); *BVerwGE* 94, 326면(331면 이하): 102, 366면(368면 이하) 등 참조.

113) 헌재 1997.5.29, 94헌마33, 9-1, 555면 이하; 2003.5.15, 2002헌마90, 15-1, 601면; 2004.10.28, 2002헌마328, 16-2(하), 206면 이하; 2012.2.23, 2009헌바47, 24-1(상), 107면 이하 등 참조. 이밖에 유사한 취지의 결정으로는 헌재 2011.11.24, 2010헌마510, 23-2(하), 524면 이하 참조.

다.[114] 현실적으로 최저생활을 보장하기 위하여 필요한 예산부담이 국가의 재정능력을 벗어난다고 볼 수도 없다. 최저생활보장에 작용하는 재정적 한계는 결코 절대적 장애요소가 아니라 재정부담 및 분담에 관한 상대적인 우선순위의 결정에 관한 문제이기 때문이다.

아동, 노인, 장애인 등은 소득활동 및 사회활동 능력이 제한적이다. 일반적으로 이들은 거동 등 일상적인 생활을 하는데, 그리고 사회경제적 및 문화적 생활에 참여하는 데 어려움이 있다. 사회복지관련제도들은 이들에게 대인적 서비스(personal service)를 제공하여 사회생활에 참여하는 기회를 보장하여야 한다. 이는 국가의 일방적인 지원 및 급여이기 때문에 재산권적 보호의 대상이 되지는 않는다. 아동, 노인, 장애인 등의 경우 생활의 전체 국면이 구체적으로 배려되어야 하며, 또 특히 장애인의 경우 이러한 배려는 전체 생애에 걸쳐 필요하다. 이와 같은 다양한 상황 및 지원조치를 단일법에서 규율하는 데에는 한계가 있다. 따라서 사회복지관련법에서 법률관계는 인적 대상별로 세분화되고, 또 생활영역별로 다원화되는 특징이 있다.[115]

위와 같은 사회복지관련법의 특수성은 입법형성 및 집행에 있어서 다음과 같은 문제를 제기한다. 첫째, 특별히 보호 혹은 지원이 필요한 집단 및 생활국면이 선택되어야 한다. 그러나 이러한 선택은 필연적으로 다른 인적 집단, 그리고 다른 생활국면에서 보면 평등의 문제를 제기한다.[116] 둘째, 사회복지관련제도는 아동, 노인, 장애인 등의 다양한 생활국면을 구체적으로 배려하여야 하며, 따라서 다원적 입법을 통하여 규율되어야 한다. 이는 법제 간에 체계에 정합하게 그리고 기능을 적합하게 배분하는 입법과제를 부과한다. 이 두 가지 관점이 충실히 배려되지 못하는 경우 규율의 대상이 파편화되어 일부 집단 혹은 일부 생활의 국면이 과다하게 지원되거나 혹은 필요한 주목을 받지 못할 수 있다. 셋째, 사회복지관련법은 보호가 필요한 생활의 개별적인 국면을 구체적으로 지원하고, 그 결과 이들이 사회에 참여하여 정상적인 생활을 할 수 있도록 하

114) 이 점에 대해서는 예컨대 이덕연, "헌법으로 본 빈곤(사회 양극화) 문제와 예산과정", 공법연구 제39집 제3호(2011), 233면 참조. 최저생활보장과 관련된 과거의 관행과 예산현실에 대해서는 예컨대 보건복지부/한국보건사회연구원, 국민기초생활보장제도 10년사(2010), 35면 이하; 이혜경, "한국의 소득보장제도; 압축성장의 한계와 탈도구화의 과제", 연세사회복지연구 제1권(1993), 78면 이하 등 참조.

115) 이 점에 대해서 자세히는 전광석, 위 각주 32의 논문, 19면 이하 참조.

116) 장애인정책에서 나타나는 이와 같은 문제에 대해서는 전광석, 위 각주 77의 논문, 43면 이하, 54면 이하 등 참조.

여야 한다. 이를 위해서는 포괄적인 서비스가 제공되어야 하고, 또 이에 관련된 인적 및 물적 기반(infrastructure)이 갖추어져야 한다. 그런데 이와 같은 입법목적을 실현하기 위하여 필요한 기준·절차 및 조직의 내용을 모두 법률에 규율하는 데에는 입법기술적인, 그리고 결정권한의 배분과 관련하여 한계가 있다. 또 이와 같이 법제화가 제한적이기 때문에 그만큼 규범목적의 실현 여부를 파악하는 데 어려움이 있고, 그 결과 집행의 흠결 및 지체가 나타날 수 있다.

2. 거시질서

(1) 거시질서의 요소; 민주주의, 경제질서

사회문제가 정치적 의제로 성숙하는 여부 및 정도는 여러 변수에 달려 있다. 또 사회문제가 정치적 의제가 되었다고 해서 곧 정책 결정과 집행으로 이어지는 것도 아니다. 사회문제에 대해서 적극적인 정책조치가 취해지기 위해서는 이를 국가의 과제로 포섭하는 정치적 의지, 또 정치적 의지를 실현하기 위하여 필요한 사회경제적 조건이 갖추어져야 한다.

사회문제의 존재를 인식하였음에도 불구하고 정치적 의제로 수용하지 않고, 또 이에 대한 비판적 의식이 성숙되어 있지 않은 경우에는 사회문제는 공론화될 수 없다. 또 자본과 노동의 1차적 법률관계에서 복지를 실현하는 시장의 기능을 이질적으로 바라보는 의식이 보편화되어 있는 경우, 그리고 헌법적으로 보면 시장의 사회적 성격과 사회적 책임에 대한 규범적 관심이 지체되고 있는 경우에는 사회문제가 정치적 의제화되기는 힘들다. 따라서 공적 사회보장의 도입과 발전에 있어서 민주주의의 사회문제에 대한 인식과 사회문제가 민주주의의 의사결정구조에 편입되는 여부 및 정도는 가장 중요한 거시질서의 요소이다.

특정 계층, 예컨대 중산층 혹은 노동계급이 정치적 의사결정을 선도하는 경우에는 시장질서에서 형성된 불평등이 복지생산에 그대로 이어질 가능성이 있다. 독일을 비롯한 서부 유럽국가들이 이러한 유형에 해당한다.[117] 이에 비해서 일부 계층이 의사결정을 과도하게 지배하는 현상을 견제할 수 있고, 정치과정에서 전체 국민이 균형있게 대표될 수 있을 때 평등과 복지의 이념이 상호영향을 미치면서 복지정책이 형성될 것이다. 스웨덴 등 북부 유럽국가들이 이

117) 이에 대해서는 전광석, 위 각주 9의 책, 98면 이하 참조.

러한 예에 해당한다.[118] 사회문제의 출현과 존재에도 불구하고 위와 같은 거시 질서의 요소가 갖추어지지 않는 경우에는 사회문제는 추상적으로 의제화되어 추상적으로 법제화되거나, 혹은 상황이 구체적으로 인식되었더라도 추상적으로 법제화되는 데 그친다. 그 결과 이러한 상황인식과 입법조치는 실질적인 의미를 갖지 못하고 정치적 선언 이상의 기능을 수행하기 어렵다. 우리나라에서 1963년 제정된 「사회보장에 관한 법률」이 이에 해당하는 예였다.

경제성장 및 재정의 안정성은 사회보장의 실현에 긍정적 영향을 미친다. 우리나라에서 사회보장이 오랫동안 지체되고, 사회보험이 대기업 근로자를 중심으로 도입된 것은 성장 우선의 정책기조를 충실히 따른 결과였다. 복지가 성장의 당연한 과실(果實)에 해당한다는 구호(trickle down)도 지체된 복지정책을 덮는 방편이었다. 그러나 경제질서와의 관계에서 복지정책이 종속변수에 그치는 것은 아니다. 다음과 같은 두 가지 관점에 대한 인식이 필요하다. 첫째, 경제성장은 복지생산의 중요한 거시환경이지만 복지실현을 위한 분배 및 재분배 정책은 독자적인 기준에 따라 전국민, 노동자, 사회적 취약계층을 균형있게 배려하여야 한다. 둘째, 전세계적으로 1950-60년대 이른바 '황금의 시기'를 거치면서 복지제도 및 예산은 팽창하였다. 그러나 1970년대 중반 이후 경제성장이 한계에 부딪치면서 미래 세대의 복지수요를 현 세대가 선취(先取)하고 소진시키는 결과가 되어서는 안된다는 사고가 필요하게 되었다.[119] 예컨대 1980년대 후반 이후 보편적인 정책 및 학술담론에 진입한 지속가능성(sustainability)의 논리에는 재정적 지속가능성의 요소 외에 사회적 지속가능성의 논리가 균형있게 형성되어야 한다는 명제가 포함되어 있다. 이는 1987년 국제연합(UN)이 위탁하여 '환경과 발전에 관한 위원회(World Commission on Environment and Development)'가 작성한 "우리 공동의 미래(Our Common Future)"에서 지속가능한 발전(sustainable development)에 대한 이해방법이다.[120] 또 위에서 설명한 바

118) 스웨덴의 예에 대해서는 예컨대 김영순, "보편적 복지국가를 위한 복지동맹-한국 사회의 조건과 전망", 윤홍식(편), 우리는 한배를 타고 있다(이매진, 2012), 61면 이하 참조. 이밖에 Stein Kuhnle, "The Nordic Model; Ambiguous, but Useful Concept", Herbert Obinger/Elmar Rieger(편), *Wohlfahrtsstaatlichkeit in entwickelten Demokratien*(Campus, 2009), 286면 이하; John D. Stephens, "The Scandinavian Welfare States; Achievement, Crisis and Prospects", Gøsta Esping-Andersen, *Welfare States in Transition*(Sage Publication, 1996), 35면 이하 등 참조.

119) 이 점에 대해서는 예컨대 Hans F. Zacher, "Der gebeutelte Sozialstaat in der wirtschaftlichen Krise", *Sozialer Fortschritt*(1984), 1면 이하 참조.

120) 이밖에 재정의 지속가능성을 헌법적으로 보장하기 위한 입법례 및 그 평가(한계)에 대해서는

와 같이 최저생활의 보장과 같은 특수한 사회보장의 목표는 오히려 경제 및 재정을 견인할 수 있어야 한다.[121]

(2) 거시질서와 미시질서의 상호작용; 법치국가원리와의 관계

사회보장법이 정치 및 경제적 거시질서에 영향을 받으면서 형성되며, 이와 같이 형성된 사회보장법의 법률관계에서 개인의 법적 권리와 의무가 성립된다. 이러한 개인의 주관적 지위는 한편으로는 객관적인 거시질서의 변화에 따라서 국민 전체 혹은 미래 세대에 대한 배려를 위하여 조정되어야 하지만, 다른 한편으로는 정치적으로, 그리고 법적으로 어느 정도 독자적인 존속력을 갖는다. 이미 형성된 개인의 법적 지위를 사회보장 전체의 재정건전성을 위하여 혹은 세대 간 형평을 유지하기 위하여 불이익하게 변경하는 결정구조는 훨씬 복잡하다.[122] 사회보장법적 지위가 정치구조에 편입되면서 이에 관한 개정은 정치적 이해, 그리고 개인 및 집단의 이익이 각축하는 장으로 발전하였다. 또 재정적 안정성을 유지하여 사회보장 전체의 기능을 유지하는 공공의 이익은 기본권, 그리고 법치국가원리에서 파생하는 신뢰보호원칙 등의 요건을 충족시켜야 한다.[123] 이밖에 아래에서 설명하는 바와 같이 사회보장법과 헌법의 관계, 그리고 체계적 및 미시적인 법률관계에서 나타나는 다양한 쟁점에 대한 논의가 필요하다. 이 점에서 다시 한번 거시질서와 미시적 법률관계는 상호 간에 지속적인 소통과 점검이 필요하다는 것을 알 수 있다.

(3) 상위 및 동위 규범체계

사회보장법은 사회정책을 시행하기 위한 규범적 수단이지만 사회보장법이 전체 법체계에 편입되면서 상위법인 헌법의 가치를 존중하고 실현하여야 한다. 또 사회보장법은 같은 효력을 갖는 다른 법률이 선택한 법원리와 정합성을 유지하여야 한다.

1) 헌법

사회보장법은 거시적 주변환경과 미시적 법률관계의 변화를 반영하면서 형

예컨대 전광석, "지속가능성과 세대 간 정의", 헌법학연구 제17권 제2호(2011), 290면 이하, 305면 이하 참조.

121) 위 각주 114 참조.

122) 위 각주 95 참조.

123) 이에 대해서는 예컨대 헌재 2009.5.28, 2005헌바20등, 21-1(하), 446면 이하 참조.

성되지만 동시에 헌법적 기준과의 정합성을 지속적으로 점검하여야 한다. 특히 1987년 헌법에서 헌법재판소가 설립되어 활발히 기능하면서 헌법적 기준에 따른 검토는 필수적인 입법 및 연구과제가 되었다.[124] 사회보장법이 헌법적 기준에 따른 심사의 대상이 되면서 복지실현에 관한 추상적인 헌법명제가 구체화될 수 있었다. 사회보장법에서 기능하는 중요한 원칙들을 헌법질서에 편입·구조화하여 그 규범적 효력과 헌법적 논리를 구체화할 수 있을 때 비로소 심사의 기준으로 적용될 수 있기 때문이다. 예컨대 사회보험의 기능요소인 위험분산과 소득재분배, 그리고 보험의 원리와 사회적 연대의 원칙 등이 헌법적 논의에 편입되어 복지국가원리를 구체화하였다.[125] 또 이러한 과정에서 복지국가원리의 본질적인 요소가 추출될 수 있으며, 이는 강력한 입법 기준이 된다. 건강보험에서 경과실로 인한 범죄행위에 기인하는 보험사고에 대해서 의료급여를 제한하는 것은 건강보험수급권의 본질을 침해하여 위헌이라는 결정이 대표적인 예이다.[126] 또 헌법재판소는 「산재보험법」에서 사회보장의 목적과 평등의 이념에 기초하여 출퇴근 재해를 일반적으로 보상의 대상에 포함시키는 결정을 한 바 있다.[127] 이밖에 재산권의 형성 및 제한의 논리를 사회보장법에 대한 헌법심사에 적용하기 위해서는 재산권 논리가 사회보장법의 체계구분에 따라 세분화되어야 한다.[128]

사회보장법의 형성 및 평가에 있어서 헌법이 구체적인 기준으로 작용되는 데에는 한계가 있다. 그 이유는 비교적 명확하다.[129] 첫째, 사회보장법을 형성하

---

124) 이에 대해서는 예컨대 전광석, "복지국가와 헌법재판", 헌법학연구 제20권 제1호(2014), 338면 이하; 전광석, "사회보장법과 헌법의 규범력", 사회보장법학 제7권 제1호(2018), 13면 이하; 전광석, "산업재해보상보험법과 헌법재판-사용자보상책임의 규범구조와 사회보장의 기능", 헌법학연구 제24권 제1호(2018), 27면 이하; 정태호, "사회보장수급권의 침해 여부의 심사기준에 관한 헌법재판소 판례의 평가와 보완", 이강국헌법재판소장 퇴임기념논문집(2013), 350면 이하 등 참조. 이밖에 위 각주 111 참조. 이에 관한 외국의 논의상황에 대해서는 예컨대 이상경, "미국의 사회보장급부권 논의와 복지실현의 헌법적 방법", 공법연구 제42집 제2호(2013), 1면 이하; 전광석, 독일의 사회보장법과 사회정책(박영사, 2008), 71면 이하 등 참조.

125) 예컨대 헌재 2002.10.31, 99헌바76등, 14-2, 427면; 2007.4.26, 2004헌가29등, 19-1, 367면 참조.

126) 헌재 2003.12.18, 2002헌바1, 15-2(하), 457면 참조.

127) 헌재 2016.9.29, 2014헌바254, 28-2(상), 316면 이하 참조. 이 결정에 대해서 자세히는 전광석, "사회보장법에서 헌법문제와 입법정책－헌재 2016.9.29.결정, 2014헌바254를 중심으로－", 법조 최신판례연구(2017.4), 426면 이하 참조.

128) 이에 대해서는 전광석, 한국헌법론(집현재, 2019), 415면 이하 참조.

129) 일반적으로 사회적 기본권에 대한 기대와 헌법재판의 실제에 대해서는 예컨대 전광석, '복지국가와 헌법재판', 헌법학연구 제20권 제1호(2014), 337면 이하; 전광석, "사회적 기본권 이론의 형성과 전개－인간다운 생활을 할 권리를 중심으로", 헌법논총 제29집(2018), 197면 이하 등 참조.

는 기준 및 심사의 기준은 주로 사회적 기본권이다. 그런데 예컨대 헌법 제34조는 인간다운 생활을 보장하는 목표를 제시하고 있을 뿐 보호하는 상황 및 위험, 보호의 인적 범위, 급여의 종류와 내용 및 수준, 재정 및 관리운영방식 등에 관한 구체적인 기준을 제시하고 있는 것은 아니기 때문이다.[130] 둘째, 헌법적 심사 및 형성의 대상인 사회보장법은 한편으로는 개인의 법적 지위를 부여하고 기득권을 보호하여야 하며, 다른 한편으로는 모든 국민과 세대를 위하여 지속적으로 기능할 수 있도록 형성되어야 한다. 이와 같이 사회보장법은 사회적 관련성이 강하기 때문에 사회경제적 상황과 국가 및 사회보험의 재정능력, 인구구조 등의 변화를 충실히 반영하여야 한다. 그만큼 사회보장법은 헌법의 추상적 기준을 존중하여야 하지만 구체적 타당성에 대한 판단은 입법적 결정에 유보되어 있다. 그 결과 사회보장법 규정에 대한 헌법심사에 있어서 입법형성권이 넓게 인정되며, 제기된 쟁점이 입법정책적 문제라는 논리가 합헌 결정의 주요 내용을 구성한다. 그러나 사회보장법의 규범적 정합성을 판단하는 기준이 되어야 할 원칙과 체계는 아직 논의 중에 있거나 경우에 따라서는 불명확하다.

2) 국제법

국제법, 특히 국제법의 가장 중요한 법원(法源)인 조약은 사회보장법의 형성기준이 될 수 있다. 조약은 일반적으로 특정한 사안을 규율대상으로 하며, 또 규율의 밀도가 높기 때문에 사회보장법과 구체적인 관련성을 갖는다. 물론 국제법은 사회보장법에 비해서 높은 효력을 갖는 규범은 아니다. 헌법에 의하여 체결·공포된 조약은 국내법적 효력을 갖지만, 이때 국내법은 법률의 효력을 갖기 때문이다(헌법 제6조 제1항). 그러나 국제법의 기준은 일부 혹은 다수 국가 간의 합의의 결과이기 때문에 현실적으로 국내법인 사회보장법의 형성에 미치는 정치적 의미는 적지 않다.[131]

특히 다음과 같은 두 가지 점에서 국제법은 중요성을 더하고 있다. 첫째, 이미 언급했듯이 사회보장법의 형성에 있어서 국제법은 헌법에 비해서는 구체적인 기준을 제시한다. 1952년, 그리고 1983년 국제노동기구(ILO)에서 채택한 「사회보장의 최저기준에 관한 협약 제102호(Convention concerning Social Security(Minimum Standards)」 및 「사회보장청구권의 국제적 보장에 관한 협약 제157호(Convention

130) 제도전환의 대표적인 예였던 건강보험 통합에 있어서 관리운영방식 및 재정방식에 대한 헌법심사에 대해서는 예컨대 헌재 2000.6.29, 99헌마289 결정, 12-1, 943면 이하 참조.

131) 이에 대해서는 전광석, 국제사회보장법론(법문사, 2002), 45면 이하 참조.

concerning the Establishment of an International System for the Maintenance of Rights in Social Security)」가 대표적인 예이다.[132] 특히 전자의 협약은 비준 여부와 관계없이 전후(戰後) 세계적으로 사회보장에 관한 관심을 일으켰다. 이 협약은 우리나라에서도 1960년대 사회보장법의 입법구상 및 입법에 중요한 영향을 미친 바 있다. 예컨대 협약은 1963년 「사회보장에 관한 법률」이 제정되고, 그 제5조 제6항에 의하여 사회보장심의위원회의 운영에 관한 세부적인 사항을 규율하기 위하여 제정된 「사회보장제도심의위원회 규정」에서 심의회의 직무범위를 정하는데 기준이 되었다(규정 제4조).[133] 둘째, 오늘날 국제교류가 활발해지고, 또 지역공동체 등 국제기구가 국제적 기준을 정립하는 활동을 하게 되면서 사회보장법을 포함하여 전통적으로 국내정책적 영역에 속하는 문제를 조약을 통하여 밀도 있게 규율하는 경향이 강화되었다.

3) 체계정당성

헌법과 국제법 뿐 아니라 전체 법체계에서 사회보장법은 다른 법률들의 가치와 제도내용을 그대로 수용할 것인가, 혹은 배제·변형할 것인가를 결정하여야 하며, 이러한 결정에 있어서 체계정당성과 이질성이 중요한 기준으로 적용된다. 사회보장법에 의한 보호의 여부 및 급여수준의 결정에 있어서 개인의 보호 필요성과 함께 유사한 사안에 대한 기존 입법적 결정이 중요한 헌법적 심사의 기준이 되고 있다. 예컨대 출퇴근재해의 보상 여부에 관한 헌법재판소의 결정은 이에 관한 좋은 연구소재를 제공한다. 헌법재판소는 「산재보험법」상의 업무상의 재해에 출퇴근재해를 포함시키지 않은 규정을 처음에는 이와 같은 재해를 보상하는 「공무원연금법」과의 체계상의 차이를 들어 합헌으로 결정한 바 있다.[134] 그러나 이후 출퇴근 재해는 보호의 필요성에 있어서 산업재해와 다를 바 없으며, 따라서 불합리한 차별이라는 이유로 불합치결정을 하였다.[135]

이밖에 사회보험 가입자의 범위와 관련하여 근로자의 개념에 대한 사회보장법과 노동법에서의 이해,[136] 급여청구권의 조정과 관련하여 사회보장청구권과

132) 이 협약에 대해서 자세히는 전광석, 위 각주 131의 책, 150면 이하, 174면 이하 참조.

133) 이에 대해서는 손준규, 사회보장·사회개발론(집문당, 1983), 86면 이하; 최천송, 한국사회보장연구사(한국사회보장문제연구소, 1991), 29면 이하 등 참조.

134) 헌재 1993.9.27, 93헌마45, 5-2, 362면 이하; 2013.9.26, 2012헌가16, 25-2(상), 630면 이하 등 참조.

135) 헌재 2016.9.29, 2014헌바254, 28-2(상), 316면 이하 참조. 이 결정에 대해서 자세히는 전광석, 위 각주 127의 논문, 426면 이하 참조.

136) 예컨대 김진수/변영우/신혜리, "사회보험 대상자 개념 설정의 문제점과 개선에 관한 연구-노동

민법상의 손해배상청구권이 상호 영향을 미치는 가능성에 대한 논의,[137] 급여를 제한하는 사유로서 사회보장법적 비난가능성과 형법적 비난가능성의 관계,[138] 「공무원연금법」에서 공무원법의 원칙과 사회보장법의 원칙 간의 긴장관계[139] 등이 이러한 맥락에서 제기되는 문제들이다.

제 2 절 연구의 대상

이 연구는 기본적으로 개인의 생활위험을 직접적으로 보호하는 목적을 가지며, 공법체계에 속하는 사회보장법을 연구의 대상으로 한다. 소극적으로 보면 사회보장의 기능을 수행하는 모든 법을 연구의 대상으로 하는 것은 아니다. 이와 같이 연구의 범위를 제한하는 것은 위에서 서술한 사회보장법의 구조적 다원성과 다층성, 그리고 기능적 상호의존성 및 보충성의 관점에서 보면 국가의 복지과제와 개인의 사회보장의 권리를 종합적으로 이해하는 데 한계라고 할 수 있다. 그러나 현실적으로 다양한 생활위험과 이를 보호하기 위하여 여러 차원에서 형성되는 규범체계의 기능과 기능의 상호관계를 모두 연구의 대상으로 하는 것은 연구의 범위를 지나치게 확대시킬 수 있다. 또 이와 같이 공법과 사법을 포괄하여 다양한 이질적인 규범들이 모두 연구의 대상이 되는 경우에는 체계적인 서술을 하는 데 장애가 될 수 있다.

사회보장의 기능을 수행하는 공법과 사법을 망라하여 종합적으로 연구하는 작업은 다음과 같은 상황에서는 가능하며, 또 필요하다.[140] 즉, 특정한 생활위험

법 개념의 사회보험 적용을 중심으로", 사회보장연구 제25권 제3호(2009), 109면 이하; 박지순, "사회보장의 인적 적용범위에 관한 고찰-사회보장법과 노동법에서의 근로자 개념을 중심으로", 노동법학 제20권(2005), 161면 이하 등 참조.

137) 예컨대 오종근, "사회보장청구권과 손해배상청구권의 조정", 노동법연구 제12호(2002), 114면 이하; 전광석/정필운, 대위권 제도의 합리적 운영방안 연구 및 국민연금 사후관리 처벌 규정의 실효성 있는 운영방안 연구(국민연금연구원, 2010), 59면 이하 등 참조.

138) 이에 대해서는 헌재 2003.12.18, 2002헌바1, 15-2(하), 457면 이하; 대판 1990.2.9, 89누2295; 1990.5.22, 90누752; 2004.4.27, 2002두13079; 2010.6.10, 2010도1777 등 참조. 이밖에 아래 제5장 각주 38 참조.

139) 이에 대해서는 헌재 2002.7.18, 2000헌바57, 14-2, 1면 이하; 2007.3.29, 2005헌바33, 19-1, 211면 이하 등 참조. 이밖에 대판 2002.5.31, 2000두4514 참조.

140) 공법과 사법이 연구 및 교육에 있어서 분리된 상황에서도 사회현상에 대한 이해와 입법적 대응을 위하여 공법과 사법을 종합적으로 접근하여야 할 필요성에 대해서는 예컨대 전광석, "공법학 연구 및 과제의 시대적 상대성과 통시적 계속성", 법학연구(연세대 법학연구원) 제26권 제3호(2016), 3면 이하 참조. 이 밖에 Mathias Jestaedt, "Wissenschaft in Recht", Juristen

을 연구의 대상으로 하여 기능적으로 접근하는 시도이다. 예컨대 노인의 소득보장에 대한 정책 형성 및 평가를 연구의 목적으로 하는 경우에는 다음과 같은 여러 단계에서 연구의 대상이 확대되어야 한다. 첫째, 노인에게 소득을 보장하는 특유한 목적을 갖는 법률이 가장 중심적인 연구의 대상이다. 「국민연금법」과 「기초연금법」이 여기에 해당한다. 둘째, 노후소득을 보장하는 목적을 갖는 노동법 및 사법(私法) 제도가 연구의 범위에 포함되어야 한다. 「근로기준법」 및 「근로자퇴직급여보장법」에 의한 퇴직급여제도가 대표적인 예이다.[141] 셋째, 1차적인 입법목적이 노인의 소득보장은 아니지만 노인의 특유한 상황을 보호하며, 또 노인의 소득상황에 직·간접적으로 영향을 미치는 생활관계를 규율하는 법률들이 연구의 범위에 포함되어야 한다. 노인의 장기요양 및 일상생활을 지원하기 위한 서비스관계를 규율하는 「노인장기요양보험법」과 「노인복지법」이 이러한 범주에 속한다. 넷째, 일반적인 사회보장제도로서 노인을 특유한 규율대상으로 하는 것은 아니지만 현실적으로 노인에게 급여를 지급하는 제도이다. 특히 「국민건강보험법」 및 「의료급여법」은 노령에 이르러 심화되는 전형적인 문제인 노인건강을 보장하고 및 질병을 보호한다. 노인의 진료비지출은 가구소득에 중요한 영향을 미치기 때문에, 그리고 질병은 노인장기요양과 보호의 범위에 있어서 구별이 쉽지 않기 때문에 「노인장기요양보험법」 및 「노인복지법」과 기능적 협력관계 속에서 노인의 소득상황에 미치는 영향을 분석·평가하여야 한다.

이 책에서 구체적으로 연구의 대상은 다음과 같다. 우리나라에서 사회보장입법에 관한 논의는 1960년대 초반 5.16 군사쿠데타 이후 군사정부에서 본격적으로 시작되었다. 이전 시기에는 1960년 「공무원연금법」이 제정·시행되고 있을 뿐이었다. 1963년에는 공무원 중 군인을 대상으로 하는 「군인연금법」이 제정되었다. 「공무원연금법」은 1995년 이후 공무원연금의 재정을 안정화하고 일반예산에 의한 국고지원의 규모를 억제하기 위하여 근본적인 개정의 필요성이 논의되기 시작하였다. 이에 1995년, 2000년, 2009년, 그리고 2015년 부분적으로 개정되었다.

1961년 군사정부에서 본격적으로 사회보장입법에 대한 구상이 논의된 결과

Zeitung(2014), 2면 이하 및 6면 이하; Michael Stolleis, 위 각주 60의 논문, 523면 이하 참조.

141) 이에 대해서는 예컨대 김인재, "근로자퇴직급여보장법의 주요 내용과 쟁점", 노동리뷰(2005.8), 19면 이하; 김헌수, "근로자퇴직급여보장법 개정안의 내용과 그 의의", 정책분석 및 연금동향 제43호(2011), 52면 이하 등 참조.

1963년 「사회보장에 관한 법률」, 「산업재해보상보험법」, 「의료보험법」 등 '사회보장 3법'이 제정되었다. 그러나 「사회보장에 관한 법률」은 사회보장의 이념과 기본원리를 법제화하려는 본래의 구상에 미치지 못했다. 그리고 오랫동안 죽어 있는 법(死法)으로 남아 있었다. 1990년대 초·중반 사회보장을 체계적으로 개편하는 문제가 정치적 주목을 받으면서 1995년 기존의 「사회보장에 관한 법률」을 폐지하고, 「사회보장기본법」을 제정하였다. 이 법은 2012년 전면 개정되었다. 1963년 「의료보험법」 역시 사회보험의 본질적인 요소인 강제가입에 관한 규정을 삭제하면서 우리나라에서 의료의 사회화는 지체되었다. 국민의 질병을 보호하는 목적에 충실한 실질적인 사회보험법은 1977년 기존의 「의료보험법」을 개정하여 강제가입조항을 도입하면서 비로소 시행되었다. 「의료보험법」은 1997년 기존의 공무원 및 사립학교교직원의료보험과 지역의료보험을 통합하기 위하여 「국민의료보험법」이 제정되면서 함께 존속하다가, 1999년 「국민건강보험법」이 제정되어 모든 가입자를 통합하여 관리하는 체제로 전환하였다. 노령, 장애 및 주부양자의 사망으로 인한 소득상실을 사회보험에 의하여 보호하기 위하여 이미 1973년 「국민복지연금법」이 제정되었다. 그러나 이 법은 시행이 유보되었다가 1986년 「국민연금법」으로 개칭·개정되었으며, 1988년 시행되었다. 1990년대 이후 신자유주의의 이념이 퍼지면서 노동시장의 유연성이 추진되고, 고용안정이 사회문제로 부각되면서 1993년 「고용보험법」이 제정되었다. 이로써 우리나라에서 전통적인 4대 사회보험법이 완비되었다. 이 법은 1995년 시행되었다. 1997년 외환위기 이후 기업구조조정 및 노동시장의 유연화가 시대의 과제가 되면서 실업은 우리 사회에서 이전에 경험하지 못한 규모로 발생하였으며, 이에 「고용보험법」의 적용대상은 획기적으로 확대되었다. 1990년대 중반 이후 고령 사회가 심화되면서 노인의 장기요양문제는 전형적인 사회적 위험으로 인식되기 시작하였다. 이에 2007년 「노인장기요양보험법」이 제정되어 2008년 시행되었다.

사회보상법에 해당하는 법률로 이미 한국전쟁 중인 1950년 「군사원호법」, 1951년 「경찰원호법」, 그리고 1952년 「전몰군경 유족과 상이군경연금법」이 제정되었다. 그러나 이는 구성요건을 중심으로 보면 사회보상으로 분류될 수 있지만 급여와 종류와 내용은 공공부조로 형성되었다. 사회보상의 이념에 충실한 입법으로 1961년 「군사원호보상법」, 1962년 「국가유공자 등 특별원호법」 등이 제정되었다. 1984년 국가유공자보상을 규율하였던 기존의 법률을 통합하여 「국가유공자예우 등에 관한 법률」이 제정되었다. 국가유공자 중 독립유공자와 참전유공자에 대해서는 「독립유공자예우에 관한 법률」과 「참전유공자예우 및 단체설립에 관한 법률」이 제정되어 보상의 요건 및 급여의 종류와 내용을 독자적으로 규율하게 되었다. 사회보상은 국가와 사회의 존속 및 발전에 기여하는 다양한 형태의 희생과 공헌을 보상요건으로 한다. 이에 대한 국가책임의 정도는 어느 정도 차이가 있지만 보상의 요건 및 보상의 수준을 차등화할 만큼 뚜렷하지는 않다. 그 결과 사회보상은 제도형성의 기준이 명확하지 않은 상태에서 정치과정에서 원칙 없이, 그리고 난삽하게 형성되어 왔다. 이에 국가유공자보상을 지도할 원칙을 제시하기 위하여 2005년 「국가보훈기본법」이 제정되었다. 국가유공행위 외에 이와 유사한 행위를 원인으로 발생한 희생을 보상하기 위하여 2011년 「보훈보상 대상자 지원에 관한 법률」이 제정되었다. 1987년 헌법은 제30조에 범죄피해자구조청구권을 새로이 기본권으로 도입하였다. 이를 구체화하기 위하여 1988년 「범죄피해자구조법」이 제정되었다. 이 법은 보상의 기준을 엄격히 하였으며, 구조방법이 현금급여에 한정되어 있었다. 이에 2005년 「범죄피해자보호법」이 제정되었다. 이후 「범죄피해자구조법」과 「범죄피해자보호법」이 함께 적용되어 왔다. 2010년 기존의 「범죄피해자구조법」을 폐지하고, 범죄피해자구조에 대해서는 「범죄피해자보호법」이 통일적으로 규율하고 있다.

공공부조법으로 1961년 「생활보호법」이 제정되었다. 그러나 「생활보호법」은 모든 국민에게 최저생활을 보장하는 과제에 충실한 구조를 갖지 못했다. 65세 이상의 노쇠자, 18세 미만의 아동, 임산부, 폐질 또는 심신장애로 인하여 근로능력이 없는 자 등 빈곤의 원인을 유형화하고 이러한 요건을 충족하는 경우에 한하여 보호의 대상이 되었기 때문이다. 예컨대 근로능력이 있는 자가 실업으로 인하여 최저생활을 유지할 수 없는 상황은 보호의 대상에서 제외되었다. 이로써 빈곤의 상황 그 자체가 보호되지는 못했으며, 특히 실업의 구조적 성격이 인식되지 못했다. 「생활보호법」에 대해서는 오랫동안 개혁의 필요성이 제기되었다. 「생활보호법」은 1982년 전면 개정되었지만 구조적 흠결은 그대로 남았다. 「생활보호법」은 1999년 폐지되고, 「국민기초생활보장법」이 이를 대체하였다. 최저생계비에 미달하는 국민의 의료보장을 위하여 1977년 「의료보호법」이 제정되었다. 이 법은 2001년 「의료급여법」으로 개칭되어 시행되고 있다.

「국민기초생활보장법」은 절대적 빈곤선인 최저생계비를 기준으로 수급자를 선정하였고, 이를 위하여 최저생계비를 계측하고 적용하였다. 2014년 개정 법률은 우리 사회의 평균적인 소득수준의 발전을 고려하여 수급자를 선정하고, 또 이에 기초하여 보호를 받을 수 있도록 하였다. 이로써 빈곤의 상대적 개념이 도입되었다. 이에 따르면 기준 중위소득의 일정 비율을 미달하는 경우 수급자로 선정될 수 있다. 또 기존에는 소득인정액이 최저생계비에 미달하는 경우에 수급자로 선정되고, 소득인정액이 이를 초과하는 때에는 모든 급여에 대한 수급자격이 상실되었다. 그 결과 소득인정액이 최저생계비를 넘으면 생계급여는 물론이고 의료급여에 대한 수급자격도 상실되었다. 이는 현실적으로 의료급여의 필요성이 있는 수급자가 수급자격을 그대로 유지하기 위하여 소득활동을 하지 않거나 혹은 최저생계비를 미달하는 수준을 유지하도록 하여 수급자의 근로유인을 저해하였다. 그 결과 「국민기초생활보장법」은 자립이념을 실현할 수 없었다. 이에 2014년 개정 법률은 개별 급여별로 독자적인 기준에 따라 수급자격을 정하고 적용하도록 하였다(통합급여에서 개별급여로의 전환).

사회복지서비스에 관한 법률로 이미 1961년 「아동복리법」이 제정되었다. 「노인복지법」은 1981년 비로소 제정되었다. 1998년 「노인복지법」은 기존의 명목적이었던 노인수당을 대체하는 경로연금을 도입하였다. 이로써 「노인복지법」은 부분적으로 노인에게 소득을 보장하는 법으로 기능하였다. 1998년 「국민연금법」은 장기적인 재정안정을 위하여 연금의 소득대체율을 40%에서 30%로 낮추는 개정을 하였다. 2007년 개정 「국민연금법」은 소득대체율을 더욱 낮추었다. 이로써 국민연금이 가입자에게 적정한 생활의 경제적 기초가 되지 못할 뿐 아니라 부분적으로 연금수준이 최저생계비에도 미치지 못하게 되었다. 이에 국민연금을 보충하여 노인에게 기초소득을 보장하고, 이로써 노인빈곤을 방지하기 위하여 「기초노령연금법」을 제정하였다. 이 법은 2014년 「기초연금법」으로 개칭·개정되었다.

1981년 「심신장애자복지법」이 제정되어 장애인정책의 기본법으로 기능하게 되었다. 이로써 사회복지관련 3법이 완비되었다. 이 법은 1989년 「장애인복지법」으로 개칭·개정되었다. 이후 장애인정책에 관한 규범은 생활영역별로 확대·발전하였다. 고용은 장애인의 사회참여와 사회통합을 위한 핵심적인 매체이다. 이러한 인식에 기초하여 1990년 「장애인고용촉진 등에 관한 법률」이 제정되었다. 이 법은 2000년 「장애인고용촉진 및 직업재활법」으로 개칭·개정되었다. 이미 1977년 「특수교육진흥법」이 제정되었으며, 이 법은 2007년 「장애인 등에 대한 특수교육법」으로 개칭·개정되었다. 장애인정책을 위한 입법작업은 1990년대 후반 이후 대폭 정비되었다. 1997년 「장애인·노인·임산부 등의 편의증진보장에 관한 법률」이, 2005년 「교통약자의 이동편의증진법」이 제정되었다. 2007년 「노인장기요양보험법」을 제정하는 과정에서 장애인의 일상생활을 지원하기 위한 법률을 독자적으로 제정하는 합의가 이루어졌다. 이에 2011년 「장애인활동지원에 관한 법률」이 제정되었다. 장애인의 소득은 기존에 「장애인복지법」에서 장애수당의 형태로 부분적으로 보장되었다. 2010년 「장애인연금법」을 제정하여 장애인에게 소득을 보장하는 정책이 보다 안정성을 갖게 되었다. 이밖에 장애인의 주거보호를 위하여 2012년 「장애인·고령자 등 주거약자지원에 관한 법률」, 그리고 2011년 장애아동을 대상으로 「장애아동복지지원법」이 제정되었다. 이후 장애인정책을 위한 입법작업은 더욱 세분화되어 2014년에는 처음으로 특정한 장애상황, 즉 발달장애인을 포괄적으로 보호하기 위한 목적으로 「발달장애인 권리보장 및 지원에 관한 법률」이 제정되었다.

제 3 절　연구의 목적 및 방법론

Ⅰ. 기존의 연구

1. 법　학

우리 사회보장법의 역사는 그동안 학문적 관심을 거의 받지 못했다. 기본적으로 사회보장법 연구자의 숫자가 제한되어 있었다. 이와 같은 상황에서 실정법의 해석과 정책적 판단이 주된 관심이었으며, 역사연구에 관심을 갖기는 어려웠고, 또 여력도 없었다. 이는 정도의 차이가 있겠지만 법학의 다른 분야에서도 일반적인 현상이었다. 사회보장법에서 역사연구에 대한 사회적 요구가 없었고, 또 실천적 유용성이 제한적이라는 점도 작용했을 것이다. 위에서 지적했듯이 사회보장법은 개인의 행위에 규범적 기준을 제시하여 질서를 형성하는 성격에 비해서 개인의, 그리고 사회적 문제를 해결하기 위한 목적지향적 성격이 강하다. 사회보장법은 상황의 변화를 즉시 혹은 적어도 적시에 수용하여야 하며, 이를 위하여 사회보장법이 전문 연구자도 따라가기에 벅찰 만큼 빈번하게 개정되었다. 그리고 이는 개인의 권리와 의무에 직접적인 영향을 주며, 이러한 변화는 단기적으로 정치적 지지와 연계되기 때문에 정치적 성격이 강한 특성이 나타난다. 이러한 사회보장법의 특성에서 보면 과거의 상황과 이에 대한 규범적 처방에 대한 연구가 현재와 미래의 문제와 관련하여 구체적이고 직접적인 효용성을 갖기는 어렵다. 이로 인하여 나타나는 사회보장법 역사연구의 빈곤은 아래에서 살펴보듯이 사회과학에서 연구가 활발하였던 점과 비교된다.

법학에서 사회보장법 개별 분야의 입법과정에 관한 연구는 다음과 같다; 김재희, "산업재해보상보험법 제정사", 법학논총(국민대) 제29권 제2호(2016), 56면 이하; 백종만, "국민기초생활보장법의 제정과 추진방안", 사회복지 제141호(1999), 19면 이하; 안병영, "국민기초생활보장법의 제정과정에 관한 연구", 행정논총(서울대) 제38권 제1호(2000), 1면 이하; 심재진, "사회복지사업법 제정사 연구", 사회보장연구 제27권 제2호(2011), 279면 이하; 정희선, "노인장기요양보험법 제정사", 사회보장법연구 제1호(2012), 163면 이하 등. 1960년대 초반 사회보장입법에서 주도적 역할을 하였던 행위자에 대한 주목할 만한 연구로는 이흥재, "사회보장법 형성의 풍토적 특성-'전문 집단 헌신' 주도 속의 '국민 저항과 집권층 대응'의 '정치적 산물'-", 법학(서울대) 제52권 제3호(2011), 381면 이하를 들 수 있다. 이에 비해서 사회보장입법에 대한 통사적 연구는 아직 없다.

위 문헌들은 공통적으로 법의 제정과정을 연구의 대상으로 하였다는 특징이 있다. 이 점은 사회보장법 역사연구자에게 두 가지 과제를 제시한다. 첫째, 입법과정 자체가 연구대상이 되었기 때문에 개인이 포섭되는 규범 상황과 변화, 즉 기능적 측면은 연구의 공백으로 남는다. 둘째, 특정 법률 및 제도가 서술의 대상이 되었기 때문에 전체 사회보장법의 구도에서 해당 규범의 위상과 기능, 그리고 해당 규범과 시대의 사회문제가 조응(照應)하는 관계를 파악하기 어렵다. 이러한 흠결은 위에서 언급했듯이 규범의 장기적인 발전을 추적하는 사회보장법에 대한 통사적 연구가 존재하지 않았다는 점도 중요한 원인이 되었을 것이다.

2. 사회과학

사회과학에서 사회보장의 역사연구는 적지 않다. 이는 아마도 사회과학에서는 사회복지학, 사회학, 정치학, 행정학 등 다양한 학문분야에서 복지국가 혹은 사회보장이 연구의 대상이 되었고, 또 사회과학에서는 제도와 체계가 역사적 맥락에서 형성되고 지속되는 것으로 설명하는 방법론이 일찍 보편화되었기 때문일 것이다. 또 사회과학에서는 복지국가연구가 여러 학문분야에서 수행되면서 학문 간의 벽을 넘는 의사소통이 활발했다. 이 점은 법학 내부에서 세부 전공 간에 벽이 두텁고 의사소통이 이루어지지 않았던 현상과 비교된다.[142] 사회과학에서 역사연구의 방향은 세 가지로 분류될 수 있다.

첫째, 법학과는 달리 사회과학에서 우리 복지정책의 역사에 관한 통사적 저술이 다수 있다. 박광준, 한국사회복지역사론(양서원, 2013); 이영환, 한국사회와 복지정책-역사와 이슈(나눔의 집, 2004) 등이 있다. 하상락(편), 한국사회복지사론(박영사, 1989)은 사회보장의 발전을 시대를 구분하여 다룬 논문을 모은 책으로 중요한 참고문헌이 되고 있다. 통사적 서술은 아니지만 시대구분과 시대의 특징을 서술하고 있는 다음과 같은 문헌이 있다. 김병섭 외, 우리 복지국가의 역사적 변화와 전망(서울대 출판문화원, 2015); 양재진, "한국 복지정책 60년; 발전주의 복지체제의 형성과 전환의 필요성", 한국행정학보 제42권 제2호(2008), 327면 이하; 이혜경, "현대 한국 사회복지제도의 전개 – 경제성장, 민주화, 그리고 세계화를 배경으로", 이혜경/다케가와 쇼고(편), 한국과 일본의 복지국가레짐 비교연구(연세대학교 출판부, 2006), 21면 이하 등이다.

둘째, 사회보장의 사회경제적 및 정치적 배경, 또 해당 사회보장의 의사결정과정을 분석하는 연구이다. 손준규, 사회보장·사회개발론(집문당, 1983); 최천송, 한국사회보장연구사(한국사회보장문제연구소, 1991) 등이 대표적인 문헌이다. 이 두 책은 1960년대 초반 우리 사회보장의 형성과정을 1차 자료를 분석하면서 혹은 (최천송의 경우) 직접 경험에 기초하여 정리한 것으로 이 시기 사회보장법의 제정과정, 그리고 사회보장에 관한 담론의 맹아적 단계를 연구하는 데 있어서 대체할 수 없는 자료로서 가치가 있다. 이밖에 이와 같은 범주에 속하는 문헌으로 양재진 외, 한국의 복지정책 결정과정-역사와 자료(나남, 2008)를 들 수 있다.

개별 정책 혹은 개별 시대에 관한 연구들이 어느 정도 쌓여 있다. 개별 시대에 관한 연구로는 심정택, "해방 전후기의 사회복지제도 형성과 그 성격에 관한 연구", 사회과학논집(동아대) 제14집(1997), 147면 이하; 양재진, "한국의 산업화 시기 숙련 형성과 복지제도의 기원; 생산레짐 시각에서 본 1962-1986년의 재해석", 한국정치학회보 제38집 제5호(2004), 85면 이하; 우명숙, "한국 초기 사회복지정책의 재해석-제도주의적 시각의 분석적 유용성을 제안하

142) 전체적인 현상 인식능력이 취약하고 단편적 접근에 그쳤던 법학의 문제에 대해서는 위 각주 140 참조.

며", 경제와 사회 제67호(2005), 226면 이하; 윤홍식, "미군정과 한국의 복지체제, 1945-8; 좌절된 혁명과 대역전", 한국사회정책 제24권 제2호(2017), 181면 이하; 윤홍식, "이승만 정권시기 한국 복지체제; 원조(援助)복지체제의 성립, 1948-1960", 사회복지정책 제45권 제1호(2018), 115면 이하; 윤홍식, "박정희 정권시기 한국 복지체제; 반공개발국가, 복지국가의 기능적 등가물", 한국사회정책 제25권 제1호(2018), 195면 이하; 이경은, "정치체제와 복지정책의 산출—제3·4공화국의 경우", 한국행정학보 제23권 제1호(1989), 91면 이하; 정무권, "국가자율성, 국가능력, 사회보장정책—유신체제의 연금제도와 의료보험정책을 중심으로", 한국행정학보 제27권 제2호(1993), 493면 이하; 성경륭, "민주주의의 공고화와 복지국가의 발전—문민정부와 국민의 정부 비교", 김연명(편), 한국 복지국가 성격논쟁 I(인간과 복지, 2002), 487면 이하; 성경륭, "한국 복지국가 발전의 정치적 기제—노무현 정부와 이명박 정부 비교분석", 김병섭 외, 우리 복지국가의 역사적 변화와 전망(서울대 출판문화원, 2015), 531면 이하; 송호근/홍경준, 복지국가의 태동(나남, 2006), 107면 이하; 최정원, "한국의 복지정책 결정과정 비교; 1976년과 1989년의 의료보험법 개정과정을 중심으로", 동서연구 제16권 제1호(2004), 145면 이하 등이 있다.

개별 제도에 관한 연구로는 민부기, "산재보험제도의 창설", 국가재건회의보 제26호(1963.11), 73면 이하; 심강섭, "산재보험제도 실시 15주년 회고—그 전야에 있었던 일", 월간 노동(1979.8), 26면 이하; 양재진, "유신체제하 복지연금제도의 형성과 시행유보에 관한 재고찰", 한국거버넌스학회보 제14권 제1호(2007), 87면 이하; 우명숙, "한국의 복지제도 발전에서 산재보험 도입의 의의", 한국사회학 제41집 제3호(2007), 154면 이하; 황병주, "1970년대 의료보험 정책의 변화와 복지담론", 의사학 제20권 제2호(2011), 425면 이하 등이 있다.

셋째, 우리나라 복지국가의 성격을 규명하는 목적으로 복지정책의 기원과 발전을 역사적으로 추적하는 작업이다. 이에 해당하는 연구가 처음부터 역사적 접근을 염두에 둔 것은 아니었다. 그러나 정치적 및 사회경제적 상황에 따라 구분되는 시대의 복지정책의 성격을 비교하는 연구는 당연히 역사에 대한 이해를 전제로 하며, 이 점에서 역사서술을 포함하게 된다. 김연명(편), 한국 복지국가 성격논쟁 I(인간과 복지, 2002)은 특히 1998년 이후 국민의 정부에서 구상·시행된 복지국가의 성격을 둘러싼 다양한 이해방법을 담은 논문들을 논쟁적으로 배치하였다. 정무권(편), 한국 복지국가 성격논쟁 2(인간과 복지, 2009) 역시 같은 범주에 속한다.

Ⅱ. 연구의 목적

1. 사회보장법과 사회정책; 정책수단의 성격과 독자성

(1) 사회보장법과 정책정합성

사회보장법은 사회정책적 결정을 규범화하여 정책목적을 실현하는 수단이다. 이와 같은 관계에서 사회보장법은 정책결정의 실체적 내용을 충실히 법제화하고, 정책목적을 실현하기 위하여 필요한 절차 및 조직을 체계적으로 형성하는 과제를 갖는다. 이를 위하여 사회보장법은 사회과학에서 사회문제에 대한 연구결과를 충실히 수용하고, 또 사회문제에 대한 처방을 법제화하는 가능성과 동시에 그 한계를 인식할 수 있어야 한다. 이 점에 대해서는 아래에서 따로 서술한다. 법제화는 정책결정의 추상성과 구체성, 그리고 규율의 필요성과 가능성을 기준으로 다양하게 형성된다. 추상적인 정책결정을 추상적으로 법제화하는 경우, 추상적인 정책결정을 구체적으로 법제화하는 경우, 구체적인 정책결정을 추상적으로 법제화하는 경우, 구체적인 정책결정을 구체적으로 법제화하는 경우 등의 유형이 나타날 수 있다.

우리 사회보장법의 역사에서 보면 규범과 정책이 정합성을 상실하여 법제화의 의미가 퇴색하였던 경우가 적지 않다. 1963년 제정된 「사회보장에 관한 법률」은 초기 정책의도가 진지하였으며, 이에 기초하여 사회보장의 중요한 원리와 내용을 담는 구상을 하였다. 그러나 입법과정에서 정책의도가 변형되었으며, 그 결과 규범력을 갖기 위하여 필요한 구체성이 결여되었다.[143] 이 점이 1995년 제정된 「사회보장기본법」에서도 크게 다르지 않았다. 이 법은 기존의 「사회보장에 관한 법률」을 대체하여 사회보장에 관한 헌법원리를 구체화하고 중간원리로 제시하여 이를 개별 사회보장법을 형성하는 지침으로 적용하려는 시도였다. 「사회보장기본법」은 1993년 출범한 문민정부가 초기 복지정책에 무관심했던 기조에서 벗어나 1994년 이후 OECD 가입(1996)을 앞두고 '삶의 질 세계화'를 구호로 내세우며 적극적으로 복지정책을 구상하는 시기에 제정되었다. 그러나 이 법의 제정에 있어서 규율의 범위와 밀도, 그리고 정책 및 규범화의 추상성

---

143) 이 점에 대한 지적으로는 손준규, 위 각주 133의 책, 84면 이하 참조.

및 구체성의 선택의 문제가 체계적으로 논의되지 못했고, 그 결과 입법의 의미와 목적을 찾지 못하고 있었다.[144] 이 법은 2012년 전부 개정되었다.

이후 사회보장입법에 있어서도 정책과 규범의 정합성이 조화되지 않는 예가 종종 발견된다. 추상적으로 제도전환을 의도하였지만 법제화 단계에서 실체법 및 절차법적 인식이 결여되어 정책과 규범의 정합성이 확립되지 못하고, 그 결과 정책효과가 나타나지 못하는 경우도 있다. 예컨대 2000년 이전까지 「국민건강보험법」에서 요양급여비용에 대한 보상의 기준은 정부가 일방적으로 결정하여 고시하였다. 개정 법률은 의료공급자인 의약계의 이익을 반영하는 절차를 보충하였다. 이에 따르면 이제 요양급여비용의 보상기준은 보험자인 공단과 의약계대표들 등 이해관계 당사자들의 합의, 즉 공법상의 계약에 의하여 결정되도록 하였다.[145] 그러나 이러한 제도의 변화를 당시 「국민건강보험법」이 충실히 법제화하지는 못했다.[146] 실체법적인 측면에서 보면 계약의 대상이 너무 협소했다. 계약의 대상은 요양행위의 상대가치점수당 단가에 한정되었으며, 이밖에 요양급여범위, 요양급여의 종류와 내용, 분류당 상대가치점수 등 중요한 사항이 모두 보건복지부장관의 고시에 의하여 규율되었다. 또 절차법적으로 보면 공단과 의약계대표들 간에 합의가 성립되지 않은 경우 보건복지부장관이 이를 결정하고 이 결정은 계약에 의하여 결정된 요양급여비용으로 보도록 하였다. 이로써 당사자 간에 합의에 이르지 못했을 때 중재에 의하여 분쟁을 해결하는 절차가 존재하지 않고, 당사자 일방이 분쟁을 결정하는 절차적 흠결이 있었다. 이는 의료공급자의 직업의 자유를 충실히 존중하는 절차가 될 수 없었다. 이후 실제 요양급여비용이 당사자 간의 합의에 의하여 결정되는 경우는 드물었다.

재정의 안정을 위하여 정책전환을 하였음에도 불구하고 그 실질적 의미가 명확하지 않으며, 또 정책효과가 제한적인 경우도 있다. 2012년 「국민건강보험법」은 직장가입자의 경우 가입자의 보수 뿐 아니라 부분적으로 자산소득 등을 보험료산정의 대상으로 추가하였다.[147] 이로써 사용자에 비해서 가입자의 부담이 증가하는 결과가 되었다. 이는 사회보험에서 전통적으로 형성되어 온 보험

144) 이에 대해서는 예컨대 전광석, "사회정책과 사회보장법－사회보장기본법과 개별 사회보장법의 관계를 중심으로", 사회보장법학 제1권 제1호(2012), 31면 이하 참조.

145) 국민건강보험법 제45조 제1, 3항 및 시행령 제20조 참조.

146) 이 점에 대한 자세한 지적으로는 예컨대 전광석, "국민건강보험의 법률관계－헌법적 접근의 가능성", 의료법학 제2권 제1호(2001), 302면 이하 참조.

147) 국민건강보험법 제71조 및 시행령 제41조 제3,4항 참조.

료 부과방식을 벗어난 것이었다. 또 근로자인 가입자의 경우 소득을, 그리고 자영인의 경우 소득과 재산을 함께 보험료의 부과대상으로 하는 것을 두 집단의 본질적인 차이로 이해한 헌법재판소의 결정과도 거리가 있다.[148] 입법자가 이러한 근본적인 체계의 전환을 의도하였는지는 명확하지 않다. 또 이러한 변화가 연금보험 등에 확대될 수 있는가의 논의로 발전하지도 못했다. 이러한 정책의 변화가 다른 정책에 확대되기 위해서는 변화의 의도와 체계적 의미가 명확하여야 하는데, 그렇지 않았기 때문이다. 또 이 경우 정책효과에 대한 인식이 있었는지도 불분명하다. 자산소득 등을 보험료부과의 대상으로 하면서, 자산소득의 하한이 비교적 높게 책정되었기 때문에 실제 보험료수입을 의미있게 증가시키지도 못했다.[149]

(2) 사회보장법의 독자성

1) 독자성의 구조와 기능

사회보장법이 정책결정을 규범화하는 수단에 그치는 것은 아니다. 사회에서 진행되는 다양하고 가변적인 사실관계와 이에 기초하여 이루어진 사회정책적 결정은 유형화·추상화의 가공(加工)을 거쳐 규범화된다. 그리고 이와 같은 과정을 거쳐서 형성된 규범은 사실관계에 구속력을 갖는 독자적인 기준이 된다. 즉, 사회정책적 결정은 규범화의 계기이지만 그 결과 형성된 개별 규정, 실체법 및 절차법적 원칙, 그리고 사회보장법의 전체 혹은 부분체계를 이루는 특성은 이제 앞으로의 사회정책적 결정을 기속한다는 의미에서 사회보장법은 독자성을 갖는다.[150] 또 입법적으로 선택된 가치기준은 입법권 자체를 구속한다. 이는 체계정당성의 논리에 따른 헌법적 심사의 대상이 된다.[151]

사회보장법의 독자성은 단순하게는 법률에 위반되는 혹은 법적 근거 없는

148) 헌재 2000.6.29, 99헌마289, 12-1, 952면 이하; 2012.5.31, 2009헌마299, 24-1(하), 505면 이하; 2013.7.25, 2010헌바51, 25-2(상), 49면 이하; 2014.5.29, 2011헌바384, 26-1(하), 304면 이하 등 참조.

149) 이 점을 분석하고 대안을 모색하는 문헌으로는 예컨대 정창률 외, "한국 건강보험 보험료 부담의 형평성에 관한 연구", 사회보장연구 제30권 제2호(2014), 339면 참조.

150) 이 점에 대해서는 예컨대 전광석, "한국사회보장법학회의 창립과 과제", 사회보장법학 제1권 제1호(2012), 16면 이하 참조. 이 점에 대한 보다 자세한 논의로는 예컨대 Franz-Xaver Kaufmann, "Steuerung wohlfahrtsstaatlicher Abläufe durch Recht", *Jahrbuch für Rechtssoziologie und Rechtstheorie* Bd.13(1988), 71면 이하 참조.

151) 이에 대해서는 헌재 2003.6.26, 2001헌마699, 15-1, 764면; 2003.9.25, 2003헌바16, 15-2(상), 301면 이하; 2004.11.25, 2002헌바66, 16-2(하), 333면 이하 등 참조.

사회보장의 집행을 통제하는 형태로 실현된다.[152] 즉 사회보장에 관한 결정은 적극적으로는 헌법적 가치와 법의 일반원칙을 실현하여야 하며, 소극적으로 보면 적어도 이들 가치 및 원칙을 위반할 수 없다. 보다 실질적인 의미에서 사회보장법의 독자성은 다음과 같은 내용을 갖는다. 사회보장법은 한편으로는 상위법인 헌법, 그리고 법의 일반원칙과 (실질적인 의미에서) 수직적 규범체계를 형성한다. 특히 헌법재판소가 활발히 기능하면서 사회보장에 관한 중요한 개혁조치가 헌법적으로 정당한가, 혹은 헌법적 가치에 위반되거나 개인의 기본권을 침해하는가 하는 문제는 이제 일반적인 주제가 되어 가고 있다. 다른 한편 사회보장법은 수평적 규범체계에서 다른 법률에서 제시된 가치기준과 경합하면서 보편성과 특수성의 관계를 형성한다. 사회보험에서 사회적 위험이 발생하는데 가입자의 책임이 있는 경우 이는 일반적으로 급여의 제한사유에 해당하는가, 혹은 이 경우 특별한 정당화 사유가 존재하여야 하는가의 문제가 이러한 기준에 따른 판단을 필요로 한다.[153]

사회보장법은 위와 같은 수직적 및 수평적 규범체계와 연관되면서 현실정치 및 정책을 선도하며, 그러한 과제가 부과되어 있다. 이러한 이유에서 사회보장법은 헌법 및 법의 일반원칙, 그리고 다른 법률에서 채택된 가치와의 정합성 심사를 거쳐서 제정되어야 한다. 이는 사회보장에 관한 정치적 및 동태적 결정에 있어서 본질과 외연, 가변성과 불변성에 관한 논증구조를 제공하는 의미를 갖는다. 이로써 사회보장에 관한 담론이 안정성을 갖게 되고, 그 결과 소모적인 논쟁을 피할 수 있다. 이 점에서 대해서는 아래에서 상세히 설명한다.

1963년 제정된 「사회보장에 관한 법률」이 충실한 법제화에 성공할 수 없었던 이유는 당시 군사정부에서 경제성장에 정책적 우선순위가 두어지면서 초기에 형성된 사회보장의 동력(動力)이 소진(消盡)되었기 때문이었다. 그러나 이밖에 당시 우리 법학은 위에서 지적한 바와 같은 수직적 및 수평적 규범질서에서 해당 법률의 위상을 인식할 지적(知的) 능력을 아직 보유하지 못하고 있었다는 상황도 작용하였다. 즉 "1960년대 초 우리나라 사회보장의 전체적인 구상이나 기본체계가 없었기 때문에 하나의 독립된 제도의 세부 요강을 수립하기가 어려웠다".[154]

152) 이에 대해서는 예컨대 대판 1996.4.12, 95누7727 참조.
153) 이에 대해서는 위 각주 138 참조.
154) 이와 같은 증언에 대해서는 손준규, 위 각주 133의 책, 144면 이하 참조.

2) 사회보장법의 특수성

위에서 설명한 바와 같은 사회보장법의 독자성 자체, 이에 기초하여 규범적 및 사실적 안정성을 제공하는 정도는 특히 민법, 형법 등과는 차이가 있다. 민법, 형법 등은 개인에게 행위기준을 제시하고 자율적인 판단능력이 있다는 가정에 기초하여 그와 같은 기회를 보장하는 추상적인 질서를 구성하는 목적을 갖는다.[155] 개인은 추상적인 행위기준에 따라, 그리고 그러한 범위 내에서 자유를 향유할 수 있고, 이와 같은 행위기준은 일반적·보편적으로 적용되기 때문에 평등의 실현에 기여한다. 이에 비해서 사회보장법은 개인이 자유를 실질적으로 행사하기 위한 조건을 보장하여야 하며, 이에 필요한 상황 및 결과 자체를 현재, 그리고 미래를 향하여 실현하는 목적을 갖는다. 이러한 목적을 실현하기 위하여 사회보장법은 개인의 문제 및 상황을 (사회보험에서는) 추상적 혹은 (공공부조에서는) 구체적으로 보호한다. 따라서 사회보장법은 사회경제적 상황 및 사회문제의 변화를 신속히 인식하고, 또 적시에, 그리고 적합하게 반영하여야 한다. 그 결과 사회보장법은 빈번하게 개정될 수밖에 없다.

위와 같은 사회보장법의 특수성으로 인하여 사회보장법의 독자적인 기준을 세우고, 구체적으로 적용하는 데 있어서는 다음과 같은 어려움이 있다. 첫째, 사회보장법의 규범적 정합성을 판단하는 기준이 되어야 할 원칙과 체계가 아직 논의 중에 있거나 경우에 따라서는 불명확하다. 예컨대 헌법재판소는 사회연대의 원칙을 사회보험의 원리로 이해하고, 소득재분배는 이에 기여하는 정책수단으로 정당화하였다.[156] 그러나 「국민연금법」에서 소득에 비례한 연금수준의 보장과 가입자 간의 소득재분배는 긴장관계에 있기 때문에 정책적 선택이 필요하며, 이는 여전히 논의 중에 있다.[157] 또 산업재해보상보험에서 사용자책임을 실현하는 재해보상의 사고와 사회보장의 기능요소로 이해되는 소득재분배의 관계는 아직 명확하지 않다.[158] 둘째, 사회보장법은 사회경제적 상황, 그리고 개인의

---

155) 위 각주 60 참조.

156) 예컨대 헌재 2000.6.29, 99헌마289, 12-1, 942면 이하; 2001.2.22, 99헌마365, 13-1, 310면; 2002.10.31, 99헌바76등, 14-2, 427면; 2007.4.26, 2004헌가29등, 19-1, 367면 등 참조.

157) 이에 관련된 1998년 이후 국민연금 개혁논의에 대해서는 국민연금사편찬위원회, 실록 국민의 연금(2015), 279면 이하 참조.

158) 보험의 원리 혹은 사용자책임을 강조하는 결정으로는 헌재 2003.7.24, 2002헌바51, 15-2(상), 111면; 2009.5.28, 2005헌바20등, 21-1(하), 461면; 2011.11.24, 2009헌바356등, 23-2(하), 270면; 2014.6.26, 2012헌바382등, 26-1(하), 547면; 2014.11.25, 2002헌가10, 16-2(상), 240면 등 참조. 이에 비해서 사회보장의 성격을 주목하는 결정으로는 헌재 2004.11.25, 2002헌바52, 16-2(하), 297면 이하; 2014.6.26, 2012헌바382등, 26-1(하), 532면 이하 등 참조. 출퇴근재해

생활유형의 변화를 신속히, 적어도 적시에 반영하여야 한다. 이때 기존에 형성된 (사실적 혹은 규범적) 원칙과 사회보장의 합목적성이 충돌할 수 있으며, 이러한 긴장관계에서 전자와 후자의 관계가 조정되어야 한다. 헌법 및 법적 권리의 존속과 재정적 지속가능성과의 관계에서 나타나는 긴장관계가 대표적인 예이다.[159] 셋째, 사회보장의 목표에 대한 이해 자체가 아직 명확하지 못하다. 헌법 제34조 인간다운 생활을 할 권리는 기존의 생활을 어느 정도 보장하기 위한 기본권인가, 아니면 최저생활을 보장하는 목표를 갖는가에 대한 논의는 아직 진행 중이다. 헌법재판소가 사회보험의 규정을 심사대상으로 하는 경우에 최저생활보장에 관한 헌법 제34조 제5항을, 그리고 거꾸로 최저생활보장의 권리를 심사하는 경우 헌법 제34조 제1항을 심사기준으로 적용하는 것이 이러한 혼란을 보여주고 있다.[160]

2. 연구의 목적

(1) 사회보장법의 역사와 사회보장의 역사의 상호보충

우리 사회에서는 1960년대 초반 이후 사회보장법, 그리고 이에 관한 논의가 싹트기 시작하였다. 이와 같이 사회보장법의 역사가 50년 이상이 되었음에도 불구하고 이에 관한 본격적인 연구가 없었던 것은 학문적 공백이다. 위에서 지정한 바와 같이 특히 사회과학에서 사회보장의 역사에 관한 연구에 비하면 사회보장법의 역사 연구는 한참 뒤쳐져 있다. 이러한 학문적 공백을 메우는 것은 1차적으로는 사회보장법학의 과제이다. 사회보장법학에서 연구의 공백은 – 사회과학이 이에 관한 인식이 충분하지는 않았지만 – 사회과학의 연구가 충실해질 수 없는 상황이기도 하다. 사회보장과 사회보장법의 상호작용을 추적하여 한편으로는 규범의 관점에서 사회보장의 역사를, 그리고 다른 한편 사회보장의 관점에서 사회보장법의 역사를 보충하여야 하기 때문이다. 기존의 사회보장의 역사서술은 규범적인 정합성에 주목하지 않았고, 규범의 내용과 집행의 문제에

에 대한 보상에 있어서 나타나는 두 원칙의 긴장관계에 대해서는 전광석, 위 각주 127의 논문, 445면 이하 참조.

159) 이에 대해서는 예컨대 전광석, "지속가능성과 복지국가", 법학연구(연세대) 제22권 제2호(2012), 21면 이하 참조.

160) 전자의 예로는 헌재 2003.7.24, 2002헌바51, 15-2(상), 116면 이하; 2005.7.21, 2004헌바2, 17-2, 53면 이하; 2009.5.28, 2005헌바20등, 21-1(하), 463면; 2014.2.27, 2012헌바469, 26-1(상), 250면; 2015.6.25, 2014헌바269, 27-1(하), 501면 등 참조. 후자의 예로는 헌재 2004.10.28, 2002헌마328, 16-2(하), 204면 이하 참조.

있어서 연구의 공백을 보였다. 이는 사회보장의 역사서술이 이전 시기 사회문제와 규범의 상호관계, 과거 규범이 새로이 출현하는 사회문제를 규율하는 한계와 새로운 규범적 처방을 필요로 하는 인과관계를 설명하는 능력이 제한적이라는 의미를 갖는다.[161] 사회문제와 규범의 상호관계를 연계시키지 않고 단순히 제도의 유사성과 이질성을 기준으로 역사의 연속과 단절을 서술하는 경우 역사서술은 역사 그 자체, 또 현행 제도에 대한 이해에 충실할 수 없다.[162]

규범의 관점에서 사회보장을 바라보는 시각은 다음과 같은 이유에서 중요한 의미가 있다. 사회보장법의 법원(法源)은 국회에서 제정되는 법률, 이를 집행하기 위하여 필요한 구체적인 사항을 세부적으로 규율하는 시행령 및 시행규칙 등 행정입법으로 구성된다. 그런데 지금까지 사회과학에서는 국회에서 입법과정을 연구하는 경우에 주로 입법 전후(前後) 단계에서 제도 자체, 그리고 제도의 구체적 내용을 형성하는 의사결정과정을 주목하였다. 이에 비해서 집행단계에서 이루어지는 또 하나의 의사결정, 즉 행정입법에 의한 결정, 법률과 행정입법의 관계에서 형성되는 종합적인 규범상황, 그리고 이러한 종합적인 규범상황과 사회보장의 현실의 관계는 소홀히 되었다.[163] 그 결과 사회보장의 중요한 사항이 행정입법을 통하여 규율되어 왔으며, 시행령 및 시행규칙의 제정과정에서 당사자 간에 이해의 충돌 및 조정이 이루어지거나 경우에 따라서 입법의도가 변형되는 문제를 전달해 줄 수 없었다.

사회보장은 개인의 기본권, 특히 헌법 제11조 평등권, 그리고 제34조 인간다운 생활을 할 권리를 실현하는 구성요소를 규율대상으로 한다. 이는 기본권 실현에 있어서 본질적인 사항에 해당하며, 따라서 국회제정법에 의하여 규율되어야 한다(헌법 제40조).[164] 그리고 법률이 구체적으로 범위를 정하여 위임한 사항에 대

161) 이러한 관점에서 법사연구의 유용성에 대해서는 예컨대 Horst Schröder, "Zur praktischen Bedeutung der Rechtsgeschichte", Jörg Eckert(편), *Der praktische Nutzen der Rechtsgeschichte* (C.F. Müller, 2002), 473면 이하 참조.

162) 이 점에서 구한말 복지제도를 해방 후 우리 복지제도의 기원으로 이해하려는 시도는 너무 단편적이다. 이에 대해서는 안상훈·조성은·길현종, 한국근대의 사회복지(서울대 출판부, 2005), 177면 이하 참조.

163) 예컨대 1999년 제정된 「국민기초생활보장법」에서 나타나는 이러한 문제에 대해서는 양재진 외, 한국의 복지정책 결정과정－역사와 자료(나남, 2008), 230면 이하, 239면 이하 등 참조. 사회보장법에서 여러 단계에서의 의사결정구조 및 이 점이 조직법의 형성에 미치는 영향에 대해서는 예컨대 전광석, "공공거버넌스와 공법이론; 구조이해와 기능", 공법연구 제38집 제3호(2010), 185면 이하, 239면 이하 등 참조.

164) 헌재 1999.5.27, 98헌바70, 11-1, 643면 이하; 2004.3.25, 2001헌마882, 16-1, 441면 이하 등 참조.

해서는 행정입법이 규율한다(헌법 제75, 95조). 이와 같은 규범형식, 그리고 위임의 구체성을 기준으로 입법평가를 할 수 있다는 점에서 다양한 법원(法源)을 종합적으로 고찰하는 작업은 필수적이다.[165] 행정입법을 포괄하여 사회보장법의 역사를 추적하는 작업은 입법문화의 의미를 새롭게 부각시키는 효과도 있다. 규범형식 및 위임의 구체성에 관한 헌법의 요청을 존중하지 않고 행정입법에 위임하는 경우에 국회입법과정은 그만큼 정치적, 그리고 정책적으로 의미가 축소된다. 법률이 정치적 합의를 법제화하는 원칙적인 규범형식이 되지 못하고, 또 기본적으로 집행부로서 2차적 입법기관인 행정부가 국회의 기능을 대체하게 되기 때문이다. 그리고 그 결과 국회 및 국회제정법의 권위를 실추시키는 정치 및 입법문화가 형성된다. 역사서술과 관련하여 보다 중요한 문제는 이 경우 사회보장법이 사회보장의 시대적 과제와 규범적 대응을 설명하는 능력이 약화된다는 것이다.

위에서 지적한 마지막 논점은 다음과 같이 유형화될 수 있다. 첫째, 사회보장법이 정책결정을 구체적으로 범위를 정하지 않고 포괄적으로 행정입법에 위임하는 결과 개인의 법적 지위에 대한 예측가능성이 상실 혹은 감소된다. 이로써 국회와 행정부의 결정권한이 전도(顚倒)되어 헌법의 구상을 벗어난다. 1995년 시행된 「고용보험법」에서 적용대상사업장의 범위가 시행령에서 비로소 최종적으로 결정되었던 것이 대표적인 예이다.[166] 이는 우리 사회보장법에서 일반적으로 관찰되는 현상이다. 이 문제에 대해서 헌법재판소가 부분적으로 통제하여 왔지만 아직 적극적인 심사를 하고 있다고 보기는 어렵다.[167] 둘째, 사회보장에 대한 입법적 결정이 행정입법에 의하여 왜곡되는 경우이다. 1999년 제정된 「국민기초생활보장법」이 시행령 · 시행규칙, 그리고 행정집행에 의하여 부양의무기준을 비현실적으로 정하고, 또 이른바 간주부양제도를 운영하여 보편성의 원칙

165) 이에 관한 헌법재판소의 결정으로는 예컨대 헌재 2007.4.26, 2005헌바51, 19-1, 444면 이하; 2007.4.26, 2004헌가29 등, 19-1, 349면 이하 등 참조. 이 밖에 아래 제4장 각주 54 참조.

166) 고용노동부, 고용보험 20년사 1995-2015(2016), 71면 이하 참조.

167) 헌법재판소의 적극적인 결정의 예로는 헌재 1994.6.30, 92헌가9, 6-1, 550면; 1998.5.28, 96헌가1, 10-1, 518면 이하; 2003.9.25, 2001헌가22, 15-2(상), 246면; 2003.9.25, 2000헌바94등, 15-2(상), 262면; 2008.2.28, 2005헌마872등, 20-1(상), 294면; 2009.3.26, 2007헌가5등, 21-1(상), 317면 이하; 2009.7.30, 2007헌바113, 21-2(상), 225면; 2010.7.29, 2009헌가4, 22-2(상), 95면 이하 등 참조. 소극적인 결정의 예로는 헌재 1997.12.24, 95헌마390, 9-2, 828면 이하; 2003.7.24, 2002헌바51, 15-2(상), 113면 이하; 2004.10.28, 2003헌바70, 16-2(하), 186면; 2012.2.23, 2009헌바47, 24-1(상), 105면 이하; 2016.2.25, 2015헌마191, 28-1(상), 464면 이하 등 참조.

을 훼손한 것이 대표적인 예이다.[168] 수급자 선정 및 급여 기준으로 적용되는 재산의 소득환산액 산정방법은 시행규칙과 고시에서 비로소 확정되고, 또 비현실적이어서 입법목적을 실현하는데 장애가 되었다.[169] 이는 동시에 행정입법의 예측가능성을 저해하고, 또 입법취지를 왜곡시키는 결과가 되었다.[170] 셋째, 행정입법에 의하여 원칙과 예외의 관계가 거꾸로 되는 경우도 있었다. 예컨대 1963년 제정된 「산재보험법」은 일반적으로 모든 사업장에 적용되며, 예외적으로 적용제외사업을 열거하도록 하였다. 그러나 시행령에서는 원칙과 예외가 뒤바뀌었다. 즉 적용사업장을 열거하고, 그 밖의 사업장은 적용이 배제되었으며, 그 결과 적용범위가 축소되었다. 이와 같이 원칙과 예외가 뒤바뀐 규범상황은 1969년 비로소 바로 잡아졌다.

마지막으로 중요한 사항을 행정입법에서 규율하면서 제도에 대한 오해가 발생하는 경우도 있다. 예컨대 1986년 제정된 「국민연금법」에서 기본연금은 가입자 전체의 평균소득(A값)과 가입자 개인의 평균소득(B값)을 같은 비율로 반영하도록 하였다(법 제47조). 그러나 시행령에서는 개인의 평균소득 부분을 75%만 기본연금의 산정에 반영하는 규정을 두었다(시행령 제34조 제2항). 이는 초기 5년, 그리고 이후 5년간 법정보험료율인 9%보다 낮은 3% 및 6%의 보험료율이 적용되기 때문에 이를 반영한 산식(算式)이었다. 이와 같은 급여구조에 대한 이해가 없었기 때문에 연금제도 자체에 대한 오해를 발생시켰다. 즉 1986년 「국민연금법」이 기본소득의 보장을 강화하고 소득비례연금의 성격을 약화시켰다는 평가이다.[171]

(2) 일반역사와 사회보장법 및 사회보장의 역사

사회보장법은 시대의 정치 및 사회경제적 거시환경을 배경으로 형성되고, 개인 생활을 형성하는 기반이 된다는 점에서 보면 사회보장법의 역사연구는 학

168) 이 점에 대해서는 예컨대 김지혜, "국민기초생활보장법 부양의무자 기준의 위헌성", 공법연구 제41집 제3호(2013), 111면 이하; 박성민, "평등권 침해를 중심으로 본 부양의무자 기준의 위헌성", 사회보장법학 제5권 제1호(2016), 73면 이하, 103면 이하; 박영아, "기초생활보장과 부양의무", 사회보장법학 제5권 제1호(2016), 103면 이하; 손윤석, "국민기초생활보장법상 부양능력 미약제도에 관한 법적 고찰", 사회보장연구 제28권 제2호(2012), 1면 이하 등 참조.

169) 재산의 소득환산제의 문제점에 대해서는 예컨대 박미현/정영순, "노후 소득보장의 사각지대 해소를 위한 국민기초생활보장제도 개혁방안 연구", 사회보장연구 제25권 제4호(2009), 106면 이하; 허선/김미곤/유현상, "국민기초생활보장제도에 있어서 재산의 소득환산제도에 대한 평가-형평성을 중심으로", 사회보장연구 제25권 제1호(2009), 3면 이하 등 참조.

170) 이에 관한 헌법적 평가로는 헌재 2012.2.23, 2009헌바47, 24-1(상), 105면 이하 참조.

171) 이에 대해서는 국민연금사편찬위원회, 실록 국민의 연금(2015), 229면 이하 참조.

문적 관심과 방법론에 있어서 일반역사와 크게 다르지 않다. 이 점에서 사회보장법의 역사는 사회보장법의 분과이면서 동시에 역사학의 분과에 편입될 수 있다. 이는 사회보장법의 역사는 전체 역사서술의 부분을 구성할 수 있어야 한다는 의미를 갖는다.[172] 물론 사회보장법의 역사에 대한 연구가 일반역사의 서술을 보충하는 것을 직접적인 목적으로 하지는 않을 것이다. 그러나 일반역사 연구자의 입장에서 보면 사회보장법역사의 서술을 통하여 매우 의미 있는, 그러나 스스로는 접근 및 이해하기 어려운 자료를 제공받을 수 있게 된다. 사회보장은 거시질서와 상호 작용을 하면서 형성되기 때문에 사회보장법은 시대의 정치적 및 사회경제적 전체 역사를 이해하는 데 필수적인 요소이며, 또 사회보장법의 입장에서 보면 일반 역사가 제공하는 거시질서에 대한 역사서술(연구정보)에 기초했을 때 비로소 사회보장법 자체 및 변화의 인과관계, 그리고 현재의 실존적 상황이 갖는 역사적 성격을 설명할 수 있다.[173] 그리고 이와 같이 일반역사와 사회보장법의 역사가 의사소통을 거치면서 전체 역사서술은 보다 충실해진다. 그리고 그 결과 사회보장법의 역사가 규범의 제정과 개정의 서술에 그치지 않고 사회보장의 실존적 현실과 개인 생활의 시대적 상황을 전달해 줄 수 있어야 한다. 이때 사회보장법의 역사에 대한 연구자는 다음과 같은 부담을 갖는다. 사회보장법의 역사가 편입되는 역사 전체(histoire totale)에 대한 이해가 있어야 하며, 또 전체 역사에서 사회보장법에 직·간접적으로 영향을 미치는 모든 요소들을 구체적으로 추출하고, 또 선별적으로 서술하는 부담이다.

사회보장법의 역사는 일반역사의 일부이며, 상호 보충관계에 있다는 점에서 보면 사회보장법의 역사연구가 법학자, 즉 사회보장법학자의 전유물은 아니다. 우리의 경우 아직 뚜렷하게 발견되지 않지만 외국에서는 일반역사학자가 사회보장법의 역사에 관한 비중 있는 결과를 남기는 경우가 적지 않다.[174] 다만 일반역사학자가 사회보장법의 역사를 연구하는 경우 다음과 같은 부담은 따른다. 법학은 전문적 학문영역이다. 따라서 특별한 학습과 연구과정을 거쳐 비로소

172) 이 점에 대해서는 예컨대 Franz Wiecker, *Privatrechtsgeschichte der Neuzeit; Unter besonderer Berücksichtigung der deutschen Entwicklung*(Vandenhoeck & Ruprecht, 1967), 16면 참조.

173) 이와 관련하여 헌법의 역사적·정치적 성격에 대해서는 전광석, 한국헌법학의 개척자들(집현재, 2015), 9면 이하, 32면 이하 등 참조.

174) 예컨대 독일의 예에 대해서는 Gerhard A. Ritter, *Sozialversicherung in Deutschland und England*(C.H.Beck, 1983); Gerhard A. Ritter, *Der Sozialstaat*(Oldenbourg, 2010); Hans Guenter Hockerts, *Sozialpolitische Entscheidungen im Nachkriegsdeutschland. Alliierte und deutsche Sozialversicherungspolitik 1945 bis 1957*(Klett-Cotta, 1980) 등 참조.

사회문제를 법적 쟁점으로 가공(加工)하고 구체화하는 능력을 갖추게 된다. 일반역사연구자는 일반적으로 이러한 능력이 결여되어 있다. 따라서 사회보장법을 연구하는 법학자는 일반역사의 연구결과를 법적 쟁점을 추출하는 데 필요한 범위 내에서 선택적으로 참고하여야 한다. 그렇지 않은 경우 과다한 자료에 파묻혀 특유한 연구의 쟁점이 소실될 가능성이 있기 때문이다.

이에 비해서 사회보장법의 역사를 연구하는 법학자는 다른 종류의 어려움을 겪게 된다. 법학자는 일반적으로 현재의 문제와 쟁점을 법도그마(Rechtsdogmatik)에 포섭하고, 적합한 결론을 이끌어내는 데 우선적인 관심을 가질 가능성이 크다. 즉 현재의 관점을 역사에 투영하여 과거를 관찰하는 방법이 아니라 과거의 역사를 현재에 끌어들여 자신의 결론을 정당화하는 논리로 사용할 우려가 있다.[175] 또 같은 맥락에서 현재의 법규범과 법적 개념 및 용어에 익숙해 있는 법학자는 이에 기초하여 과거의 역사에 접근하고자 하는 유인이 강하다.[176] 그러나 이는 '과거의 현재'를 서술하는 데 장애가 된다. 특히 사회문제는 다양하고, 지속적으로 변화하며, 또 사회보장법에서 단기적인 정책효과에 몰입하여 정치적 지지를 유인하는 사고가 지배할 위험이 크다. 그만큼 해당 시대를 상대화하고 시대의 문제와 처방의 인과관계를 과거의 맥락에서 관찰·서술하는 역사연구의 방법론이 사회보장법의 역사서술에 충실히 적용되어야 한다.

(3) 체계 및 이론형성

1) 필요성

오늘날 개인생활이 공적 사회보장에 편입되어 의존하는 범위가 넓어지고, 그 정도가 증가하면서 사회보장법의 제정 및 개정과 정치적 지형은 중요한 상관관계를 갖게 되었다.[177] 이로써 사회보장법의 정치적 성격은 더욱 강화되었

---

175) 헌법사 서술에 있어서 이와 같은 방법론적 시각에 대해서는 예컨대 전광석, 위 각주 173의 책, 27면 이하 참조. 나아가서 헌법학에서 역사연구가 도구화되는 우려에 대해서는 같은 책, 169면 이하 참조.

176) 법학자의 역사연구가 빠질 수 있는 이와 같은 위험에 대해서는 예컨대 Michael Stolleis, *Rechtsgeschichte als Kunstprodukt*(Nomos, 1997), 27면 이하 참조.

177) 주로 정치적 지형의 변화를 기준으로 복지정책을 분석하는 문헌으로는 예컨대 성경륭, "한국의 정치체제 변동과 사회정책의 변화－정치사회학적 접근", 체제변동의 사회학(한울, 1995), 308면 이하; 성경륭, "민주주의의 공고화와 복지국가의 발전-문민정부와 국민의 정부 비교", 김연명(편), 한국 복지국가 성격 논쟁 I(인간과 복지, 2002), 487면 이하; 성경륭, "한국 복지국가 발전의 정치적 기제－노무현 정부와 이명박 정부 비교 분석", 김병섭 외, 우리 복지국가의 역사적 변화와 전망(서울대 출판문화원, 2015), 583면 이하 등 참조.

다. 2011년 무상급식에 관한 서울시 주민투표, 2012년 대통령선거에서 복지의제가 전통적으로 선거를 지배하였던 국방 및 안보, 그리고 경제 의제를 압도하였던 현상이 좋은 예이다. 기초연금의 적용범위와 급여 수준, 그리고 국민연금과의 연계 문제 등이 핵심 쟁점이 되었다.

위와 같은 상황은 사회보장입법에 다음과 같은 문제를 제기한다. 오늘날 사회보장법은 그 범주가 확대되었으며, 동일한 목적이 결코 단일 제도에 의하여 실현되는 것이 아니라 같은 목적을 갖는 여러 제도가 기능적으로 협력하면서(다원적 실현), 그리고 다른 목적을 갖는 제도가 기능을 보충하면서 실현된다(다층적 실현). 이로써 다원적 및 다층적 실현구조를 파악하여 문제상황에 적합하게 규범화하는 작업은 복잡하고 어려워졌다. 특히 근시안적 정책효과를 지향하는 경향이 있는 정치적 결정에 있어서는 이러한 전제조건을 이해할 의지도, 또 능력도 기대하기 어렵다. 일반적으로 보면 개인의 주관적 법적 지위가 객관적 정책구상에 앞서 배려되는 것이 현실이다.[178] 이러한 경향에는 현재 국민의 정치적 지지에 의존하여야 하는 민주주의의 내재적 문제(한계), 그리고 재산권 및 신뢰보호의 원칙과 같은 헌법적 논리가 함께 작용하였다. 이는 체계적이고 장기적인 구상에 입각하여 사회보장법을 형성하는 데에는 불리한 여건이다. 「공무원연금법」이 1995년 이후 근본적인 개혁을 필요로 했고, 또 이를 위한 논의가 양적으로 풍부했지만 단기적인 정책효과를 갖는 개정에 그치고, 장기적이고 체계적인 구상은 계속 미루어져 온 것이 대표적인 예였다.[179] 국민연금에서 장기적인 재정안정(지속가능성)을 위하여 필요한 보험료의 인상이 계속 좌절되고 있는 반면 국가의 일방적인 급여관계를 내용으로 하는 기초연금에 대해서는 쉽게 합의가 이루어질 수 있는 것이 또 하나의 예이다.

위와 같은 문제상황에서 사회보장법의 체계 및 형성기준에 대한 이론적 및 정책적 욕구는 크다. 이에 비해서 규범의 수평적 체계 혹은 규범의 수직적 단계에 따라 형성되는 기준의 규범력은 제한적이다. 예컨대 헌법이 제시하는 기준은 그 자체가 규범적으로 명확하지 않으며, 또 사회보장법 자체가 가변적인

178) 이 점에 대해서는 위 각주 53, 54 참조.

179) 이 점에 대해서는 예컨대 민효상, "왜 2009년 공무원연금개혁은 점진적 개혁에 머물렀는가?. 정책결정과정과 정치제도적 특성을 중심으로", 한국정책학회보 제20권 제1호(2011), 333면 이하; 전광석, "공무원연금법의 체계와 체계전환-입법사적 관점에서", 법학연구(연세대 법학연구원) 제28권 제1호(2018), 156면 이하; 정창률/김진수, "한국 공무원연금 개혁 평가 및 발전방향", 사회보장연구 제31권 제4호(2015), 232면 이하 등 참조.

상황에 적응하여야 할 독자적인 과제를 갖는다. 국제법의 기준 자체는 명확할 수 있다. 그러나 국제법의 규범력은 제한적이며, 또 사회보장에 관한 규범은 신축성 있게 구성되는 것이 일반적이고, 따라서 자기집행력(self-excuting)을 결여하고 있다. 결국 사회보장법에서 독자적인 체계의 존재에 대해서는 아직 논의가 필요하다. 우선 오랫동안 형성되어 왔던 원칙, 원칙의 집합이 체계를 형성한다고 이해할 수 있다. 이들 원칙이 법률 내부에서, 그리고 다른 법률과의 관계에서 모순 없이 형성되어야 한다. 이는 사회과학에서 중요한 이론도구로 사용되고 있는 경로의존성(path dependency)의 관심과 공통점을 갖는다.[180] 이 점에서 사회과학적 용어인 경로의존성은 경험적 및 사실적 의미뿐 아니라 규범적 의미를 내포하고 있다. 이와 같은 체계에 관한 논의는 역사연구를 전제로 한다.

2) 가능성과 유용성

우리 사회보장법의 역사를 추적하면서 다음과 같은 체계형성의 가능성을 생각할 수 있다.

첫째, 사회보장법의 전체적인 특성을 체계로 이해하는 방법이다. 이에 따르면 우리 사회보장법은 사회보험을 중심으로 체계를 형성하여 왔다. 이는 1962년 군사정부 최고회의의장 지시각서와 1963년 제정된 「사회보장에 관한 법률」에서 사회보험과 공적 부조를 사회보장의 주축으로 하였던 데에서 출발하였다.[181] 이러한 구도는 현재에도 유지되고 있다. 이와 같은 관점에서 보면 고용과 연계하여 기능하는 사회보험을 중심으로 하는 사회보장은 우리 역사에서 형성된 특징에 해당한다. 이러한 체계적 특징에서 보면 사회보험의 능력이 제한적인 국민에게 발생하는 사각지대, 그리고 소득근로자를 대상으로 하는 사회보험이 중심이 되었기 때문에 사회복지서비스가 정체되었던 문제는 규범의 미비와 현실적인 집행의 흠결에 앞서 체계적으로 어느 정도는 피할 수 없는 문제였다.

둘째, 사회보장법은 특정한 원칙을 공유하는 여러 하부체계로 구성되어 있다고 이해하는 방법이다. 이러한 이해에 따르면 사회보험법과 공공부조법 등이 각각 전체 사회보장법을 형성하는 하부 체계에 해당한다. 이들 하부체계에서는 재정방식을 기준으로 보면 보험료와 조세에 관한 재정법적인 원칙들이 존

---

180) 위 각주 103 참조.

181) 이에 대해서는 손준규, 위 각주 133의 책, 83면 이하 참조.

중되어야 한다.[182] 이러한 이해방법에서 기초연금이 국민연금과 연계된 제도인가, 아니면 국민기초생활보장제도를 보충하는 목적을 갖는가의 문제가 제기되고, 그 결과 체계 편입과 체계에 충실한 제도가 형성될 수 있다.[183]

셋째, 사회보장법을 형성하여 왔던 법원칙 혹은 기본원칙 및 그 집합을 체계로 이해하는 방법이다. 예컨대 사회보험에서는 사회연대 혹은 사회적 조정의 원칙에 의하여 소득재분배가 정당화되며, 또 보편성의 원칙은 공공부조법을 전체적으로 지배하면서 일관된 체계가 형성되어야 한다. 그러나 이와 같은 법원칙은 아직 안정적이지 못하고, 또 정책적으로 어느 정도 변용될 수 있는가는 여전히 논의 중에 있다. 예컨대 전통적으로 사용자책임보험의 성격이 강한 산재보험에서 어느 정도까지 사회보장의 기능, 예컨대 소득재분배의 구상을 실현할 수 있는가는 아직 불명확하다.[184]

사회보장법의 역사에서 위에서 살펴본 바와 같은 체계가 확인·유지될 수 있다면 이는 다음과 같은 유용성이 있다. 첫째, 무엇보다도 이로써 주관적으로 법적 안정성이 확보될 수 있다. 사회보장법의 개별적인 제도와 내용이 변함없이 존속할 수는 없지만 기본적인 체계를 기준으로 제도변화의 대강을 어느 정도 예측할 수 있기 때문이다. 둘째, 제도개혁의 논의과정이 객관적으로 안정성을 가질 수 있다. 사회보험과 사회보상, 그리고 공공부조에서 전통적으로 형성되어 왔던 원칙의 내용들이 체계를 구성하게 되고, 이에 기초하여 입법형성에 원칙과 예외로 작용할 수 있기 때문이다. 이에 체계의 관점과 범위 내에서 문제가 제기되고, 정치적 및 사회경제질서에서 그 정당성 및 실현가능성에 관한 평가를 받을 수 있다. 또 구심점이 없이 이루어지는 소모적인 논쟁을 피하고 안정적인 공론의 장이 형성될 수 있게 된다. 이로써 사회보장법의 역사연구는 제도개혁의 담론과 공론에 중요한 기여를 할 수 있다. 장기적으로 보면 이와 같이 형성된 규범적 및 거시질서적 체계는 사회경제적 및 정치적 변화에도 불구하고 계속 유지되는가, 즉, 체계의 범주 내에서 해결이 모색되는가, 혹은 체계가 전환되어야 하는가에 관한 논의가 진행될 수 있다. 예컨대 「공무원연금법」이 사회보장법의 성격을 보다 강하게 갖는가, 아니면 공무원법의 성격을 강

182) 이 점에 대해서는 예컨대 전광석, “사회보장법과 세법의 기능적인 상관관계”, 공법연구 제32집 제1호(2003), 216면 이하 참조.

183) 제8장 각주 29 참조.

184) 위 각주 158 참조.

조하는가에 따라서 공무원연금의 개혁방향은 현저한 차이를 보인다.[185] 같은 맥락에서 사용자책임보험의 성격과 사회보장의 성격이 경합하는 「산재보험법」의 예에 대해서는 위에서 살펴본 바 있다.[186] 그리고 기존의 체계를 전환하는 경우에는 이를 정당화하는 사유를 제시하는 논증부담이 부과되며, 이는 법적 안정성에 기여한다.

보다 실천적으로 보면 사회문제와 사회보장법의 규범을 가교하는 '이론'은 역사적 맥락에서 비로소 형성될 수 있다.[187] 규범은 해석과정을 통하여 의미를 갖게 된다.[188] 그런데 규범 그 자체는 사실관계 및 사실관계의 변화를 수용하면서 변화한다. 그렇다면 법의 역사연구는 구체적인 사실관계를 추상적인 규범의 이해를 위하여 수집하고, 또 추상적인 규범을 구체적인 사실관계를 중심으로 해석하는 과정을 서술하는 작업이다. 이와 같은 과정을 거쳐서 비로소 규범과 사실관계를 가교하는 이론이 형성되고, 이와 같은 이론에 기초하여 규범의 적용에 직접적으로 기여하는 법도그마가 추출될 수 있다.[189] 위에서 언급한 사회연대의 원칙, 소득재분배, 사회보장청구권의 법적 성격 등의 개념은 적어도 우리 사회보장법에서는 아직 역사연구의 기반을 갖지 못하고 있으며, 사회보장법의 해석을 견인할 만큼 성숙되어 있지 않다. 이와 같은 체계적 및 이론적 관점에서 역사연구의 유용성이 역사연구의 필요성을 견인하여야 할 것이다.

(4) 정책적 유용성

사회문제는 시대의 변화에 따라서 새롭게 형성되고 또 진화한다. 그리고 사회보장법은 이와 같은 진화과정을 지속적으로 반영하여야 한다. 그러나 시대의 처방인 사회보장법 자체가 새로운 사회문제가 출현하는 원인이 되기도 한다. 실업의 사회구조적 문제, 노인의 장기요양문제 등이 시대의 변화에 따른 새로운 사회문제였다. 시대의 처방 자체가 새로운 사회문제를 발생시키는 예는 다

185) 이에 대해서는 예컨대 전광석, 위 각주 179의 논문, 144면 이하 참조.

186) 위 각주 158 참조.

187) 이론형성이 역사에서 분리될 수 없는 일반적인 상황에 대해서는 예컨대 Michael Stolleis, *Verfassungs(ge)schichte*(Mohr Siebeck, 2017), 29면 이하; Rainer Wahl, *Herausforderungen und Antworten; Das öffentliche Recht der letzten Fünf Jahrzehnte*(de Gruyter, 2006), 13면 이하 등 참조.

188) 이에 대해서는 예컨대 헌재 2012.12.27, 2011헌바117, 24-2(하), 396면 이하 참조.

189) 사회보장법에서 법이론과 법도그마의 관계에 대해서는 예컨대 Ulrich Becker, "Rechtsdogmatik und Rechtsvergleich im Sozialrecht", *Rechtsdogmatik und Rechtsvergleich im Sozialrecht I*(Nomos, 2010), 11면 이하 참조.

음과 같다. 즉 질병, 노령, 장애 등 사회적 위험을 원인으로 근로자인 주부양자가 소득을 상실하는 상황을 보호하기 위하여 사회보험이 도입되고, 또 보편화되면서 빈곤의 상황이 오히려 정치적 및 정책적 주목을 받지 못했다.[190] 또 사회보험이 소득보장에 중점을 두면서 노후생활을 지원하는 서비스가 발달하지 못했으며, 국민연금이 소득근로자의 노후보장을 위하여 도입되면서 현재 노인에 대한 소득보장에 있어서의 불균형이 나타났다. 그리고 사회보험을 중심으로 사회보장이 실현 혹은 확대되면서 교육과 고용지원, 가족의 존속을 위하여 필요한 자녀양육지원 등이 지체되는 문제도 같은 범주에 속한다.[191] 1990년대 이후 노동의 분절화(양극화)로 인하여 고용과 소득, 그리고 동시에 복지의 안정성이 감소하여 나타나는 근로빈곤의 문제, 이른바 새로운 빈곤(new poverty)은 새로운 사회문제이며, 사회보험의 체계가 감당하는 데 한계가 있었다.[192] 이 점에서 보면 사회문제 및 그 처방을 둘러싸고 역사적으로 형성된 본질적인 법칙을 확인하기는 어렵다. 또 그러한 원칙이 존재하더라도 새로운 상황의 변화에도 불구하고 계속성을 가질 수 있는가는 불분명하다. 따라서 역사연구를 통하여 사회보장법의 향후 발전경향을 어느 정도 예측할 수는 있겠지만, 역사적 사실 그 자체가 구체적 규범의 내용을 형성 혹은 정당화하는 기반이 될 수는 없다.[193] 그렇기 때문에 사회보장법 역사연구의 1차적인 목적이 과거의 문제와 처방을 기준으로 직접적으로 오늘의 사회문제를 이해하고 처방을 제시하는 데에 있는 것은 아니다.[194]

이와 같이 사회보장법의 역사가 정책형성에 직접 전범(典範)을 제시하는 형태로 기여하는 것은 아니지만 다음과 같은 의미에서 필수적으로 고려되어야 하며, 또 그러한 범위에서 유용하다. 시대의 문제 상황, 그리고 그 변화와 기존의 규범이 갖는 한계를 오늘의 시대적 상황 및 규범과 비교하는 작업은 정책

---

190) 이에 대해서는 아래 제8장 각주 26 참조.

191) 이는 사회보험이 확대되는 1998년 이후 일반적으로 관찰되는 현상이었다. 이에 대해서는 예컨대 정무권, "'국가복지 강화론' 비판에 대한 재비판과 쟁점", 김연명(편), 한국 복지국가 성격 논쟁 I(인간과 복지, 2002), 404면 이하 참조.

192) 이에 대해서는 예컨대 김영란, "신빈곤(new poverty)의 발생구조와 빈곤정책의 변화에 관한 연구", 사회복지정책 제20집(2004), 245면 이하; 전광석, "사회통합과 사회보장법", 사회보장법학 제5권 제2호(2016), 125면 이하 등 참조.

193) 이에 대해서는 Michael Stolleis, "System und Geschichtlichkeit des Sozialrechts", *Ausgewählte Aufsätze und Beiträge* Bd.2(Vittorio Klostermann, 2011), 880면 이하 참조. 부분적으로 이러한 실천적인 효용성에 대한 기대에 대해서는 예컨대 안상훈/조성훈/길현종, 위 각주 162 참조.

194) 역사학 일반에서 이루어지는 유용성 논의에 대해서는 전광석, 위 각주 175의 책, 25면 이하 참조.

결정 및 규범화에 있어서 필수적인 기반이 된다. 보다 근본적으로 보면 역사연구는 법학연구에 필수적인 부분이다. 법학의 연구대상인 법률은 제정된 후 규율대상의 변화에 따라 개정되면서 비로소 생명력을 유지할 수 있다. 따라서 법률에 대한 연구는 이전 시대의 규범과 규범의 한계를 뒤돌아보면서 과거의 사회적 상황, 그리고 시대가 남겨 준 과제를 충실하게 이해할 수 있을 때 비로소 가능하기 때문이다. 이 점에서 보면 사회보장법 역사에 대한 연구는 (제한적이기는 하지만) '정책형성에 기여'할 수 있다.

예컨대 1977년, 1988년, 그리고 2008년 각각 시행된 의료보험, 국민연금, 그리고 노인장기요양보험은 저부담 저급여의 구조에서 출발하였다. 국민연금의 경우 저부담 고급여의 구조라는 평가를 하였지만 이는 보험료 부담수준에 비해서 상대적으로 고급여라는 의미이지 절대적으로 연금수준이 높은 것은 아니었다. 또 1998년과 2007년 「국민연금법」 개정을 통하여 연금 수준은 상당히 낮아졌다. 이와 같은 급여구조에서 출발한 우리 사회보험은 역사적으로 주로 평등의 이념에 의하여 견인되어 왔으며, 이는 1990년대 이후에도 일종의 경로(path)로서 계속 영향을 미쳐왔다. 또 새로운 사회적 위험(new social risks), 즉 고용 및 소득의 불안정, 저출산 및 인구구조의 불균형 등이 구성하는 거시환경이 변화하는 상황에서 기존의 생활을 적절한 수준에서 보장하는 (전통적인 사회보험의) 목표는 뚜렷하게 실현에 한계가 있었다. 역사서술은 이와 같은 한계를 명확히 제시할 수 있어야 한다.[195] 그리고 낮은 수준의 복지의 평등으로 인하여 나타나는 복지의 공백은 같은 목적을 갖는 다른 제도에 의하여 보충되고, 또 다른 목적을 갖는 제도와 기능적으로 협력하면서 메워야 한다는 정책적 시사를 줄 수 있다. 예컨대 처음부터 부분적인 보장을 목표로 하였던 노인장기요양보험은 같은 목적을 갖는 「노인복지법」에 의하여 보충되고, 또 다른 입법목적을 갖지만 기능이 중첩될 수 있는 「국민건강보험법」, 「국민기초생활보장법」 및 세법과 협력하여야 한다. 그렇지 못할 경우에는 역사적 근거 없이 사회보장의 목표에 대한 기대가 형성되고, 그러한 기대는 제도의 신뢰를 상실시키는 원인이 된다. 이러한 정책론의 역사적 기반은 역사연구가 횡적으로 비교법 및 비교정책적 연구로 확대되는 경우 더욱 유용성을 띠게 되는 것은 물론이다.[196]

195) 이에 대해서는 예컨대 전광석, 위 각주 192의 논문, 144면 이하, 150면 이하 등 참조. 이밖에 전광석, "1976년 의료보험법; 낮은 수준의 보편적 평등의 기원", 사회보장법학 제7권 제2호(2018), 107면 이하 참조.

196) 이 점에 대해서는 예컨대 P.L.Neve, "Rechtsvergleichung und Rechtsgeschichte. Eine

Ⅲ. 연구 및 서술의 방법론

1. 연구방법론

사회보장법 역사의 연구방법론은 위에서 서술한 연구의 목적과 관련하여 이미 어느 정도 암시되어 있다. 사회보장법 역사연구는 헌법과 법률 및 행정입법의 제정과 개정을 추적하고, 그러한 변화를 '이해'하고 '설명'할 수 있어야 한다. 이에 비해서 법률의 제정과 개정을 '서술'하는 것으로는 사회보장법의 동태적 전개를 이해할 수 없다. 각종 문서에 나타나는 입법자의 의사, 그리고 규범에 대한 객관적인 이해를 명확히 하는 작업이 가장 기본적인 연구의 과제이다. 제정 법률과 개정 법률을 비교함으로써 제정 법률과 개정 법률의 내용은 더욱 명확해진다. 이 점에서 법학에서 역사연구는 필수적이라는 점에 대해서는 위에서 설명하였다. 이어 해당 법률의 제정 혹은 개정의 계기가 된 사회적 상황, 사회정책적 결정과 입법의 정합성이 검토된다.

위와 같은 연구는 세 단계로 진행된다.

첫째, 시대의 규범 상황은 당시의 사회문제를 중심으로 재구성되고, 사회적 상황에 대한 진단과 사회정책적 결정의 타당성이 검토된다. 이는 기본적으로 사회과학의 관심이다. 따라서 사회보장법 역사연구는 사회과학에서의 연구성과에 상당 부분 의존한다. 이때 사회보장법 역사를 연구하는 자는 현재의 관점을 과거 상황에서 재구성하여 이를 기준으로 역사를 조명할 수 있어야 한다. 그렇지 않은 경우 법학의 특유한 관점, 그리고 그 결과 법사연구의 의미는 상실되고, 사회과학의 연구결과에 매몰될 우려가 있다. 그리고－위에서 지적했듯이－이때 비로소 사회과학의 연구도 보충하고 전체 역사의 서술에 기여할 수 있다.

둘째, 사회정책적 결정에 기초하여 형성된 규범과 규범집행의 결과를 한편으로는 사회적 상황과 문제와의 정합성을 기준으로, 다른 한편 헌법 및 법의 일반원칙 등 상위법 및 동위법과의 정합성을 기준으로 추적·검토하여야 한다. 이는 기본적으로 법학의 과제이다. 이와 같은 규범적 기준은 사회과학의 논의에 정형성과 안정성을 부여하여 효율적인 공론과 담론형성에 기여하며, 또 소모적인 학술적 및 정책적 논의를 피할 수 있게 한다는 점에 대해서는 위에서 언급한 바 있다. 다만 사회과학과 법학의 과제가 명확하게 분리될 수 있는 것

Positionsbestimmung", Jörg Eckert(편), *Der praktische Nutzen der Rechtsgeschichte*(C.F.Müller, 2002), 363면 이하 참조.

은 아니다. 시대의 과제 및 정책적 대응에 대한 사회과학적 인식이 없이 정책과 규범의 정합성을 설명할 수는 없기 때문이다. 또 부분적으로는 사회보장법이 사회보장의 역사를 서술하는데 입법기술적인 한계가 있기도 하다. 가족·고용·시장 등 1차적 법률관계와 사회보장의 2차적 법률관계에서 국가가 개입하는 방법은 다양하다. 즉 법적 수단을 통하여 규율하는 방법뿐 아니라 개별적 지원과 구조적 지원, 서비스의 제공, 그리고 하부구조를 조성하는 방법이 서로 협력하고 보충하면서 국가의 과제가 형성된다.[197] 그런데 이들 사항은 규범화 자체가 제한적이기 때문에 역사의 이해와 서술에 있어서 법학은 한계에 부딪치게 된다.

셋째, 제정 또는 개정된 법률이 현실적으로 목적을 실현하고 있는가 여부가 연구되어야 한다. 여기에서는 사회현실 및 하위 법령과의 관계에서 사회보장법의 규범력 및 타당성이 검토되어야 한다. 이는 사회보장법 역사를 연구하는 데 가장 어려운 문제이다. 또 이 점이 위에서 설명했듯이 민법 혹은 형법과 구분되는 사회보장법의 특징이기도 하다.

사회보험법은 주로 현금급여 등 법률에 정해진 급여를 지급하여 개인의 생활위험을 추상적으로 보호한다. 따라서 개인의 구체적인 상황 그 자체가 아니라 시대의 전형적인 생활위험, 이를 보호하기 위한 급여의 종류와 내용 및 수준, 그리고 이를 보충 혹은 대체하는 다른 제도와의 협력관계 등이 주요 연구대상이다. 위에서 언급한 노인건강 및 장기요양과 관련하여 「국민건강보험법」과 「노인장기요양보험법」, 그리고 「노인장기요양보험법」과 「노인복지법」의 기능분배 및 협력관계가 좋은 예이다.[198] 이들 법률이 적용되는 결과, 그리고 법률 간의 기능분배 및 협력의 결과 나타나는 개별적이고 구체적인 상황 그 자체가 입법목적의 실현 여부를 판단하는 기준은 아니다. 이에 비해서 공공부조법과 사회복지관계법은 수급자의 현재의 개별적인 상황을 구체적으로 보호하여야 한다. 따라서 이러한 목적의 실현 여부가 연구의 대상이다.

사회보장법 역사의 연구는 이 점과 관련하여 시대의 상황, 그리고 사회보장의 현황과 과제를 설명하는 데 뚜렷한 한계가 있다. 개인의 개별적인 상황을 구체적으로 보호하기 위해서는 현금급여뿐 아니라 현물 및 서비스급여가 상황에 적합하게, 또 적시(適時)에 투입되어야 한다. 그런데 급여의 종류와 내용, 그

197) 국가개입의 다양한 유형에 대해서는 Franz-Xaver Kaufmann, 위 각주 150의 논문, 71면 이하 참조.
198) 이 점에 대해서는 위 각주 44 참조.

리고 수준의 적합성에 대한 기준을 법률에 유형화하여 추상적인 형태로 모두 규율하는 것은 불가능하기 때문이다. 또 이와 같이 공공부조법 및 사회복지법에서는 유형화와 법제화가 제한적이기 때문에 행정의 재량에 의존하는 정도가 높다. 이는 사회보장급여의 권리성, 그리고 그 결과 안정성을 감소시키지만 그 필요성이 부인될 수는 없다.[199] 이 경우 규범과 현실의 가교는 매우 제한적이다. 따라서 이 단계에서 역사서술은 다시 사회과학의 연구에 의존하여야 한다. 이때 사회보장법 역사연구는 해당 법률이 전체 체계에서 갖는 위상과 수행하는 기능, 그리고 같은 체계에 속하는 다른 법률과의 구조적인 연계성을 주로 검토하는 과제를 갖는다. 다시 한번 「기초연금법」의 예를 들어보자. 예컨대 2007년 「기초노령연금법」으로 제정되어 2014년 개칭·개정된 「기초연금법」에 대한 논의는 「국민연금법」을 '추상적으로' 보충하는 관계를 중심으로 이루어졌다. 그러나 「기초연금법」이 노인빈곤을 보호하는 일반적인 목적을 갖는다는 점을 고려하면 「국민기초생활보장법」을 '구체적으로' 보충하는 체계관련성에 대한 검토 역시 필요하다. 「노인장기요양보험법」에 의한 장기요양에 대한 '추상적인 보호'와 「노인복지법」에 의한 '구체적인 보호' 역시 체계적인 검토가 필요하다.

2. 서술방법론

우리나라에서 사회보장법은 1960년대 초반 이후 비로소 형성되었으며, 1970년대와 80년대 중후반까지는 지체되었다. 예외적으로 1976년 「의료보험법」이 제정되었다. 이후, 특히 1980년대 후반에 「의료보험법」의 적용범위는 전체 국민으로 확대되었고, 1988년 시행된 「국민연금법」은 1995년과 1999년의 개정을 거치면서 거의 모든 국민을 포섭하게 되었다. 이후 사회보험법은 거의 매년 개정되었고, 근본적인 개정 역시 드물지 않았다. 기초생활보장의 경우 개정의 빈도는 높지 않았다. 1999년 제정된 「국민기초생활보장법」은 빈곤의 원인 및 상황에 대한 구시대적 이해에 머물러 있었던 기존의 「생활보호법」을 개혁하였다. 그러나 이후 노인빈곤, 그리고 근로빈곤 등 새로운 빈곤의 현상은 생소하였으며, 이에 또 다른 근본적인 개혁이 필요하게 되었다. 이와 같이 사회보장법의 역사는 그 연구의 지평이 넓고, 또 잦은 개정으로 인하여 연구의 시간적 층위가 다양하다. 이러한 이유에서 사회보장법의 역사서술에 있어서 시대의 특성과

199) 이 점에 대해서는 위 각주 61 참조.

시대의 전환을 설명하는 방법론이 필요하다. 이를 위해서는 일정한 기준에 따라 시대를 구분하고, 이후 시대 간에 사회적 문제와 상황, 그리고 규범 및 규범의 효과를 비교하면서 체계 형성과 유지, 그리고 체계 전환의 필요성과 가능성의 관점에서 역사가 서술되어야 한다. 이 점에 대해서는 아래에서 따로 서술한다.

사회보장법의 역사를 서술하는 방법론은 다음과 같은 두 가지가 있을 수 있다.

첫째, 연대기순으로 전체적인 사회보장법의 역사를 종합적으로 서술하는 방법이다. 이 경우 시대의 사회적 상황, 그리고 정치적 및 정책적 대응을 연대기적으로 추적하는 장점이 있다. 그러나 뚜렷한 단점도 있다. 사회보장법은 사회적 상황 및 위험, 급여의 원인관계를 중심으로 사회보험, 사회보상, 공공부조, 사회복지 등으로 체계화된다. 그런데 연대기적으로 사회보장법의 역사를 서술하는 경우 체계의 선택과 전환, 그리고 체계 간 상호관계에 대한 기능을 이해하기 쉽지 않다. 따라서 연대기적 서술방법은 체계 형성 및 유지와 전환, 그리고 이러한 변화를 이해·설명하는 연구의 목적에 충실하지 않다.

둘째, 사회보험, 사회보상, 공공부조 및 사회복지 등의 내부체계를 단위로 하여 사회보장법의 역사를 서술하는 방법이다. 이러한 서술방법은 체계 형성 및 유지, 그리고 전환을 중심으로 역사를 서술하는 데 유용하다. 그러나 이 경우 일반적인 시대구분과 구체적인 제도발전의 시대구분이 일치하지 않는 예가 나타난다. 「산업재해보상보험법」과 같은 노동복지의 기원과 발전단계가 일반 사회보장제도의 기원 및 발전단계와 일치하지 않는 것이 좋은 예이다. 시대전환의 결정적 계기(epochal moment)가 되었던 사회적 상황과 이에 대한 규범적 대응이 (누적적으로 혹은 단기적으로) 작용하여 역사의 연속과 단절이 모든 체계에 동시에, 그리고 공통적으로 나타나는 것은 아니다.

예컨대 1987년 이후 시기에 건강보험 및 국민연금이 적용대상을 확대하여 전국민보험으로 발전한 것은 지체되었던 복지정책이 주목을 받았던 점 외에 민주화를 계기로 규범력을 강화하게 된 평등의 이념에 힘입은 바 크다. 이에 비해서 1995년 「고용보험법」의 시행과 이후 신속한 적용의 확대는 기업의 구조조정 및 노동시장의 유연화를 강화하는 전제조건이라는 인식이 작용한 결과였다. 이는 국제통화기금(IMF), 세계은행(World Bank) 등 국제기구의 강력한 권고이기도 하였다.[200] 또 예컨대 공무원연금제도의 발전단계를 다음과 같이 네 시기

200) 이에 대해서는 예컨대 김연명, "김대중 정부의 사회복지정책", 김연명(편), 한국 복지국가 성격

로 구분하는 시도가 있다. 1. 도입 및 정착(1960~1970), 2. 성장 및 발전(1980), 3. 전환(1990), 4. 새로운 도약을 위한 개혁(2000).[201] 그런데 이는 일반적인 사회보장법 역사의 시대구분과는 차이가 있다. 「국민연금법」의 시행 초기인 1990년대 초에 공무원연금은 이미 전환기를 맞고 있었다. 1998년 및 2007년과 같은 국민연금의 전환을 이끌었던 시대적 배경은 공무원연금에서는 2015년 비로소 진지하게 영향을 미쳤다. 보다 일반적으로 보면 공무원연금의 시대구분은 우리 사회보장법의 역사에서 전환기에 해당하는 1963년, 1977년, 1988년, 1997년, 2007년 등의 시기와 일치하지 않으며, 아래에서 서술하는 시대와 시대의 특징이 공무원연금의 시대 구분에서는 나타나지 않는다.

일반 사회보장법과 독자적으로 혹은 중첩적으로 시대가 구분되는 경우도 있다. 기초생활보장에 관한 법이 여기에 해당한다. 1987년 이후 사회보장제도 및 내용이 확대·개선되었지만, 최저생활을 보장하기 위한 제도에는 큰 변화가 없었다. 우리나라에서 사회보장의 중점은 사회보험에 있었다. 1961년 제정된 「생활보호법」은 보편적인 기초보장제도로 기능할 수 없었기 때문에 개선의 필요성이 오랫동안, 그리고 강력히 제기되었다. 그러나 구조적인 변화는 지체되었고, 1999년 「국민기초생활법」이 제정되면서 비로소 보편적인 공공부조의 성격을 갖추게 되었다. 기초생활보장이 사회보험과는 달리 민주화 이후 상당한 정도 시간의 차이를 두고 비로소 정치적으로 주목을 받게 되었으며, 또 여기에는 1990년대 초반 이후 시민운동이 결정적인 영향을 미쳤다.[202] 민주화의 시대가 국민건강보험 및 국민연금과 같은 전체 국민이 관련성을 갖는 제도에 직접적이고 즉각적인 영향을 주었던 현상이 최저생활보장을 위한 법제에는 나타나지 않았다는 것이다. 또 미시적인 법률관계의 관점에서 보면 사회보험법이 개인 생활의 기반으로 인식되고, 1990년대 이후 노동시장의 유연성이 강화되면서 고용을 통한 생활보장이 한계를 보이게 되면서 비로소 빈곤문제가 정치적 주목을 받았다. 이념적으로 보면 1990년대 이후 사회보험이 확대되는 기반이 되었던 평등의 이념이 이제 시차를 두고 전체 사회보장에 영향을 미치게 되었다.

위에서 설명한 두 가지 서술방법론, 즉 연대기적 서술과 체계중심적 서술이

논쟁 I(인간과 복지, 2002), 113면 이하; 양재진, "세계은행과 국제노동기구의 연금개혁전략 비교연구; 한국에의 적용과 대응", 한국정책학회보 제10권(2001), 226면 이하 등 참조.

201) 행정안전부/공무원연금공단, 공무원연금제도 50년 – 1960~2010(2011), 39면 이하 참조.

202) 이 점에 대해서는 예컨대 안병영, "국민기초생활보장법의 제정과정에 관한 연구", 행정논총(서울대 행정대학원) 제38권 제1호(2000), 3면 이하 참조.

갖는 문제점을 모두 극복할 수는 없다. 역사서술에 있어서 오히려 두 방법론은 절충되어야 한다. 기본적으로 정치적 및 사회경제적 상황의 변화와 이에 대한 제도적 및 규범적 처방, 이와 같은 제도 및 규범의 변화가 개인의 미시적인 법률관계에 미치는 영향을 기준으로 시대를 구분하여야 한다. 시대구분의 상세한 기준에 대해서는 아래에서 다시 설명한다. 시대 내부에서는 사회보장의 방법론적 차이에 주목하여 사회보험과 사회보상, 공공부조와 사회복지의 영역을 구분하여 서술하여야 한다. 이러한 절충적인 방법론이 문제가 없는 것은 아니다. 위에서 언급했듯이 전체적인 시대의 전환과 개별 제도의 변화가 시기적으로 일치하지 않는 경우가 얼마든지 있기 때문이다. 이 경우 특별한 설명을 통하여 방법론적 문제가 극복되어야 할 것이다.

제 2 장 시대구분 및 연구의 내용

제 1 절 시대구분의 의미

역사서술에서 시대구분은 현재의 관점에서 과거의 일정한 시기를 유형화하고 재구성하는 작업이다. 이는 (과거의) 일정 시기가 이후 시기와 비교하여 독자적인 특징을 갖는다는 전제에 기반하고 있다. 이러한 구분은 시대의 상대적 특수성과 새로운 시대로의 전환, 그리고 전환의 인과관계를 서술하기 위한 시도이다. 역사서술에서 시대구분이 일반적으로는 유용하지만 구체적인 설명력이 제한적인 경우도 있다. 특정한 상황이 시대구분을 초월하여 통시적(通時的)으로 시대의 과제를 형성하거나, 혹은 이질적인 과제들이 동일한 시기에 혼재하여 나타나면서 시대의 독자성이 약화될 수도 있기 때문이다. 예컨대 시장과 복지, 그리고 고용과 복지의 관계를 재구조화하는 시대정신은 1990년대 말 이후 계속하여 사회보장법을 견인하는 통시적 요소였다. 이 점에서 보면 2007년 이후 시기를 사회보장법의 독자적인 시대로 구분하는 필요성은 약화된다. 실제 2007년을 시대구분의 기준점으로 드는 문헌을 찾아보기 어렵다. 또 같은 시기에 시장의 강화와 복지의 확대라는 (외형적으로 보면) 모순된 명제가 지배하였다. 이는 1990년대 후반 사회복지학자들 사이에 신자유주의, 보수적 조합주의, 국가책임의 확대 등 한국 복지국가의 성격에 관한 논쟁을 일으켰다.[1)]

시대의 전환이 일반적으로 단일한 원인과 사건을 계기로 하지는 않는다. 대부분의 경우 인과관계는 복합적이다(multi-causal). 예컨대 1995년 「국민연금법」이 농어촌으로 확대된 것은 복지와 평등의 이념이 작용한 결과였지만 동시에 당시 우루과이라운드(UR)에 의하여 쌀수입이 개방되면서 농민이 입게 되는 피해를 보상하는 필요성이 결정적인 영향을 미쳤다. 그 결과 기존의 국민연금과 독자적인 제도를 설계하여 농업구조를 개선하는 방안도 검토된 바 있다.[2)] 또 1976년과 1977년 「의료보험법」의 개정과 시행은 경제적 부담으로 인하여 가장 기본적인 사회적 위험인 질병이 보호될 수 없는 열악한 상황, 그러한 상황이

1) 제7장 각주 8 참조.
2) 이에 대해서는 아래 제6장 각주 20 참조.

상징하는 불평등에 대한 인식, 그리고 이에 대한 정치적 정당성의 부담뿐 아니라 무상의료를 표방했던 북한과의 체제경쟁이 함께 작용하였다.[3] 그러나 역사서술에 있어서 상대적 특수성을 부각할 수 있다는 유용성과 비교하면 시대구분의 불명확성은 설명을 통하여 극복될 수 있을 것이다.

제 2 절 시대구분의 선례

시대구분은 단순히 역사서술의 편의를 위한 것만은 아니다. 한국사의 시대구분에 관한 논쟁에서 볼 수 있듯이 상대적 특수성을 보유하는 시대를 뛰어넘는 경우 혹은 시대의 특징을 잘못 파악하는 경우 전체 역사의 설명능력은 감소 혹은 상실된다.[4] 기존에 우리 사회보장의 역사를 시대별로 구분하는 시도는 몇 가지 시도가 있었다.

첫째, 일반적인 역사서술에 있어서의 시대구분을 차용하는 시도이다. 박광준은 사회보장의 역사를 이와 같은 기준에 따라 여섯 단계로 구분하였다.[5] 1. 근대 이전, 2. 일제 시대, 3. 미군정과 정부수립 및 한국전쟁 시기, 4. 권위주의 시대, 5. 민주정부 시대, 6. 경제위기 이후.

둘째, 기본적으로 정치적 환경과 규범적 대응관계를 기준으로 시대를 구분하는 시도이다. 이흥재는 이와 같은 기준에 따라 세 시대를 구분하였다.[6] 1. 기초적 생성단계; 민간정권(1948-1961년 5.16 이전), 2. 명목적 제정단계; 군사정권(1961년 5.16 이후 1987년), 3. 규범적 정비단계; 민주정권(1987년 이후). 이는 법학자의 시대구분이 사회과학과 차이가 있다는 것을 보여주고 있다.

셋째, 주로 정치적 환경 그 자체 혹은 정치적 환경과 경제발전의 상관관계를 기준으로 시대를 구분하는 시도이다. 이영환, 이혜경, 그리고 김병섭의 시

---

3) 당시 이환율과 질병진료의 열악한 상황에 대해서는 예컨대 신영수, "의료보험 도입 30년의 성과와 한계, 그리고 새로운 과제", 대한의사협회지 제50권 제7호(2007), 569면 참조. 의료보험의 시행을 북한과의 체제경쟁을 주요 배경으로 이해하는 견해로는 예컨대 김연명, "한국 의료보험제도의 발달 및 행태규정요인에 관한 연구", 보건과 사회연구회, 한국의료보장연구(청년세대, 1989), 108면 및 113면 등 참조.

4) 한국사 시대구분에 관한 문제에 대해서는 예컨대 조동걸, 현대한국사학사(나남, 1998), 371면 이하; 차하순 외, 한국사 시대구분론(소화, 1994), 30면 이하 등 참조.

5) 박광준, 한국사회복지역사론(양서원, 2013), 33면 참조.

6) 이흥재, "사회보장법 형성의 풍토적 특성－'전문집단 헌신'의 주도 속의 '국민 저항과 집권층 대응'의 산물", 법학(서울대) 제52권 제3호(2011), 384면 이하 참조.

대구분이 이러한 예에 속한다. 이영환은 네 단계로 시대를 나누었다.[7] 1. 계급정치의 억압과 복지부재 단계(1945-61년), 2. 계급정치의 억압과 복지형성단계(1961-87년), 3. 저항의 폭발과 복지개혁단계(1987-97년), 4. IMF 경제위기와 의사조합주의 실험단계(1998-현재). 이혜경의 시대구분도 유사하다.[8] 1. 권위주의적 보존국가와 해외의존적 공급구호(1945-59년), 2. 권위주의적 발전국가와 선성장 후분배(1960-87년), 3. 민주화의 실험과 소극적 복지국가. 권위주의 정권의 해체와 민주화 이행을 위한 보상적 정치발전의 실험기(1987-97년), 4. 민주화와 생산적 복지(1997년 이후). 김병섭은 사회경제적 및 정치적 환경과 함께 세계화의 시대상황을 시대구분의 기준으로 제시하였다. 이에 따라 네 단계로 시대가 구분되었다.[9] 1. 외국원조시기(1948-1960년), 2. 발전주의 시기(1960-1987년), 3. 민주화 시기(1987-1997년), 4. 개방화 시기(1997년 이후).

넷째, 복지정책 그 자체를 기준으로 시대를 구분하는 시도가 있다. 조홍식은 이러한 기준에 따라 네 단계로 시대를 구분하였다.[10] 1. 사회복지제도 도입준비기(1948-60년), 2. 사회복지제도 도입기(1960-80년), 3. 사회복지제도 확대기(1980-93년), 4. 사회복지제도 정착기(1993-현재). 최균 역시 같은 기준에 따라서 네 시기를 구분하고, 조홍식과 거의 같은 내용으로 시대의 특징을 표현하였다.[11] 1. 전 도입기; 조선구호령(1944-50년대), 2. 도입기(대량 사회복지입법)(1960년대-70년대 중반), 3. 의료보험제도(1977-80년대 중반), 4. 제도완비기; 노동자 대투쟁(1987년-현재).

위와 같은 시대구분은 몇 가지 보충을 필요로 한다. 일부 문헌은 1990년대 중반 작성되었기 때문에 1987년 이후의 변화, 즉 1997년 외환위기와 2007년 재정위기가 시대구분에 반영되어 있지 않다. 시대구분이 시대의 특징을 보여주기에 충분하지 않은 경우도 있다. 예컨대 박광준의 시대구분은 정치적 배경과 상황을 기준으로 하였기 때문에 사회보장의 시대적 특징을 파악할 수 없다. 권위주의 및 민주화가 가장 중요한 시대구분의 기준으로 나타나 있으며, 이는 복

7) 이영환, 한국사회와 복지정책; 역사와 이슈(나눔의 집, 2004), 24면 이하 참조.

8) 이혜경, "현대 한국 사회복지제도의 전개", 이혜경/타케가와 쇼고(편), 한국과 일본의 복지국가레짐 비교연구(연세대 출판부, 2006), 23면 이하 참조.

9) 김병섭, 우리 복지국가의 역사적 변화와 전망(서울대 출판문화원, 2015), 10면 이하 참조.

10) 조홍식, "사회복지정책제도의 변화와 전망", 김병섭 외, 우리 복지국가의 역사적 변화와 전망(서울대 출판문화원, 2015), 101면 이하 참조.

11) 최균, "한국 사회복지정책의 평가와 과제", 한국사회과학연구소 사회복지연구실(편), 한국 사회복지의 이해(동풍, 1995), 15면 이하 참조.

지정책이 정치적 상황에 전적으로 종속되어 있다는 선입견을 줄 수 있다. 이영환과 이혜경, 그리고 김병섭의 시대구분은 사회보장이 거시환경과 상호 작용하면서 형성·발전하는 것을 보여주는 장점이 있다. 그러나 복지정책의 전환을 뚜렷하게 보여주는 데에는 한계가 있다. 예컨대 이영환은 계급정치의 억압의 시대(61-87년)와 저항의 폭발의 시대(87-97년)에 나타난 시대적 특징을 복지형성과 복지개혁으로 표현하였다. 그러나 이러한 시대구분의 기준은 한편으로는 계급정치의 억압과 복지형성, 그리고 저항의 폭발과 복지개혁의 상관관계가 뚜렷하지 않다는 문제를, 다른 한편 복지의 형성과 개혁을 정치적 상황과 연계시키는 단선적 설명이라는 한계를 나타내고 있다.

조홍식과 최균은 복지제도 자체를 기준으로 시대를 구분하고 있어 사회복지를 둘러싼 거시환경을 보여주지 못하고 있다. 또 복지정책의 전환점이 뚜렷하게 제시된 것도 아니다. 예컨대 1948-60년의 시기를 사회복지제도 도입준비기라고 할 수 있는지 의문이다. 1960년 이전 시기에 사회보장 및 사회보장법에 관한 공론과 담론은 거의 발견되지 않았다. 1960년 「공무원연금법」이 제정되었지만 여기에는 복지정책의 관점보다는 우수인력을 수급하기 위한 인사정책적 고려 혹은 공무원의 정치적 지지를 확보하기 위한 정치적 고려가 강하게 작용하였다.[12] 또 1963년 사회보장 3법, 즉 「사회보장에 관한 법률」, 「의료보험법」, 「산업재해보상보험법」의 제정에 이르러 비로소 사회보장의 맹아가 싹트기 시작했다는 평가에서 볼 수 있듯이 1948-60년의 시기를 사회보장 도입기로 보기는 어렵다. 1960-80년의 시기를 복지제도 도입기라고 한 것은 1977년 「의료보험법」이 시행되었다는 사실을 주목한 것으로 보인다. 1986년 「국민연금법」의 제정을 포함하여 각종 복지법이 제정되었던 시기로 제도확대기라고 볼 수 있는지는 의문이다. 무엇보다도 1993년 이후 현재의 시기를 사회복지제도 정착기로 설명하는 것은 시대의 특징을 충실하게 보여주지 못한다. 아마도 1993년 문민정부의 출범을 시대의 결정적 계기로 제시한 것으로 보인다. 그러나 문민정부가 복지정책의 특수한 시대적 특성을 보여 주지 못했고, 또 1997년의 시기와 2007년의 시기가 지니는 역사적 의미가 묻혀지게 되었다. 최균의 시대구분을 제외하고는 공통적으로 1977년 시점을 시대구분의 독자적인 기준점으로 보지 않고 있다. 그러나 1976년 제정되고 1977년 시행된 「의료보험법」은 1960년

12) 이 점에 대해서는 전광석, 복지국가론–기원·발전·개편(신조사, 2012), 109면 이하; 정무권, "한국 사회복지 초기형성에 관한 연구", 한국사회정책 제3권(1996), 333면 이하 등 참조.

과 1963년 시행된 「공무원연금법」과 「산재보험법」이 특수한 인적 집단을 대상으로 하였고, 또 특수한 성격을 갖는다는 점을 고려하면 일반 국민을 대상으로 하는 최초의 사회보험법이었다. 이로써 우리 사회에서 개인의 생활이 부분적으로 공법체계에 편입되는 변화를 가져왔고, 또 이후 우리 사회보장법에서 평등의 이념이 복지를 견인하는 계기가 되었다는 점에서 1977년은 독자적인 시대의 전환점이 되어야 한다.[13)]

제 3 절 시대구분의 기준

Ⅰ. 사회문제에 대한 정치적 대응

사회보장법의 시대구분은 가장 기본적으로는 사회문제를 정치적으로 수용하는 여부 및 정도를 기준으로 나눌 수 있다. 이는 사회문제가 민주주의의 결정구조에 수용되는 여부 및 정도와 내용을 말한다. 사회문제에 대한 정치적 인식 및 대응과 정책적 선택 사이에는 시간의 차이가 있는 것이 일반적이다. 이 문제를 논외로 하면 사회문제와 민주주의의 관계는 다음과 같이 유형화할 수 있다. 첫째, 민주주의가 사회문제를 외면하거나 혹은 사회문제에 둔감한 유형이다. 둘째, 국가가 후견적으로 특정한 목표를 지향하면서, 사회문제에 최소한의 관심을 보이는 유형이다. 셋째, 사회문제가 민주주의의 일반적인 결정구조에 편입되어 정치화하는 유형이다. 넷째, 사회문제가 독자적인 정치적 및 정책적 가치를 보유하고 민주주의의 기능에 영향을 미치는 유형이다.[14)]

사회보장법의 역사에 있어서 일반적으로 문제가 되는 것은 세 번째 및 네 번째 유형이다. 네 번째 유형이 실현되기 위해서는 사회구조적으로, 또 정치과정 및 헌법 담론에서 복지의 가치가 일반 민주주의의 가치와 균형있게 인식될 수 있어야 한다. 이러한 관계가 형성되기 위해서는 역설적으로 보면 어느 정도 탈정치화의 기반이 필요하다. 우리 역사에서 1960년대 초반, 그리고 1987년은 사회문제에 대한 정치적 대응, 그리고 정치화의 중요한 분기점들이었다. 다

13) 1977년 「의료보험법」의 시대사적 의미에 대해서는 예컨대 전광석, "1976년 의료보장법; 낮은 수준의 보편적 평등의 기원", 사회보장법학 제7권 제2호(2018), 107면 이하 참조.

14) 복지국가와 민주주의의 다양한 상관관계에 관한 자세한 설명으로는 전광석, 위 각주 12의 책, 108면 이하 등 참조.

만 두 시기는 큰 차이가 있었다. 1963년 사회보장 3법이 제정되는 과정에서 볼 수 있듯이 1960년대 초반에는 사회보장이 일방적으로 정치적인 필요에 의하여 잠시 주목을 받았지만 여기에는 사회적 기반이 결여되어 있었고, 또 정치적 우선순위가 경제성장에 두어지면서 사회보장에 대한 관심은 후퇴하였다. 이에 비해서 1987년 이후 민주화의 시기에는 사회문제가 민주주의의 구조에 편입되었다. 다만 아직 정치적으로 편입된 사회보장의 지평이 넓지는 못했다. 공론의 장은 제도적으로 사회보험에, 그리고 적용대상은 근로자에 한정되어 있었기 때문이다. 1997년 외환위기의 상황에서 한편으로는 노동시장의 유연화를 강화하면서, 다른 한편 시장에의 접근이 제한 혹은 배제되는 취약계층에 대한 사회보장법적 배려가 필요했다. 이로써 사회보장이 정치화되는 지평은 확대되었다. 위에서 설명한 「국민기초생활보장법」이 대표적인 예이다. 2007년 재정위기 이후 심화된 사회양극화 및 다극화, 그리고 그 결과 나타난 근로빈곤의 문제는 사회보장이 정치화되는 지평을 더욱 넓혔으며, 또 새로운 위험 및 새로운 빈곤의 문제가 사회정책의 중심에 자리잡는 전환점이 되었다. 이와 같은 배경에서 2012년 대통령 선거를 전후하여 우리 사회에서 경제민주화와 더불어 사회보장이 중심적인 정치적 의제가 되었다.

Ⅱ. 생활위험의 포섭과 생활유형의 변화

역사서술은 시대의 생활상황과 그 변화를 설명할 수 있어야 한다. 이는 사회보장법에 의하여 국가와 개인의 미시적인 법률관계가 변화하는 현상을 말한다. 사회보장법은 전통적인 생활영역인 가족에서 부양관계, 생산영역에서 노동과 임금의 교환관계, 그리고 시장에서 소비관계를 부분적으로 보충하고, 또 대체하는 과정을 거치면서 발전해 왔다. 따라서 개인의 생활유형이 고용관계, 시장 및 가족관계를 규율하는 1차적 법률관계 외에 공적 사회보장법에 의하여 포섭되고 개인이 이에 의존하는 여부 및 정도, 그리고 그 결과 나타나는 생활유형의 변화가 시대구분의 기준이 되어야 한다. 이와 같은 변화과정을 거치면서 사회보장법의 법률관계는 고용관계를 넘어서 전체 사회질서의 장(forum)에 편입되었다. 그 결과 위에서 설명한 바와 같이 사회문제가 정치적 의제로 발전하는 지평과 정도가 넓어지고 깊어지며, 또 이와 같은 경향이 더욱 강화된다. 이러한 시대에 들어오면 개인 생활은 공법과 사법의 복잡한 법률관계에 포섭되고, 사회보장법은 이들 법률관계를 기능적으로 분석 · 평가하는 과제를 갖게 된다.

개인의 생활위험이 공적 과제에 포섭되는 최초의 계기는 1976년 「의료보험법」의 제정이었다. 1980년대 후반 의료보험이 확대되고, 「국민연금법」이 시행되면서 개인의 생활이 공적 제도와 연계되는 경향은 확고해졌고, 또 밀접해졌다. 1997년 외환위기 이후 「고용보험법」의 적용대상은 빠른 속도로 확대되었다. 이로써 고용문제가 노사관계를 넘어서서 공법적 법률관계에 포섭되고 공적 과제가 되었다. 2007년 제정된 「노인장기요양보험법」은 고령사회에서 전형적인 생활위험인 장기요양을 사회화하여 개인을 공적 법률관계에 포섭하는 면은 더욱 넓어졌다.

개인생활이 공법체계에 편입되어 국가과제가 확대되는 현상에는 국가기능의 구조적 변화가 뒤따랐다. 첫째, 국가가 직접 복지를 실현하는 능력이 제한적이라는 사실이 뚜렷해졌다. 사실 이러한 인식은 이미 존재했었으며, 1998년 및 2007년 국민연금의 수준이 낮아지면서 더욱 뚜렷해졌다. 2007년 도입된 「노인장기요양보험법」은 월한도액 제도를 도입하여 국가기능의 한계를 명확히 하였다. 이로 인하여 남겨진 보장의 공백을 메우는 방법론을 모색하여야 했다. 예컨대 소득보장에 관한 한 「국민연금법」과 「기초연금법」 및 「근로자퇴직급여보장법」과 「국민기초생활보장법」이 이와 같은 관점에서 기능적으로 협력하여야 했다. 둘째, 개인이 스스로의 능력으로 고용관계에서 생활을 형성하는 가능성을 제고하여 한편으로는 고용과 사회보장의 기능을 재조정하고, 다른 한편 이를 지원하기 위하여 사회보장의 방법을 전환하여야 했다. 제도적으로는 사회서비스의 영역이 확대되었다. 2000년대 초반 사회투자국가에 관한 논의와 정책은 이를 반영한 것이다.[15] 국가과제의 측면에서 보면 전통적인 국가과제와 사회보장의 과제의 구분이 점점 엷어졌다. 교육, 고용, 자녀양육 등의 전통적인 국가과제가 사회보장과 연계성을 갖게 되었고, 이로써 사회보장에 관한 공론의 지평은 확대되었다.[16] 그 결과 국가재정과 사회보장재정의 구분도 상대화되었다.[17] 재원의 측면에서 보면 조세를 기반으로 하는 일반예산의 비중이 증가하여

15) 이에 관한 논의로는 제7장 각주 9 참조.

16) 이는 오늘날 보편적인 사회보장의 발전방향이기도 하다. 이에 대해서는 예컨대 Marius Busemeyer, "Bildung als Sozialpolitik? Der Sozialinvestitionsstaat im 21. Jahrhundert", *Grundlagen und Herausforderungen des Sozialstaats. Denkschrift 60 Jahre Bundessozialgericht*(Erich Schmidt Verlag, 2014), 634면 이하 참조.

17) 이 점에 대해서는 예컨대 전광석, "사회보장재정의 규범적 논의구조", 사회보장법학 제4권 제1호(2015), 19면 이하 참조.

야 했다.

Ⅲ. 새로운 사회적 위험, 사회적 위험에 대한 이해의 변화

사회보장법은 개인의 정상적인 생활을 저해하는 위험과 상황을 보호하여야 하고, 적극적으로는 정상적인 생활을 하기 위하여 필요한 지원을 하여야 한다. 이러한 과제에 비추어 사회보장법이 새로운 사회적 위험을 충실히 포섭하고 있는가, 그리고 개인의 생활위험을 포괄적으로 보호하는가의 여부가 시대구분의 기준이 된다. 이는 위 Ⅱ. 기준과 부분적으로 중첩되지만, 주로 미시적·제도적 접근을 하는데 유용하다.

사회보험을 중심으로 보면 일반적으로 산업재해와 질병이 가장 먼저 사회적 위험으로 포섭된다. 이어 노령·장애 및 사망이 연금보험에 의하여 보호되었다. 실업은 1차적으로는 고용사회로의 변화, 개인이 고용사회에서 소외되는 위험성, 그리고 실업이 개인적 속성에 기인하기 보다는 경제구조적 산물이라는 점이 인정되면서 보호의 필요성이 인식되었다. 그리고 2차적으로는 1990년대 이후 노동시장의 유연화 및 구조조정을 배경으로 사회적 위험의 성격이 강화되었다. 노인장기요양의 문제 역시 저출산 고령사회가 깊어지면서, 그리고 가족규모가 작아지고 노인단독가구가 점차 증가하는 현실에서 전형적인 생활위험에 해당하게 되었다.

사회보장법은 질병, 노령·장애 등 소득상실의 원인이 되는 생활위험을 보호하는 입법목적을 가졌다. 그리고 주부양자의 소득상실을 보상하는 경우 가족 내에서 구성원 간의 기능분담을 통하여 가족의 기능이 유지될 수 있다고 가정하였다. 그러나 이러한 가정은 현실성이 점차 약해졌으며 가족구성원은 개별적으로 보호대상이 되었다. 다음과 같은 두 가지 상황이 작용하였다. 첫째, 가족구성원 간의 기능분담이 더 이상 기대될 수 없게 되었다. 그 결과 자녀양육, 노인부양 및 요양 등의 문제가 사회화되어야 했다. 이로써 사회보장법은 근본적으로 구조변화를 겪게 되었다. 즉, 특정 집단을 다양한 생활영역에서 보호하는 개별적인 법률이 분화된 법체계를 형성하였다. 급여의 방법론적으로 보면 현금급여 외에 다양한 현물 및 서비스급여가 주목을 받게 되었다. 둘째, 여성의 사회적 능력과 지위가 향상되면서 이를 사회보장법에서 배려하는 과제가 나타났다. 여성의 가사활동을 복지생산의 관점에서 평가하여야 했다. 예컨대 주로 여성이 담당하는 자녀양육의 기간을 연금보험에서 보험료 납부의무를 부과하지 않고 가입기간으로 인정하는 제도 등이 도입되었다. 보다 적극적으로 보면 여성이 가사활동을 이유로 경제활동을 포기하거나 중단(경력단절)하지 않도록 하여야 한다. 이 점은 사회보장법과 노동법의 긴밀한 협력관계를 필요로 했다. 상징적으로 오랫동안 여성의 고용을 보호하기 위하여 적용되어 왔던 「남녀고용평등법」은 2007년 여성이 가정과 경제활동을 병행하는 것을 지원하기 위하여 「남녀고용평등과 일 · 가정양립지원에 관한 법률」로 개정 · 개칭되었다.

Ⅳ. 복지와 평등이념의 상호작용

사회보장법은 도입단계에서 특정한 인적 집단 혹은 특정한 생활위험을 한정적으로 포섭하였지만 제도가 성숙하면서 필연적으로 포섭의 대상 및 과제의 범위가 확대되는 경향을 띠게 된다. 이러한 경향은 우선 1990년대 이후 민주화에 따랐던 평등의 이념이 견인하였고, 또 낮은 수준의 복지를 지향했던 우리 사회보장에서 복지와 평등이 상호 작용하는 내재적 발전방향이었다.[18] 특히 사회보장이 처음부터 복지의 사고에 의하여 견인된 것이 아니라 '평등한 복지'를 지향하는 경우에는 평등의 이념이 사회보장을 지배하는 경향은 심화된다.

1963년 사회보장 3법, 즉 「사회보장에 관한 법률」, 「의료보험법」 및 「산업재해보상보험법」은 정치구조와의 관련성이 거의 없었고, 또 개인생활에 실질적인 변화를 가져온 것도 아니었기 때문에 평등의 이념을 견인하는 전환점이 될 수 없었다. 이에 비해서 1977년 시행된 의료보험은 일부 근로자의 질병을 보호하는 데 그쳤지만 곧 아직 보호대상이 아닌 국민, 그리고 다른 사회적 위험이 주목을 받는 계기가 되었다. 사회보험에서 계층분열의 가능성과 위험이 인식되었고, 이를 극복하는 과제가 진지하게 정치적 부담이 되었다. 그리고 1980-90년대 우리나라에서 건강보험과 국민연금이 외국에서는 유례를 찾아볼 수 없을 정도로 급속히 전국민 사회보험으로 발전하는 것은 '평등한 복지'를 지향한 결과였다. 여기에서는 현상적으로는 포섭의 인적 범위는 넓지만 보호의 정도는 낮은 발전방향은 필연적이다(낮은 수준의 복지평등).

서구국가에서 사회보험은 노동과 자본의 대립구도에서 자본의 노동에 대한

18) 이 점에 대해서는 위 각주 13 참조. 이밖에 전광석, "사회통합과 사회보장법", 사회보장법학 제5권 제2호(2016), 140면 이하 참조.

연대적 책임을 통하여 사회평화를 도모하기 위하여 도입되었다. 그리고 사회보험 이외의 영역에서 복지수요가 인식되기까지는 오랜 시간이 걸렸다.[19] 이에 비해서 우리나라에서는 '평등한 복지'의 이념이 사회보장법을 견인하면서 처음부터 확대의 필연성을 내포하였으며, 실제 신속하게 보호대상을 보편화하였다. 사회보험이 확대·보편화되면서 평등의 이념은 사회보험 자체에서 사각지대의 존재로 인한 가입과 배제, 그리고 빈곤 및 사회복지서비스에 대한 수요와 관련하여 사회보험과의 관계에서 불평등을 인식하는 계기가 되었다. 이에 불평등의 층위는 훨씬 복잡해졌다.[20]

1999년 제정된 「국민기초생활보장법」은 실질적으로 모든 국민에게 최저생활을 보장하는 목적을 가졌지만 상대적으로 보면 사회보험의 확대에 비해서 최저생활보장이 더 이상 지체될 수 없다는 평등의 사고도 작용하였다. 그러나 여전히 적용대상이 보편적이지 못했고, 또 급여의 종류와 내용 역시 입법목적과 어느 정도 차이가 있었다. 이는 기초보장의 절대적 기준뿐 아니라 최저생활을 모든 국민에게 보편적으로 보장하여야 한다는 평등의 이념과 조화될 수 없었다. 이에 2014년 기준 중위소득을 수급자 선정 및 급여 기준으로 하고, 통합급여체계를 개별급여체계로 전환하는 개정이 이루어졌다.[21] 또 2007년 재정위기 이후 심화되는 시장 및 사회의 양극화, 그리고 근로계층의 빈곤은 평등에 대한 인식을 강화하는 전환적 계기였다. 그러나 낮은 (혹은 더욱 낮아지는) 수준의 복지문제가 인식되었지만, 이를 제도 자체에서 일반적으로 보충하는 것은 불가능했다. 예컨대 국민연금의 낮은 수준을 보험료를 인상하여 다시 높이는 방안은 현실성이 없었다. 이에 복지이념에 충실하게 일반체계를 기능적으로 보충하는 과제가 나타났다.

위에서 언급한 기초소득보장, 노인장기요양 등의 문제 외에 장애인정책의 확대가 또 다른 좋은 예이다. 장애인정책은 역사적으로 격리, 치료와 재활, 그리고 사회화 및 차별금지의 경로를 밟아 왔다.[22] 그런데 사회보험 및 공공부조에 의한 포섭의 범위가 확대되면서 장애인 보호의 사각지대가 오히려 더욱 부

19) 이 시기 복지국가의 분열이 논의되었던 배경에 대해서는 Hilary Silver, "Social exclusion and social security", *International Labour Review*(1994), 561면 이하; Florian Tennstedt/Stephan Leibfried(편), *Politik der Armut und Die Spaltung des Sozialstaats*(Suhrkamp, 1985) 등 참조.

20) 1990년대 이후 오늘날 다극화된 사회분열과 사회통합의 담론에 대해서는 아래 제8장 각주 26 참조.

21) 이에 대해서 자세히는 예컨대 전광석, "최저생활보장의 규범적 기초-헌법 및 관련 법제의 형성과 과제를 중심으로", 저스티스 제156호(2016), 78면 이하 참조.

22) 장애인정책의 이념적 변화에 대해서는 제1장 각주 76 참조.

각되는 효과가 나타난다(평등의 확대). 특히 전체 생애기간에, 그리고 생활의 모든 국면이 보호를 필요로 하는 장애인의 경우 장애에도 불구하고 비장애인과 마찬가지로 인격실현의 기회를 갖기 위해서는 개별 생활영역을 특유하게 지원하여야 하기 때문에 생활영역별로 장애인정책을 시행하기 위한 독자적인 법률들이 다수 제정되었다(선별적 복지의 확대).

제 4 절 시대구분

Ⅰ. 국가건설의 시대적 과제, 구호행정과 조선구호령, 공무원연금법 (1945-1960년)

우리나라에서 사회보장법에 대한 본격적인 논의는 1961년 5.16 군사쿠데타 이후 군사정부에서 시작하였다. 식민지 시대에 시행되었던 빈곤정책은 미군정기에는 민간사업과 미국의 원조에 주로 의존하였다. 예컨대 생계보호대상자와 영세민을 위한 지원액 중 외국원조가 차지하는 비율은 지속적으로 50%를 넘었다. 이 당시 현물과 시설 중심의 구호활동은 우리나라에서 오랫동안 복지정책, 그리고 복지정책의 방법과 범위에 대한 이해에 영향을 미쳤다. 시설 중심의 임시구호적 행정이 여기에 해당한다. 1948년 헌법에 선언된 복지국가의 과제(제19조), 그리고 당시 개인의 사회적 상황과 사회경제적 불균형은 정치과정에서 의제화되지 못했다.

이 시기 이전에는 1944년 제정된 「조선구호령」이 유일한 사회보장법이었다. 그러나 식민지 시대에 제정된 「조선구호령」이 빈곤 상황 자체를 보호할 수 있도록 형성되지는 못했다. 근로능력이 없는 것으로 의제되는 신체 및 인구학적 특징을 갖는 경우에 한하여 보호의 대상이 되었다. 즉 '65세 이상의 노약자, 13세 이하의 유자(幼子), 임산부, 불구폐질·질병·상이 기타 정신 또는 신체장애로 인하여 노무를 하기에 장애가 있는 자'가 보호의 대상이었다. 「조선구호령」의 이러한 구조적 흠결은 1961년 제정된 「생활보호법」에서도 크게 달라지지 않았고, 놀랍게도 1999년 「국민기초생활보장법」이 제정될 때까지 계속 유지되었다. 1950년과 1951년 「군사원호법」과 「경찰원호법」이 제정되었다. 또 「공무원연금법」이 1960년 제정·시행되었다. 그러나 이 법률들은 주로 국가의 기능유지와 관련된 특수한 직무에 대한 보상의 성격을 가졌다. 즉, 사회보장의 국가과제에 대한 정치적 인식을 징표하는 법률은 아니었다.

1961년 이전 시기에는 민주주의와 사회문제가 거의 관련성을 갖지 못했다. 헌법에 보장된 복지(제19조)와 평등(제8조)의 이념은 추상적으로 존재할 뿐 개인생활에 영향을 미치는 관계에 있지 못했다. 무엇보다도 사회보장법에 대한 인식이 발달하지 않았으며, 사회보장법적 논의가 헌법적으로 편입될 수 없었다. 다만 이 시기 전세계적으로 반향(反響)을 일으킨 1942년 '비버리지보고서(Beveridge-Report; Social Insurance and Allied Services)', 또 1952년 국제노동기구(ILO)에서 제정된 「사회보장 최저기준에 관한 협약 제102호」는 우리나라에도 널리 알려졌다. 이는 사회보장의 인식이 발아(發芽)하고 지식을 축적하는 계기가 되었다. 1959년 보건사회부에 '건강보험제도 도입을 위한 연구회'가 조직되어 사회보장제도의 도입을 준비하기 위한 연구기반이 태동하였다.

Ⅱ. 사회정책에 대한 인식의 형성과 제한적 법제화(1961-1976년)

1961년부터 '사회정책의 인식이 발아하고 형성'되었지만 '법제화는 제한적'으로 이루어졌다. 이 시기는 사회보험의 특징적인 요소를 갖춘 「의료보험법」이 제정·시행되는 시점인 1977년 이후 시기와 구분된다. 1961년 군사쿠데타 이후 한때 군사정부에서 사회보장입법에 대한 논의가 활발하게 이루어졌다. 이는 쿠데타에 의하여 집권한 군사정부가 취약한 정치적 정당성을 보충하는 목적을 가졌다. 사회정책의 의지와 전문지식을 보유했던 전문가집단이 관련 자료를 수집하고 일부 입법을 구상하였다. 또 군사정부 내 일부 인사들이 이를 강력히 지원하였다. 그러나 군사정부에서 경제성장에 정책적 우선순위가 두어지면서 사회문제에 대한 관심은 최소한에 머물게 되었다. 사회보장의 의식이 아직 적극적이지 못했고, 따라서 정치권에서 사회보장의 의지도, 또 그 철회도 국민적 주목을 받지는 못했다. 이 시기에 「사회보장에 관한 법률」(1963년), 「산업재해보상보험법」(1963년) 및 「군인연금법」(1963년), 그리고 「생활보호법」(1961년)이 제정되었다. 사회보상에 관한 법률로는 「군사원호보상법」(1961년), 「군사유공자 등 특별원호법」(1962년) 등이 제정되었다.

이 시기에 제정된 법률들은 사회정책적 의지의 빈곤, 제한적 법제화, 그리고 정책결정과 법제화의 불균형이라는 한계를 보였다. 1963년 제정된 「사회보장에 관한 법률」과 「의료보험법」이 좋은 예이다. 정책적 측면에서 사회보장의 중요한 사항을 규율하려는 의도가 좌절되었으며, 법적 측면에서 볼 때에도 실효성을 갖는 조문을 거의 담지 못했다. 부분적으로 중요한 사회적 위험, 즉 질병, 노령, 산업재해 등을 포섭하는 구상이 나타났다. 그러나 군사정부의 의지가 철회되면서 사회보장의 구상과 그 법제화는 시대의 의제에서 멀어 졌다. 이에 관한 정치적 공론의 장은 형성되어 있지 않았다. 군사정부는 경제성장을 추진하고 수출경쟁력을 강화하기 위하여 저임금구조를 유지하고, 기업의 자본축적을 지원하였다. 이러한 정책기조에서 정부가 근로자 혹은 기업에 복지비용을 부담시킬 수는 없었다. 저임금상황에서 임금이 생활의 기반이 될 수 있도록 소득의 일부를 과세대상에서 면제하는 정책이 사회적 배려를 위한 가장 적합한 방법으로 인식되고, 또 시행되었다. 그러나 이는 소득역진적인 효과를 가졌고, 또 근로자 이외의 사회적 취약계층은 수혜자가 아니었다. 이러한 정책은 직접급여의 방법으로 생활위험을 분산시키는 사회보장에 대한 정책적 관심과 의지를 오랫동안 지체시키는 원인이 되었다. 개인생활은 이전 시기와 마찬가지로 가족관계, 그리고 고용관계 및 시장에 의존하였다. 1962년 개정된 헌법은 사회보장의 국가과제를 명확히 선언하였다(제30조 제2항). 그러나 이 규정이 규범력을 갖기 위하여 필요한 사회문제에 대한 정치적 민감성, 또 입법적 의지는 미약했다. 그만큼 국가의 책임의식과 능력, 그리고 국민의 보상요구가 모두 아직 보편화되어 있지 않았던 시대였다. 복지조치는 제한적이었기 때문에 평등이념을 자극하여 복지를 확대하는 관계가 형성될 수도 없었다.

1963년 「산업재해보상보험법」이 제정되었다. 이 법은 한편으로는 고용관계에서 근로자에게 발생하는 재해를 보호하며, 다른 한편으로는 재해발생에 대한 사용자의 책임을 면제하는 특수한 기능을 갖는다. 특수한 사회보험으로서 산재보험은 적용대상과 보호범위가 제한적이고, 그만큼 평등의 이념에 기초하여 사회보장의 확대를 견인하는 지향점이 될 수는 없었다. 1963년 「의료보험법」이 제정되었다. 그러나 의료보험은 사회보험의 특징적 요소인 강제가입조항이 삭제되었기 때문에 기능할 수 없었다. 다만 이 시기에 「의료보험법」에 관한 집중적인 논의의 경험은 앞으로 정책지식을 쌓고 사회보장법의 제정을 유인하는 잠재적인 기반이 되었다. 이 후 사회보장법은 오랫동안 정체상태에 있었다.

이 시기 사회정책적 구상과 유보된 법제화의 또 하나의 예가 1973년 제정된 「국민복지연금법」이다. 1960년대 중후반, 그리고 1970년대 내내 경제성장

우선의 정책이 지속되면서 우리 사회에서 성장과 분배의 긴장관계가 쟁점이 되었다. 또 산업화가 진행되면서 전통적인 가족구조는 개편되어 가고 있었고, 그만큼 가족의 부양기능은 약화될 것으로 예상되었다. 기존에 노후소득보장을 위한 거의 유일한 제도였던 퇴직금제도는 일찍부터 문제점이 지적되어 왔다. 아직 우리 사회가 고령사회의 단계에 이르지는 않았다. 다만 고령사회로의 진입이 예측되었다. 사회경제적 환경의 변화로 인하여 기존에 생활의 정형이 더 이상 기능할 수 없는 상황이 다가오고 있었으며, 이를 대체 혹은 보완하는 새로운 공적 보장체계에 대한 담론이 필요하였다. 이러한 시대적 배경에서 1973년 「국민복지연금법」은 노후소득보장의 문제를 공적 기제에 포섭하는 시도였다. 그러나 이 법의 시행은 유보되었다. 당시 시점에서 「국민복지연금법」을 시행하는 사회경제적 상황이 성숙하지 못했고, 또 제도를 도입하는 정치적 동기가 의심을 받았다. 저소득 근로자로부터는 노후를 대비하여 임금의 일부를 보험료로 납부하는 부담으로 인하여 저항이 있었다. 사용자의 경우 퇴직금 외에 국민복지연금에 납부할 부담금을 부담시키는 데 동의를 얻기 어려웠다. 또 정부가 중화학공업의 육성을 위한 자본축적의 수단으로 「국민복지연금법」을 시행한다는 의심에서 자유롭지 못했다. 국민복지연금의 기금이 예상과 달리 자본조달효과가 크지 않다는 문제도 있었다. 정부는 오히려 부가가치세의 재정기여도가 높다고 판단하였다. 이에 1977년 부가가치세가 도입되었고, 「국민복지연금법」의 시행은 미루어졌다. 다만 1963년 제정된 「의료보험법」이 실질적으로 기능할 수 없었고, 또 1973년 제정된 「국민복지연금법」도 시행이 유보되면서 국가는 성장과 분배의 균형 있는 형성을 더 이상 지체할 수 없는 정치적 부담을 안게 되었다.

Ⅲ. 사회문제의 심화, 의료보험법의 제정 및 시행과 국민연금법의 제정(1977-1986년)

이 시기는 1977년 「의료보험법」이 제정되는 사건을 기점(起點)으로 한다. 당시 사회문제가 깊어갔다. 특히 질병을 진료받기 위하여 필요한 경제적 부담능력이 없기 때문에 발생하는 문제는 국가의 최소한의 정당성에 의문을 품게 하였다. 질병은 즉시 혹은 적시(適時)에 치료를 필요로 하며, 그렇지 못할 경우 개인에게 회복할 수 없는 피해를 발생시킨다. 그만큼 질병에 대한 사회보장은 단기적으로 정책효과를 가지며, 또 정치적 정당성에 영향을 미친다. 이에 의료의 사회화는 불가피했다.

「의료보험법」의 제정과 시행은 우리 사회보장법의 역사에서 다음과 같은 의미에서 결정적 사건(epochal moment)으로서의 성격을 갖는다. 첫째, 사회보장의 방법론으로 사회보험의 방식이 선택되었다. 이로써 사회보장법이 포섭과 배제의 틀을 둘러싸고 평등권 및 재산권 등 헌법적 논의구조에 편입되는 상황을 맞게 되었다. 「의료보험법」의 적용확대를 둘러싼 1980년대 중반 이후의 논의가 이를 보여주고 있다. 둘째, 「의료보험법」의 법률관계는 복잡해 졌다. 가입자와 보험자 사이의 직접급여를 규율하는 법률관계 외에 가입자와 요양기관, 그리고 보험자와 요양기관의 법률관계에서 효용성과 경제성의 긴장관계를 균형있게 조정하여야 했다. 이는 대부분 헌법적 평가의 대상이 될 가능성이 있었다. 다만 당시 권위주의적 정치환경에서 이러한 문제는 잠재해 있었다. 제도의 도입 자체가 갖는 정치적 의미가 주목을 끌었을 뿐 지도원리 및 미시적 법률관계가 진지하게 공론의 대상이 되지는 않았다. 이는 1986년 민주화 이후, 그리고 1988년 헌법재판소가 설립되어 활동하면서 현실화하였다. 셋째, 평등의 관점에서 보면 의료보험에 의하여 의료문제가 사회화되면서 개인 생활에 질병과 마찬가지로 영향을 미치는 다른 사회적 위험을 사회보험법에 포섭하는 유인이 되었다. 장애, 노령, 사망 등으로 인한 소득상실의 문제를 사회보험의 방식으로 보호하는 정책방향은 필연적이었다. 「국민연금법」은 1986년 제정되어 1988년 시행되었다.

1976년 「의료보험법」이 제정되고 1977년 시행되었으며, 또 1986년 「국민연금법」이 제정되었지만 실제 이 시기에 정치적 의사결정에서 사회문제가 의미있는 비중을 갖지는 않았다. 무엇보다도 아직은 새로운 제도의 적용대상이 제한적이었다. 1977년 의료보험의 가입대상은 500인 이상 근로자를 고용하는 사업장에 한정되었다. 또 제도 내용에 관한 의사결정은 충실한 공론화를 거치지는 않았다. 그만큼 선택적 복지가 평등의식을 견인하여 복지확대로 이어지거나, 또 낮은 수준의 평등한 복지가 복지이념 자체를 기준으로 평가될 수 있는 정치적 환경이 아직은 아니었다.

Ⅳ. 헌법의 기능변화, 민주주의로 이행, 그리고 사회보장법의 확대 (1986-1997년)

1987년 이후 진행된 민주화는 사회보장법의 정치적 환경을 변화시켰다. 또 1988년 출범한 헌법재판소는 사회보장법을 심사하는 가능성을 열었을 뿐 아니라 이에 관한 헌법적 인식을 높이는 계기가 되었다.

1986년 제정된 「국민연금법」이 1988년 시행되었다. 「국민연금법」은 10인 이상 근로자를 고용하는 사업장의 근로자를 가입대상으로 하여 비교적 가입대상이 넓었다. 의료보험과는 달리 국민연금은 장기적인 가입기간이 경과된 후 비로소 보험급여가 개시되기 때문에 가입대상을 개방하는 것이 단기적으로 재정부담이 되지는 않는다는 점이 의료보험과는 차이가 있었다. 국민연금에서 보장의 내용과 수준 등에 관한 법률관계가 국민들에게 직접적인 관련성을 가질 만큼 성숙되어 있지 않았다. 국민연금은 보험료 수준에 비해서 높은 급여를 지급하도록 설계되었으며, 이에 처음부터 장기적인 재정안정성에 의문이 제기되었다.

「국민연금법」의 제정과 시행 시기는 우리 사회의 민주화 시기와 어느 정도 중첩된다. 민주화는 사회문제를 정치과정에서 공론화하는 정치적 기반이 되었고, 이로써 사회보장법이 민주적 정당성에 중요한 변수로 인식되기 시작하였다. 이에 이 시기에 헌법에 처음부터 내재해 있는 사회경제적 과제(예컨대 제34조 인간다운 생활을 할 권리 및 제119조 이하 경제질서)가 새롭게 조명되었다. 민주화를 계기로 일반적으로 복지의식이 높아졌고, 이는 활발한 시민운동으로 나타났다. 민주화는 사회보장과 관련하여 이중적인 영향을 주었다. 한편으로는 우리 민주주의가 사회경제적 동질성을 회복·실현하는 단계에 이르지 못했으며, 이 점에서 민주주의의 공고화가 헌법질서의 문제로, 그리고 동시에 과제로 거론되었다. 사회보장은 이에 관한 핵심적인 논의의 장이 되었다. 다른 한편 민주주의의 의사결정과정, 그리고 사회보장법률관계에서 국민 및 이해관계인의 참여를 활성화하는 요청이었다. 참여민주주의는 정치학과 헌법학, 그리고 행정법에서 담론의 중심에 진입하였다. 1999년 「국민기초생활보장법」의 제정에서 시민단체가 쟁점을 제기하고, 의제를 설정하는 등 결정적인 역할을 하였고, 또 실제 정책결정에 참여하였다. 민주화는 사회보장제도 내부에서 의사결정에도 영향을 주었다. 예컨대 국민연금에서 중요한 결정과정에 다양한 가입자집단이 균형 있게 참여하여야 하며, 또 국민연금의 제도적 목적이 정부의 이질적인 정책목표에 의하여 훼손되어서는 안된다는 의식이 나타났다.

법체계적으로 보면「국민연금법」은 다음과 같은 과제를 부과하였다. 즉, 한편으로는 (오랫동안 노후 소득보장을 위하여 거의 유일한 제도였던) 퇴직금제도와의 관계를, 그리고 다른 한편 (국민연금이 노후에 필요한 소득의 전체를 보장할 수는 없기 때문에) 개인연금 등 자율적 배려에 기초한 노후소득보장제도와의 관계를 조정하고 체계화하여야 한다. 이는 일반적으로 보면 사회보장법의 형성에 있어서 기능적 접근의 필요성을 본격적으로 제기하는 의미가 있었다. 이 점은 2008년 시행된 기초노령연금, 그리고 국민연금의 재정 및 급여에 관한 최근의 논의에도 계속 이어지고 있다.

이 시기를 상징하는 또 하나의 입법은 1995년 제정된「사회보장기본법」이다. 이 법은 1963년 제정된「사회보장에 관한 법률」을 대체하여 사회보장의 기본이념 및 원리, 그리고 이에 기초하여 입법의 방향을 제시하는 목적을 가졌다. 이 법률은 그 실효성은 별론으로 하고 이후 사회정책과 사회보장법의 관계를 근본적으로 점검하는 계기가 되었다.「사회보장에 관한 법률」은 사회정책의 의지를 실질적으로 수용할 수 없었으며, 법제화의 형태 및 내용에 있어서 모두 실효성을 가질 수 없었다. 이 점을 인식하여 1995년「사회보장기본법」이 제정되었다. 그러나「사회보장기본법」역시 규범적 의미는 제한적이었다. (추상적인 입법목적 외에) 구체적인 원리와 원칙이 명확하지 않았으며, 무엇보다도 사회보장법 전체를 체계적·구조적으로 이해하기 위한 선행작업이 결여되어 있었기 때문이다. 실제 이후「사회보장기본법」이 사회보장입법을 선도하는 기능에는 한계가 있었다.

1987년 이후 정치적 환경이 변화하면서 헌법의 기능이 일반적으로, 그리고 사회보장법에서도 새로이 인식되었다. 이는 사회보장법을 확대하는데 유리한 환경이 되었다. 이 시기에「의료보험법」과「국민연금법」의 가입대상이 획기적으로 확대되어, 이제 사회보험은 노동자보험에서 전국민 보험으로 발전하였다. 그러나 지나치게 빠르게 진행된 확대정책은 문제도 남겼다. 단계적으로 제도를 점검하고 실험을 거쳤을 때 비로소 얻을 수 있는 제도의 공고성이 희생되었다. 정책의 결과를 간과하였거나 아니면 정책오류를 예견하고도 정치적으로 감행한 결과였다. 직장가입자와 지역가입자의 보험료 부과징수에 있어서의 불균형이 좋은 예이다. 사회보험의 이념적 목표와 재정적 기반이 뚜렷이 불일치를 보였던 것이 또 하나의 예이다.

1963년 「산업재해보상보험법」, 1977년 「의료보험법」과 1988년 「국민연금법」이 시행된 후 이제 실업보험의 도입을 검토하는 과제를 남겼다. 1990년대에 들어서면서 세계화가 진행되었고, 전지구적 단위에서 기업의 경쟁은 불가피하게 되었다. 이에 노동시장의 유연성이 확보되어야 했다. 전통적으로 주로 임금투쟁에 집중하였던 노동조합은 이제 고용보장을 새로운 목표로 설정하였다. 그러나 세계화가 진행되는 새로운 환경에서 고용보장의 목표를 실현하기는 점점 어렵게 되었다. 상징적으로 1996년 「근로기준법」은 정리해고에 관한 규정을 삽입하였다(근로기준법 제27조의 2). 사실 정리해고는 이미 법원의 판결에 의하여 인정되어 왔다. 그렇기 때문에 새로운 법제화가 기존의 법적 상태를 변화시키는 것은 아니었지만 이후 정리해고의 요건은 계속 완화되었다. 고용의 불안정이 개인 생활에 미치는 파급효과를 보호하여야 했으며, 이는 더 이상 늦출 수 없는 과제가 되었다. 이에 1993년 「고용보험법」이 제정되었으며, 1995년 시행되었다.

Ⅴ. 복지정치의 구조화, 사회구조의 변화(1997-2007년)

1. 시장기능의 강화와 사회안전망의 구축

1997년 이후 시기에 사회보장법이 본격적으로 정치구조에 편입되었다. 1997년말 외환위기를 극복하기 위하여 설치된 노사정위원회에서 고용정책, 경제 및 재정정책과 연관성을 맺으면서 사회정책을 형성 및 개편하는 논의가 진행되었다. 고용이 불안정해지고, 저출산 고령사회가 심화되면서 사회보장의 목표와 재정건전성의 균형관계가 시대의 의제가 되었다.

1997년말 닥친 외환위기는 노동시장의 유연화를 보다 강하게 요청하였다. 이는 1990년대 이전에 나타난 시대의 흐름이었지만 자본의 위상이 강화된 우리의 특수한 상황에서 더욱 피할 수 없는 문제였다. 시장의 기능을 강화하면서, 동시에 사회적 안전망을 구축하여 시장의 복지생산기능을 보충하여야 했다. 외환위기를 극복하기 위한 구조조정이 진행되면서 우리 역사에서 유례없이 높은 실업을 겪게 되었다. 실업률은 외환위기를 극복하면서 어느 정도 진정되었다. 그러나 이후 시기에 우리 사회는 노동시장이 정규직과 비정규직으로 분절되고, 근로빈곤이 심화되는 보다 심각한 상황을 맞게 되었다. 고용보험의 적용대상은 획기적으로 확대되었다. 고용보험은 가입대상 및 보호의 수준, 그리고 급여기간에 제한이 있기 때문에 기존의 「생활보호법」이 갖는 문제, 특히 보편성의 원칙이 실현될 수 없는 구조적 흠결이 제거되어야 했다. 이에 보편적인 사회안전망을 구축하기 위하여 「생활보호법」을 폐지하고 1999년 「국민기초생활보장법」이 제정되었다. 다만 「국민기초생활보장법」은 지도이념 자체를 명확하게 하지 못했고(최저생활보장과 자활보호의 긴장관계), 실효성이 미흡했으며(보편성의 흠결), 또 입법목적을 실현하기 위하여 필요한 하부구조를 충실히 갖추지 못했다는 문제가 있었다(직업훈련 및 취업알선 조직 등). 실제 「국민기초생활보장법」에서 최저생활보장에 집중하였기 때문에 소득활동을 장려하는 자활보호의 이념은 희생되었다. 비현실적인 재산기준 및 부양의무기준 등과 같은 급여조건이 보편성의 원칙을 실현하는데 장애가 되었다.

전통적인 4대 사회보험이 시행되면서 이로부터 배제되어 있는 인적 집단, 그리고 사회적 위험이 더욱 부각되었고, 이에 대한 배려를 하여야 했다. 사회보험을 중심으로 포섭과 배제, 그리고 사회보험이 보편화되면서 공공부조의 발전이 지체되는 분열의 문제는 이제 사회보장법 전체로 확대되었다. 시장에 접근이 제한되어 있는 아동과 노인, 그리고 장애인 등이 필요로 하는 서비스를 보충하는 정책이 필요했고, 또 부분적으로 실현되었다. 이러한 변화로 인하여 정책과 입법의 관계, 그리고 입법의 실효성을 새로이 검토하여야 했다. 즉, 다양한 집단과 생활영역에 대한 보호의 필요성을 유형화하여 법제화할 때 필연적으로 나타나는 불균형의 문제, 서비스지원에 대한 법제화의 한계, 그리고 법집행의 흠결 등이 새로운 과제였다. 평등의 이념이 복지를 견인하는 구조가 새롭게 인식되었다. 특히 장애인의 경우 절대적으로 보호의 대상일 뿐 아니라 장애인은 필연적으로 비장애인과 비교의 대상이 되기 때문에 기존의 「장애인복지법」 외에 2007년 「장애인차별금지 및 권리구제 등에 관한 법률」이 제정되었다.

고령사회에서 가족의 기능이 약화되면서 노인 등 스스로의 능력으로 일상생활을 할 수 없는 집단에 대한 보호가 사회화되어야 했다. 이에 2007년 「노인장기요양보험법」이 제정되었다.

2. 사회보장의 구조변화

1997년 이후 진행된 기업의 구조조정 및 노동시장의 유연화, 그리고 저출산 고령사회의 심화는 국민연금 및 고용보험 등을 근본적으로 재점검하는 계기가 되었다. 다음과 같은 몇 가지 구조적인 변화가 관찰되었다. 첫째, 기업에서 급격한 구조조정을 위하여 대부분의 의제가 포괄적으로 자본과 노동의 협의와 합의를 필요로 했다. 외환위기의 상황에서 사회보장의 개편은 노동과 자본의 합의를 쉽게 이끌어낼 수 있었고, 이는 국회에서 해당 의제에 대한 결정을 거의 대체하였다. 둘째, 역설적으로 일부 이익집단이 관련되어 있는 사회보장법에서 이익투쟁은 심화되었다. 예컨대 연금수준을 낮추는 1998년과 2007년 「국민연금법」의 개정은 정치적으로는 거의 주목을 받지 못했다. 저소득 가입자에게 최저생계비에도 미치는 못하는 급여를 지급하는 (공공부조와의) 제도적 불균형, 전체 가입자의 연금수준이 적정한 생활보장을 할 수없는 제도 내용과 목표의 불일치가 예견되었다. 그러나 낮은 수준의 평등한 복지가 갖는 문제는 아직 확대정책에 가려져 있었다. 또 국민연금의 경우 수급시기가 아직 멀리 있었기 때문에 연금수준의 인하가 절실하게 인식되지도 않았다. 건강보험에서는 법정비급여와 본인부담으로 인하여 건강보장률이 낮았고, 그 결과 건강보험의 본질이 희생되었다. 이에 비해서 「공무원연금법」의 개정은 격렬한 저항에 부딪쳤고, 이는 국회에서 개정작업에 결정적인 영향을 미쳤다. 또 요양급여비용의 수가(酬價)를 조정하는 문제는 「국민건강보험법」에 관한 일반적인 개정에 비해서는 논의의 집중도가 훨씬 높다. 이는 입법의 현실에 있어서도 관찰되었다. 위에서 언급했듯이 이 시기에 장애인 및 노인 등 개별적인 생활영역이 독자적으로 규율대상이 되었다.

마지막으로, 일반적으로 현재의 이익관계가 미래의 지속가능성의 기준보다 우선하였다. 예컨대 사회복지서비스에 있어서 아동에 비해서 노인 및 장애인이 우선적으로 정치적으로 주목을 받았다. 국민연금에서 재정안정성을 위하여 제도내용을 조정하는 경우 현재 가입자에게 재정적 부담을 지우는 보험료 인상의 수단은 채택되지 않고, 미래 실현될 급여청구권을 불이익하게 조정하는 방안이 선호되었다.

Ⅵ. 재정 및 제도의 위기, 고용과 복지, 재사회화, 탈표준화 (2007-현재)

1. 재정 및 제도의 위기

사회보장법의 역사에서 2007년을 독자적인 시대구분의 기준점으로 삼는 이유는 2007-8년 세계적으로 확대된 재정위기가 사회보장법의 입법방향과 내용에 미친 영향이 적지 않기 때문이다. 이 시기에 연금보험의 재정문제와 사회보장의 방법론은 새로운 논의차원을 띠어 가고 있었다.

거시적으로 보면 2007-8년 재정위기는 지속가능성의 문제를 본격적으로 제기하였다. 이는 과도한 국가부채로 인하여 미래 세대가 재정적인 처분가능성을 상실하는 상황이 방지되어야 한다는 논의로 발전하였다. 사회보장, 특히 연금제도와 관련해서는 고령사회가 깊어지면서 연금수급기간이 연장되어 연금지출이 지속적으로 증가할 것으로 예상되었다. 또 저출산, 그리고 고용의 불안정으로 인하여 연금의 수입구조는 악화될 것이 예견되었다. 기존에 형성된 제도의 존속 및 개인의 사회보장법적 지위를 존중하면서 장기적으로 사회보장의 목표를 실현하는 것은 민주주의의 시대적 과제가 되었다. 사실 이 문제 자체는 새로운 것이 아니었다. 국민연금의 재정위기는 처음부터 예견되었으며, 1990년대 후반 이후 본격적으로 검토가 필요했다. 또 실제 1998년과 2007년 두 차례에 걸쳐 제도의 조정이 이루어졌다. 이로써 40년 보험가입기간을 기준으로 연금수준은 가입자 생애평균소득의 40%로 낮아졌다. 그동안 잠재해 있던 국민연금에 대한 관심은 수급시기가 개시되면서 커졌다. 부분적으로 국민연금거부운동이 일어났다. 그리고 두 차례의 조정을 겪으면서 국민연금의 수준이 낮아졌기 때문에 국민연금이 생활의 최소한의 경제적 기초가 될 수 없다는 점이 뚜렷해졌다. 이에 더하여 지속가능성에 대한 의문이 제기되면서 제도의 신뢰가 손상되었다.

국민연금의 수준을 다시 높이는 것은 현실적으로 불가능하기 때문에 이제 국민연금이 남긴 보장의 공백을 개별적으로 보충하는 방법이 필요하게 되었다. 2007년 국민연금에서 연금수준이 낮아지면서 발생하는 노인빈곤을 보충적으로 보호하기 위하여 「기초노령연금법」이 제정되었다. 정책의 타당성과 효과를 떠나 이러한 입법은 사회보장의 방법론에 새로운 방향을 제시하였다. 개별적인 집단의 특수성을 고려하여 구체적으로 수요를 보호하는 방향이다. 이는 이념적으로 보면 낮은 수준의 '평등한 복지'가 갖는 한계를 복지의 이념을 재구성하여 보충하는 의미를 가졌다. 그러나 동시에 개별 사회보장법을 기능적으로 조율하여 법체계를 형성하는 작업은 복잡해졌고, 또 기능을 평가하는 작업도 어려워졌다. 국민연금과는 달리 공무원연금은 기여금 및 부담금의 수입으로 지출을 감당할 수 없는 문제가 이미 현실화되었다. 이에 「공무원연금법」은 1995년 이후 네 차례 개정되었으나 근본적인 개혁에 이르지는 못하였다. 2015년 「공무원연금법」의 구조개혁을 시도하였으나 부분적인 개정에 그쳤다.

2. 고용과 복지

국가재정 및 사회보장재정의 건전성 및 지속가능성에 관한 의제는 사회보장의 구조를 재구성하는 변화를 가져왔다. 즉, 사회정책 사이에 기능의 재배치를 통하여 사회보장의 수요를 내재화하는 방법이 주목을 받았다. 전통적으로 고용은 복지생산의 매체였으며, 이는 고용관계 그 자체, 그리고 동시에 공적 체계에 부과된 과제였다(고용을 매개로 한 복지생산). 그런데 새로운 노동시장의 상황에서 완전고용은 더 이상 실현될 수 없었고, 소득보장을 위하여 사회보장재정을 투입하는 능력은 제한되었다. 이에 적극적인 노동시장정책을 통하여 고용을 창출하고, 고용 그 자체를 통하여 복지를 생산하여 공적 체제의 부담을 경감하여야 했다(고용에 의한 복지생산). 사회적 투자를 통한 복지생산(예컨대 스웨덴), 노동시장의 유연화와 이에 상응하는 복지생산의 보편화(예컨대 네덜란드) 등이 각국의 대응방법이었다. 다만 노동시장의 유연화에는 필연적으로 고용의 불안정 및 비정규직의 확대, 그리고 소득 불안정의 문제가 따랐다. 기간제, 특수형태근로, 단시간 혹은 초단시간 근로 등 비정형적인 고용형태가 널리 퍼지고 있었고, 고용관계에 있으면서 최저생활을 할 수 없는 이른바 근로빈곤층의 신빈곤(New Poverty)의 문제도 나타나고 있었다. 또 노동시장의 양극화는 필연적으로 사회보장의 양극화로 이어질 위험이 있었다.

위와 같은 상황에서 사회보장은 노동법과 긴밀한 연관 속에서 실현되어야 했다. 첫째, 사회보장급여의 적절한 수준을 유지하기 위하여 노동법적 조치가 필요했다. 최저임금제도를 충실하게 정비하고 시행하는 것이 노동법의 지원을 받아 사회보장을 실현하는 유용한 방법이다. 둘째, 사회보장법 자체의 독자적인 대응이 필요하였다. 규범적으로 소득수준 및 근로시간 등을 기준으로 가입대상을 제한했던 기존의 경향에서 벗어나 모든 소득근로자가 사회보험에 가입할 수 있도록 하여야 한다. 이는 사회보험의 체계에 대한 전통적인 이해를 재검토하는 계기가 되었다. 전통적으로 사회보험은 임금 및 소득이 생활의 경제적 기초가 된다는 가정 하에 이를 사회적 위험이 발생한 후에도 보장하는 과제를 가졌다. 그런데 이제 사회보험급여가 일종의 기초보장의 성격을 갖게 되었기 때문이다. 기초보장을 충실히 하기 위하여 노동법에서 최저임금제와 같이 사회보험에도 최저급여를 도입하거나 혹은 보험료를 지원하는 방법이 새로이 검토되어야 했다. 이는 전통적으로 재해보상의 이념이 지배하였던 산재보험에서도 예외가 아니었다. 현실적으로는 비정규직 근로자를 고용하는 사용자, 그리고 근로자 자신이 사회보험가입을 기피하는 문제를 방지하거나 혹은 적극적으로 이들의 사회보험 가입을 유인하여야 했다. 셋째, 사회보장법적 조치가 노동법에서 노동과 임금의 교환관계에 미치는 영향, 노동법적 조치가 사회보장의 전체적인 기능에서 차지하는 위상이 분석·평가되어야 한다.

3. 재사회화와 탈표준화

1990년대 말을 거쳐 2007년의 재정위기를 겪으면서 사회보장은 '낮은 수준의 평등한 복지'가 갖는 한계를 복지의 이념에 의하여 충실하게 메워가는 방법론을 모색하였다. 국민연금과 건강보험은 개인의 자율적 결정에 의한 자기배려를 강화하고, 취약한 집단의 개별적인 위험을 선택적으로 보장하는 방법에 의하여 보충되었다. 국민연금의 보장의 공백을 「기초연금법」을 통하여 메우는 시도에 대해서는 위에서 언급하였다. 2012년 전면 개정된 「사회보장기본법」은 이 점을 충실히 인식하고 있었다. '평생사회안전망'의 개념을 도입하여 생애주기에 걸쳐 보편적으로 충족되어야 하는 기본욕구와 특정한 사회적 위험에 의하여 발생하는 특수욕구를 동시에 보장하고, 이때 '사회서비스'의 중요성을 강조하였다(법 제3조 제4호, 제23조). 이밖에 위에서 언급했듯이 국민연금에서 비정규직 근로자 등이 가입을 회피하는 등의 이유에서 넓게 사각지대가 존재하고 있었다. 이들이 특히 보호의 필요가 있음에도 불구하고 오히려 적용이 제외되고 있다는 사실은 사회보장법의 사회적 성격을 회복하여야 한다는 시대적 과제를 새롭게 인식시켰다.

복지이념을 선택적으로 '낮은 수준의 평등한 복지'를 보충하여 극복하여야 한다는 요청은 가장 일반적으로는 공공부조법에서 실현되어야 했다. 공공부조는 개인의 개별적인 빈곤상황을 구체적으로 보호하는 사회안전망의 역할을 하여야 하기 때문이다. 2014년 개정된 「국민기초생활보장법」은 이 점을 반영하여 근본적으로 개혁되었다. 개정 법률은 두 가지 점에서 시대의 과제를 수용하였다. 첫째, 공공부조법은 최저생활 자체뿐 아니라 개인이 스스로의 능력으로 생활을 형성하기 위하여 필요한 조건을 보장하여야 한다. 이에 자활보호의 수급조건을 완화하여, 생계급여를 지급받으면서 직업훈련 및 취업지원을 받을 수 있도록 하였다. 또 근로소득의 일부를 소득인정액에서 공제하여 취업 이후에도 최저생활보장의 수급자격이 박탈되지 않도록 하고, 이로써 적정한 범위에서 근로유인을 제도화하여야 한다. 이는 1999년 「국민기초생활보장법」의 제정에 있어서 주목받지 못했던 이념적 긴장관계를 정비하고, 점차 늘어나는 근로빈곤층을 적극적으로 지원하며, 또 「국민기초생활보장법」이 기능하기 위한 전제조건을 갖추기 위한 시도였다. 다만 이러한 개선의 방향이 제시되었지만 아직 명확히 제도화되지는 못하고 있다. 둘째, 생계급여, 주거급여, 교육급여, 의료급여 등 개별적인 생활수요는 최저생활을 유지하는 데 독자적인 의미를 가지며, 따라서 개별적으로 선정기준과 급여 내용이 형성되어야 한다. 이에 개정 「국민기초생활보장법」은 기존의 통합급여체계에서 개별급여체계로 전환하였다.

제3장 국가건설, 구호행정과 조선구호령, 공무원연금법(1945-1960년)

제1절 정치적 및 사회경제적 상황

Ⅰ. 1948년 헌법 제정과 국가의 과제

1948년 국가건설의 기본법으로 헌법이 제정되었다. 헌법은 개인의 자유를 국가로부터 보호하는 전통적인 과제와 함께 자유를 실현하기 위하여 필요한 사실적 및 규범적 조건을 보호하는 적극적인 과제를 지향하였다. 후자는 총강 제5조에서 공공복리를 위하여 개인의 권리를 조정하는 국가과제의 형태로 표현되었다. 즉, "대한민국은 정치, 경제, 사회, 문화의 모든 영역에 있어서 각인의 자유, 평등과 창의를 존중하고 보장하며 공공복리의 향상을 위하여 이를 보호하고 조정하는 의무를 진다". 이는 경제질서가 개인의 (자유권적) 기본권을 조정하는 구도에서 실현된다는 것을 인식한 결과였다.[1] 국가와 개인의 관계에서 다양한 사회적 기본권을 보장하였고, 또 사회적 기본권의 실현에 우호적인 거시질서를 형성하기 위하여 경제질서에 대한 국가의 규제와 조정의 권한을 부여하였다.[2]

1948년 헌법에서 사회보장과 직접적인 관련을 갖는 기본권은 헌법 제19조이다. 이에 따르면 "노령, 질병 기타 노동능력의 상실로 인하여 생활유지의 능력이 없는 자는 법률이 정하는 바에 의하여 국가의 보호를 받는다". 헌법제정 이전 시기에 여러 정치진영에서 언급되었던 사회보장에 관한 구체적인 구상이 헌법제정에 명시적으로 반영되지는 못했다.[3] 헌법 제19조는 모든 개인에게 최저생활을 보장하는 권리를 객관적인 규범으로 법제화한 것이다. 다만 생활유지의 능력이 없는 상황의 원인을 노령, 질병 기타 노동능력의 상실이라고 명시하여 보호의 대상이 제한적이었다. 노동능력은 있지만 실업 등을 이유로 소득활동의

1) 이에 대해서는 유진오, 헌법기초회고록(일조각, 1980), 24면 이하 참조.
2) 제1장 각주 1 참조.
3) 이에 대해서는 아래 각주 19 참조.

기회를 현실적으로 갖지 못하여 생활을 유지할 수 없는 자는 보호의 대상에서 제외되기 때문이다.[4] 이는 당시 아직 빈곤을 사회구조적 산물로서 인식하지 못했으며, 노동능력의 상실 혹은 게으름 등 개인적인 속성에 빈곤의 원인이 있다는 인식, 그리고 그 결과 '보호가치 있는' 빈민과 '보호가치 없는' 빈민을 구분하고 후자를 빈곤정책에서 배제하는 빈곤 및 빈민에 대한 전통적인 이해에 기인한 것이다. 이는 식민지 시대인 1944년 제정된 「조선구호령」의 구조를 그대로 이어받은 것이었으며, 아래에서 서술하는 미군정 시기 제정된 「구호준칙」의 인식에도 미치지 못하였다.[5]

사회보장의 적극적인 과제는 근로의 권리와 관련하여 논의되었다. 1948년 헌법 제17조 제1항은 근로의 권리를 기본권으로 보장하였다. 그런데 이 조문의 해석과 관련하여 근로의 권리를 실현할 수 없는 경우에는 이를 대체(代替)하여 실업보험을 실시하고, 개인에게 실업급여청구권을 부여할 것인가의 문제가 제기되었다.[6] 이 질문이 긍정적으로 대답될 수는 없었지만 당시 이미 실업보험과 같은 현대적 사회보장의 기제가 알려져 있었다는 점은 주목할 만한 하다. 경제에 관한 장의 첫 번째 조문인 제84조는 사회정의의 실현을 경제질서의 목표로서 제시하였다. 즉 "대한민국의 경제질서는 모든 국민에게 생활의 기본적 수요를 충족할 수 있게 하는 사회정의의 실현과 균형 있는 국민경제의 발전을 기함을 기본으로 삼는다. 각인의 경제상의 자유는 이 한계 내에서 보장된다". 이로써 헌법에서 경제에 관한 장(章)은 경제질서와 함께 사회질서를 형성하는 목적을 가졌다는 것을 알 수 있다.[7]

Ⅱ. 정치적 상황

1. 실험적 헌법과 실험의 좌절

자유권적 기본권과 달리 사회적 기본권은 일반적으로 입법작용에 의하여 비로소 구체화될 수 있기 때문에 1948년 헌법은 사회경제질서에 관한 한 미완성

4) 제헌국회에서 이와 관련된 문제의 제기에 대해서는 헌정사자료 제1집, 헌법제정회의록(제헌의회)(국회도서관, 1967), 144면 이하, 529면 참조.
5) 아래 제2절 I. 참조.
6) 위 각주 4의 문헌, 141면 이하 참조.
7) 이 점에 대해서는 예컨대 전광석, "헌법 제119조", 한국헌법학회(편), 헌법주석[법원, 경제질서 등] 제101조-제130조(경인문화사, 2018), 1477면 이하 참조.

의, 그리고 실험적 성격을 가졌다.[8] 처음부터 실험의 가능성이 없었던 조문도 있었다. 헌법 제18조 제2항 '사기업에서 근로자의 이익분배균점권'이 대표적인 예이다. 유진오의 표현에 따르면 "유례를 볼 수 없는 독특한 규정"인 이 조문은 제헌국회에서 가장 치열한 논의의 대상이 되었다.[9] 이는 경제질서에서, 특히 노동과의 관계에서 자본의 독자성을 부인하지 않고는 실현될 수 없었다. 1948년 헌법은 재산권을 독자적인 기본권으로 보장하고 있었다(제15조). 그런데 '사기업에서 근로자의 이익분배균점권'과 재산권 간의 가치충돌을 입법적으로 극복하기는 어려웠다. 이에 비해서 헌법제정과정에서 도입 여부가 활발하게 검토되었던 근로자의 기업경영참여에 관한 규정은 삭제되었다. 이 조문이 도입되었다면 근로자의 경영참여를 통하여 기업복지가 의제화되고, 시장에서의 복지실현에 의미 있는 소재가 될 수 있었을 것이다. 결국 1948년 헌법의 사회적 과제, 그리고 이를 구체화하는 사회보장의 과제는 대부분 이후 정치적 상황과 과정에 유보되어 있었다. 1948년 헌법, 그리고 이후의 헌법현실은 헌법의 사회적 과제는 이를 구체화하는 적극적인 정치적 의지와 능력이 없는 경우에는 규범력을 가질 수 없다는 사실을 보여주었다. 1919년 바이마르 헌법에서 사회적 기본권을 도입하는 실험을 하였던 독일은 1949년 새로운 헌법을 제정하면서 사회적 기본권 목록을 배제하였다. 이는 자유권적 기본권과는 달리 사회적 기본권이 헌법 그 자체로서 규범력을 가질 수 없다는 역사적 경험에 기초한 것이었다.[10]

1948년 5.10 선거를 통하여 구성된 제헌국회는 이후의 정치적 구도와 비교하면 이념적 폭이 넓었다. 무엇보다도 무소속당선자가 85명에 이르렀고, 이들 중 상당수는 중도세력으로 분류되었다. 따라서 사회보장에 관한 관심과 지식이 있었다면 헌법의 사회적 과제를 실현하기 위한 활동을 기대할 수 있었다. 그러나 제헌국회 초기에 이미 국가보안법 파동(1948.12), 그리고 국회프락치 사건(1949.6)을 거치면서 좌파 및 중간파 의원이 제거된 후에는 국회의 정치적 대표

---

8) 1948년 헌법의 이러한 성격에 대해서는 예컨대 전광석, "제헌의회의 헌법구상", 법학연구(연세대 법학연구소) 제15권 제4호(2005), 42면 이하, 71면 이하 참조.

9) 유진오, 신고 헌법해의(일조각, 1959), 84면 참조. 이 조문에 관한 논의에 대해서는 예컨대 이흥재, "이익분점권의 보장과 우촌(牛村) 전진한(錢鎭漢)의 사상과 역할", 법학(서울대 법학연구소) 제46권 제1호(2005), 258면 이하; 전광석, 위 각주 8의 논문, 36면 이하; 황승흠, "제헌헌법상의 근로자의 이익분배균점권의 헌법화 과정에 관한 연구", 공법연구 제31집 제2호(2002), 302면 이하 등 참조.

10) 이에 대한 당시 독일 헌법제정회의에서의 논의에 대해서는 Werner Weber, "Die verfassungsrechtlichen Grenzen sozialstaatlicher Forderungen", *Der Staat*(1965), 413면 이하 참조.

성은 좁아졌다. 이어지는 한국전쟁은 이념적 분포를 협소 혹은 단절시키는 결정적인 계기가 되었다.[11] 이로써 우리 사회에서 해방 공간에서, 그리고 헌법제정과정에서 부분적으로 나타났던 사회보장에 관한 논의는 단절되었다. 그만큼 정치과정에서 사회현실 및 사회문제에 대한 인식능력과 의지가 형성될 수 없었고, 이는 사회복지의 형성에 그대로 영향을 미쳤다.[12]

1948년 헌법은 사회경제질서뿐 아니라 정치질서와 관련해서도 미완성이었다. 우선 정부형태가 안정적이지 못했다. 대통령제 정부형태를 채택하였지만 대통령은 국회에서 선출되었다(제53조 제1항). 이는 건국 초기 국회구성을 위한 선거(5.10 선거)를 실시한 후 또 다시 전국적인 차원에서 대통령선거를 실시할 시간과 행정력이 없었다는 점에서는 이해할 수 있다. 그러나 예컨대 경과규정을 두어 차기 대통령부터는 국민에 의하여 직접 선출될 수 있도록 하는 조치가 필요하였지만 이에 관한 논의가 거의 있지 않았다. 1948년 헌법의 전체적인 불균형과 미완성을 헌법학자 한태연은 "이상과 타협과 착각의 심포니"라고 회고한 바 있다.[13]

1948년 헌법 제정 이후 정부의 개헌안 발의와 철회, 야당의 개헌발의가 반복되었으며, 1952년 이른바 발췌개헌(拔萃改憲)을 통하여 대통령 직선제를 도입하는 헌법 개정이 있기까지 오랫동안 정치적 동력을 소모하였다.[14] 1948년 헌법은 국무총리 임명에 있어서 국회의 (사후) 승인을 받도록 하고 있었다(제69조 제1항). 그러나 이승만은 국회에서 대통령으로 당선된 후 곧 자신의 지지기반이었던 한국민주당(한민당)과 결별하였기 때문에 이미 초기에 정부구성에 어려움이 있었다. 예컨대 초대 국무총리로 지명되었던 이윤영은 모두 4차례에 걸쳐서 국회의 승인을 받는 데 실패하였다. 국무총리제도는 1954년 헌법 개정에 의하여 폐지되었다. 이 헌법에 의하여 대통령과 별도의 선거를 통하여 선출되었던 부통령 김성수, 이시영 등이 중간에 사임하는 상황은 당시 정치적 불안정을 보여주는

11) 이에 대해서는 예컨대 김동춘, 전쟁과 사회(돌베개, 2009), 162면 이하, 169면 이하, 180면 이하, 389면 이하 참조.

12) 1948년 국회에서 반공이념이 지배하면서 국회의 대표성이 약화되는 과정 및 이후에 영향에 대해서는 예컨대 박찬표, 한국의 48년 체제(후마니타스, 2010), 127면 이하, 165면; 박찬표, 한국의 국가형성과 민주주의—미군정기 자유민주주의의 초기제도화(고려대 출판부, 1997), 281면 이하 등 참조. 이미 1946년 이후 좌파가 쇠퇴하고 우리 정치지형이 우파 중심으로 편성되는 과정에 대해서는 예컨대 윤홍식, "미군정하 한국의 복지체제, 1945-48; 좌절된 혁명과 대역전", 한국사회정책 제24권 제2호(2017), 185면 이하 참조.

13) 한태연, "제헌헌법의 신화—이상과 타협과 착각의 심포니", 동아법학 제6호(1988), 36면 이하 참조.

14) 당시의 정치적 상황에 대해서는 예컨대 조용중, 대통령의 무혈혁명—1952 여름, 부산(나남, 2004) 참조. 이밖에 송우, 한국헌법개정사(집문당, 1980), 79면 이하 참조.

상징적인 사건이었다.

2. 헌법과 사회정책적 인식의 불균형

무엇보다도 이승만 자신이 아직 헌법의 사회적 과제에 정치적 의미를 두지 않았다. 1948년 출범한 정부는 과거청산과 정국안정, 그리고 미래의 새로운 국가설계라는 복합적인 과제를 가졌다.

건국을 전후(前後)하여 과거청산의 문제는 농지개혁 및 귀속재산 불하, 그리고 일제청산으로 요약된다. 이미 미군정 시기인 1945년과 1946년, 그리고 1948년 단계적으로 적산(敵産)인 농지에 대한 개혁을 단행하였다. 1948년 헌법에서는 적산 이외의 농지에 대한 개혁이 주된 쟁점이었으며, 헌법은 제86조에 "농지는 농민에게 분배하며, 그 분배의 방법, 소유의 한도, 소유권의 내용과 한계는 법률로써 정한다"는 개방적인 규정을 두었다. 이에 근거하여 1949년 「농지개혁법」이 제정되었다. 실제 농지개혁은 1950년 개정 「농지개혁법」, 그리고 동법 시행규칙에 의하여 시행되었다. 이로써 기존의 소작농 중심의 농촌구조가 소규모 자작농의 형태로 변화하였다.[15] 농지개혁으로 인하여 정치적으로 보면 농민의 이익이 구심력을 잃고, 또 농민계층이 보수화하는 정치적 지형이 형성되었다. 농지개혁은 우리 사회에서 계급정치에 관한 한 장기적으로는 두 가지 결과를 남겼다. 첫째, 소규모 자작농의 계층이 정권에 비교적 충실한 집단으로 남아 있게 되었다. 민주화 이전까지 오랫동안 선거에서 일반적으로 관찰할 수 있었던 이른바 여촌야도(與村野都), 즉 여당은 농촌 선거구, 그리고 야당은 도시지역 선거구에서 압도적인 지지를 받았던 현상이 이를 상징적으로 보여주었다. 둘째, 소규모 자작농이 늘어가는 농촌인구를 흡수하는 데에는 한계가 있다. 이에 이후 농촌은 값싼 도시산업노동자의 공급원이 되었으며, 이로 인하여 1960년대 저임금의 산업기반이 되었다.

귀속재산을 국공유화하는 방안과 민간에 불하하는 방안 중 쉽게 후자의 선

15) 농지개혁 이전 통계에 따르면 편차가 크지만 소작농이 차지하는 비율이 48.9%에서 69.1%로 이르렀다. 이에 대해서는 예컨대 유인호, "해방 후 농지개혁의 전개과정과 성격", 송건호 외, 해방전후사의 인식(한길사, 1979), 371면 이하; 전상인, "미군정기 농업문제와 토지개혁", 전상인, 고개숙인 수정주의(전통과 현대, 2001), 79면 이하 등 참조. 이밖에 농지개혁의 과정과 평가에 대해서는 김일영, "농지개혁을 둘러 싼 신화의 해체"; 장시원, "농지개혁-지주제 해체와 자작농체제의 성립", 이 두 논문은 박지향 외, 해방 전후사의 재인식 2(책세상, 2006), 295면 이하 및 345면 이하 참조.

택이 이루어졌다.[16] 이로써 우리 사회에서 자본주의의 생산 및 분배방식은 불가역적(irreversible) 체제로 자리잡게 되었다. 당시 우리나라 전체 공장의 29%가 귀속재산에 해당했고, 여기에 전체 근로자의 약 55%가 고용되어 있었다는 점에 비추어 보면 당시 귀속재산의 처리방식이 이후 산업구조에 미친 영향을 가름할 수 있다. 이는 1948년 헌법의 사회주의적 요소가 이후 사회경제적 체제를 견인하는 규범력을 가질 수 없게 되었다는 의미를 갖는다. 실제 1948년 헌법의 사회주의적 요소는 1954년 개정 헌법에서 부분적으로 삭제되었다.

일제청산의 문제는 헌법 제100조가 규율하고 있었다. 이에 따르면 "이 헌법을 제정한 국회는 단기 4278년 8월 15일 이전의 악질적인 반민족행위를 처벌하는 특별법을 제정할 수 있다". 이를 근거로 1945년 9월 7일 「반민족행위처벌법」이 제정되었다. 이 법률을 집행하기 위하여 반민족행위특별조사위원회(반민특위)가 설치되었다. 그러나 이 법의 제정 및 집행과정에서 국회는 정부와 마찰을 겪었으며, 일제청산은 지극히 한정된 범위 내에서 이루어졌을 뿐이다.[17] 이로써 식민지시대의 관료 및 행정부 조직은 그대로 유지되는 결과가 되었다. 1945년 해방과 건국의 의미는 반감되었고, 1948년 정부수립은 정치적 분단, 그리고 기존의 사회경제구조 및 계층적 구조가 그대로 유지된 채 미완성으로 끝나고, 또 시작하였다. 사회정책과 관련해서는 특별한 정치적 의식과 정책적 유인이 없이 식민지시대에 익숙했던 구호적이고 시혜적인 의식과 관행은 신생 대한민국에 그대로 이어졌다.[18]

식민지 지배가 끝나고 새로이 건설되는 대한민국의 정치질서는 어느 정도는 주어진 상황이었다. 일본군의 무장을 해제하기 위한 목적으로 한반도의 남과 북에 미군과 소련군이 진주하였다. 그러나 이후 군사목적을 넘어서 미국과 소련이 세계 지역을 둘로 나누어 이념적으로 지배하는 국제정치의 현실이 한반도에 그대로 이어졌다. 미군정기에 미국과 소련의 이념적·정치적 대립이 깊어지고, 또 단독정부의 구상이 관철되면서 좌익 및 중도세력은 국가형성과정에 참

16) 귀속재산의 민간불하, 그리고 이후 우리 산업구조에 미친 영향에 대해서는 예컨대 이상철, "1950년대의 산업정책과 경제발전", 문정인/김세중(편), 1950년대 한국사의 재조명(선인, 2004), 173면 이하 참조.

17) 이에 대해서는 예컨대 오익환, "반민특위의 활동과 와해", 송건호 외, 해방전후사의 인식(한길사, 1979), 101면 이하; 이강수, 반민특위연구(나남, 2003); 정운현, 잃어버린 기억의 보고서; 증언 반민특위(삼인, 1999); 허종, 반민특위의 조직과 활동(선인, 2003) 등 참조.

18) 이 점에 대한 지적으로는 예컨대 정무권, "한국사회복지제도의 초기형성에 관한 연구", 한국사회정책 제3권(1996), 330면 이하 참조.

여하지 않았고, 또 위에서 살펴본 바와 같이 이미 건국 초기에 여러 사건을 거치면서 배제되었다.

사실 1948년 헌법제정 이전 3년간의 시기에는 다양한 이념이 정치적 주도권을 둘러싸고, 또 보다 구체적으로는 헌법제정에 자신의 이념과 가치 및 제도를 투입하는 각축을 하였다. 이 당시 남조선과도입법의원에서 제정된 조선임시약헌, 미소공동위원회에 제출된 답신서에 담긴 여러 정치 진영, 즉 임시정부수립대책협의회(임협), 민주주의민족전선(민전), 시국대책협의회(시협), 남조선과도입법의원(입법의원), 남조선노동당(남로당) 등의 헌법구상은 대부분 최저임금제 및 사회보장의 국가과제를 포함하고 있었다. 예컨대 조선임시약헌은 최저임금제와 노동자경영참여와 같은 노동법적 제도, 그리고 실업보험과 폐질보험 등과 같은 구체적인 사회보험의 종류를 예정하고 있었다.[19] 그러나 우익이 중심이 되어 단독정부를 수립할 것이 확정되고 좌익 및 중도세력이 5월 10일 제헌국회의 구성을 위한 선거에 참여하지 않았기 때문에 위와 같은 초기의 사회경제질서에 대한 구상은 이후 우리 정치과정에서 단절되었다. 위에서 언급한 바와 같은 국가보안법 파동, 국회 프락치 사건을 겪은 후 1950년 한국전쟁은 정치권과 우리 사회의 보수화를 더욱 촉진시켰으며, 1951년 자유당의 창당은 보수정치를 구조화하였다.

사회정책적 관심이 좌파정치세력의 전유물은 아니다. 1880년대 독일의 사회보험입법은 보수왕정주의자와 자본가, 그리고 전문관료의 합작품이었으며, 사회민주당이 주도적인 역할을 한 것은 아니었다.[20] 그러나 해방 후 헌법제정까지 3년간의 담론과는 달리 건국 후 당시 우리나라에서 어떠한 집단도 헌법의 사회적 과제를 진지하게 받아들이지 않았다. 이승만의 정치이념에서 사회정책적 구상은 찾아볼 수 없었으며, 실제 사회정책에 소극적이었거나 무관심하였다.[21] 이승만은 집권 초기에 계속 집권과 정국의 안정, 국가건설과 반공을 구호로 하는 국가방위에 정치력을 소진하였다. 자본은 초기에는 적산의 불하, 그리고 이후 수입대체산업에서 독과점적 지위를 누렸다. 그러나 자본의 지배에 도전적인 노

---

19) 이 시기 여러 정치단체의 헌법구상에 대해서는 예컨대 서희경, 대한민국 헌법의 탄생(창비, 2012), 191면 이하; 전광석, "해방 후 3년간의 헌법구상", 헌법판례연구 제5권(2003), 301면 이하 등 참조.

20) 이에 대해서는 예컨대 박근갑, 복지국가 만들기-독일 사회민주주의 기원-(문학과 지성사, 2009), 181면 이하; 전광석(역), 복지국가의 기원(법문사, 2006), 67면 이하 등 참조.

21) 이승만의 이러한 무관심이 미국의 정책과 연관성을 갖는다는 지적으로는 예컨대 정무권, 위 각주 18의 논문, 326면 이하 참조.

동의 이념 및 운동에 의한 자극이 없는 상태에서 사회정책에 적극적일 리 없었다. 그렇다고 원조경제 및 구호행정의 관습에 젖어 있던 전문관료들이 사회정책의 필요성을 인식하고 견인하는 역할을 기대할 수도 없었다. 해방 후 세력화의 발아(發芽)를 보였던 노동계급 및 노동조합은 한국전쟁을 겪으면서 정치권력에 의하여 억눌려지고, 또 길들여졌다.[22]

Ⅲ. 사회경제적 상황

일본의 식민지 지배를 받았던 시기에 우리나라 사회경제구조의 특징은 두 가지로 압축된다. 첫째, 일본은 우리나라의 전근대적인 토지소유구조를 존속시켜서 지주계급에 우호적인 정책을 취하면서 이를 통하여 식민지 지배의 정당성을 유지하려고 하였다. 둘째, 식민지 경제운영에서 일본의 산업을 지원하는 도구적 구상이 지배하였으며, 이밖에 원자재 및 식량공급을 위한 산업으로 개편하고, 또 유지하였다. 식민지 후반기에는 전쟁물자를 원활히 공급하기 위한 목적이 산업정책을 지배하였다. 전자의 정책은 소작농의 비중이 높아지면서 농촌빈곤을 대규모화하였다. 후자의 산업정책의 결과 노동의 자본에 대한 종속이 심화되었다. 이러한 배경에서 일본 식민지 시기에 노동문제와 빈곤문제가 넓고 깊어졌다.[23] 식민지 지배로부터 독립한 후에도 이러한 사회경제적 구조가 근본적으로 바뀌지는 않았다. 농민의 경우 위에서 언급했듯이 소규모 자영농민이 증가했지만 농지취득을 위한 구입비용이 경제적 부담을 가중시켰고, 이는 고리(高利)의 사채부담으로 이어졌다. 1950년대 중후반 저곡가정책은 농촌빈곤을 더욱 깊게 하였다.[24] 또 자영농민이 증가하면서 농촌의 잉여노동력은 증가하였다.

위에서 언급했듯이 신생 대한민국의 정치 및 사회경제 질서는 대외적 및 대내적 환경 속에서 어느 정도 주어졌다. 일제가 남긴 귀속재산은 국유화하는 대신 매각하여 사유재산으로 귀속되었고 이를 기반으로 경제질서가 형성되었다. 해방 후 미군정의 등장은 그 자체로, 그리고 북한을 소련이 점령하고 있었던 점과 함께 작용하여 서구식의 민주주의 정치질서가 주어졌다. 그리고 동시에

22) 이에 대해서는 아래 각주 30 참조.
23) 일본 식민지 시대 빈민층의 형성 배경에 대해서는 예컨대 강만길, 일제시대 빈민생활사연구(창작사, 1987) 참조.
24) 이 점에 대해서는 김동노, "1950년대 국가의 농업정책과 계급구조의 재구성", 문정인/김세중(편), 1950년대 한국사의 재조명(선인, 2004), 448면 이하 참조.

사회주의를 부정하는 자본주의시장경제 이외에 다른 선택이 있을 수 없었다. 그러나 자본주의시장경제에서 필연적으로 나타나는 노동문제 및 빈곤문제에 대응하는 체계적인 구상이 있었던 것은 아니었다. 미군정의 정책 역시 다르지 않았다. 해방 후 미군정에서 처음 취해진 조치는 미군정법령 제1호로 제정된 '위생국 설치에 관한 건'(1945.12)이었다. 이에 따라 식민지 시대에 경무국이 치안유지의 차원에서 행했던 위생업무가 이제 독립적인 기능을 갖게 되었다.[25] 그러나 이는 상징적인 변화에 불과했으며 실제 보편적 의미가 있지는 못했다. 미군정의 구호준칙 중 예컨대 1946년 발령된 「후생국보 3C호」는 후생부서의 조직을 확대하고, 또 지방조직을 확충하였다. 이 기구는 일반구호사업과 당시 약 200만명에 달하는 전재민(戰災民)을 수용·구호하는 사업을 주로 관장하였다.

노동질서의 초기 구상은 아동에게 노동을 금지하는 규정에 그쳤다(미군정법령 제112호). 「아동노동법규」는 14세 미만 아동의 고용을 금지하였으며, 16세 혹은 18세 이하의 아동이 중공업이나 교육적으로 해로운 일에 종사할 수 없도록 하였다.[26]

위와 같은 해방 후 우리의 상황은 일본과는 차이가 있었다. 우리나라에서 미군정은 사회보장의 구상 자체를 가지고 있지 않았다. 이에 비해서 일본에서 미군정은 사회보장전문가들의 연구에 기초하여 '사회보장에의 권고'(Wandel Report, 1948)를 제출하였고, 이는 일본 사회에서 사회보장문제를 공론화하여, 제도를 발전시키는 계기가 되었다.[27] 일본에서는 이러한 권고에 기초하여 1949년 사회보장심의회가 구성되었고, 1950년 그 연구결과가 '사회보장제도에 관한 권고'로 정부에 제출되었다.[28]

식민지 시대의 사회경제적 유산을 극복하는 대한민국의 과제는 1950년 한국전쟁으로 인하여 원점에서 다시 시작하여야 했다. 전쟁으로 인한 산업의 파괴는 한편으로는 전쟁복구과정에서 나타나는 자본형성의 불균형과 노동계급의

25) 이에 대해서는 심정택, "해방 전후기의 사회복지제도 형성과 그 성격에 관한 연구", 사회과학논집(동아대) 제14집(1997), 165면 참조.

26) 이에 대해서는 구자헌, 한국사회복지사(홍익제, 1970), 199면 이하; 이혜경, "경제성장과 아동복지정책의 변용; 한국의 경험", 한국아동복지학 제1호(1993), 201면 등 참조.

27) 사실 'Wandel Report'는 일본에서 당시 인플레이션이 심화되면서 이를 자문하기 위하여 일본에 온 '노동자문위원회'가 맥아더에게 사회보장제도에 대한 조사와 실시를 권고했고, 맥아더가 이를 받아 들여 성립하게 되었다. 이에 대해서는 예컨대 박광준, 한국사회복지역사론(양서원, 2013), 206면 이하; 하상락, "한국사회복지사의 흐름", 하상락(편), 한국사회복지사론(박영사, 1989), 85면 등 참조.

28) 이에 대해서는 손준규, 사회보장·사회개발론(집문당, 1983), 77면 이하; 신섭중, "일본의 사회보장", 신섭중, 각국의 사회보장(유풍출판사, 1986), 406면 이하 등 참조.

피폐, 그리고 다른 한편으로는 이재민과 북한으로부터의 이주민 등을 중심으로 빈곤문제를 더욱 심화시켰다. 한국전쟁으로 인하여 피난민 및 전재민(戰災民)의 규모는 800만명에 이르렀다.

제 2 절 구호행정과 조선구호령

Ⅰ. 구호행정

사회경제적 불균형과 노동문제, 그리고 점차 증가하는 빈곤문제에 대해서 정부가 적극적인 구상을 가졌다는 흔적은 없다. 당시 국가가 복지실현의 방법으로 4대 사회보험을 인식하고 있었지만 실제 정책결정 및 입법과정에는 전혀 반영되지 못했다.[29] 사회경제적 상황과 관련을 갖는 집단이 정치세력화하여 정치과정에 정책동기를 부여하거나 혹은 정치권력이 후견적 사회정책의 동기를 스스로 갖는 경우 사회정책적 구상이 활발히 이루어질 수 있다. 그러나 이 시기에 이러한 권력자원과 관련된 어떠한 조건도 갖추어지지 못했다. 정부는 사회정책에 무관심했고, 사회정책을 자극할 유일한 집단이었던 노동조합은 미군정과 한국전쟁을 거치면서 파괴되고(전평; 조선노동조합전국평의회), 또 어용화되었다(대한노총; 대한노동조합총연맹).[30]

사회경제적 문제는 한편으로는 민간차원의 자선적인 구호에 의존하였다. 다른 한편 「PL 480」에 의하여 미국의 잉여농산물 등 외국원조가 반입되면서 이를 구호의 목적으로 지급하는 것이 거의 유일한 정부의 업무였다.[31] 사실 이러한 구호행정 중심의 사회정책은 미군정기의 기조가 정부수립 이후에도 계속된 것이었다.[32] 이러한 정책기조는 1960년대까지도 지속되었다. 구호행정과 외국원

---

29) 당시 사회부의 사회보험에 대한 인식, 부분적인 입법구상에 대한 소개로는 예컨대 김종수, "제헌헌법 사회보장 이념의 재발견과 계승－"생활균등권"을 중심으로", 사회보장법연구 제2권 제2호(2013), 31면 이하; 우명숙, "한국의 복지제도 발전에서 산재보험 도입의 의의", 한국사회학 제41집 제3호(2007), 169면 이하; 이흥재, "사회보장법 형성의 풍토적 특성－'전문 집단 헌신' 주도 속의 '국민 저항과 집권층 대응'의 '정치적 산물'－", 법학(서울대) 제52권 제3호(2011), 386면 이하 등 참조.

30) 이에 대해서는 성경륭, "한국의 정치체제변동과 사회정책의 변화－정치사회적 접근", 성경륭, "체제변동의 정치사회학(한울, 1995), 314면 이하 참조.

31) 잉여농산물의 도입, 그리고 우리 경제에 미친 영향에 대해서는 예컨대 김동노, 위 각주 24의 논문, 437면 이하 참조.

32) 미군정의 구호행정에 대해서는 구자헌, 위 각주 26의 책, 206면 이하; 김아람, "5.16 군정기 사

조의 비중은 각종 지표를 통하여 알 수 있다. 1960년대 초반 외국원조는 국민총생산의 약 10%에 이르렀다. 이 시기 외국원조금액은 우리 보건사회부 예산의 2배를 넘었다. 1960년 생계보호대상자와 영세민에 대한 지원액 중 국고가 차지하는 비율이 7%인 데 비해서 외국원조가 차지하는 비율은 93%였다. 아동복지단체에 대한 재정에 있어서도 외국원조가 차지하는 비율이 지속적으로 50%를 넘었다.[33)]

위와 같은 우리나라 초기 구호행정 중심의 사회정책은 이후 오랫동안 다음과 같은 유산을 남겼다. 첫째, 사회정책이 주로 빈곤을 보호하는 내용으로 한정적으로 이해되었고, 또 사회서비스의 방법론이 지배하였다. 특히 사회서비스의 경우 민간기관이 중심이 되어 운영 및 재정을 담당하고, 또 전달체계가 형성되었다.[34)] 둘째, 사회정책이 법제화와 연계되지 않고 행정 조치를 중심으로 형성되었다. 1944년 일본 식민지 시대에 제정된「조선구호령」이 건국 후에 계속 적용되었으며, 1961년에 비로소「생활보호법」에 의하여 대체되었다는 사실이 이를 보여주고 있다.

Ⅱ. 조선구호령

1961년 이전 사회보장법에 해당하는 유일한 법령은「조선구호령」이었다.「조선구호령」은 식민지 시기인 1944년 조선총독부제령 제12호로 제정되었다. 일본은 독일의 영향을 받아 이미 1922년「건강보험법」을 제정하였다. 그러나 이 법이 식민지에 적용되지는 않았다.[35)] 일본에서는 구빈법에 해당하는「휼구규칙(恤救規則)」이 1874년 제정·시행되었다. 그러나「휼구규칙」은 적용대상이 제한적이었고, 또 급여의 종류와 내용은 미가(米價)를 기준으로 하는 현금급여에 한정하였다. 이에 대한 개선입법이 1929년 제정된「구호법(救護法)」이었다.[36)]

회정책; 아동복지와 부랑자 대책의 성격", 역사와 현실 제82호(2011), 329면 이하; 심정택, 위 각주 25의 논문, 157면 이하; 이영환, "미군정기의 구호정책", 하상락(편), 한국사회복지사론(박영사, 1989), 440면 이하 등 참조.

33) 이에 대해서는 심재진, "사회복지사업법 제정사 연구", 사회보장연구 제27권 제2호(2011), 286면 이하 참조.

34) 이에 대해서는 예컨대 이봉주/김문근, "한국 사회복지서비스 공급체계의 현황과 전망", 2007년 한국사회복지행정학회 추계학술대회 발표논문; 정무권, 위 각주 18의 논문, 331면 이하 등 참조.

35) 식민지시대 일본의 사회정책에 대해서는 예컨대 정영훈, "공적 의료보험의 보험료 부담의 형평을 둘러싼 일본의 논의에 관한 검토", 사회보장법연구 제2권 제2호(2013), 94면 이하 참조.

36) 이에 대해서는 신섭중, 위 각주 28의 책, 402면 이하 참조.

「조선구호령」 이전 시기에 빈곤정책에 해당하는 제도로서 1916년 조선총독부 훈령 제1호로 제정된 「은사진휼자금 궁민구조 규정」(恩賜賑恤資金 窮民救助 規程)과 1927년 시행된 방면위원제도(方面委員制度)를 들 수 있다. 「은사진휼자금 궁민구조 규정」은 위에서 언급한 일본의 「휼구규칙」을 따른 것이었으며, 기본적으로 부정기적으로 지급되는 은사금(恩賜金)을 기반으로 하였기 때문에 안정성이 없었고, 또 실제 수급자의 규모가 매년 수백명 정도에 그치는 현실에서 보듯이 의미 있는 제도라고 볼 수 없었다.[37] 방면위원은 민간의 신분으로 공적 지원을 받아 빈곤실태를 조사하고, 또 구빈활동에 종사하도록 위촉되었다. 구빈사업에 있어서 적극적인 역할을 하였던 일본의 방면위원제도를 도입한 것이었지만 식민지에서 방면위원은 친일 인사를 확보하고, 빈민의 사상을 통제하는 역할까지 맡게 되면서 빈곤정책의 구성 부분으로 기능할 수는 없다.[38]

1944년 「조선구호령」은 일본의 「구호법」을 모법(母法)으로 하여 우리나라에 적용하기 위하여 제정되었다.[39] 일본의 「구호법」은 빈곤문제 그 자체보다는 전시동원 및 질서유지의 객관적인 목적을 추구하였다. 빈민을 질서문란의 잠재적 요소로 보았다는 것은 「구호법」의 수급자에게 선거권을 부여하지 않았던 데에 전형적으로 나타나 있다.[40] 여기에는 독일에서 1869년 3월 31일자 제국의회선거법이 빈민에게 선거권 및 피선거권을 박탈한 역사적 선례가 있었다. 종전(終戰)에 임박한 시기에 식민지 정부가 「조선구호령」을 제정한 목적 역시 전쟁수행을 위하여 총동원되는 상황에서 일본과 한국의 동일성(內鮮一體)을 최소한의 사회경제적 질서와 관련하여 상징화할 필요가 있었기 때문이다. 또 이를 통하여 국민총동원을 위한 전쟁정책을 순화시키는 목적이 있었다.[41]

「조선구호령」은 식민지 관리의 목적으로 제정되었기 때문에 보호의 조건과 내용이 입법목적에 충실하지는 않았다. 무엇보다도 빈곤의 상황 자체가 아

37) 이에 대해서는 류진석, "일제 시대의 빈곤정책", 하상락(편), 한국사회복지사론(박영사, 1989), 343면 참조.

38) 일본의 방면위원제도와 우리나라에의 도입, 그리고 이후 발전과 평가에 대해서는 박광준, 위 각주 27의 책, 153면 이하; 신은주, "일제 시대의 방면위원제도", 하상락(편), 한국사회복지사론(박영사, 1989), 370면 이하 등 참조.

39) 「조선구호령」에 대해서 자세히는 예컨대 박광준, 위 각주 27의 책, 131면 이하; 안상훈·조성은·길현종, 한국 근대의 사회복지(서울대 출판부, 2005), 141면 이하 등 참조.

40) 이는 각국의 빈곤정책의 역사에서 일반적으로 관찰되는 형상이었다. 이에 대해서는 박광준, 위 각주 27의 책, 129면 이하 참조.

41) 이에 대해서는 예컨대 안상훈/조성은/길현종, 위 각주 39의 책, 141면 이하; 심정택, 위 각주 25의 논문, 162면 이하 등 참조.

니라 일정한 연령 및 신체조건을 선정기준으로 하였으며, 보편적인 빈민보호의 규범적 기초가 되지는 못했다. 이는 1929년 일본의 「구호법」과 약간 표현의 차이가 있을 뿐 구체적인 내용에 있어서는 거의 일치한다. 예컨대 일본 「구호법」은 '65세 이상의 노쇠자, 13세 이하의 유소자 및 임산부, 신체장해자 등으로서 빈곤과 생활불능자'를 보호의 대상으로 하였다. 이러한 「조선구호령」의 특징은 미군정기에도 유지되었다. 미군정에서 제정한 「구호준칙」은 3호에서 공공구호(public relief)의 대상으로 65세 이상의 자, 6세 이하의 부양할 소아를 가진 모, 13세 이하의 소아, 불치의 병자, 분만시 도움을 요하는 자, 정신 또는 육체적 결함이 있는 자 등을 들고 있다. 이들에게 식량, 주택, 연료, 매장(埋葬) 등에 관한 지원이 이루어진다.[42] 그러나 이와 같은 규정이 당시 널리 퍼져 있었던 실업문제에는 효용이 없었기 때문에 「구호준칙」 3C호는 궁민(窮民)과 실업자를 구호의 대상에 포함시켰다.

위와 같은 공공부조의 전통은 1961년 「생활보호법」에도 그대로 이어졌으며, 놀랍게도 1999년 「국민기초생활보장법」이 제정될 때까지 계속 되었다. 「조선구호령」은 보호의 조건으로 빈곤으로 인하여 생활을 할 수 없는 경우 이외에 기본적으로 근로능력이 없을 것으로 의제되는 상황을 다음과 같이 유형화하였다. 첫째, 연령상의 요건이 충족되어야 한다. 즉 65세 이상의 노약자 및 13세 미만의 유자(幼子)이다(제1조 제1항 제1,2호). 둘째, 일정한 신체적 및 정신적 조건을 충족하여야 한다. 임산부 혹은 불구폐질, 질병, 상이 기타 정신 또는 신체장애로 인하여 노무를 하기에 적합하지 않은 자이어야 한다(제3,4호). 보호대상자의 범위 및 급여의 정도는 조선총독이 정하도록 하였다. 결국 「조선구호령」에서 보호의 조건은 조선총독이 정하는 바에 따라서 더욱 엄격하게 적용될 가능성이 있었다. 실제 일본에서 「구호법」의 적용대상 인구가 전체 인구의 약 0.27%였지만 「조선구호령」의 적용대상 인구는 0.009%에 불과하였다.[43]

급여의 조건과 관련하여 두 가지 특성이 형성되었다. 첫째, 근로능력이 없는 자를 보호대상으로 한정하였기 때문에 근로능력이 있지만 예컨대 실업 등의 이유로 빈곤상태에 있는 경우 보호의 대상에서 제외되었다. 이는 전통적으로 빈곤정책에 있어서의 분류, 즉 보호가치 있는 빈민(the deserving poor)과 보호가치 없는 빈민(the undeserving poor)을 분류하고 후자를 보호의 대상에서 제외한 것

42) 안상훈·조성은·길현종, 위 각주 39의 책, 165면 참조.
43) 한국의 사회복지(아산복지사업재단, 1979), 44면 참조.

이다.[44] 빈곤의 사회적 관련성이 아직 인식되지 못했고, 빈곤의 원인이 게으름 등 개인적 속성에 있다고 이해했던 시대의 유산이었다. 이러한 가치관은 「조선구호령」에서 급여의 제한에 관한 제30조에서 다시 한번 확인할 수 있다. 제30조는 급여의 제한 사유를 규정하고 있다. (1) "… 부윤 또는 읍면장 또는 구호시설의 장이 행한 처분을 따르지 않은 때"이다. 「조선구호령」은 시설에 수용된 자에게 적당한 작업을 명할 수 있기 때문에 위 규정을 통하여 강제노동이 시행될 가능성도 있었다. (2) 이유 없이 구호에 관한 검진 또는 조사를 거부한 때이다. (3) 성행이 현저하게 불량하거나 몹시 게으른 때이다. 이러한 급여제한 사유는 「조선구호령」의 한계를 보여주는 대표적인 예이다. 이는 한편으로는 빈곤정책이 개인에게 최저생활을 보장하는 주관적 목적과 함께 치안유지의 질서적 사고에 기반을 두고 있다는 것을, 그리고 다른 한편 빈곤이 개인의 속성에 원인이 있으며 노동능력이 있는 경우에는 수급대상이 될 수 없다는 점을 명확히 한 것이다. 이 규정은 동시에 급여의 제한 사유로서 '성행'의 '현저'한 '불량', 혹은 '몹시' '게으른' 등과 같은 모호한 용어를 사용함으로써 행정적 재량의 범위가 넓게 인정되었고, 그 결과 법적 안정성이 없었다. 둘째, 급여의 조건 자체와 관련하여 조선총독이 독자적으로 결정하는 여지를 넓게 인정함으로써 「조선구호령」에 의한 수급자격의 인정 여부가 행정적 재량에 따르는 결과가 되었다. 이러한 상황에서 구호급여에 대한 법적 청구권이 인정될 가능성은 없었다.

「조선구호령」은 일본의 「구호법」상의 급여 외에 「모자보건법」 및 「의료보호법」의 요소를 추가하여, 급여의 종류를 생활부조, 의료, 조산, 생업부조로 하였다(제10조). 생업부조가 무엇을 의미하는지는 명확하지 않다. 일본은 1940년 「조선직업소개령」을 제정하였으며, 이는 직업알선과 고용보호의 정책을 도입하는 명목 하에 전쟁에 필요한 노동력을 원활하게 공급하기 위한 목적을 가졌다.[45] 이러한 배경에 비추어 보면 생업부조는 오늘날 자활보호에 해당하는 것으로 보여지며, 「조선직업소개령」의 취지를 「조선구호령」에 도입한 것으로 추측된다. 이러한 노동력 동원의 목적은 「조선구호령」 제15조에도 반영되어 있다. 즉 이에 따르면 구호시설의 장은 조선총독이 정하는 바에 의하여 적당한 작업을 부과할 수 있다. 그리고 이를 거부하는 경우 구호를 행하지 않을 수 있다. 따라서 이

44) 대표적으로 1834년 영국의 개정 구빈법에서 유래하는 빈곤에 대한 전통적인 이해방법에 대해서는 예컨대 Gerhard A. Ritter, *Sozialstaat*(Oldenbourg, 1991), 50면 이하 참조.

45) 이에 대해서는 안상훈/조성은/길현종, 위 각주 39의 책, 140면; 정무권, 위 각주 18의 논문, 320면 등 참조.

규정은 식민지 관리와 전시 국민동원을 위하여 값싼 노동력을 재배치하고 공급하기 위한 목적으로 남용될 수도 있었다. 결국 「조선구호령」은 그 이념과 집행에 있어서 객관적인 목적에 기여하는 수단으로서 도구화되어 있었다.

우리나라에서 1961년 「생활보호법」이 제정되기 전 시기에 기존의 「조선구호령」을 대체하여 모든 국민에게 최저생활을 보장하는 입법작업이 없었던 것은 아니다. 즉 사회부는 1953년 전문 9장 본문 57개조로 구성된 「국민생활보장법」의 초안을 작성하여 법무부 법제실에 제출될 예정이었다고 한다. 당시 초안은 「조선구호령」에 비해서는 다음과 같은 특징이 있었다. 첫째, 보편적인 최저생활보장 및 자활지원의 목적을 어느 정도 표현하였다. 즉 "본 법은 국가가 생활이 곤란한 모든 국민에 대하여 곤란한 정도에 응하여 필요한 보호를 행하여 그 최저한도의 생활을 보장함과 동시에 그 자립을 조장함을 목적으로 한다". 이와 같은 이념이 구체적으로 제도화되었는가는 알 수 없다. 둘째, 최저생활보장을 위한 급여의 내용을 제시하였다. 즉 "본 법에 의하여 보장되는 최저한도의 생활이라 함은 보통 건강한 생활수준을 유지할 수 있는 정도를 말한다". 셋째, 급여의 종류에 교육보호를 추가하였다.[46] 그러나 이는 당시 신문기사를 통하여 확인될 뿐 그 실체와 그 후의 진행과정에 대해서는 알려져 있지 않다.

제 3 절 근로자 재해보상

1948년 헌법은 근로의 권리를 사회적 기본권으로 보장하였다(제17조). 사실 자본주의 시장경제의 헌법에서 근로의 권리는 구체적인 고용청구권의 형태로 실현될 수는 없다.[47] 국가가 아니라 사인이 고용능력을 가지며, 따라서 국가와의 관계에서 근로의 권리가 실현될 수 없기 때문이다. 이에 비해서 근로의 권리와 함께 규정된 근로조건 법정주의(제17조 제2항)는 사용자의 재산권 및 영업의 자유와 조화되는 범위 내에서 형성될 수 있다. 이에 1953년 근로조건의 최저기준을 법정화하는 목적으로 「근로기준법」이 제정되었다. 이 법은 재해보상에 관한 규정을

46) 동아일보 1953년 10월 24일자 2면 참조. 이밖에 이흥재, 위 각주 29의 논문, 386면 참조.
47) 이에 대해서는 헌재 2002.11.28, 2001헌바50, 14-2, 668면 참조. 근로의 권리의 실현구조에 대해서 자세히는 예컨대 김진곤, "노동복지의 헌법적 기초로서 노동기본권-근로의 권리와 노동 3권을 중심으로", 헌법학연구 제18권 제3호(2012), 57면 이하; 전광석, "노동의 권리의 실현구조-헌법의 변천과 이론의 형성 및 전개", 허영박사화갑기념논문집(박영사, 1997), 440면 이하 등 참조.

두었다. 재해보상은 일본 식민지 시대에 부분적으로 광부를 대상으로 부조의 형태로 규율되고 있었다. 1915년 「조선광업령」, 1938년 「조선광부노무부조규칙」 등이 그 예이다. 이 두 규범은 모두 공공부조의 성격을 가졌다. 해방 후에는 단결권 등 노동 3권이 보장되면서 기업별로 단체협약에 의하여 재해보상이 이루어졌다. 그러나 현실적으로 노동조합이 활성화되어 있지 않은 사업장에서 발생한 산업재해는 보호되지 못하고 있었다.[48] 1953년 「근로기준법」은 기존의 법령을 대체하고, 또 적용범위를 확대하였다.[49]

「근로기준법」 제78조 이하에 규정된 재해보상은 근로자의 보호에 중요한 전환을 가져왔다. 기존에는 근로자의 업무상의 재해를 보호하는 특별한 제도가 없었기 때문에 재해가 발생한 경우에 근로자는 민법상의 손해배상청구권에 의존할 수밖에 없었다. 그러나 손해배상청구권을 행사하기 위해서는 근로자가 발생한 피해에 대한 사용자의 고의 혹은 적어도 과실을 입증하여야 한다. 그런데 이러한 입증책임은 근로자에게는 극복하기 어려운 부담이다. 「근로기준법」이 재해보상제도를 도입하면서 이제 근로자는 업무상의 재해에 대한 사용자의 과실을 입증하는 책임을 부담하지 않고 보상을 받을 수 있게 되었다. 재해보상의 종류로는 요양보상, 휴업보상, 장해보상, 유족보상, 장사비 등을 두었다. 사용자의 입장에서 보면 재해보상을 하는 경우 그 가액(價額)의 한도 내에서 동일한 사유로 인한 민법 등에 의한 책임이 면제될 수 있기 때문에 근로자의 피해를 둘러싼 분쟁을 어느 정도 방지할 수 있는 장점이 있었다(근로기준법 제87조). 재해보상의 결정에 대해서 이의가 있는 경우에 법원에서 소송을 통하여 다투기 전에 1차적으로 사회부의 심사 및 중재를 거치도록 한 점도 노사관계의 안정에 기여할 것으로 기대되었다.

위와 같이 재해보상제도를 통하여 권리구제의 가능성이 개선되었지만 이는 여전히 사용자가 도산 등의 이유로 보상능력이 없는 경우에는 아무런 도움이 될 수 없었다. 또 1953년 「근로기준법」은 15인 이하 근로자를 사용하는 사업장에는 적용되지 않는 한계가 있었다(법 제10조, 시행령 제1조). 실제 1958년에서 1961년까지 산업재해 실태조사에 따르면 업무상의 재해를 입은 근로자는 약 10%의 보상밖에 받지 못하는 것으로 나타났다.[50] 따라서 산업재해에 대한 보호는 공법상의 제도

48) 이에 대해서는 노동부, 산재보험 40년사(2004), 9면 이하 참조.
49) 이에 대해서는 노동부, 산재보험 40년사(2004), 5면 이하 참조.
50) 이에 대해서는 위 제1장 각주 84 참조.

로서 국가 혹은 공법인이 주체가 되어 업무상의 재해를 보상하고, 또 사용자의 위험을 분산시키는 제도로 발전할 것을 예정하고 있었다. 이러한 전환은 이후 1963년 「산업재해보상보험법」이 제정되면서 실현되었다. 이와 같이 근로자의 업무상의 재해에 대한 보호가 민법상의 손해배상청구권에서 노동법의 재해보상제도로, 그리고 이어 산업재해보상보험과 같은 사회보장제도로 발전하는 것은 각국에서 일반적으로 관찰되는 현상이다.

재해보상 외에 당시 「근로기준법」은 퇴직 후 혹은 노후 소득보장을 위한 퇴직금제도를 아직 도입하고 있지는 않았다. 퇴직금제도는 1961년 「근로기준법」 개정을 통하여 비로소 시행되었다.[51]

제 4 절 공무원연금법

Ⅰ. 공무원연금법의 이중적 성격과 입법 배경

현행 헌법(헌법 제7조)과는 달리 1948년 헌법은 공무원제도를 직접 규율하지는 않았다. 공무원은 국가배상청구권과 관련하여 언급되어 있을 뿐이다. 이에 따르면 "공무원은 주권을 가진 국민의 수임자이며 언제든지 국민에 대하여 책임을 진다. 국민은 불법행위를 한 공무원의 파면을 청원할 권리가 있다. 공무원의 직무상 불법행위로 인하여 손해를 받은 자는 국가 또는 공공단체에 대하여 배상을 청구할 수 있다. 단, 공무원 자신의 민사상이나 형사상의 책임이 면제되는 것은 아니다"(헌법 제27조). 공무원의 신분보장과 정치적 중립성에 관한 규정은 1960년 헌법에 비로소 도입되었다(헌법 제27조 제2항). 그러나 이 규정에는 공무원의 사회보장에 관한 어떠한 함의도 있지 않았다. 이와 같이 헌법적 기준이 존재하지 않았기 때문에 그만큼 「공무원연금법」에 관한 입법형성의 범위는 넓었다. 이는 비교헌법적으로 보면 예컨대 독일 헌법이 제33조 제5항에서 전통적인 공무원제도의 기본원칙(hergebrachte Grundsätze des Berufsbeamtentums)을 존중하여야 한다고 선언하였기 때문에 공무원부양제도(Beamtenversorgung)의 개혁이 동시에 헌법적 문제로 쟁점화되는 경우와 차이가 있다.[52] 우리의 경우 적어도 공무원연금제도의 형

---

51) 일부 문헌에서는 1953년 「근로기준법」의 해고예고제도를 퇴직금제도로 오해하고 있다.

52) 이 점에 대해서는 예컨대 Franz Ruland, *Möglichkeiten und Grenzen einer Annäherung der*

성에 있어서 절대적 기준은 존재하지 않았다. 그 결과 예컨대 공무원을 위한 사회보장의 방법론으로 사회보험과 부양제도는 입법적 선택의 문제였으며, 공무원의 사회보장과 일반 국민의 사회보장을 차별적으로 형성하는 헌법적 필연성도 없었다.

1949년「국가공무원법」이 제정되었다. 여기에 공무원보상에 관한 규정을 두었다. 이에 따르면 "공무원이 공무로 인하여 질병, 부상 또는 사망하였을 때에는 본인 또는 그 부양가족에 대한 보상제도는 따로 대통령령으로써 정한다"(법 제26조). 또 "공무원으로서 상당한 연한 성실히 근무하여 퇴직하였거나 공무로 인한 부상 또는 질병으로 퇴직 또는 사망하였을 때에는 법률의 정하는 바에 의하여 연금을 지급한다"(법 제27조). 이 규정은 사회보장의 외형과는 차이가 있으며, 오히려「근로기준법」의 재해보상에 가까운 규정이었다. 이는 특히 현행「국가공무원법」이 공무 외의 원인에 의한 사망·폐질·부상·질병 등을 보호하고 있는 점과 비교된다(법 제77조). 공무원연금기금은 공무원의 기여금, 그리고 국가 또는 지방자치단체의 부담금으로 조성된다(법 제26조). 이로써 전형적인 사회보험의 재정방식이 규정된 것이다.

「공무원연금법」은 1960년 비로소 제정되었다. 아직 제1공화국 시기였다. 「국가공무원법」과「공무원연금법」의 관계에서 보면「공무원연금법」은 다음과 같은 두 가지 특성을 갖는다.[53] 첫째,「공무원연금법」은 공무원법의 성격과 사회보장법의 성격을 동시에 갖는다. 공무원법의 특성으로서, 예컨대 일반 사회보장법과는 달리 법령위반 등의 경우 급여를 제한하는 규정을 두었다. 둘째,「국가공무원법」의 공무원보상규정을 구체화하는「공무원연금법」은 책임법적 성격과 사회보장법적 성격을 함께 가졌다. 일반 근로자와 비교하면「공무원연금법」에는 산업재해보상보험과 국민연금의 기능이 혼재하여 있다고 할 수 있다.

「공무원연금법」의 제정 시기와 관련된 문제는 다음과 같이 설명될 수 있다.

Beamtenversorgung an die gesetzliche Rentenversicherung(1983), 106면 이하 참조. 이밖에 독일 헌법 제33조 제5항 공무원제도의 기본원칙 그 자체, 기본원칙과 공무원부양제도에 관한 오랜 논의에 대해서는 Ulrich Becker/Peter A. Köhler/Yasemin Körtek(편), *Die Alterssicherung von Beamten und ihre Reformen im Rechtsvergleich*(Nomos, 2010), 34면 이하 참조.

53) 이러한「공무원연금법」의 이중적 성격에 대해서는 배준호, 공무원연금 개혁 2007; 쟁점과 해법 모색", 사회보장연구 제22권 제4호(2006), 116면; 전광석, "공무원연금법의 체계와 체계전환－입법사적 관점에서", 법학연구(연세대 법학연구원) 제28권 제1호(2018), 147면 이하 등 참조. 독일의 경우「공무원부양법(Bundesversorgungsgesetz)」이 두 기능을 동시에 포괄하고 있다. 독일의 예에 대해서는 Hans F. Zacher, *Die Versorgung der Beamten, Richter und Soldaten*(R.v.Decker's, 1984), 1면 이하 참조.

첫째, 위에서 언급했듯이 이미 1949년 「국가공무원법」이 재해보상과 사회보장에 관한 규정을 두고 있었다는 점을 염두에 두면 「공무원연금법」의 제정은 오히려 지체된 것이었다. 특히 1953년 「근로기준법」에 일반 근로자를 대상으로 하는 재해보상이 규정되었다는 점을 염두에 두면 「공무원연금법」이 결코 이른 시기에 제정되었다고 볼 수는 없다. 위에서 언급했듯이 「공무원연금법」이 일반적인 사회보장과는 별개의 영역으로 이해되었고, 또 그 결과 1960년 「공무원연금법」의 제정이 일반적인 사회보장의 논의에 영향을 준 것도 아니었다.

둘째, 「공무원연금법」이 재해보상 외에 사회보장의 성격을 갖는 연금을 급여의 종류로서 두었다는 점을 기준으로 보면 1960년의 시기에 대해서는 또 다른 설명이 필요하다. 당시 우리나라에서 공무원의 봉급수준은 민간기업에 비해서는 낮았다. 이에 공무원연금을 통하여 공무원의 낮은 임금을 보상할 필요가 있었다.[54] 이로써 「공무원연금법」이 국가건설에 있어서 적극적인 기능이 기대되었던 공무원의 수급과 장기근속, 그리고 기능적합한 업무수행을 유인할 것을 기대하였다. 「공무원연금법」의 이와 같은 유인요소는 1961년 이후 특히 연금수급연령제도를 폐지하고 연금산정기준을 최종보수월액으로 하면서 강화되었다. 이밖에 권력의 남용과 부정부패로 인하여 제1공화국 정부가 정치적 정당성을 점점 상실해가고 있었던 상황에서 공무원을 정치적 지지기반으로 확보하려는 목적이 있다거나 혹은 연금을 통하여 관료를 통제하는 전략이 모색되었다는 주장도 있다.[55]

셋째, 공무원연금에서는 초기에 기여금 수입이 축적되고, 연금이 지급되기까지 상당한 시간이 흘러야 하기 때문에 초기 재정부담은 없었다. 오히려 초기 재정수입을 산업자금으로 활용할 수 있는 장점도 있었다. 이와 같이 기금을 목적 외로 사용하는 문제는 1973년 「국민복지연금법」의 제정에 부정적인 논거로 제시되었지만 「공무원연금법」의 경우에는 우리 사회 전체의 문제로서 공론화되지는 않았다.[56] 실제 1966년까지 공무원연금기금은 모두 「재정자금운용법」

54) 공무원연금의 다양한 이론적 배경에 대해서는 노길관/김동일, “한·일 연금제도 비교분석－공무원연금을 중심으로”, 일본근대학연구 제44집(2014), 493면 이하 참조.

55) 이에 대한 지적으로는 예컨대 정무권, 위 각주 18의 논문, 333면 참조. 이밖에 외국의 예에 대해서는 전광석, 복지국가론－기원·발전·개편(신조사, 2012), 109면 참조.

56) 1973년 「국민복지연금법」의 제정에서 나타난 이와 같은 논리에 대해서는 예컨대 박정호, “국민복지연금법의 실시 연기에 관한 연구”, 사회과학연구(가톨릭대), 제13권(1997), 11면 이하; 양재진, “유신체제하 복지연금제도의 형성과 시행 유보에 관한 재고찰”, 한국거버넌스학회보 제14권 제1호(2007), 104면 이하; 양재진 외, 한국의 복지정책결정과정－역사와 자료－(나남, 2008),

에 의하여 국가에 투자되었다.[57] 그러나 1960년의 시점에 우리나라는 사회보험의 경험이 없고, 또 사회보험을 시행하기 위한 행정능력과 사회통계학 등의 여건을 갖추고 있지는 않았다.[58] 이러한 상황에서 아직 지속가능성에 대한 인식은 없었으며, 이를 예측하는 능력도 결여되어 있었다. 그 결과 1980년대 초중반 이후 공무원연금의 재정은 악화되어 가고 있었다. 그럼에도 불구하고 이 점을 개선하기 위한 「공무원연금법」의 개정은 1995년 비로소 이루어졌다. 그러나 이는 부분적인 모수(母數) 개정에 그쳤으며, 이후 2000년, 2009년, 그리고 2015년 계속 정책적 타당성과 재정의 지속가능성을 보장하기 위한 개정을 이어갔다.

Ⅱ. 공무원연금법의 주요 내용

1960년 「공무원연금법」은 일반 공무원 뿐 아니라 군인에게도 적용되었다(법 제2조, 제31조). 5.16 군사쿠데타 이후 군사정부에서 「공무원연금법」을 검토한 후 1963년 「군인연금법」이 독자적으로 제정되었다. 이에 군인은 「공무원연금법」의 적용대상에서 제외되었다(법 제2조 제1항 제1호).

「공무원연금법」에서 급여의 종류로는 퇴직연금, 장해연금, 유족부조금, 퇴직일시금, 유족일시금 등이 있었다(제7조). 퇴직연금은 수급요건으로 연령기준을 두었다. 즉 공무원이 20년 이상 재직하고 60세 이상으로 퇴직하였거나 20년 이상 재직하고 퇴직한 자가 60세에 달한 때에 퇴직연금이 지급된다(법 제14조). 20년 이상 재직하고 60세에 달하지 못했지만 50세 이상인 경우에는 준퇴직연금이 지급된다(법 제15조). 당시 「공무원연금법」이 노후소득보장의 목적을 뚜렷이 했다는 것을 알 수 있다. 이 점에서 보면 법 시행 이후 곧, 즉 1962년 연금수급을 위한 연령기준을 폐지한 것은 제도변화의 의미를 인식하지 않은 상태에서 이루어진 체계이질적 발상이었다.

급여는 연금, 혹은 본인이 원하는 경우 일시금의 형태로 지급된다. 퇴직연금액은 봉급연액의 30%이며, 재직기간이 20년을 초과하는 매 1년에 1%가 추가된다. 봉급연액은 전체 재직기간 동안의 평균봉급월액을 기준으로 산정한다(법 제3조 제1항 제2호). 5.16군사쿠데타 이후 시기인 1961년 9월 연금산정기준은 최종보수월액으

107면 이하 등 참조.

57) 행정안전부/공무원연금공단, 공무원연금제도 50년 – 1960~2010(2011), 41면 참조.

58) 행정안전부/공무원연금공단, 공무원연금제도 50년 – 1960~2010(2011), 39면 참조.

로 바뀌었다. 일반적으로 연금수급자에게 기존의 소득수준을 유지하기 위해서는 전체재직기간의 평균소득을 기준으로 연금을 산정한다. 또 이러한 방법이 공무원연금이 갖는 임금후불의 성격과 조화될 수 있다.[59] 그러나 당시 입법자에게 이와 같은 인식은 없었던 것으로 보인다. 퇴직연금액에는 상한이 있다. 즉 봉급연액의 50%를 넘을 수 없다(법 제14조). 준퇴직연금은 봉급연액의 15%로 한다. 준퇴직연금의 산정에 있어서 50세 이상 60세 미만의 경우에 차등산정에 관한 규정이 없는 것은 입법의 흠결로 보인다. 아래에서 살펴보듯이 「군인연금법」은 차등산정에 관한 규정을 두었다. 퇴직일시금은 연금수급요건을 갖춘 경우와 그렇지 않은 경우 동일한 방법으로 산정된다.

장해연금은 공무원이 공무상 부상 또는 질병에 의하여 폐질상태가 되어 퇴직하거나 퇴직 후 3년 이내에 그 부상 또는 질병으로 인하여 폐질상태로 된 때에 지급한다. 이는 재해보상의 전형적인 형태이지만 공무 외의 질병 및 부상으로 인하여 장해 혹은 사망에 이르러 소득이 상실되는 상황은 보호될 수 없었다. 이는 2015년 개정 「공무원연금법」에 의하여 비로소 보호되었다. 장해연금액은 일률적으로 봉급연액의 50%로 하였다(법 제17조). 질병 또는 부상 그 자체는(그로 인하여 장해 또는 사망에 이르지 않는 한) 보호의 대상이 아니었다. 당시 아직 의료보험이 시행되지 않고 있었기 때문에 이와 같은 보장의 공백이 주목을 받지는 못했다. 공무원의 질병 및 부상은 1977년 「공무원 및 사립학교교직원 의료보험법」이 제정되어 보호되었다.

유족부조금은 (준)퇴직연금, 혹은 장해연금을 받을 권리가 있는 자가 사망한 때, 또는 공무원으로 20년 이상 재직한 자가 60세에 이르기 전에 사망한 때에 지급한다(법 제20조). 유족부조금은 일시금으로 지급되었다. 유족부조금으로 퇴직연금 또는 준퇴직연금 수급권자의 배우자에게는 퇴직연금의 5배 또는 준퇴직연금의 10배에 해당하는 액의 50%가 지급된다. 배우자가 아닌 유족이 수급권자인 경우에는 기준금액의 30%가 유족부조금으로 지급된다(법 제21조). 유족의 부양상실을 연금을 통하여 장기적으로 보상하는 사고는 아직 존재하지 않았다. 유족부조금의 지급순위와 지급분에 대해서는 민법상의 재산상속의 예에 의하도록 하였다. 공무원 또는 공무원이었던 자는 유언으로 유족부조금을 받을 자를 지정할 수도 있다. 이 규정은 사회보장의 기능에 충실한 것은 아니었다. 유족급여는 가족에

59) 헌재 2003.9.25, 2001헌마93등, 15-2(상), 358면 참조.

게 발생한 부양상실을 보상하여야 하며, 따라서 기본적으로 배우자가 유족부조금의 수급권자이어야 한다. 재산상속의 순위에 의하거나 유언에 의하여 수급권자를 지정하는 경우 가족을 부양하는 기능이 더 이상 수행될 수 없기 때문이다. 이 규정은 현행 「공무원연금법」에도 그대로 이어지고 있다(법 제31조). 「국민연금법」의 경우 가족부양을 위하여 수급권자의 순위를 법률이 정하고 있는 점과 비교된다(법 제73조).

퇴직연금 또는 유족연금의 수급조건을 충족하지 못하고 퇴직하는 공무원 및 그 유족에게는 퇴직일시금 혹은 유족일시금이 지급된다. 일시금을 받기 위해서는 5년 이상의 재직기간을 충족하여야 한다. 일시금은 기여금과 부담금에 소정의 이자를 합한 액으로 한다(법 제23, 24조). 퇴직연금수급권자는 본인이 원하는 경우에 퇴직일시금을 청구할 수 있다. 이 경우에도 퇴직일시금은 본인의 기여금, 그리고 국가 또는 지방자치단체가 납부한 부담금에 일정한 이자를 합한 액으로 한다. 그러나 퇴직연금수급자격을 갖춘 자가 청구하는 일시금과 수급자격을 갖지 못하는 자에게 지급되는 일시금을 같은 방법으로 산정하는 것은 입법의 흠결이었다.

군인의 경우 급여내용은 공무원과 차이가 있다. 「군인연금법」의 급여는 전반적으로 「공무원연금법」에 비해서는 수급자에게 유리하게 형성되었다. 퇴역연금수급연령에 관한 규정이 없었다. 군인은 일반적으로 퇴직연령이 빠르기 때문이다. 퇴역연금액은 봉급연액의 40%에 해당한다. 공무원연금과는 달리 퇴직일시금 제도는 없었다. 수급권자가 사망한 경우에 유족에게 퇴역연금의 5배에 해당하는 유족일시금이 지급된다(법 제34조). 연금수급의 조건을 충족하지 못하고 퇴직하거나 사망한 경우에는 본인 또는 유족에게 일시금이 지급된다. 일시금을 수급하기 위해서는 2년 이상의 재직기간이 있어야 한다. 공무원의 경우와는 달리 군인의 퇴직일시금은 재직기간에 따라 차등 산정된다. 또 군인이 근무로 인하여 심신의 상해를 받고 퇴직 혹은 사망한 경우에는 퇴직일시금 외에 봉급액의 12배에 달하는 금액이 추가로 지급된다(법 제35조).

「공무원연금법」의 공무원법적 성격은 급여의 제한에 관한 규정에 반영되어 있다. 즉, 공무원 또는 공무원이었던 자가 자격정지 이상의 형의 선고를 받고 그 형이 확정되었을 때, 형의 집행유예의 선고를 받고 그 재판이 확정되었을 때, 탄핵 또는 징계에 의하여 면직된 때에는 급여를 받을 수 없다. 이는 현행법에 비해서 급여제한의 요건이 넓고, 또 제재의 강도가 높은 것이었다. 또 해당

행위가 직무관련성을 갖는지, 또 고의 혹은 적어도 과실이 있는지는 중요한 기준이 아니었다.[60] 이밖에 수급권자가 국적을 상실하였을 때에는 급여를 지급하지 않는다(법 제9조). 공무원 본인이 납부한 기여금에 의하여 형성된 연금청구권에 대해서는 재산권적 보호가 강화되고, 따라서 이 부분은 제한될 수 없다는 헌법적 사고가 아직은 존재하지 않았다.[61]

공무원연금의 재원은 공무원 본인이 납부하는 기여금과 국가 또는 지방자치단체가 납부하는 부담금으로 충당된다. 1960년 기여금의 비율은 매월 봉급액의 2.3%였으며, 부담금은 기여금과 같은 액으로 하였다(법 제28조). 군인의 경우에 기여금의 비율은 봉급액의 3.5%이다. 부담금액은 공무원의 경우와 마찬가지로 봉급액의 2.3%이다(법 제37,38조). 공무원연금은 국무원사무국장, 총무처장관 등이 직접 관장하다가 1983년 공무원연금관리공단이 설치되어 업무를 위탁받아 운영하고 있다.

제 5 절 정 리

국가건설의 기본법인 1948년 헌법은 사회경제적 동질성을 우리 국가건설의 기본적인 이념으로 정초(定礎)하고, 또 이를 사회적 기본권 및 경제질서를 두어 뒷받침하였다. 그러나 이와 같은 이념이 정치과정에서 주목을 받지는 못했다. 농지개혁과 귀속재산의 불하, 그리고 식민지 시대 과거청산이 힘겹게 진행되었다. 또 분단과 한국전쟁을 겪으면서 정치적 능력은 소진(消盡)되었다. 그리고 사회의 균형발전을 위한 헌법규범적 및 이념적 지향(指向)은 시대의 의제에서 벗어나 있었다. 생활위험에 대한 보호와 사회의 균형발전은 기존의 제도에서 잔여적 조명을 받는 데 그쳤다. 미군정의 구호행정은 부분적이고 응급구호의 성격을 벗어나지 못했으며, 또 민간에 의존하는 경향을 보였다. 거의 유일한 사회보장법이었던 「조선구호령」은 보편적인 빈곤정책의 기본법으로 기능하기에

60) 헌법재판소는 공무원의 신분이나 직무상 의무와 관련이 없는 범죄 혹은 과실범죄의 경우에도 퇴직급여액을 감액하는 것은 헌법에 합치하지 않는다는 결정을 한 바 있다. 헌재 2007.3.29, 2005헌바33, 19-1, 211면 이하 참조.

61) 이 점에 대한 헌법재판소의 결정에 대해서는 헌재 1994.6.30, 92헌가9, 6-1, 549면; 1995.7.21, 94헌바27등, 7-2, 89면 이하; 1997.5.29, 94헌마33, 9-1, 554면; 1999.4.29, 97헌마333, 11-1, 513면; 2003.9.25, 2001헌가22, 15-2(상), 245면; 2003.9.25, 2000헌바94등, 15-2(상), 261면 이하; 2010.7.29, 2009헌가4, 22-2(상), 108면 등 참조.

는 구조적인 흠결이 있었다. 이와 같은 당시의 정책기조 및 제도적 특징은 오랫동안 우리 사회보장에 관성으로 작용하였다. 이와 같이 복지이념과 복지제도 자체가 지체되어 있었으며, 따라서 평등이념의 지향점이 존재할 수 없었다. 그 결과 복지와 평등의 이념이 함께 의미를 갖지 못했다.

이 시기에 「근로기준법」이 제정되었고, 여기에 재해보상의 도입되었다. 이 법은 「산업재해보상보험법」으로 진화할 것을 예정하고 있었고, 실제 「산재보험법」은 1963년 제정되었다. 이는 개인의 생활위험이 그 자체로 정책적 의미를 가질 뿐 아니라 제도가 남긴 공백이 제도가 진화하는 중요한 계기가 된다는 사실을 알려 주고 있다. 1960년 「공무원연금법」이 제정·시행되었다. 「공무원연금법」은 공무원의 사회보장과 동시에 공무원의 낮은 봉급수준을 보상하며, 우수 인력을 유치하고 장기 재직하도록 유인하기 위하여 지속적으로 보장의 내용을 충실히 하는 발전을 하였다. 그리고 이 과정에서 사회보장의 목적에 이질적인 요소들이 도입되어 재정에 부담을 주었다. 체계를 상실한 입법이 장기적으로 국민의, 그리고 국가재정의 부담이 된다는 점은 1990년대에 비로소 인식되었다.

제4장 사회정책에 대한 인식의 형성과 제한적 법제화(1961-1976년)

제 1 절 사회보장에 관한 인식의 발아

헌법이 복지실현의 적극적인 과제를 선언하였고, 또 당시 사회경제적 상황에서 사회정책이 공론화되어야 했지만 1950년대 말까지 우리나라에서 사회보장 입법은 전혀 정치적 및 정책적 주목을 받지 못하였다. 1961년 5.16 군사쿠데타 이후에 군사정부에서 비로소 사회보장입법이 본격적으로 논의되기 시작하였다. 그러나 이러한 논의가 갑작스럽게 나타난 것은 아니었다. 그 이전에 이미 다음과 같은 몇 가지 상황들이 1961년을 준비하고 있었다.

Ⅰ. 2차 세계대전 이후 사회보장의 국제화

2차 세계대전은 인류에게 가공할 무기의 등장과 대량 살상의 현장을 보여주었고, 이는 향후 세계질서를 개편하는 계기가 되었다. 세계평화를 위한 국제정치적 노력은 1948년 국제연합(UN)의 설립으로 결실을 맺었다. 국제사회는 각국 국내질서에서 사회정의를 실현할 수 있는 경우에 비로소 세계평화가 유지될 수 있다는 점에 대해서 같은 생각을 가졌다. 이에 국제연합의 설립을 지도하는 이념으로서 국제연합 헌장 제5원칙에 다음과 같은 규정이 포함되었다; "경제적 영역에서 국가 간의 충실한 협력관계를 조성하여야 하며, 이로써 궁극적으로는 노동조건의 개선과 경제발전을 이루고, 모든 개인에게 사회보장을 할 수 있어야 한다". 또 헌장 제6원칙은 '공포와 결핍으로부터의 해방(freedom from fear and want)'의 과제를 선언하였다. 이러한 이념은 1948년 제정된 「세계인권선언」 제25조에 다음과 같이 구체화되었다. 제1항; "인간은 누구나 음식, 의복, 주거, 의료보호 및 사회서비스 등 자신 및 가족의 건강과 복지가 보장되는 생활을 할 권리가 있다; 인간은 누구나 본인의 책임과 관계없이 발생한 실업, 질병, 장애, 배우자의 사망, 노령에 이르거나 그밖에 생활수단을 상실한 경우 사회보장의 권리를 갖는다". 제2항; "모성과 아동은 특별한 보호를 받을 권리가 있다. 아동은 누구나 동등한 사회적 보호를 받는다."

국제노동기구(ILO)는 사회보장의 국제화에 보다 중요한 영향을 미쳤다. 1차 세계대전 이후 설립된 국제노동기구는 사회정의의 실현이 세계평화의 전제조건임을 명확히 인식하고 있었다. 국제노동기구 헌장 전문 중 다음과 같은 문구가 이를 웅변적으로 보여주고 있다; "… universal and lasting peace can be established only if it is based on social justice…". 2차 세계대전 종전(終戰)을 앞둔 1944년 국제노동기구 총회에서 채택된 필라델피아 선언에서는 노동자의 근로조건뿐 아니라 일반적인 삶의 질의 향상에 관심을 기울이게 되었다. 총회에서 미국 대통령 루스벨트(Franklin D. Roosebelt)는 국제정치적 평화와 사회보장의 관계를 다음과 같이 웅변하였다; "Poverty anywhere constitutes a danger of prosperity everywhere".[1] 국제노동기구의 사회보장에 관한 관심은 1952년 「사회보장 최저기준에 관한 협약 제102호」의 채택으로 결실을 맺었다.[2] 이는 사회보장 국제기준을 제시하는 최초의 포괄적인 시도로서 세계사적 의미가 있었다. 「사회보장 최저기준에 관한 협약 제102호」는 우리나라에서 1963년 「사회보장에 관한 법률」이 제정되고, 그 제5조 제6항에 의하여 사회보장심의위원회의 운영에 관한 세부적인 사항을 규율하기 위하여 제정된 「사회보장제도심의위원회 규정」에서 심의회의 직무범위를 정하는 데 기준이 되었다(규정 제4조).[3]

Ⅱ. 외국의 영향

2차 세계대전 이후 각국은 사회보장을 정비하는 노력을 기울였다. 이는 위에서 언급한 바와 같이 국내에서 사회정의의 실현이 국제정치적 평화의 전제조건임을 인식한 결과였고, 또 전후(戰後) 새로운 질서형성의 이념으로 제시되었다. 영국이 대표적인 예였다. 이에 영국은 이미 1942년 비버리지보고서, 즉 'Social Insurance and Allied Services'를 작성하여 기초보장과 보편적인 건강보

---

1) Samauel I. Roseman, *The Public Paper and Address of Franklin D. Roosebelt*, Vol.I(Victory and Threshhold of Peace)(1950), 127면 참조.

2) 이 협약의 내용 및 후속조치에 대해서 자세히는 전광석, 국제사회보장법론(법문사, 2002), 150면 이하 참조.

3) 이에 대해서는 손준규, 사회보장·사회개발론(집문당, 1983), 86면 이하; 최천송, 한국사회보장연구사(한국사회보장문제연구소, 1991), 29면 이하 등 참조.

장, 그리고 고용유지를 전후(戰後) 새로운 국가의 목표로 제시하였다.[4] 세계적으로 보면 종전 이후 홉스봄(Erich Hobsbawm)의 표현에 따르면 '황금의 1950년대와 1960년대'를 맞아 지속적인 경제성장과 완전고용에 가까운 상황을 구가하였고, 각국에서 사회민주주의정당의 집권은 사회보장의 팽창에 우호적인 정치적 환경이었다.[5] 우리나라 역시 이러한 세계사적 변화에 어느 정도 영향을 받았다. 1961년 이후 사회보장입법에 관한 논의에 있어서 비버리지보고서가 전범(典範)으로 작용하여 소득보장과 건강보장을 사회보장의 기축으로 삼았다.[6]

Ⅲ. '전국종합경제회의'와 사회보장제도심의위원회의 설치

1950년대 후반에 이르러 경제개발을 위한 종합적인 구상이 논의되기 시작하였다. 1955년 정부조직에 부흥부가 신설되어, 산업경제의 부흥에 관한 종합계획과 그 실시의 관리·조정에 관한 사무를 담당하게 되었다. 부흥부는 1957년 이후 전국종합경제회의를 구상하였으나 실제 개최되지는 못했다. 1960년 4.19 혁명 후 집권한 민주당 정권은 경제개발계획의 밑그림을 그리기 위한 일환으로 1960년 12월 전국종합경제회의를 개최하였다. 전국종합경제회의는 전체 7개의 분과로 구성되었는데, 여기에 '고용 및 생활수준분과'가 포함되어 있었다. 이 분과에서 사회보장제도의 수립이 제안되었고, 사회보장의 제도모형을 연구하기 위하여 '사회보장제도심의위원회'를 국무총리 직속기관으로 설치하는 건의를 하였다.

4) William Beveridge, *Social Insurance and Allied Services*(1942) 참조. Beveridge Report 발간 50주년을 기념하여 *International Revue für Soziale Sicherheit*(1992)는 특집으로 보고서의 내용과 영향을 다루는 다음과 같은 논문들을 게재하였다. Brian-Abel Smith, "Der Beveridge-Bericht; Seine Ursprünge und Ergebnisse"; Robert Leaper, "Der Beveridge-Bericht im Rahmen seiner Zeit"; Guy Perrin, "Der Beveridge-Bericht; die grossen Prinzipien"; Peter Baldwin, "Beveridge auf die lange Dauer"; Dorah Mitchel, "Sozialstaaten und Sozialergebnisse in den achtziger Jahren"; Yves Chassard/Odile Quintin, "Der Sozialschutz in der Europäischen Gemeinschaft; Auf dem Weg zur politischen Konvergenz" 등 참조. 이밖에 Alec L. Parrot, "Social Security; Does the wartime dream have to become a peacetime nightmare?", *International Labour Review*(1992), 367면 이하 참조. 이밖에 비버리지의 복지사상에 대해서는 예컨대 김윤태(엮음), 복지와 사상－복지국가 이데올로기의 역사적 전환(한울, 2016), 10면 이하; 이창곤, 복지국가를 만든 사람들(인간과 복지, 2014), 53면 이하 등 참조.

5) 이 시기 사회보장의 팽창을 둘러싼 종합적인 상황에 대해서는 전광석, 복지국가론－기원·발전·개편(신조사, 2012), 129면 이하 참조.

6) 초기 사회보장전문가들은 모두 이 점을 언급하고 있다. 위 각주 3의 문헌들 참조. 이밖에 한몽연, "사회보장의 국제적 동향", 국회보 제24호(1959), 101면 이하 참조.

당시 이러한 구상과 제안이 정치적 및 국민적 관심을 끌지는 못하였다. 사회보장전문가들이 이 계획을 추진하기 위하여「사회보장제도심의위원회 규정」을 작성하고 심의하던 중 1961년 5.16 군사쿠데타를 맞았다. 5.16 군사쿠데타 이후 사회보장입법에 관한 논의가 군사정부 내부에서 본격적으로 진행되었지만, 여기에는 앞선 시대의 준비작업이 어느 정도 있었던 것이다.

Ⅳ. 건강보험제도 도입을 위한 연구회

1961년 군사정부에서 사회보장입법에 관한 논의는 이전 시대의 연구기반이 있었기 때문에 이루어질 수 있었다. 1959년 10월 이후 보건사회부 내부에 조직된 '건강보험제도 도입을 위한 연구회'가 그 효시였다. 여기에 보건사회부의 일부 공무원과 외부 전문가들이 참여하여 매주 토론회를 가졌다. 연구회는 당시 우리나라에서 흔히 볼 수 있었던 무의촌(無醫村)을 해소하는 관심에서 출발하여 의료보험사업, 그리고 사회보장제도 전반으로 관심의 범위를 넓혀 갔다. 무의촌의 해소는 사회보장의 전제조건이라는 의식도 있었다.[7] 연구회의 조직 및 운영은 당시 보건사회부에서 사회보장제도 도입이 검토되기 시작하였다는 상황과 관련이 있다. 즉 1959년부터 의료보험, 실업 및 노동재해보험, 그리고 공공부조가 각각 의정국, 노동국 및 사회국에서 연구되기 시작하였다.[8]

연구회는 이후 우리나라 사회보장입법에 다음과 같이 다양한 영향을 미쳤다. 첫째, 건강보험을 비롯하여 초기에 사회보장연구의 발원지가 되었다. 실제 연구회 구성원이 작성한 보고서들이 후에 제도 도입단계에서 중요한 참고자료로 사용되었다. 의료보험과 관련하여 엄장현(嚴章鉉), 의료보험제도 도입에 관련된 제문제에 관한 견해 및 예비권고(1960); 손창달(孫昌達), 건강보험제도 5개년 계획시안(1961) 등이 작성되었다. 사회보장 일반에 관한 보고서로 양재모(梁在謨), 사회보장제도 창시에 관한 건의(1961); 손창달(孫昌達), 현대 사회보장적인 제법규의 고찰(1961) 등이 작성되었다. 이밖에 노동국에서 실업보험법안이 작성되어 국회에 상정되었으나 통과되지 못했다는 기록이 남아있다.[9] 둘째, 연구회의 구성원들은 우리나라 사회보장연구의 선구자로서 이후 사회보장제도심의위

7) 연구회의 구성 및 조직에 대해서는 손준규, 위 각주 3의 책, 62면 이하; 최천송, 위 각주 3의 책, 17면 이하 등 참조.
8) 손준규, 위 각주 3의 책, 62면 이하 참조.
9) 남찬섭, "1950년대 사회복지 3", 복지동향(2005.3), 34면 참조.

원회 및 사회보장심의위원회에 참여하여 인적 계속성을 유지하면서 사회보장입법에 적극적인 역할을 수행하였다. 셋째, 연구회를 모태로 하여 사회보장제도심의위원회와 사회보장심의위원회에서 수행한 연구는 대학에서 사회보장 관련 강좌를 개설하고 연구하는 환경을 조성하였다. 당시 우리 대학에서는 민간외원단체연합체인 아시아구호단체(KAVA)의 지원으로 1947년 9월 이화여자대학교에 기독사회사업학과가 최초로 설치되었고, 1958년 미국 유니테어리안봉사회의 건의로 서울대학교에 사회복지학과가 설치되어 있었다.[10] 손준규의 회고에 따르면 사회보장 강좌는 당시 서울대학교에서만 두 시간 실시되고 있었다. 그런데 전문연구자들이 문교부 고등교육국장을 방문하여 관련 강좌를 늘리도록 건의하였고 실제 각 대학에서 사회보장론 강좌가 증설되었다고 한다.[11]

제 2 절 군사정부에서 사회보장입법에 대한 논의와 결과

Ⅰ. 사회보장제도심의위원회의 조직과 최고회의 의장 지시각서

1961년 5.16 군사쿠데타 이후 구성된 군사정부는 정치적 정당성의 흠결을 극복하기 위하여 국가건설을 위한 새로운 이념과 설계를 제시할 필요가 있었다. 또 한국 사회에 널리 퍼진 빈곤문제가 인식되면서 당시 군사정부의 일부 주요 인사가 사회보장에 적극적인 관심을 갖게 되었다. 이에 비해서 사회보장과 관련하여 노동과 자본 등의 사회적 욕구가 아직 구체적으로 발견되지는 않는다. 군사정부 인사들의 관심은 이미 사회보장제도의 연구와 정책수립에 준비가 되어 있었던 전문연구자들과 접촉하면서 구체화되었다. 1962년 3월 각령 제469호에 근거하여 「사회보장제도심의위원회 규정」이 제정되어 위원회가 본격적으로 활동하게 되었다. 다만 이는 원래 민주당 정권 시절에 준비되었던 '사회보장제도심의위원회'에 비해서는 조직과 기능이 어느 정도 약화되었다. 즉 위원회를 국무총리 직속 하에 설치하도록 했던 계획은 보건사회부장관의 자문기관으로 조정되었다(규정 제1조). 심의위원회 위원장은 보건사회부 차관이 맡았다(규정 제3조 제1항). 연

10) 이에 대해서는 강인철, "해방 후 종교사회복지와 국가-복지 재원과 정책적 자율성의 상관성을 중심으로", 김병섭 외, 우리 복지국가의 역사적 변화와 전망(서울대 출판문화원, 2015), 446면 이하 참조.

11) 손준규, 위 각주 3의 책, 67면 참조.

구와 정책개발은 주로 전문위원들이 담당하였다(규정 제7조).[12] 사회보장제도심의위원회는 1963년 「사회보장에 관한 법률」이 제정되면서 법적 근거를 갖게 되었다(법 제4조, 개정 위원회 규정 제1조). 이 법에 의하여 사회보장제도심의위원회는 사회보장심의위원회로 개칭되었고 위원회의 직무범위가 구체화되었다(법 제5조 제6항, 개정 위원회 규정 제4조).

당시 전문연구자 및 전문위원들의 연구 및 정책구상이 실현되기 위해서는 군사정부의 사회정책에 대한 이해가 필수적이었다. 군사쿠데타의 공약사항에는 '기아선상에서 방황하는 민생고의 해결'이 들어 있었다. 이는 전문위원들이 군사정부를 설득하는 유용한 명분이 되었다. 이들의 노력에 의하여 최고회의의장 박정희는 1962년 7월 '의료균점을 수립하고 부조와 보험을 기간으로 하는 사회보장제도의 기틀을 마련하여 국민생활향상과 복지사회를 건설한다'라는 지시각서를 내각수반에게 내렸다. 이는 (1) 국민소득의 증가, 실업, 질병, 노령 등의 생활위험으로부터 국민을 보호하는 복지국가 실현, (2) 생활보호법의 실시, 국민·기업주·정부가 참여하여 연대적으로 국민생활을 보장하는 상호적인 사회보장제도와 경제개발계획의 병행 추진, (3) 사회보험 중 실시에 비교적 용이한 보험을 선택하여 단계적인 실시, 실현가능성을 기준으로 우선순위를 정하고 시범사업을 통하여 제도를 확립하라는 내용이었다. 이 중 특히 (2)와 (3)의 지침은 이후 사회보장에 관한 소극적 구상이라는 평가를 받았다. 이는 「사회보장에 관한 법률」에는 다음과 같이 반영되었다. 즉 "정부는 사회보장사업을 행함에 있어서 국민의 자립정신을 조해하지 아니하도록 하여야 한다". 또 "사회보장사업은 국가의 경제적 실정을 참작하여 순차적으로 법률에 정하는 바에 의하여 행한다"(법 제3조 제2,3항).

「생활보호법」은 이미 1961년 12월 30일 제정되어 1962년 1월 1일부터 시행되었고, 시행령은 1962년 7월 23일 제정·시행되었다. 사회보험과 공적부조는 이후 「사회보장에 관한 법률」에서 제도 수단으로 명시되었다(법 제2조). 군사정부에서 최고회의 일부 위원들의 복지의식은 사회보장입법을 적극적으로 추진하는 결정적인 계기가 되었다. 예컨대 이들의 노력에 의하여 초기 「산업재해보상보험법」과 같은 근로자 중심의 사회보험에 그치지 않고 의료보험 등 전국민을 대상으로 하는 사회보험을 구상할 수 있었다.[13]

12) 이미 1962년 2월 20일 초대 전문위원으로 조만제(趙萬濟), 심강섭(沈崗燮), 한상무(韓相武), 최천송(崔千松)이 임명되었다. 이밖에 전문위원 보조로 남상복(南相福), 민부기(閔富基), 박필재(朴必載), 강남희(姜南熙) 등 4명이 임명되었다.

13) 손준규, 위 각주 3의 책, 83면 이하 참조.

Ⅱ. 사회보장심의위원회에서 입법준비작업과 법제화에 관한 초기 구상

1. 군사정부 초기 사회보장 구상

사회보장입법을 구상하면서 위원회는 이를 지도하는 원칙을 담은 기준입법이 필요하다는 데 인식을 같이 하였다. 사회보장심의위원회와 군사정부의 일부 인사들 간에 밀접한 협력관계가 형성되었다. 문교사회분과위원회 위원이었던 홍종철(洪鍾哲)이 대표적인 접촉창구였다. 사회보장제도 도입에 있어서 단계적인 구상을 하였다. 우선 근로자를 대상으로 하고, 이어 전체 국민으로 확대한다는 것이다. 이에 산업재해보상보험법안이 가장 먼저 작성되었고, 의료보험법안이 뒤따랐다.

위에서 언급했듯이 5·16 군사쿠데타 이후 1962년 3월 20일 각령으로 「사회보장제도심의위원회 규정」이 제정되어 위원회에서 사회보장제도가 본격적으로 연구되고 있었다. 1962년 12월에는 헌법이 개정되었다. 새 헌법 제30조는 기존의 헌법에 비해서 사회보장에 관한 구상을 체계적으로 가다듬었다. 헌법 제30조는 세 개의 항을 두었다. 제1항; 모든 국민은 인간다운 생활을 할 권리를 갖는다. 제2항; 국가는 사회보장의 증진에 노력하여야 한다. 제3항; 생활능력이 없는 국민은 법률이 정하는 바에 의하여 국가의 보호를 받는다. 1962년 헌법의 규정은 기존 헌법, 즉 1948년 헌법과는 다음과 같은 점에서 차이가 있었다. 첫째, 사회보장의 권리를 주관적 공권의 형태로 선언하였다. 둘째, 사회보장의 용어를 처음으로 사용함으로써 인간다운 생활을 할 권리의 보호범위를 적어도 개념적으로는 명확히 하였다. 다만 개방적인 개념인 '사회보장'을 구체화하는 헌법해석론 및 입법정책적 과제를 남겼다. 또 '인간다운 생활'을 할 권리는 당시 헌법 제8조에 도입된 인간의 존엄과 가치에 관한 조항과 연계되어 최저생활의 개념과 범주를 명확히 하는 헌법해석의 가능성을 부여하였다. 셋째, 1948년 헌법 제19조가 "근로능력의 상실로 인하여, 생활유지의 능력이 없는" 국민을 보호의 대상으로 하였던 반면에 1962년 헌법은 이러한 요건을 삭제하였다. 1948년 헌법과 비교하면 규범적으로는 이 차이가 가장 컸다. 이로써 근로능력의 유무에 관계 없이 생활을 유지할 수 없는 국민 모두를 보호할 수 있는 헌법적 근거가 마련된 것이다. 이는 원인에 관계 없이 개인이 처한 상황을 중심으로 보호의 여부를 결정하며, 이로써 공공부조에서 보편성의 원칙을 실현하는 헌법적 계기가 되기에 충분하였다. 특히 근로능력이 있더라도 실업 등을 이유로 생활을 유지할 능력이 없는 자가 보호의 대상이 될 수 있다. 다만 이러한 헌법적 변화를 입법적으로 구체화하는 것은 별개의 문제였다. 보편성의 원칙은 1961년 제정된 「생활보호법」에서 실현되지 못했다. 이러한 구조적인 문제는 이후에도 오랫동안 주목을 받지 못했고, 또 문제가 인식된 후에도 개선되지 못했다. 이러한 문제는 1999년 제정된 「국민기초생활보장법」에서 비로소 극복되었다.

「생활보호법」의 예에서 볼 수 있듯이 1962년 헌법의 변화가 사회보장입법에 구체적인 영향을 미치지는 못했다. 그러나 헌법의 과제를 실현하기 위하여 세부적인 입법이 필요하였다는 것은 명확했다. 예컨대 기존의 「조선구호령」에서 인구학적 및 신체적·정신적 기준에 따른 선별적 보호는(영 제1조 제1항) 새로운 헌법의 이념과 조화될 수 없었다. 이러한 헌법적 요청, 최고회의에서 일부 위원들의 적극적인 사회보장의 의지, 전문위원 및 연구자들의 계속적인 연구 및 최고회의 위원과의 의사소통을 통하여 사회보장의 기본법을 제정하는 필요성에 공감이 형성되었다. 사회보장의 발전방향을 제시하고, 사회보장의 목적과 개념, 사업의 종류와 관장 부서, 자문기관 등에 대한 구상이 필요했다. 이에 사회보장에 관한 법률안이 작성되어 아래에서 설명하는 산업재해보상보험법안과 같이 심의되었다.

2. 사회보장심의위원회의 입법구상

사회보장심의위원회에서는 노동자를 대상으로 하는 사회보험으로 산업재해보상보험과 실업보험이 주로 논의되었다. 이에 기초하여 예컨대 "실업보험 관계 노동실태 조사보고서"(1960), "일본의 실업보험법 및 특별회계법"(1961), "실업보험제도의 현실적 적용문제에 관한 연구"(1961) 등이 작성되었다. 그러나 실업보험에 대해서는 유보적인 견해가 많았다. 무엇보다도 실업보험이 개인의 근로의지를 약화시킬 것이 우려되었다. 당시 광·공업종사자의 비율이 10% 미만으로 낮고 농촌인구의 비율이 절대적으로 높은 산업구조도 실업보험의 시행에 적합한 상황이 아니었다.[14] 또 1961년 개정 「근로기준법」에 도입된 퇴직금제도가 어느 정도 실업급여의 기능을 수행할 것으로 기대되었다.[15] 반면 산재보험법

---

14) 이 점에 대해서는 양재모, 사회보장제도 창시에 관한 건의(보건사회부 건강보험제도 연구원, 1961), 13면 참조.

15) 당시 이에 관한 논의상황에 대해서는 예컨대 민부기, "산재보험제도의 창설", 최고회의보 제26호

안은 비교적 쉽게 성안될 수 있었다. 1953년 「근로기준법」을 제정하여 근로자의 업무상의 재해에 대한 보상이 이미 시행되고 있었다. 그런데 그동안 재해보상이 근로자의 제도에 대한 정보의 부족, 사용자와의 관계에서 보상청구를 쉽게 할 수 없는 문제, 사용자의 무관심, 그리고 도산 등을 이유로 사용자가 보상능력이 없거나 부족한 경우 등을 원인으로 그 실효성에 뚜렷한 한계가 있었다.[16] 이러한 사회적 보호의 필요성에 대한 인식은 쉽게 그 다음 단계, 즉 사용자의 보상능력에 따른 제한을 받지 않고 업무상의 재해를 공법적으로 보호하는 보다 충실한 방안을 구상하는 계기가 되었다.[17]

산재보험사업의 관장을 정부 혹은 민간보험회사로 할 것인가 하는 정도가 쟁점이었다.[18] 법안을 구상하는 초기에 노동조합이 반대하였다. 노동조합은 근로자의 재해가 노동조합과 사용자 간의 단체협약을 통하여 보호되고 있는 상황에서 정부가 관장하는 「산재보험법」이 시행될 경우 노동조합의 기능이 약화될 것이라고 우려하였다. 이는 사실 외국의 경우에도 「산재보험법」을 비롯하여 사회보험을 도입할 때 근로자의 노동조합에 대한 의존도가 낮아지기 때문에 일반적으로 나타나는 현상이었다.[19] 기업은 「근로기준법」상 재해보상 외에 산재보험에 사용자가 보험료를 납부하는 이중부담이 발생한다는 이유로 반대하였으나 저항이 강하지는 않았다.[20] 또 사실 산재보험급여는 산업재해에 대한 사용자 책임을 대체하는 기능을 수행하기 때문에 위와 같은 우려는 제도에 대한 정확한 이해가 없었기 때문에 나타난 것이었다. 산재보험은 산업재해에 대한 사용자의 책임을 분산시키는 효과가 있고, 산재피해에 대한 보상을 둘러싸고 발생하는 노사 간의 분쟁이 방지됨으로써 산업평화와 노사관계의 안정에 기여하는 효과가 있다. 따라서 사용자의 반대논거가 설득력이 있지는 않았고, 또 강력하지도 않았다.[21] 국가의 입장에서 보면 이와 같이 국가가 주도하여 노사관계를 안정화

(1963.11), 76면 참조.

16) 위 제1장 각주 84 참조.

17) 이에 비해서 「산재보험법」의 제정을 주로 기존의 자치적 노사관계를 부정하고, 자본을 배려할 필요성과 관련된 변화로 설명하는 견해로는 우명숙, "한국의 복지제도 발전에서 산재보험 도입의 의의", 한국사회학 제41집 제3호(2007), 176면 이하 참조.

18) 노동부, 산재보험 40년사(2004), 23면 이하; 손준규, 위 각주 3의 책, 100면, 103면 등 참조.

19) 이에 대해서는 Roger Lawson, "Gegensätzliche Tendenz in der sozialen Sicherheit; Ein Vergleich zwischen Grossbritannien und Schweden", *Zeitschrift für ausändisches und internationales Arbeits– und Sozialrecht*(1988), 23면 이하; Roy Lubove, *The Struggle for Social Security 1900–1935*(University of Pittsburgh Press, 1986), 15면 이하 등 참조.

20) 이에 대해서는 우명숙, 위 각주 17의 논문, 178면 이하 참조.

21) 오히려 기업이 「산재보험법」의 제정에 적극적이었던 독일의 예에 대해서는 박근갑, 복지국가 만

시키는 것이 당시 추진되고 있었던 산업화와 경제성장을 위하여 필요한 기반이었다.[22)]

의료보험법안은 이미 '건강보험제도 도입을 위한 연구회'에서 상당한 정도로 준비작업이 되어 있었기 때문에 자연스럽게 우선적으로 작성되었다. 의료보장과 같은 비중을 갖고 그 중요성이 강조되었던 소득보장을 위한 연금보험의 구상은 처음부터 제외되었다. 1960년대 후반 '양노연금사업'이 구상되고, 조사와 연구사업이 이루어졌지만 당시에도 연금보험은 우선순위에 있어서 뒤져 있었으며 본격적인 입법단계로 발전하지는 못했다. 1968년 홍창섭이 노령연금법 초안을 작성하였다는 기록이 있지만 현재 이를 확인할 수는 없다.[23)] 당시 국민의 소득수준을 볼 때 근로자가 소득 중 일부를 보험료로 납부하고 오랜 시간이 지난 후 노후에 연금을 지급받을 수 있다는 기대는 정책적 설득력을 가질 수 없었다. 이에 비해서 질병은 적시(適時)에 적절한 진료를 필요로 하며, 또 그렇지 않은 때에는 회복할 수 없는 피해를 발생시킨다. 그만큼 의료보험의 정책효과는 직접적이고 강하며, 따라서 정책에 대한 국민적 수용성이 크다. 의료보험을 실시하기 위하여 필요한 기초조사작업이 이루어졌다. 사회보장제도심의위원회는 1962년 10월 상병의 이환(罹患)상태, 의료기관 이용도, 지출 의료비 및 생활정도를 파악하기 위한 조사를 실시하였다.[24)] 의료보험의 당위성과는 별개로 먼저 현실성에 대한 검토가 이루어졌다. 당시 농업 중심의 산업구조, 그리고 낮은 소득수준에 비추어볼 때 전체 국민을 대상으로 의료보험을 실시하는 것은 현실적으로 어려웠다. 1960년 당시 농어업에 종사하는 경제활동인구는 52%를 넘었고, 1인당 국민소득은 80달러 내외에 불과했다. 근로자와 달리 농민의 경우 소득보다는 농지자산이 경제적 생활의 기초이며, 소득이 낮고 불규칙하였다.[25)] 이는 사실 사회보험을 실시하는 데 장애가 되는 본질적인 요소였다. 이와 같은 상황에서 당시 의료보험을 추진했던 전문가들은 의료보험의 실시와는 별도로 혹은

들기－독일 사회민주주의의 기원(문학과 지성, 2009), 184면 이하 참조.

22) 사회적 보호의 계기에 앞서 국가목표와의 관련성을 주목하는 견해로는 예컨대 김진수, "산재보험 개선 및 발전에 관한 연구", 사회보장연구 제13권 제1호(1997), 90면 참조.

23) 이에 대해서는 국민연금사편찬위원회, 실록 국민의 연금(2015), 28면 이하 참조. 이밖에 양로보험 연구에 대해서는 아래 각주 69 참조.

24) 손준규, 위 각주 3의 책, 110면 참조.

25) 이는 이후 시기, 즉 1988년 농어촌의료보험, 그리고 1995년 농어촌 국민연금을 도입할 때에도 겪은 어려움이었다. 이에 대해서는 의료보험연합회, 의료보험의 발자취(1996년까지)(1997), 469면 이하 참조.

이에 앞서서 공공보건사업의 확충이 필수적이라는 점을 강조하였다. 이와 같은 견해는 1947년 11월 6일 국제노동기구(ILO)가 채택한 '사회보장에 관한 결의'에서 특히 개발도상국에서 의료보험보다는 공공보건사업이 주민의 건강보장을 위하여 효율적이라는 입장을 받아들인 것이었다.[26)]

위와 같이 근로자의 소득수준이 낮기 때문에 이들이 납부하는 보험료만으로 의료보험의 재정을 충당하는 것이 어려웠다. 이러한 상황은 의료보험 초기 구상에 두 가지 영향을 미쳤다. 첫째, 의료보험을 일시에 전국민을 대상으로 실시하는 것은 불가능하기 때문에 단계적으로 실시하여야 한다. 이는 위에서 서술한 최고회의의장의 지시각서에, 그리고 「사회보장에 관한 법률」 제3조 제3항에 이미 예정되어 있었다. 또 위에서 언급한 1952년 국제노동기구의 「사회보장 최저기준에 협약 제102호」도 이 점을 고려하여 의료보장의 적용 범위와 관련된 기준에서 특히 개발도상국의 경우에는 일정 규모 이상의 사업장 근로자를 우선적으로 보호할 수 있도록 하였다(협약 제9조).[27)] 둘째, 초기에 가입대상을 한정한다 하더라도 당시 근로자의 소득이 낮았기 때문에 가입자가 납부하는 보험료 수입만으로 의료보험 재정을 충당하는 것은 불가능했다. 이에 조세수입으로 일부 재정을 지원하도록 하였다. 이는 분배정의를 실현하는 효과도 있었다. 이와 같은 이유에서 사회보장심의위원회는 전국 단위의 통합관리방식이 적합하다고 보았다. 그러나 최종적으로는 조합주의방식이 채택되었다. 이는 일본의 영향을 받은 것으로 보인다.

위와 같은 내용을 담아 사회보장심의위원회에서 작성한 초안은 1963년 11월 29일 정부제출법안으로 최고회의에 상정되었다.[28)] 그러나 이와 같이 제한적인 의료보험의 구상 마저도 법제화 단계에서는 축소·변질되었다. 진료비용산정의 기준과 관련하여 전문가들은 행위별수가에 해당하는 점수제에 대해서는 지극히 부정적이었다. 일본의 경험을 들면서 점수제는 의료공급을 필요 이상으로 과다하게 하고, 그 결과 진료비용을 팽창시킬 것이라고 우려하였다. 특히 당시 전문가들은 점수제의 장점과 단점을 정확히 인식하고 있었으며, 이에 기초하여 점수제의 부당성을 논증하였다. 이에 인두제와 고정급 봉급제를 혼합하는 보수체계를 채택할 것을 강력히 건의하였다.[29)]

26) 이 점에 대해서는 양재모, 위 각주 14의 책, 144면 이하 참조.
27) 이에 대해서 자세히는 전광석, 국제사회보장법론(법문사, 2002), 154면 참조.
28) 이 초안에 대해서는 최천송, 위 각주 3의 책, 67면 이하 참조.
29) 1963년 「의료보험법」에서 이에 관한 논의에 대해서는 양재모, 위 각주 14의 책, 71면 이하, 92

Ⅲ. 1963년 사회보장 3법, 그 이후

위와 같은 군사정부 및 사회보장심의위원회에서의 사회보장에 관한 초기 구상은 「산재보험법」을 제외하고는 원래의 의도에 충실하게 법제화로 이어지지는 못했다. 이는 사회보장의 현실에서도 나타났다. 상징적으로 국민총생산 대비 복지예산은 1962년 1.3%였으며, 1964년 이 비율은 오히려 0.9%로 줄었다. 정부예산을 기준으로 보면 보건사회부 예산은 1963년 3.87%에서 1968년 2.13%로 축소되었다. 이와 같은 상황은 1970년대 후반까지 계속되었다.[30]

1. 사회보장에 관한 법률

「사회보장에 관한 법률」은 최고회의 상임위원회에서 심의를 거치면서 중요한 부분이 대부분 삭제된 후 1963년 11월 5일 제정·시행되었다. 사회보장은 "사회보험에 의한 제급여와 무상으로 행하는 공적 부조를 말한다"고 정의되었다(법 제2조). 그러나 이는 사회보장에 관한 정의(定義)가 아니라 사회보장의 제도수단을 열거한 것에 불과했다.

「사회보장에 관한 법률」이 기본법으로 기능하는 데에는 처음부터 한계가 있었다. 가장 중요한 규율대상인 '보호되는 위험'을 법률이 직접 규율하지 못했다. 이는 「사회보장에 관한 법률」 제5조 제6항에 근거하여 제정된 「사회보장제도심의위원회 규정」이 사회보장심의위원회의 조사 및 심의사항에 관한 규정에서 급여의 종류를 열거하여 간접적으로 암시하였을 뿐이다(규정 제4조). 또 군사원호보상의 전통에 따라서 확충될 예정이었던 각종 사회보상을 사회보장에 포섭하여 체계를 구상할 수 없게 되었다.

복지서비스 등을 내용으로 하는 복지관련법을 사회보장의 이념과 목적 하에서 구상하는 가능성 역시 상실되었다. 우리나라에서 미군정 시기, 그리고 1950년대 및 1960년대 초반까지 사회정책이 주로 구호행정과 복지서비스에 국한되어 있었던 시대의 특징을 고려하면 사회보장의 정의에 관한 규정은 당시 현실

면 이하, 123면 이하; 최천송, 위 각주 3의 책, 46면 이하, 63면 이하 등 참조. 이 책에서 1963년 법률에서 인두제와 봉급제를 혼합한 제도가 채택되었다고 서술을 하고 있으나 그 정확한 근거를 찾을 수는 없었다. 당시 사회보장심의위원회에서 작성한 1차 시안에 점수제(일본), 인두제·봉급제(영국) 등에 관한 각국의 입법례가 소개되어 있을 뿐이다. 최천송, 같은 책, 79면 참조.

30) 이에 대해서는 구자현, 한국사회복지사(홍익제, 1970), 259면; 윤홍식, "박정희 정권시기 한국복지체제; 반공개발국가, 복지국가의 기능적 등가물", 한국사회정책 제25권 제1호(2018), 217면 등 참조.

을 충실하게 반영한 것도 아니었다. 이와 같이 사회복지서비스가 사회보장의 범주에 편입되지 못했던 사실은 이후 사회보장의 인식에 적지 않은 영향을 미쳤다. 즉, 현실적으로 중요한 사회보장의 수단으로 시행되었던 사회복지서비스가 법적 조명을 받지 못하면서 법제화의 영역으로 인식될 수 없었고, 권리성의 인정 여부는 논의의 대상에서 사라졌다. 같은 맥락에서 사회복지서비스가 사회적 취약계층을 대상으로 하는 국가의 일방적이고 시혜적인 조치로서 이해되었으며 사회보장의 수단으로 공론화되지 못했다. 예컨대 「아동복리법」은 「생활보호법」과 같은 날, 즉 1961년 12월 30일 제정되었다. 그러나 이 법의 기능은 제한적이었다. 노인복지 및 장애인복지에 대한 법제화의 관심은 1980년대에 와서 비로소 나타났다.

사회보장에 관한 자문기관으로 사회보장심의위원회를 보건사회부장관의 소속 하에 두었다(법 제4조). 이미 언급했듯이 이는 기존의 사회보장제도심의위원회를 개칭한 것이었다. 심의과정에서 사회보장의 여러 원칙에 관한 규정, (군사원호보상법 등 국가유공자법을 포함하여) 사회보장사업의 균형발전, 종합적 조정 등 핵심적인 내용이 삭제되었다.[31] 또 담당기관 및 담당자의 지위도 하향 조정되었다. 사회보장심의위원회는 초기에는 사회보장에 관한 조사 및 심의 등과 같은 적극적인 기능이 예정되었지만 심의단계에서 단순한 자문기관으로 낮아졌다(법 제4조). 「사회보장에 관한 법률」은 사업의 종류를 직접 규정하지도 못했다. 이러한 초기의 의도는 「사회보장제도심의위원회 규정」에 옮겨져 규율되었다(규정 제4조). 즉 이 규정은 직무의 범위로 11개의 사업을 열거하였다. 의료급여, 휴업급여, 실업급여, 노령급여, 산업재해보상, 가족급여, 출산급여, 폐질급여, 유족급여, 장제급여 등에 관한 사항, 그리고 공적 부조에 관한 사항이 조사 및 심의의 범위였다. 초기에는 위원회를 정부의 자문기구로 하고 보건사회부장관이 위원장을 맡도록 구상하였다. 그러나 심의과정에서 위원회는 보건사회부장관의 자문기구로 하고 위원장은 보건사회부차관이 맡도록 조정되었다. 위원의 수는 15인에서 11인으로 축소되었다(법 제4, 5조).

「사회보장에 관한 법률」에 관한 초기 구상이 실현되지 못한 데에는 다음과 같은 여러 상황이 작용하였다.[32] 첫째, 사회보장심의위원회의 전문위원들이 중

31) 사회보장에 관한 법률의 초기 법안에 대해서는 손준규, 위 각주 3의 책, 94면 이하; 최천송, 위 각주 3의 책, 26면 이하 등 참조.

32) 이 점에 대한 회고에 대해서는 손준규, 위 각주 3의 책, 94면 이하 참조.

심이 되어 법안을 작성한 후 정부 내 심의과정에서 타 부처의 수정 제안에 대해서 보건사회부 공무원들이 적극적인 방어를 하지 못했다. 둘째, 사회보장제도를 확립한다는 정치적 선언이 이를 구체화하는 정책적 의지로 자연스럽게 발전하는 것은 아니다. 그런데 초기 사회보장의 의지는 계속되지 못했고, 「사회보장에 관한 법률」은 한때 가졌던 정치적 의지에 대한 기억으로 남았을 뿐이다. 초기의 정책구상은 경제성장의 목표에 우선순위를 빼앗겼고, 또 「사회보장에 관한 법률」이 충실하게 형성되고, 규범력을 가질 경우 이에 기초한 국민적 요구를 감당할 수 없을 것이라는 우려도 따랐다.

초기에는 「사회보장에 관한 법률」이 개별 사회보장입법에 있어서 기본법으로 적용될 것으로 기대하였다. 예컨대 「사회보장에 관한 법률」과 같은 날, 즉 1963년 11월 5일에 제정된 「산재보험법」의 입법자는 "이 법은 사회보장에 관한 법률에 의하여 산업재해보상사업을 행함으로써"라는 규정을 삽입하여 「사회보장법에 관한 법률」이 발전의 방향을 제시할 것을 예정하였다(법 제1조). 이와 같은 구상은 같은 해에 제정된 「의료보험법」도 다르지 않았다(법 제1조). 그러나 위에서 설명한 바와 같이 「사회보장에 관한 법률」은 여러 가지 한계가 있었기 때문에 기본법으로 기능할 수는 없었다. 「의료보험법」과 「산재보험법」의 입법자가 「사회보장에 관한 법률」의 입법의도를 인식하고는 있었지만 실제 이를 입법의 기준으로 진지하게 검토한 것은 아니었다. 「의료보험법」과 「산재보험법」의 경우 「사회보장에 관한 법률」이 제시한 기준에 따라 형성한다는 문구는 각각 1970년 및 1976년 개정 법률에서 삭제되었다.

1963년 「사회보장에 관한 법률」은 객관적으로 보면 규범력을 갖기에 필요한 정치적·사회구조적·사회정책적·기능적 및 입법정책적 조건을 갖추지 못했다. 당시 「사회보장에 관한 법률」에 담으려는 사회보장의 이상(理想)이 공론화될 수 있는 '정치적 상황'은 존재하지 않았다. 부분적으로 존재했던 정치적 의지는 정치지형 자체에 편입되기에는 역부족이었다. 사회보장제도를 확립한다는 다분히 정치적 선언 외에 정치적 상황을 조성하기 위하여 필요한 사회보장에 대한 이해, 시행범위, 현실적 여건 등에 관한 공론화가 진행된 것은 아니었기 때문이다. 당시 사회보장심의위원회의 전문위원들과 일부 최고위원이 사회보장에 대한 관심과 욕구를 가졌지만 이는 지극히 부분적이었으며 정치과정에 편입되기 위해서 필요한 국민의식, 또 일반적인 정치적 인식도 존재했다고 볼 수 없었다. 당시 우리 사회가 사회보장이 기능하기 위하여 필요한 '사회구조'에 이르지 못했던 것도 사실이다. 1960년대 초 광·공업종사자는 전체 근로자의 10%를 넘지 않았고, 아직 50% 이상의 국민이 농어업에 종사하고 있었다. 국민소득은 1960년 70-80달러에 불과하였다. 사회보험이 시행되기 위해서는 고용사회가 진전되어 어느 정도 경제적 생활의 정형이 존재하여야 한다. 당시 우리 사회가 이러한 단계에 이르지 못했다는 것이다.

'사회정책적'으로 보면 실업급여, 가족급여, 폐질 및 유족급여 등의 제도가 전체사회질서와 관련성을 갖고 논의되지 못했다. 의료보험법안을 작성하는 과정에서 당시 우리나라 사회보장의 전체적인 구상이나 기본체계가 없어 하나의 독립된 제도의 세부 요강을 수립하기가 어려웠다는 증언이 이를 뒷받침하고 있다.[33] 예컨대 재정질서와의 관련성이 진지하게 검토되지 못했으며, 그 결과 현실성이 결여되었다. '기능적'으로 보면 「의료보험법」과 「산재보험법」의 제정이 논의되었을 뿐 이들 제도와 연금보험과의 관련성이 검토되었던 것도 아니다.[34]

'입법정책적'으로 보면 기존에 사회보장입법의 경험이 전혀 없는 상태에서 개별 사회보장법에 공통적으로 적용될 기본적인 원칙을 제시할 능력이 없었다. 1960년 「공무원연금법」이 제정·시행되었지만 앞장에서 서술했듯이 이는 공무원의 인력수급을 위한 인사정책적 고려, 또 공무원의 정치적 지지를 유인하기 위한 정치적 성격이 강했다.[35] 이로써 1963년 제정된 「사회보장에 관한 법률」은 일부 전문가집단이 사회보장의 이상을 가졌다는 사실을 회상시키는 의미를 가졌을 뿐이다. 그 결과 「사회보장에 관한 법률」은 사회정책적 의미도, 그리고 규범적 의미도 없이 오랫동안 죽은 법(死法)으로 남아 있었다. 다만 단절된 경험에 비해서 1963년 「사회보장에 관한 법률」의 구상은 이후 사회보장입법에 적지 않은 기억을 남겼다.

2. 산업재해보상보험법

「산재보험법」은 1963년 11월 5일 제정되어 다음 해 1월 1일부터 시행되었다. 시행령은 1964년 6월 9일 제정되었다. 보험사업은 보건사회부장관이 관장한다. 새로 설치된 노동청이 산재보험사업을 소관업무로 하였다. 위에서 서술했듯이 1953년 제정된 「근로기준법」의 재해보상은 사용자에게 무과실책임을 지

33) 이에 대해서는 손준규, 위 각주 3의 책, 144면 이하 참조.
34) 위 각주 23 참조.
35) 이 점에 대해서는 위 제3장 각주 55 참조.

웠다는 점에서 민법상의 불법행위책임에 비해서 진전된 입법이었다. 그러나 여전히 적용범위가 제한되어 있었고, 또 사용자와의 관계에서 규범력이 충실하게 실현되고 있지도 못했다.[36] 「산재보험법」은 「근로기준법」의 재해보상을 대체하여 산업재해를 충실히 보호하는 목적을 가졌다.

이 법은 「근로기준법」이 적용되는 사업장에 적용된다(법 제6조). 다만 위험률, 사업의 규모 등을 참작하여 각령이 정하는 사업을 제외할 수 있다. 이와 같이 1963년 「산재보험법」은 원칙적으로 모든 사업장에 적용되고 적용이 제외되는 사업장을 각령으로 정하도록 하였다. 그러나 시행령은 오랫동안 이러한 원칙과 예외의 관계를 거꾸로 규정하였다. 즉 시행령은 오히려 적용사업장을 열거하고 그밖의 사업장에는 적용되지 않도록 하였다. 이에 의하면 상시 500인 이상의 근로자를 사용하는 광업 및 제조업이 가입대상이며, 이외의 사업은 제외된다(시행령 제2조). 그 결과 「산재보험법」은 당시 전체 근로자 중 약 18%에 적용되는 데 그쳤다.[37] 1969년 시행령에 의하여 비로소 적용제외 사업장 열거주의를 채택하여 적용사업장이 확대되었다.

의료보험 등 사회보험이 근로자를 우선 가입대상으로 하고 일반 국민으로 확대되었던 것과 달리 사업자를 가입자로 하는 「산재보험법」의 기본구조는 당시 확정되었다. 이는 산재보험이 한편으로는 근로자의 산업재해를 보호하는 제3자 보호를 위한 제도이지만, 다른 한편 사용자를 중심으로 보면 산업재해에 대한 사용자의 책임을 면제하는 자기보호의 성격을 갖는다는 점을 반영한 것이다. 이후 이러한 구조적 특징은 적용대상을 고용관계에서 발생하는 산업재해뿐 아니라 일반적인 산업재해로 확대하기 위해서는 극복되어야 했다.[38] 예컨대 독일의 산재보험에서도 도입 초기에는 사업주를 가입자로 하였으나 1942년 법률 개정을 통하여 근로자를 가입자로 하는 전환을 한 바 있다.[39]

급여의 종류는 요양급여, 휴업급여, 장해급여, 유족급여, 장제급여, 일시급여 등으로 한다. 휴업급여로 요양으로 인한 휴업기간 1일에 대하여 평균임금의 100분의 60에 해당하는 액이 지급된다. 요양급여 및 휴업급여는 급여기간이 10

---

36) 이에 대해서는 위 각주 16 참조.

37) 이에 대해서는 고용노동부, 산재보험 50년사(2014), 95면 참조.

38) 이에 대해서는 전광석, "산재보험법의 법적 성격과 역할", 연세법학연구 제11집 제1권(2005), 161면 이하 참조.

39) 이에 대해서는 Michael Stolleis, *Geschichte des Sozialrechts in Deutschland*(Lucius & Lucius, 2003), 200면 이하 참조.

일 이내인 경우에는 지급되지 않는다(법 제9조 제1호). 이 경우에는 「근로기준법」에 의하여 사용자의 재해보상책임에 관한 규정이 적용된다. 이는 경미한 재해에 대해서는 사용자책임을 유지하여 사용자의 재해예방을 유인하기 위한 조치였다. 장해급여는 10등급으로 구분된 장해의 정도에 따라 차등 산정된다. 예컨대 1급에 대해서는 평균임금의 1,000일분, 10급에 대해서는 평균임금의 50일분이 지급된다. 유족급여로 평균임금의 1,000일분에 해당하는 액이 지급된다. 장해급여와 유족급여는 모두 일시금의 형태로 지급된다. 당시 「산재보험법」이 아직 장기적인 생활보장의 이념을 충실히 반영하지는 못하고 있었다. 연금의 형태로 급여를 지급하여 사회보장의 목적을 충실히 실현하는 전환은 1970년 개정 법률에 의하여 비로소 이루어졌다. 일시급여는 평균임금의 1,000일분에 해당하는 액으로 한다. 일시급여는 보험사무소의 소장이 노동청장을 거쳐 보건사회부장관의 승인을 얻어 필요하다고 인정하는 경우에 지급한다(법 제9조, 시행령 제18조). 그러나 일시급여가 어떠한 기능을 수행하는지는 명확하지 않았다. 아래에서 서술하는 바와 같이 일시급여의 요건과 내용은 1970년 개정 법률에서 비로소 명확해졌다(법 제9조 제3항).

보험가입자, 즉 사업자는 「산재보험법」상의 급여의 한도 안에서 「근로기준법」에 의한 재해보상의 책임으로부터 면제된다(법 제11조 제2항). 이러한 책임구조에서는 산업재해에 대한 사용자의 민법상의 책임관계는 여전히 남는다. 이는 산업재해가 발생한 근로자의 권리를 보호하기 위하여 필요한 규정일 수 있지만, 사용자와 근로자의 분쟁을 최종적으로 조정하여 노사관계의 안정을 도모한다는 취지에는 충실하지 않았다.[40)]

급여의 제한과 관련해서는 다음과 같은 규정을 두었다. 즉 "보험가입자 또는 근로자가 고의 또는 중대한 과실로 인하여 보험급여의 사유가 되는 재해를 발생하게 한 때"에는 급여의 전부 또는 일부를 지급하지 않을 수 있다(법 제14조 제1항 제3호). 이는 체계적인 입법은 아니었다. 산업재해의 발생에 대한 가입자, 즉 사용자의 책임이 근로자에게 급여를 제한하는 사유가 될 수는 없기 때문이다. 이 경우 근로자의 보호를 위하여 보험급여가 지급되어야 하며, 보험자의 책임은 다른 방법에 의하여 물어야 한다. 이 문제는 1970년 개정 법률에서 개선되었다. 산재보험급여청구권과 산업재해의 발생에 책임이 있는 제3자에 대한 구상권은 다음과 같이 조정되었다. 첫째, 제3자의 행위에 의하여 발생한 재해로 인

40) 「산재보험법」에서 사용자의 책임의 다양한 상황에 대해서는 전광석, 한국사회보장법론(집현재, 2016), 387면 이하 참조.

하여 산재보험급여를 받은 때에는 보험자는 급여를 받은 자가 제3자에 대해서 갖는 손해배상청구권을 취득한다. 둘째, 보험급여를 받을 자가 제3자로부터 동일한 사유로 인하여 이미 손해배상을 받은 때에는 보험자는 그 받은 배상의 한도 안에서 보험급여를 하지 않는다(법 제15조).

산재보험이 사용자책임과 연계되어 있는 특수한 사회보험이라는 점은 재정방식에 반영되었다. 다른 사회보험과 달리 산재보험의 보험료는 가입자, 즉 사업자가 단독으로 부담한다(법 제20조). 보험료율은 재해율이 유사한 사업의 종류별로 차등화되어 있다(법 제21조). 다만 사업주의 산재예방을 유인하기 위한 규정을 두었다. 즉, 같은 종류의 사업에 있어서도 보험료액에 대한 보험급여의 비율에 따라서 보험료율을 달리 할 수 있다. 보험료액에 대한 보험급여의 비율이 85% 이상이거나 75% 이하인 경우에 30%의 범위 내에서 보험료율을 인상 혹은 인하할 수 있다(법 제22조).

3. 의료보험법

「의료보험법」은 1963년 12월 16일 제정되었다. 「의료보험법」은 질병과 부상뿐 아니라 분만, 그리고 사망을 보호하였다(법 제1조). 정부 각의의 의결을 거친 법안은 최고회의 문교사회위원회 심의과정에서 중대한 수정을 겪었다.[41] 「의료보험법」은 사회보험의 특징적 요소인 강제가입 대신 임의가입을 채택하여 초기 구상에서 결정적으로 벗어났다(법 제8조). 강제가입이 헌법과 계약자유의 원칙에 위반된다는 논리가 제시되었지만 실질적으로는 기업의 보험료 부담 및 정부의 사무집행비용에 대한 부담이 장애요소였다.[42] 이로써 질병의 사회화는 미루어졌다. 이는 자본과 노동의 실질적인 필요성과 이에 관한 논의의 기반이 없이 국가가 일방적으로 추진한 정책이 정치적 의지가 후퇴하면서 쉽게 좌절된다는 사실을 보여주었다.

1963년 「의료보험법」이 제정되었던 사회경제적 배경은 1976년 실질적으로 사회보험법의 특징을 담아 「의료보험법」이 개정되었던 시기와는 몇 가지 차

41) 이에 관한 증언으로는 손준규, 위 각주 3의 책, 115면 참조. 이밖에 의료보험법안의 수정경과에 대해서는 최천송, 한국사회보장연구사(한국사회보장문제연구소, 1991), 109면 이하 참조.

42) 이 문제는 이후 헌법재판소에서 위헌심판의 대상이 된 바 있으며, 헌법재판소는 합헌으로 결정하였다. 헌재 2000.6.29, 99헌마289, 12-1, 941면 이하; 2001.8.30, 2000헌마668, 13-2, 294면 이하; 2003.10.30, 2000헌마801, 15-2(하), 131면 이하; 2013.7.25, 2010헌바51, 25-2(상), 40면 이하 등 참조.

이가 있었다.[43] 첫째, 무엇보다도 질병치료 및 건강보장이 국가의 과제라는 인식이 아직 퍼져있지 않았다. 1977년 시기에 와서 이러한 인식은 점차 변화하고 있었다. 질병의 위험에 대한 감수성이 예민해 졌으며 경제성장의 혜택이 가장 기본적인 자유의 조건인 질병의 보호에 미쳐야 한다는 보상의 사고가 나타났다. 1960년대 초반에는 아직 존재하지 않았던 사고였다.[44] 둘째, 1977년에는 의료보장을 사회보험의 방식으로 시행하기 위하여 필요한 자본의 능력이 갖추어져 있었다. 이미 상당 부분의 대기업에서 노동자를 위하여 의료비 보조를 시행하고 있었으며, 의료비 보조는 민간기업에서는 약 30%, 국영기업 및 은행 등에서는 50%-80%에 이르렀다. 따라서 의료보험이 도입되어 사용자가 부담하게 될 비용이 새롭지 않았다. 셋째, 1963년 당시 농촌에서 도시지역으로 대규모로 산업노동력이 유입되면서 노동력의 공급이 수요를 초과하고 있었기 때문에 인력관리의 문제가 사회보장의 동력으로 작용할 필요는 없었다. 그러나 1970년대 중화학공업으로 산업구조가 전환되고 전체적으로, 특히 숙련근로자의 노동력이 부족하게 되면서 기업의 입장에서 의료보험은 인력관리에 도움이 되었으며, 국가는 의료보험 도입을 위하여 이와 같은 자본의 이해를 충실히 수용하였다.[45] 예컨대 기업단위로 설립되는 조합을 중심으로 하는 의료보험의 관리운영방식은 이와 같은 자본의 이해관계를 반영한 것이었다.

보험자는 의료보험조합으로 하였다(법 제12조). 보험급여로 요양급여, 장제급여, 분만급여가 지급된다(법 제28조). 급여는 원칙적으로 현물급여로 지급되며, 예외적으로 요양비가 지급될 수 있다(법 제32조). 요양급여기간에 제한을 두었다. 즉 요양급여의 기간은 6개월 이내로 한다(법 제31조). 요양급여비용의 일부를 수급자가 부담하도록 하였다. 피보험자와 부양가족의 본인부담률은 차등화되었다. 즉 피보험자

---

43) 1976년 「의료보험법」의 정치적 및 사회경제적 배경에 대해서는 전광석, "1976년 의료보험법: 낮은 수준의 보편적 평등의 기원", 사회보장법학 제7권 제2호(2018), 82면 이하 참조.

44) 1976년 당시 질병에 대한 인식과 사회적 성격에 대해서는 예컨대 신영수, "의료보험 도입 30년의 성과와 한계, 그리고 새로운 과제", 대한의사협회지 제50권 제7호(2007), 569면 참조.

45) 이와 같은 발전주의전략의 시각에서 당시 사회보장을 이해하는 견해로는 예컨대 우명숙, "한국 초기 사회복지정책의 재해석－제도주의적 시각의 분석적 유용성을 제안하며", 경제와 사회 제67호(2005), 233면 이하 참조. 이와 같은 전략이 이후 시기 지속되는 상황에 대해서는 예컨대 양재진, "유신체제 하 복지연금제도의 형성과 시행 유보에 관한 재고찰", 한국거버넌스학회보 제4권 제1호(2007), 104면 이하 참조. 이와 같은 관점은 1998년 이후 복지국가의 성격에 관한 논쟁에 있어서도 상당 부분 유지되고 있다. 이에 대해서는 예컨대 정무권, "'국가복지 강화론' 비판에 대한 재비판과 쟁점", 김연명(편), 한국 복지국가 성격 논쟁 I(인간과 복지, 2002), 390면 이하; 송호근/홍경준, 복지국가의 태동－민주화, 세계화, 그리고 한국의 복지정치(나남, 2006), 313면 이하 등 참조.

는 요양급여비용의 20%에 해당하는 액을, 부양가족은 요양급여비용의 40%에 해당하는 액을 부담한다(법 제30조, 시행령 제27조). 요양급여를 행하는 보험의료기관은 의료기관 중 보험자의 신청에 의하여 보건사회부장관이 지정한다. 계약지정방식을 채택한 것이다(법 제39조).[46] 또 보험의료기관은 언제든지 대통령령이 정하는 바에 의하여 보건사회부장관에게 그 지정의 취소를 요구할 수 있다(법 제40조 제1항). 보험의료기관 혹은 의료요원 등이 의료보험의 목적에 반하는 행위를 한 경우에 보건사회부장관은 지정을 취소할 수 있다. 요양급여의 비용을 부정하게 청구한 경우, 요양급여를 거부한 경우 등이 지정취소 사유에 해당한다(법 제41조). 보험의료기관은 요양급여에 소요된 비용을 보험자에게 청구한다(법 제42조). 이로써 진료비용 보상관계의 당사자는 보험자와 보험의료기관이 되었으며, 그 결과 가입자인 환자는 위에서 언급한 본인일부 부담을 제외하고는 진료비용의 부담에서 면제된다. 그만큼 가입자의 의료서비스에 대한 접근성이 수월해졌다.

의료보험의 재정은 사회보험의 일반적인 원칙에 따라서 근로자의 경우 피보험자와 사용자가 50%씩 부담한다(법 제45조, 시행령 제38조). 보험료율은 직접 법률에 정하지 않고 3%와 8%의 범위 내에서 의료보험심의회의 심의를 거쳐 보건사회부장관이 결정하여 고시한다(법 제44조 제3항, 시행령 제37조). 위에서 언급한 바와 같이 당시 근로자의 임금수준을 고려하면 가입자 및 사용자의 보험료만으로 의료보험의 재정을 충당할 수 없었다. 이에 「의료보험법」은 사무집행에 소요되는 비용은 전액 국고에서 보조하고, 보험급여에 소요되는 비용에 대해서는 10%에 해당하는 액을 국고에서 보조할 수 있도록 하였다(법 제43조, 시행령 제36조).

의료보험에 가입한 근로자 300인 이상을 사용하는 사업소의 사업주가 의료보험조합을 설립할 수 있다(법 제12, 17조). 지역 주민 등 자영인을 피보험자로 하는 의료보험조합은 예정되어 있지 않았다. 자영인 의료보험조합은 1970년 개정 법률에 의하여 비로소 도입되었다. 의료보험조합에는 어느 정도 자치권한이 부여된다. 이는 사업주와 피보험자가 동수로 구성되는 운영위원회가 주요 사항을 의결하는 형태로 제도화되었다(법 제24, 25조).

「의료보험법」이 강제가입을 포기하고 임의가입을 도입하면서 의료보험은 다년간의 연구와 일부 전문위원 및 최고회의 상임위원들의 노력에도 불구하고 실

46) 이후 1976년 「의료보험법」 개정으로 계약지정방식은 강제지정방식으로 변경되었으며, 1999년 다시 현재와 같은 당연지정방식으로 변화하였다. 당연지정방식에 대한 헌법적 평가로는 헌재 2002.10.31, 2000헌마505등, 14-2, 410면 이하 참조.

질적인 사회보험으로 기능할 수 없었다. 이후 임의가입제도는 전혀 활성화되지 못했다. 「의료보험법」이 제정되었던 초기인 1965년과 1966년 한국종합화학과 봉명흑연광업소에 의료보험조합이 설립되어 약 8,000명의 근로자가 피보험자가 되었을 뿐이다. 결국 「의료보험법」은 1976년 개정될 때까지 죽은 법으로 머물러 있었다. 1976년 기준으로 4개의 피용자의료보험조합과 7개의 자영자의료보험조합이 설립되었고, 적용인구는 66,449명이었다. 이는 전체 인구의 0.18%에 불과하였다.[47)]

제 3 절 1963년 이후 사회보장 3법, 그리고 전후(前後)의 사회보장법

Ⅰ. 1963년 사회보장 3법

1. 사회보장에 관한 법률

「사회보장에 관한 법률」은 실질적인, 그리고 사회보장에 관한 의미 있는 중간원칙과 내용을 제시할 수 없었기 때문에 처음부터 기본법의 기능을 수행할 수 없었다. 위에서 서술했듯이 「의료보험법」과 「산재보험법」에서 해당 법률들이 「사회보장에 관한 법률」에 근거하여 제정되었다는 문구는 1970년 「의료보험법」 개정 법률과 1976년 「산재보험법」 개정 법률에서 모두 삭제되었다. 「사회보장에 관한 법률」은 사회보장심의위원회를 설치하는 근거로서의 의미가 있을 뿐이었다.

1990년대 중반에 와서 사회보장을 체계화하고 정비하는 환경이 조성되면서 다시 1963년 시대에 제기되었던 문제, 즉 헌법의 이념과 원리를 개별 사회보장법에 반영하기 위하여 헌법과 개별 사회보장법을 매개하는 기본법을 제정하는 문제가 제기되었다. 그리고 이러한 목적에서 「사회보장에 관한 법률」이 주목을 받았다. 그러나 지난 30년간 죽은 법으로 머물러 있었던 「사회보장에 관한 법

47) 의료보험이 시행된 이후 상황에 대해서는 김순양, "권위주의적 발전국가의 사회정책 형성과정분석－제2차 의료보험법 개정과정을 중심으로", 한국행정논집 제21권 제1호(2009), 56면 이하, 80면; 이두호, 국민의료보장론(나남, 1992), 289면 이하; 황병주, "1970년대 의료보험정책의 변화와 복지담론", 의사학 제20권 제2호(2011), 436면 이하 등 참조.

률」이 새로운 시대의 기대를 충족시킬 수는 없었다. 이에 1995년 「사회보장기본법」이 제정되었고, 이 법에 의하여 1963년 기대와 실망이 교차하면서 제정되었던 「사회보장에 관한 법률」은 30여년의 휴면(休眠) 끝에 최종적으로 폐지되었다.

2. 산업재해보상보험법

「산재보험법」은 1963년 제정된 이후 시행령을 개정하여 적용대상인 사업장 범위를 계속 확대하여 갔다. 1965년 광업, 제조업뿐 아니라 전기·가스업 및 운수창고업을 포함시켰고, 적용대상을 200인 이상 사업장으로 확대하였다. 같은 해에 적용대상은 150인 이상 사업장으로 다시 확대하였다. 1966년에는 적용대상 사업장을 이원적 기준에 따라 규정하였다. 즉 상시 100인 이상 근로자, 연간 2만 5천명 이상 근로자를 사용하는 사업장을 적용대상으로 하였다. 1967년 적용대상 사업장의 기준은 더욱 완화되었다. 즉 상시 50인 이상 근로자, 연간 1만 3천명 이상 근로자를 사용하는 사업장이 적용대상이다. 1963년 법률에 규정된 적용제외사업장 열거주의는 1969년 개정 법률에서 비로소 실현되었다. 농업·임업·수렵업 및 어업, 교육·시험·연구 또는 조사사업, 의료보건업, 종교·사회복지사업 기타 정치·사회·문화단체가 그 고유의 목적을 위하여 행하는 사업, 국가 및 지방자치단체에서 직접 행하는 사업 등이 산재보험 적용사업장에서 제외된다. 그밖에 상시 50인 미만의 근로자를 사용하는 사업장이 제외된다. 다만 연간 연인원 1만 3천인 이상의 근로자를 사용하는 사업장은 산재보험에 가입된다.

1963년 제정 이후 「산재보험법」은 1977년 이전까지 1970년, 1973년에 두 차례, 그리고 1976년 모두 4번 개정되었다. 아래에서 서술하듯이 특히 1970년 개정 법률이 중요한 변화를 가져왔다. 1973년 개정 법률은 「정부조직법」의 개정에 따른 부수적인 개정이었다. 1969년 시행령의 개정으로 적용제외사업장 열거주의가 채택됨에 따라서 적용이 제외되는 사업장을 상세히 규정하였다. 예컨대 금융업·보험업·증권업 등이 제외되었다. 1973년 개정 법률은 적용제외 사업장을 열거한 규정을 다시 삭제하였다. 이들 사업장을 적용대상에서 제외할 것인가는 대통령령에 위임하는 것이 옳다고 판단하였다. 시행령은 이들 사업장을 계속 적용대상에서 제외하였다. 1971년과 1973년 일반 사업장의 경우 30인 이상 근로자를 사용하는 사업장, 그리고 16인 이상 근로자를 사용하는 사업장으로 적용대상이 확대되었다. 다만 상시 근로자 수의 기준을 충족시키지 못한 경우에도 연간 연인원 8,000인 이상, 4,200인 이상의 근로자를 사용하는 사업장에는 「산재보험법」이 적용된다. 1971년 건설업에 대한 특례가 처음으로 도입되었다. 건설공사에 있어서는 공사금액이 2천만원 미만인 공사를 행하는 사업장은 제외된다(시행령 제2조). 건설공사의 경우 인력상황이 불규칙하기 때문에 이와 같은 특례를 두었다. 또 이는 영세건설사업장을 보호하기 위한 목적도 가졌다.

1970년 개정 법률은 사회보장의 성격을 강화하는 두 가지 변화를 가져왔다. 첫째, 재해에 대한 사후적 보상 이외에 예방과 치료 및 재활 등을 위하여 필요한 시설의 설치와 운영을 입법목적에 추가하였다. 1973년 개정 법률은 시설의 종류를 요양시설, 의료 및 직업재활시설, 재해예방시설 등으로 명시하였다(법 제18조). 또 신체장애인의 고용촉진을 위하여 직업재활을 위한 후속조치를 규정하였다(법 제18조의 2). 둘째, 장해급여와 유족급여로서 일시금 외에 연금을 선택할 수 있도록 하였다. 즉, 장해등급 1등급 내지 3등급에 해당하는 경우 일시금 대신 연금을 선택할 수 있다. 장해등급 1,2,3등급에 대해서 각각 평균임금의 240일분, 213일분, 188일분이 지급된다. 이로써 산재보험은 장기적인 생활보장에 충실할 수 있게 되었다. 이는 「산재보험법」이 초기에는 주로 「근로기준법」의 재해보상을 대체하는 기능을 가졌지만, 이제 동시에 사회보장법의 성격을 띠게 되었다는 의미를 갖는다. 이는 2000년대 「산재보험법」의 사회보장법적 성격을 강화하는 방향이 되었다.[48)]

이밖에 1970년 개정 법률은 급여의 종류와 내용을 세분화하고 개선하였다. 요양급여와 휴업급여가 제한되며, 결과적으로 사용자책임으로 남게 되는 기간이 기존의 재해발생 후 10일에서 7일로 단축되었다. 장해등급을 기존 10등급에서 14등급으로 세분화하였다. 이와 같은 장애등급분류는 현재까지 유지되고 있다. 이는 경미한 장해도 보호의 대상에 포함시키고 보상수준을 기존에 비해서 높이는 효과가 있었다. 1등급의 장해에 대해서는 장해보상일시금으로 평균임금의 1,340일분에 해당하는 액이 지급된다. 10등급의 경우에 장해보상일시금은 기존에 평균임금의 50일분에 해당하는 금액에서 270일분에 해당하는 금액으로 인상되었다.

위에서 언급했듯이 산재보험에서 사회보장의 성격을 강화하여 장해급여 및

---

48) 예컨대 2000년대 이후 근로자 보호를 위하여 노동법상 근로자의 성격이 뚜렷하지 않은 경우에도 「산재보험법」의 적용을 확대하는 노력을 하여 왔다. 제8장 각주 9 참조.

유족급여를 일시금 대신 연금으로 지급받을 수 있도록 하였다. 즉, 장해등급 1등급 내지 3등급에 해당하는 경우 일시금 대신 연금을 선택할 수 있다. 장해등급 1, 2, 3등급에 대해서 각각 평균임금의 240일분, 213일분, 188일분이 지급된다. 기존에 그 기능이 명확하지 않았던 일시급여의 수급요건에 관한 규정을 도입하였다(법 제9조 제3항). 즉 일시급여는 요양급여를 받는 근로자가 요양개시 후 2년을 경과하여도 부상 또는 질병이 완치되지 않는 경우에 지급한다. 이는 현행법상의 상병보상연금에 상당하는 급여이다. 일시급여의 내용은 기존에 평균임금의 1,000일분에서 1,340일분으로 상향 조정되었다. 이는 전반적으로 기존에 「근로기준법」상의 재해보상에 비해서 산재보험급여가 유리하게 형성되었다는 의미를 갖는다. 다만 현행법과 달리 급여의 수준을 폐질등급에 따라서 차등화하지는 않았다(법 제9조의 9).

위에서 언급했듯이 초기에 「산재보험법」에서는 보험가입자 및 근로자의 고의 혹은 중과실이 급여 및 보상관계에 미치는 영향이 체계적이지 못했다. 이에 1970년 개정 법률은 이 문제를 정비하였다. 첫째, 근로자의 고의 혹은 중대한 과실에 의하여 재해가 발생한 때에는 휴업급여 및 장해급여의 전부 또는 일부를 지급하지 않을 수 있다(법 제14조 제1항). 그러나 급여의 제한 여부 및 정도에 관한 구체적인 규정은 결여되어 있었다. 둘째, 보험가입자의 고의 혹은 중대한 과실로 인하여 재해가 발생하고 이에 대해서 보험급여를 하였을 때에는 보험가입자로부터 보험급여액 상당액을 징수한다(법 제15조 제2항). 이로써 보험가입자의 책임으로 인하여 재해가 발생한 경우에 급여를 제한하여 근로자가 보상을 받을 수 없게 되는 불합리는 제거되었다. 이밖에 보험가입자의 고의 혹은 중대한 과실로 인하여 근로자가 사망한 경우에 유족특별급여를 지급하는 규정을 두었다. 같은 취지를 갖는 장해특별급여는 1982년 개정 법률에 의하여 도입되었다. 유족특별급여를 받은 때에는 보험가입자와 재판상의 화해가 성립된 것으로 본다. 유족특별급여로 유족급여 외에 평균임금의 1,000일분에 상당하는 금액을 지급할 수 있다.[49] 그러나 민법상의 손해배상청구권을 행사했을 때에 비해서 유족특별급여가 피해자에게 유리한 것은 아니었다. 또 보험가입자의 고의 혹은 중대한 과실로 인하여 발생한 재해에 대해서 보험급여비용 전체가 아니라 유족특별급여에 상당하는 금액에 한하여 가입자, 즉 사업주에게 부담시키는 것은 타당하지도

49) 유족특별급여의 내용으로 당시 관보에는 평균임금의 4일분으로 잘못 인쇄되어 있다. 현재 국가법령센터에 수록되어 있는 법령에도 평균임금의 4일분으로 잘못 표기되어 있다.

않았다. 가입자가 발생시킨 재해에 대한 책임은 가입자가 전적으로 부담하여야 하기 때문이다. 이는 현행 「산재보험법」의 유족특별급여 및 장해특별급여에 대해서 마찬가지로 적용되는 평가이다. 실제 이후 유족특별급여제도는 거의 활용되지 않았다.

산재보험은 사용자책임보험의 성격을 갖기도 하기 때문에 사용자가 납부하는 보험료로 재정을 충당하는 것은 제도의 본질에 해당한다. 그러나 산재보험이 사회보장의 성격을 강화하여 가면서 보험사업의 사무집행에 소요되는 비용 전부 혹은 일부를 국고에서 보조할 수 있도록 하였다(법 제2조의 2). 다만 이는 임의규정이다.

3. 의료보험법

1963년 제정된 「의료보험법」은 위에서 언급했듯이 실질적으로 기능하지 못하고 있었다.[50] 「의료보험법」은 1970년 부분적으로 개정되었다. 개정 법률은 강제가입제도를 도입하고, 적용범위를 근로자 외에 공무원, 군인, 자영자로 확대하였다(법 제1조). 이중 근로자, 공무원과 군인은 강제로 의료보험에 가입하여야 한다(법 제7조, 제14조). 공무원과 군인의 경우 정부를 보험자로 하고, 근로자와 자영인의 경우 의료보험조합이 사업을 관리·운영한다(법 제11조). 강제가입대상이 아닌 근로자를 위하여 사업주는 임의로 의료보험조합을 설립할 수 있다. 자영자 역시 조합원이 될 자의 동의를 받아 의료보험조합을 설립할 수 있다(법 제15, 16조). 그 밖에 급여 종류와 내용, 보험의료기관의 지정, 재정방식 등은 1963년 「의료보험법」과 동일하다. 개정 「의료보험법」은 공포한 날로부터 시행하며, 시행에 관하여 필요한 사항을 대통령령으로 정하도록 하였다(부칙 제1조). 그러나 의원입법이었던 이 법의 시행령이 제정되지 않았기 때문에 개정 법률은 시행되지 못하고 사문화되었다.

1970년 「의료보험법」 1차 개정 법률은 진지한 정책적 검토가 없는 상태에서 야당의 적극적인 복지공세에 대응하는 정치적인 배경 하에 제정되었다. 1967년 국회의원선거에서 당시 집권당인 민주공화당은 「의료보험법」의 전면실시를 공약하였다. 또 1971년 대통령 선거를 앞두고 있었다. 이와 같은 상황에서 「의료보험법」은 의원입법을 하면서 정부와 관련 이익단체, 그리고 일반 정치적 차원에서 공론화 과정을 거치지도 못했다. 정부는 의료보험을 실시하기 위하여 필

50) 위 각주 47 참조.

요한 국고보조의 준비가 되어 있지 않았다. 당시 정부는 국고보조로 약 100억 원이 소요된다고 판단하였다. 대한의학협회는 보험의료기관의 지정 및 의료수가의 문제를 제도 실시의 전제조건으로 내세우고 있었으며, 사용자는 보험료 부담에 부정적이었다.[51] 이러한 법안이 국회를 통과한 것 자체가 이례적이었다. 1963년 이후 의료보험의 실시 현황은 큰 변화가 없었다.

「의료보험법」 1차 개정 법률이 사실상 사문화된 후 보건사회부는 앞으로 의료보험을 실시하기 위하여 보다 구체적인 구상을 하였다. 이와 같은 구상에는 의료보험재정에 대한 우려가 사실은 과장되었다는 생각이 있었다. 이에 1972년 보건사회부는 '의료보험 실시계획'을 작성하였다. 이는 실질적으로 최초의 사회보험법인 1976년 개정 「의료보험법」의 가장 중요한 기반이 되었다.[52]

Ⅱ. 1960-70년대 그밖의 사회보장법

1. 공무원연금법

1960년 제정된 이후 「공무원연금법」은 거의 매년 개정되었으며, 대부분의 경우 급여의 내용을 개선하는 목적을 가졌다. 이와 같은 경향은 1990년대 중반까지 계속 되었다. 공무원연금의 급여내용이 지속적으로 개선되면서 기여금율과 부담금율 역시 높아졌다. 1968년 기여금율 및 부담금율은 기존의 2.3%에서 3.5%로, 1969년에는 5.5%로 대폭 인상되었다. 그러나 이후 재정이 악화되는 상황에서도 기여금율의 수준은 25년 동안 그대로 유지되었으며, 1995년 비로소 6.5%로 인상되었다. 그만큼 공무원연금의 재정문제가 방치되었다.

「공무원연금법」의 최초 개정은 1961년 군인에 적용되는 급여의 조정에 관한 것이었다. 즉 군인 중 「공무원연금법」의 급여를 받을 수 있는 자가 「전몰군경유족과 상이군경연금법」에 의한 수급자인 경우에 본인이 하나를 선택할 수 있도록 하였다(부칙 제6조). 급여의 조정에 관한 규정이 삽입된 것이다. 이미 시행 초기에 공무원연금의 산정 및 조정에 있어서 중요한 변화를 가져왔다. 연금산정의 기준이 되는 봉급연액을 기존에 재직기간 동안의 평균봉급월액에서 공무원의 최종 평균월봉급으로 바꾸었다(법 제3조 제1항 제2호). 또 연금조정의 기준을 퇴직 또는 사망

51) 개정 「의료보험법」에 관한 당시 행위자의 입장에 대해서는 예컨대 황병주, 위 각주 47의 논문, 435면 이하 참조.

52) 의료보험연합회, 의료보험의 발자취(1996년까지)(1997), 53면 이하 참조.

당시의 직위에 해당하는 봉급액으로 하였다(법 제13조의 2 제1항). 이는 이후 공무원연금재정을 악화하는 주요 원인이 되었으며, 1995년 이후 개혁의 대상이 되었다. 기존에 군인의 경우에는 공무원과는 달리 연금의 형태로만 퇴직급여가 지급되었고, 퇴직일시금을 인정하지 않았다. 이제 군인에게도 퇴직일시금을 지급할 수 있도록 하였다(법 제35조 제3항). 퇴직일시금 및 유족일시금의 산정방식이 개선되었다. 기존에 본인의 기여금과 국고 또는 지방자치단체의 부담금에 소정 이자를 합산했던 것을 재직 당시 또는 사망 당시의 봉급액에 재직연수를 곱한 금액으로 하고, 재직 기간이 5년을 초과하는 경우에는 그 초과하는 매 1년에 대하여 봉급액에 재직연수를 곱한 금액의 100분의 1을 가산한 금액으로 하였다(법 제13조의 2 제4항). 이로써 퇴직일시금과 유족일시금 역시 일종의 강제저축의 성격을 벗어나서 재직 기간 형성된 생활수준을 보장하는 목표를 갖게 되었다.

1962년 「공무원연금법」은 전면 개정되었다. 이는 5.16 군사쿠데타 이후 군사정부에서 기존의 「공무원연금법」을 검토한 결과였다. 이미 언급했듯이 군인이 적용대상에서 제외되었고, 군인을 적용대상으로 하는 「군인연금법」이 별도로 제정되었다(법 제2조 제1항 제1호). 1962년 전면 개정을 통하여 질병, 분만 등이 추가로 보호되었다. 이로써 「공무원연금법」의 사회보장 기능은 강화되었다. 현행 「공무원연금법」의 규범체계는 이때 확립되었다. 급여의 종류를 단기급여와 장기급여로 구분하였다. 단기급여에는 요양비, 분만비 등 보건급여, 상병수당, 분만수당 등 휴업급여, 그리고 장제비가 포함된다(법 제13조). 요양비로 공무로 인한 질병 또는 부상에 대해서는 10개월을 한도로 요양에 소요되는 비용이 지급된다. 공무상의 원인이 없는 경우에는 질병 또는 부상이 응급외과적 수술, 치료 또는 처치를 요하는 요양의 경우와 법정전염병에 이환(罹患)된 경우에 한하여 요양비가 지급된다(법 제15조, 시행령 제22조). 공무상 요양비의 지급기간은 이후 12개월로 연장되었다. 1963년 개정 법률은 건강진단을 요양급여의 종류에 추가하였다. 의료비 부담이 커지면서 아직 「의료보험법」이 시행되기 전인 1972년에 「공무원연금법」은 공무원의 가족에 대해서도 요양부조금을 요양비의 2분의 1의 범위 안에서 지급하도록 하였다(법 제15조의 2). 상병수당은 「산재보험법」의 휴업급여에 상응하는 급여이며, 근무할 수 없는 원인이 공무상의 경우와 공무 외의 경우에 봉급일액의 10분 6, 그리고 10분의 3에 해당하는 액이 지급된다(법 제22조).

장기급여로는 퇴직연금과 퇴직일시금, 장해연금, 유족연금, 유족일시금이 있다(법 제26조). 1962년 개정 법률에서 퇴직연금의 수급요건으로 연령기준이 삭제되었다. 이는 이후 공무원연금의 재정을 악화시키는 가장 중요한 원인이 되었으며, 또 공무원연금이 노후소득상실을 보장하는 기능과는 거리가 있었다. 예컨대 2008년 기준으로 보면 공무원연금 수급자의 78.4%가 60세 이하이며, 이 가운데 50세 이하의 수급자가 16.6%에 이르고 있었다. 퇴직연금의 수준도 기존 봉급연액의 30%에서 40%로 증액되었다(법 제30조). 퇴직연금의 수준은 이후 다시 50%로 인상되었고, 또 20년을 초과하는 1년에 가산되는 금액도 봉급연액의 1%에서 2%로 늘어났다. 1966년 퇴직연금의 상한액은 기존 봉급연액의 50%에서 70%로 인상되었다. 20년 미만 재직하고 퇴직하는 경우에 지급되는 퇴직일시금의 산정방법이 변경되어 50% 인상되었다(법 제30조 제2항, 제32조 제2항). 이미 이 시기에 지속적인, 그리고 어느 정도 구조적인 변화로 인하여 연금재정에 대한 우려가 있었던 것으로 보인다. 1966년 개정 법률은 급여비용을 재계산하고, 또 장래에 재정균형이 유지되도록 하는 규정을 새로이 두었다(법 제50조). 그러나 이후, 즉 1970년대 및 80년대 급여지출이 증가하고 있었음에도 불구하고 기여금을 인상하는 등의 조치가 취해지지는 않았다.

장해연금은 기존에 일률적으로 봉급연액의 50%에 해당하는 액으로 하였으나 개정 법률은 장해등급을 3단계로 나누고 각각 봉급연액의 80%, 60%, 그리고 40%에 해당하는 액으로 하였다. 또 재직기간이 20년을 초과하는 매 1년에 대해서 장해연금의 1%를 가산하도록 하였다(법 제34조). 1963년 개정 법률은 장해연금과 유족연금의 수급권자가 일시금을 선택할 수 있도록 하였다. 장해보상금과 유조부조금은 연금액의 5배로 한다(법 제34조 제2항, 제40조 제2항). 1972년 장해등급과 연금에 관한 규정이 1970년 개정 「산재보험법」의 예에 따라 개정되었다. 즉 장해등급을 기존에 3등급에서 14등급으로 세분화하고 각각의 등급에 따라서 봉급연액의 80%에서 15%를 지급하도록 하였다(법 제34조 제1항). 1972년에는 수재, 화재 등 비상재해로 인한 재산상의 손실을 보호하는 재해부조금제도를 신설하였다(법 제25조의 2). 이밖에 순직부조금을 신설하였다. 순직부조금은 공무원이 공무상 질병 또는 부상으로 인하여 재직 중 사망하거나 퇴직 후 3년 이내에 그 질병 또는 부상으로 인하여 사망한 때에 그 유족에게 지급된다. 순직부조금의 액은 공무원 또는 공무원이었던 자의 봉급월액의 36배의 범위 안에서 정한다(법 제45조).

1962년 개정 법률은 제정 당시에 주목받지 못했던 문제, 즉 급여청구권이 중복하여 성립되는 경우에 조정하는 규정을 새로이 두었다. 퇴직연금수급권과 장해연금수급권이 중복되는 경우 유리한 급여를 선택할 수 있다(법 제28조). 1963년 개정 법률은 「공무원연금법」상의 급여청구권을 다른 법률에 의한 청구권과 조정하는 규정을 두었다. 즉 다른 법령에 의하여 국고 또는 지방자치단체의 부담으로 「공무원연금법」에 의한 급여와 같은 종류의 급여를 받는 경우 그 급여에 상당하는 금액을 「공무원연금법」상의 급여에서 공제하여 지급한다(법 제12조의 2).

1975년 개정 법률은 퇴직급여와 수급자의 연금 외 소득을 조정하였다. 다만 이는 퇴직급여와 소득 자체를 조정하려는 것은 아니었다. 즉 국가 및 지방자치단체 등 공무원연금과 어느 정도 재정 관련성이 있는 기관에 취업한 경우가 조정의 대상이었다. 이에 따르면 퇴직연금을 받을 권리가 있는 자가 국가 또는 지방자치단체의 기관, 정부투자기관, 국가 또는 지방자치단체 및 정부투자기관이 단독 또는 공동으로 출자한 총액이 자본금의 2분의 1이상인 기관으로서 대통령령이 정하는 기관, 국가 또는 지방자치단체가 직접 또는 간접으로 출연금·보조금 등 재정지원을 하는 기관으로서 대통령령이 정하는 기관 등에서 보수 기타 급여를 지급받고 있는 때에는 그 지급기간 중 대통령령이 정하는 바에 따라 퇴직연금의 전부 또는 일부의 지급을 정지할 수 있다(법 제31조, 시행령 제38조 제2항). 이후 헌법재판소는 이와 같이 퇴직연금의 지급을 일부 제한하는 규정에 대해서는 합헌으로 결정하였다.[53] 다만 퇴직연금의 지급을 정지하는 요건 및 내용을 법률에 직접 규율하지 않고 대통령령에 포괄위임한 부분에 대해서는 위헌으로 판단하였다.

2. 군인연금법

위에서 언급했듯이 초기 「공무원연금법」 제정 논의에서 군인은 「공무원연금법」의 가입대상으로 고려되지 않았으나 입안과정에서 특별한 준비 없이 포함되었다. 「공무원연금법」은 군인의 특수성을 반영하여 군인에 관한 규정을 제4장에 별도로 두었다. 군인은 퇴직연령이 공무원과는 달리 이르며, 또 급여의 내용에 있어서 공무원과는 어느 정도 차이가 있었다. 이에 「공무원연금법」이 시행된 이후 군인을 독자적으로 적용대상으로 하는 「군인연금법」의 제정을 준비하였다. 「군인연금법」은 1963년 1월 28일 제정되었고, 소급하여 1963년 1월 1일부터 시행되었다.

「군인연금법」은 기본적으로 장기 복무하는 직업군인에게 적용된다. 단기 복

53) 헌재 2003.9.25, 2000헌바94등, 15-2(상), 254면 이하 참조.

무하는 하사관 및 병에게는 부상 또는 사망하거나 재해를 입었을 때 지급되는 재해보상금에 관한 규정인 제31조만이 적용된다. 군인연금의 급여는 퇴역연금, 퇴직일시금, 상이연금, 유족연금, 유족일시금, 재해보상금 등으로 구성된다(법 제6조). 퇴역연금은 군인이 20년 이상 복무하고 퇴직한 때로부터 지급된다. 공무원연금과는 달리 60세가 연금수급연령으로 정해져 있지는 않다. 다만 「공무원연금법」 역시 1962년 법률 개정을 통하여 연금수급연령을 폐지한 바 있다. 전투에 종사한 기간은 재직기간을 3배로 계산한다(법 제16조 제3항). 퇴역연금의 산정방법은 공무원연금과 같다. 퇴직일시금, 상이연금, 유족연금, 유족일시금의 산정방법 역시 1962년 「공무원연금법」과 같다. 1974년 12월 26일 개정 법률은 「공무원연금법」과 마찬가지로 퇴직 후 일정한 소득활동을 하는 경우에 연금의 전부 혹은 일부를 제한할 수 있도록 하였다(법 제21조 제3항).[54]

「군인연금법」은 1970년 1월 1일 개정에 의하여 비용부담의 특례 규정을 도입하였다. 즉 전쟁 또는 사변으로 인하여 발생하는 급여에 소요되는 비용은 당해 연도의 기여금·부담금 및 기금운용수익금을 초과하는 금액에 한하여 국고가 부담한다(법 제39조의2). 군인연금의 기여금 및 부담금 비율은 처음부터 3.5%였으며, 1970년 개정에 의하여 5.5%로 인상되었다(법 제38조 제1항).

3. 사회보상입법

1950년 한국전쟁이 발발하기 이전에 이미 분단상황이 지속되면서 전쟁 혹은 전투 중에 발생한 피해에 대한 국가적 차원에서의 보상이 필요하게 되었다. 1950년과 1951년에 「군사원호법」과 「경찰원호법」이 제정되어, 상병군인 및 상이경찰관, 그리고 그 유족에게 생계부조, 의료부조, 직업보호, 수용보호 등을 행하였다. 이들 급여는 구성요건을 중심으로 보면 사회보상에 해당하였으나 급여의 종류와 내용은 공공부조에 머물러 있었다. 예컨대 생계부조는 생계를 유지하기 곤란한 자에게 지급되었고, 급여의 수준과 방법은 대통령령에 위임되어 있다. 따라서 권리의 성격을 갖지 못했고, 그만큼 제도의 안정성이 결여되어 있었

54) 「공무원연금법」과 마찬가지로 「군인연금법」의 해당 조항에 대해서는 위임의 구체성과 관련해서는 급여 제한 자체에 대해서는 합헌으로 결정되었다. 헌재 1994.6.30, 92헌가9, 6-1, 543면 이하; 2003.9.25, 2001헌가22, 15-2(상), 231면 이하; 2005.10.27, 2004헌가20, 17-2, 205면 이하; 2005.12.22, 2004헌가24, 17-2, 625면 이하; 2009.3.26, 2007헌가5등, 21-1(상), 312면 이하; 2010.7.29, 2009헌가4, 22-2(상), 95면 이하 등 참조. 이에 관한 비판적인 평석으로는 예컨대 전광석, "군인연금법 제21조 제5항에 대한 한정위헌결정", 전광석, 헌법판례연구(법문사, 2000), 79면 이하 참조.

다(군사원호법 제8조 및 제10조; 경찰원호법 제6조 및 제8조). 이에 국가유공자에 대한 충실한 생활보장을 위하여 1952년「전몰군경유족과 상이군경연금법」이 제정되었다. 이 법은 전몰군경의 유족 및 상이군경에게 연금을 지급하여 장기적으로 생활을 보장하는 목적을 가졌다. 그러나 여전히 연금액과 지급방법은 대통령령에 위임되어 있었다.

사회보상의 이념에 기초하여 체계적인 입법구상은 1961년 제정된「군사원호보상법」을 기원으로 한다.「군사원호보상법」은 제대군인, 상이군경, 전몰군경의 유족에 적용된다(법 제2조). 법의 명칭에서 기존의 원호와 함께 보상의 개념을 사용하였고, 기존에 공공부조의 사고로부터 벗어나 희생에 대한 보상을 입법목적으로 하였다. 상이군경, 전몰군경의 유족의 경우에는 1959년 12월 31일 이전에 희생이 발생한 경우에 한하여 적용되었다. 이는 1960년 1월 1일 이후에는「공무원연금법」이 시행되어 이 법에 의한 급여가 지급되기 때문이다(법 제5조 제2, 3항). 다만 단기 복무하는 병 등은「공무원연금법」의 적용대상이 아님에도 불구하고 이들에게 1960년 1월 1일 이후 발생한 희생에 대해서「군사원호보상법」을 적용하지 않음으로써 보장의 공백이 발생하였다. 이 법에 의하여 국가보상 및 가료보호가 지급된다. 급여로 연금 혹은 보상금이 지급된다(법 제7조). 상이군경에 대해서는 생계부조수당, 가족수당, 보철구수당 또는 간호수당이 지급된다(법 제8조). 이밖에 유자녀에 대한 교육보호, 직장알선, 수송시설의 무료 이용 등의 조치가 취해진다(법 제9조 이하). 상이군경에게 가료보호가 지급되며, 이를 보호하는 다른 제도가 있는 경우에는 가료보호를 정지하고 대신 가료수당이 지급된다. 가료보호를 민간시설에 위탁하는 경우 치료비는 국가가 부담한다. 가료보호에 이어 필요한 경우 정양보호와 정양수당을 지급한다(법 제15, 16조). 이밖에 60세 이상인 적용대상자에게 양로수용보호, 유자녀에게는 양육보호 및 교육에 필요한 비용 등이 지급된다(법 제18, 19조).

군사원호보상 대상자에 대한 다양한 보호를 구체적으로 규율하기 위한 법률들이 제정되었다. 1961년「군사원호보상법」과 함께 전몰군경의 유자녀를 교육하기 위하여「전몰군경유자녀보호법」, 그리고 제대군인·상이군인 및 그 유족에 대한 고용보호를 위하여「군사원호대상자고용법」이 제정되었다. 이 법에 의하면 국가, 지방자치단체 및 국고보조를 받는 기관과 거래하는 기업체 기타 단체, 인원을 20인 이상 고용하고 있는 기업체 기타 단체 등은 고용인원의 5%를 군사원호대상자로 고용하여야 한다(법 제3, 4조). 이 법과 함께 국가 및 지방자치단체의 공무원 혹은 교육공무원으로 임용하기 위하여「군사원호대상자임용법」이 제정되었다. 1962년 군사원호사업을 효율적으로 운영하기 위하여 특별회계를 설치하는 근거법으로서 「군사원호특별회계법」, 이러한 특별회계로부터 군사원호대상자에게 저리(低利)로 자금을 대부하여 정착을 돕기 위하여 「군사원호대상자정착대부법」, 연금과 수당 등을 규율하기 위하여 「군사원호보상급여금법」, 1963년에는 원호대상자의 직업재활을 지원하기 위하여 「원호대상자직업재활법」 등이 제정되었다. 1962년 「국가유공자 및 월남귀순자 특별원호법」이 제정되었다. 이 법에 의하여 애국지사 및 그 유족, 4.19의거상이자, 4.19의거사망자의 유족, 재일학도의용군참가자, 반공포로상이자, 월남귀순자, 공상공무원 및 순직공무원의 유족, 무공훈장을 받은 자로서 생계가 어려운 자 등이 희생에 대한 보상을 받을 수 있게 되었다. 이들에 대한 원호의 종류와 내용에 대해서는 「군사원호보상법」이 준용되었다(법 제4조). 이로써 군사원호보상은 군복무 중에 발생한 희생 외에 유공행위 중 발생한 희생을 보상하는 일반제도의 위상을 갖게 되었다. 이 법은 1975년 12월 31일 「국가유공자 등 특별원호법」으로 개칭·개정되었다.

이후 「군사원호보상법」은 여러 차례 개정되었다. 1962년 개정 법률은 급여를 위한 절차적 요건으로 등록제도를 도입하였다. 이에 따르면 원호를 받을 권리가 있는 자는 수급요건이 성립한 후 5년 이내에 등록을 하지 않은 경우 수급권을 상실한다(법 제6조).[55] 급여의 종류는 보상금을 삭제하고 연금으로 단일화되었다(법 제7조). 급여의 제한 사유를 추가하였다. 즉 적용대상자가 금고 이상의 형을 받고 그 형이 집행 중인 때에는 그 기간 중 일체의 원호는 정지된다(법 제24조 제2항). 1968년 개정 법률은 군경 이외에 종군자, 즉 군사적 목적으로 외국에 파견된 군속 및 공무원으로서 전투 또는 군작전상의 직무수행 중에 상이를 입은 자 또는 사망한 자의 유족, 정부의 승인을 얻어 전시 또는 사변시에 전투 또는 군작전에 종군하는 기자, 국군과 함께 외국에 파견되어 전투 또는 군작전에 종군하는 기자로서 그 전투 또는 군작전에 종군하던 중 상이를 입은 자 또는 사망한 자의 유족 등에게 「군사원호보상법」을 적용하도록 하였다(법 제25조의 3).

4. 생활보호법

(1) 헌법과 조선구호령의 경험

5.16군사쿠데타는 '기아선상에서 방황하는 민생고'의 '해결'을 공약하였다.

55) 등록제도에 대한 헌법적 평가로는 헌재 1995.7.21, 93헌가14, 7-2, 18면 이하; 1998.2.27, 97헌가10등, 10-1, 29면 이하 등 참조.

1944년 제정된 「조선구호령」은 이러한 공약과 조화될 수 없었으며, 최저생활의 보장은 가장 시급히 정비되어야 할 문제였다. 이에 위에서 서술한 바와 같은 최고회의 의장의 '사회보장에 관한 지시각서' 이전에 이미 군사정부 국가재건최고회의에서 「조선구호령」을 폐지하고 이를 대체하는 「생활보호법」이 제안되었다(1961년 12월 20일). 「생활보호법」은 1961년 12월 30일 제정되었다. 시행령은 1962년 7월 23일 각령으로 제정되었다. 「생활보호법」이 어떠한 과정을 거쳐 입안되었는가는 알려져 있지 않다. 그러나 위에서 언급한 바와 같은 제정 취지에도 불구하고 당시 사회보장에 대한 인식수준에서 「조선구호령」의 내용과 근본적으로 검토하고 경험을 「생활보호법」이 입안된 것은 아니었다. 앞 장에서 서술했듯이 미군정에서 제정된 「구호준칙(제3C호)」이 기존 「조선구호령」의 구조적 문제를 부분적으로 개선하였지만 이 점이 「생활보호법」 제정에서 주목되지는 않았다. 또 부분적으로 「조선구호령」을 개선하는 내용을 두었지만 전체적으로 보면 헌법 및 기존 「조선구호령」의 한계를 벗어나지는 못하였다.

「생활보호법」은 1948년 헌법 제19조의 규정을 그대로 원용하여 입법목적을 규정하였다. 즉 '본법은 노령, 질병, 기타 근로능력의 상실로 인하여 생활유지의 능력이 없는 자' 등에 대한 보호와 그 방법을 규정하여 사회복지에 기여함을 목적으로 한다. 바로 다음 해, 즉 1962년 개정되는 헌법은 제30조에서 인간다운 생활을 할 권리를 독자적인 기본권으로 보장하고, 국가에게 사회보장의 증진에 노력할 의무를 부과하였다. 특히 개정 헌법 제30조 제3항은 1948년 헌법 제19조와 비교되며, 이 조항은 이론적으로 보면 혁신적인 변화에 해당한다고 할 수 있다. 이 점에 대해서는 위에서 설명한 바 있다.[56] 1961년 「생활보호법」에 이와 같이 앞으로 이루어질 헌법의 변화를 고려한 흔적은 없다. 또 「생활보호법」이 「조선구호령」의 부정적 경험을 근본적으로 검토하는 작업을 거치지 못했고, 또 이러한 경험을 새로이 제정될 헌법을 기준으로 점검하는 과정도 없었다.

(2) 1961년 생활보호법의 주요 내용

공공부조는 빈곤을 보편적으로 보호하여야 한다. 그러나 1961년 공공부조의 기본법으로 제정된 「생활보호법」은 보편적 보호를 실현하지 못했으며, 이 점에서 「조선구호령」과 차이가 없었다. 「생활보호법」은 여전히 근로능력이 없는 것

56) 이에 대해서는 위 제2절 Ⅱ.1. 참조.

으로 의제되는 연령, 신체 및 정신적인 조건을 기준으로 보호대상자로 선정하였다. 연령기준으로는 65세 이상의 노쇠자, 18세 미만의 아동을, 그리고 신체적 및 정신적 기준으로는 임산부, 불구·폐질·상이 기타 정신 또는 신체의 장애를 조건으로 하였다(법 제3조 제1항). 이는 위에서 서술한 「조선구호령」의 문제를 이어받은 규정이었다. 근로능력이 있음에도 불구하고 근로의 기회를 갖지 못하는 상황은 개인의 게으름 등에 원인이 있으며, 따라서 '보호의 가치가 없는 빈민'이라는 사고가 의식적으로 지배하였거나 혹은 과거의 관성이 그대로 이어진 것으로 보인다. 「생활보호법」은 급박한 사유가 있는 경우에는 임시로 생활보호급여가 지급될 수 있도록 하였다(법 제3조 제4항). 그러나 이는 부양의무가 이행될 수 없는 경우에 한정적으로 적용되는 규정이었다.

「생활보호법」은 급여의 보충적 성격을 이중적으로 표현하였다. 첫째, 민법상의 부양의무자가 부양능력이 있는 경우에는 생활보호급여가 지급되지 않는다. 부양능력의 유무에 대한 판단 역시 근로능력을 기준으로 하였다. 즉 남자는 65세 이상인 경우, 여자는 50세 이상인 경우, 그리고 심신장애로 인하여 근로능력이 없는 경우에 한하여 부양능력이 없는 것으로 본다(시행령 제1조). 이에 따르면 부양의무자가 근로능력이 있는 경우에는 실업 등을 이유로 실제 소득활동을 할 수 없는 경우에도 부양능력이 있다고 보고 생활보호대상자로 선정될 수 없다. 또 부양능력이 있으면 부양의무를 완전히 이행할 것을 조건으로 하였기 때문에 부양의무자가 부양의무를 이행한 결과 스스로 최저생활을 할 수 없게 될 수도 있다는 인식은 없었다. 개별적인 상황을 구체적으로 보호하는 이념에 비추어보면 무리한 정형화였다. 실제 부양능력이 있는 부양의무자가 있는 경우에는 보호비용을 지출한 보호기관은 그 비용의 전부 혹은 일부를 부양의무자로부터 부양의무의 범위 내에서 징수할 수 있다(법 제42조 제1항). 둘째, 보호대상자가 다른 법령에 의하여 보호받고 있는 경우에는 생활보호급여가 지급되지 않는다(법 제3조 제1항, 제3항).

생활보호의 수준은 건강하고 문화적인 최저생활을 유지할 수 있도록 하여야 한다(법 제4조). 생활보호대상자를 선택적으로 선정하는 소극적인 태도에서 보면 '건강하고 문화적인 최저생활'이라는 적극적인 보호수준을 법제화한 것은 이례적이다. 이러한 문구가 어떠한 과정을 통하여 도입되었는지는 불분명하다. 당시 입법작업에서 일본의 예가 많이 참조되었던 것을 보면 일본 헌법이 제25조에서 사회보장의 권리를 '건강하고 문화적인 최저생활을 영위할 권리'로 규정한 것에 영향을 받은 것이 아닌가 생각한다. 그러나 이 규정은 보호의 종류와 내용을 형성하는 데에는 전혀 반영되지 못했다. 보호의 종류는 생계보호, 의료보호, 해산보호, 상장보호 등이다(법 제5조). 예컨대 생계보호로 의복, 음식 기타 일상생활의 수요를 충족하기에 필요한 금품이 지급되며, 자세한 기준은 보건사회부장관이 정한다(법 제7조). 최소한의 물질적인 생활을 보장하는 데 그치고, 또 그 기준이 전적으로 행정적 결정에 위임되어 있다는 한계가 있었다. 이러한 규범적 상황에서 개인이 최저생활보장의 권리를 구체적으로 실현하기는 어려웠다.

1961년 제정된 「생활보호법」은 위에서 지적한 문제가 있었음에도 불구하고 1982년 전부 개정이 있을 때까지 정치적·정책적 및 입법적 관심에서 멀어져 있었다. 1961년 이후 생활보호의 행정은 점차 개선되었다. 특히 급여수준이 꾸준히 인상되었다. 그러나 여기에는 다음과 같은 한계가 있었다. 첫째, 「생활보호법」이 보편성을 갖지 못하는 구조적인 문제는 그대로 유지되었다. 둘째, 부분적으로 제도의 개선이 있었지만 법적 기초가 없이 행정적 차원에서 이루어졌기 때문에 안정성이 결여되어 있었다. 보호대상자의 선정기준이나 보호수준이 법률에 규정되지 않은 상황에서 최저생활보장의 과제는 주어진 예산에 종속되는 현실이 나타났다. 1968년 「자활지도사업에 관한 임시조치법」이 제정되어 '근로능력이 있는 영세민'의 자활을 지원하고, 구호양곡을 적절히 관리하여 지역사회의 개발에 기여하는 조치가 취해졌지만 이는 임시조치의 성격을 벗어날 수 없었다. 1969년 비로소 생활보호예산이 독자적으로 편성되었다는 사실이 이를 상징적으로 보여주고 있다.[57] 실제 「생활보호법」 시행 이후 10년간 보호대상자의 규모는 거의 정체되어 있었으며, 여전히 주변적·잔여적·시혜적 제도로 머물러 있었다.[58] 예컨대 사회보장예산을 기준으로 보면 특히 1977년 의료보험이 시행되면서 사회보험에 대한 국고보조는 큰 폭으로 늘어난 반면 공적 부조 및 사회복지서비스 예산은 오히려 크게 줄어들었다.[59]

5. 아동복리법

「생활보호법」이 제정된 같은 날, 즉 1961년 12월 30일 「아동복리법」이 제정

57) 이 점에 대해서는 예컨대 이덕연, "헌법으로 본 빈곤(사회양극화) 문제와 예산과정", 공법연구 제39집 제3호(2011), 233면; 이혜경, "한국의 소득보장제도; 압축성장의 한계와 탈도구화의 과제", 연세사회복지연구 제1권(1993), 31면, 78면 이하 등 참조.

58) 1960년대의 생활보호의 상황에 대해서는 김영순/권순미, "공공부조제도", 양재진 외, 한국의 복지정책 결정과정－역사와 자료(나남, 2008), 214면 이하 참조.

59) 이에 대해서는 이경은, "정치체제와 복지정책의 산출－제3·4공화국의 경우", 한국행정학보 제23권 제1호(1989), 118면 이하 참조.

되었다. 이 시기에 「아동복리법」이 제정된 구체적인 계기가 무엇인지는 알려져 있지 않다. 내외적 환경을 보면 1957년 2월 우리나라에서 '대한민국 어린이헌장'이 선포되어 아동문제에 대한 관심이 표현되었으며, 1959년 11월 20일 국제연합(UN)은 「아동권리선언(declaration on therights of children)」을 채택하였다. 그러나 이러한 국내외적 환경이 「아동복리법」을 제정하는 배경이 되었는지는 확실하지 않다. 다만 당시 보건사회부 사업에서 아동복지가 중요한 비중을 가졌던 것은 사실이다. 예컨대 1957년 보건사회부 예산에서 시설아동 부식비 보조가 차지하는 비율이 거의 절반에 이르렀다. 또 아동복지시설 운영재원은 부족했으며, 외국원조가 차지하는 비율이 압도적으로 높았다.[60]

「아동복리법」은 주로 보호자로부터 유실, 유기(遺棄) 혹은 이탈되었거나, 보호자가 아동을 양육하기에 적당하지 않은 경우 아동을 보호하는 목적을 가졌다. 이는 다음과 같은 두 가지 상황을 배려하는 조치였다. 첫째, 한국전쟁 중 유기아동이 대규모로 발생하였다는 사실이다. 둘째, 당시 우리 소득상황을 볼 때 양육능력이 없기 때문에 유기된 아동의 숫자가 상당히 존재하였다. 결국 1961년의 「아동복리법」은 아동에 대한 일반적인 사회정책적 관심보다는 현재 보호를 받지 못하는 아동에 대한 긴급한 조치를 취하는 목적에서 제정된 것으로 보인다. 이에 상응하여 예산 투입은 제한적이었다. 예컨대 1957년, 1961년 그리고 1965년 아동복지시설의 운영재원 중 외국원조가 차지하는 비율은 32.8%, 53.3%, 그리고 64%에 이르렀다.[61] 따라서 「아동복리법」은 이러한 긴급입법의 성격을 벗어나면서 아동의 건강하고 건전한 성장을 보호하고, 또 부모의 양육부담을 덜어 아동양육을 사회화하는 발전의 길을 밟기 위하여 구조적 개혁의 과제를 처음부터 예정하고 있었다. 1961년 「아동복리법」은 1981년 「아동복지법」으로 개칭·개정되었다.

「아동복리법」은 아동과 임산부를 보호한다. 아동은 18세 미만의 자이다(법 제2조). 아동에 대한 보호는 주로 아동복리시설에서 이루어진다(법 제3조). 이에 비해서 아동에 대한 개별적인 보호는 전혀 예정되어 있지 않다. 당시 「아동복리법」은 방치된 아동의 전체적·객관적인 상황을 주목하였으며, 아동 개인에게 주관

60) 「아동복리법」 및 「아동복지법」의 발전을 추적하는 문헌으로는 예컨대 문영희, "현행 아동복지법에 관한 고찰-특히 아동학대와 관련하여", 한양법학 제21권 제3집(2010), 403면 이하; 이혜경, "경제성장과 아동복지정책의 변용; 한국의 경우", 한국아동복지학 제1호(1993), 201면 이하 등 참조.

61) 이에 대해서는 이혜경, 위 각주 60의 논문, 214면 이하 참조.

적으로 인격실현의 기회를 보장하는 인식은 아직 형성되어 있지 않았다. 아동에 대한 금지행위를 열거하였다. 불구기형의 아동을 공중에 관람시키는 행위, 아동에게 걸식을 시키거나 아동을 이용하여 걸식하는 행위, 공중의 오락 또는 흥행을 목적으로 14세 미만의 아동에게 곡예를 시키는 행위, 14세 미만의 아동을 주점 기타 접객업소에 종사시키는 행위, 아동에게 음행을 시키는 행위, 음행을 매개하는 행위 등이 금지된다(법 제15조). 이밖에 시설의 장에게 아동에 대한 취학의무, 보호자에게 아동의 건강유지와 향상을 위하여 노력할 의무를 부과하였다(법 제19, 20조). 1981년 「아동복리법」이 「아동복지법」으로 개칭·개정되기까지 이러한 규범구조는 변함이 없었으며, 1981년 「아동복지법」 역시 기존의 규범 및 보호의 구조에 큰 변화를 가한 것은 아니었다.

제 4 절 국민복지연금법의 제정과 시행 유보

Ⅰ. 구상과 제정

1960년대 초반 사회보장입법은 「산재보험법」, 「의료보험법」, 그리고 「사회보장에 관한 법률」을 중심으로 논의되었다. 위에서 언급한 바와 같이 노동보험으로 산재보험과 함께 실업보험이 구상되었으며, 또 부분적으로 보건사회부 내부에서 연구가 이루어졌다.[62] 그러나 당시 우리 사회가 실업보험을 실시할만한 경제사회적 구조를 갖지는 않았다.[63] 이에 실업보험법의 제정은 미루어졌다. 우리나라에서 실업보험을 구성요소로 하는 「고용보험법」은 1993년에 비로소 제정되어 1995년 시행되었다.

노후소득보장을 위한 사회보험인 연금보험은 초기에는 연구 및 입안의 대상에서 제외되었다. 그 이유를 정확히 알 수 있는 기록은 없다.[64] 생각건대 여기에는 몇 가지 상황이 작용했을 것으로 추측된다. 첫째, 1962년 최고회의 의장의 지시각서는 '기아선상에서 방황하는 민생고'의 '해결'을 우선적인 목표로 제시하였고, '의료균점을 수립하고 부조와 보험을 기간으로 하는 사회보장제도의

62) 이에 대해서는 위 제2절 II.2. 참조.
63) 이에 대해서는 위 각주 14 참조.
64) 위 각주 23 참조.

기틀을 마련하여 국민생활향상과 복지사회를 건설한다'는 방향을 제시하였다. 최고회의 의장의 지시각서는 사회보험의 실시를 언급하고 있었지만 '실시에 용이한 보험을 선택하여 착수'하도록 하였고, 이에 주로 의료보험에 중점이 두어졌다. 둘째, 의료보험이 사회보험의 단계적 실시에 있어서 우선순위가 있었다. 또 「의료보험법」에 대한 연구는 그동안 상당히 축적되어 있었다. 건강보험제도 도입을 위한 연구회, 사회보장제도심의위원회 및 사회보장심의위원회 전문위원들의 연구가 여기에 해당한다. 그런데 이마저도 정부의 재정부담을 이유로 강제가입 등 사회보험의 본질적인 요소를 배제하는 형태로 법률이 제정되었으며, 실질적으로는 그 시행이 유보되었다. 연금보험은 우리 사회에서 완전히 새로운 제도이며, 또 정부와 사용자, 그리고 근로자가 함께 재정을 부담하여야 하는 문제가 있었다. 셋째, 노후의 소득상실과 보장의 문제는 가족의 기능이 유지되어 있는 상황에서는 1차적으로 가족 내에서 어느 정도 해결될 수 있는 문제이다. 1960년대의 시기에 전체적으로 국민소득이 낮은 수준에 있었던 것은 사실이지만 우리 사회에서 핵가족화가 급진전되었다거나 가족 간의 부양기능이 더 이상 기대될 수 없는 상황이라고 볼 수는 없었다. 넷째, 우리 사회에서 오랫동안 노후 소득보장은 「근로기준법」상의 퇴직금제도에 의존하였다. 1953년 제정된 「근로기준법」은 1961년에 비로소 퇴직금제도를 도입하였다. 퇴직금제도가 당시 노후소득보장의 대체적인 수단으로 이해되었으며, 따라서 연금보험이 사회보장의 논의에서 주목을 받지 못했다.

위와 같은 상황은 1970년대에 들어오면서 부분적으로 변화하였다. 변화된 상황을 정리하면 다음과 같다. 첫째, 1차(1962-66년)와 2차(1967-71년)에 걸친 경제개발계획과 그 성과를 배경으로 산업화가 진행되면서 우리 사회에서 도시화와 핵가족화의 경향이 눈에 띠게 나타났다. 가족에서 구성원 간의 기능분담을 통하여 노후생활이 보장되는 가능성이 점점 약화되어 가고 있었다. 둘째, 산업화를 선도하였던 국가, 그리고 산업화의 수혜자인 기업에 대해서 경제성장에 따른 분배책임이 서서히 가해지기 시작하였다.[65] 성장과 분배의 담론이 나타나면서 사회보장의 핵심인 의료보장과 함께 노후소득보장에 대한 공적 책임이 부각되었다. 다만 이러한 배경에서 근로기간중에 소득을 보장하는 데 중점을 둘 것인가, 나아가서 퇴직 후 소득보장에 관한 정책을 새로이 도입·시행할 것인가

65) 이 점에 대해서는 예컨대 국민연금관리공단, 국민연금 10년사(1998), 107면 이하; Park Chong-Kee, *Social Security in Korea*(KDI, 1975) 등 참조.

는 다양한 요소를 고려하여 결정할 문제였다.

셋째, 1961년 「근로기준법」에 도입된 퇴직금의 사회적 기능에 관한 경험은 부정적이었다. 퇴직금은 법정제도이기는 하였지만 「근로기준법」이 적용되는 사업장에 한정되었다. 전체 근로자 중에서 퇴직금제도의 적용을 받는 근로자는 1966년 약 5.4%, 1975년 약 12.2%에 불과했다.[66] 또 기업이 퇴직금을 사내(社內)에 적립하여 유용하는 사태가 빈번하게 나타났으며, 기업이 도산 등의 사유로 지불능력을 상실하는 경우에는 퇴직금이 지급될 수 없었다. 이와 같은 문제를 개선하기 위하여 단체퇴직보험, 종업원퇴직적립보험을 도입하여 퇴직금적립을 사외(社外)에 유보하는 유인을 하였지만 실제 효과가 크지는 않았다.[67] 이러한 제도적 문제 외에 퇴직금은 같은 직장에서 오랜 기간 재직한 후 퇴직할 때에는 노후소득보장의 기능을 수행하지만 짧은 기간 재직한 후 지급되는 경우에는 일종의 실업급여의 기능을 보다 강하게 띠었다. 그런데 당시 전체 퇴직자 중 1년 이상 재직자의 비율은 50%에도 이르지 못했다. 또 퇴직금 수급자 중 50세 미만의 근로자가 압도적으로 다수였다.[68] 그밖에 퇴직금이 일시금의 형태로 지급되고, 퇴직 후 시기에 자녀들이 혼인연령이 되어 혼인자금으로 쓰여 지는 등 노후소득보장에 적합하게 기능하지 못했다.

위와 같은 상황의 변화를 인식하여 1960년대 후반 이후 보건사회부는 연금제도에 대한 연구를 시작하였다. "노령인구의 증가에 대비하여 취업노동자에 대한 양로보험의 도입"(1968), "양로연금 기초조사연구"(1973), "우리나라 연금보험제도 수립을 위한 연구"(1973) 등이 주제였다.[69] 정부는 1972년 3대 복지과제를 제시하였다. 여기에는 '전국민 의료보험'과 '중학교 의무교육 실시'와 함께 '양로보험의 실시'가 포함되어 있었다. 보다 구체적으로 1972년에는 '연금제도 도입을 위한 장기계획; 1973~83'이 발표되었다. 이에 따르면 연금보험은 500인 이상 사업장에 적용하여 약 30만명의 근로자를 가입자로 하고, 1981년에는 30인 이상의 사업장으로 확대하여 가입자 수가 200만명이 될 것으로 예측하였다. 같은 연구는 한국개발원(KDI)에서도 이루어졌다.

1973년 보건사회부와 경제기획원은 연금보험사업을 대통령에게 보고하였고, 이후 두 부처는 공동으로 실무위원회를 구성하여 연금보험법안을 작성하였다.

66) 민재성/박재용, 퇴직금제도의 문제점과 개선방향(한국개발연구원, 1984), 21면 참조.
67) 민재성/박재용, 위 각주 66의 책, 31면 이하 참조.
68) 민재성/박재용, 위 각주 66의 책, 146면 참조.
69) 이밖에 위 각주 23 참조.

초기에 보건사회부의 안과 경제기획원의 안은 몇 가지 차이가 있었다.[70] 적용대상에 있어서 보건사회부안은 500인 이상 근로자를 고용하는 사업장에 우선적으로 적용하고 단계적으로 확대하는 안을, 경제기획원은 처음부터 전국민을 대상으로 하였다. 보건사회부는 의료보험의 경험을 바탕으로 점진적이고 부분적인 실시 및 확대를 구상하였다. 이에 비해서 경제기획원은 연금보험은 내자동원(內資動員)의 수단으로 생각했으며, 이에 전면적인 실시를 주장한 것이었다. 급여구상에 있어서도 다음과 같이 차이가 있었다. 경제기획원은 제도의 지속가능성을 중시하였으며, 연금을 소득재분배의 수단으로 구상하지는 않았다. 이에 비해서 보건사회부는 소득재분배의 이념을 투입하여, 모든 국민이 적정한 수준의 급여를 받을 수 있도록 구상하였다. 여기에는 일본 후생연금이 2층구조를 형성하여 기초생활을 보장하고 있다는 점이 영향을 미쳤다. 보건사회부안은 보험료율을 5%(피용자 2%, 사용자 3%)로 비교적 낮게 하였던 반면, 경제기획원안은 10%로 상당히 높은 안을 제시하였다.

재정관리에 있어서 두 안은 모두 적립방식을 채택하였다. 그러나 기금의 사용에 있어서는 근본적인 차이가 있었다. 보건사회부안은 「국민복지연금특별회계법」을 제정하여 기금을 투융자사업 및 사회복지기금으로 융자하도록 하였다. 이에 비해서 경제기획원안은 중화학공업자금 기금에 적립하도록 하였다. 후자의 안은 국민복지연금사업의 진정한 의도를 의심스럽게 하였다. 이는 아래에서 서술하는 바와 같이 「국민복지연금법」의 시행이 유보되는 원인이 되었다. 기금을 관리운영하는 주체에 있어서도 차이가 있었다. 보건사회부는 새로이 국민복지기금운용위원회를 설치하도록 하였고, 경제기획원은 국세청이 관장하는 안을 제시하였다. 전체적으로 보면 보건사회부의 구상이 복지사고에 충실하였고, 또 당시 근로자의 상황에 비추어 현실적이었으며, 이에 국민복지연금법안에 비중있게 반영되었다.

국민복지연금은 당시 일반 국민의 의식에서는 생소했다. 또 이 제도의 도입에 대한 사회적 논의가 활발하지도 않았다. 전체적으로 보면, 특히 당시 언론의 태도를 중심으로 보면 국민복지연금의 도입에 사회적 합의가 형성되어 있지는 않았다.[71] 첫째, 공적 연금을 시행하기 위해서는 어느 정도 경제성장이 선행하여야 하는데 이와 같은 조건이 성숙하였다고 보기 힘들다는 평가이다. 둘째, 경

70) 이에 대해서는 손준규, 위 각주 3의 책, 133면 참조.
71) "국민복지연금제도안과 이에 대한 반응", 입법조사월보(1973.12), 122면 이하 참조.

제성장에 뒤따라, 혹은 경제성장과 함께 사회보장을 추진하는 것이 바람직하지만 사회보장이 실시되는 경우 우선순위가 연금제도가 아니라 의료보험 및 실업보험에 있어야 한다는 논리이다. 셋째, 연금제도를 도입하는 경우에도 이에 앞서 최저임금제가 먼저 실시되어야 한다. 당시 저임금이 일반적인 상황에서 노후소득을 보장하는 연금제도가 이상적일 수 있지만 저임금의 일부를 보험료로 납부하는 경우 근로자의 현재 생활이 보장될 수 없기 때문이다.

연금제도에 대한 노동측의 반응은 거의 알려져 있지 않다. 다만 한국노총은 저소득근로자가 국민복지연금에서 임의가입자로 되어 있는 점에 대해서 비판적이었다. 이에 정부 혹은 기업이 재정을 부담하여 저소득근로자가 연금수급자가 되어야 한다는 제안을 하였다. 또 국민복지연금의 도입으로 인하여 기존의 퇴직금제도가 영향을 받아서는 안된다는 점을 강조하였다. 퇴직금이 임금후불의 성격을 갖는다는 논리에 기초한 주장이었다.[72] 이에 비해서 기업들은 대체로 부정적인 반응을 보였다. 기존에 퇴직금을 적립하는 부담 외에 추가로 연금보험에 보험료를 납부하는 부담이 문제였다. 또 국민복지연금이 시행되는 경우 이를 퇴직금청구권과 조정하는 문제가 해결되어야 했다.

국민복지연금을 추진하는 정치적 의도에 대한 의구심은 강했다. 당시는 정부가 중화학공업을 육성하는 방향으로 산업정책을 전환하려는 시기였다. 그런데 중화학공업은 경공업과는 달리 초기에 대규모의 투자가 필요하며, 국민복지연금이 이에 소요되는 재원을 조달하는 목적을 갖는다는 의심을 받았다. 이는 일본에서 1941년 노동자연금보험(후생연금)을 도입하는 목적이 당시 전쟁비용을 조달하기 위한 것이라는 지적을 연상시켰다.

사실 '복지정책의 관점'에서 보면 사회보험을 도입하는 경우 우선순위는 일반적으로 의료보험에 있다. 질병은 단기적인 위험으로서 적시에 치료를 하지 않을 경우 회복할 수 없는 피해가 발생할 수 있기 때문이다. 이에 비해서 소득보장은 단기적인 위험이 아니고, 또 위에서 지적했듯이 가족이 어느 정도 기능하는 사회구조에서는 시급한 문제도 아니었다. 당시 우리나라에서 핵가족화의 경향이 나타난 것은 사실이지만 아직 고령화 혹은 고령사회로 진입하였다고 볼 수 있는 상황도 아니었다. 1970년 기준으로 우리나라에서 60세 이상의 인구가 전체 인구에서 차지하는 비율은 5.4%였다. 이를 다른 나라와 비교하면 일본과

72) "국민복지연금제도안과 이에 대한 반응", 입법조사월보(1973.12), 132면 참조.

미국의 경우 60세 이상 노인인구비율은 10.7% 및 14.2%였다.[73] 또 연금보험을 도입하는 시기를 기준으로 65세 이상 노인인구비율을 보면 당시 우리나라가 3.3%%인데 비해서, 1911년 연금보험을 도입한 영국의 경우 5.2%, 미국의 경우 1930년 5.4%, 독일의 경우 1890년 5.1%였다.[74]

'정치적 관점'에서 보더라도 의료보험이 일반적으로 우선순위를 갖는다. 질병이 의료보험을 통하여 보호되는 경우 정책효과가 단기간에 나타나며 그만큼 정치적 정당성을 제고하는 효과가 있기 때문이다. 그럼에도 불구하고 1963년 좌절된 의료보험을 도입하는 대신 그 동안 논의가 거의 없었던 국민복지연금을 도입하는 것은 갑작스러운 결정이고 그만큼 산업정책적 차원에서 추진된다는 의심을 받기에 충분하였다.

위에서 서술했듯이 경제기획원은 연금보험의 재정수입을 중화학공업자금기금에 적립하는 의도가 있었다. 또 실제 1973년 9월 20일 경제기획원장관과 보건사회부장관이 공동으로 발표한 '국민복지연금제도의 실시에 대한 기본요강과 제도에 대한 설명'에서 "사회보장제도의 확충을 통하여 조성되는 자원은 중화학공업을 중심으로 하여 생산적으로 운용함으로써 고용의 기회를 증대하며 경제발전에 기여하려는 데 있"다고 하여 정책의도를 숨기지 않았다. 또 경제기획원안이 처음부터 전국민을 가입대상으로 하였으며, 보험료율을 비현실적으로 높은 10%로 한 것은 모두 이러한 의심을 깊게 하는 원인이 되었다. 이와 같은 우려에도 불구하고 「국민복지연금법」은 1973년 12월 24일 국회에서 의결되었고, 1974년 1월 1일 시행령이 제정되어 시행이 예정되었다. 「국민복지연금법」의 주요 내용은 다음과 같다.

Ⅱ. 국민복지연금법의 주요 내용

「국민복지연금법」은 노령, 장해, 그리고 사망으로 인한 유족의 부양상실을 보호한다. 연금수급연령은 남자와 여자가 차별화되어 있다. 원칙적으로 남자는

---

73) 이에 대해서는 예컨대 이혜경, "신한국 소득정책의 방향", 한국사회복지정책연구원, 신한국의 복지정책(1994), 78면 이하 참조. 각국에서 사회보장 도입시기의 노인인구비율에 대한 비교로는 이혜경, "권위주의적 자본주의사회에서의 복지국가의 발달; 한국의 경험", 한국사회복지학 제21호(1993), 179면 이하 참조.

74) 이에 대해서는 이혜경, "한국의 소득보장제도; 압축성장의 한계와 탈도구화의 과제", 연세사회복지연구 제1권(1993), 75면 참조.

60세, 여자는 55세로 한다(법 제37조 제1항). 당시 퇴직연령이 일반적으로 55세인 점을 생각하면 퇴직시기와 연금수급시기 간에 보장의 공백이 예견될 수 있었다. 아래에서 서술하는 바와 같이 1988년「국민연금법」제정에 있어서 핵심적인 쟁점이었던 퇴직금과의 조정은 1974년 당시에는 주목을 받지 못했다. 장해는 가입기간이 1년 이상인 자가 가입기간 중 질병 혹은 부상으로 인하여 신체의 완전성이 훼손된 경우를 말한다. 장해등급은 3등급으로 나누어져 있다(법 제42조 제1항, 제43조). 가입기간이 20년 이상인 자, 노령연금수급권자, 가입기간이 1년 이상인 가입자 등이 사망한 경우에 유족급여가 지급된다(법 제47조).

가입자는 1종 가입자와 2종 가입자로 나눈다. 1종 가입자는 상시 30인 이상 근로자를 사용하는 사업장(당연적용사업장)의 근로자로서 보수월액이 15,000원 이상인 자와 사용자이다. 처음에는 가입자격 기준인 보수월액이 7,500원이었다. 그러나 이 경우 당시 갑근세 면세점이 15,000원이었기 때문에 면세대상인 소득에 미달하는 근로자가 가입자가 되어 보험료가 부과되며, 이는 저소득 근로자에게 부담이 된다고 보았다. 이에 가입자격을 보수월액이 15,000원 이상인 근로자로 축소하였다. 당연적용사업장의 근로자로서 보수월액이 15,000원 이하인 자는 보건사회부장관의 인가를 받아 1종 가입자로 될 수 있다. 당연적용사업장 이외의 사업장의 근로자는 보수월액이 15,000원 이상인 근로자 3분의 2 이상의 요청이 있는 경우에 신청에 의하여 보건사회부장관의 인가를 받아 국민복지연금에 임의로 가입할 수 있다. 2종 가입자는 자영인으로서 보건사회부장관의 인가를 받아 가입한다(법 제7조 이하, 시행령 제6조).

급여의 종류로 노령연금, 장해연금, 유족연금, 반환일시금이 있다(법 제24조). 연금의 산정기초는 기본연금액(R)이다. 기본연금액은 연금수급전연도의 1종 가입자 전체의 평균보수월액(A)의 100분 240에 해당하는 액과 가입자의 연금보험가입기간 중 최종 3년간의 표준보수월액을 평균한 액(평균표준보수월액)(B)의 100분의 240을 더한 액으로 한다. 가입기간이 20년을 초과하는 경우에는 초과하는 매 1년에 대하여 평균표준보수월액(B)에 100분 4에 해당하는 액을 합산한 액을 기본연금액으로 한다. 이와 같은 연금산정방식은 1986년 제정된「국민연금법」과 비교하면 다음과 같은 두 가지 차이가 있었다. 첫째, 국민복지연금은 최종 3년간의 표준보수월액을 연금산정의 기초로 하였기 때문에 전체 가입기간의 평균소득을 기준으로 연금급여를 산정하였던 국민연금에 비해서는 가입자에게 유리하였다. 다만 최종보수월액을 연금산정기준으로 하였던 공무원연금에 비해서는 불리한 방식이었다. 1970년대 중반 당시 인플레이션이 극심했기 때문에 전체 가입기간의 평균임금을 기준으로 하여 연금을 산정할 경우 구매력을 유지할 수 없다는 점이 반영되었다. 둘째, 가입기간 20년을 초과하는 기간에 대해서 1986년 「국민연금법」은 가입자 전체의 평균보수월액(A)과 가입자 개인의 표준보수월액(B)을 함께 가산의 기초로 하였다. 이에 비해서 「국민복지연금법」에서는 가입기간 20년을 초과한 부분에 대해서는 가입자 개인의 소득수준에 충실하게 연금을 산정하는 방식을 택했다. 이로써 가입기간이 장기인 경우 고소득자에 유리하고, 저소득자에게 불리한 결과가 되었다. 이를 수식화하면 다음과 같다.

$R = 2.4 \times (A + B) + B \times 0.04n.$[75)]

R; 기본연금액

A; 연금수급 전연도 1종 가입자 전체의 평균소득월액

B; 가입자의 연금보험 가입기간 중 최종 3년간의 표준보수월액의 평균액(평균표준보수월액)

n; 가입기간 20년을 초과하는 연수

수급자가 생계를 유지하고 있던 배우자, 18세 미만의 자녀 또는 장해등급 2급 이상에 해당하는 자녀에게는 가급연금이 지급된다. 가급연금으로 배우자에게는 연 24,000원, 자녀에게는 연 12,000원이 지급된다(법 제27조, 시행령 제14조).

20년 이상 가입자가 60세(여자는 55세)에 이르면 노령연금수급권을 갖는다. 가입기간이 10년 이상이지만 20년 미만인 경우에는 노령연금은 감액된다(감액노령연금). 노령연금수급자 혹은 65세 이상의 감액노령연금수급자가 보수를 받는 업무에 종사하는 경우에도 노령연금은 감액된다(재직자노령연금). 가입기간이 10년 이상인 여자는 가입자격을 상실한 후 가입자로 되지 않고 1년을 경과한 후에 일시금의 지급을 청구할 수 있다(법 제37조 제4항). 이와 같이 일시금 수급자격을 여자에 한정한 것은 지금의 시각에서 보면 이례적이다. 남자 성인인 가입자가 근로활동을 계속하도록 유인하는 의도가 있었던 것으로 보인다.

노령연금액은 기본연금에 가급연금을 더한 액이다. 감액노령연금은 기본연금

75) 이에 비해서는 1986년 「국민연금법」에서 연금산정방식은 다음과 같다.
$R + 2.4(A + B)(1 + 0.05n)$

의 45%에 해당하는 액으로 한다. 가입기간이 10년을 초과하는 경우에는 초과하는 매 1년마다 기본연금액의 5%에 해당하는 액을 가산한다. 재직자노령연금으로 60세에 해당하는 자는 기본연금액에 40%에 해당하는 액을 지급받으며, 1세를 초과할 때마다 10%가 가산되어 65세에 이르면 기본연금액의 100%가 지급된다(법 제38조). 장해연금으로는 장해등급 1,2,3 등급에 대해서 기본연금액에 가급연금액을 가산한 액, 기본연금의 50%에 해당하는 액에 가급연금액을 가산한 액, 기본연금의 30%에 해당하는 액에 가급연금을 가산한 액이 지급된다(법 제43조). 유족연금으로 가입자의 가입기간에 따라 기본연금의 40%, 45%, 50%에 해당하는 액에 가급연금액을 합한 액이 지급된다(법 제49조, 시행령 제18조).

연금수급조건을 충족하지 못하고 60세에 달한 가입자 혹은 가입자이었던 자에게는 반환일시금이 지급된다. 반환일시금으로 본인이 부담한 기여금의 총액에 일정한 비율을 곱한 액을 가산한 액이 지급된다. 사용자의 부담금에 의하여 형성된 연금청구권을 일시금 산정에 반영하는 사고는 아직 존재하지 않았다. 이는 사용자의 부담금에 의하여 형성되는 급여 부분에 대해서 임금후불이 아니라 은혜적인 성격의 공로보상으로 이해했다는 암시를 한다. 그러나 당시 「공무원연금법」에서는 공무원의 기여금 뿐 아니라 국가의 부담금이 일시금 산정의 요소였다는 점을 생각하면 입법체계에 대한 인식이 결여되어 있었다. 가입기간이 5년 이상 20년 미만인 자에게는 특별가산금이 추가로 가산된다. 가입기간이 10년 미만인 가입자 혹은 가입자이었던 자는 가입자격을 상실한 후에 반환일시금을 청구하기 위해서는 60세에 달하여야 한다. 다만 여자는 가입자격을 상실한 후 1년이 경과하면 반환일시금을 청구할 수 있다. 위에서 설명한 일시금의 경우와 같은 취지이다. 이 경우에는 특별가산금은 지급되지 않는다(법 제56조, 시행령 제19조).[76]

연금은 전체 가입자의 평균소득인 평균보수월액의 변동에 따라 조정된다. 다만 연금의 조정은 보수변동률이 20% 이상인 경우에 비로소 이루어진다(법 제26조 제4항). 이는 1986년 「국민연금법」이 물가변동률에 따라서 연금을 조정하도록 한 것과 비교된다. 「국민복지연금법」의 급여에 대해서는 조세 및 기타 공과금이 부과되지 않는다(법 제36조). 이 규정은 공적 급여에 대한 과세를 일반적으로는 세법이 규율하고 있다는 점에서 보면 이례적이다. 급여청구권이 이중으로 성립되는

76) 현행 「국민연금법」은 이 경우 가입자격을 상실한 자에게 다시 국민연금에 가입하는 유인이 사라지고 그 결과 국민연금의 제도적 취지가 상실된다고 보고 이러한 가능성을 인정하지 않고 있다. 즉 반환일시금은 60세 이르러 비로소 청구할 수 있다. 이에 관한 헌법적 평가에 대해서는 헌재 2004.6.24, 2002헌바15, 16-1, 719면 이하 참조.

경우 이를 조정하는 규정을 두었다. 이 경우 수급권자는 하나를 선택하고 다른 급여는 정지된다(법 제32조).

국민복지연금은 가입자와 사용자가 부담하는 보험료를 재원으로 운영된다. 보험료율은 표준보수월액의 7%이다. 이 중 4%는 사용자가, 3%는 근로자가 부담한다. 자영인의 보험료는 정액으로 하며, 월 900원이다(법 제66, 67조). 이와 같이 1973년 제정된 「국민복지연금법」은 직장근로자와 자영인을 분리하여 규율하였다. 이 점이 1986년 「국민연금법」이 자영인으로 확대되면서 직장근로자와 마찬가지로 자영인에 대해서 소득비례보험료를 부과하였던 점과 차이가 있었다. 표준보수월액은 200,000원을 상한으로 한다(시행령 제7조 및 별표). 국민복지연금은 연금산정에 있어서 가입자 개인의 소득수준과 함께 전체 가입자의 소득수준을 반영하여 어느 정도 소득재분배를 의도하였지만 그 효과는 제한적이었다. 1986년 「국민연금법」 제정에 있어서 기존에 「근로기준법」에 의한 사용자의 퇴직금적립의무와 사용자가 국민연금에 부담금을 납부하는 부담을 조정하는 문제가 핵심적인 쟁점이었다.[77] 그런데 「국민복지연금법」의 제정 과정에서는 이례적으로 이 문제는 의제에서 벗어나 있었다. 저소득근로자의 기여금을 국고가 보조하는 규정을 두었다. 즉, 보수월액이 15,000원 이하인 자의 기여금에 대해서는 국고가 표준보수월액의 1%를 부담한다(법 제67조 제1항). 국가는 국민복지연금사업의 운영에 필요한 자금 및 비용의 전부 또는 일부를 부담한다(법 제65조).

국민복지연금의 시행에 있어서 연금지급이 본격적으로 개시될 때까지 상당한 규모로 적립될 연금기금의 운용주체 및 방법은 중요한 의제였다. 「국민복지연금법」이 이에 직접 관련된 규정을 두고 있지 않았던 것은 이례적이었다. 국민복지연금사업은 보건사회부가 관장한다(법 제2조). 보험료의 징수업무는 국세청이 관할한다. 이는 국세청이 전국 단위로 조직되어 있기 때문에 징수업무에 적합하다고 판단하였기 때문이다. 이에 비해서 급여업무에 관한 구상은 없었다. 국민복지연금기금의 운용에 대해서는 「국민복지연금법」이 제정된 날, 즉 1973년 12월 24일 함께 제정된 「국민복지연금 특별회계법」 및 「국민투자기금법」이 규율하였다. 전자의 법률에 의하여 국민복지연금특별회계는 보건사회부장관이 관리하고, 장관 소속 하에 국민복지연금기금운용위원회가 설치된다. 위원장은 보건사회부장관이 되고, 위원은 관련 부처인 경제기획원, 재무부, 보건사회부의

77) 이에 대해서는 예컨대 박경숙, "공적 연금과 사적 퇴직급여의 연계; 퇴직준비금 전환에 따른 과제와 대책", 사회보장연구 제9권(1993), 29면 이하 참조.

차관, 사용자를 대표하는 자, 가입자를 대표하는 자, 그리고 공익을 대표하는 자를 포함한 7인 내지 11인으로 구성한다(법 제6조). 기금운영의 방법으로 「국민투자기금법」에 의한 채권인수 또는 국민투자기금에의 예탁, 국민복지증진사업 등이 열거되어 있다. 「국민투자기금법」은 이 점을 명시하고, 국민복지연금기금 거의 전액을 국민채권 인수 및 국민투자기금에 예탁할 수 있도록 하였다(법 제8조 제1항 제2호, 시행령 제5조 제1항 제2호). 이로써 국민복지연금이 중화학공업의 육성에 필요한 내자동원을 주요 목적으로 한다는 점이 명확해 졌다.

「국민복지연금법」이 제정된 후에도 사업이 시행되지는 못했다. 「국민복지연금법」은 1974년 1월 14일자 「국민생활의 안정을 위한 대통령긴급조치 제3호」 제18조에 의하여 1974년 12월 31일까지 효력이 정지되었다. 1974년 12월 21일 「국민복지연금법」이 부분적으로 개정되었다. 보험료율이 기존에는 7%로 법률에 규정되었으나, 개정 법률은 5% 내지 7% 범위 내에서 대통령령으로 정할 수 있도록 하였다. 사용자와 가입자의 부담비율도 3% 내지 4%, 그리고 2% 내지 3% 범위 내에서 대통령령으로 정할 수 있도록 하였다.

Ⅲ. 시행 유보

「국민복지연금법」은 이후 계속 시행이 미루어져 오다가 1975년 12월 31일 법률 개정을 통하여 최종적으로 실시가 유보되었다. 개정 법률은 시행일을 확정하지 않고 따로 대통령령으로 정하도록 하였고, 이후 시행령은 제정되지 않았다.

「국민복지연금법」의 실시가 유보된 배경은 몇 가지로 설명될 수 있다. 첫째, 위에서 언급했듯이 국민복지연금사업이 복지정책적 관점이 아니라 산업정책적 관점에서 구상되었다는 의심이 널리 퍼져 있었다. 그만큼 제도에 대한 국민의 신뢰와 지지가 약했다. 그러나 이 점만으로 국민복지연금의 실시 유보를 설명할 수는 없다. 이러한 의심에도 불구하고 법률과 시행령이 모두 제정되었고, 또 당시 유신헌법과 권위주의의 시대에 이 정도의 국민적 저항이 제도를 실시하는 데 결정적인 장애가 되지는 않았을 것이다. 둘째, 노동계의 입장이 명확히 표현되지는 않았지만 당시 국민소득(1974년 554 달러)을 기준으로 보았을 때 저임금의 상황에서 노후의 소득상실에 대비하기 위하여 소득의 일부를 보험료로 납부하는 것, 그리고 일부는 사용자가 부담하더라도 보수월액의 7%에 해당하는 보험료를 부담하는 것은 기대하기 어려웠다. 셋째, 1972년 중동전쟁으로 인하여 발생한 원유파동(oil shock), 그리고 그것이 경제성장에 미친 부정적 영향이다. 기업의 입장에서 보면 대규모투자가 필요한 시기였고, 정부는 이와 같은 상황에서 국민복지연금사업에 필요한 최소한의 지출을 할 여유가 없을 것으로 판단하였다. 특히 기업의 자금란은 심각하여 정부는 1972년 8.3 긴급조치, 즉 대통령긴급명령 제15호「경제의 안정과 성장에 관한 긴급명령」을 발동하여 사채(私債)를 동결하는 조치를 취했다. 또 1973년 후반 이후 급격한 물가상승과 인플레이션으로 인하여 연금이 장기적으로 실질적인 구매력을 보장하는 것이 어렵게 되었다. 넷째, 국민복지연금의 기금이 중화학공업에 투자할 자본을 조달하기 위한 목적이 있었지만 예상과는 달리 실제 자본조달효과가 크지 않았다. 이에 정부는 부가가치세의 도입을 검토하기 시작하였고, 부가가치세의 도입이 국민복지연금의 보험료 수입에 비해서 자본조달효과에 있어서 크다고 판단하였다.[78] 이에 1977년 부가가치세가 도입되었다.

부가가치세의 도입은 다음과 같은 장점도 있었다. 즉 국민복지연금의 보험료는 소득을 기준으로 산정되고 납부가 강제되기 때문에 가입자에 대한 경제적 부담이 직접적이다. 그런데 부가가치세는 간접세이기 때문에 개인에게 미치는 경제적 부담이 직접적이지 않고, 그만큼 보험료에 비해서는 정치적 민감도가 약하다. 더구나 남북의 체제경쟁이 치열했던 당시 상황에서 1973년 북한이 소득세를 폐지했다는 사실은 실질적으로 소득세와 같이 개인에게 직접 부과되는 보험료를 새로이 도입하는 데에 정치적인 부담이 있었다. 1974년 대통령의 긴급조치 제3호가 갑근세의 면세점을 5만원으로 인상하여(제2조 제2항 제1호) 가처분소득을 보장하는 상황에서 직접세의 성격을 갖는 국민복지연금의 보험료를 징수하는 가능성은 점점 사라졌다. 또 이 당시 우리나라에서 1960년대 경제개발계획이 성공적으로 진행되면서 국제금융기금으로부터 공공차관을 도입하는 가능성이 높아졌다는 점도 국민복지연금을 추진하는 산업정책적 필요성을 반감시켰다.

제 5 절 사립학교교원연금법의 제정과 시행

「국민복지연금법」이 제정되었지만 시행이 유보되었던 반면 같은 시기에 입

78) 이 점에 대해서는 위 제3장 각주 56 참조.

안된 「사립학교교원연금법」은 1973년 12월 20일 제정되어, 1975년 1월 1일 시행되었다. 「사립학교교원연금법」은 원래 1974년 1월 1일 시행이 예정되었으나 「국민생활의 안정을 위한 대통령긴급조치 제3호」에 의하여 1974년 12월 31일까지 효력이 정지되었다가 1974년 12월 31일 개정을 거쳐 1975년 시행되었다. 이로써 현재 운영되고 있는 특수직역연금의 체계가 모두 갖추어졌다.

「사립학교교원연금법」이 제정된 배경이 명확하지는 않다. 「사립학교교원연금법」은 사립학교교원의 건강진단, 질병, 부상, 폐질, 분만, 퇴직 또는 사망에 대하여 적절한 급여제도를 확립하고, 교원 및 유족의 경제적 생활안정과 복리향상에 기여하는 목적을 갖는다(법 제1조). 이와 같은 입법목적을 주목하게 된 배경은 다음과 같은 두 가지라고 생각된다. 첫째, 국공립학교 교원의 경우 이미 1960년 「공무원연금법」이 제정되어 이들에게 적용되고 있었다. 그리고 이는 당시 상황에서 보면 사회보장의 목적과 동시에 낮은 수준의 임금을 보상하는 의미도 있었다. 그런데 사립학교교원이 같은 기능을 수행하고 있음에도 불구하고 이러한 제도에서 배제되었던 점이 뒤늦게 주목을 받았을 것이다. 다만 이러한 불평등에 대한 인식이 지체되다가 1973년에 와서야 비로소 주목을 받게 된 이유는 명확하지 않다. 둘째, 「사립학교교원연금법」은 「국민복지연금법」이 제정되기 직전에 제정되었고, 원래 두 연금법의 시행 일자는 모두 1974년 1월 1일이었다. 「국민복지연금법」은 위에서 서술했듯이 시행이 유보되었다. 이미 「공무원연금법」이 제정되어 국공립학교 교원과 사립학교 교원의 불평등 문제가 제기된 상태에서 정부는 사립학교 교원의 연금을 주로 직장근로자를 가입대상으로 하였던 「국민복지연금법」이 아니라 별도의 연금제도를 통하여 운영하려는 구상이 있었다. 그런데 「국민복지연금법」은 위에서 서술한 여러 가지 상황으로 인하여 시행이 유보되었지만 「사립학교교원연금법」의 경우에는 이와 같은 장애요소가 없었다.

「사립학교교원연금법」은 사립학교의 교원에게 적용된다. 현행 「사립학교교직원연금법」과는 달리 사립학교의 직원은 처음에는 적용대상이 아니었다. 사립학교의 사무직원은 1978년 개정 법률에 의하여 적용대상에 포함되었다. 「사립학교교원연금법」에 의한 급여의 종류와 내용, 급여의 산정기초는 모두 「공무원연금법」의 예에 따랐다. 예컨대 급여액 산정기초는 실질적으로 최종보수액에 해당하는 봉급월액으로 하였다. 특히 급여의 종류와 급여의 사유 및 급여액, 급여의 제한 등에 관해서는 「공무원연금법」의 규정을 준용하도록 하였다(1973년 법 제42조).

1975년 개정 법률에 의하여 교육공무원과 사립학교교원 간의 재직기간의 합산제도가 도입되었다. 공무원 및 군인의 재직기간의 합산은 1983년 개정 법률에 의하여 비로소 도입되었다.

사립학교교원연금의 비용부담은 공무원연금과 차이가 있었다. 사립학교교원연금에서는 교원 개인, 법인, 그리고 국가 3자가 재정을 부담한다(법 제43조 이하). 이로써 국가가 사립학교법인의 재정부담을 덜어주는 효과가 있었다. 개인부담금은 봉급월액의 5.5%, 국가 및 법인은 각각 개인부담금 합계액의 55분의 20, 55분의 35를 부담한다. 공무원연금 및 군인연금과는 달리 사립학교교원연금은 독립법인인 사립학교교원연금관리공단을 설립하여 운영하도록 하였다. 국가는 공단의 운영에 필요한 경비를 보조하여야 한다(법 제60조).

제6절 정 리

1948년 헌법은 처음부터 복지국가의 실현을 국가의 과제로 하였고, 이는 국가와 개인의 관계에서 기본권의 형태로, 또 기본권이 실현되기 위하여 우호적인 환경을 경제의 장을 두어 실현하는 구조를 갖추었다. 그러나 당시 헌법의 이념은 규범적·정치적, 그리고 현실적인 이유에서 실현될 수 없었다. 복지국가의 헌법이념은 국민의 사회적 상황을 충실히 인식하는 정치환경이 조성되고, 이를 실현할 정책의지와 능력이 갖추어졌을 때 발현될 수 잠재력을 지니고 있었다. 1950-60년대 복지이념에 따른 정책구상과 시행이 필요한 사회적 상황에도 불구하고 정치과정에서는 이를 인식할 능력이 없었고, 또 이에 대한 의식이 싹을 트지도 않았다. 전통적인 빈곤정책은 식민지 시대가 물려 준 「조선구호령」에 의하여 명목적으로 대처되고 있을 뿐이었다. 이와 같은 입법의 지체에도 불구하고 1950년대 이미 전문연구자 및 일부 공무원들을 중심으로 사회보장의 의식은 깨어나고 있었다. 여기에는 특히 외부의 영향이 크게 미쳤다. 1942년 영국의 비버리지보고서, 그리고 1952년 국제노동기구의 「사회보장최저기준에 관한 협약 제102호」가 대표적인 예였다.

1960년대 초반, 특히 1961년 5.16 군사쿠데타 이후 군사정부에서 당시 이미 연구기반을 쌓고 있었던 전문연구자 및 일부 공무원의 영향을 받아, 그리고 동시에 군사정부의 취약한 정치적 정당성을 보충하기 위하여 사회보장입법의 맹아를 보였다. 이는 1961년 사회보장 3법, 즉「사회보장에 관한 법률」,「의료보험법」,「산업재해보상보험법」의 제정으로 결실을 맺었다. 그러나「산재보험법」을 제외하고 나머지 법들은 입법목적을 실현하기 위하여 필요한 요소를 갖추지 못했다. 당시 입법작업이 사회보장의 국민적 의식과 정치적 의지에 기반한 것이 아니었으며, 그 내용은 정치적 선언에 그쳤다. 따라서 국민의식과 정치적 의지를 선도하는 역할을 하지도 못했다. 예컨대「의료보험법」에 관한 전문적, 그리고 일부 정치적 의지는 노동과 자본 등 사회적 기반이 존재하지 않은 상태에서 다른 정치적 의지에 의하여 쉽게 후퇴하였다.

그러나 이러한 입법과정과 입법은 1970년대 후반 이후 입법 시점에서 뒤돌아 보면 헛된 경험은 아니었다.「사회보장에 관한 법률」이 제시한 사회보험과 공적부조는 이후 우리나라에서 사회보장의 기본축이 되었다. 사회복지서비스를 포섭하지 못한 점은 이후 사회보장법의 발전에 계속 부담이 되었다. 이 점에서「사회보장에 관한 법률」이 제시한 경로(path)는 오랫동안 공론의 축이었지만 극복해야 할 대상이기도 하였다.「의료보험법」에 있어서는 정부 내부에서 중요한 사안들이 논의를 거치면서 이론적 및 입법경험이 쌓여갔다. 이는 입안과정에서 경합하는 정책대안들을 검토하는 데 필요한 경험과 자료가 되었으며, 상황의 변화에 따라 과거의 대안들은 새로운 의미를 갖게 되었다. 이 점에서 1963년「의료보험법」의 제정은 이후 입법에 있어서 중요한 자산이 되었다. 1963년「의료보험법」,「산재보험법」, 그리고「사회보장에 관한 법률」도 적어도 과거와 현재의 정책 및 규범의 비교를 통하여 쟁점을 명확히 하고, 또 부분적으로 논의의 지평을 확대하였다.

이 시기에 복지와 평등의 이념이 선순환적으로 기능할 수는 없었다. 복지의 이념이 잠재해 있을 뿐 부분적으로도 현실화 되지는 않았기 때문에 평등의 이념이 복지를 상향적으로 견인하는 지향점이 될 수 없었기 때문이다. 이 시기는 일반적으로 압축성장의 시기에 해당하지만 이는 지체된 복지와 비대칭을 이루었고, 사회보장은 자체 독자적인 정책목표가 되지 못했다.

제 5 장 사회문제의 심화, 의료보험법과 국민연금법의 제정 및 시행(1977-1986년)

제 1 절 사회문제의 심화 – 산업화 시대의 사회경제적 불평등과 정치적 상황

Ⅰ. 사회경제적 불균형

1960년대 초반 앞 장에서 언급했듯이 최고회의 의장의 지시각서에 이어 군사정부에서 일부 최고의원, 그리고 특히 전문가집단이 사회보장에 관심을 집중하였고, 또 의욕적으로 사회보장입법을 추진하였다. 그러나 1963년 제정된 사회보장 3법 중 「사회보장에 관한 법률」은 개별 사회보장입법을 선도하지 못했고, 따라서 사회보장의 기본원칙을 제시하는 기능을 할 수 없었다. 「의료보험법」은 사회보험의 본질적 요소인 강제가입제도를 포기하였기 때문에 우리 사회에서 의료의 사회화는 지체되었다. 노후보장을 위한 사회보장제도로 1960년 「공무원연금법」이 제정·시행되었고, 1963년 군인을 공무원으로부터 분리하여 「군인연금법」이 적용되도록 하였다. 1973년 「국민복지연금법」이 제정되었지만 시행이 유보되었으며, 1975년 12월 31일 개정 법률에 의하여 최종적으로 실시가 유보되었다.

이와 같은 사회보장의 지체는 경제정책의 희생물이었다. 1962년 시작된 경제개발계획은 1976년까지 3차에 걸쳐서 진행되면서 경제성장은 상당한 정도로 진전되었다. 1960년대 초반 80달러 내외였던 1인당 국민소득은 1976년 1,000달러를 넘어섰다. 100억 달러 수출목표는 일찍이 1977년 달성되었다. 그러나 근로자의 임금은 계속 낮은 상태에 있었고, 성장과 분배의 불균형은 깊어 갔다. 상위소득계층의 소득점유율은 오히려 높아졌고, 삶의 질을 징표하는 지니계수는 악화되었다. 예컨대 1965년에서 1976년 사이에 상위 20%에 해당하는 소득자의 소득점유율은 41.8%에서 45.3%로 증가하였고, 지니계수는 0.344에서 0.391로 악화되었다.[1] 이러한

1) 이에 대해서는 윤홍식, "박정희 정권시기 한국복지체제: 반공개발국가, 복지국가의 기능적 등

일반적인 통계수치보다 더욱 정치권력의 정당성에 자극을 준 것은 의료보장의 문제였다.

1970년대에도 정부의 우선적인 정책목표는 경제성장에 있었다. 다만 산업구조에는 변화가 있었다. 정부는 1970년대 중반 기존의 경공업에서 중화학공업 중심으로 산업구조의 개편을 강력히 추진하였다. 새로운 산업구조는 자본의 축적을 필요로 했다. 또 숙련노동자에 대한 수요가 증가하였지만 기업의 경쟁력을 유지하기 위해서는 여전히 저임금의 기조가 지속되어야 했다. 이에 정부는 노동운동을 억제하는 방법으로 자본을 후원하였다. 다만 기업의 입장에서 보면 숙련노동자를 확보하기 위한 인력관리가 필요했다. 기업 단위로 노사 간의 협력관계를 조성하고 사내복지(기업복지)를 강화하는 방법이 이를 뒷받침하였다.[2] 이는 산업별로 노사관계가 형성되는 유럽의 전통과는 차이가 있었다. 기업 단위의 노동조합은 전체 근로자 연대에 대한 인식과 관심이 미흡하며, 동시에 대기업과 중소기업 근로자를 계층화시켰다. 이와 같은 배경에서 저임금은 계속되었고, 또 노동 내부에서 숙련노동자와 비숙련노동자 간에 분절구조가 형성되기 시작하였다.

저임금의 지속과 노동의 계층화는 1970년대 초반 이후 노사분규가 격화되고, 증가하는 원인이 되었다. 또 경제성장에도 불구하고 심화되는 계층분열 및 소득불균형은 정치적 정당성에 영향을 미쳤다. 실제 1971년 국회의원선거와 대통령선거의 결과는 이를 경고하는 상징적인 사건이었다. 국회의원선거에서 야당인 신민당의 득표율이 집권당인 민주공화당의 득표율을 넘어섰다. 대통령선거에서 당시 야당의 김대중 후보가 기대 이상의 선전을 하면서 정권의 위기의식은 더욱 높아졌다. 이에 아래에서 살펴보듯이 정치권력은 한편으로는 권위주의를 더욱 강화하였지만, 다른 한편 사회문제에 대한 관심을 더 이상 피할 수 없었다. 다만 이때에도 위로부터의 일방적이고 시혜적인 사고, 그리고 사회정책을 경제정책에 종속시키는 도구적 인식은 그대로 유지되었다.

가물", 한국사회정책 제25권, 제1호(2018), 206면 이하; 최정원, "한국의 복지정책 결정과정 비교: 1976년과 1989년 의료보험법 개정과정을 중심으로", 동서연구 제16권 제1호(2004), 149면 등 참조.

2) 복지정책과 산업구조와의 관련성에 대해서는 제4장 각주 45 참조.

Ⅱ. 정치적 상황

1961년 군사쿠데타로 집권한 박정희는 1963년과 1967년 선거에서 대통령으로 당선된 후 1969년 대통령의 중임조항을 개정하여 계속 재임을 3회로 연장하는 헌법개정을 하였다. 박정희는 1971년 다시 대통령으로 당선되었다. 3기 집권한 박정희는 당선 1년 후인 1972년 비상계엄을 선포하여 헌법에 근거 없이 국회를 해산하였으며, 그해 12월 이른바 유신헌법을 제정하여 우리 헌법사는 암흑기에 들어갔다. 유신헌법 시기의 폭압적인 정치는 계속 국민적 저항을 불러 일으켰고, 정부는 긴급조치를 발동하여 권력을 유지하였다. 1974년에서 1975년 사이에 무려 아홉 차례에 걸쳐서 긴급조치가 발동되었다. 특히 긴급조치 제9호는 헌법 개정의 논의 자체를 금지하였다.[3] 1970년대 후반에 들어서면서 국민의 정치적 저항의 강도는 더해 갔다. 1978년에는 대통령선거와 국회의원총선거를 앞두고 있었다. 헌법 그 자체, 그리고 참여와 자유를 보장하는 기본권 규정들은 이미 더 이상 보편적인 규범력을 가질 수 없었다.

이제 정부는 국민의 참여와 자유를 보장하든지, 아니면 국민적 저항을 우회할 수 있는 정책적 전환이 필요했다. 이 당시 야당의 무기력, 그리고 보다 근본적으로는 헌법의 보편적 가치와 헌법규범의 차이, 그리고 헌법규범과 헌법현실의 불일치로 인하여 제도정치의 장(forum)은 협소했으며, 헌법의 규범적 틀을 벗어나 비제도적 정치운동이 제도정치와 경합하는 현실이 일상이었다. 다만 제도정치는 물론이고 비제도적 정치의 장에서도 사회정책이 관심을 끌었다는 흔적은 아직 찾아볼 수 없었다. 1970년대 초반 「국민복지연금법」의 제정과 시행유보는 산업정책과 사회정책의 사이에서 부침(浮沈)하는 에피소드였다.

3) 당시 헌법적 상황에 대해서는 김승환, "유신헌법하의 헌법학이론", 공법연구 제31집 제1호(2002), 26면 이하; 이강혁, "제4공화국 헌법", 한태연 외, 한국헌법사(하)(한국정신문화원, 1991), 203면 이하; 이종상, "제4공화국 정부형태", 헌법학연구 제3집(1997), 145면 이하; 전광석, 한국헌법학의 개척자들(집현재, 2015), 174면 이하 등 참조. 이후 이들 긴급조치에 대해서 헌법재판소와 법원은 모두 위헌으로 결정하였다. 헌재 2013.3.21, 2010헌바70등, 25-1, 180면 이하; 대판 2010.12.16, 2010도5986; 2013.4.18, 2011초기689 등 참조.

제 2 절 경제와 사회의 균형발전의 구상

위와 같은 사회경제적 불균형과 정치적 병목현상이 깊어지면서 1976년 경제와 사회발전을 균형 있게 형성하는 구상이 나타나기 시작하였다. 정부는 1977년 새로이 시작되는 경제개발계획을 '경제사회발전 5개년계획'으로 명명하였고, 그 목표로 국민생활의 질적 향상, 그리고 사회개발의 촉진을 삽입하였다. 구체적으로 이러한 계획에 1976년 보건사회부가 작성한 '의료보장 10개년 계획'을 포함시켰다. 여기에는 1970년 개정「의료보험법」이 다시 사문화된 이후 1972년 보건사회부에서 작성된 '의료보험 실시계획'이 중요한 기초가 되었다.[4]

1970년대 후반 경제성장과 사회발전을 함께 목표로 제시한 데에는 국내 정치적 및 사회경제적 상황뿐 아니라 이에 관한 국제사회에서의 논의가 영향을 주었다. 전후(戰後) 국제연합(UN)은 전통적인 자유권 외에 사회적 권리를 인권에 포섭하는 노력을 하였다. 이미 1948년「세계인권선언」은 이를 반영하였다. 제23조 노동의 권리, 제22조 및 제25조 사회보장의 권리가 대표적인 예이다.[5] 1966년에는 두 개의 국제인권규약, 즉「정치적 및 시민적 권리에 관한 인권규약」, 그리고「경제적·사회적 및 문화적 권리에 관한 인권규약」이 작성되었다. 1969년 국제연합은「사회발전 및 개발에 관한 선언(Declaration on Social Progress and Development)」을 채택하여 각국에 사회발전의 중요성을 인식시키려고 노력하였다.[6] 이러한 국제적인 움직임이 우리나라에서 사회보장입법에 직접적인 계기가 되었다는 구체적인 흔적은 없다. 그러나 이들 국제사회의 사회개발 및 사회보장에 관한 관심이 1970년대 한국 사회의 시대인식에 무형의 영향을 미쳤을 것으로 보인다.[7]

4) 이에 대해서는 의료보험연합회, 의료보험의 발자취(1996년까지)(1997), 53면 이하 참조.
5) 이에 대해서는 전광석, 국제사회보장법론(법문사, 2002), 88면 이하 참조.
6) 이밖에 국제연합의 사회정책 및 사회보장법 영역에서의 활동에 대해서는 전광석, 위 각주 5의 책, 94면 이하 참조.
7) 1950년대 이후 국제연합에서 채택된 사회개발에 관한 권고가 1970년대 우리 정책지평에 미친 영향에 대해서는 손준규, 사회보장·사회개발론(집문당, 1983), 249면 이하 참조.

제 3 절 의료보험법의 제정과 전개

Ⅰ. 질병보호의 정책적 필요성과 가능성, 그리고 정치적 효용성

경제성장과 함께 사회발전에 대한 구상을 하면서 가장 먼저 떠오른 의제는 의료보장이었다. 이는 1963년 당시에도 마찬가지였다.[8] 질병은 단기적인 위험으로 적시(適時)에 적절한 치료를 받을 수 없는 경우 생명·신체 등에 회복할 수 없는 피해를 남긴다. 「의료보험법」은 1963년 제정되었으나 강제가입을 포기하고 임의가입을 시행하면서 실질적으로는 기능할 수 없었다. 이 점에 대해서는 앞 장에서 서술한 바 있다. 다만 1963년 입법과정에서 의료보험의 필요성과 기능, 구체적인 제도 내용에 대한 심층적인 논의가 있었으며, 이는 정책자산으로 남아 있었다. 1970년대 중반 이후 「의료보험법」에 관한 논의가 완전히 새로운 구상은 아니었던 것이다. 더구나 의료보험은 당시 우리의 상황에서 보면 그 필요성과 가능성에 있어서 상당히 긍정적인 평가를 받을 수 있었다.

우선 의료보장의 '정책적 필요성'은 뚜렷했다. 1970년대 우리 사회의 의료환경은 매우 열악한 상태에 있었다. 예컨대 60년대, 그리고 70년대에도 질병의 치료를 위하여 병원을 이용하는 비율이 25.4%에 불과했고, 약국의 의약기능이 64%를 담당했다.[9] 1975년 기준으로 의료서비스 이용비율은 40%에 머물렀다. 국민의 60%는 경제적 이유에서 질병에 대한 의료서비스를 받을 수 없었다.[10] 병상의 도시집중율은 87%에 달했다. 1970년대 공공부문과 민간부문의 보건비용 비율은 약 15;85의 불균형을 보였고, 이는 더욱 깊어가고 있었다. 또 1970년대 중후반 전반적으로 물가상승율이 높았지만 특히 의료비가 가파르게 상승하여 일반 국민들의 의료서비스에 대한 접근성은 점점 악화되어 가고 있었다. 실제 1970년대 중반 응급환자가 입원보증금 혹은 치료비가 없다는 이유로 몇 군데의 병원에서 치료를 거부당하고 사망하는 사건이 보도되고 있었다.[11]

---

8) 당시 사회보장의 우선순위에 관한 논의로는 예컨대 양재모, 사회보장제도 창시에 관한 건의(보건사회부, 1961), 12면 참조. 이에 비해서 실업보험에 대해서는 매우 강한 부정적인 인식이 있었다.

9) 이에 대해서는 황병주, "1970년대 의료보험정책의 변화와 복지담론", 의사학 제20권 제2호(2011), 428면 참조.

10) 신영수, "의료보험 도입 30년의 성과와 한계, 그리고 과제", 대한의사협회지 제50권 제7호(2007), 569면 참조.

11) 이에 대해서는 예컨대 남찬섭, "1970년대의 사회복지", 복지동향(2006.6), 6면 이하 참조.

의료보장은 '정책 효과'가 높았다. 이 시대 사회경제적 불균형은 질병문제에 상징적으로 나타났다. 그런데 단기적인 위험인 질병을 공적 제도를 통하여 보장할 수 있는 때에는 정책의 유용성에 대한 국민의 평가가 즉시, 그리고 가장 크게 나타나기 때문이다. '정치적'으로 보았을 때 질병을 적시에, 그리고 적절하게 치료하지 못하는 상황은 노령 등의 장기적 위험에 비해서 정치적 정당성을 평가하는 예민한 기준이다. 즉 불평등이 용인되는 한계가 의료보장에서는 훨씬 낮다. 또 1973년 제정된 「국민복지연금법」의 시행이 계속 유보되면서 이에 대한 대안적 사회보장제도가 필요한 상황이었다. 실제 「국민복지연금법」의 시행이 유보되었던 사실이 「의료보험법」을 우선적으로 개정하는 중요한 계기가 되었다.[12] 사회보장심의위원회의 전문위원들은 국가안보를 정치권력의 지지대로 삼고 있던 당시 상황에서 의료보장의 '사회안전확보' 효과를 강조하였다.[13]

당시 의료보험의 시행은 남북관계의 측면에서도 의미가 있었다. 남과 북은 1970년대 초반 인도적 및 정치적 차원에서 대화를 시작하였지만 동시에 유신(維新)과 주체사상(主體思想)을 확립하여 각각의 체제를 공고히 하는 경쟁을 하고 있었다. 1972년 북한 헌법은 제58조에서 '무상으로 진료받을 권리'를 보장하였다. 북한에서 실제 어느 정도로 충실한 의료보장이 이루어졌는지는 알려져 있지 않다. 그러나 상징적으로 대한민국에서 입원보증금 혹은 치료비가 없다는 이유로 치료를 거부당하는 사례는 북한에서 무상의료와 비교될 수 있었다.[14] 실제 북한은 무상의료를 정치적 선전의 소재로 삼고 있었다. 이 점은 당시 정부도 충분히 인식하고 있었다. 이에 남북대화가 시작되는 1972년 국토통일원은 '남북접촉에 즈음한 남북사회정책의 이념 및 기조에 관한 비교고찰 보고서'를 작성하였다.

12) 이 점에 대해서는 국민연금사편찬위원회, 실록 국민의 연금(2015), 39면 이하 참조.

13) 이에 대해서는 김순양, "권위주의적 발전국가의 사회정책 형성과정분석-제2차 의료보험법 개정과정을 중심으로", 한국행정논집 제21권 제1호(2009), 84면 이하; 손준규, 사회보장·사회개발론(집문당, 1983), 142면 등 참조.

14) 특히 이를 강조하는 입장으로는 김연명, "한국 의료보험제도의 발달 및 행태규정요인에 관한 연구", 보건과 사회연구회, 한국의료보장연구(청년세대, 1989), 108면 및 113면 참조. 북한의 의료보장에 대해서는 박태진, "북한 보건의료의 이해를 위하여", 보건과 사회연구회, 한국의료보장연구(청년세대, 1989), 203면 이하; 이철수, 북한의 사회복지－반복지의 북한(청목출판사, 2003), 142면 이하, 233면 이하 등 참조.

Ⅱ. 의료보험의 구조적 특성

의료보험의 정책적 필요성과 효과, 그리고 정치적 효용성 외에 의료보험은 제도의 구체적 내용에 따라서는 현실적인 실현가능성이 가장 높은 사회보험이다. 당시 의료보험에서는 질병이 발생했을 때 가입자는 민간의료기관에서 요양급여를 받고 의료기관은 가입자가 아니라 보험자에 요양비용을 청구하는 방식이 선호되었다.[15] 이는 보험자와 가입자가 단순구조 속에서 권리와 의무관계가 형성되고, 급여가 지급되는 연금보험과 비교된다. 따라서 의료보험을 통하여 질병의 위험을 사회화하는 데에는 어느 정도 의료기관의 사회화가 뒤따라야 한다.[16] 이 점은 의료보험을 형성하는 데 있어서 장애요소가 될 수도, 또 현실적 가능성을 높이는 요소가 될 수도 있다. 의료기관이 직업의 자유 등 헌법 규정을 근거로 「의료보험법」의 공법체계에 편입되는 것을 거부하거나 혹은 진료비용의 보상관계를 의료의 사회적 성격을 충실히 고려하여 공법적으로 규율하는 가능성이 제한적인 경우에는 의료보험은 쉽게 실시될 수 없다.[17] 공적 의료보험의 필요성에도 불구하고 의사협회(AMA)의 저항으로 인하여 이를 도입하지 못하고 있는 미국이 좋은 예이다.[18]

이에 비해서 1970년대 헌법 하에서 국가가 통제받지 않는 권력을 보유·행사하는 상황에서는 정부는 의료보험의 재정 부담을 의료기관에 전가(轉嫁)하고 비교적 재정중립적으로 제도를 운영할 수 있었다. 보험자가 의료기관을 일방적으로 지정할 수 있도록 한 것(법 제32조), 그리고 진료비용의 산정기준을 보건사회부장관이 행정처분의 형식으로 결정하여 집행할 수 있도록 한 것(법 제35조) 등이 좋은 예이다.[19] 당시 시대에 잠재해 있던 이와 같은 쟁점들은 1986년 민주화 이후, 그리고 1988년 헌법재판소가 설립되어 활동하면서 현실화하였다.[20]

---

15) 당시 의료비용을 보상하는 다양한 방법은 충실히 인지되고 있었으며 위에서 설명한 방법이 명확히 선호되었다. 이 점에 대해서는 양재모, 위 각주 8의 책, 119면 이하 참조.

16) 이 점에 대해서는 예컨대 전광석, "건강보험의 법률관계－헌법적 접근", 의료법학 제2권 제1호(2001), 282면 이하 참조.

17) 이에 비해서 1963년 「의료보험법」이 강제가입을 도입하지 못한 표면적인 이유는 가입자의 계약의 자유를 침해한다는 논리였다. 위 제4장 각주 41 참조.

18) 20세기 초중반 미국에서 이에 대한 논의에 대해서는 Roy Lubove, *The Struggle for Social Security 1900–1935*(Pittsburgh University Press, 1986), 78면 이하 참조.

19) 이에 대한 의료계의 자구책에 대해서는 아래 각주 28 이하 참조.

20) 실제 헌법재판의 대상이 된 예로는 예컨대 헌재 2000.6.29, 99헌마289, 12-1, 941면 이하; 2001.8.30, 2000헌마668, 13-2, 294면 이하; 2003.10.30, 2000헌마801, 15-2(하), 106면 이하; 2013.7.25, 2010헌바51, 25-2(상), 40면 이하(강제가입); 2002.10.31, 99헌바76등, 14-2, 434면

Ⅲ. 의료보험법의 제정과정과 복지정치

1. 정부의 의료보험 및 의료보호 구상

1977년 「의료보험법」의 시행은 대통령, 보건사회부장관이 선도하였다. 특히 보건사회부는 위에서 언급한 바 있는 1972년 '의료보험 실시계획'을 작성하면서 이미 어느 정도 준비가 되어 있었다.[21] 의료보험의 실시가 확정된 1976년에는 '의료보장 10개년 계획'이 수립되었다. 여기에는 다음과 같은 내용이 포함되어 있었다.[22] 의료보험의 단계적 실시, 1977년부터 500인 이상 사업장 강제가입, 자영자 임의가입, 사업장(1종)과 시구군(2종) 단위 조합설립, 보험료의 수준은 1종은 3%-8%의 범위에서 사용자와 가입자 균등부담, 2종은 부양가족수를 고려하여 책정, 요양급여비용 보상의 방법으로 행위별수가제, 관리운영비의 일부 국고부담 등이다. '의료보장 10개년계획'에 포함된 이러한 정책방향은 1976년 제정된 「의료보험법」에 거의 그대로 반영되었다.

1976년 의료보험법안을 둘러싼 정부 내 논의과정에서는 보험능력이 없는 저소득층에 대한 의료보장의 필요성이 명확히 인식되고 있었다. 소득보장과는 달리 의료보장에 있어서 소득의 다과(多寡)가 보호의 여부 및 정도에 영향을 미칠 수 없다는 평등의 사고가 지배하였다. 1961년 제정된 「생활보호법」은 의료보호를 급여의 종류로 열거하고 있었으나 생계보호 외에 다른 급여는 실질적으로 실시되지 못하고 있었다.[23] 이에 「의료보험법」의 시행과 함께 저소득층의 의료보장을 위한 조치를 취하였다. 즉 1977년 1월 4일 「의료보호에 관한 규칙」(보건사회부령 제545호)이 제정·시행되었으며, 이 규칙은 이후 「생활보호법」에서 의료보호를 분리하여 1977년 12월 31일 독자적인 「의료보호법」을 제정하는 기반이 되었다. 그러나 아래에서 서술하는 바와 같이 질병보장에 있어서 평등의 사고가 충실히 반영되지는 못했다.[24]

정부는 의료보험의 실시에는 적극적이었지만 재정부담에 대해서는 소극적이

이하(요양기관 강제지정); 2007.8.30, 2006헌마417, 19-2, 341면 이하(요양급여의 종류와 내용, 비용보상) 등 참조.

21) 의료보험 실시계획의 작성 배경에 대해서는 의료보험연합회, 위 각주 4의 책, 53면 이하 참조.

22) 이에 대해서는 의료보험연합회, 위 각주 4의 책, 79면 이하; 황병주, 위 각주 9의 논문, 428면 등 참조.

23) 당시 「생활보호법」상의 의료보호의 현황에 대해서는 예컨대 유승흠 외, 의료보장론(신광출판사, 2010), 44면 이하 참조.

24) 이에 대해서는 아래 Ⅳ. 2. 참조.

었다. 이에 의료보험조합의 운영에 필요한 비용을 국고에서 보조할 수 있도록 했지만 이는 임의규정이었다(법 제48조). 여기에는 아래에서 서술하는 바와 같이 당시 이미 기업의 의료비보조가 상당한 수준에 이르고 있었기 때문에 굳이 국고보조가 필요하지는 않다는 논리가 작용하였다.

2. 의료보험의 복지정치

(1) 제도 일반

「의료보험법」은 우선 일정 규모 이상의 사업장에 고용된 근로자를 가입자로 하였으며, 의료보험의 주요 재원인 보험료는 근로자와 사용자가 반씩 부담하도록 하였다. 이에 정책 입안에 있어서 사용자의 이해관계가 중요한 변수였다. 또 「의료보험법」은 의료기관을 공법체계에 편입시키고, 사회적 성격을 갖도록 법률관계를 형성하여야 한다. 이에 의료계의 이해관계 역시 영향을 미쳤다. 그러나 전체적으로 보면 1976년 「의료보험법」을 제정하는 과정에서 이해당사자의 복지정치가 활발하게 작동하지는 않았다. 1970년대의 헌법적 및 정치적 상황에서 이해당사자의 의견 및 이익을 정치과정에 투입하고 관철시키는 가능성은 제한적이었다. 사용자단체는 의료보험의 시행 자체, 그리고 특히 관리운영방식에 대해서 독자적인 의견과 이해관계를 갖고 적극적으로 의사결정과정에 참여하였다. 이에 비해서 노동계의 복지정책에 대한 관심은 아직은 크지 않았다.

「의료보험법」의 제정에 있어서 사용자의 이해관계는 주로 대기업집단의 경제단체인 전국경제인연합(전경련)이 대변하였다. 특히 중화학공업, 에너지산업, 그리고 건설업 등의 대기업군이 노사관리 및 재정적인 측면에서 의료보험 도입에 관하여 이해관계를 같이 하였다.[25] 사용자의 입장에서 보면 「의료보험법」에 의하여 부과되는 재정부담이 완전히 새로운 것은 아니었다. 앞 장에서 서술하였듯이 이미 상당 부분 기업에서 근로자의 의료비를 지원하는 기업복지조치를 취해 왔기 때문이다. 이에 대해서 당시 세제상의 혜택이 없었으며, 의료보험이 실시되면 의료비 보조 대신 사용자가 부담하는 보험료에 대해서 손비처리를 받아 세제상의 혜택을 받을 수 있는 장점도 있었다. 이는 이전 시대에 「근로기준법」의 재해보상을 대체하여 「산재보험법」을 제정하는 데 있어서 사용자측에서 큰 반대가 없었던 것과 같은 맥락이었다. 따라서 전경련은 「의료보험법」 자

25) 이 점에 대해서는 예컨대 김영범, "사회보험의 기원과 제도적 특성－의료보험과 국민연금을 중심으로", 경제와 사회 제55호(2002), 19면 이하 참조.

체를 반대하지는 않으면서 구체적인 제도 내용을 자신들에게 유리하게 형성하는 데 관심을 기울였다.

의료계의 이익을 대표하는 단체는 대한의학협회(이후 '대한의사협회'로 개칭)였다. 대한의학협회는 처음에는 소극적이었으나 의료보험의 도입논의가 성숙해가면서 자신의 이해관계를 가장 적극적으로 투입하는 행위자가 되었다.[26] 의료계의 입장에서 보면 「의료보험법」이 시행되면서 국민 일반의 의료수요를 증가시켜 의료공급이 확대될 것이며, 이는 자신들의 이해관계에 기여할 것으로 보았다. 또 이로써 의료의 산업화를 견인할 것으로 기대하였다. 실제 당시 대한의학협회는 독자적으로 '의료보험법안'을 작성하였다.

대한의학협회는 특히 다음과 같은 두 가지 점이 반영될 수 있도록 노력을 집중하였다. 첫째, 의료비용산정의 기준으로 행위별수가제를 채택하고, 기존의 관행적인 수가를 의료보험수가로 하는 제안을 하였다. 사실 1963년 「의료보험법」 제정과정에서 행위별수가제에 해당하는 점수제는 의료보험비용을 팽창시키는 원인이 될 수 있다는 우려가 퍼져 있었다. 이에 전문가집단은 당시 점수제에 대한 강력한 거부감을 갖고 있었으며, 이에 인두제와 고정급 봉급제를 혼합하는 보수체계를 채택하였다.[27] 대한의학협회는 절반의 성공을 거두었다. 즉 1976년 「의료보험법」은 대한의학협회의 의견을 받아 들여 행위별수가제를 채택하였다. 이에 비해서 의료보험수가는 관행수가의 45%를 인하하기로 하였다. 그러나 대한의학협회는 실질적으로는 효과적인 방어를 한 셈이다. 비용보상의 방식은 구조적인 문제로서 쉽게 변경될 수 없는 반면 수가(酬價) 그 자체의 문제는 상황에 따라서 개정될 수 있기 때문이다. 이러한 현상은 실제 이후 「의료보험법」의 발전에서 관찰될 수 있었다.[28] 둘째, 대한의학협회는 의료보험에 관한 주요 사항을 심의하는 위원회에 의사회 대표가 참여하는 구조를 채택하는 데 주력하였다.[29]

26) 당시 대한의학협회의 입장과 주요 논거에 대해서는 손준규, 위 각주 13의 책, 145면 이하 참조.
27) 위 제4장 각주 29 참조.
28) 이후 이에 관한 제도개혁의 논의에 대해서는 예컨대 전광석, 위 각주 16의 논문, 308면 이하; 최병호/권순만/신현웅, 총액예산제의 도입 타당성 고찰, 한국보건사회연구원 정책보고서(1998.12) 등 참조.
29) 손준규, 위 각주 13의 책, 146면 참조.

(2) 관리운영방식

의료보험의 관리운영방식은 당시 복지정치에서 가장 활발하게 논의되었다. 조합방식과 통합방식이 대립하였다. 사실 이 문제는 1963년 「의료보험법」이 제정될 때에도 논란의 중심에 있었다. 당시 사회보장심의위원회의 전문위원들은 전국 단위의 통합적인 관리운영방식을 선호하였고, 사업운영의 재원으로 어느 정도 조세를 투입하는 구상을 하였다. 국민소득이 낮았기 때문에 근로자가 납부하는 보험료 수입을 재원으로 의료보험사업을 운영하기 어렵다고 보았기 때문이다. 이는 의료보험을 통합적으로 관리운영하는 방식과 밀접하게 관련이 있다. 조합방식에서는 조합 단위의 재정자립을 원칙으로 하기 때문이다. 이와 같은 관리운영방식과 재정방식의 연관성은 독일의 예에서도 찾아볼 수 있다. 즉 19세기 후반 비스마르크(Bismarck)는 「의료보험법」 제정에 있어서 조세를 재원으로 하고, 국가가 통합적으로 관리운영하는 방식을 선호했다. 그러나 당시 일부 관료, 그리고 기업은 이 경우 근로자들이 국가에 종속되고, 그 결과 자본의 영향력이 감소될 수 있다고 우려하여 관리운영방식으로 조합방식을, 그리고 사회보험의 재원을 보험료로 하는 방법을 관철시켰다.[30]

대기업의 입장에서 보면 의료보험은 기존의 기업복지를 대체하는 효과가 있었다. 특히 의료보험이 조합방식으로 운영되고, 또 조합의 운영에 자율성이 부여되는 경우에는 의료보험은 오히려 노사협력의 매체가 되며, 이는 기업의 이해에 부합하는 것이었다. 전경련의 입장은 당시 노동조합이 기업 단위로 조직되었던 상황과도 밀접한 관련이 있다. 기업 단위로 의료보험조합이 설립·운영되는 경우에는 사용자가 의료보험조합의 인사권을 갖게 되고, 이에 기초하여 조합의 운영을 통제할 수 있다고 보았다. 또 위에서 언급한 바와 같이 의료보험 부담금에 대한 감세혜택을 받을 수 있고, 조합의 적립금이 기업 단위로 적립되는 장점도 있었다. 이러한 전경련의 입장은 이후 1990년대 후반 의료보험의 통합일원화에 관한 논의에 있어서 사용자가 반대하였던 상황과 비교된다. 위에서 언급했듯이 「의료보험법」의 제정에 있어서 근로자측의 의견 투입은 거의 없었으며, 전체적으로 보면 노동의 역할이 미미했다는 것을 다시 한번 확인할 수 있다.

대한의학협회는 의료보험의 운영방식이 자신들의 이해관계에 중요한 변수가

30) 이에 대해서는 박근갑, 복지국가 만들기—독일 사회민주주의의 기원(문학과 지성사, 2009), 196면 이하; 전광석(역), 복지국가의 기원(법문사, 2005), 56면 이하 등 참조.

된다는 사실을 충분히 이해하고 있었다. 대한의학협회가 작성한 법안에 의하면 의료보험은 국가가 직접 관리하고, 정부는 보험급여비용의 20-30%를 보조하며, 사무비는 전액 정부가 부담한다. 의료계는 의료비용이 적시에 보상될 수 없을 수도 있다는 점을 우려하였다. 의료보험조합은 보험자로서 의료비용을 보상하는 책임을 진다. 그런데 조합 사이에 재정능력의 차이가 있기 때문에 조합의 사정에 따라서는 지불능력이 부족한 경우가 발생할 수 있기 때문이다. 이러한 문제는 의료보험이 통합적으로 운영되는 경우에는 방지될 수 있다. 이 경우 정부가 실질적으로 지급보증을 하는 결과가 되기 때문이다.

의료보험의 관리운영방식에 대해서는 정부 내부에서 보건사회부와 경제기획원 사이에 의견의 차이가 있었다. 보건사회부는 국가가 관리하는 경우에 나타나는 재정부담, 의료기관의 사회화 혹은 국유화에 따르는 혼란, 전국적으로 보험료를 인상하는 정치적 어려움 등을 이유로 조합방식을 적극적으로 건의하였다. 이에 비해서 경제기획원은 무엇보다도 개별 조합의 운영 및 재정능력이 제한적이라고 예상하고 의료보험을 국가가 전국적으로 통합하여 직접 관리하는 방식을 선호하였다. 구체적으로 기존의 산재보험기구 혹은 국세청을 의료보험 전담기구로 구상하였다.[31)]

보건사회부가 통합방식의 문제점으로 지적한 사항은 타당한 것은 아니었다. 국가의 재정부담문제가 무엇을 의미하는지 정확히 파악되지는 않는다. 아마도 국가가 관리운영비용을 부담하여야 하고, 또 통합방식에서 재정적자가 나타나는 경우 국고보조가 불가피하다는 점을 우려한 것으로 보인다. 그러나 조합방식에서도 관리운영비용을 기본적으로 보험료수입으로 충당하지만, 국고보조는 처음부터 어느 정도 예정하고 있었다. 또 지역의료보험의 경우 국고보조는 피할 수 없었다. 이는 1988년 농어민 의료보험을 도입하는 논의에 잘 나타나 있다.[32)] 또 실제 1963년 「의료보험법」은 사무집행에 소요되는 비용은 전액 국고에서 보조하도록 한 바 있다(법 제36조). 의료기관의 사회화 혹은 국유화의 문제는 관리운영방식과 직접적으로 관련이 있는 사항이 아니다. 의료보장의 방법으로 사회보험이 아니라 영국과 같이 국민건강제도(NHS)의 방법을 채택하는 경우 의료기관은 공적 조직에 편입된다. 이에 비해서 사회보험의 방식에서는 의료기관이 공법의 규율을 받고 공법체계에 편입되지만 의료기관의 조직법적 성격이 달라

31) 이에 대해서는 김순양, 위 각주 13의 논문, 87면 이하; 손준규, 위 각주 13의 책, 148면 등 참조.
32) 이에 대해서는 국민연금관리공단, 국민연금 10년사(1998), 143면 참조.

지는 것은 아니다. 그리고 이 점에 있어서 조합방식 혹은 통합방식은 차이가 없다.

보험료를 인상하는 부담에 관한 문제 역시 관리운영방식과 직접적으로 관련이 있지는 않다. 보건사회부는 조합 단위로 재정이 운영되는 경우 보험료 인상 혹은 인하의 결정 역시 조합 단위로 결정되기 때문에 보험료 결정에 대한 국가의 부담이 덜어진다고 이해한 것으로 보인다. 그러나 조합방식으로 의료보험을 운영하는 경우에도 조합의 재정자립도를 유일한 기준으로 의료보험을 운영할 수는 없다. 국가는 이 경우에 나타날 수 있는 조합 간의, 그리고 결과적으로 조합원인 가입자 간의 불평등을 조정하는 역할을 하여야 하기 때문이다. 이는 이후 직장의료보험조합과는 달리 지역의료보험조합에서 만성적인 적자가 발생하였기 때문에 국고보조가 이루어졌던 경험에서도 확인된다. 통합방식을 채택하는 경우에는 앞으로 가입대상을 점진적으로 확대하여 전국민의료보험을 시행하는 과정에서 과도기적으로 나타나는 불평등이 정치적 부담이 된다는 논리도 작용하였다. 이 경우 조합을 보험자로 하는 것이 정치적으로 덜 부담스럽다는 것이다.[33] 그러나 이 논리 역시 타당하지는 않았다. 「의료보험법」의 적용대상을 확대하는 결정은 조합이 아니라 입법적 혹은 행정적 결정의 문제이기 때문이다.

위에서 살펴본 바와 같이 1976년 「의료보험법」이 조합방식을 선택하는 데 있어서 객관적으로 설득력 있는 논거가 있지는 않았다. 1980년대 초반 다시 이에 관한 정책논쟁이 점화되었지만 조합방식은 그대로 유지되었다. 의료보험 관리운영방식은 1999년 「국민건강보험법」의 제정에 의하여 비로소 통합방식으로 전환되었다.

Ⅳ. 의료보험법 및 의료보호법의 주요 내용

1. 의료보험법의 주요 내용

1977년 의료보험은 1963년 제정된 법률을 개정하여 시행되었지만 1963년 법률이 강제가입제도를 포기하였기 때문에 사실상 일반 국민을 대상으로 실시하는 최초의 사회보험법이었다. 일정 규모 이상의 사업장에 「의료보험법」을 의

33) 이에 대해서는 이두호, 국민의료보장론(나남, 1992), 318면 참조.

무적으로 적용하도록 하였다. 동시에 다음과 같은 방법으로 적용범위의 확대를 예정하였다. 첫째, 임의가입의 가능성을 열어 두었다. 당연적용사업장이 아닌 사업장 및 지역주민은 임의로 신청에 의하여 가입할 수 있다. 그러나 이는 1980년대 후반까지 활성화되지 못했다. 둘째, 당연적용 피보험자의 범위를 법률에 직접 규정하지 않았으며, 대통령령의 개정을 통하여 사업의 종류, 근로자의 수 등의 기준을 완화하여 확대할 수 있도록 하였다.

가입자의 종류를 1종과 2종으로 나누었다. 근로자가 1종 가입자, 지역 주민은 2종 가입자에 해당한다. 「의료보험법」은 500인 이상 근로자를 사용하는 사업장의 근로자에게 당연 적용된다(법 제7조, 시행령 제4조). 이와 같이 초기 「의료보험법」은 대기업을 중심으로 시행되었다. 이는 산업화 시대에 인력관리의 관점이 작용한 것으로 설명되었다.[34] 그러나 당시 일반적으로 낮은 임금으로 인하여 근로자의 보험료 부담을 고려하지 않을 수 없었고, 또 그 결과 중소기업 및 영세기업의 경우 보험료 징수가 원활하게 이루어질 수 없다는 현실정책적 이유도 작용하였다. 실제 국제노동기구(ILO)의 1952년 「사회보장 최저기준에 관한 협약 제102호」는 영세기업 근로자의 경우 적용범위를 점진적으로 확대하는 특례를 둔 바 있다(제9조).[35] 당연적용대상에 해당하지 않는 사업장의 사용자는 근로자 3분의 2 이상의 동의를 얻어 조합의 설립을 신청하고 보건사회부장관의 인가를 받아 근로자를 위하여 조합을 설립할 수 있다. 지역 주민 역시 임의적용대상이며, 임의직장조합과 같은 절차를 밟아 조합을 설립할 수 있다(법 제8조, 제18, 19조 제1항). 이와 같이 조합을 임의적으로 설립할 수 있지만, 사업장 혹은 지역에 조합이 설립된 경우에는 해당 사업장의 근로자, 그리고 해당 지역의 주민은 모두가 의무적으로 가입하여야 한다. 즉 개인의 가입 여부가 임의적인 것은 아니다. 1977년 7월 1일 「의료보험법」이 시행되면서 468개의 조합이 설립되었으며, 116만명의 근로자가 의무적으로 의료보험에 가입되었다. 수급자는 약 320만명으로 이는 전체 인구 대비 약 8.8%에 해당하였다.[36]

급여는 법적 성격에 따라서 법정급여와 부가급여가 있다. 법정급여로 요양급여와 분만급여가 지급된다(법 제29조 제1항). 부가급여는 조합이 정관으로 정하는 급여이며, 장제비와 상병수당이 여기에 해당한다(법 제40조, 시행령 제35조). 상병수당은 질병으로

34) 위 각주 2 참조.
35) 이에 대해서는 전광석, 국제사회보장법론(법문사, 2002), 154면 참조.
36) 의료보험연합회, 위 각주 4의 책, 123면 참조.

인하여 취업할 수 없게 된 1일에 대하여 표준보수월액의 100분의 2의 범위 내에서 정관이 정한다(시행령 제35조 제3항). 급여는 원칙적으로 현물급여로서 의료기관 또는 약국에서 지급되며, 예외적으로 현금급여로서 요양비 및 분만비가 지급될 수 있다(법 제29조 제2항, 제36,37조). 요양급여의 기간에 제한이 있었다. 즉 요양급여의 기간은 요양급여가 개시된 날로부터 6월 이내로 한다(법 제30조). 이 후 요양기간을 제한하는 규정은 개선되었고, 2006년 요양급여 일수의 제한은 폐지되었다. 가입자는 요양급여비용의 일부를 부담한다. 본인일부부담은 가입자와 피부양자에 대해서, 그리고 통원치료 및 입원치료에 따라서 차등화되었다. 이는 시행령에 정한 범위 내에서 정관으로 정한다. 통원치료의 경우에는 가입자와 피부양자는 요양급여비용의 40%와 50%의 범위 내에서 본인이 부담한다. 이에 비해서 입원치료의 경우에는 가입자와 피부양자는 요양급여비용의 30%와 40%의 범위 내에서 본인이 부담한다(법 제34조, 시행령 제34조). 요양급여기간이 제한되었고, 본인일부부담이 적용되었으며, 또 의료보험의 급여 대상이 아닌 급여(법정비급여)가 상당 부분 있었다는 사실 등을 고려하면 1977년 의료보험이 낮은 수준의 복지를 지향하였음을 알 수 있다. 이 점이 갖는 사회정책적 함의에 대해서는 아래에서 따로 설명한다.[37)]

요양급여를 제공하는 요양취급기관은 보험자가 보건사회부장관의 승인을 얻어 지정한다. 지정을 취소하는 경우에도 같은 절차를 거친다. 1963년 「의료보험법」과 달리 1976년 「의료보험법」에서는 요양취급기관이 지정의 취소를 요구할 수 있는 규정은 삭제되었다. 지정제도를 유지하면서 지정취소요구 제도를 인정하지 않은 것은 본격적으로 의료보험을 시행하면서 지정취소요구 제도의 운영에 따라서는 요양취급기관을 충분히 확보할 수 없고, 또 경우에 따라서 요양취급기관이 지역적으로 편재되어 있었기 때문에 요양급여를 받을 권리가 평등하게 실현될 수 없다는 우려가 작용한 듯하다. 요양취급기관은 요양급여비용을 보험자에게 청구하며, 보험자는 보건사회부장관이 의료보험심의위원회의 심의를 거쳐 정한 산정기준에 의하여 심사를 행한 후 비용을 지급한다. 가입자가 가입자격을 상실하게 되면 즉시 요양급여가 중단되는 상황을 방지하기 위하여 계속요양급여제도를 두었다. 즉 요양급여를 받고 있는 가입자는 가입자격을 상실한 때에 그 질병 또는 부상에 대하여 6개월의 기간이 종료될 때까지 요양급

37) 아래 제6절 참조.

여를 계속 받을 수 있다(법 제38, 39조).

급여의 제한에 관한 규정을 신설하였다. 즉 보험급여를 받을 자가 자신의 고의의 범죄행위에 기인하거나 또는 고의로 사고를 발생시켰을 때에는 보험급여가 지급되지 않는다(법 제41조 제1항). 이러한 급여제한 사유는 이후, 즉 1984년 개정 법률에 의하여 보다 엄격해 졌다. 1984년 개정 법률은 자신의 범죄행위로 인하여 사고가 발생한 경우 중 기존에 있던 '고의'의 책임요건을 삭제하였다. 이로써 고의뿐 아니라 과실에 의한 범죄에 기인하여 질병 및 부상이 발생한 경우에도 보험급여를 제한할 수 있게 되었다. 이후 이 규정은 법문의 해석을 둘러싸고 많은 분쟁을 발생시켰으며, 또 정책적 타당성 및 헌법적 정당성의 문제를 제기하였다.[38)]

의료보험의 재정은 보험료 수입으로 충당한다. 1종 가입자의 보험료 산정기준은 표준보수월액이다. 표준보수월액은 하한과 상한이 정해졌다. 즉 22,500원 미만의 소득자의 표준보수월액은 20,000원으로, 그리고 389,000원 이상의 소득이 있는 자의 표준소득월액은 400,000원으로 한다. 이는 의료보험에서 소득재분배가 표준보수월액의 범위 내에서 제한적으로 이루어진다는 의미를 갖는다. 본인일부부담이 있고, 또 비급여대상이 넓다는 점을 고려하면 소득재분배의 효과가 더욱 협소하였다. 표준보수월액제도에 의하여 소득상한을 넘는 부분은 개인이 자율적으로 건강보장을 배려하기 위하여 사용할 것을 예정하였다고 볼 수 있다. 보험료율은 표준보수월액의 3% 내지 8%의 범위 내에서 조합의 정관으로 정하며, 가입자와 사용자가 각각 2분의 1씩 부담한다. 1978년 전체조합 평균보험료율은 3.18%였다. 2종 가입자의 보험료는 가입자와 피부양가족의 수를 기준으로 정관에서 정하며, 가입자가 전액 부담한다(법 제49, 50조). 의료보험의 운영에 필요한 비용의 일부에 대해서 국고보조를 할 수 있다(법 제48조, 시행령 제36조). 이는 임의규정이다. 이밖에 「의료보험법」은 준비금제도를 두었다. 이에 따르면 조합은 매회계년

38) 이 규정에 대한 법원의 해석에 대해서는 예컨대 대판 1990.2.9, 89누2295; 1990.5.22, 90누752; 2004.4.27, 2002두13079; 2010.6.10, 2010도1777 등 참조. 헌법재판소는 이 규정이 경과실에 의한 범죄에 기인하여 발생한 질병 또는 부상에 대해서도 보험급여를 제한하는 한 헌법에 위반된다는 한정위헌의 결정을 하였다. 헌재 2003.12.18, 2002헌바1, 15-2(하), 457면 이하 참조. 이후 고의 또는 중과실에 의하여 발생한 범죄로 급여제한사유를 좁히는 개정이 있었다. 이 규정에 대한 종합적인 평가에 대해서는 전광석, 한국사회보장법론(집현재, 2016), 225면 이하 참조. 이밖에 김준래, "불법쟁의행위 진압과정에서 입은 부상과 건강보험 급여제한–서울행정법원 2011.9.9 서고, 2010구합39496 판결에 대한 평석을 중심으로", 사회보장법학 제2권 제2호(2013), 149면 이하; 윤기종, "국민건강보험법상 급여제한 사유의 해석–주요 사례의 분석을 중심으로", 사회보장법학 제2권 제2호(2013), 179면 이하 등 참조.

도의 결산잉여금 중에서 지난 3년간의 보험급여에 소요된 비용의 평균연액의 100분의 5 이상에 상당하는 액을 준비금으로 적립하여야 한다(법 제44조). 준비금은 주로 보험급여에 소요되는 비용이 부족한 경우를 대비한 것이다.[39]

의료보험의 관리운영주체는 의료보험조합이다. 조합은 자율적으로 보험료율을 정하고, 또 부가급여를 통하여 부분적으로 급여의 형성에 관한 자치결정권을 갖는다. 그러나 전반적으로 보면 조합은 자치운영조직으로서의 성격을 갖지는 못했다. 보건사회부장관이 사업에 관하여 명하거나 정관의 변경을 명하는 등 감독상 필요한 조치를 할 수 있기 때문이다(법 제72조). 보건사회부장관의 자문에 응하여 의료보험사업에 관한 주요 사항을 심의하기 위하여 보건사회부에 의료보험심의위원회를 둔다. 심의위원회는 근로자와 사용자, 그리고 의약계를 대표하는 자가 같은 수로 구성되며, 이밖에 공익을 대표하는 위원이 참여한다. 이로써 의약계가 자신의 이익을 투입할 수 있는 통로가 마련되었다(법 제4조, 시행령 제53조 이하).

2. 의료보호법의 주요 내용

「의료보호법」의 적용대상은 「생활보호법」에 의하여 생계보호대상자로 결정된 자, 「사회복지사업법」에 의하여 사회복지시설에 수용된 자 등이다. 이밖에 생활유지의 능력이 없거나 생활이 어려운 자로서 대통령령이 정하는 자가 포함된다(법 제4조). 생활보호대상자가 아닌 자로서 보호기관이 보호가 필요하다고 인정한 자가 여기에 해당한다. 다만 이례적으로 이와 같은 범주의 보호대상자의 규모를 시행령이 직접 정하였다. 즉 이와 같은 범주의 의료보호대상자는 「생활보호법」에 의한 생계보호대상자 총수의 100분의 2(서울시, 부산시의 경우에는 100분의 5, 대구시, 대전시, 광주시의 경우에는 100분의 4)를 초과할 수 없다(시행령 제2조). 당시 생활보호대상자의 선정 자체가 예산상의 제약을 받고 있었다. 즉 예산의 범위 내에서 생활보호사업이 시행되었다.[40] 이에 예컨대 1970년 생활보호대상자는 전국민의 5.4%에 머물러 있었다.[41] 이 비율은 1980년에도 거의 변함이 없었다. 생활보호가 예산의 범위 내에서 시행되고 있었기 때문에 거의 탄력성이 없었다는 것을 알 수 있다. 이와 같은 구조에서 「의료보호법」이 생활능력이 없는 국

39) 1999년 의료보험관리운영의 통합에 재정통합이 뒤따르면서 준비금의 법적 성격이 헌법적 쟁점으로 떠오른 바 있다. 헌재 2000.6.29, 99헌마289, 12-1, 946면 이하 참조.
40) 이에 관한 당시의 관행과 예산현실에 대해서는 예컨대 보건복지부/한국보건사회연구원, 국민기초생활보장제도 10년사(2010), 35면 이하 참조.
41) 이에 대해서는 사회보장심의위원회, 사회보장(1982.12), 47면 이하 참조.

민의 질병을 보편적으로 보호할 수 없었다.

의료보호에 의한 급여의 종류는 「의료보험법」과 같다(법 제5조). 「의료보험법」과 달리 「의료보호법」에 진료기간의 제한에 관한 명시적인 규정은 없었다. 의료보호를 행하는 의료보호시설이 지정된다. 의료보호시설은 제1차 진료기관과 제2차 진료기관으로 나누어 지정된다(법 제7조). 보건소, 의원, 치과의원, 한의원 등이 제1차 진료기관에, 종합병원, 병원, 치과병원, 한방병원 등이 제2차 진료기관에 해당한다. 의료보호대상자가 진료기관을 선택하는 가능성은 제한적이다. 즉 지방자치단체의 장은 진료지구를 정하며, 지구별로 제1차 및 제2차 진료기관을 설정하고 의료보호대상자는 원칙적으로 지정의료기관에서 진료를 받아야 한다(법 제7조, 시행령 제4, 6, 7조). 이와 같은 진료지구제는 1998년 폐지되었다. 의료보호의 수가(酬價)는 의료보험과는 차이가 있었다. 외래진료의 경우 정액으로 지급되었으며(1인 1일 400원), 입원의 경우 정률제가 적용되었지만 수가는 의료보험에 비해서 70% 수준에 머물렀다. 이는 자연히 의료기관에서 의료보호대상자를 기피하거나 차별하는 원인이 되었다. 이러한 차별수가는 1990년에 비로소 개선되었다.[42)]

의료보호대상자의 진료에 소요되는 비용은 전부 또는 일부를 국가 및 지방자치단체가 부담한다. 이를 위하여 의료보호기금이 설치된다. 의료보호대상자의 진료비용은 전액 의료보호기금에서 부담한다. 다만 '기타 보호기관이 본법에 의한 보호를 필요로 한다고 인정하는 자'(생활보호법 제3조 제1항 제5호)에 대해서는 제1차 진료에 소요되는 비용은 전액 의료보호기금이 부담하지만, 제2차 진료에 소요되는 비용은 100분의 30에 한정하여 의료보호기금에서 부담한다(시행령 제3조).

의료보호기금은 시도 단위로 설치되며, 국고보조금, 지방자치단체의 출연금을 재원으로 하여 조성된다(법 제6조, 제9조). 보호대상자가 치료비용의 일부마저 부담할 수 없는 경우를 위하여 진료비 대불(代拂)제도를 두었다. 대불금은 이자 없이 상환한다(법 제6조). 그러나 아직 대불제도에 관한 구체적인 규정을 두지는 않았다.

42) 이에 대해서는 남찬섭, "1970년대의 사회복지 4", 복지동향(2006.6), 62면 참조.

Ⅴ. 1977년 이후 의료보험법 및 의료보호법의 전개, 1978년 공무원 및 사립학교교직원의료보험의 시행

1. 의료보험법의 발전

1977년 이후 「의료보험법」의 적용대상자는 시행령의 개정을 통하여 확대되었다. 1979년 300인 이상 사업장, 1980년 100인 이상 사업장, 그리고 1982년 16인 이상 사업장에 「의료보험법」이 적용되었다. 1981년 개정 법률은 앞으로 적용대상을 농·어민 및 지역주민에게 확대적용하기 위한 근거규정을 두었다. 즉 주민의 소득수준, 의료시설의 분포상황 등에 따라 대통령령이 정하는 지역의 주민은 당연적용 피보험자가 된다(법 제7조 제2항). 지역의료보험조합의 설립, 그리고 보험료부과에 필요한 관련 규정들을 정비하였다. 1984년 개정 법률은 기존의 직장 및 지역 단위 이외에 직종을 단위로 의료보험조합을 설립할 수 있는 근거규정을 두었다(법 제6조 제1항). 지역의료보험의 실시에 대비한 개정은 1985년에도 이루어졌다. 보험료를 체납하는 경우 기존에는 강제 징수하도록 하였으나 지역의료보험에서 강제징수의 어려움이 있을 것을 우려하여 이 경우 보험급여를 하지 않을 수 있도록 하였다(법 제41조 제7항). 의료보험은 1988년과 1989년 농어촌 및 도시지역으로 확대되었다.

요양급여기간에 관한 규정이 점차 개선되었다. 기존에는 요양급여기간은 6개월로 제한하였으나, 1980년 법률 개정을 통하여 동일한 상병에 대해서 180일 이내로 연장하였다. 또 폐결핵의 경우에는 기간의 제한을 두지 않았다(법 제30조). 1987년 개정 법률은 요양급여기간을 180일로 제한하는 규정을 그대로 두면서 재정에 영향이 크지 않는 범위 내에서 이를 완화하였다. 즉 보험자가 부담하는 요양급여의 비용이 보건사회부장관이 정하는 금액 미만일 경우에는 보험자는 그 금액에 달할 때까지 급여기간을 연장할 수 있다(법 제30조). 1989년 개정 법률에서는 요양급여의 기간이 동일한 상병인가의 여부에 관계없이 연간 180일로 조정되었다(법 제30조).

1981년 개정 법률은 건강의 유지 및 증진을 위한 예방사업을 처음으로 도입하였다. 즉 조합은 피보험자 및 피부양자의 건강의 유지 및 증진을 위하여 필요한 예방사업을 할 수 있다. 다만 이는 임의규정이었다(법 제26조). 법정급여로서 건강진단은 1995년에 비로소 도입되었다(법 제39조의 2). 이 점은 아래에서 서술하는 「공무원 및 사립학교교직원 의료보험법」이 처음부터 건강진단을 법정급여로 하였던 것과 비교된다.

1979년 요양급여비용에 대한 본인부담의 비율이 조정되었다. 가입자와 피부양가족 간에 본인부담에 있어서 차이가 없어졌다. 본인부담비율은 통원치료와 입원치료의 경우 각각 30%와 20%로 낮아졌다. 다만 가입자가 의원에서 1차 진료를 받도록 유인하기 위하여 종합병원 및 병원에서 진료를 받는 경우에는 본인부담비율을 50%로 하였다. 부가급여의 종류로서 기존의 장제비와 상병수당 외에 본인부담금보상금이 추가되었다. 본인부담금보상금은 동일한 요양취급기관에서 매 30일간에 본인부담금이 20만원을 초과한 경우에 지급하며, 그 지급액은 그 초과한 금액의 범위 안에서 조합의 정관으로 정한다(시행령 제35조 제4항). 의료보험의 남용을 방지하기 위하여 본인일부부담을 도입하였지만 이로 인하여 특히 저소득층이 진료기회를 갖지 못하는 문제를 해결하기 위한 조치였다. 1986년 본인부담의 산정방식이 바뀌었다. 통원치료의 경우에 종합병원과 병원에서는 진찰료는 전액 가입자가 부담하고 진찰료를 제외한 진료비 총액의 55%와 50%를 본인부담으로 하였다. 의원 등 1차 진료기관에서는 진찰료에 대한 본인부담은 없고, 진료비총액의 30%를 본인이 부담한다. 이는 종합병원 및 병원에서는 가입자가 진찰료 전액을 부담하게 하는 반면 의원에서는 진찰료 부담을 면제하여 경미한 질병에 대해서는 의원을 방문하도록 유인하는 조치였다. 입원진료의 경우에는 기본적으로 중병일 것으로 추정하여 본인부담비율을 계속 진료비 총액의 20%로 낮게 유지하였다.

1979년 개정 법률은 요양취급기관의 지정방식에 변화를 가져왔다. 요양취급기관의 지정을 강화하기 위하여 보험자 뿐 아니라 보험자단체가 요양취급기관을 일괄하여 지정할 수 있도록 하였다. 지정을 받은 의료기관 및 약국은 정당한 이유없이 이를 거부할 수 없다(법 제32조). 보험급여의 심사에 관한 규정을 새로이 도입하였다. 즉 보험자는 요양취급기관으로부터 비용의 청구를 받은 때에 이를 심사하여 지급한다. 보건사회부장관은 필요한 경우에 심사 및 지급업무를 다른 전문기관에 위탁할 수 있다(법 제35조).

1977년 「의료보험법」 시행 당시에 논란이 있었던 관리운영방식은 1980년에서 1983년 사이에 다시 한번 점화되었다. 보건사회부 내부에서 일부 관료들을 중심으로 통합방식으로의 전환이 시도되었으며 1980년 11월 보건사회부는 의료보험 통합일원화 방침을 결정하였다. 기존의 조합방식에서 통합방식으로의 전환을 주장하는 논리는 다음과 같았다. 첫째, 의료보험이 점차 가입대상을 확대하고 실질적으로 전체 국민을 대상으로 하게 되면서 경제생활의 유형에 있어서 동질적인 근로자를 가입자로 하는 사회보험의 성격은 약화되었다. 이제 오히려 의료보험은 국가정책의 성격을 띠게 된다. 1981년 홍천, 옥구, 군위, 그리고 강화, 보은, 목포에서 1차 및 2차 지역의료보험 시범사업이 시행되었다. 그런데 이와 같은 시범사업에서 재정적자가 발생하였다.[43] 통합일원화를 추진하는 입장에서 보면 이와 같은 상황에서 조합방식으로 전국민의료보험을 실시하는 것이 불가능하다고 보았다. 둘째, 다른 사회보험, 예컨대 소득보장제도인 국민연금과는 달리 의료보험은 모든 가입자에게 질병이 발생하면 소득 수준에 관계 없이 필요한 진료를 제공하여야 한다. 이는 의료보호 대상자에 대해서도 다르지 않다. 따라서 의료보험과 의료보호의 이원적인 체계를 유지하는 정당성이 없으며, 통합되어야 한다. 이 경우 조합 단위의 관리운영방식은 더 이상 유지될 수 없다. 셋째, 질병의 사회적 위험으로서의 특수성, 그리고 이제 의료보험이 전국민 사회보험으로 발전하게 되었다는 점을 고려하면 의료보험 보험료는 실질적으로는 조세의 성격을 띠게 된다. 따라서 보험료 부과에 있어서 누진률이 적용되어, 소득재분배 효과가 강화되어야 한다. 그런데 조합 단위의 관리운영방식은 이러한 요청에 정면으로 반한다. 조합방식에서는 기껏해야 조합 내부에서 소득재분배가 이루어지기 때문이다.

이러한 논의는 의약계의 이해관계와도 관련이 있었다. 1976년 입법과정에서 이미 개진되었듯이 의료계는 조합방식에 비해서 통합방식에서 진료비 지불절차가 간편하고, 또 재정이 부실한 조합의 경우 적시에 비용이 보상될 수 없다는 우려가 제거될 수 있다고 보았다.[44]

위와 같이 보건사회부가 주도한 정책전환의 시도는 정부 내에서 격렬한 논의 끝에 실현되지 못했고, 조합방식은 그대로 유지되었다. 다음과 같은 반대논리가 주효했다. 첫째, 통합방식에서는 실질적으로 정부와 가입자가 당사자가 되기 때문에 제도의 불이익한 변경, 예컨대 보험료 인상, 급여수준 및 진료내용의 변화가 직접 정부의 부담이 될 수 있다. 둘째, 지역의료보험은 필연적으로 적자재정으로 운영될 가능성이 높은데 통합방식에서 이는 결국 직장근로자에 전가(轉嫁)될 것이라는 예상이다.[45]

43) 이에 대해서는 의료보험연합회, 위 각주 4의 책, 367면 이하, 390면 이하 등 참조.
44) 이에 대해서는 위 Ⅲ.2.(2) 참조.
45) 이에 대해서는 이두호 외, 위 각주 33의 책, 320면 이하 참조.

통합방식을 추진하는 보건사회부의 시도는 청와대의 반대에 부딪쳐 좌절되었다. 이후 통합방식을 추진했던 공무원들은 보건사회부에서 축출되었다. 다만 일부 조합의 경영부실이 나타나면서 조직의 효율성을 높이기 위하여 여러 조합을 공동조합으로 재편하는 작업이 이루어졌다. 그 결과 초기에 400개 이상에 달했던 조합의 수는 1982년 단독 사업장조합 72개, 공동조합 74개로 정비되었다. 이후 의료보험관리운영방식의 개편과 관련하여 조합방식 및 통합방식과 함께 광역조합방식이 대안으로 논의되기 시작하였다. 예컨대 1989년「의료보험법」개정 논의에 있어서 정부, 그리고 민주공화당의 개편안이 여기에 해당했다.[46)]

2. 공무원 및 사립학교교직원 의료보험법의 제정과 시행

1976년「의료보험법」이 전면 개정되어 우선적으로 근로자를, 그리고 장기적으로는 전체 국민을 적용대상으로 할 것이 예정이었으며, 이제 공무원의 의료보험문제가 제기되었다. 1960년 제정된「공무원연금법」은 1962년 개정을 통하여 단기급여로서 요양비를 추가하였다. 그러나 이는 기본적으로 공무로 인하여 발생한 질병 및 부상을 보호하였고, 공무 외의 질병 및 부상은 극히 예외적인 경우에 한하여 보호되었다(법 제15조, 시행령 제22조). 이에 공무원의 질병 및 부상을 일반적으로 보호하는 독자적인 법률의 제정을 구상하였다. 그런데 공무원에는 교육공무원이 포함되며, 이들과 사립학교 교수 및 교원은 같은 기능을 수행하기 때문에 이들과 형평을 도모하기 위하여 사립학교교원 역시 적용대상에 포함하였다. 이때 사립학교 직원도 가입대상에 포함시켰다. 이는 사립학교 사무직원을 처음에는 가입대상에서 제외하였던「사립학교교원연금법」과 차이가 있었다.

「공무원 및 사립학교교직원 의료보험법」('공교의료보험법')은 1977년 12월 31일 제정되어 1978년 7월 1일부터 시행되었다.「공교의료보험법」의 적용대상에서 군인 및 선거에 의하여 취임하는 공무원은 제외되었다(법 제5조). 1979년 법률 개정을 통하여 장기복무하는 군인도「공교의료보험법」의 적용을 받도록 하였다. 1981년 개정 법률은 특수직역연금수급자를 적용대상에 추가하였다(법 제5조 제4호). 이들의 보험료 산정은 연금월액을 기준으로 하였으며, 보험료의 50%는 연금기금이 부담한다(법 제50조 제3항). 같은 해에 선거에 의하여 취임하는 공무원으로서 대통령령으

46) 1989년 국민의료보험법안 성안에 있어서 정부와 각 정당의 법안에 대한 비교로는 제6장 각주 27 참조.

로 정하는 자에게도 가입자격을 부여하는 개정을 하였다.

「공교의료보험법」에서 급여의 종류와 내용, 급여기간의 제한, 보험급여의 기준 및 보험급여비용의 산정기준은 기본적으로 「의료보험법」과 같다. 실제 「공교의료보험법」은 이에 관한 「의료보험법」의 규정들을 준용하였다(법 제27조, 제40조). 다만 「공교의료보험법」은 처음부터 건강진단을 법정급여로 하였던 점이 「의료보험법」과 차이가 있었다(법 제29조). 공무원의 경우에는 공무원과 정부가 각각 보험료의 2분의 1을 부담한다. 사립학교교직원의 경우에는 가입자, 학교경영자 및 정부가 각각 보험료의 50%, 30% 및 20%를 분담하도록 하였다. 이는 사립학교교원연금의 재정분담방식을 따른 것이었으며, 결국 정부가 학교경영자의 보험료 부담을 덜어 주는 의미가 있었다(법 제50조). 의료보험과 달리 공교의료보험은 '공무원 및 사립학교교직원 의료보험관리공단'('공교의보공단')에서 통합적으로 관리운영된다(법 제9조).

3. 의료보호법의 전개

「의료보호법」은 1977년 제정된 후 1978년 미세한 부분을 개정하였으며, 이후 1980년대 후반까지 개정되지 않았다. 「의료보험법」에 비해서 그만큼 정책적 주목을 받지 못했다는 것을 알 수 있다. 이 기간에 의료보호는 시행령의 개정을 통하여 부분적으로 개선되었다. 1978년 의료보호대상자의 본인부담비율이 개선되었다. 즉 진료비용 중 의료보호기금이 부담하는 비율이 30%에서 50%로 조정되었다. 이에 비해서 급여기간은 「의료보험법」의 예에 따라서 도입되었고, 또 이후 개선되었다. 1991년 급여기간을 180일로 하였으며, 이는 1995년과 2000년 각각 210일, 365일로 연장되었다. 1980년에는 생활보호대상자의 상황과 유사하기 때문에 보호가 필요한 자에 대해서 2차 진료에 소요되는 본인부담의 50%에 해당하는 액을 대불할 수 있도록 하여 저소득층의 진료기회를 향상시켰다. 진료비용 중 의료보호기금의 부담비율은 이후 더욱 개선되었다. 즉 1982년 시행령 개정을 통하여 의료보호기금의 부담비율을 50%에서 80%의 범위 안에서 지역적 특수성을 고려하여 결정할 수 있도록 하였다.

제 4 절 국민연금법의 제정과 시행

Ⅰ. 국민연금법 제정의 사회경제적 배경

1986년「국민연금법」제정에는 위에서 살펴본 바와 같이 정치적 변화가 중요한 환경으로 작용하였다. 1973년 제정된「국민복지연금법」이 1975년 개정 법률에 의하여 최종적으로 시행이 유보된 후 오랫동안「국민연금법」에 관한 논의는 잠재해 있었다. 1982년부터 시작되는 제5차 경제사회발전 5개년계획에 국민연금제도의 실시가 예정되어 있었고, 1984년 '국민복지연금실시준비위원회'가 구성되었다. 그러나 아직 진지하고 구체적으로 국민연금정책이 구상되고 있지는 않았다.[47] 국민연금제도는 민주화의 지체를 상쇄하기 위한 조치로서 다시 점화되었고, 또 1987년 말 대통령선거를 대비하기 시작하는 1986년 이후 공론화되었다. 1986년「국민연금법」의 제정에는 정치적 환경의 변화 외에 다음과 사회경제적 배경이 작용하였다.

1973년 당시와는 달리 1980년대 중반 이후에 들어서면서 우리 사회는 점차 고령사회의 연령구조를 띠기 시작하였다. 위에서 설명했듯이 1973년 기준으로 우리나라에서 60세 이상의 인구가 전체 인구에서 차지하는 비율은 5.2% 정도였다. 이에 비해서 1986년 이 비율은 6.8%로 증가하였고, 1990년 7.3%, 2000년 10%, 그리고 2020년과 2040년에는 17.7%와 26.6%로 가파르게 증가할 것으로 예상되었다.[48] 1985년을 기점(起點)으로 인구증가율은 점차 둔화될 것으로 전망되었다. 인구증가율은 이미 1982년 2.0 미만으로 떨어졌고, 1990년에는 1.6에 불과했다. 이로써 우리 사회에서 전통적으로 인구억제를 내용으로 하는 인구정책은 더 이상 타당성이 없게 되었다.

이와 같이 고령사회가 진행되고, 또 인구증가율의 둔화되면서 전통적인 부양공동체인 가족의 기능은 약화되어 가고 있었다. 부모 및 자녀로 구성되는 핵가족의 비율은 1966년 73.4%에서 1975년에는 79.8%로 증가하였고, 1980년에는 82.8%에 이르러, 핵가족이 표준적인 가족유형으로 자리 잡게 되었다.[49] 이는

---

47) 국민연금관리공단, 국민연금 10년사(1998), 109면 참조.

48) 이러한 통계에 대해서는 국민연금관리공단, 국민연금 10년사(1998), 108면 참조.

49) 1962년 이른바 법정분가제도가 신설되면서(민법 제789조 제1항), 현실적으로 핵가족으로의 분화는 규범적으로 반영되게 되었다.

전통적인 가족의 부양기능을 보충 혹은 대체하는 공적 제도가 필요하게 되었다는 것을 의미했다. 이에 비해서 당시 시행되고 있던 특수직역연금의 수급대상은 전체 인구의 2.3%에 불과했다.

1960년대 초반 이후 진행된 산업화 및 도시화로 인하여 개인의 경제생활의 유형은 임금노동으로 개편되었다. 1970년에서 1980년 사이에 1차 산업의 비중은 26.4%에서 14.4%로 줄어든 반면, 2차 산업의 비중은 27.5%에서 38.7%로 증가하였다. 일반적으로 임금근로자에 해당하는 2차 산업과 3차 산업에 종사하는 경제활동인구의 비율은 1980년 85.6%에 달하였다. 이로써 임금노동이 전형적인 소득활동의 유형이 되었다. 이는 동시에 노동자에게 노령, 장애 등의 사회적 위험이 발생하여 임금이 상실 혹은 감소되었을 때 이들이 생활의 경제적 기반을 상실하게 되는 의미를 가졌다.

이러한 상황에서 1961년 「근로기준법」에 의하여 도입된 퇴직금제도가 갖는 문제는 여전히 개선되지 않고 남아 있었다. 즉 퇴직금이 일시금으로 지급되기 때문에 장기적인 생활안정에 기여하지 못하고, 비교적 단기간 재직한 후 퇴직금을 받는 비율이 높아서 노후소득기능에 충실하지 못했다. 당시 퇴직금 수급자 중 50세 미만인 근로자가 압도적으로 다수를 차지하고 있었다. 이밖에 퇴직금을 사외(社外)에 적립하는 비율이 아직 높지 않았고, 주로 사내(社內)에 적립되었다. 따라서 기업이 퇴직금 적립금을 운영자금으로 사용하고, 그 결과 기업이 도산하는 경우 퇴직금이 지급될 수 없었다.[50)]

전체적으로 보면 경제가 성장하였고, 개인 소득이 큰 폭으로 증가하였지만 열악한 근로조건, 노동운동의 제약, 소득 분배의 불균형으로 인한 상대적 박탈감은 여전히 남아 있는 문제였다.[51)]

국민연금이 시행되기 위해서는 정책의 필요성과 동시에 실현의 가능성이 갖추어져 있어야 한다. 1986년 시점은 국민연금을 실시하는 데 필요한 현실적 환경도 어느 정도 갖추어졌다. 첫째, 위에서 살펴본 바와 같이 산업구조의 변화로 인하여 임금근로자의 비중이 증가했다. 1950-60년대 출생한 이른바 베이비부머 세대가 1980년대에 산업에 편입되는 시기였다. 이들은 국민연금에 안정적으로 보험료를 납부할 능력이 있다고 판단하였다. 국민소득수준도 가파르게 성장하

50) 이 점을 비롯하여 당시 퇴직금제도의 문제점에 대해서는 민재성/박재용, 퇴직금제도의 문제점과 개선방향(한국개발연구원, 1984), 21면 이하, 31면 이하, 146면 등 참조.

51) 이들 상황에 대해서는 예컨대 이경은, “정치체제와 복지정책의 산출－제3·4 공화국의 경우”, 한국행정학보 제23권 제1호(1989), 101면 이하 참조.

여 1970년대 중반 1,000 달러를 넘어선 1인당 국민소득은 1986년에는 2,568 달러에 이르렀다. 둘째, 1980년대 초반 이후 안정적으로 경제가 성장하고, 물가정책이 효과를 나타내면서 물가상승률이 둔화하였다. 예컨대 1970년대 연평균 물가상승률이 16.2%였던 데 비해 1982년 이후 물가상승률은 2% 내지 4% 수준에 머물렀다. 이는 가입자들이 그만큼 자신의 연금을 기초로 앞으로 기존의 생활수준을 어느 정도 유지할 수 있다는 기대를 갖게 할 수 있었다.

Ⅱ. 국민연금법의 제정경과 및 기본요강

1. 정부 내 제정논의

1960년대 후반 양로보험에 대한 연구 및 입법시도, 그리고 1973년「국민복지연금법」의 제정 및 시행유보 이후 국민연금에 관한 논의는 1981년 이후 다시 시작되었다. 이미「공무원연금법」및「군인연금법」은 1960년대 초반에, 그리고「사립학교교원연금법」은 1975년 시행되었다.「국민연금법」의 제정논의에 있어서 위와 같은 특수직역연금의 경험, 그리고 특수직역연금과의 연계문제가 논의되지 않은 것은 이례적이었다. 여기에는 다음과 같은 상황이 작용했으리라고 추측된다. 첫째, 국민연금은 아래에서 설명하듯이 국민 전체를 대상으로 하였으며, 어느 정도 소득재분배의 이념이 실현될 수 있도록 하였다. 이와 같은 적용범위와 이념은 특수직역연금과 차이가 있기 때문에 비교의 대상이 아니라고 생각했을 가능성이 있다. 둘째, 당시 아직 사회보장법에 대한 전체적인 구도를 이해할 수 없었기 때문에 이들 법제와 연계하는 인식 및 지식이 없었기 때문이라고 볼 수도 있다.

1984년 '국민복지연금실시준비위원회'가 설치되었다. 보건사회부장관이 위원장을 맡았고, 경제기획원, 재무부 등 관계 부처의 차관, 그리고 노사단체 대표 등이 참여하였다. 그러나 이 위원회에서 특별히 활동의 성과가 있지는 않았다. 보건사회부와 한국개발연구원(KDI)이 각각 국민연금제도 초안을 작성하였다. 1986년 8월 당시 대통령 전두환은 복지 3대입법으로 '국민연금'과 '전국민의료보험'의 실시, 그리고 '최저임금제도'의 실시를 선언한 바 있다. 국민연금은 1988년 1월 1일을 시행을 목표로 하였다. 이와 같은 시대적 배경에서 1986년 6월 4일 '국민연금 실시준비를 위한 관계장관회의'가 열리고 이를 계기로 정부 내에서 국민연금의 주요 쟁점에 대한 토론이 이루어졌다. 이 회의에서 다루어진 주요 쟁점은 보험료율, 퇴직금제도와의 조정, 그리고 관리운영조직에 관한 3가지였다.[52] 보험료율은 초기 표준보수월액의 2.5%로 하고, 이후 1992년 5%, 1996년 7.5%, 그리고 2000년 10.0%로 하도록 하였다. 퇴직금제도와의 조정은 사용자와 근로자의 이익관계가 대립하는 핵심적인 문제였기 때문에 단일안이 작성될 수 없었다. 이에 두 개의 시안이 작성되었다. 제1안에 따르면 시행초기에는 사용자의 부담을 완화하기 위하여 사용자가 부담하는 보험료 중 1.5%를 퇴직금부담율에서 전환한다. 제2안은 퇴직금은 후불임금의 성격을 갖기 때문에 근로자의 기득권이 그대로 유지되어야 하며, 따라서 퇴직금으로부터의 전환이 없이 독자적으로 사용자에게 보험료를 부담시키는 방법이다. 관리운영은 정부가 직접 관할하지 않고, 새로이 공단을 설립하도록 하였다.

정부는 그동안 국민연금에 대한 연구결과를 기초로 '국민연금제도의 기본구상과 그 경제사회적 파급효과'에 관한 공청회를 거쳤다(1986.6.12).[53] 이후에 여러 차례 당정연석회의를 거쳐 1986.9.29. 기본요강이 발표되었고, 이에 기초하여 국민복지연금법개정안이 확정되었다.[54] 전체적으로 보면 1973년 「국민복지연금법」의 제정에 있어서 보건사회부가 주도적인 역할을 하였지만, 1986년 「국민연금법」 제정에 있어서는 한국개발연구원 및 경제기획원의 의견이 주로 반영되었다. 1986년 9월 30일 보건사회부의 국민복지연금법안이 작성되었고, 10월 4일 입법예고되었다. 이후 한국개발연구원의 연구내용을 수용하여 1986년 11월 보건사회부안이 확정되었다. 정부는 「국민연금법」으로 이름을 바꾸어 법안을 제출하였고, 이는 1986년 12월 31일 국회에서 의결되었으며, 「국민연금법」은 1988년 1월 1일 시행되었다. 시행령은 1987년 8월 14일 제정되었다. 그런데 「국민연금법」은 가입대상, 급여의 내용 및 조정 등 중요한 문제를 대통령령에 위임하였기 때문에 「국민연금법」 제정 이후 시행령의 제정 과정에서 주요 결정이 다시 한번 이루어져야 했다.

정부 내의 논의에 있어서 국민연금이 어느 정도 소득재분배 효과가 있어야 한다는 점에 대해서는 이견이 없었다. 즉 국민연금이 기존의 분배의 불균형, 구조적으로 말하면 시장에서의 소득불균형을 어느 정도 교정하는 과제를 가져야 한다. 이에 초기에 검토된 바 있는 독일 연금보험과 같이 소득에 충실하게 비

52) 이에 대해서는 국민연금공단, 국민연금 20년사(2008), 48면 이하 참조.

53) 그 내용은 같은 제목의 책으로 출간되었다. 민재성 외, 국민연금제도의 기본구상과 경제사회 파급효과(한국개발연구원, 1986) 참조.

54) 국민복지연금법 개정안은 국민연금공단, 국민연금 10년사(1998), 112면 이하에 수록되어 있다.

례하는 연금산정방식은 배제되었다.[55] 이밖에 다음과 같은 주요 쟁점에 있어서 보건사회부와 경제기획원이 충돌하였다.

첫째, 연금의 산정기초와 관련하여 보건사회부는 연금산정기준인 기본연금 중 소득비례부분은 가입기간 최종 3년간의 평균보수월액을 기준으로 하였다. 이에 비해서 경제기획원은 가입자의 전체 가입기간의 평균보수월액을 산정의 기초로 하였다. 결국 후자의 산정방법이 채택되었고, 그 결과 연금수준은 낮아지게 되었다. 둘째, 연금의 수준을 결정짓는 소득대체율에 있어서도 보건사회부는 40-90%의 수준을, 경제기획원은 40-84% 수준을 제안하였다.[56] 급여수준에 있어서는 큰 차이는 없었다. 연금산정의 기준이 되는 보험료를 산정하는 소득에 상한이 있었기 때문에 국민연금이 노후소득보장의 기능을 전적으로 담당할 수 없다는 점을 인식하고 있었다. 이에 국민연금과 기업연금 및 개인연금의 3층구조를 염두에 두고 있었다.[57] 셋째, 반환일시금의 내용에 대해서도 보건사회부와 경제기획원 사이에 견해의 차이가 있었다. 보건사회부는 가입자가 보험자격을 상실한 후에도 60세에 달하는 경우에 한하여 반환일시금을 지급할 수 있도록 하였다. 이에 비해서 경제기획원은 자격상실 후 1년이 경과하면 반환일시금을 지급하도록 하였다.[58] 보건사회부는 연금의 노후보장기능을 중시하였다. 이에 비해서 경제기획원은 민간보험의 사고를 적용하였다. 현실적으로 가입자격을 상실하는 경우 즉시 반환일시금이 지급되지 않는 점에 대한 국민의 이해를 구하기 어렵다고 보았다.

마지막으로 국민연금에서 적립기금의 운용이 중요한 정책과제이다. 이를 관할하는 국민연금기금운용위원회의 구성과 관련하여 초기에는 보건사회부와 경제기획원이 각각 보건사회부 장관과 경제기획원 장관을 위원장으로 구상하였다. 이후 보건사회부는 국무총리를 위원장으로 하는 절충안을 제시하였다. 그러나 결국 최종적으로는 경제기획원장관이 위원장으로 결정되었다. 이로써 국민연금기금이 국민연금사업 이외의 다른 정책 및 정치적인 목적으로 사용되고, 그 결과 기금의 가치를 유지하는 문제가 심각히 제기될 가능성을 내포하게 되

55) 이에 대해서는 민재성 외, 위 각주 53의 책, 97면 이하 참조.
56) 이에 대해서는 오정수, "국민연금제도의 형성과정과 입법변천에 관한 연구", 사회보장연구 제3권(1987), 146면, 150면 참조.
57) 이에 대해서는 예컨대 박종기, "국민연금제도의 시안과 기본방향", 사회보장연구 제3권(1987), 98면 이하 참조.
58) 이 규정의 취지 및 헌법적 평가에 대해서는 아래 각주 70 참조.

었다. 이는 기금이 본격적으로 축적되고 1990년대 이후 국민연금기금을 공공기금으로 사용하기 위한 목적으로「기금관리기본법」및「공공자금관리기금법」등이 제정되면서 보다 첨예한 쟁점이 되었다.[59)]

1973년의「국민복지연금법」을 개정하는 방법을 취하면서, 법률명을「국민연금법」으로 하였다. 이는 다음과 같은 두 가지 의미를 갖는 발상이었다. 첫째, 국민연금이 국가의 일방적인, 국민의 자기 부담이 없는 급여가 아니라는 점을 명확히 하였다. 당시 아직 복지의 개념에 대한 부정적인 이해가 남아 있었다. 둘째, 같은 맥락에서 국민연금이 국고의 지원이 없이 운영된다는 의미에서 국가재정중립을 담고자 했다. 여기에는 다음과 같은 논리도 작용하였다. 즉 초기에 소득근로자를 가입대상으로 하면서 정부가 재정을 지원하는 경우에는 전체 국민을 기준으로 보면 오히려 소득역진적 효과가 발생한다는 것이다.

2. 국민연금법에 대한 노사 간의 주요 쟁점

(1) 기본구상

국민연금은 기존의 임금 및 저축 등을 대체 혹은 보충하여 근로자의 노후생활을 보장하는 목적을 가지며, 사용자와 근로자가 보험료를 납부하여 재원이 마련된다. 또 이는 기존의 퇴직금제도와 조정이 필요했다. 그렇기 때문에 어떠한 사회보장제도에 비해서도 사용자와 근로자가 대립하고, 때로는 공동으로 자신의 입장을 표명하였다. 이로써 우리 사회보장의 역사에서 근로자와 사용자의 이익관계가 정책적으로 구조화하기 시작하였다. 국민연금의 구상을 둘러싼 노사의 입장은 다음과 같이 정리될 수 있다.[60)]

근로자와 사용자는「국민연금법」의 전체 사회보장법에서의 위상 및「국민연금법」에 대한 기본구상에 대한 이해를 달리 하였다. 근로자측은 노후보장이 기본적으로 3층 구조의 역할분담에 의해서 완전성을 가질 수 있다고 이해하였다.[61)] 위에서 언급했듯이 이는 정부의 구상이기도 하였다. 즉 기초보장을 공적연금이 담당하고, 기초보장을 넘는 적절한 보장은 기업복지를 통해서 실현되어야 하며, 이밖에 민간보험 등을 활용하여 개별적으로 생활을 보장하여야 한다

59) 아래 각주 76 참조.

60) 국민연금법안에 대한 사용자와 근로자의 입장에 대해서는 황정연, "국민연금제도와 사용자의 입장"; 나문섭, "국민연금제도와 근로자의 입장", 이 글은 사회보장연구 제3권(1987), 101면 이하, 113면 이하에 수록되어 있다.

61) 나문섭, 위 각주 60의 논문, 126면 참조.

는 것이다. 이는 「근로기준법」상의 퇴직금제도가 국민연금 시행 후에도 계속 법정제도로서 남아 있어야 한다는 주장의 근거가 되었다. 또 퇴직금을 공로보상이 아니라 임금후불의 성격을 갖는다고 이해한 결과이기도 하다.[62] 이는 퇴직금제도가 일정한 시기가 지나면 임의적인 제도로 전환되어야 한다는 사용자의 입장과 다른 것이었다. 이에 대해서는 아래 (2)에서 자세히 다룬다. 연금의 산정방법에 관한 근로자측의 구상은 다음과 같다. 즉 연금은 가입자의 소득에 비례하여 산정·지급되어 기존의 생활을 유지할 수 있게 하고, 동시에 모든 근로자의 생활을 보장할 수 있어야 한다. 이러한 이해에 따르면 연금은 비례부분과 정액부분이 각각 50%씩 구성되어야 한다.

(2) 국민연금과 퇴직금과의 관계

퇴직금제도에 대한 이해 및 향후 정책방향은 노사 간에 견해의 차이가 가장 갈렸던 쟁점이었다. 개정안은 퇴직금제도를 계속 법정제도로 유지하였지만, 기존에 사용자가 퇴직금적립의무에 더하여 국민연금에 보험료를 추가로 납부하는 부담을 완화하기 위하여 1993년부터 퇴직금적립금에서 일정 비율을 국민연금재원으로 전환되도록 하였다.

근로자측은 퇴직금을 법정제도로 기존과 같이 유지하거나, 아니면 퇴직금의 사회보장기능을 강화하기 위하여 기업연금제도로 전환할 것을 주장하였다. 이때 비로소 3층 구조의 충실한 노령보장제도가 형성될 수 있다는 것이다. 1961년 도입 이후 퇴직금이 실업보험을 대체하는 기능을 수행하였으며, 또 연금수급연령과 퇴직연령 사이에 존재하는 보장의 공백을 퇴직금이 메워야 한다는 논리가 뒷받침이 되었다. 즉 「국민연금법」이 60세를 원칙적으로 연금수급연령으로 하고 있는 반면, 실제 우리 사회에서 퇴직연령은 50세에서 55세 사이이기 때문에 약 5년에서 10년간 소득보장의 공백이 나타나며, 이 공백을 퇴직금을 존속시켜 보충하여야 한다는 것이다. 이에 비해서 사용자측은 이미 형성된 퇴직금기대권은 인정하지만, 보험료율이 10%에 이르게 되는 1998년 이후에는 퇴직금적립의무를 국민연금 보험료로 대체하고, 잔여 부분은 임의제도로 전환되어야 한다는 입장이었다.

퇴직금제도의 존치 여부 및 운영에 관한 노사간의 입장의 차이는 퇴직금의 법적 성격 및 기능에 대한 상이한 이해에 원인이 있었다. 근로자측은 퇴직금의

62) 퇴직금의 법적 성격에 대해서는 아래 각주 63 참조.

법적 성격을 임금후불로서 이해하였다.[63] 이에 비해서 사용자측은 퇴직금이 공로보상의 성격을 갖는다고 보았다. 근로자측은 퇴직금이 기업운영에 있어서 순기능이 있다는 점을 강조하였다. 즉 퇴직금은 노동력의 이동을 방지하는 효과가 있으며, 애사심(愛社心)을 고취하고, 생산성 향상에도 이바지한다는 것이다. 이에 비해 사용자측은 누적퇴직금으로 인하여 기업경영이 지나치게 압박을 받고 있다는 점을 강조하였다. 근로자측은 퇴직금이 실업보호의 기능이 있다는 점을 강조하였다. 즉 실업에 대한 특유한 보호장치가 없는 당시에 퇴직금은 실업기간 중 소득을 어느 정도 보장하는 유일한 수단이라는 것이다. 이러한 논리는 1993년 「고용보험법」 제정과정에서도 나타났다. 사용자측은 퇴직금이 어느 정도 고용보험의 기능을 수행한다면 「고용보험법」이 제정되면서 법정퇴직금제도가 폐지되어야 한다는 주장을 하였다.[64]

(3) 가입대상

근로자측과 사용자측은 의무가입대상에 있어서 견해의 차이가 있었다. 이는 사용자의 재정부담을 결정하는 요인이기 때문에 이와 같은 차이는 당연히 예상되었다. 법안에서는 10인 이상 사업장 근로자를 가입대상으로 하였다.

한국개발연구원은 10인 이상 사업장의 경우 임금실태를 파악할 수 있다는 점을 근거로 제시하였다. 사용자측은 국민연금의 우선 적용대상으로 16인 이상 사업장을 제안하였다. 그 근거는 다음과 같은 두 가지였다. 첫째, 「국민연금법」은 근로자 및 사용자가 부담하는 보험료 외에 퇴직금전환금을 예정하고 있었다. 그렇다면 법정퇴직금제도가 적용되는 사업장의 근로자를 국민연금 가입자로 하는 것이 체계적이다. 실제 법안이 제안된 당시에는 「근로기준법」의 퇴직금제도는 16인 이상 사업장에 적용되었다. 그러나 「국민연금법」이 시행된 1988년 1월 1일 「근로기준법」은 10인 이상 사업장으로 적용이 확대되었기 때문에 사용자의 논리는 더 이상 타당성이 없게 되었다. 둘째, 16인 미만 사업장에서는 근로자가 국민연금에 가입함으로써 사용자의 추가적인 재정부담이 지나치게 크다는 것이다. 특히 중소기업협동조합 중앙회가 가입대상을 축소하는 데 적극

63) 우리 대법원은 퇴직금은 임금후불의 성격을 갖는 것으로 이해해 왔다. 대판 1969.1.21, 68다2130; 1969.12.20, 67나1597; 1973.10.10, 73다278; 1975.7.22, 74다1840; 1990.5.8, 88다카26413 등 참조. 다만 이후 대법원은 퇴직금이 공로보상의 성격을 함께 갖는다는 취지의 선고를 한 바 있다. 대판 1995.10.12, 94다36186 참조.

64) 아래 제6장 제6절 Ⅱ. 참조.

적이었다. 이들은 영세기업이며, 또 1986년 12월 31일 최저임금제가 시행될 것이기 때문에 국민연금 보험료와 함께 이중으로 부담이 된다는 것이다. 이러한 고려에서 앞으로 법정퇴직금제도를 임의제도로 전환하는 방안을 다시 거론하였다.

(4) 급여 시기 및 내용, 급여의 조건

근로자측과 사용자측은 급여 시기 및 조건, 그리고 급여수준에 대해서 다음과 같이 견해의 차이를 보였다.

법안은 노령연금의 수급연령을 60세로 하였다. 이에 대해서 근로자측은 다음과 같은 문제점을 제기하였다. 현재 근로자의 퇴직연령이 일반적으로 55세이기 때문에 60세를 연금수급연령으로 하는 경우에는 퇴직시점으로부터 연금수급시기까지 보장의 공백이 발생한다. 따라서 연령과 관계없이 가입기간이 20년 이상인 가입자가 퇴직하는 경우 퇴직일에 연금을 받을 수 있어야 한다. 이는 당시 연금수급연령을 두지 않았던 「공무원연금법」을 참고한 것이다. 당시 「공무원연금법」은 재직기간이 20년 이상인 자가 퇴직한 때 연령에 관계 없이 연금을 지급하였다.[65] 가입자가 60세 이전에 퇴직하는 경우에는 보장의 공백을 메우기 위해서 연금과 일시금을 선택할 수 있도록 하는 제안도 있었다. 다만 이러한 주장의 의도가 무엇인지는 명확하지 않다.

이밖에 생활무능력자에 대해서는 무갹출연금을 도입할 것을 제안하였다. 국민연금이 미래 노인의 생활을 보장하는 제도이기 때문에 그동안 경제성장과정에서 희생되었던 현재 노인에 대한 배려가 필요하다는 발상이었다. 그러나 이는 사회보험으로서 국민연금과 어울릴 수 있는 제안이 아니었다. 사용자의 이에 대한 제안은 보이지 않는다. 무갹출연금에 관한 제안은 1989년 개정 「노인복지법」이 노령수당을 도입하는 계기가 되었다. 그러나 노령수당은 임의급여였고, 또 구체적인 급여의 내용은 행정입법에 위임되었기 때문에 안정성이 없었고, 상징적인 의미를 갖는 데 그쳤다.

급여수준 및 보험료산정에 직접적인 영향을 미치는 표준소득월액에 상한을 두는 문제에 대해서 이견이 나타났다. 한국노총은 표준보수월액의 상한을 200

65) 이 규정은 이후 공무원연금의 재정을 악화시키는 결정적인 요인이 되었다. 이에 1995년 「공무원연금법」이 개정되어 연금수급연령제도가 도입되었다. 「공무원연금법」의 개정 이후 상황에 대해서는 전광석, "공무원연금법의 체계와 체계전환; 입법사적 관점에서", 법학연구 제28권 제1호 (2018), 152면 이하 참조.

만원으로 하는 규정에 반대하였다. 소득재분배의 효과를 위해서는 이를 폐지하여야 한다는 것이다. 이에 비해서 사용자측은 기존에 의료보험에 적용되었던 표준소득월액을 보험료 산정의 기초가 되도록 하였다. 사용자측은 국민연금의 관리운영기구로 기존의 의료보험조합을 선호하였기 때문에 보험료산정의 기초를 통일하여 업무를 간소화할 수 있다고 보았다. 보건사회부 역시 보험료산정의 대상인 소득에 상한을 두도록 하였다. 소득상한을 두지 않을 경우 고소득자는 갹출료에 비해서 급여수준이 낮기 때문에 상대적으로 불이익이 크다는 논리였다.[66] 연금의 소득대체율과 관련하여 근로자측은 기본연금으로 총소득의 50% 혹은 퇴직 전 급여, 즉 최종 급여의 60% 이상의 수준이 유지될 것을 주장하였다. 총소득이 무엇을 말하는지는 명확하지 않다. 급여의 상한은 100%로 한다. 이 역시 무엇의 100%를 말하는지 분명하지 않았다. 가족에게 지급되는 가급연금의 수준에 대해서도 근로자측은 법안에서 배우자와 자녀 등에 대해서 5,000원과 3,000원을 지급하도록 한 것은 너무 낮으며, 각각 15,750원과 9,000원으로 인상되어야 한다고 보았다.

가입자가 연금수급연령인 60세에 이르렀으나 연금가입기간에 관한 요건을 충족하지 못하는 경우에 지급되는 감액노령연금의 급여조건과 급여수준에 대해서도 다음과 같이 차이를 보였다. 한국개발연구원의 안은 15년 이상 가입한 경우 감액노령연금이 지급되도록 하였으며, 15년 가입자에게 기본연금의 29%를, 19년 가입자에게는 기본연금의 37%를 지급하도록 하였다. 이에 비해 근로자측은 10년 가입자에게 감액노령연금을 지급하고, 급여수준으로 기본연금의 50%를 제안하였다. 이밖에 특별노령연금으로 가입기간 116개월에 대해서 기본연금의 72%를 지급하도록 하였다.

연금수급요건을 충족시키지 못한 가입자에게 지급되는 반환일시금의 지급요건과 수준에 있어도 근로자측은 법안에 반대하였다. 이는 감액노령연금의 수급자격을 다르게 제안하고 있는 당연한 결과였다. 한국개발연구원의 안에 따르면 15년 가입자가 자격상실 후 1년이 지나면 반환일시금을 지급받을 수 있다. 그런데 근로자측에서는 10년 미만 가입자가 자격상실 후 1년이 지나면 반환일시금을 받을 수 있게 하고, 반환일시금의 수준은 사용자와 근로자가 부담한 분담금 총액에 재형저축이자를 합한 액으로 하도록 제안하였다. 이밖에 한국노총은

66) 이에 대해서는 오정수, 위 각주 56의 논문, 147면 참조.

연금을 매년 물가변동에 따라 자동적으로 조정할 것을 제안하였다. 이는 1970년대 물가상승률이 매년 15% 이상에 이르렀던 기억이 영향을 미친 것이었다. 아래에서 보는 바와 같이 이는 물가변동율이 10%에 달할 때 비로소 조정하는 것으로 하였다.

(5) 재정

법안은 재정부담의 주체 및 비율을 단계적으로 달리하였다. 이에 대해서는 위에서 이미 설명한 바 있다. 근로자측은 사용자의 부담분을 높이도록 하였다. 즉 근로자가 2-3%를, 사용자가 4-5%를 부담한다. 보험료율이 초기에는 5%를, 그리고 점진적으로 상승하여 총 7%가 되도록 하였다. 이는 1973년의 「국민복지연금법」의 보험료 부담방식을 따른 것이다. 근로자측은 퇴직금적립금의 일부를 국민연금기금으로 전환하는 안에 반대하였다. 법정퇴직금을 유지하려는 근로자측의 입장에서는 당연한 주장이었다. 근로자측은 정부의 재정부담을 사업비 전액과 급여의 2%로 명문화할 것을 제안하였다. 이 점은 저소득근로자의 보험료에 대한 정부의 보조(표준보수월액의 1%)를 규정하고 있었던 1973년의 법안과 비교된다.

「국민연금법」의 시행과 더불어 사회보장비용에 대한 세제가 정비되어야 한다는 점에서는 노사는 같은 입장이었다. 법안은 이에 대한 명시적인 규정을 두지는 않았다. 노동자측은 퇴직금충당금 전액을 손비처리하도록 요청하였다.[67] 법정퇴직금을 유지하는 대가로 사용자의 조세부담을 덜어주려는 의도였다. 사용자 역시 근로자의 기여금에 대해서는 소득공제혜택을, 그리고 사용자의 부담금에 대해서는 손비처리를 할 수 있도록 제안하였다. 이에 비해서 연금급여에 대한 과세와 관련해서는 1973년 「국민복지연금법」과 유사한 규정을 두었다. 즉 급여에 대하여는 「조세감면규제법」 기타 법률 또는 지방자치단체의 조례가 정하는 바에 의하여 조세 기타 국가 또는 지방자치단체의 공과금을 감면하도록 하였다(법 제55조). 이는 공과금을 부과하지 않는다는 1973년 「국민복지연금법」에 비해서는 과세의 가능성을 열어 둔 규정이었다(법 제32조).

67) 당시 퇴직금 충당금에 대한 손비처리 및 퇴직금 과세의 현황에 대해서는 민재성/박재용, 위 각주 50의 책, 27면 이하 참조.

(6) 관리운영

법안은 국민연금의 관리운영주체를 국민연금관리공단으로 하였다. 최고의사결정기구로 이사회가 구성되고, 기금의 운용관리를 위하여 국민연금기금운용위원회를 설치하였다. 위원회의 위원장은 국무총리가 되며, 위원으로 정부대표 5인과 노사대표 2인이 참여한다. 노동자측은 사회보장청을 설립할 것을 제안하였다. 사회보장청은 국민연금뿐 아니라 산재보험, 의료보험 등을 모두 관리운영한다. 사회보장청에는 노사대표뿐 아니라 정부대표 및 학계인사가 참여하는 운영위원회가 구성된다. 이에 비해서 사용자는 기존의 의료보험조직을 활용하여 국민연금업무를 담당하도록 하였다. 1977년 의료보험이 시행되면서 전경련 등 사용자측이 통합방식과 조합방식 중 조합방식을 선호하였던 연장선상에서 이해할 수 있는 입장이었다. 국민연금의 관리를 위하여 연금관리운용위원회를 두며, 여기에서 국민연금의 중요한 사항을 결정한다. 이 위원회는 노사가 주체가 되어 운영하되, 정부대표도 참여하며, 위원의 수는 총 21인으로 한다.

(7) 다른 사회보험과의 관계

국민연금급여 중 의료보험 및 산재보험과 기능이 중복되는 급여에 대해서는 조정이 필요했다. 법안은 산재보험과의 관계에서 산재보험급여를 받은 경우 그 범위 내에서 국민연금급여를 지급하지 않도록 하였다. 노동자측은 이 경우 근로자가 유리한 하나를 선택할 수 있어야 한다는 견해였다. 이에 비해서 사용자측은 이 경우 우선 산재보험급여를 지급하고, 국민연금에서는 총 갹출료의 3분의 1을 지급하도록 제안하였다. 이례적으로 중소기업협동조합중앙회는 다음과 같은 제안을 하였다. 즉 우선 「국민연금법」상의 장해급여와 유족급여는 전액 지급하고 「산재보험법」상의 급여는 감액 지급한다. 여기에는 산재보험 보험료율을 인하하여 사용자의 부담을 줄이는 의도가 있었다. 보험료 금액에 대한 보험급여비용의 비율이 보험료율의 결정에 영향을 미치기 때문이다.

「의료보험법」에서 요양급여기간이 제한되어 있기 때문에 의료보험급여를 받지 못하고, 또 「국민연금법」의 장해급여는 1년의 대기기간이 필요하기 때문에 보호의 공백이 발생하는 문제가 있었다. 따라서 「의료보험법」상의 요양급여기간에 대한 제한을 없애고, 「국민연금법」에서는 장해연금을 수급하기 위해서 필요한 가입기간을 2년에서 1년으로 단축되어야 한다는 제안을 하였다.[68] 이는

68) 황정연, 위 각주 60의 논문, 111면 참조.

사용자측의 주장이었지만 주목을 받지는 못했다.

Ⅲ. 국민연금법의 내용 및 남긴 과제

1. 국민연금법의 제정 및 내용

「국민연금법」은 1986년 12월 31일 제정되었다. 이어 1987년 8월 14일 시행령이 제정되었으며, 1988년 1월 1일 시행되었다. 주요 내용은 다음과 같다.

국민연금은 노령, 장해 및 가입자의 사망으로 인한 유족의 부양상실을 보호한다. 가입기간이 20년 이상인 가입자가 60세에 이르면 노령연금수급권을 갖는다. 가입기간이 20년 미만이지만 15년 이상인 경우에는 노령연금이 감액지급된다(감액노령연금). 당시 시행되고 있었던 특수직역연금과 재직기간 및 가입기간을 합산하여 연금수급요건을 인정하는 문제는 검토되지 않았다. 「국민연금법」을 제정하면서 기존의 사회보장법 전체 체계 또 유사한 연금법체계와 연계 및 정합성을 검토하지는 못했다. 가입기간이 20년 이상인 자가 보수 또는 소득이 있는 경우 60세 이상 65세까지의 기간에는 노령연금이 감액된다(재직자노령연금). 가입기간이 20년 이상인 자는 55세에 이르면 55세에서 60세 사이에 연금지급을 청구할 수 있다(조기노령연금)(법 제56조). 조기노령연금은 당시 일반적으로 퇴직연령이 55세 전후(前後)이기 때문에 퇴직 후 연금수급연령인 60세에 이를 때까지 보장의 공백을 메우기 위하여 도입되었다. 「국민연금법」 시행일인 1988년 1월 1일 현재 45세 이상 60세 미만인 자는 60세에 이르러도 노령연금 및 감액노령연금을 수급하기 위하여 필요한 가입기간을 충족할 수 없다. 이들을 배려하기 위하여 가입기간이 5년 이상이 되는 때에 연금을 청구할 수 있도록 하였다(특례노령연금)(부칙 제5조).

장해는 가입기간 중 발생한 질병 또는 부상이 완치된 후에도 신체 혹은 정신상의 불완전성이 남아 있는 상태를 말한다. 장해급여를 신청하기 위해서는 초진일 현재 가입기간이 1년 이상이어야 한다. 그러나 가입자의 책임에 귀속되지 않는 장해에 대해서 가입기간에 관한 규정을 두는 것은 합리성이 없었다. 이에 부상으로 인하여 발생한 장해에 대해서는 가입기간에 관한 조건이 곧, 즉 1989년 폐지되었다. 질병을 원인으로 발생한 장해의 경우 가입기간에 관한 조건은 1998년 비로소 폐지되었다. 장해는 신체의 완전성이 훼손된 정도에 따라 4등급으로 나눈다(법 제58조).

노령연금수급권자, 가입기간 15년 이상이었던 자, 가입기간이 1년 이상인 가입자, 장해등급 2급 이상에 해당하는 장해연금수급권자가 사망한 경우 유족에게 부양상실을 보상하는 급여가 지급된다(법 제62조). 유족급여의 제1순위자는 배우자이다. 남은 배우자가 부(夫)인 경우에는 60세 이상이거나 장해등급 2급 이상에 해당하여야 한다(법 제63조). 남성인 남은 배우자는 계속 소득활동을 할 수 있고, 따라서 부양의 공백이 발생하지 않는다고 의제한 것이다. 처의 경우에는 5년 이상 유족연금을 지급받은 후 50세에 달할 때까지 유족연금의 지급을 정지한다. 이는 일반적으로 처가 소득활동능력이 없으며, 따라서 부(夫)가 사망한 후 처에게 새로운 경제적 상황에 적응하기 위한 기간인 5년간 유족연금을 지급하도록 한 것이다. 다만 처가 가입자 또는 가입자이었던 자의 18세 미만 또는 장해등급 2급 이상의 자녀가 있는 경우에는 연금지급은 정지되지 않는다(법 제66조). 자녀 및 부모 등의 경우에도 연령 혹은 장해 등을 이유로 소득활동능력이 없는 것으로 의제되는 자가 유족연금수급권을 갖는다. 즉 이들은 18세 미만이거나 60세 이상이거나, 혹은 장해등급 2급 이상에 해당하여야 한다(법 제63조).

국민연금가입자는 사업장가입자, 지역가입자 및 임의계속가입자로 나눈다(법 제7조). 상시 10인 이상의 근로자를 사용하는 사업장의 근로자는 의무적으로 국민연금에 가입한다(당연적용 사업장가입자). 그밖의 근로자는 사업장 근로자 3분의 2 이상의 동의를 얻어 보건사회부장관의 가입인가를 받아 사업장가입자가 될 수 있다(임의적용 사업장가입자)(법 제8조, 시행령 제19조). 국민연금 가입기간이 20년 미만인 자가 60세에 달한 때에는 가입기간 20년을 충족시키기 위한 목적으로 65세까지 임의로 계속 가입할 수 있다(임의계속가입자)(법 제13조). 사업장가입자 이외의 국민은 보건사회부장관의 인가를 받아 지역가입자가 될 수 있다(법 제10조). 지역 주민은 당연적용의 대상에서는 제외된 셈이다.

연금산정의 기준은 기본연금이다. 기본연금(R)은 평균보수월액(A), 즉 연금수급 전년도 가입자 전원의 표준보수월액의 평균치와 가입자 개인의 전체 가입기간 중 표준보수월액의 평균액(B)을 합한 금액의 2.4배로 하고, 여기에 가입기간이 20년을 초과하는 매 1년(n)에 0.05를 곱한 액을 더한 액으로 한다(법 제47조). 이와 같이 가입자 전체의 평균소득과 가입자 개인의 평균소득이 함께 기본연금의 산정요소가 됨으로써 어느 정도 소득재분배의 효과를 갖도록 하였다. 즉 가입자 전체의 평균소득에 비해서 개인 소득이 높은 가입자는 자신의 소득만을 기준으로 연금을 산정하는 경우에 비해서 낮은 연금을 받는다. 거꾸로 가입자 전체의 평균소득에 비해서 개인 소득이 낮은 가입자는 자신의 소득만을 기준으로 연금을 산정하는 경우에 비해서 높은 연금을 받게 된다. 기본연금의 산정을 공식화하면 다음과 같다;

$$R = 2.4(A+B)(1+0.05n)$$

R; 기본연금

A; 평균보수월액(연금수급 전년도 가입자 전원의 표준보수월액의 평균치)

B; 가입자 개인의 가입기간 중 표준보수월액의 평균액

n; 가입기간 20년을 초과하는 연수

이와 같은 연금산정방식은 시행령에서 부분적으로 변형되었다. 즉 소득비례부분의 경우 75%만 연금산정에 반영된다(시행령 제34조 제2항). 이는 1988년 가입 초기 5년, 그리고 이후 5년 동안 법정 보험료율인 9%보다 낮은 3%와 6%의 보험료율이 적용되기 때문에 이를 반영한 산식(算式)이었다. 그러나 이는 일종의 경과규정에 해당하기 때문에 일반 규정으로 두는 것이 옳지 않을 뿐 아니라 이를 법률이 아니라 시행령에 규정하는 것은 형식 위반의 입법행위였다. 이와 같은 규정으로 인하여 당시 국민연금이 기본소득의 보장을 강화하고 소득비례연금의 성격을 약화시켰다는 제도에 대한 오해가 나타났다.[69)]

위와 같은 연금산정방식은 1973년 「국민복지연금법」과 부분적으로 차이가 있었다. 첫째, 1973년 법에서 소득비례부분(B)은 연금가입기간 중 최종 3년간의 표준보수월액을 평균한 액으로 하였기 때문에 1986년 「국민연금법」에 비해서는 소득비례부분의 비중이 컸다. 둘째, 1973년 「국민복지연금법」은 가입기간이 20년을 초과하는 경우 소득비례부분(B)에 한정하여 연금이 증가하는 산식을 적용하였다. 이는 고소득자인 장기가입자의 경우에는 연금이 증가하는 효과가 있었다. 이에 비해서 1986년 「국민연금법」에서는 기초부분(A)과 소득비례부분(B)을 합한 액이 증가하도록 하였다.

위와 같은 연금산정방법에 따르면 A값과 B값이 같은 가입자의 경우 가입기간 20년을 기준으로 기존 소득수준의 40%를 연금으로 지급받게 된다. 수급권

69) 이와 같은 제도적 오해에 대해서는 예컨대 국민연금사편찬위원회, 실록 국민의 연금(2015), 229면 이하 참조.

자에 의하여 생계를 유지하고 있던 수급권자의 배우자, 자녀, 부모 등에게는 가급연금이 지급된다. 가급연금으로 배우자에게는 연 6만원, 그밖의 가족에게는 연 3만 6천원이 지급된다(법 제48조, 시행령 제36조).

「국민연금법」의 급여로 노령연금과 장해급여, 유족급여 및 반환일시금이 있다. 「공무원연금법」 등 특수직역연금법에서 연금과 일시금을 선택할 수 있었지만 「국민연금법」에서 일시금을 선택하는 가능성은 두지 않았다. 가입자의 생활을 장기적으로 보장하는 입법목적에 비추어 일시금제도는 바람직하지 않기 때문이다.

노령연금으로는 기본연금액에 가급연금액을 합한 액이 지급된다. 감액노령연금은 기본연금의 72.5%에 해당하는 액에 가급연금액을 더한 액으로 한다. 가입기간이 15년을 초과하는 경우 초과하는 1년마다 기본연금액의 5%가 가산된다. 재직자노령연금으로 60세에 기본연금액의 50%가 지급되고, 60세를 초과하는 1년에 10%가 가산된다. 65세 이르면 완전노령연금이 지급된다(법 제57조). 재직자노령연금의 경우 가급연금이 지급되지는 않는다. 재직자노령연금수급자는 아직 소득활동을 하기 때문에 소득에 의하여 가족이 부양될 수 있다는 의제를 한 것으로 보인다.

장해급여로 장해등급 1,2,3등급에 해당하는 자에 대해서는 기본연금의 100%, 80%, 60%에 해당하는 액에 가급연금을 합한 액이 지급된다. 장해등급 4급에 해당하는 자에게는 기본연금액의 1.5배에 해당하는 금액이 일시보상금으로 지급되며, 가급연금은 지급되지 않는다(법 제59조). 장해등급 4급에 해당하는 장해는 비교적 경미하기 때문에 장기적인 소득보장이 필요하지 않고, 또 계속 소득활동을 할 수 있기 때문에 가족의 생활보장을 위하여 가급연금을 별도로 지급할 필요가 없다고 본 것이다.

유족연금은 사망한 가입자의 가입기간에 따라 차등화되어 있다. 가입기간이 10년 미만인 경우, 10년 이상 20년 미만인 경우, 그리고 20년 이상인 경우에 각각 기본연금액의 40%, 50%, 그리고 60%에 해당하는 액이 지급된다. 여기에 가급연금이 더해진다(법 제64조). 배우자가 재혼한 때, 자녀 또는 손자녀가 18세에 이른 때에는 유족연금수급권은 소멸한다. 위에서 언급했듯이 50세 미만인 처의 경우 5년간 유족연금이 지급되고, 이후 50세에 이를 때까지 연금지급은 정지된다(법 제65, 66조).

연금수급요건을 충족하지 못하는 가입자가 사망한 때 혹은 가입기간이 15년 미만인 자로서 가입자격을 상실한 후 1년이 경과하거나 혹은 60세 달한 때에는 반환일시금이 지급된다. 가입자격을 상실한 경우 1년이 경과한 경우에는 연령에 관계없이 반환일시금을 지급하도록 한 것은 지역 국민연금이 아직 도입되지 않은 상태에서 직장가입자가 가입자격을 상실하면 다시 가입자격을 취득할 가능성이 불명확하기 때문이다.[70] 또 위에서 언급했듯이 아직 공적 연금에 대한 국민의 인식이 발달하지 않았기 때문에 반환일시금이 60세에 이르러 비로소 지급되는 경우에는 납부한 보험료를 반환받지 못하는 데에 따르는 저항이 클 것으로 보았다. 반환일시금으로는 기여금과 부담금, 그리고 퇴직금전환금에 일정한 이자율을 곱한 액을 더한 액이 지급된다. 기여금과 퇴직금전환금에 대해서는 가입기간 중 적용되었던 3년 만기 일반근로자의 재산형성 저축이자율이, 그리고 부담금에 대해서는 가입기간 중 적용되었던 1년 만기 정기예금이자율이 적용된다(법 제67조, 시행령 제44조).

연금에는 상한이 있다. 즉 연금의 월지급액은 가입자이었던 자의 최종 5년간의 표준보수월액의 평균액을 초과할 수 없다(법 제49조). 「국민연금법」에 의한 수급권이 2개 이상 발생한 경우 혹은 「국민연금법」의 수급권과 「산재보험법」의 수급권이 함께 발생한 경우에는 수급권은 조정된다. 「국민연금법」의 수급권이 2개 이상 발생한 경우 수급권자는 그 중 하나를 선택할 수 있고, 나머지 급여의 지급은 정지된다(법 제52조). 「국민연금법」의 장해연금 및 유족연금과 「산재보험법」의 장해연금 및 유족연금의 수급권이 동시에 성립하는 경우에는 「산재보험법」의 급여를 지급하고 「국민연금법」의 급여는 2분 1에 해당하는 액을 지급한다(법 제93조, 시행령 제85조).

연금은 물가변동률을 기준으로 조정된다. 기존에 「공무원연금법」은 최종보수월액을, 그리고 1973년 「국민복지연금법」은 최종 3년간의 평균보수월액을 연금산정의 기초로 하였다. 이에 비해서 1986년 「국민연금법」은 전체 가입기간 중 평균보수월액을 연금산정의 기초하였기 때문에 물가상승율이 높은 경우에는 구매력을 유지하기 위한 조치가 필요했다. 이에 연금을 물가변동율을 기준으로 조정하도록 한 것이다. 즉 기본연금액의 산정기초가 되는 연금수급전년도의 평

70) 이 규정은 1998년 가입자가 60세에 달하는 경우에 한하여 반환일시금을 지급하도록 개정되었다. 이 당시 국민연금이 거의 전국민으로 확대되었고, 또 1996년 「고용보험법」이 시행된 후 적용범위를 확대하면서 실업급여에 의하여 과도기적으로 소득이 보장되며, 따라서 다시 국민연금 가입자격을 취득할 수 있게 되었기 때문이다. 이에 대한 헌법적 평가로는 헌재 2004.6.24, 2002헌바15, 16-1, 719면 이하 참조.

균보수월액을 전국소비자물가변동율을 기준으로 조정하되, 변동률이 10% 이상에 달할 때 그 변동율 만큼 조정한다(법 제47조 제5항, 시행령 제33조). 위에서 언급했듯이 1970년대 당시 물가상승률은 매우 높았다. 이에 비해서 1980년대 중반 물가는 안정되어 있었기 때문에 1973년 「국민복지연금법」과는 달리 물가상승률을 기준으로 연금을 조정하는 것이 무리는 아니었다.

국민연금의 법정 보험료율은 표준소득월액의 9%로 하였다. 보험료산정의 기초인 표준보수월액은 등급화되었으며(53등급), 상한과 하한을 두었다. 75,000원 미만 소득자 및 1,900,000만원 이상 소득자의 표준보수월액은 각각 70,000원 및 2,000,000원으로 한다(시행령 별표 1). 위에서 언급했듯이 퇴직금에서 일부를 국민연금 재정으로 전환하여 사용자의 부담을 완화할 것인가는 중요한 쟁점이었다. 「국민연금법」은 이에 관한 사용자와 노동자의 대립에서 중간노선을 걸었다. 즉 한편으로는 법정퇴직금제도를 유지하려는 노동자측의 주장을 수용하였다. 다른 한편으로는 「국민연금법」의 시행으로 인하여 발생하는 사용자의 보험료 부담을 완화하기 위하여 가입자 기여금과 사용자 부담금 외에 퇴직금전환금이 국민연금의 재정을 각각 3분의 1 부담하기로 하였다(법 제75조).

퇴직금전환금은 근로자와 사용자의 이해관계를 절충하는 방안이었다. 법률은 이를 명확히 하였다. 즉, 퇴직금전환금은 「근로기준법」에 의하여 지급 의무가 있는 퇴직금 중 해당 금액을 미리 지급한 것으로 본다(법 제75조 제6항). 다만 퇴직금전환금에 관한 규정을 적용하는 데 현실적으로 다음과 같은 문제가 있었다. 즉, 「근로기준법」에 의하여 퇴직금이 적용되지 않는 사업장의 경우, 그리고 퇴직금 지급요건인 근무기간이 1년에 미달하는 근로자의 경우이다. 전자의 경우에는 사용자와 당해 근로자가 합의하는 바에 의하여 부담하도록 하였다(법 제75조 제5항). 이 조항은 「근로기준법 시행령」이 개정되어 1988년부터 퇴직금에 관한 규정이 10인 이상 사업장에 적용되었기 때문에 적용례는 거의 없었다. 후자의 경우에는 1년 미만인 기간에 해당하는 퇴직금전환금은 재직기간이 1년이 되는 때로부터 분할하여 전환 납부할 수 있도록 하였다(소급불입 퇴직금전환금)(법 제75조 제4항, 시행령 제47조). 이밖에 퇴직금적립금의 일부가 국민연금에 전환되면서 기존에 형성된 퇴직금을 산정하는 문제가 뒤따랐다.[71]

퇴직금전환금은 단계적으로 실행하기로 하였다. 즉 1988년부터 1992년까지

71) 이에 대해서는 박경숙, "공적연금과 사적 퇴직급여의 연계: 퇴직준비금 전환에 따른 과제와 대책", 사회보장연구 제9권(1993), 32면 이하 참조.

는 퇴직금전환금의 부담이 없이 사용자 부담금과 가입자 기여금을 표준보수월액의 1.5%로 하고(따라서 전체 보험료율은 3%), 1993년부터 1997년까지는 사용자 부담금과 가입자 기여금, 그리고 퇴직금 전환금을 표준보수월액의 2%로 한다(따라서 전체 보험요율은 6%). 1998년부터 사용자 부담금과 가입자 기여금, 그리고 퇴직금 전환금을 표준보수월액의 3%로 하고, 이때 비로소 9%의 법정 보험요율이 적용된다(부칙 제4조). 이로써 국민의 노후생활보장에 있어서 퇴직금의 기능이 약화되고 공적 연금이 강화되었다.[72] 위에서 언급한 바와 같이 국민연금은 처음부터 기초보장을 목표로 하였다.[73] 법정보험료율이 낮은 수준이었고, 또 무엇보다도 보험료산정의 대상인 소득에 상한을 두었기 때문에 이를 넘어서는 부분에 대해서는 개인이 자율적으로 노후소득을 보장하는 방법을 선택하여야 했다. 1998년과 2007년 「국민연금법」 개정 법률에 의하여 연금의 수준이 낮아지면서 국민연금의 노후소득보장 기능은 더욱 약화되었다. 1998년 개정 법률에 의하여 국민연금의 재정을 부분적으로 부담하였던 퇴직금전환금은 폐지되었다. 이와 같은 상황에서 퇴직금제도는 다시 주목을 받게 되었다. 이에 2005년 「근로자퇴직급여보장법」이 제정되었다.

국민연금의 관리운영을 위하여 국민연금관리공단을 설립하였다(법 제22조). 공단의 이사장은 보건사회부장관이 제청하여 대통령이 임명한다(법 제28조). 국민연금의 급여에 충당하기 위한 책임준비금으로 국민연금기금을 설치한다(법 제82조). 기금은 보건사회부장관이 관리 · 운용한다(법 제82조). 보건사회부장관은 기금의 운용에 있어서 수익을 최대로 증대시켜야 하고 가입자 및 수급권자의 복지증진을 위한 사업에 투자하는 경우 재정의 안정성을 해치지 않아야 한다(법 제83조). 기금에 의한 운용사업으로 다음과 같은 세 가지가 규정되었다; 1. 국민연금기금의 본래의 사업목적수행을 위한 재산의 취득 및 처분, 2. 증권시장에 상장된 법인발행의 주식의 매입, 3. 기타 1년 만기 정기예금이자율 이상의 수익이 기대되는 사업 등이다(시행령 제52조).

기금의 운용에 관한 중요 사항을 심의 · 의결하기 위하여 국민연금기금운용위원회를 둔다. 위원회는 위원장 1인과 부위원장 1인, 그리고 9인 이상 11인 이하의 위원으로 구성된다. 경제기획원장관이 운용위원회의 위원장은 맡고, 보건사회부장관이 부위원장이 된다. 이는 1973년 「국민복지연금법」에서 국민복지

72) 이에 대해서는 박경숙, 위 각주 71의 논문, 3면, 30면 등 참조.
73) 이 점에 대해서는 예컨대 박종기, 위 각주 57의 논문, 98면 이하 참조.

기금운용위원장을 보건복지부장관이 맡았던 것과 비교된다. 이로써 국민연금기금이 복지정책적 관점보다 경제정책적 관점에 따라 운영될 우려가 있었고, 아래에서 살펴보듯이 이는 현실로 나타났다. 재무부장관, 농수산부장관, 상공부장관, 노동부장관 등 관련 부처의 장관과 사용자를 대표하는 자로서 사용자단체의 장 2인, 사용자 외의 가입자를 대표하는 자로서 노동조합의 총연합단체의 장 및 산업별연합단체의 장 1인이 참여한다. 수급권자를 대표하는 자로서는 공단이사장이 위원이 된다. 이밖에 관계 전문가로서 국민연금에 관한 학식과 경험이 풍부한 자 2인이 참여한다(법 제84조, 시행령 제54조). 이러한 구성은 아래에서 지적하는 바와 같이 기금운용에 있어서 연금재정의 목적을 유지하는 데 바람직한 것은 아니었다. 정부구성원이 6명이고 여기에 실질적으로 독립성을 가질 수 없었던 공단이사장을 합치면 과반수를 넘었다. 이에 비해서 가입자의 이익을 대표하는 위원은 3명에 불과했다.

2. 남긴 과제

(1) 체계내적 문제 – 재정안정성과 운영의 민주성

1988년 「국민연금법」이 시행되면서 가입대상자 약 445만명 중 약 422만명이 가입자가 되었다. 국민연금은 처음부터 재정적인 지속가능성에 의문이 제기되었다. 법정보험료율이 9%로 높지 않았으며, 초기 10년간은 3% 및 6%의 보험료율이 적용되었다. 정부는 국민연금을 저부담 고급여의 제도로 홍보하였다. 그러나 위에서 설명했듯이 연금의 수준이 절대적으로 높은 것은 아니었다. 또 법정 퇴직금제도를 유지하는 기초 위에서 국민연금이 설계되었기 때문에 국민연금이 결코 높은 급여를 의도하지도 않았다. 그러나 상대적으로 낮은 보험료율로 인하여 제도의 지속가능성은 의심스러웠다. 예컨대 1994년의 장기재정추계에 따르면 2008년 연금지급이 본격적으로 시작된 후 이미 2025년에 총지출액이 총수입액을 초과하게 되고, 2033년에는 기금 자체가 고갈된다고 예측하였다.[74] 또 다른 추계에 따르면 2033년에 기금 규모가 정점에 달한 후 2049년에 기금이 고갈된다.[75] 이에 따르면 급여수준을 그대로 유지하는 경우 보험료율은 2012년, 2015년 및 2049년에 12.5%, 15%, 21.54%로 급격히 인상되어야 한다. 이는 비현실적이었다.

74) 국민연금관리공단, 국민연금 장기재정 추계(1994.12) 참조.
75) 예컨대 민재성 외, 위 각주 53의 책, 169면 이하 참조.

이와 같이 재정적 한계가 처음부터 인식되었지만 정책의 전환에는 오랜 시간이 걸렸다. 즉 1998년 연금수준을 인하하는 개정이 있었다. 연금보험의 재정적 지속가능성에 의문이 제기될 때 보험료율을 높이거나 급여 수준을 낮추는 정책이 필요하다. 그러나 1988년 이후 국민연금에서 보험료율을 인상하는 정책은 금기(taboo)에 가까웠다. 따라서 급여수준을 낮추는 방법이 남아 있을 뿐이었다. 그런데 급여수준을 낮추는 경우 연금이 노후에 경제적 생활의 기초가 더 이상 될 수 없으며, 또 경우에 따라서는 보험료에 대한 반대급여로 지급되는 연금이 국가의 일방적인 급여인 공공부조급여의 수준에도 미치지 못하는 경우가 발생할 수도 있다. 이 점은 2007년 개정 법률에 의하여 연금수준이 다시 낮아지면서 본격적으로 정책의제가 되었다. 이에 2007년 「기초노령연금법」이 제정되었다. 여기에는 1988년 「국민연금법」이 시행되면서 현재 노인을 지원하기 위하여 도입된 「노인복지법」의 노령수당에 비해서는 훨씬 진지한 대응이 필요하다는 인식이 반영되었다.

국민연금은 초기에 가입자가 보험료를 납부하여 대규모의 기금이 적립된다. 국민연금 시행 7년 후인 1995년 기금조성액은 약 18조에 달했다. 그러나 가입기간이 20년이 지나면서 연금이 본격적으로 지출되고, 위에서 설명한 바와 같이 기금이 급속히 고갈된다. 이에 연금기금의 운용은 연금제도에 대한 국민의 신뢰, 그리고 연금청구권에 대한 가입자의 기대에 영향을 미치는 중요한 요소였다. 1973년 「국민복지연금법」의 시행과 함께 제정된 「국민투자기금법」은 1988년 「국민연금법」 시행 시점에 개정되어 적용되었다. 이 법에 의하여 국민연금기금은 국민투자채권을 인수하거나 국민투자기금에 예탁하도록 하였다(법 제8조 제1항 제2호). 예탁의 범위는 사업목적을 수행하기 위한 자금과 지급준비금을 제외한 자금의 80%에 이른다(시행령 제5조 제1항 제2호). 1994년 제정된 「공공자금관리기금법」은 국민연금기금의 여유자금을 공공자금관리기금에 예탁하도록 하였다(법 제5조 제1항 제1호). 이로써 1973년 「국민복지연금법」과 마찬가지로 연금기금이 공공사업에 투자될 가능성이 높게 되었다. 이는 국가를 채무자로 한다는 점에서는 안정성이 높았지만 수익성이 희생될 우려가 있었다. 또 이 법은 「국민연금법」의 입법목적에 충실한 것은 아니었다. 「국민연금법」은 연금재정을 안정화하고, 수익을 최대화하는 과제를 선언하고 이에 관한 중요한 사항을 국민연금기금운용위원회에서 심의·의결하도록 하였다(법 제84조). 그런데 「국민투자기금법」과 「공공자금관리기금법」은 국민연금기금을 강제로 예탁하도록 하여 일반 정책목적이 특수한 연금정책의

목적을 압도할 위험이 있었다.[76)]

「국민연금법」 자체도 문제가 있었다. 위에서 서술했듯이 국민연금기금운용위원회가 주로 정부 인사로 구성되어 있으며, 가입자의 이익을 실현하기 위한 조직구조를 가지고 있지 않았기 때문이다. 이 점은 이후 지속적으로 쟁점이 되었으며, 1998년 국민연금의 지속가능성이 진지하게 검토되면서 개정법률에 반영되었다.

(2) 체계외적 과제 – 퇴직금과의 관계, 전체 사회보장법체계와 국민연금법

국민연금은 처음부터 기초보장을 위한 제도로서 노후에 소득을 부분적으로 보장하는 목표를 가졌다. 1977년 「의료보험법」, 그리고 이제 「국민연금법」이 시행되면서 개인의 생활이 공적 체계에 편입되어 보장된다는 인식이 점점 넓어져 가고 있었다. 국가는 국민연금의 기능을 유지하며, 또 다층적·다원적 구조에서 여러 제도가 협력하여 노후소득을 보장하는 과제를 갖게 되었다.

퇴직금의 지급을 보장할 수 있도록 급여를 연금화하는 시도가 필요했다. 그러나 이러한 목적을 갖는 「근로자퇴직급여보장법」은 2005년 비로소 제정되었다. 1988년 「국민연금법」이 시행되면서 현재의 노인은 소득보장정책에서 배제되는 문제가 주목을 받았다. 일부 국민을 대상으로 하는 제도가 도입되면서 해당 제도의 규율대상이 아닌 다른 집단을 주목하는 효과가 발생하였다는 것이다. 그 결과 1989년 「노인복지법」 개정을 통하여 처음으로 노인소득보장을 위하여 노령수령이 도입되었다. 그러나 이는 아래에서 살펴보는 바와 같이 실질적으로 기능하지는 못했다.

제 5 절 그밖의 사회보장입법

Ⅰ. 공무원연금법 및 군인연금법, 사립학교교원연금법

「공무원연금법」은 이 시기에 기본적인 구조를 유지하면서 전체적으로 급여내용을 향상시켰다.[77)] 공무원연금의 재정은 악화되어 가고 있었다. 예컨대 1981

---

76) 이와 같은 취지에서 「공공자금관리기금법」 제5조 제1항 등에 대해서 위헌법률심판이 제청되었으나 헌법재판소는 이 규정을 합헌으로 결정하였다. 이에 대해서는 제7장 각주 46 참조.

77) 예컨대 행정안전부/공무원연금공단, 공무원연금제도 50년–1960~2010(2011)에서는 1980년대를

년 공무원연금의 지출은 수입의 63%에 이르렀다. 군인연금에서 이 비율은 96%로 높아졌다. 그럼에도 불구하고 위에서 서술했듯이 이미 1960년대 후반 재정안정에 대한 의구심을 갖고 재정추계제도를 도입한 취지는 이 시기 잊혀져 있었다. 1979년 개정 법률에 의하여 다음과 같은 개선이 이루어졌다. 급여의 산정기초에 보수월액 이외에 각종 수당을 포함시켰다. 이는 실질적으로 급여를 인상하는 효과가 있었다. 연금산정에 반영되는 재직기간을 기존에 30년에서 33년으로 연장하였다. 이러한 조치 역시 장기재직자에게 연금을 인상하는 결과가 되었다. 이에 따라서 퇴직연금액의 상한선을 기존에 보수연액의 70%에서 75%로 상향 조정하였다. 퇴직연금을 받을 권리가 있는 자가 재직 중 사망한 경우에 유족연금이 지급된다. 그런데 이 경우에 재직 중 사망하였기 때문에 퇴직연금이 지급되는 않는 불이익을 보상하기 위하여 유족연금부가금을 지급하도록 하였다. 퇴직연금공제일시금이 도입되었다. 이에 따라 20년 이상 재직한 공무원이 퇴직하는 경우에 20년을 초과하는 재직기간 중 본인이 원하는 기간에 대해서 퇴직연금에 갈음하여 퇴직연금공제일시금을 지급받을 수 있다. 1978년 공무원을 대상으로 하는 의료보험이 시행되면서 요양부조금, 건강진단비, 분만비 등은 「공무원연금법」에서 폐지되었다.

1983년 총무처장관이 직접 관장하던 공무원연금업무가 공무원연금관리공단이 설립되어 이곳으로 옮겨졌다. 공무상 요양비가 지급되는 공무상 요양기간이 1981년에 1년에서 2년으로, 그리고 1982년 2년에서 3년으로 연장되었다. 1984년 개정 법률에 의하여 기존의 급여에 추가급여를 도입하였다. 예컨대 퇴직급여가산금, 유족급여가산금, 유족연금특별부가금 등이 도입되었다(법 제48조의 2, 제57조). 이는 보호수준을 인상하는 목적 이외에 특별히 필연성이 있는 것들은 아니었다.

1980년, 1983년, 그리고 1985년 「공무원연금법」 개정에 의하여 개선된 사항은 그대로 「군인연금법」 개정 법률에도 반영되어 군인연금급여가 개선되었다.

Ⅱ. 산업재해보상보험법

이 시기에 「산재보험법」의 적용대상 사업장이 확대되었다. 「산재보험법」은 재해예방의 목적을 명확히 하였고, 또 산재보험급여를 통한 생활안정기능이 강화되었다.

성장 및 발전의 시기로 구분하고 있다.

「산재보험법」의 적용대상은 1981년 16인 이상 근로자를 고용하는 사업장, 그리고 광업·제조업 등 위험업종의 경우에는 5인 이상 사업장으로 확대되었다. 1982년과 1986년 시행령 개정을 통하여 10인 이상 사업장과 5인 이상 사업장으로 적용범위가 확대되었다. 1970년 예방과 치료, 재활을 위한 시설을 설치·운영하는 목적이 규정되었다. 1986년 개정 법률은 이를 좀더 명확히 하였다. 즉 「산재보험법」의 입법목적으로 재해예방 및 재활을 통한 근로복지의 증진을 명시하였다(법 제1조). 이를 위하여 노동부장관은 의료재활 및 직업재활에 관한 시설, 재해예방에 관한 시설을 설치·운영하도록 하였다(법 제28조의 2). 산재를 입은 신체장해자에 대한 고용촉진사업도 새로이 도입되었다(법 제28조의 3). 다만 이는 사용자에 대한 권고 등의 소극적인 선언의 형태를 띠었다. 산재예방의 입법목적은 아래에서 설명하는 바와 같이 보험료율의 특례를 적용하는 범위를 확대하는 데에도 반영되었다.

1977년 산재보험급여의 산정기준인 평균임금을 수급자에게 유리하게 변경하는 개정이 다음과 같이 이루어졌다. 해당 근로자가 소속한 사업과 동일한 직종의 근로자에게 지급되는 통상임금이 변동된 때에는 대통령령이 정하는 바에 따라 평균임금을 증감할 수 있다(임금변동순응률제도). 저임금 근로자의 생활보장을 위하여 당해 근로자의 임금이 낮아 그 평균임금을 적용하는 것이 근로자의 보호에 적당하지 않다고 인정되는 경우에는 노동청장이 따로 정하는 금액을 당해 근로자의 평균임금으로 한다(최저보상 산정기준 고시제도). 다만 이 규정은 휴업급여에는 적용하지 않는다(법 제9조 제4, 5항). 휴업급여는 단기급여이기 때문에 이러한 조정이 필요하지 않다고 보았기 때문이다. 1981년 개정 법률은 사업장에서 산재예방을 유인하기 위하여 요양급여와 휴업급여의 경우 산재발생 후 급여를 지급하지 않는 기간을 기존의 7일에서 3일로 단축하였다(법 제9조의4 제1항).

1977년 개정 법률에 의하여 장해연금의 수준이 1,2,3등급에 대해서 각각 평균임금의 279일분, 248일분, 219일분으로 인상되었다. 1981년 개정 법률은 장해 근로자의 생활을 안정적으로 보장하기 위하여 장해등급 4급에서 7급에 해당하는 장해에 대해서도 연금수급권을 부여하였다. 이로써 연금수급자가 증가하게 되었다. 장해연금은 다시 인상되었다. 장해등급 1,2,3등급에 대해서 각각 평균임금의 313일분, 277일분, 245일분에 해당하는 연금이 지급된다. 또 장해연금 수급자가 연금수급 초기에 많은 지출이 필요할 수 있다는 점에 착안하여 수급자의 선택에 따라 최초의 1년분 또는 2년분의 장해연금을 선급(先給)할 수 있도록 하였다(법 제9조의 5 제3항). 1982년 개정 법률은 급여의 종류로서 상병보상연금제도를 신설하였다. 산재를 당한 근로자는 요양급여를 받는 중에는 휴업급여를 받으며, 장해가 확정된 후에는 급여의 종류가 장해연금으로 전환된다. 개정 법률은 산재가 발생한 후 장기요양을 하는 근로자를 충실히 보상하기 위하여 요양을 시작한 후 2년이 경과하고 계속 요양급여를 받고 있으며 장해등급이 확정되지 않은 상태에서 일정한 폐질등급에 해당하는 경우에는 휴업급여 대신 상병보상연금을 지급할 수 있도록 하였다. 상병보상연금으로 폐질등급 1, 2, 3등급에 대해서 평균임금의 313일분, 277일분, 245일분에 해당하는 연금이 지급된다. 요양을 개시한 후 3년이 경과하고 상병보상연금을 지급받는 경우에는 「근로기준법」상 일시보상을 한 것으로 본다(법 제9조의 7). 이 경우 휴업급여를 지급받고 있는 동안에 적용되는 해고보호에 관한 규정은 더 이상 적용되지 않는다.

「산재보험법」은 산재보상책임과 사용자책임과의 관계에서 보상관계를 둘러싼 분쟁을 방지하기 위하여 1970년 유족특별급여를 도입한 바 있다. 1982년 개정 법률은 장해가 발생한 경우에도 같은 목적으로 장해특별급여를 도입하였다. 즉 보험가입자의 고의 혹은 과실로 발생한 업무상의 재해로 인하여 일정한 장해가 발생한 경우에 수급권자는 선택에 의하여 민법에 의한 손해배상청구를 대신하여 장해급여 외에 장해특별급여를 신청할 수 있다. 장해특별급여에 소요되는 비용은 전액 보험가입자로부터 징수한다(법 제10조). 기존의 유족특별급여에 관한 규정도 장해특별급여와 같은 내용을 갖도록 개정되었다(법 제10조의 2). 그러나 이러한 특별급여는 위에서 언급했듯이 제도적 타당성이 있지 않았고, 또 실효성도 없었다.

1986년 개정 법률은 보험료율의 결정기준을 합리화하였다. 즉 보험료율의 결정에 있어서 지난 3년간의 재해율 뿐 아니라 보험급여에 필요한 액을 함께 고려하도록 하였다(법 제21조 제1항). 보험료율 결정의 특례를 적용하는 범위가 기존의 30%에서 40%로 확대되어 사용자의 산재예방에 대한 유인을 강화하였다(법 제22조). 1981년 기존의 노동청이 보건사회부에서 노동부로 독립하면서 노동부가 산재보험의 관장기관이 되었다.

Ⅲ. 사회보상입법

이 시기에 사회보장입법의 외형은 크게 변화하였다. 1961년 「군사원호보상법」이 제정된 후 제4장에서 살펴본 바와 같이 「군사원호보상법」의 급여를 규율하는 개별법이 산만하게 제정되어 운영되어 왔다. 1975년 「국가유공자 등 특별원호법」이 제정된 후에는 이 법이 국가유공자보상법의 기본법으로 기능하였다. 1978년에는 「월남귀순용사특별보상법」이 제정되어 북한에서 귀순한 군인, 민간인 등이 상이를 입은 경우에 연금을 지급할 수 있다. 그밖에 주택제공, 직장알선, 고용보호, 의료보호, 양육 및 양로보호 등을 제공하였다. 국가유공자보상사업이 확대되면서 재정의 안정성을 도모하기 위하여 보훈기금을 조성하기로 하고, 기금의 조성과 운영을 위하여 1981년 「원호기금법」이 제정되었다. 같은 목적에서 국가유공자보상사업을 전문적이고 통일적으로 관리하기 위하여 「한국원호복지공단법」이 제정되었고, 이를 근거로 공단이 설립되었다. 공단은 국가유공자 등의 가료·보호 및 의학적·정신적 재활과 진료, 국가유공자 등의 직업재활교육, 국가유공자단체의 운영지원, 국가유공자 복지시설의 운영, 국가유공자 및 그 자녀의 학비지원 등의 사업을 행한다(법 제6조).

1975년 제정된 「국가유공자 등 특별원호법」은 대상자를 확대하고 보호를 강화하여 갔다. 1976년 법률 개정을 통하여 전몰군경 외에 애국지사의 유족에게 연금수급권을 부여하였다(법 제4조 제2항 제1호 제5조 제1항). 1978년 개정 법률은 건국훈장을 받은 애국지사 외에 건국포장 및 대통령표창을 받은 애국지사를 연금지급대상에 포함시켰다(법 제5조의 2, 법 제6조의 2). 1979년 개정 법률은 재일학도의용군참가자, 즉 대한민국 국민으로서 일본국에 거주하던 자로서 1950년 6월 25일부터 1953년 7월 27일까지의 사이에 국군 또는 국제연합군에 지원 입대하여 6.25사변에 참전하고, 제대한 자를 보호대상에 추가하였다(법 제3조 제6항).

위에서 언급한 바와 같이 1961년 「군사원호보상법」은 전쟁 중 희생이라는 비교적 동질성 있는 상황을 보상의 대상으로 하였으나, 1975년 「국가유공자 등 특별원호법」이 제정된 후에는 전쟁희생 외에 보상의 대상이 확대되었다. 이와 같이 보상의 대상을 확대하는 경향은 1962년 이미 시작되었으나 1975년 시기에는 장기적인 생활보장을 보다 강화하였다. 다만 보상의 종류에 따라 여러 법률에 산만하게 규율되고 있었다. 이에 1984년 기존의 사회보상에 관련된 법률, 즉 「군사원호보상법」, 「군사원호보상급여금법」, 「군사원호대상자 임용법」, 「군사원호대상자 고용법」, 「원호대상자정착 대부법」, 「군사원호대상자자녀 교육보호법」, 「국가유공자 등 특별원호법」 등을 폐지하고 「국가유공자 예우 등에 관한 법률」('국가유공자법')로 통합하여 규율하였다. 1984년 기존의 원호기금과 한국원호복지공단은 각각 보훈기금과 한국보훈복지공단으로 이름을 바꾸었다.

「국가유공자법」은 이중으로 보호의 대상을 확대하였다. 첫째, 전쟁희생 이외에 국가 및 사회에 기여한 행위 중 발생한 희생을 보상의 대상으로 하였다. 둘째, 유공행위 중 발생한 희생 뿐 아니라 공헌행위 그 자체를 보상하도록 하였다. 이로써 보상의 대상인 희생 및 공헌이 이후 입법적으로 보충될 것이 예상되었으며, 동시에 정치적 상황에 대한 단기적인 고려와 당사자의 정치적 영향력에 따라 확대될 우려도 있게 되었다.[78]

1984년 「국가유공자법」 상의 보호대상자는 다음과 같이 유형화할 수 있다. 첫째, 순국선열과 애국지사이다. 이들의 경우 희생의 여부에 관계없이 공헌 행위 그 자체가 보상의 대상이다(법 제4조 제1, 2호). 둘째, 전몰군경, 전상군경 등이다(제3,4호). 이는 전형적으로 전쟁 중 발생한 희생에 해당한다. 셋째, 순직군경과 공무원, 공상군경과 공무원, 무공수훈자, 6.25참전재일학도의용군인 등이다(제5, 6, 7, 8, 11, 12호). 이들은 신분상의 특수성에 따라 발생하는 희생 및 공헌이 보상의 대상이다. 이러한 희생과 공헌의 범위에 대해서는 이후 계속 논란의 대상이 되었다. 넷째, 4.19 의거희생자이다(제9, 10호). 이 경우 정치적으로 의미 있는 사건에서 발생한 희생이 보상의 계기였다. 이 규정 역시 이후 유사한 계기로 발생한 희생을 사회보상의 범위에 추가하는 근거로 작용하였다. 「5.18민주화운동 관련자 보상 등에 관한 법률」이 대표적인 예이다.[79] 다섯째, 국가사회의 발전에 특별히 공헌한 자이다(제13, 14, 15호). 이 경우에는 희생 뿐 아니라 공헌행위 그 자체가 보상의 대상이 된다. 보상의 시기와 관련해서는 대상자가 등록을 신청한 달로부터 보상청구권이 발생한다(법 제9조). 이 규정은 결국 소급적인 보상의 가능성을 배제한 것으로 이후 그 타당성, 그리고 헌법적 정당성에 관한 논의를 일으켰다.[80]

「국가유공자법」은 기본적으로 공헌과 희생의 정도를 기준으로 보상을 하지만 동시에 생활정도를 고려하여 보상의 정도를 달리할 수 있도록 하였다(법 제7조). 이로써 보상과 부조의 이념이 동시에 적용될 수 있음을 암시하였다. 연금이 전자의 기능을, 생활조정수당이 후자의 기능을 수행한다(법 제14조). 현금급여 외에 교

78) 국가유공자법의 이러한 문제에 대해서는 예컨대 전광석, "국가유공자보상의 범위결정 및 보상의 원칙", 헌법학연구 제10집 제4호(2004), 226면 이하 참조.

79) 이에 대해서는 예컨대 전광석, "국가유공자보상의 범위결정 및 보상의 원칙-5.18 민주유공자법에 대한 규범체계적 접근을 중심으로", 민주주의와 인권 제9권 제2호(2009), 7면 이하 참조.

80) 이에 관한 헌법재판소의 결정으로는 헌재 1995.7.21, 93헌가14, 7-2, 18면 이하; 1998.2.27, 97헌가10등, 10-1, 29면 이하 등 참조. 이에 대해서는 전광석, "국가유공자보상에 대한 헌법적 보호의 가능성", 헌법학연구 제6권 제4호(2000), 131면 이하 참조.

육보호, 취업보호, 의료보호, 대부, 양로보호와 양육보호 등의 지원이 이루어진다. 취업보호를 위하여 할당제를 적용한다. 이에 따라 국가와 지방자치단체 및 교육기관, 그리고 16인 이상 근로자를 고용하는 공·사기업체 또는 공·사단체에서 전체 고용인원의 3% 내지 8%의 범위 안에서 취업보호대상자를 고용하여야 한다(법 제31조). 취업보호는 채용시험에서 10%의 가점(加點)을 부여하는 형태로 시행되었다(법 제34조). 가점제도는 제대군인에게도 적용한다. 다만 가점비율은 5% 이내의 범위에서 정하도록 하였다(법 제70조).[81)]

Ⅳ. 생활보호법

1961년 제정된 「생활보호법」은 그동안 행정적 결정을 통하여 부분적으로 개선되었을 뿐 전면적인 입법개선은 검토 조차 되지 못하고 있었다. 「생활보호법」은 1982년에 와서야 비로소 개정되었다. 「생활보호법」이 그동안 정치적 및 정책적 주목을 받지 못해 왔다는 사실을 보여주는 단적인 예이다. 그러나 1982년 개정 법률도 「생활보호법」의 기본 구조를 변경하는 목적을 갖지는 않았다. 운영에 있어서 나타났던 문제를 부분적으로 개선하고, 또 급여의 종류를 보충하였다.

1961년 「생활보호법」은 입법목적에서 보호의 대상을 생활유지의 능력이 없는 자로, 그리고 보호의 목적을 사회복지의 향상을 추상적으로 선언하는데 그쳤다. 1982년 개정 법률은 보호의 목표로 최저생활의 보장을 처음으로 규정하였으며, 이들의 자활조성을 입법목적으로 추가하였다(법 제1조). 생활보호의 보충적 성격을 명확히 하였다. 즉 생활보호는 보호대상자의 자산, 근로능력, 부양의무자의 부양 등을 보충하는 성격을 갖는다(법 제5조). 그러나 부양의무와 관련하여 부양의무의 개념과 범위를 민법의 규정에 따르도록 하여 생활보호의 특수성이 반영될 수 없었다(법 제2조 제4호). 근로능력이 있는 자에 대해서는 자활보호를 급여의 종류로 추가하였다(법 제7조 제1항 제3호). 교육보호 역시 이때 추가되었다. 이는 기존에 대통령령(제9495호)에 의하여 시행되던 「생활보호대상자 중학교 과정 수업료 지원규정」

81) 제대군인 가산점제도는 이후 헌법재판소에서 위헌으로 결정되었다. 헌재 1999.12.23, 98헌마363, 11-2, 770면 이하 참조. 국가유공자 가산점 제도에 대해서는 처음에는 합헌으로 결정되었다. 헌재 2001.2.22, 2000헌마25, 13-1, 404면 이하 참조. 그러나 이후 국가유공자의 유족에게 가산점을 부여하는 규정에 대해서는 헌법에 합치하지 않는다는 결정을 내렸다. 헌재 2006.2.23, 2004헌마675, 18-1(상), 269면 이하 참조.

을 「생활보호법」에 편입한 것이었다. 1982년 개정 법률은 보호의 기준을 개별화하는 내용을 도입하였다. 보호의 기준은 대상자의 연령, 세대구성, 거주지역 기타 생활여건을 고려하여 보호의 종류별로 정한다(법 제5조 제2항). 또 보호대상자를 사정에 따라 구분하고 보호의 종류와 내용 및 방법을 달리할 수 있다. 이에 따라서 보호대상자는 거택보호대상자와 시설보호대상자, 그리고 자활보호대상자로 구분하였다(법 제6조 제1항, 시행령 제6조).

자활보호로 자활에 필요한 금품의 지급 또는 대여, 자활에 필요한 기능습득의 지원, 취업의 알선, 기타 자활조성을 위한 각종 지원이 이루어진다(법 제11조). 자활보호대상자에게 생계보호가 지급되지는 않는다. 자활의 이념이 1982년 개정 법률에서 처음으로 도입되었지만 구조적 흠결이 있었고, 또 실효성이 없었다. '구조적인' 문제로서 자활조성을 새로운 목표로서 선언했지만 자활이 성과를 거두지 못하여 소득활동을 할 수 없는 경우에 생계보호가 지급되지 않았기 때문에 이러한 상황은 여전히 개인이 부담하여야 했다.[82] 자활의 목표가 '실효성'을 갖기 위하여 필요한 하드웨어 및 소프트웨어의 기반이 결여되어 있었다. 당시 자활보호를 위한 직업교육 및 훈련의 체계가 마련되어 있지 못했고, 무엇보다도 취업을 알선하여 노동시장에 진입하도록 하는 구상과 제도가 존재하지 않았다. 이에 자활보호는 주로 2차 노동시장에 해당하는 취로사업에서 소득을 지원하는 형태로 이루어졌다. 복지조치와 노동시장과의 연계성이 존재하지 않았던 것이다. 자활보호에는 이주정책적 고려도 작용하였다. 즉 보호대상자가 자활조성에 적합하다고 인정되는 지역으로 이주하는 경우에는 이주비 및 생활준비금 등 자활조성을 위하여 필요한 지원을 할 수 있다(법 제6조 제2항, 시행령 제7조). 교육보호로 수업료 기타 보호금품이 지급된다(법 제12조, 시행령 제13조).

V. 아동복지법, 노인복지법 및 심신장애자복지법의 제정 및 시행

1980년대에 들어오면서 아동, 노인, 장애인 등 연령·신체 및 정신적인 상황으로 인하여 스스로의 능력으로 일상생활을 정상적으로 영위하는 데 어려움이 있는 집단의 보호에 사회적 관심이 기울여지기 시작하였다. 이 시기에 「아동복지법」, 「노인복지법」 및 「심신장애자복지법」이 제정·시행되면서 사회보장의

82) 이러한 공백은 부분적으로 지방자치단체의 복지활동을 통하여 메꾸어졌다. 이에 관한 판례로는 대판 1997.4.25, 96추244 참조.

구조가 재편성되었으며, 또 새로운 과제를 부과하였다. 사회보장법의 구조와 관련하여 생활보호와 구분되며, 주로 취약계층을 위한 서비스를 제공하는 독자적인 체계가 형성되기 시작하였다. 이는 이전 시기와 큰 차이였다. 이들 서비스급여가 공공부조의 성격을 탈피하고 독자적인 체계에 적합하게 형성되어야 하는 것은 새로운 과제였다. 그러나 아직 기존의 사회보장제도와 복지관계법의 협력관계, 그리고 복지서비스를 통하여 사회보장의 권리를 실현하는 사고에 이르지는 못했다. 전체적으로 보면 양로시설, 장애인시설 등 이들에 대한 보호를 위해서 필요한 하부구조는 아직 빈약했다. 이들 법에서는 생활보호를 보충하는 형태로 급여의 조건이 형성되었다. 또 급여에 관한 규정은 대부분 임의규정이었기 때문에 이들에 대한 보호가 권리의 형태로 실현될 수는 없었다.

1. 아동복지법

1961년 「아동복리법」이 제정된 후 아동복지의 문제는 오랫동안 정책적 관심에서 멀어져 있었다. 「생활보호법」과 마찬가지로 20년이 지나도록 진지하게 검토되지 않았다. 1980년대 초반에 와서, 즉 1981년 4월 13일 「아동복리법」이 전면 개정되었고, 「아동복지법」으로 이름을 바꾸었다. 위에서 설명했듯이 1961년 제정된 「아동복리법」은 주로 유기 혹은 방치된 아동에 대한 긴급구호 조치를 규정하였다. 이는 1970년대 후반 부분적으로 변화하였다. 1978년 취약계층아동 중심의 보호조치가 일반 아동으로 확대되었다. 1981년 개정 법률은 입법목적을 일반화하였다. 즉 아동이 건전하게 출생하여 행복하고 건강하게 육성되도록 하는 목적을 갖는다(법 제1조). 아동에 대한 공동체의 복지책임을 선언하였다. 즉 모든 국민은 아동을 보호양육하고 사회생활에 적응하도록 육성할 책임을 지며, 국가와 지방자치단체는 보호자와 더불어 아동을 건전하게 육성할 책임을 진다(법 제3조). 아동복지를 위한 시설을 확충하였다. 지방자치단체에 아동상담소를 두어 상담에 응하도록 하였고(법 제8조), 아동 및 임산부의 건강보장을 위하여 보건소에 관련 업무를 부과하였다(법 제9조). 아동복지시설을 설치·운영하는 법인에게 필요한 경우 국유재산을 무상으로 대여할 수 있다(법 제30조).

1981년 개정 법률은 이후 20년 동안 아동복지의 기본법으로 기능하였으며, 몇 번의 개정이 있었지만 이는 대부분 타법개정 혹은 부처변경에 따른 형식적인 것이었다. 2000년에 와서 비로소 아동학대를 방지하기 위한 실질적인 개정이 있었다. 「아동복지법」이 80년대 이후에도 그만큼 정책적 주목을 받지 못했다.

2. 노인복지법

1981년 6월 5일 「노인복지법」이 제정·시행되었다. 「노인복지법」은 노인의 심신의 건강유지와 생활안정을 입법목적으로 하였다(법 제1조). 다음과 같이 기본이념을 선언하였다. 첫째, 노인은 후손의 양육과 국가 및 사회발전에 기여하였기 때문에 존경받아야 한다. 노인은 건전하고 건강한 생활을 보장받는다. 둘째, 노인은 능력에 따라 적당한 일에 종사하고, 사회적 활동에 참여하는 기회가 보장되어야 한다. 셋째, 노인은 심신의 변화를 자각하여 심신의 건강을 유지하고, 지식과 경험을 활용하여 사회발전에 기여하도록 노력하여야 한다(법 제2조). 노인복지는 국가와 지방자치단체의 책임일 뿐 아니라 사업의 경영자도 노인복지를 위하여 노력하여야 한다(법 제4조).

복지조치는 상담·입소 등의 조치, 건강진단, 경로우대, 경로사업의 실시·지원, 직종의 개발, 주택배려 등으로 구성된다. 그러나 이들 조치들은 대부분 선언적인, 그리고 재량규정으로 되어 있어 복지조치의 실시 여부 및 내용은 행정적 결정에 맡겨져 있다는 한계가 있었다(법 제7조 이하). 이밖에 양로시설, 노인요양시설, 노인복지회관 등 노인복지시설이 설치되고 노인들은 이를 유료 혹은 무료로 이용할 수 있다(법 제13, 14조). 노인의 소득보장을 위한 조치는 아직 없었다. 노인의 소득보장은 노령수당의 형태로 1989년 개정 법률에 의하여 처음으로 도입되었다. 이는 1988년 시행된 「국민연금법」이 미래 노인의 소득을 보장하면서 경제성장을 위하여 희생한 현재 노인을 배려할 수 없다는 문제를 반영한 것이었다. 그러나 노령수당은 상징적 의미를 갖는데 그쳤다. 이는 임의급여였으며, 또 구체적인 내용은 행정입법에 위임되어 있었다(법 제13조).

「노인복지법」 역시 「아동복지법」과 마찬가지로 제정 이후 오랫동안 실질적으로 개정 및 개선되지는 않았다. 「아동복지법」과 「노인복지법」이 정치적 상징을 넘어서 실질적으로 정책적 의미를 가질 수는 없었다.

3. 심신장애자복지법

(1) 국제기구의 영향

1981년 6월 5일 「노인복지법」과 함께 「심신장애자복지법」이 제정되었다. 「아동복지법」의 전면 개정과 「노인복지법」을 제정하였던 계기가 뚜렷하지 않은 반면 「심신장애자복지법」은 다음과 같은 배경에서 제정되었다. 1970년대 이후 국제사회에서 장애인복지와 평등을 위한 적극적인 움직임이 있었다. 국제연합(UN)은 1970년 '장애인재활 10년선언'을 채택하여 장애에 대한 인류보편적인 주의를 환기시켰다. 1971년과 1975년 각각 「정신지체인의 권리선언(Declaration on the Rights of Mentally Retarded Persons)」과 「신체장애인의 권리선언(Declaration on the Rights of Disabled Persons)」을 채택하였다. 우리나라에서 「심신장애자복지법」이 제정된 1981년 국제연합은 '국제장애인의 해(International Year of Disabled Persons)'를 선언하였다.[83)]

세계보건기구(WHO)는 이 시기에 세부적인 기준을 제시하여 국제사회에서 장애인정책을 촉구하였다. 1980년 세계보건기구(WHO)는 다음과 같이 장애판정 기준을 제시하였다. 첫째, 신체적·정신적 및 심리적 손상 혹은 비정상적인 상태가 존재하여야 한다(impairment). 둘째, 이를 원인으로 하여 일상생활을 통상적인 방법으로 수행하기 위하여 필요한 신체 각 부위에 부여된 기능이 상실 혹은 감소되어야 한다(disabilities). 셋째, 위와 같은 이유로 개인이 일반인과 같은, 또 일반인과 함께 정상적인 생활을 영위할 수 없어야 한다(handicaps).[84)] 이와 같은 기준은 장애로 인한 불이익을 개념요소로 제시하였다는 점에서 새로운 시도였다. 그러나 아직은 전통적인 장애에 대한 이해의 틀을 완전히 벗어난 것은 아니었다. 손상 및 장애의 기능적 측면을 주목하였기 때문에 장애인 개인에 대한 의료 및 재활조치가 정책의 중심에 있었다. 사회적 모델에 기초한 장애에 대한 이해와 정책, 그리고 장애인평등의 문제는 이후 시기에 비로소 본격적으로 논의되기 시작하였다.

(2) 심신장애자복지법의 주요 내용

「심신장애자복지법」은 심신장애의 예방과 재활 및 보호를 입법목적으로 하였다(법 제1조). 위에서 언급했듯이 아직 참여 및 평등의 이념에 주목하지는 못했다. 장애인의 기준을 다섯 가지로 분류하였다. 지체부자유, 시각장애, 청각장애, 음성 및 언어기능장애, 정신박약자 등이 그것이다(법 제2조, 시행령 제2조). 장애인의 기준은 1999년 10 가지로 확대되어 뇌병변장애, 발달장애, 정신지체, 신장장애, 심신장애 등이 포함되었다. 2003년 호흡기장애, 간장애, 안면장애, 장루 및 요루장애,

83) 국제연합에서 장애인복지를 위한 입법 및 정책활동에 대해서는 예컨대 Peter A. Köhler, *Sozialpolitische und sozialrechtliche Aktivitäten in den Vereinten Nationen*(Nomos, 1987), 635면 이하 이밖에 국제기구에서 장애인정책과 입법에 대해서는 전광석, 국제사회보장법론(법문사, 2002), 442면 이하 참조.

84) World Health Organisation, *International Classification of Impairments, Disabilities and Handicaps*(Genf, 1980).

간질장애 등이 다시 추가되어 현재 15가지 기준이 적용되고 있다.

장애인복지조치로 심신장애의 예방 및 조기발견, 의료조치, 재활 및 입소 등의 조치, 보장구의 교부, 고용의 촉진, 시설의 우선 이용, 편의시설, 부양수당 등을 두었다(법 제7조 이하). 재활의료로 「의료보험법」상의 급여와 같은 종류의 급여가 지급된다. 재활의료의 기간은 6개월 이내로 하였다(시행령 제6조). 장애인에 대한 재활의료의 특수성 및 지속성이 반영되지 못하였다.

「심신장애자복지법」에서 유일한 현금급여는 부양수당이다. 부양수당 수급권은 생활보호대상자에 한하여 인정되었고, 또 수급요건은 엄격했다. 즉 생활보호대상자로서 신체장애와 정신장애가 함께 있어서 다른 사람의 도움이 없이는 일상생활의 단순한 행동을 하기 곤란한 자를 부양 또는 보호하는 자에게 부양수당이 지급된다. 부양수당은 「생활보호법」상의 시설보호대상자에게 지급되는 생계보호비용에 해당하는 금액 이상으로 하되, 매년 예산의 범위 안에서 보건사회부장관이 정한 액으로 한다(법 제14조, 시행령 제14조 이하). 이와 같이 부양수당은 장애인의 특별한 수요를 반영할 수 없었고, 또 예산이 허용하는 범위 내에서 지급되었기 때문에 안정성이 없었다. 결국 부양수당은 독자적인 의미를 갖지 못하고, 「생활보호법」이 장애인에 대한 보호를 하지 못하고 있는 상황을 보충하는 데 그쳤다. 「심신장애자복지법」은 1989년 「장애인복지법」으로 개칭 · 개정되었다.

제 6 절 정 리

1960년대 초반 군사정부에서 부분적으로 보였던 사회보장의 의지가 유지되지 못했고 「산업재해보상보험법」을 제외한 법률, 특히 「의료보험법」은 사회보험으로서 기능할 수 없었다. 그 결과 1960년대 사회 및 경제적 상황이 사회보장에 관한 공론으로 이어지지는 못했다. 1970년대 정치적 및 사회경제적 상황은 달라졌다. 1960-70년대 진행된 경제성장으로 인하여 국민소득은 전체적으로 높아졌다. 그러나 동시에 소득계층도 분화되었다. 자본의 축적이 없는 상황에서 경제성장은 저임금노동에 힘입은 것이었다. 국가는 임금 및 근로조건의 개선을 위한 노동운동을 억제하면서 자본의 성장을 뒷받침하였다. 1970년대 중반에 이르러 국가는 중화학공업으로 산업구조의 전환을 모색하였다. 이로써 전문인력에 대한 수요가 증가하였고, 자본의 관점에서 보면 노동력을 확보하기 위한 인력관리의 필요성이 생겼다. '헌법적'으로 보면 당시 보편적 가치를 지나치게 벗어나 있었던 헌법규범 및 헌법현실에 대한 국민적 저항에 부딪치기 시작하였다. '정치적'으로 보면 지속되는 자본과 노동의 불균형에 대한 정치적 부담이 한계에 이르고 있었다. 성장과 분배에 대한 새로운 구상이 필요하게 되었다. '정책적'으로 보면 질병의 보호와 건강은 개인이 인격을 실현하고, 공동체의 구성원으로서 정치적, 그리고 특히 사회경제적 공동체에 참여하기 위하여 가장 기본적인 조건(basic liberty)에 해당한다. 이를 보호하지 못하는 문제는 성장과 분배의 균형있는 정책적 배려가 결여되어 있다는 상징적인 예였다. 1976년 「의료보험법」은 이와 같은 사회경제적 및 정치적 배경 하에 제정되었다.

1976년 「의료보험법」이 제정된 계기에 대해서는 여러 논의가 있어 왔다. 그러나 복지정책의 관점에서 보면 다음과 같은 특징이 있었다. 첫째, 여러 사회적 위험 중 질병이 우선 보호의 대상이 되었다. 소득보장과는 달리 질병에 대해서는 적시에 적합한 진료가 제공되어야 하며, 또 모든 국민이 평등하게 보호받을 수 있어야 한다. 의료보험에서 가입대상의 제한은 민감한 평등의 문제, 그리고 불평등의 의식을 일으킨다. 따라서 가입대상이 제한적인 의료보험은, 특히 그러한 상태가 지속되는 경우 오히려 사회를 분열시키는 계기가 되고, 전체적으로 의료보험제도 자체의 정당성에 의문이 제기될 우려가 있었다. 의료보험의 적용대상은 신속하게 확대되었고, 의료보험은 실시된 후 12년이 지난 1989년 실질적으로 전국민보험으로 발전하였다. 이와 같은 발전경로는 이후 국민연금 및 고용보험 등에서도 나타났다. 둘째, 1976년 「의료보험법」은 노동의 자본에 대한 기여와 자본의 노동에 대한 배려의 결과 도입된 것이 아니라 정부가 일방적으로 주도하였다. 이때 사회보험이 시행될 수 있는 현실적 여건이 충실하게 검토된 것은 아니었다. 이 문제는 처음에는 나타나지 않았지만 적용대상이 확대되면서 사회보험이 기능할 수 있도록 단기적으로 정책 보충이 필요하게 되었다. 이때 급여수준을 낮게 유지하는 것은 복지이념을 희생하는 것이었지만 이에 비해서 제도를 안정적으로 유지하는 데에는 유리한 요소였다. 이로써 낮은 수준의 평등한 복지의 경로가 형성되었다. 셋째, 이와 같이 낮은 수준의 평등한 복지의 이념이 지배하면서 필연적으로 개인의 생활보장을 공적 영역과 사적 영역이 분담하는 방법이 필요하게 되었다. 이 점은 특히 1988년 시행된 국민연금에서 뚜렷하게 제기되는 과제였다. 넷째, 의료보장의 방법으로 의료보험을 선택하면서 (오늘날의 표현에 따르면) 사각지대의 발생이 피해질 수 없었다. 이 점은 당시 충실히 인식되고 있었다. 이에 「의료보험법」에 이어 「의료보호법」이 제정되어 저소득층의 의료보장을 담당하였다. 당시는 아직 사용자가 근로자의 의료보험 가입신청을 기피하거나 근로자 스스로가 가입을 회피하여 보장의 공백이 발생하는 현상은 예상하지 못했다. 그러나 사회보험이 가입자가 납부하는 보험료에 의하여 운영되기 때문에 보험능력이 없는 국민이 배제되는 문제는 사회보험체계에서는 피할 수 없는 근본적인 문제였다.

의료보험이 시행되면서 사회보험의 방식으로 다른 전형적인 사회적 위험을 보호하는 구상이 나타난 것은 자연스러운 발전방향이었다. 이에 1986년 「국민연금법」이 제정되었고, 이 법은 1988년 시행되었다. 이로써 개인생활이 공법체계에 편입되는 지평은 현저히 넓어졌다. 동시에 사회보장의 의식이 강화되었다. 국민연금에 소득재분배의 수단을 제도화하는 사회적 공감이 있었다. 산재보험은 전통적인 사용자 책심보험의 구상 이외에 사회보장의 요소가 강화되기 시작하였다.

「의료보험법」이 시행되는 시기에 「생활보호법」은 뚜렷하게 비대칭관계에 있었다. 1961년 제정된 「생활보호법」은 1982년 비로소 개정되었으나 기존의 구조적 흠결은 그대로 유지되었다. 새로이 자활의 이념을 제시하였지만 제도의 변화와 보충이 뒤따르지는 않았기 때문이다. 또 아직 최저생활보장의 기능도 수행할 수 없었던 상황에서 자활의 이념을 실현하는 것은 벅찬 과제였다.

이 시기에 「아동복지법」이 20년 만에 개정되었고, 새로이 「노인복지법」과 「심신장애자복지법」이 제정되었다. 이로써 사회보험법, 사회보상법, 공공부조법 및 사회복지관계법 등 우리 사회보장법체계의 기본구조가 정비되었다. 방법론적으로 보면 현금급여와 함께 사회적 보호가 필요한 인적 집단을 위하여 서비스급여가 함께 지원되어야 하는 필요성이 인식되어야 했다. 다만 아직 「노인복지법」과 「심신장애자복지법」의 경우 노인 및 장애인문제에 대한 사회적 보호의 필요성, 적합하고 안정적인 보호의 방법, 그리고 보호의 종류와 내용이 진지하게 검토되지는 못했다. 따라서 오랫동안 이 법률들은 기능할 수 없었다. 그러나 아동과 노인, 그리고 장애인의 사회문제에 대한 현실적인 인식이 깊어지고 정책적 대응의 필요성이 절실해지면서 기존의 법률이 정책의 안정성과 계속성을 도모하는 의식을 유도하게 되었다는 점에서 의미가 전혀 없는 것은 아니었다.

제6장 헌법의 기능변화, 정치적 환경의 변화, 그리고 사회보장입법의 구축(1987-1997년)

제1절 1987년 헌법 개정과 사회보장의 과제

Ⅰ. 1987년 헌법과 사회보장

1980년 헌법은 1972년 헌법의 비민주적 요소를 상당 부분 제거하였지만 헌정의 현실은 여전히 민주주의 및 기본권적 가치와는 차이가 있었다. 무엇보다도 1972년 헌법체제가 붕괴되면서 모든 국민들이 기대했던 대통령직선제가 도입되지 못했고, 대통령은 선거인단에 의하여 간접적으로 선출되었다(1980년 헌법 제39조 제1항). 이에 1980년대에 헌법과 헌정은 처음부터 국민의 저항에 부딪쳤고, 1980년대 중반 이후 민주화 운동은 열기를 더해갔다. 민주화 운동은 1986-87년 정점에 이르렀고, 헌법 개정을 통한 민주적 정당성의 회복을 목표로 하였다. 당시 대통령 전두환은 1987년 4월 13일 헌법개정 논의를 중단하고 1987년 연말에 예정된 대통령선거를 현행 헌법에 따라 실시하며, 1988년 서울올림픽을 성공적으로 개최한 후에 헌법개정 논의를 다시 할 것을 제안하였다(이른바 4.13. 호헌선언). 그러나 이 선언은 민주화 운동을 더욱 자극하였다. 1987년 6월 29일 당시 집권당의 대통령후보로 지명된 노태우가 대통령직선제를 도입하는 헌법개정을 수용하는 등 민주화의 일정을 제시하였다(6.29 선언). 이에 헌법개정 논의가 다시 시작되었고, 1987년 10월 12일 우리 헌법사에서 실질적으로는 처음으로 여야 합의에 의하여 헌법개정안이 통과되었다. 헌법개정안은 같은 해 10월 27일 국민투표에 부쳐져 확정되었다.[1)]

1987년 헌법은 사회보장의 미시적 및 거시적 구조를 정비하였다. 인간다운

1) 1987년 헌법개정의 경과와 의미에 대해서는 예컨대 전광석, "헌법과 한국 민주주의; 1987년 헌정 체제를 중심으로", 헌법학연구 제12권 제2호(2006), 205면 이하; 정상우, "1987년 헌법개정안 형성과정 연구", 세계헌법연구 제22권 제1호(2016), 21면 이하 등 참조. 이밖에 1987년 헌법개정과 관련된 증언에 대해서는 현경대, "87년 헌법의 성립과정", 헌법학연구 제23권 제4호(2017), 267면 이하 참조.

생활을 할 권리에 관한 제34조는 '모든 국민은 인간다운 생활을 할 권리를 갖는다'는 기존의 제1항과 '국가는 사회보장·사회복지의 증진에 노력할 의무를 진다'는 기존의 제2항을 그대로 유지하면서 다음과 같이 보충되었다. 여자와 노인, 청소년의 복지향상을 위하여 노력하여야 한다(제3, 4항). 생활능력이 없는 국민에게 최저생활을 보장하는 과제를 유지하면서 생활능력이 없는 사유로 질병, 노령 외에 처음으로 신체장애자를 예시하였다(제5항). 이 규정은 장애인의 문제를 헌법이 처음으로 언급했다는 의미가 있었지만 다음과 같은 두 가지 이유에서 체계적이지는 못했다. 첫째, 장애인 중 우선적으로 보호가 필요한 집단은 신체장애인에 비해서는 정신장애인이다. 위 제5장에서 살펴본 바와 같이 1970년대에 장애인정책을 국제적으로 선도한 국제연합(UN)도 신체장애인에 앞서 정신지체인에 관한 권리선언을 하였다. 1981년 제정된 「심신장애자복지법」 역시 신체장애인과 정신장애인을 모두 보호의 대상으로 하였다. 당시 헌법 개정에 있어서 국제법 및 우리 입법의 역사가 충실하게 점검되지 못하였다는 것을 알 수 있다. 둘째, 장애인을 아직 독자적인 보호의 대상으로 인식하지 못했고, 최저생활보장의 과제와 연계하여 이해하였다. 장애는 개인에게 특별한 수요를 발생시키며, 따라서 생활능력의 유무에 관계 없이 보호되어야 한다. 또 장애는 비장애와 비교되며, 장애인의 보호는 차별금지를 포함하여야 한다는 인식이 아직 보편화되지는 못했다.[2)]

1987년 헌법은 사회보장의 거시환경에 해당하는 경제질서를 부분적으로 구체화하였다. 1948년 헌법 이래로 경제에 관한 장은 경제질서와 동시에 사회질서를 형성하는 목적을 명확히 하여 왔다. 즉 '모든 국민에게 생활의 기본적 수요를 충족시키는 사회정의의 실현'을 경제에 관한 규제와 조정의 목적으로 명시하였다. 1987년 헌법은 이 규정을 삭제하였다. 그 대신 경제질서의 목표를 세분화하였다. 즉 "국가는 국민 경제의 성장 및 안정과 적정한 소득의 분배를 유지하고, 시장의 지배와 경제력의 남용을 방지하며, 경제주체 간의 조화를 통한 경제의 민주화를 위하여 경제에 관한 규제와 조정을 할 수 있다"(제119조 제2항). 특히 적정한 소득의 분배에 관한 경제질서의 목표는 시장에서 1차 소득분배의 불균형을 사회적 소득(social income)을 통하여 교정하는 국가의 재분배기능을 정당화하는 헌법적 근거가 될 수 있었다.[3)]

---

2) 이후 헌법재판소는 우리 헌법이 장애를 특별히 차별금지사유로 제시하고 있는 것은 아니라고 평가하고 있다. 헌재 2004.10.28, 2002헌마328, 16-2, 210면 이하 참조.

3) 헌법 상 경제질서의 의미와 기능에 대해서는 전광석, "헌법 제119조", 헌법주석[법원, 경제질서

헌법이 사회보장의 미시적인 법률관계와 거시질서를 정비하고, 또 사회보장의 과제를 정치적으로 인식하면서 1987년 민주화 시기에 형성된 정치적 시민권 운동이 사회적 시민권 운동으로 확보되는 기반이 조성되었다. 그러나 이는 사회문제에 대한 정치적 민감성과 이를 수용하는 안정적인 정치구조를 필요로 하였다. 1987년 헌법은 보수군부세력의 자기교정(6.29 선언)을 배경으로 성립하였기 때문에 이들은 그대로 지배세력으로 남을 수 있었다. 또 1990년 집권당인 민정당, 그리고 통일민주당 및 신민주공화당 간의 3당 합당은 이념적 협애(狹隘)를 더욱 공고화하였다.[4] 90년대에 들어서면서 '87년 체제'가 실질적 및 사회경제적 민주주의로 진행하지 못했다는 진단이 이루어졌다. 1987년 이후 민주화는 사회경제적 동질성을 회복하는 단계로 발전하지 못했고, 이 점에서 민주주의의 공고화가 과제로 제시되었다.[5] 그러나 사실 위에서 지적한 바와 같은 좁은 정치적 지평에서 시민사회의 넓은 이념적 분포를 정치과정에 반영하는 형식적 및 절차적 민주주의가 충실하게 실현되었다고 볼 수도 없었다. 이 점은 아래에서 살펴보듯이 세계화 및 신자유주의의 파고(波高)에서 쉽게 관찰될 수 있었다. 이에 비해서 사회적 시민권 운동은 이 시기에 맹아를 보였다.

Ⅱ. 헌법재판소

사회보장법의 발전에 간접적이지만 중요한 헌법적 변화는 1987년 헌법에서 헌법재판기관으로 헌법재판소가 설치되었다는 점이다. 우리 헌법사에서 보면 1960년 헌법이 헌법재판기구로 헌법재판소를 두었다(1960년 헌법 제83조의 3 이하). 그러나 1961

등] 제101조-제130조(경인문화사, 2018), 1495면 이하 참조.

4) 유사한 취지의 설명으로는 박찬표, 한국의 48년 체제(후마니타스, 2010), 218면 이하 참조. 이와 같은 시민사회와 정치적 대표 간의 이념적 편차, 그리고 정치이념의 협애로 인하여 이를 가교할 수 없었던 상황에 기인하는 정치실패는 1960년 4.19혁명 이후의 시대에도 관찰될 수 있었다. 이에 대해서는 예컨대 박명림, "제2공화국 정치균열의 구조와 변화", 백영철(편), 제2공화국 민주주의(나남, 1996), 221면 이하 참조. 이에 비해서 극단적 이념의 분화를 제2공화국이 소멸한 원인으로 보는 입장으로는 예컨대 한승주, "제2공화국", 한국정치학회(편), 현대한국정치론(법문사, 1986), 194면 이하 참조.

5) 이는 민주주의로의 전환 이후 공고화 과정에 대한 사회과학에서 제시된 일반적인 비판이었다. 이에 대해서는 송호근, "배제적 민주화와 유보된 이중전환; 한국 민주화의 사회적 성과와 한계", 임현진/최장집(편), 한국사회와 민주주의(나남, 1997), 61면 이하; 임혁백, "민주주의의 기본원리와 신생민주주의의 공고화", 임혁백, 세계화 시대의 민주주의(나남, 2000), 223면 이하 및 237면 이하 등 참조. 1987년 헌법에 대한 개정논의가 활발하게 전개되는 현재 상황에서도 위와 같은 평가는 변하지 않았다. 이에 대해서는 예컨대 조희연, "'87년 체제', '97년 체제'와 민주개혁운동의 전환적 위기", 김종엽(엮음), 87년 체제론(창비, 2009), 110면 이하 참조.

년 5.16 군사쿠데타가 발생하고 헌법의 효력이 정지되면서 당시 헌법재판소는 설치되지 못했다. 1987년 헌법에 의하여 헌법재판소는 1988년 설립되어 1989년 첫번째 결정을 내렸다. 초기에 헌법재판소의 활성화에 대한 견해는 갈렸다.[6] 그러나 헌법재판소는 입법, 행정, 사법 등 국가작용에서 헌법적 가치를 실현하고, 또 헌법적 가치를 기준으로 국가작용을 통제하며, 국민의 기본권을 실효적으로 보장하여 왔다. 헌법재판소는 기본적으로 사회보장법을 사후에 헌법적 기준에 따라 심사하지만, 이미 입법단계에서 법안의 위헌 여부에 대해서 모든 국가기관이 검토를 하여야 하기 때문에 실질적으로 사전심사의 관행을 만들었다는 점에서도 중요한 의미가 있다. 그만큼 국가기관의 헌법의식을 높혔으며, 국민의 입장에서 보면 헌법은 개인의 사회보장법적 지위를 형성하고, 나아가서 헌법재판을 통하여 기존의 법적 지위를 유지하는 기반이 되었다. 다만 사회보장법의 규범체계와 구조가 명확하지 않은 상황에서 이를 헌법에 구조화하여 심사하는 것은 헌법재판소에게는 새로운 과제였다.[7]

헌법재판소가 사회보장법의 형성에 적극적인 역할을 할 것을 기대하기는 어려웠다.[8] 첫째, 주로 심사의 기준이 되었던 사회적 기본권은 인간다운 생활을 보장하는 목표를 제시하고 있을 뿐 보호하는 상황 및 위험, 보호의 인적 범위, 급여의 종류와 내용 및 수준, 재정 및 관리운영방식 등에 관한 구체적인 기준을 제시하고 있지는 않기 때문이다. 둘째, 심사의 대상과 관련하여 사회보장법은 한편으로는 개인의 법적 지위를 부여하고, 이에 대한 신뢰를 보호하여야 하며, 다른 한편으로는 모든 국민과 세대를 위하여 지속적으로 기능할 수 있도록 사회보장제도를 형성하여야 한다. 사회보장법은 전국민을 대상으로 하면서 사회변화와 이를 반영하는 법률관계는 민감한 국민적 관심을 받으며, 또 정치적 의제가 되었다. 또 「국민기초생활보장법」의 제정 과정에서 볼 수 있듯이 당사자 이외에 공익단체들이 참여하는 장이 되어 가고 있었다. 이와 같이 사회보장법은 사회적 관련성을 강하게 띠어 가면서 사회경제적 상황과 국가 및 사회보

6) 헌법환경론 및 제도적인 이유에서 헌법재판의 활성화 가능성에 회의적인 견해에 대해서는 예컨대 권영성, "한국의 헌법재판제도", 서울대 법학연구소 주최 국제학술대회, 헌법재판의 활성화 방안(1988.8.26.), 39면 이하 참조.

7) 이 점을 인식하고 헌법재판소는 사회보장법에 대한 헌법적 쟁점을 종합적으로 연구하는 작업을 의뢰하여 보고서로 발간한 바 있다. 헌법재판자료 제11권, 사회보험법의 헌법적 문제에 관한 연구(헌법재판소, 2000) 참조. 헌법재판소에서 심사한 사회보장법 사건의 전체 목록은 전광석, 한국사회보장법론(집현재, 2016) 부록(573면 이하)에 수록되어 있다.

8) 제1장 각주 129 참조.

험의 재정능력, 인구구조 등의 변화를 충실히 반영하여야 한다.[9] 그만큼 사회보장법의 형성은 헌법의 추상적 기준을 존중하여야 하지만 구체적 타당성에 대한 판단은 입법적 결정에 유보되어 있다. 그 결과 사회보장법에 대한 헌법심사에 있어서 입법형성권이 넓게 인정되며, 제기된 쟁점이 입법정책적 문제라는 논리가 합헌 결정의 주요 내용을 구성한다.

제 2 절 정치적 환경의 변화; 사회보장법과 민주주의, 복지와 평등

1987년 이후 시기에서 사회보장법과 관련된 가장 중요한 환경변화는 민주주의의 정착과 전개이다. 민주주의의 정치적 환경은 사회보장법에 다음과 같이 절대적 차원에서, 그리고 상대적인 차원에서 영향을 미쳤다.

1960년대 초반의 사회보장법, 그리고 1976년「의료보험법」개정을 둘러싼 중요한 정책 및 법제화는 모두 국민의 인식과 관심, 그리고 의지가 결여되어 있는 정치적 환경에서 국가가 일방적으로 주도하였다. 새로운 헌법적 환경에서 이제 사회보장은 민주주의의 실질적 내용에 영향을 주는 독립변수의 위상을 갖게 되었으며, 동시에 민주주의의 가치 및 법치국가원리와 경쟁하며 실현되는 구조가 형성되었다. 아직 본격적으로 관찰되지는 않았지만 1988년 농어민 의료보험, 그리고 1999년 국민기초생활보장의 도입 시기에 볼 수 있었듯이 당사자 혹은 공익단체가 정책대안을 제시하는 능력을 보유하게 되었고, 직접 법안을 작성하기도 하였다. '역사적'으로 보면 지난 시대 경제성장의 목표 아래에서 희생되었던 분배의 요구가 민주주의의 의사결정에 진지하게 투입되기 시작하였다. '사회경제적' 상황을 기준으로 보면 1980년대 초반 이후 이른바 3저호황(저환율, 저유가, 저금리)에 기대어 안정적으로 경제가 성장하였고, 이에 국가가 분배 능력이 있게 하였다. 그러나 '정치적' 행보는 지체되었다. 1980년 출범한 제5공화국 정부는 긴축재정을 통한 물가안정에 주력하였기 때문에 사회정의의 실현을 표방했음에도 불구하고 복지정책에는 소극적이었다. 1985년 비로소 국회의원 총선거를 앞두고 집권당인 민정당은 3대 복지입법을 공약하였다. 여기

9) 이는 사회보장법 규정에 대한 헌법심사에 있어서 일반적으로 제시되고 있는 논리이다. 예컨대 헌재 2013.9.26, 2012헌가16 결정, 25-2(상), 641면 참조.

에 '최저임금제'와 함께 '전국민의료보험' 및 '국민연금'의 실시가 포함되어 있었다. 1987년 말에 예정되어 있었던 대통령선거에서 복지문제는 정치적 정당성을 평가하는 변수로서 쟁점화되었다. 의료보험을 농어촌으로 확대하는 「의료보험법」 개정, 그리고 「국민연금법」의 제정 및 시행은 모두 위와 같은 시대의 정치적 환경을 배경으로 하였다.

국민의 복지욕구와 함께 사회보장법이 구축되면서 사회보장법의 법률관계가 정치적으로 구조화되기 시작하였다.[10] 정치과정에서 사회보장이 독립변수의 위상을 갖게 되면서 공익적 관점이 균형 있게 국가의사결정에 영향을 미치기 위한 사회운동이 나타났다. 위에서 언급했듯이 1988-89년 의료보험이 확대되는 시기에 보건의료인이 농민과 함께 의료보험의 합리적인 형성을 위한 사회운동(의료보장쟁취공동위원회; 의보공위), 이후 빈민단체가 함께 참여하여 조직한 전국의료보험대책위원회(전의대)의 활동 등이 대표적인 예이다. 이밖에 경제정의실천연합회(경실련)와 참여연대가 연합하여 '의약분업운동', '사회복지예산확보운동', '의료보험통합일원화 및 보험적용확대를 위한 범국민연대회의'를 전개하였다. 1994년 참여연대 사회복지특별위원회가 주도한 국민복지최저선(National Minimum) 도입을 위한 운동 및 국민기초생활보장법 추진연대회의의 활동은 1999년 「국민기초생활보장법」 제정에 결정적인 계기가 되었다. 이에 비해서 이 시기 제도정치권의 사회보장에 대한 인식은 아직 성숙하지 않았으며, 그 결과 정당의 활동은 두드러지지 않았다.

사회보장법이 헌법에 구조화되면서 복지와 평등의 관계가 새로운 조명을 받게 되었다. 평등은 그 적용범위를 복지문제로 확대하여 갔다. 이 점은 제5장에서 서술했듯이 부분적으로 의료보장에 이미 영향을 미쳤지만 이 시기에 적용범위를 확대해 갔다. 복지의 이념은 모든 국민에게 인간다운 생활을 보장하는 지향점이 있을 뿐 실체법적 내용은 불명확하다. 그만큼 정치적 및 규범적 영향력을 갖기 위해서는 민주주의 및 법치국가원리 등 다른 헌법원리의 기능에 의존하여야 한다. 이에 비해서 평등은 적어도 이념적으로는 명확하다. 따라서 평등은 복지 분배에서 배제되어 있거나 혹은 분배의 수준이 충분하지 않다고 생각하는 개인의 입장에서 보면 자신의 이익을 관철할 수 있는 유용한 이념이 된다.[11] 물론 우리의 1960년대 및 70년대와 같이 복지정책이 지체되어 있는 상황

10) 이 점에 대해서는 조홍식, "해방 50년과 남한의 공공복지", 상황과 복지(1996.4), 30면 이하 참조.
11) 평등이념의 이러한 특수성에 대해서는 전광석, "사회적 불평등의 구조, 평등의 이념과 규범", 법

에서는 평등이 지향하는 복지의 실체가 존재하지 않았기 때문에 평등의 이념이 기능하는 데에는 한계가 있다. 그러나 점진적으로 복지가 확대되는 과정에서는 평등의 이념은 기존의 복지상황을 평가하는 기준으로 기능하고, 또 이를 상향적으로 견인할 수 있게 되었다. 특히 복지의 실체적 내용이 불명확하기 때문에 평등의 이념에 기초한 요구는 거의 무한하다는 점에서 민주화 이후 평등의 이념은 사회보장입법에서 중요한 원동력으로 나타났다.[12] 1988년 이후 의료보험의 전국민보험으로서 발전, 1988년 국민연금의 도입 및 적용인구의 확대 등은 사회경제적 환경에 대한 민주주의의 민감성이 강화되고, 또 복지와 평등의 이념적 지평이 확대되어 상호 작용하면서 형성될 수 있었다. 이미 1960년대 초반 공무원과 군인이 공적 연금을 통하여 노후가 보장될 수 있었다는 점도 연금제도를 정치적으로 주목하게 하는 경험이 되었다.

제 3 절 신자유주의와 세계화

1987년 이후 민주화의 진전, 그리고 1977년 「의료보험법」의 시행을 계기로 성장한 복지의식, 1988년 「국민연금법」의 시행 및 이후 의료보험의 확대 적용 등은 함께 작용하여 평등한 복지의 이념이 성장하기 시작하였다. 이에 정부는 헌법의 이념을 사회보장법의 형성에 충실하게 반영하기 위하여 사회보장의 기본원리를 정비하고 개별사회보장법의 형성을 선도하기 위하여 1995년 「사회보장기본법」을 제정하였다. 이 법은 전혀 다른 정치적 및 사회경제적 배경에서 제정되었던 1963년 「사회보장에 관한 법률」을 대체하였다. 이와 같이 사회보장의 국민적 욕구가 성장하고 사회보장의 정치적 의지가 성숙하여 가는 시점에 사회보장을 둘러싼 환경은 또 다른 방향으로 근본적인 변화를 예고하고 있었다.

1990년대 초반 이후 이미 1970년대 후반 맹아를 보였던 신자유주의가 시대의 흐름을 주도했다.[13] 정치적으로 보면 민주화 이후 오히려 사회경제적 민주주

학연구(연세대 법학연구원) 제28권 제3호(2018), 18면 이하 참조.

12) 1987년 이후 평등이 기능하는 위와 같은 상황의 변화에 대해서는 예컨대 안경환, "평등권 50년－자유에서 평등의 논쟁으로", 헌법학연구 제4권 제1호(1998), 49면 이하 참조.

13) 신자유주의의 기원과 전개에 대해서는 예컨대 박종현, "신자유주의와 복지; 하이에크와 프리드만", 김윤태(편), 복지와 사상－복지국가 이데올로기의 역사적 전환(한울, 2016), 157면 이하 참조.

의의 확장에 대한 담론은 축소되었다. 1993년 출범한 문민정부는 신한국건설을 구호로 내세웠지만 이는 기본적으로 경제선진국으로의 도약을 지향하였다. 이에 문민정부 초기에는 경제회생 및 국가경쟁력 강화를 통한 신한국건설, 그리고 이를 위하여 한국병의 치유 및 고통분담의 구호가 지배하였다. 노동시장의 유연화는 시장의 효율성을 증진시키는 1차적인 조치였다. 이에 노동시장을 유연화하고 구조조정을 강화하면서 근로자의 시장접근성은 제약되었다. 이에 대한 정책적 배려가 필요하게 되었다. 그러나 전반적으로 적어도 초기에 문민정부는 복지정책에 둔감하였다.[14] 과도한 국가 주도의 사회보장에 대한 경고가 이루어졌고, 민영화의 문제가 활발하게 논의되기 시작하였다.[15] 1990년대 중반 이후 정부는 경제협력개발기구(OECD)에 가입을 추진하였고, 이를 계기로 비로소 경제선진국에 맞는 복지정책에 관심을 기울였다. 같은 시기에 세계화가 진행되었고, 세계화가 사회보장에 미치는 영향에 관한 담론이 형성되었다.[16]

신자유주의와 세계화는 직접적으로 노동시장에 영향을 주었다. 1987년 이후 진행된 노동운동의 자유화는 1996년 말 노동법 파동을 거친 후 1997년 국회에서 이른바 3금조항, 즉 3자 개입금지, 노동조합의 정치활동 금지, 그리고 복수노조금지를 해제하는 개정으로 이어졌다.[17] 그러나 민주화 이후 노동운동의 자유화의 기간은 짧았으며, 이미 1990년대 초반부터 전혀 다른 차원에서 노동의 위기가 다가오고 있었다. 즉 노동시장의 양극화가 심화되고, 비정규직이 넓게 자리 잡으면서 고용의 불안정, 그리고 이어 소득의 불안정이 깊어갔다. 신빈곤(new poverty) 혹은 근로빈곤층이 새롭게 사회적 의제로 발전하고 있었다. 그러나 정치권의 반응은 더뎠다. 집권당은 노동에 비판적인 기조를 유지하였고, 야

---

14) 문민정부의 복지정책에 대해서는 예컨대 성경륭, "민주주의의 공고화와 복지국가의 발전－문민정부와 국민의 정부 비교", 김연명(편), 한국 복지국가 성격 논쟁 I(인간과 복지, 2002), 497면 이하 참조.

15) 이에 대해서는 예컨대 이원우, "민영화에 대한 법적 논의의 기초", 한림법학FORUM 제7권(1998), 213면 이하 참조. 사회보험에서 민영화 논의에 대해서는 김진수, "사회보험과 민영보험 관계 정립에 관한 연구", 한국사회정책 제4집 제1호(1997), 130면 이하; 이준영, "의료보험 민영화에 대한 비판적 고찰", 사회보장연구 제19권 제2호(2003), 137면 이하 등 참조.

16) 이에 대해서는 전광석, 복지국가론-기원·발전·개편(신조사, 2012), 213면 이하; 홍경준/송호근, 복지국가의 태동－민주화, 세계화, 그리고 한국의 복지정치(나남, 2006), 33면 이하 등 참조.

17) 노동법 개정의 입법과정에 대해서는 예컨대 최영기/전광석/이철수/유범상, 한국의 노동법 개정과 노사관계－'87년 이후 노동법 개정사를 중심으로(한국노동연구원, 2000), 319면 이하 참조. 이밖에 국회입법과정의 절차적 흠결에 대한 헌법적 평가에 대해서는 헌재 1997.7.16, 96헌라2, 9-2, 154면 이하 참조.

당은 노동에 우호적이었지만 그 강도는 약했다.[18] 상징적으로 위에서 언급했듯이 노동법 개정은 복수노조를 허용했지만 3년간 유예기간을 두었고, 또 무엇보다도 정리해고의 요건을 완화하였다.

위와 같은 시대조류는 사회보장에 이중적인 영향을 미쳤다. 첫째, 총량적으로 사회보장에 정책 및 재정적 관심이 집중되지 못했다. 예컨대 1995년 국민총생산 대비 사회서비스 지출은 여전히 5% 중반에 머물고 있었다. 당시 시점에서 이 비율은 스웨덴, 독일, 미국은 33%, 28%, 16%에 이르고 있었고, 일본도 13.8%에 달했다. 국민연금 및 건강보험의 지속가능성이 본격적으로 검토되기 시작했다. 고용 및 소득의 불안정과 함께 인구구조의 불균형이 심화될 것으로 예상되면서 국민연금의 경우 초기 설계에 나타난 저부담, 그리고 (보험료 대비) 상대적인 고급여의 구조가 지속될 수 없다는 것은 명확해졌다. 둘째, 이와 같은 고용 및 소득의 불안정은 복지의 불안정을 수반하게 된다. 이 문제가 사회보장의 새로운 과제가 되었다. 1994년 경제성장률이 8.3%로 회복되었고, 무엇보다도 OECD가입을 앞두고 있었다(1996년 가입). 이와 같은 배경에서 1995년 정부는 '삶의 질의 세계화를 위한 국민복지구상'을 발표하였다. 여기에는 국민최저소득보장, 생산적 복지의 이념이 담겼다. 그러나 이와 같은 복지구상이 정치적 의지와 정책형성에 의미 있는 영향을 미치지는 못했다. 예컨대 1995년 정부예산 중 복지예산은 여전히 3.82%에 머물러 있었다. 이는 1990년대 초반에 비해서 오히려 못 미치는 규모였다. 이와 같이 새로운 시대적 과제가 진지하게 정치적 주목을 받지는 못했다. 1997년 말 다가온 외환위기를 계기로 고용 및 소득의 불안정은 급격히 증가하였고, 또 앞으로 깊어질 것이 예상되면서 사회보장의 새로운 상황이 공론화되고, 또 입법으로 이어졌다.

제 4 절 국민연금 급여조건의 조정, 농어촌 국민연금 실시

「국민연금법」이 제정된 후 1997년에 이르기까지 근본적인 변화는 없었다. 부분적으로 급여조건이 개선되었다. 국민연금은 의료보험과 마찬가지로 가입대상을 확대하여 전체 국민의 기초생활을 보장하는 제도로 발전할 것이 예정되어

18) 당시 정치적 상황에 대해서는 예컨대 박찬표, 한국의 48년 체제(후마니타스, 2010), 2002면 이하 참조.

있었다. 특히 1988년과 1989년 의료보험이 전체 국민으로 확대되면서 국민연금 역시 같은 방식으로 확대되어야 했다. 이에 국민연금은 1995년 농어촌 주민을 가입대상에 포함시켰다. 도시지역주민은 1999년 국민연금 가입대상이 되었다. 이 시기에는 아직 연금이 본격적으로 지급되지 않았기 때문에 제도를 개선하는 관심보다는 적용대상을 확대하는 문제가 주로 주목을 받았다.

Ⅰ. 장애연금과 가입기간, 사망일시금

「국민연금법」이 제정된 이후 곧 장해연금의 급여요건을 완화하였다. 즉 기존에 장해연금을 수급하기 위해서는 초진일 현재 1년 이상의 가입기간이 필요했다. 그러나 사회보험에서 가입자격이 법률에 정해지고 해당 위험이 발생했을 때 급여가 지급되어야 하기 때문에 이와 같은 급여조건은 사회보험의 본질에 반하는 것이었다. 이에 1989년 개정 법률은 부상을 원인으로 하여 발생한 장해의 경우 가입기간에 관한 조건을 폐지하였다. 다만 급여개시시점을 조정하였다. 즉 장해연금은 가입기간이 1년 이상이 되는 때부터 지급한다. 이에 비해서 질병을 원인으로 장해가 발생한 경우에는 변함없이 가입기간에 관한 조건이 적용된다(법 제58조). 질병은 발병기간이 장기에 걸쳐 있고, 따라서 이미 질병을 갖고 있는 가입자가 국민연금에 가입하여 국민연금이 남용될 수 있다고 판단한 것으로 보인다. 그러나 이는 전형적인 민간보험의 운영방식에 해당한다. 민간보험과는 달리 국민연금의 가입자격은 법률에 의하여 정해지기 때문에 민간보험에서와 같은 보험남용의 위험이 있지는 않기 때문이다. 장해연금과 관련된 가입기간의 조건은 1998년 법률 개정에서 완전히 폐지되었다.

1995년 개정 법률에서 사망일시금이 도입되었다. 사망일시금은 가입자 등이 사망한 경우 유족연금수급권자인 유족(법 63조)이 없는 경우에 지급한다. 사망일시금은 배우자·자녀·부모·손자녀 또는 조부모로서 생계를 같이 하고 있던 자에게 지급하며, 지급순위는 배우자·자녀·부모·손자녀·조부모의 순으로 한다(법 69조의 2). 이는 가입자가 사망하였지만 유족의 범위에 속하는 수급자가 없는 경우에 가입자의 보험료로 형성된 급여를 가족 등에게 보상하는 성격을 갖는다. 이 점에서 연금수급권의 재산권적 성격에 충실하다고 할 수는 있다. 그러나 이러한 급여가 사회보장의 관점에서 필수적인가는 의문이 있다.[19] 이밖에 유족인 처

---

19) 유사한 취지를 갖는 급여는 「공무원연금법」과 「산재보험법」에서도 발견된다. 「공무원연금법」에

의 유족연금 수급요건을 완화하였다. 즉 처는 기존에 18세미만 또는 장해등급 2급 이상의 자녀와 생계를 같이 한 때에 한하여 50세 이전에도 계속 연금을 지급하였으나 이제 본인이 장해등급 2급 이상인 때에도 연금이 계속 지급될 수 있다.

Ⅱ. 사업장 가입자 확대, 농어촌 국민연금 실시

1. 제도 시행의 배경

1992년 국민연금은 기존에 10인 이상 사업장에서 5인 이상 사업장으로 적용대상이 확대되었다. 「국민연금법」은 처음부터 사업장 가입자 외에 지역가입자에 관한 규정이 있었고, 이를 근거로 전국민으로 확대될 예정이었다. 국민연금에서도 의료보험과 마찬가지로 농어촌 및 도시지역으로 순차적으로 확대하는 방법이 채택되었다. 국민연금을 농어촌으로 확대하는 구체적인 배경은 다음과 같다. 첫째, 농어촌인구의 고령화가 빠르게 진행되고 있었으며, 60세 이상 노인인구의 비율이 전국 평균의 2배에 달했다. 이러한 인구구조에서 가족의 부양기능을 기대하기는 어려웠다. 둘째, 보다 직접적으로는 1994년 우루과이라운드(UR)가 타결되어 농산물 시장이 개방될 예정이었다. 이에 대한 보상을 위하여 농어민의 소득보장이 필요하게 되었다.

2. 제도설계에 대한 논의와 1995년 실시

「국민연금법」은 1995년 개정되어 농어민을 의무가입자로 하였다. 농어촌의 특수성을 고려하여 별도의 법률을 제정하는 방법 혹은 「국민연금법」에 특별 규정을 두는 방안에 대한 논의가 필요했다. 구체적으로 다음과 같은 두 가지 문제가 쟁점이었다. 첫째, 농어촌 국민연금을 순수한 노후소득보장의 제도로 형성할 것인가, 아니면 농어촌 구조조정의 목적을 동시에 고려할 것인가 하는 문제이다. 후자의 입장에서는 노령연금수급권을 취득하기 위해서는 농지를 후세대에 이양하는 조건을 추가하여 농어촌인구의 세대교체를 촉진하는 방안이 제

의하면 유족급여수급자격이 있는 유족이 없는 경우 직계존비속 등에게 유족급여의 일부에 해당하는 급여를 지급한다(법 제33조 제1항, 시행령 제28조). 「산재보험법」은 장해연금수급자가 조기에 사망하는 등의 이유로 수급권이 소멸하는 경우에 장해일시금에 해당하는 액과의 차액을 유족 또는 근로자에게 지급하고 있다(산재보험법 제57조 제5항).

시되었다. 이는 다분히 독일의 농민노령보장제도(Alterssicherung der Landwirte)를 참고한 제안이었다.[20] 그러나 농어촌의 세대교체가 국민연금의 목적이 될 수 있는가는 의문이었다. 이러한 제안은 진지한 논의의 대상이 되지는 못했다. 둘째, 보험료 산정방식과 관련하여 소득비례방식과 정액방식, 그리고 두 가지를 혼합한 절충방식이 논의되었다. 농어촌주민의 경우 소득파악률이 매우 낮았다는 점이 작용하였다. 연금을 자영인에게 확대하면서 자영인은 정액보험료를 납부하도록 하였던 일본의 기초연금이 참고가 되었다. 그러나 시장개방에 따른 농어촌주민의 소득불안정을 보상하기 위하여 가입대상을 확대하면서 기존의 국민연금 가입자와 차별화하는 것은 적어도 정치적으로는 정당화되기 어려웠다. 따라서 기존의「국민연금법」의 규정을 농어민에게 그대로 적용하기로 하였다.

국민연금에 의무가입되는 지역가입자는 군의 관할지역에 거주하는 18세 이상 60세 미만의 자, 그리고 농업·임업·축산업 또는 수산업을 경영하거나 이에 종사하는 자로서 군지역 외의 지역에 거주하는 18세 이상 60세 미만인 자이다. 지역가입자의 배우자로서 소득이 없는 자, 그리고 18세 이상 23세 미만인 자로서 학생이거나 군복무 등으로 소득이 없는 자는 가입대상에서 제외된다(법 제10조). 지역가입자의 보험료는 농업소득, 임업소득, 어업소득, 근로소득, 사업소득 등을 합산한 소득에 부과된다(시행령 제3조). 다만 농어촌주민의 경우 소득이 충실히 파악될 수 없기 때문에 다음과 같은 특별한 규정을 두었다. 첫째, 지역가입자의 표준소득월액은 가입자가 신고한 소득을 기초로 국민연금관리공단이 결정한다. 둘째, 가입자의 실제소득이 소득신고기준에 따른 소득과 다른 경우에는 가입자는 입증자료를 첨부하여 실제 소득을 신고하여야 한다(시행령 제6조).

이미 이전, 즉 1988년과 1989년 의료보험을 지역주민으로 확대하면서 지역가입자의 경우 직장가입자와 달리 보험료 산정대상에 소득뿐 아니라 재산을 포함시켰다. 이에 비해서 국민연금에서는 직장가입자와 지역가입자가 소득파악에 있어서 차이가 있다는 사실이 보험료 산정방식에 반영되지는 않았다. 이는 의료보험과 국민연금에 있어서 다음과 같은 차이가 있기 때문이었다. 첫째, 가입자

---

20) 1995년 농어촌 국민연금의 실시에 있어서 기존의 국민연금과 독자적인 제도를 설계하는 안도 검토된 바 있다. 이에 대해서는 예컨대 유광호 외, 농어촌연금제도에 관한 연구(한국사회보장학회, 1989); 이혜경, "농어촌구조개선과 사회복지정책", 사회보장연구 제5권(1989), 80면 이하; 정명채 외, 농어민연금제도의 연구(한국농촌경제연구원, 1988) 등 참조. 독일의 농민노령보장제도에 대해서는 Gerhard Sehnert, "Die agrarische Sicherung", Ruland/Becker/Axer(편), *Sozialrechtshandbuch*(Nomos, 2018), 1009면 이하 참조.

가 부담하는 보험료의 다과(多過)에 관계없이 급여가 균등하게 지급되는 의료보험과는 달리 국민연금에서는 연금이 보험료의 수준에 어느 정도 비례하여 산정된다. 따라서 신고 및 결정소득이 실제 소득보다 낮은 경우 가입자의 연금산정에 불이익을 미친다. 다만 이 경우 아래에서 서술하는 바와 같이 소득역진적 효과가 발생할 수 있다. 둘째, 의료보험은 기본적으로 부과방식으로 재정이 운영된다. 즉 당기 보험료 수입에 의하여 요양급여비용을 보상하기 위한 지출이 이루어진다. 그만큼 가입자의 소득이 충실하게 파악되지 않는 경우 단기적으로 제도가 기능할 수 없다. 이에 비해서 국민연금은 오랜 가입기간이 지난 후 급여가 지급되기 때문에 적어도 단기적으로는 재정에 대한 민감도가 낮으며, 따라서 지역주민의 소득 이외에 재산을 보험료 부과의 대상으로 하는 것이 시급한 정책과제는 아니었다.

국민연금을 농어촌으로 확대하면서 정부지원은 선결문제였다. 국민연금은 사회보험으로서 가입자의 보험료를 재원으로 운영된다. 그러나 당시 국민연금이 농어촌으로 확대되는데 있어서는 다음과 같은 특수한 상황이 고려되어야 했다. 첫째, 이미 1988년 농어촌으로 의료보험이 확대되면서 국고지원이 뒤따랐다. 국민연금의 경우에도 국고지원이 필수적이었다. 둘째, 위에서 언급했듯이 국민연금의 확대는 우루과이라운드 타결에 따라 시장이 개방되면서 이를 보상하는 성격이 있었다. 이는 농어민 가입자의 보험료를 지원하는 형태로 실현되어야 했다. 의료보험에서 지원수준을 참고하여 농어민에 한하여 1995년 7월부터 2004년 12월까지 '농어촌특별세관리특별회계'에서 최저등급의 3분의 1 수준을 지원하도록 하였다(부칙 제5조).[21] 이는 이후 10년 단위로 계속 연장되었다. 농어촌주민에게는 2000년 6월까지 3%, 2005년 6월까지 6%, 그리고 이후 9%의 보험료율이 적용된다(부칙 제4조).

지역 주민이 국민연금 가입자가 되면서 국민연금기금운용위원회의 구성이 부분적으로 바뀌었다. 위원회는 위원장과 부위원장 각 1인을 포함하여 11인 이상 15인 이하로 확대되었다. 기존의 직장가입자 대표에 추가하여 농어민 및 농어민 이외에 지역가입자를 대표하는 자 3명이 위원으로 위촉되었다(법 제84조, 시행령 제54조). 이로써 전체 위원 중 가입자의 이익을 대표하는 위원은 6명이 되어 개정 전에 비해서는 그 비중이 높아졌다.

21) 국민연금관리공단, 국민연금 10년사(1998), 143면 참조.

3. 문제와 과제

농어촌 국민연금이 시행된 후 우려되었던 상황은 그대로 나타났다. 무엇보다도 가입자의 소득이 충실히 파악되지 않기 때문에 실제 소득보다 축소 신고하는 경향이 있었다. 보험료의 다과(多寡)는 연금산정에 영향을 미친다는 점에서 충실한 소득신고에 기초하여 보험료를 납부하는 유인이 있었지만, 현재 보험료 부담을 피하기 위하여 소득을 축소하는 경우 국민연금이 소득역진적으로 기능하는 문제가 있었다. 연금산정에 있어서 가입자 전체의 평균소득이 반영되기 때문에 고소득자가 가입자 전체의 평균소득보다 축소하여 소득을 신고하는 경우에는 고소득자가 소득재분배에서 오히려 수혜자가 될 것이기 때문이다.

저소득자인 농어민의 경우 보험료 부담으로 인하여 보험료 징수율이 낮았다. 예컨대 의료보험에서 보험료징수율이 90% 이상에 달했던 반면 국민연금에서 보험료징수율은 약 70%에 불과했다. 직장가입자를 대상으로 하는 국민연금이 제도적 경험을 쌓은 후 점진적으로 가입대상을 확대하는 과정을 거치지 않고 시장개방에 따른 보상의 차원에서 실시되면서 국민의 연금의식을 제고하여 연금가입을 유인하는 시간적 여유가 없었다.

Ⅲ. 외국인 가입자

1990년대 이후 우리 사회에 외국인 근로자의 유입이 증가하였다. 우선「근로기준법」등 노동법의 적용 여부에 관한 문제가 제기되었다.[22] 이는 동시에 사회보장법의 문제였으며, 국제사회보장법에 대한 인식이 필요하게 되었다. 1988년「국민연금법」은 외국인인 사업장 근로자는 신청에 의하여 가입자가 될 수 있도록 하였다(법 제102). 1995년 개정 법률은 외국인의 연금법적 지위를 상세히 규율하였으며, 가입자격 및 급여에 있어서 모두 기본적으로는 상호주의를 채택하였다. 즉 사업장 근로자인 외국인은 국민연금 당연적용대상이다. 다만 국민연금에 상응하는 연금에 관하여 외국인의 본국법이 대한민국 국민에게 적용되지 않는 경우에는 해당 외국인이 당연적용대상이 되지는 않는다. 외국인 가입자에게 반환일시금에 관한 규정(제67조 내지 제69조)은 적용되지 않는다. 그러나 이 경우 대부분

22) 당시 외국인 근로자의 현황에 대해서는 예컨대 김진수, "외국인 근로자 현황과 대책", 한국사회정책 제2권(1995), 111면 이하 참조. 외국인 근로자의 근로조건에 관한 헌법재판소 결정으로는 헌재 2007.8.30, 2004헌마670, 19-2, 297면 이하 참조.

의 외국인 근로자는 연금수급요건인 가입기간을 충족하지 못할 것이기 때문에 보험료가 사장(死藏)된다. 이에 대한 예외 역시 상호주의에 따랐다. 즉 외국인의 본국법이 대한민국 국민에게 반환일시금에 상응하는 급여를 지급하도록 하는 경우에는 해당 외국인에게 「국민연금법」의 반환일시금에 관한 규정을 적용한다. 이러한 규정은 일부 보충이 되었지만 기본적으로 현행 「국민연금법」에도 그대로 이어지고 있다(법 제126조).

위와 같은 외국인에 관한 규정은 사회보장법의 국제적 보장에 충실한 것은 아니었다. 우리 「국민연금법」에 의하여 형성된 외국인의 법적 지위가 자신의 본국법의 규정에 따라서 좌우되어서는 안되기 때문이다. 또 보험료를 납부하여 형성한 급여에 대한 청구권은 재산적 보호의 대상이기 때문에 헌법에 위반된다.[23] 같은 시기에 제정된 「사회보장기본법」은 국내에 거주하는 외국인에 사회보장법을 적용하는 문제는 기본적으로 상호주의에 따르도록 하였다(법 제8조). 이 역시 일반적인 국제사회보장법의 원칙에서 벗어나는 것이었다.

제 5 절 전국민의료보험

Ⅰ. 지역 의료보험의 실시와 관리운영방식

1977년 「의료보험법」이 시행된 후 직장근로자의 가입범위는 점차 확대되었다. 그런데 의료보험이 사업장 근로자에 한하여 적용되는 현실은 지속되기 어려웠다. 이에 위에서 언급했듯이 「의료보험법」은 1980년대 초반부터 지역주민으로 적용대상을 확대하기 위한 준비를 하여 왔다. 그러나 지역의료보험의 시행은 한 동안 지체되었다. 여기에는 두 가지 원인이 작용하였다. 첫째, 1980년대에는 직장의료보험의 가입대상을 확대하는 것이 우선적인 과제였다. 둘째, 지역의료보험에서 가입자의 질병위험이 크기 때문에 도입에 신중할 필요가 있었다. 또 1980년대 초반 진행된 지역의료보험 시범사업에서 보험료 징수율이 부진하였다. 제5장에서 서술했듯이 1980년대 초반 의료보험관리운영의 일원화를 위한 논쟁이 지속되어 지역의료보험에 대한 정치적 관심은 감소하였다.

23) 상호주의의 사회정책적 및 헌법적 문제에 대해서는 전광석, 국제사회보장법론(법문사, 2002), 279면 이하 참조.

1985년말 이후 지역의료보험의 실시가 다시 주목을 받았다. 보건사회부는 1988년과 1989년 농어촌지역과 도시지역 의료보험 실시를 확정하였다. 이 시기에 1976년과 1982년에 이어 또 다시 의료보험 관리운영방식의 전환이 본격적으로 논의되었다. 주목할 만한 현상은 전국민이 의료보험에 가입하게 되면서 다양한 행위자가 공론의 장에서 활동하게 되었다는 것이다. 제도 및 법률관계 당사자에 해당하는 이익집단 외에 공적 성격을 갖는 집단이 의사결정과정에 적극적으로 참여하기 시작하였다. 아래에서 언급하는 의료보장쟁취공동위원회(의보공위), 전국의료보험대책위원회(전의대) 등이 대표적인 예이다.

Ⅱ. 사업장 가입자 확대, 지역의료보험의 실시

1988년 시행령 개정을 통하여 직장의료보험은 5인 이상 사업장으로 확대되었다. 동시에 농어촌지역에 의료보험이 실시되었다. 이미 1987년 10월 134개 지역의료보험조합이 인가되었다. 보험사업의 실시에 필요한 시행령은 1988년 7월 22일 비로소 제정되었다. 당시 의료보험은 조합 단위로 운영되었기 때문에 규범적 보충이 필요한 사안은 그렇게 많지 않았다.

지역가입자의 보험료 산정방식에 대한 새로운 틀이 필요했다. 직장가입자와는 달리 지역가입자는 소득 이외에 농지 등 재산 역시 생활의 경제적 기초라는 점을 주목하였다. 지역조합에서 보험료는 세대의 소득수준 및 피보험자의 수 등에 따른 등급구분에 의하여 조합 정관에 정한다. 이때 피보험자 수 등에 따른 보험료는 세대당 정액과 피보험자 1인당 정액으로 구성된다(법 제49조 제3항, 시행령 제36조의 2). 보험료는 기본보험료와 능력비례보험료를 더하여 산정된다. 기본보험료는 세대당 보험료와 피보험자당 보험료, 그리고 능력비례보험료는 소득비례보험료와 재산비례보험료로 구성된다. 그런데 지역주민의 경우 소득 및 재산자료를 파악하는 정도에 차이가 있다는 점을 반영하여 기본보험료와 능력비례보험료의 비율을 달리 하였다. 즉 소득 및 재산자료를 비교적 충실히 파악할 수 있는 경우와 그렇지 않은 경우를 구분하여 기본보험료 대비 능력비례보험료의 비율이 전자의 경우 40; 60, 후자의 경우 70; 30으로 하였다.[24] 농어촌지역에 의료보험이 확대되면서 국고지원이 핵심적인 문제였다. 국고지원은 1988년 세대당 정액, 그리고 피보험자 1인당 정액으로 지원하며, 총 지원 수준은 농어촌 의료보험재

24) 의료보험연합회, 의료보험의 발자취(1996년까지)(1997), 469면 이하 참조.

정의 50%에 해당하는 액으로 하였다. 그러나 이후에는 지원수준이 낮아졌다. 1989년과 1990년 42.1%, 그리고 36.1%로 하였다.[25] 이밖에 지역의료보험이 시행됨에 따라 의료보험심의위원회의 구성이 부분적으로 변경되었다. 즉 지역주민을 대표하는 위원으로 농·어민을 대표하는 단체가 추천하는 자 2인이 위원회에 참여한다(시행령 제55조).

1989년 7월 1일 도시지역주민이 의료보험의 당연가입대상이 되었다. 이로써 1977년 의료보험이 실시된 이후 12년만에 '세계사에 유례가 없이 빠른 속도로' 전국민 의료보험의 시대가 열렸다. 114개의 도시지역의료보험조합이 설립되었다. 도시지역의 경우에도 농어촌과 마찬가지로 소득파악률이 낮았고, 또 도시지역에서는 농어촌에 비해서 가입자 간에 소득의 차이가 컸다. 이에 도시지역 의료보험에서 기존의 지역의료보험의 보험료 산정방식을 그대로 유지하되 기본보험료에 비해서 능력비례보험료의 비율을 높였다. 즉 소득 및 재산 파악율이 높은 경우와 그렇지 않은 경우를 구분하여 기본보험료 대비 능력비례보험료의 비율이 전자의 경우 10; 90, 후자의 경우 60; 40으로 하였다.[26]

Ⅲ. 국민의료보험법안의 국회 의결과 대통령의 거부권 행사

1. 논의의 배경과 법안 의결

직장근로자와 지역 주민을 포함하여 전국민을 의료보험의 가입대상으로 하면서 의료보험은 전혀 다른 차원의 정치적 및 정책적 의미와 과제를 가졌다. 이 문제는 의료보험 통합일원화에 관한 논의를 중심으로 전개되었다. 의료보험 관리운영방식에 관한 당시의 논의는 학계, 그리고 정당 및 시민단체와 이익단체가 적극적으로 참여하여 복지공론의 장으로 발전하였다. 조합방식이 갖는 문제는 그동안 뚜렷하게 드러나고 있었다. 무엇보다도 가장 기본적인 자유의 조건인 질병이 평등하게 보장되어야 함에도 불구하고 조합 간에 차이가 있었고, 이로써 위험분산효과가 제한적이었다. 의료보험 통합법안과 관련해서는 이례적으로 대통령이 국회에서 의결된 법률안을 거부하는 사태까지 이르렀다.

1987년 대통령선거에서 노태우 후보는 의료보험통합을 선거공약으로 제시하였다. 실제 1988년 출범한 제6공화국 정부는 기존의 조합방식을 그대로 유지할

25) 의료보험연합회, 의료보험의 발자취(1996년까지)(1997), 481면 이하 참조.
26) 의료보험연합회, 의료보험의 발자취(1996년까지)(1997), 469면 이하 참조.

수 없다고 보았다. 조합간의 재정의 차이가 보험료 부담에 그대로 반영되어 소득재분배의 효과가 실현될 수 없었다. 당시 우리 사회의 소득분배상황은 악화되었고, 지니계수의 지표도 상승하였다. 또 의료보험조합이 규모의 경제에 기초하여 효율적으로 운영될 수 없었다. 특히 1988년 지역의료보험이 실시되면서 직장 근로자와 지역 주민의 질병 발생과 관련된 구조적 차이는 뚜렷했다. 직장 근로자가 퇴직한 후 지역의료보험에 가입하기 때문에 노령으로 인하여 질병의 발생률이 높고, 또 일반적으로 지역가입자는 소득이 낮고 불안정하였다. 이를 근본적으로 해결하기 위해서는 의료보험의 조직과 재정을 통합하는 것이었다. 아래에서 서술하듯이 1989년 이에 관한 법률안이 국회에서 의결되었으나 대통령이 거부권을 행사하여 시행되지 못했다. 이후 「의료보험법」은 조합방식을 유지하면서 공동기금을 조성하여 운영하는 방안을 마련하였다. 1988년 개정 법률은 조합 및 사립학교교직원 의료보험공단으로부터 부담금을 징수하여 의료보험연합회에 기금을 설치하고, 이 기금을 통하여 고액보험급여비용 및 노인의료비용의 공동부담, 천재지변 등으로 인하여 재정이 취약한 보험자의 지원사업 등을 행하도록 하였다(법 제27조 제4항, 시행령 제32조의 15).

정부가 실제 의료보험을 통합관리하는 방안에 적극적이지는 않았다. 이는 조합방식으로부터 근본적인 변화였고, 이에 대한 준비가 되어 있지 않았다. 이에 정부는 광역조합방식으로 관리운영체계를 개편하려는 구상을 가졌다. 1988년 국회의원 총선거에서 야당인 통일민주당과 평화민주당, 그리고 민주공화당의 합계 의석이 여당인 민주정의당을 넘어섰다. 의료보험통합에 관한 정당들의 구상이 같지는 않았다. 통일민주당과 평화민주당은 통합일원화를 당론으로 하였으며, 특히 통일민주당은 의료보험과 의료보호의 이원적인 체계를 일원화하도록 하였다. 민주공화당은 처음에는 광역조합방식을 선호하였으나, 이후 다른 야당과 보조를 같이 하기로 하고 통합일원화 방식의 야당 법안에 동조하였다.[27)]

이 과정에서 시민단체가 활발하게 입법운동에 참여하였다. 특히 1988년 6월 농민단체 및 보건의료단체로 구성된 전국의료보험대책위원회(전의대)는 직접 국민의료보장법안을 작성하였다.[28)] 전의대의 법안은 의료보험을 통합관리하도

27) 정부와 각 정당의 법안을 비교하는 문헌으로는 이경기, "국민의료보험법의 형성과정에 관한 연구", 사회정책연구 제13집(1991), 191면 이하; 의료보험연합회, 의료보험의 발자취(1996년까지)(1997), 524면 이하 등 참조.

28) 이 법안 및 법안작성에 있어서 논의된 쟁점에 대해서는 김연명, "국민의료보험법 입법과정에서의 쟁점에 관한 일 고찰", 보건과 사회연구회(편), 한국 의료보장연구(청년세대, 1989), 170면 이하,

록 하였다. 이밖에 다음과 같은 두 가지 상황이 주목을 끌었다. 첫째, 보험료부과의 대상을 소득에 한정하였다. 둘째, 누진보험료율을 적용하였다. 특히 누진보험료율을 적용하는 경우 이제 보험료는 특별세의 성격을 띠게 된다는 점에서 사회보험의 전형을 벗어났다. 이 경우 소득재분배효과는 증가하지만 이중과세의 우려가 있다는 점이 본격적으로 검토되지는 않았다.

정부와 여당은 광역조합방식에 집착하지는 않았다. 또 1987년 대통령선거 당시 노태우 후보의 공약사항이었던 중간신임투표를 둘러싼 정국의 긴장이 의료보험법안을 계기로 심화될 것을 원치 않았다. 이에 여당인 민정당은 야당의 법안에 동의하고 국민의료보험법안은 1989년 3월 9일 여야 만장일치로 국회에서 의결되었다. 국민의료보험법안의 주요한 내용은 다음과 같다; 요양취급기관의 지정은 공단과 요양취급기관 간에 계약에 의한다. 보험급여비용의 심사를 위하여 보험급여비용심사원을 설치한다. 분만비 및 장제비를 법정급여로 한다. 건강진단을 급여목록에 포함시킨다. 피보험자의 표준소득을 보험료부과의 기준으로 한다. 보험료율은 표준소득에 따라 차등화하며 일정 소득 이상에 대해서는 높은 보험료율을 적용한다. 자영인의 보험료는 세대주와 정부가 각각 부담하며 그 비율은 대통령령으로 정한다. 국가는 예산의 범위 내에서 비용의 일부를 부담한다.

2. 대통령의 거부권 행사

국민의료보험법안이 국회에서 의결된 후 법안의 타당성에 대한 의문이 제기되었다. 특히 자영인의 소득이 충실히 파악될 수 없기 때문에 통합운영하는 경우에는 자영인 의료보험의 재정 부담이 직장근로자에게 전가된다는 우려가 집중적으로 지적되었다. 이 법안은 기존의 조합방식에서 통합방식으로 하는 근본적인 전환이었지만 의사결정과정에 이해관계인 및 단체의 의견을 청취하는 절차가 없었다. 실제 법안이 의결된 후 의료보험연합회, 직장의료보험조합 등이 법안에 반대하는 성명을 발표하였다. 한국경영자총협회도 같은 입장이었다. 위에서 언급했듯이 직장근로자의 의료보험을 조합단위로 운영하는 것은 사용자의 이익에 부합하는 면이 있었다. 의료보험이 직장 및 조합단위로 운영되면서 기업복지의 성격을 가졌고, 이로써 기업에서 인력관리의 수단이 될 수 있었다. 그런

241면 이하 등 참조.

데 통합 의료보험은 더 이상 이와 같은 의미를 가질 수 없게 되기 때문이다.

이례적으로 법안에 찬성했던 민정당이 대통령에게 법률안에 대한 거부권을 행사하도록 건의하였고, 1989년 3월 24일 대통령은 다음과 같은 내용의 이의서를 부쳐 국회에 법안에 대한 재의요구를 하였다.[29] 첫째, 피보험자가 납부한 보험료로 적립된 조합의 재산 등 조합의 권리의무가 새로이 설립되는 의료보험관리공단에 포괄 승계되는 것은(부칙 제5조) 민법상 해산절차에 위반된다. 둘째, 2년의 준비유예기간 동안 "부득이 필요하다고 인정되는 사항은 종전 법을 적용한다"는 부칙 규정은 명확성과 특정성이 없어 자의적으로 집행될 수 있고, 또 그 결과 상당한 혼란을 일으킬 우려가 있다. 대통령의 재의요구는 1990년 초 3당 합당으로 인하여 국회구도가 변화하면서 재의에 회부조차 되지 못하고 폐기되었다. 이후 1990년대 초반에 광역조합방식이 확산되었다. 이에 조합의 수는 1992년 공동조합 83개, 단독조합 71개로 유지되었다.

의료보험의 통합방식은 1997년 대통령선거에서 김대중 후보가 선거공약으로 제시하였으며, 김대중 후보가 당선되고 1998년 이후 단계적으로 실현되었다.

Ⅳ. 1990년대 의료보험

1989년 의료보험이 실질적으로 전국민보험으로 발전하면서 이제 급여 및 급여의 제한을 점검하여야 했다. 1994년 요양급여기간을 일부 집단에 대해서는 연장할 수 있도록 하였다. 즉 65세 이상의 피보험자 및 피부양자에 대해서는 요양급여기간을 210일로 연장되었다. 1995년 요양급여기간을 일반적으로 210일로 확대할 수 있도록 하였으며, 실제 요양급여기간은 240일로 연장되었다(시행령 제75조의 2). 요양급여기간의 제한으로 인하여 질병관리 및 건강유지에 특히 부정적인 영향을 받는 집단에 대해서는 요양급여기간에 제한을 두지 않도록 하였다. 65세 이상의 자, 「장애인복지법」에 의하여 등록한 장애인, 「국가유공자예우 등에 관한 법률」에 의한 일부 국가유공자, 폐결핵환자, 그밖에 대통령령으로 정하는 중한 질병으로 요양을 받는 자 등이 여기에 해당한다. 요양급여기간은 1997년 시행령 개정을 통하여 270일로 연장되었다(시행령 제75조의 2). 의료보험 수급권자의 범위

29) 거부권 행사의 사유에 대해서 자세히는 이경기, 위 각주 27의 논문, 199면 참조. 국민의료보험법안과 함께 지방자치법 개정안, 노동조합법 개정안, 노동쟁의조정법 개정안에 대해서도 재의를 요구하였다.

가 확대되었다. 1994년 개정 법률에 의하여 피부양자의 범위가 확대되어 직계비속의 배우자, 그리고 형제·자매가 포함되었다(법 제3조 제5호). 이는 수급권자의 범위를 지나치게 확대한 것이었으며, 이후 의료보험재정에 부담이 되었다. 분만급여의 수급자 범위가 확대되었다. 즉 피보험자와 그 피부양자인 배우자에 한하지 않고 전체 피부양자의 배우자가 분만급여를 받을 수 있다(법 제31조).

그동안 「의료보험법」은 사후치료에 머물렀고, 질병의 예방에는 소홀했다는 비판을 받아 왔다. 1995년 개정 법률은 처음으로 질병예방의 목적으로 건강진단을 실시하도록 하였다(법 제39조의 2). 우선 건강진단의 대상을 직장피보험자로 하였으며, 사무직에 종사하는 피보험자에 대해서는 2년에 1회, 그밖의 피보험자에 대해서는 1년에 1회 건강진단을 실시하도록 하였다(시행령 제76조의 2). 직장의료보험조합에서 보험료율의 하한이 인하되어(기존에는 3%) 조합은 2% 내지 8%의 범위에서 보험료율을 결정할 수 있다(법 제51조).

제 6 절 고용문제와 고용보험법의 제정과 시행

Ⅰ. 노동시장의 유연화와 고용문제

사실 실업보험은 비교적 일찍 우리 사회에 소개되어 있었다. 이미 1948년 헌법제정과정에서 일부 헌법안이 실업보험의 시행을 명시하고 있었다. 예컨대 1947년 8월 6일 통과된 '조선임시약헌' 제4조가 실업보험을 명시하였다. 1947년 미소공동위원회는 임시정부헌장의 내용 및 임시정부의 정책방향에 관한 질문서를 정당, 사회단체에 제시하고 답변서를 제출받았다. 이 중 임시정부수립대책위원회(임협)의 답신서에 실업보험에 관한 구상이 나타나 있다. 헌법제정을 위한 국회회의에서는 노동의 권리와 관련하여 이를 대체(代替)하여 실현하는 방안으로 실업보험이 거론되었다.[30] 그러나 당시 아직 고용사회가 정착되지 않은 사회구조에서 실업보험을 도입하는 논의는 현실성이 없었다. 또 1960년대 초반 군사정부에서 「사회보장에 관한 법률」, 「의료보험법」 및 「산재보험법」을 제정하는 과정에서 실업보험법 역시 검토된 바 있다.[31] 그러나 아직 농어촌인구가

30) 헌정사자료 제1집, 헌법제정회의록(제헌의회)(국회도서관, 1967), 144면, 529면 등 참조.
31) 이에 대해서는 위 제4장 제2절 Ⅱ.2. 참조.

절대적으로 다수인 상황은 실업보험을 실시할 수 있는 토양이 아니었다.

1980년대 초 이후 실업보험에 대한 구상이 간헐적으로 나타났다. 이러한 움직임도 지속적이지는 못했다. 1980년대에 아직 실업 및 고용이 진지한 사회문제가 아니었다. 또 실업보험의 실시에 따르는 기업부담, 근로유인을 약화시키는 부작용, 정부 부처의 거부감 등이 작용하였다. 다만 이 당시 다음과 같은 점은 명확히 인식되었다. 즉 실업보험이 실업으로 인하여 상실된 소득을 보상하는 기능 외에 직업훈련, 고용안정사업 등을 통하여 실업을 사전에 예방하고, 또 산업구조를 원활하게 조정하는 기능을 수행할 수 있어야 한다.[32] 여기에는 외국의 역사적 경험이 참고가 되었다. 독일에서 1927년 도입된 실업보험법(Gesetz über Arbeitsvermittlung und Arbeitslosenversicherung)은 1969년 고용보험법(Arbeitsförderungsgesetz)으로 이름을 바꾸었으며, 일본 역시 1947년 실업보험법이 1974년 고용보험법으로 개칭되었다. 이에 우리나라에서도 오랫동안 익숙했던 '실업보험' 대신 '고용보험'의 용어가 일반화되었다.

1970년대 이후 고용사회가 정착되고 중화학공업으로 산업구조가 개편되면서 숙련노동력이 부족하게 되었던 우리 사회는 1990년대 이후 급격하게 변해가고 있었다. 위에서 언급했듯이 1990년대 이후 신자유주의의 경향이 강화되었고, 동시에 세계화가 진행되고 있었다. 이와 같은 새로운 경쟁의 시대에 노동시장의 유연화는 가장 직접적인 관련성을 갖는 문제였다. 노동시장은 상품 및 서비스시장의 수요에 신속히 맞추어 인력구조를 조정할 수 있어야 하며, 이를 위해서는 전통적인 고용유형, 즉 종신고용·전일고용·정규직고용의 전형을 벗어나서 다양하게 형성될 필요가 있었다. 그리고 이를 위하여 고용의 안정 그 자체는 어느 정도 희생되어야 했다. 이 시기에 법원은 정리해고의 요건을 완화하여 적용하기 시작하였다.[33] 「근로기준법」에 정리해고의 명시적인 근거 규정은 1996년 도입되었다(근로기준법 제27조의 2).

이와 같이 고용관계가 불안정해지면서 이에 대한 보상조치가 필요했다. 앞장에서 서술했듯이 기존의 퇴직금제도는 실업으로 인한 소득상실을 어느 정도 보장하고, 또 노후 경제적 생활의 기초로 구상하였지만 사실 두 기능이 모두 충실하지는 못했고, 또 안정적이지도 않았다. 이에 특히 1992년 대통령선거

32) 당시 논의 상황에 대해서는 예컨대 방하남, "한국 고용보험제도의 현황과 발전과제", 한국사회정책 제4집 제1호(1997), 271면 이하 참조.

33) 예컨대 대판 1991.12.10, 91다8647 참조. 이 밖에 아래 제7장 각주 14 참조.

와 국회의원 선거를 거치면서 「고용보험법」의 제정논의가 본격화되었다. 이때 정부가 제시한 「고용보험법」의 기본방향은 다음과 같다. 적극적으로 보면 고용보험은 소득보장과 함께 실업의 예방 및 산업구조의 조정에 기여할 수 있어야 한다. 소극적인 측면에서는 고용보험이 취업의 의지가 없는 가입자에게 급여를 지급하여 근로의욕을 오히려 약화시키고, 또 입법목적과는 달리 실업을 장기화하는 수단이 되어서는 안된다.

Ⅱ. 정부 및 노사의 구상

「고용보험법」의 입법과정에서 노동부와 경제부처 사이에, 그리고 근로자단체와 사용자단체 사이에 적용대상과 급여의 내용, 비용부담 및 관리운영에 관하여 부분적으로 의견의 차이가 있었다. 그러나 이들 쟁점은 대부분 절충될 수 있는 문제들이었다.

적용대상과 관련하여 노동계는 처음에는 10인 이상의 사업장에 적용하되 1998년부터 5인 이상 사업장으로 확대하여야 한다는 입장이었다. 이에 비해서 경영계는 150인 이상 사업장에 적용할 것을 주장하였다. 적용대상에 있어서 입장의 차이가 그만큼 컸다. 노동부는 노동계와, 그리고 상공자원부는 경영계와 입장을 같이 하였다. 경영계의 입장은 고용보험의 적용대상을 당시 「직업훈련기본법」에서 직업훈련을 실시할 의무가 있는 사업장의 범위와 일치시키는 것이었다(직업훈련기본법 제24조, 시행령 제14조 제1항). 이 문제는 1993년 「고용보험법」에서 직접 규정하지 않고 시행령에 유보하였다. 시행령 제정을 둘러싸고 복지정치가 이루어지는 좋은 예이다. 1994년 노총과 경총은 우선 30인 이상 사업장에 「고용보험법」을 적용하고, 1998년부터 10인 이상 사업장으로 확대할 것을 함께 건의하였다. 이후 중소기업협동조합중앙회 등 사용자단체와 상공자원부는 다시 적용범위를 150인 이상 사업장으로 축소하는 주장을 하였고, 경제기획원은 50인 이상 사업장으로 절충하는 제안을 하였다.

위와 같은 논의를 거친 후 결국 부처 간의 협의를 통하여 고용보험사업을 구분하여 실업급여는 30인 이상 사업장부터 적용하되 1998년부터 10인 이상 사업장으로 확대하고, 고용안정사업 및 직업능력개발사업은 70인 이상 사업장에 우선 적용하고 1998년부터 50인 이상 사업장으로 확대하기로 하였다.[34)]

34) 고용노동부, 고용보험 20년사 1995-2015(2016), 71면 이하 참조.

고용보험사업의 비용부담에 있어서는 1986년 「국민연금법」 제정 당시의 노동자단체와 사용자단체의 입장이 유사하게 다시 나타났다. 즉 사용자단체는 기존에 퇴직금제도가 실업보험의 기능을 수행하였다는 점에 주목하여 퇴직금 중 일부를 고용보험 보험료로 전환할 것을 주장하였다. 그러나 「국민연금법」과는 달리 「고용보험법」에서 이와 같은 제안은 받아들여지지 않았다. 다만 부칙에 사용자단체의 입장을 고려하는 다음과 같은 규정을 두었다. 즉 "노동부장관은 이 법 시행에 따라 근로기준법 제28조의 규정에 의한 퇴직금제도의 개선방안을 강구하여야 한다"(부칙 제3조). 노사 모두 관리운영비용은 전액 국고가 부담할 것을 주장하였다. 노동부도 같은 입장이었다. 그러나 정부는 사회보험에서 국가의 재정중립을 유지하고자 했으며, 이에 국고지원에 대해서는 임의규정을 두는 데 그쳤다. 실업급여의 조건과 급여 수준에 있어서 노동계와 사용자단체는 각각 유리한 제안을 하였지만 대체로 중간적인 노동부의 입장이 관철되었다.

Ⅲ. 고용보험법의 주요 내용

「고용보험법」은 1993년 12월 27일 제정되어 1995년 7월 1일 시행되었다. 위에서 서술했듯이 「고용보험법」은 실업으로 인하여 상실된 소득에 대한 보장과 함께 실업의 예방 및 산업구조조정에 기여하는 목적을 갖는다. 상징적으로 「고용보험법」은 실업으로 인한 소득상실의 보장에 앞서 실업의 예방, 고용촉진 및 직업능력의 개발·향상을 우선적인 입법목적으로 하였다(법 제1조). 고용보험은 노동부가 관장하며, 직업안정기관이 업무를 담당한다(법 제3조). 사회보험에 대한 국가의 재정중립을 유지하였고, 국가는 관리운영비용의 전부 혹은 일부를 부담할 수 있는 근거를 두었지만 이는 임의규정이었다(법 제5조).

「고용보험법」은 모든 사업 및 사업장에 적용되지만 구체적인 적용범위는 대통령령으로 정한다(법 제7조). 시행령에서 적용범위는 다음과 같이 구체화되었다. 즉 실업급여는 10인 이상 사업장에 적용하고, 고용안정사업과 직업능력개발사업에 관한 규정은 50인 이상 사업장에 우선 적용한다(시행령 제2조). 다만 위에서 서술했듯이 이러한 적용범위에 관한 규정은 1998년 1월 1일부터 시행하기로 유보하고 우선 실업급여사업은 30인 이상 사업장에, 그리고 고용안정사업 및 직업능력개발사업은 70인 이상 사업장에 적용한다(부칙 제2조). 고용안정사업 및 직업능력개발사업은 취업촉진의 가능성이 제한적인 자에게는 적용되지 않는다. 60세 이후에 새로이 고용된 자, 시간제 근로자, 일용근로자, 계절적 및 일시적 사업에 고용된 근로자 등이 여기에 해당한다(법 제8조 제1호).

고용보험사업은 고용안정사업과 직업능력개발사업, 그리고 실업급여로 구성된다. 고용안정사업은 실업을 사전에 예방하기 위하여 고용조정이 필요한 사업주가 휴업, 직업전환, 직업훈련 등을 실시하는 경우 이를 지원한다(법 제15조 이하). 직업능력개발사업은 피보험자에게 생애에 걸쳐 직업능력을 개발·향상시키는 기회를 제공하고 지원한다(법 제21조 이하). 실업급여는 실업으로 인한 소득상실을 보상하기 위한 급여이다. 실업급여는 기본급여와 취직촉진수당으로 구분된다. 기본급여를 수급하기 위해서는 다음과 같은 조건을 갖추어야 한다. 첫째, 실업이 인정되어야 한다. 실업이 인정되기 위해서는 구직의 의사와 능력이 있어야 한다. 따라서 수급자는 실업을 신고하고 구직을 신청하여야 하며, 2주에 1회 직업안정기관에 출석하여 재취직을 위한 구직노력을 하였음을 신고하여야 한다. 둘째, 피보험자가 이직일 이전 18개월 간 피보험단위기간이 통산하여 12개월 이상이어야 한다. 「고용보험법」은 대기기간을 두었다. 즉 위와 같은 급여의 조건을 충족한 경우에도 신고일로부터 2주간은 급여를 지급하지 않는다(법 제40조). 이는 재정적인 이유에서 도입된 것으로 보이지만 과도한 규제였으며, 합리적인 의미가 발견되지는 않았다. 실업급여는 비자발적인 실업의 경우에 지급된다. 따라서 피보험자가 자기의 중대한 귀책사유로 인하여 해고되거나 정당한 사유가 없는 개인사정으로 이직한 경우에는 수급자격을 갖지 못한다(법 제45조). 이와 같은 급여제한 사유, 특히 비자발적 실업의 요건은 실업급여의 수급을 저조하게 하는 원인이 되었다.[35]

기본급여일액은 수급자격자의 임금일액의 50%에 해당하는 액으로 한다. 임금일액은 피보험단위기간 중 최후 12개월 간의 평균임금의 일액을 말한다. 임금일액에는 상한이 정해져 있었다. 즉 임금일액이 7만원을 초과하는 경우에는 7만원을 그 임금일액으로 한다(시행령 제48조). 기본급여의 급여기간은 피보험기간 및 연령별로 차등화되어 있다. 예컨대 피보험기간이 1년 이상 3년 미만이며, 25세 미만인 피보험자에게는 30일간 급여가 지급된다. 피보험기간이 10년 이상인 50세 이상의 피보험자에게는 210일간 급여가 지급된다(법 제41조 제1항, 별표). 취직촉진수당으로는 조기재취직수당, 직업능력개발수당, 광역구직활동비가 지급된다(법 제50조 이하).

35) 이에 대해서는 예컨대 박하남, "한국 고용보험제도의 현황과 발전과제", 한국사회정책 제4집 제1호(1997), 271면 이하 참조.

기본급여는 다음과 같은 경우에 감액 지급된다. 첫째, 수급자격자가 실업의 인정을 받고 있는 기간 중에 근로소득이 있는 경우이다. 다만 이 경우 근로유인을 위하여 기본급여에서 해당 소득액만큼 감액하지는 않았다. 예컨대 수급자격자의 소득일액이 기초일액의 80%에 상당하는 금액에 이르지 않는 경우에는 기본급여일액에 소득기초일수를 곱한 금액이 지급된다. 이는 결국 기본급여가 감액되지 않는다는 의미이다. 이에 비해서 소득일액이 기초일액의 80%에 상당하는 금액을 초과하는 경우에는 그 초과하는 금액을 기본급여일액에서 공제한 액이 산정의 기초가 된다(법 제38조 제1항). 둘째, 수급자격자가 이직할 때 다른 법률 규정에 의하여 생활안정을 위하여 실업급여에 상당하는 급여를 지급받은 경우에는 이를 기본급여에서 공제할 수 있다. 「국민연금법」의 노령연금이 대표적인 예이다(법 제38조 제2항, 시행령 제49조의 2).

고용보험사업의 재정은 사업주와 피보험자가 납부하는 보험료에 의하여 충당된다. 다만 부담비율은 사업에 따라서 다음과 같이 차이가 있다. 피보험자는 실업급여에 대한 보험료의 2분의 1을 부담한다. 사업주는 실업급여에 대한 보험료의 2분의 1과 고용안정사업 및 직업능력개발사업의 보험료 전액을 부담한다(법 제56조). 보험료율은 1.5%의 범위 내에서 고용안정사업, 직업능력개발사업 및 실업급여의 보험료율로 구분하여 정한다. 시행령에서 보험료율은 다음과 같이 규정되었다. 즉 고용안정사업의 보험료율과 실업급여의 보험료율은 각각 0.2%, 0.6%로 한다. 이에 비해서 직업능력개발사업의 보험료율은 사업규모에 따라서 차등화하였다. 즉 150인 미만 사업장, 150인 이상 중소기업 사업장, 그리고 150인 이상의 중소기업에 해당하지 않는 사업장에 대해서 각각 0.1%, 0.3%, 그리고 0.5%의 보험료율이 적용된다(법 제57조, 시행령 제69조).

Ⅳ. 이후 고용보험법의 전개

「고용보험법」은 1997년 두 차례 개정되었다. 「고용보험법」의 적용대상을 일부 정비하였다. 예컨대 기존에 60세 이후에 고용된 자를 적용대상에서 제외하였으나 60세 이전에 고용된 경우에도 65세가 넘으면 재취업능력이 없다고 판단하여 「고용보험법」이 적용되지 않도록 하였다(법 제8조 1의2). 실업급여 중 기본급여의 명칭을 구직급여로 바꾸었다. 생활보장의 기능 외에 취업촉진의 취지를 강조하기 위한 개정이었다. 구직급여의 산정기초인 임금일액의 산정기준이 수급 전

12개월간의 평균임금일액에서 「근로기준법」상의 평균임금, 즉 이직 이전 3개월 동안 해당 피보험자에게 지급된 임금일액으로 바뀌었다. 「고용보험법」은 1997년말 외환위기, 그리고 이어지는 구조조정의 시기에 획기적인 변화를 겪게 된다.

제 7 절 사회보장법의 이념, 기본원칙 및 기본원리에 대한 점검-사회보장기본법의 제정

Ⅰ. 기본법 제정의 의의와 기능

1988년 「국민연금법」이 시행되었고, 1988년 및 1989년 「의료보험법」이 사실상 전국민에 적용되었다. 1993년에는 「고용보험법」이 제정되어 1995년 시행되었다. 「산재보험법」은 이미 1963년 제정·시행되었다. 이로써 우리나라에서 전통적인 4대 사회보험이 완비되었다. 그러나 동시에 1990년대 초반 이후 신자유주의와 세계화의 경향이 강화되었다. 이에 복지정치에 있어서 이중적인 방향이 관철되었다. 첫째, 복지정책의 확대가 신자유주의의 조류에 역행할 수 있다는 것이다. 이에 기존의 사회보장법을 점검하고 부분적으로 조정할 필요가 있었다. 1993년 출범한 문민정부 초기에 이러한 경향이 지배하였다. 국가경쟁력 강화와 신한국의 건설, 고통분담의 구호가 이 시기를 대변하는 구호였다. 둘째, 특히 1996년 OECD 가입을 전후(前後)하여 삶의 세계화를 모토로 복지정책을 재정비하는 작업이 필요하게 되었다. 후자의 관점에서 사회보장법을 지도할 이념과 기본원칙 및 원리를 제시하는 기본법을 제정하는 욕구가 있었다.

당시 정부는 근로연계복지 및 생산적 복지 등 복지구상을 제시했지만 이는 아직 성숙된 단계에 이르지는 못하고 있었다. 1963년 제정된 「사회보장에 관한 법률」은 기본법적 성격을 가졌지만 이 법은 처음에 의도했던 내용을 담지 못하였고, 그 결과 사회보장입법의 기준규범으로 기능할 수 없었다. 이 점에 대해서는 위 제4장에서 자세히 서술하였다. 또 1990년대의 정치적 및 경제사회적 배경, 사회보장정책의 정치적 및 정책적 의미, 그리고 이에 대한 국민의식은 1960년대와는 비교될 수 없이 변화되어 있었다. 이에 「사회보장에 관한 법률」을 대체하는 새로운 입법이 필요하였다. 1995년 12월 30일 35개의 본문과 2개의 부칙으로 구성된 「사회보장기본법」이 제정되었으며, 1996년 7월 1일부터 시행되었다.[36] 이 법은 2012년 전부 개정되었다. 그러나 개정 법률에서도 아래에서 서술하는 바와 같은 기능조건의 흠결이 극복되지는 못했다.

위와 같은 기본법 제정의 배경에서 보면 기본법에 기대되는 기능은 다음과 같은 두 가지이다.[37] 첫째, 정책적 기능이다. 즉 「사회보장기본법」은 개별 사회보장법의 전체적인 구상을 고려하여 해당 법률의 정책목표와 방향을 결정할 수 있어야 한다. 1963년 「의료보험법」을 제정하는 당시 우리나라 사회보장의 전체적인 구상이나 기본체계가 없어 하나의 독립된 제도의 세부 요강을 수립하기 어려웠다는 경험이 기본법의 필요성을 보여주는 예이다.[38] 둘째, 규범적 기능이다. 기본법은 개별 사회보장법을 통일적인 구상에 따라서 지도하고, 또 개별 사회보장법에 공통적으로 적용될 기본사항을 제시하여 규범의 적합성뿐 아니라 통일성과 체계정합성, 그리고 안정성을 높여야 한다.

Ⅱ. 기본법의 기능조건

「사회보장기본법」의 제정 자체로 기대되는 기능이 수행될 수 있는 것은 아니다. 실제 1963년 「사회보장에 관한 법률」이 제정되고, 같은 해에 제정된 「의료보험법」과 「산업재해보상보험법」은 모두 「사회보장에 관한 법률」이 제시하는 발전방향에 따라서 형성될 것을 예정하고 이에 관한 규정을 둔 바 있다. 그러나 「사회보장에 관한 법률」이 그러한 기능을 수행할 수는 없었다. 사회보장법에서 기본법이 기능하기 위해서는 다음과 같은 조건이 충족되어야 한다.[39]

기본법이 제시하는 구상을 실현하고자 하는 '정치적 상황'이 존재하여야 한다. 1963년 「사회보장에 관한 법률」이 제정될 시점에는 군사정부에서 초기에 관찰될 수 있었던 정치적 의지가 상실되어가고 있었다. 1990년대 중반에 이르러 「사회보장기본법」이 제정되었던 시점의 정치적 상황은 근본적으로 변화하였

36) 「사회보장기본법」에 대한 전체적 평가에 대해서는 예컨대 김복기, "사회보장수급권의 보장 측면에서 본 사회보장기본법", 사회보장법학 제7권 제2호(2018), 119면 이하; 이호근, "사회보장법 총론의 가능성－사회보장기본법 개정논의와 관련하여－", 사회보장법학 제1권 제1호(2012), 67면 이하; 전광석, "사회보장기본법－제정의 의의와 과제, 내용, 그리고 문제점", 이명구박사 화갑기념논문집(1996), 301면 이하 등 참조.

37) 이 점에 대해서는 예컨대 전광석, "사회정책과 사회보장법－사회보장기본법과 개별 사회보장법의 관계를 중심으로", 사회보장법학 제1권 제1호(2012), 35면 이하 참조.

38) 이러한 경험에 대해서는 손준규, 사회보장 · 사회개발론(집문당, 1983), 144면 이하 참조.

39) 이에 대해서는 전광석, 위 각주 37의 논문, 36면 이하 참조.

다. 사회보장법이 확대되어 산업재해, 질병, 노령·장애·사망뿐 아니라 실업이 사회보험에 의하여 보호되어 개인의 생활위험이 국가정책 및 공법체계에 편입되었다. 그만큼 사회보장법의 정치적 성격이 강화되었으며, 「사회보장기본법」은 정치적 의지를 정책적으로 구체화하는 매체로 기능할 수 있는 상황이 되었다.

개별 사회보장법과의 관계에서 기본법이 기능하기 위해서는 전체 사회정책적 구상에 기초하여 기본원리 및 원칙, 그리고 공통 사항을 추출하여야 한다. 또 사회정책과 재정질서의 관계 등 거시질서에서 사회정책의 위상이 이해되어야 한다. 1995년 제정된 「사회보장기본법」이 이러한 구조를 충실히 이해하고 있지는 않았다. 개별사회보장법의 상황과 기능원리를 이해하고 법제화하는 귀납적 사고가 없었고, 또 추상적인 원리와 원칙을 개별 사회보장법에서 점검하는 연역적 사고에 충실하지도 못했다. 그 결과 「사회보장기본법」은 기본원리와 원칙을 체계적으로 구체화하는 지침도, 또 입법을 평가하는 기준이 될 수도 없었다. 또 아래에서 서술하는 바와 같이 사회보장의 범위에 대한 이해가 부족했다.

「사회보장기본법」은 개별 법률들이 개인의 생활위험을 기능적으로 보호할 수 있도록 제도 간의 연계 및 협력관계를 규율하여야 한다. 예컨대 질병의 실체는 동일하지만 원인관계에 따라 의료보험과 산재보험, 그리고 국민연금이 모두 관련성을 갖는다. 이를 조정하는 구체적인 방법은 개별 사회보장법에서 규율하지만 「사회보장기본법」은 이에 관한 기본원칙을 제시할 수 있어야 한다. 1963년 제정된 「사회보장에 관한 법률」이 주어진 과제에 충실할 수 없었던 것은 '입법정책적' 경험이 없었다는 점도 작용하였다. 이에 비해서 1995년 「사회보장기본법」의 시기에는 입법정책적 경험은 어느 정도 쌓여 있었다. 그러나 아직 이러한 문제를 인식·평가할 수 있는 지식수준에 이르지는 못하고 있었다.

Ⅲ. 정치적 의지 및 정책 이해의 부족, 실효성의 결여

위에서 언급했듯이 1963년 「사회보장에 관한 법률」에 비해서 1995년의 「사회보장기본법」의 시대에는 이미 사회보장은 공론의 장에 편입되어 정치적 성격을 강하게 띠었다. 이에 비해서 사회보장에 대한 정책적 이해는 뒤처져 있었다. 「사회보장기본법」에서 사회보장에 대한 정의에 관한 규정은 「사회보장에 관한 법률」에 비해서 진전되었다. 1963년 「사회보장에 관한 법률」은 사회보장의 정의라는 제목 하에 사회보장의 수단으로 사회보험과 공적 부조를 열거하는 데 그쳤다(법 제2조). 이에 비해서 「사회보장기본법」에서는 사회보장을 다음과 같이 정의하였다. 즉 '사회보장'은 질병·장애·노령·실업·사망 등의 사회적 위험으로부터 모든 국민을 보호하고 빈곤을 해소하며 국민생활의 질을 향상시키기 위하여 제공되는 사회보험·공공부조·사회복지서비스 및 관련복지제도를 말한다"(법 제3조 제1호). 이 법의 기본법적 성격은 다음과 같이 선언되었다. 즉 "사회보장에 관한 다른 법률을 제정 또는 개정하는 경우에는 이 법에 부합되도록 하여야 한다"(법 제4조). 그러나 이는 정책적 의미가 있을 뿐 규범적 효력을 함의하는 것은 아니었다. 「사회보장기본법」은 기본법의 명칭에도 불구하고 법률의 효력을 가지며, 따라서 개별 사회보장법에 비해서 우월한 효력을 갖지는 않기 때문이다.

「사회보장기본법」은 사회보장급여가 국가정책의 반사적 이익에 그치지 않고, 법적 권리임을 명확히 하였다. 즉 국민은 관련 법령이 정하는 바에 의하여 사회보장의 급여를 받을 권리를 갖는다(법 제9조). 사회보장급여의 수준은 건강하고 문화적인 생활을 유지할 수 있도록 하여야 한다(법 제10조 제1항). 최저생활의 보장에 관한 독립 규정을 두었다. 즉 국가는 최저생계비를 매년 공표하여야 하며, 국가와 지방자치단체는 최저생계비와 「최저임금법」에 의한 최저임금을 참작하여 사회보장급여의 수준을 결정하여야 한다(법 제10조 제2,3항). 이는 헌법에서 보장된 최저생활을 보장받을 권리(헌법 제34조 제1항 및 제5항)를 구체화하는 의미가 있었다. 이 점에서 보면 「사회보장기본법」의 최저생계비에 관한 규정은 앞으로 선도적인 기능이 기대되었다. 최저생계비의 개념은 1997년 「생활보호법」 개정 법률에서 처음으로 나타났다. 그러나 이는 최저생계비의 결정 및 공포에 대한 규정이었으며, 그 이상의 기능을 갖지는 않았다. 1999년 제정된 「국민기초생활보장법」에서 비로소 최저생계비는 수급자 선정 및 급여기준으로 적용되기 시작하였다.[40]

외국인의 사회보장법적 지위에 관한 상호주의(법 제8조), 그리고 사회보장수급권은 제한되거나 정지될 수 없다는 선언(법 제13조 제1항)은 개별 사회보장법에 공통적으로 적용될 수 있는 규정은 아니었다. 외국인에게 적용되는 상호주의 그 자체가 헌법적 및 사회정책적 타당성이 있지 않았다. 「사회보장기본법」은 사회보장수급권이 제한 및 정지될 수 없으며, 제한 및 정지되는 경우 그 제한 및 정지는 필요한 최소한에 그쳐야 한다고 규정하였다. 개별 사회보장법에서 사회보장수급

40) 이러한 발전에 대해서 자세히는 전광석, "최저생활보장의 규범적 기초—헌법 및 관련 법제의 형성과 과제를 중심으로", 저스티스(2016.10), 65면 이하 참조.

권은 사회보장의 기능을 유지하기 위하여 제한될 수 있으며, 또 개별 급여 간의 조정을 위하여 제한 및 정지될 수 있다. 이와 같이 수급권의 제한 및 정지에 관한 규정이 일반적으로 존재하고 있음에도 불구하고 사회보장수급권의 제한 및 정지가 원칙적으로 금지되며, 예외적으로 허용된다는 규정은 개별 사회보장법의 상황을 충실히 이해하고 있는 것은 아니었다.

「사회보장기본법」은 운영의 기본원칙으로 보편성, 효율성, 민주성, 제도 간 연계성과 전문성을 제시하였다(법 제24조). 그러나 이러한 실체법적 원칙들은 그 내용 자체가 명확하지 않았으며, 또 개별 사회보장법에 공통적으로 적용되는 데에는 한계가 있었기 때문에 규범적 의미를 갖기 어려웠다. 예컨대 보편성은 공공부조에서 실현되어야 할 본질적인 원칙이다. '모든 국민'에게 최저생활이 보장되어야 하기 때문이다. 이에 비해서 사회보험은 가입자의 보험능력이 전제되어야 하기 때문에 선별적으로 확대되며, 보편성의 원칙이 사회보험의 본질에 해당하는 것은 아니다. 이와 같이 실체법적 원칙이 적용에 한계가 있는데 비해서 절차법적 원칙들은 향후 개별 사회보장법에 반영되어야 할 사항을 담고 있다. 정보의 공개, 사회보장에 관한 설명·상담 및 통지에 관한 규정들이 그것이다(법 제31조 이하).

「사회보장기본법」은 1963년 「사회보장에 관한 법률」에서 보건사회부장관의 자문기관으로 설치되었던 사회보장심의위원회를 독립적인 위원회로 개편하였다(법 제16조). 국무총리가 위원장이 되고 재정경제원장관과 보건복지부장관이 부위원장이 된다. 관계 부처의 장관, 노사를 대표하는 자 등이 위원으로 위촉된다(법 제17조). 사회보장심의위원회는 사회보장 장기발전방향, 사회보장제도의 개선, 사회보장급여 및 비용부담의 조정 등을 심의한다(법 제18조). 1963년 「사회보장에 관한 법률」을 제정하는 시기에 가졌던 구상은 이때 비로소 실현되었다. 보건복지부장관은 사회보장심의위원회의 심의를 거쳐 장기발전방향을 5년마다 수립한다(법 제20조). 사회보장의 형성에 있어서 정부와 노사 대표가 참여하여 정책적 타당성과 이해관계의 조정 가능성을 높이고, 또 정책의 계속성과 예측가능성을 증진할 수 있는 조직 구조가 갖추어지게 되었다.

제 8 절 그밖의 사회보장법

Ⅰ. 사회보험법

1. 특수직역연금법

(1) 점진적 개선과 재정위기

이 시기에 「공무원연금법」의 기본구조는 그대로 유지되었다. 1988년 개정 법률에 의하여 일부 급여가 개선되었다. 유족연금의 수준이 퇴직연금 또는 장해연금액의 50%에서 70%로 인상되었다(법 제57조 제1항). 퇴직급여가산금 및 유족급여가산금을 재직기간에 따라서 차등화하였으며, 급여수준을 인상하였다(법 제48조의 2, 제60조의 2). 사망조위금의 급여수준도 기존에 보수월액 1배에 해당하는 금액에서 3배에 상당하는 금액으로 인상되었다(법 제41조의 2 제3항). 1988년 「국민연금법」이 시행되면서 직장 근로자의 경우 퇴직 후 「근로기준법상」의 퇴직금과 국민연금을 수급하게 되었다는 점이 「공무원연금법」에 영향을 미쳤다. 즉 1991년 개정 「공무원연금법」은 직장 근로자에게 지급되는 퇴직금에 상당하는 퇴직수당을 도입하였다. 이는 기존의 퇴직급여가산금 및 유족급여가산금을 대체하였다. 퇴직수당은 퇴직금과 마찬가지로 1년 이상 재직하고 퇴직 또는 사망한 때 지급된다. 다만 퇴직금에 비해서 급여수준은 낮았다. 「근로기준법」 및 「근로자퇴직급여보장법」상의 퇴직금은 계속근로기간 1년에 대하여 30일분의 평균임금에 상당하는 금액 이상이 되어야 한다. 이에 비해서 「공무원연금법」상의 퇴직수당은 1년 이상 재직하고 퇴직 또는 사망한 때 지급되며 재직기간에 따라 매 1년에 보수월액의 10% 내지 60%에 해당하는 액이 지급된다. 이와 같은 차등급여방식은 장기재직자를 우대하는 의미를 갖는다(법 제61조의 2, 시행령 제52조의 3). 「근로기준법」에서 퇴직금의 재원을 사용자가 부담하는 데 상응하여 퇴직수당의 재원은 기본적으로 국가 또는 지방자치단체가 부담한다.

「공무원연금법」에서는 연금수급연령에 제한이 없었으며, 또 급여의 산정기준이 최종 보수월액이었다. 이에 공무원연금을 사회보장의 이념에 충실하게, 그리고 재정안정을 위하여 개혁할 필요가 절실하게 다가오고 있었다. 그럼에도 불구하고 그 동안 퇴직수당이 도입되는 등 오히려 급여가 개선되어 왔기 때문에 1990년대 중반에 들어 「공무원연금법」의 개혁이 현안문제로 등장하였다.

(2) 공무원연금법 1차 개혁

1) 공무원연금개혁의 배경 및 개혁 논의

1960년 제정·시행된 「공무원연금법」은 공무원에게 생활위험과 노후의 소득 상실을 보장하여 안정적으로 직무수행을 지원하는 사회보장의 목적, 그리고 동시에 공무원의 특수성을 반영하는 공무원법의 성격을 갖고 있었다. 「공무원연금법」은 시행 이후 몇 차례의 개정을 거쳤고, 이때 순수한 사회보장의 관점에서 보면 이질적인 요소들이 도입되었다. 20년 재직한 후 퇴직하는 경우 연령에 관계없이 연금수급권을 부여하는 규정, 재직기간 전체평균보수가 아니라 최종보수를 기준으로 연금을 산정하는 규정들이 대표적인 예였다. 이러한 「공무원연금법」의 규정은 우수인력을 유치하고 장기근속을 장려하며, 당시 공무원의 보수가 민간기업에 비해서 현저히 낮았기 때문에 이를 보상하는 목적을 가졌다. 그러나 공무원연금은 이미 1990년대 초중반 재정이 악화되어 자체 수입으로 운영될 수 없게 되었다. 이후 공무원연금은 일반 재정의 투입 규모가 커지면서 개혁 논의가 촉발되었다. 예컨대 1993년 공무원연금회계에서 처음으로 적자가 발생하였고, 그 규모는 1993년 398억원, 1995년 6,385억원으로 빠르게 증가하였다. 이 시기에 특히 1988년 「국민연금법」이 시행되면서 국민연금과의 불균형이 주목을 받게 되었고, 이 점이 개혁방향에 영향을 주었다.

개혁논의는 다음과 같이 세 방향으로 이루어졌다. 첫째, 가장 근본적으로는 공무원연금을 국민연금의 구조에 맞추어 개정하는 제안이다. 이 경우 「공무원연금법」의 독자성은 상실되고, 「공무원연금법」은 과도기를 거쳐 혹은 신규공무원의 경우 처음부터 국민연금에 통합된다. 둘째, 공무원연금의 특수성을 유지하되 재정에 부담이 되었던 요소들을 개편하는 방식이다. 이 역시 어느 정도 구조개혁을 필요로 한다. 셋째, 공무원연금의 독자성 및 구조적 특성을 그대로 유지하면서 급여 조건 및 수준에 관한 모수(母數)개혁을 하는 방안이다.

위와 같은 배경에서 1995년 「공무원연금법」이 개정되었지만 기대에 미치지 못했다. 첫째, 소극적인 모수개혁에 그쳤기 때문에 개정의 효과가 미약했다. 둘째, 재직공무원 및 연금수급자의 기득권을 보장하기 위하여 이들에게 개정 법률이 적용되지 않도록 하였다. 또 개혁의 핵심적인 사안이었던 연금산정기준을 최종보수월액으로 하는 규정을 그대로 두었기 때문에 지출의 증가 요소를 근본적으로 개선할 수 없었다. 당시의 논의에서 공무원연금재정이 국가재정에 미치는 영향, 공무원연금재정의 지속가능성, 그리고 사회보장법 전체 구도 속에서

「공무원연금법」의 위상이 진지하게 검토되지는 못했다. 이에 1995년 개정은 곧 또 다른 개혁을 예고하였다.

이와 같이 공무원연금의 개혁이 지체된 데에는 1990년대 중후반 당시 아직 사회적 의제로 공론화되지 못했고, 그 결과 공무원의 이익이 전체 국가정책의 범주에서 벗어나 있었던 데에도 원인이 있었다.[41] 공무원의 자기개혁의 의지가 약했고, 또 공론화되지 않은 상태였기 때문에 자기개혁에 대한 사회적 압력도 크지 않았다. 이는 1998년 및 2007년 「국민연금법」의 개정, 그리고 2015년 공무원연금개혁이 국가정책의 의제에 편입되어 논의되었던 상황과 비교된다.

2) 연금수급연령제도의 도입과 연금재정의 정부지원

1995년 개정 법률은 공무원연금의 재정을 안정화시키고, 동시에 특수한 사정으로 인하여 공무원연금의 지출을 충당할 수 없는 경우에 정부가 이를 지원하는 근거를 마련하였다. 연금수급의 조건으로 연령기준을 도입하였다. 즉 퇴직연금을 수급하기 위해서는 60세에 이르러야 한다(법 제46조 제1항). 그러나 1995년 개정 법률은 연령기준을 도입하면서 광범한 경과규정을 두었다. 즉 이 규정은 1996년 1월 1일 이후 임용되는 공무원에 한하여 적용된다. 이로써 개정의 효과는 반감되었다. 연령기준은 2000년 개정 법률에 의하여 부분적으로 확대 적용되었다.

기금의 수입을 늘리기 위하여 기여금율의 상한을 보수월액의 5.5%에서 7.5%로 높였다(법 제66조 제2항). 1969년 이래 같은 수준에 머물러 있던 기여금율은 1996년 비로소 6.5%로 인상되었다(시행령 제59조). 이미 1960년대 후반 장기적으로 재정 악화가 우려되어 재정추계제도가 도입되었고, 또 1990년대 초중반 재정적자가 나타났다는 점을 고려하면 그동안 공무원연금의 재정이 전혀 정책적 민감성을 갖지 못했다는 것을 알 수 있다. 이후 기여금율은 1999년 7.5%로 다시 인상되었다. 1995년 연금재정을 건전화하기 위한 조치는 미흡했던 반면 특별한 경우에 국고지원을 할 수 있는 근거를 두었다. 즉 정부조직의 공사화·폐지 등 당해 연도의 특수한 사정으로 인하여 기여금·부담금 및 기금운용수익금으로 지출을 충당할 수 없는 경우에는 그 차액의 전부 또는 일부를 국가 또는 지방자치단체가 지원할 수 있다(법 제69조 제1항).

급여를 조정하여 지출을 줄이려는 규정을 두었다. 유족급여의 지급대상에서

---

41) 이와 같은 문제를 지적하는 문헌으로는 예컨대 민효상, "공무원연금 제도개혁의 거부자(veto-player)와 상쇄관계(trade-off)에 관한 연구", 한국정책학회보 제18권 제3호(2009), 244면 이하 참조.

퇴직 이후에 혼인한 배우자, 그리고 퇴직 이후에 출생 혹은 입양한 자녀 등을 제외하였다(법 제3조 제1항). 퇴직연금수급자가 본인의 퇴직연금과 유족연금을 함께 받는 경우 당해 유족연금액의 2분의 1을 감액하여 지급한다(법 제45조 제5항). 퇴직연금수급자가 재취업하여 소득이 있는 경우 퇴직연금의 일부 혹은 전부를 지급 정지하는 경우를 확대하였다. 즉 국가 또는 지방자치단체가 자본금의 일부 혹은 전부를 출자한 기관에 취업한 경우에 퇴직연금의 전부 또는 일부 지급을 정지할 수 있다. 시행령에서 지급이 정지되는 연금액을 2분의 1로 하였다(법 제47조, 시행령 제40조 제2항).[42)]

(3) 군인연금법과 사립학교교원연금법

이 시기에 「군인연금법」의 급여수준이 향상되었다. 1988년 개정 법률에 의하여 유족급여의 수준이 인상되었으며, 「공무원연금법」의 예에 따라 재해부조금이 새로이 도입되었다(법 제32조의 3, 시행령 제38조의 6). 「사립학교교원연금법」은 급여에 관하여 「공무원연금법」의 규정을 준용하고 있으므로 「공무원연금법」의 개정은 「사립학교교원연금법」에 자동으로 영향을 주었다. 1991년 「공무원연금법」의 예에 따라서 「군인연금법」 및 「사립학교교원연금법」에도 퇴직수당이 도입되었다. 「군인연금법」에서 1994년 개정 법률에 의하여 상이등급이 기존의 3개 등급에서 7개 등급으로 세분화되었다(법 제23조). 1995년 「공무원연금법」의 개정 사항이 상당 부분 「군인연금법」 및 「사립학교교원연금법」에도 그대로 반영되었다. 유족범위의 축소, 퇴직연금과 유족연금이 병합하는 경우 유족연금의 감액, 연금수급자가 소득활동을 하는 경우 퇴역연금의 감액 등에 관한 규정이 그것이다.

「공무원연금법」의 핵심적인 개정 사항이었던 연금수급연령에 관한 규정이 「군인연금법」에는 도입되지 않았다. 이는 군인의 경우 일반 공무원에 비해서 퇴직연령이 빠르기 때문에 60세에 연금수급을 시작하는 경우 퇴직 이후 연금수급시기까지 긴 공백이 발생할 것으로 생각되었기 때문이다.

2. 산업재해보상보험법

「산재보험법」의 적용범위는 이미 1986년 5인 이상 사업장으로 확대되었으며, 이 시기에 적용범위에 큰 변화가 있지는 않았다. 1991년 시행령의 개정을 통하여 농업, 수렵업, 어업, 도소매업, 부동산업 등으로 적용이 확대되었다. 이들 사업장의 경우 1991년 7월 1일부터 10인 이상 사업장에, 1992년 7월 1일부

42) 위 제4장 각주 53, 54 참조.

터 5인 이상 사업장에 적용되었다(시행령 제2조, 부칙 제2조). 5인 미만 근로자를 사용하는 사업장은 여전히 적용대상에서 제외되었다. 이에 1994년「산재보험법」적용대상은 아직 전체 근로자의 36.7%에 머물러 있었다. 1998년 개정 법률에 의하여 산업현장에서 실습 중인 학생 및 직업훈련생에게도「산재보험법」이 적용되었다(법 제105조의 3). 이로써 정상적인 고용관계가 존재하지 않는 경우에도 사업장에서 발생한 업무상의 재해에 대해서 산재보험의 책임이 인정되었다. 또 해외에 파견되는 근로자에 대해서「산재보험법」을 적용할 수 있도록 하였다(법 제105조의 2).

급여의 종류와 내용을 사회보장의 입법목적에 충실하게 조정하였다. 장해급여에 있어서 노동능력을 완전히 상실한 1등급에서 3등급에 해당하는 근로자에게는 장해보상연금을 지급하고 일시금을 선택하는 가능성은 없어졌다(법 제9조의 5 제2항). 휴업급여의 급여수준을 기존에 60%에서 70%로 인상하였다(법 제9조의 4 제1항). 유족보상일시금의 수준은 기존에 평균임금의 1,000일분에서 1,300일분으로 인상되었다(법 제9조의 6 제2항). 장의비는 평균임금의 90일분에서 120일분으로 인상되었다(법 제9조의 8).

산업재해의 예방을 보다 적극적으로 유인하기 위한 조치를 취하였다. 즉 1997년 개정 법률은 보험료의 금액에 대한 보험급여금액의 비율이 100분의 85를 넘거나 100분의 75이하인 경우에는 그 사업에 적용되는 보험요율을 조정하는 범위를 기존에 40%에서 50%로 넓혔다(법 제64조). 그러나 당시 산재보험은 여전히 예방사업에 소극적이었다. 예컨대 1992년 지출예산 중 대부분은 보험급여비용이고(90.6%), 예방사업의 비중은 4.8%에 불과했다. 산재보험사업에 대한 국고지원을 강화하였다. 1989년 개정 법률은 기존에 임의규정이었던 사무집행 비용에 대한 국가부담을 강행규정으로 전환하였다. 즉 예산의 범위 안에서 보험사업의 사무집행에 소요되는 비용을 일반회계에서 부담하여야 한다. 또 국가는 예산의 범위 안에서 보험사업에 소요되는 비용의 일부를 지원할 수 있는 근거규정을 새로이 두었다(법 제2조의 2, 제2조의 3).

1995년 개정 법률에 의하여 산재보험의 효율적이고 전문적인 관리운영을 위하여 근로복지공단이 설립되어 산재보험사업을 담당하였다. 또 산업재해보상보험기금을 설치하여 운영하였다. 이로써 기존의 근로복지공사와 산업재해보상보험특별회계는 폐지되었다(법 제13조 이하, 제80조 이하, 부칙 제2조).

Ⅱ. 사회보상법

「국가유공자법」에서 일부 급여를 제한하는 규정을 삭제하여 보호를 강화하였다. 예컨대 1988년 개정 법률은 국가유공자가 취업하는 경우 일부 보상금의 지급을 정지하는 규정, 그리고 간호수당을 받을 자가 국가의 의료시설 또는 정양시설에서 국가의 부담으로 입원가료를 받거나 정양 중인 때에는 간호수당의 지급을 정지할 수 있도록 하는 규정을 삭제하였다(법 제20조). 취업보호를 위하여 적용되는 가점(加點)제도에 있어서 기존에는 국가유공자, 일부 유족과 그밖의 취업대상자를 차등화하였던 것을 모든 취업보호대상자에게 10%로 단일화하였다(법 제34조 제1항). 1991년 개정 법률은 정부투자기관, 지방공사 및 지방공단, 공기업체 등에서는 국가유공자의 고용비율을 9%로 확대할 수 있도록 하였다(법 제31조). 국가유공자임에도 보상의 대상에서 제외되었던 일부 국가유공자를 연금수급자에 추가하였다.

이 법의 다른 규정 혹은 다른 법률의 규정에 의하여 연금지급대상에서 제외되는 자에게는 연금이 지급되지 않았다. 그런데 「군인연금법」이 시행되기 이전에 사망 혹은 퇴직한 국가유공자가 퇴직일시금에 가산급여를 받은 경우에도 장기적인 생활안정이 실현되지 않기 때문에 1991개정 법률은 이들에게도 연금을 지급할 수 있도록 하였다(부칙 제2조).

1994년 「독립유공자예우에 관한 법률」이 제정되어 순국선열과 애국지사에 대한 보상을 독자적으로 규율하였다. 다만 이 법은 보상의 요건을 주로 규율하였고, 보상의 내용과 수준에 대해서는 「국가유공자법」을 적용하도록 하였다(법 제42조). 이 법은 상징적인 의미가 있을 뿐 「국가유공자법」과 실질적인 차이는 없었다.

1997년 개정 법률에 의하여 「국가유공자 예우 등에 관한 법률」은 「국가유공자 등 예우 및 지원에 관한 법률」로 바뀌었다. 이러한 명칭 변경에는 전통적인 유공행위, 즉 교육훈련, 직무수행 중 상이를 입거나 사망한 경우에는 해당하지 않지만 교통사고 등으로 인한 순직 및 공상을 입은 경우에는 국가유공자와 구분하여 보상을 하려는 의도가 있었다(법 제73조의 2).

Ⅲ. 생활보호법

지금까지 살펴본 바와 같이 1988년 이후 1990년대 후반까지 사회보험법에서는 빈번하게 법률이 개정되었다. 의료보험은 적용대상을 확대하여 전국민보험으로 발전하였고, 급여의 수준도 소폭 개선되었다. 「국민연금법」은 농어촌주민으로 적용범위를 확대하였다. 특수직역연금에서는 재정악화에도 불구하고 급여의 수준이 개선되었다. 이와 같이 활발하게 사회보험법이 변화하는 시기에 「생활보호법」은 전혀 보조를 같이 하지 못했다. 1982년 전면 개정된 「생활보호법」은 1997년 비로소 부분적으로 개정되었다. 그러나 1961년 「생활보호법」의 구조적 흠결, 특히 보편성의 원칙을 실현할 수 없는 문제는 여전히 남아 있었다. 「의료보호법」 역시 1977년 제정된 후 1991년 비로소 부분적으로 개정되었다. 그만큼 이 시기에 공공부조법이 사회보험법에 비해서 정치적 주목을 받지 못하고 있었다.

1997년 「생활보호법」 개정 법률은 수급자 선정기준과 관련하여 부양의무자의 범위를 합리적으로 조정하였다. 기존에 부양의무자는 민법의 규정에 따라 그 범위가 결정되었다. 그러나 민법상 부양의무자의 범위가 지나치게 넓기 때문에 이에 따르면 「생활보호법」의 목적이 실현될 수는 없었다. 개정 법률은 보호대상자의 직계혈족 및 그 배우자, 생계를 같이 하는 2촌 이내의 혈족으로 그 범위를 좁혔다(법 제2조 제4호). 모든 국민에게 최저생활을 보장하기 위한 일종의 일반조항을 새로이 두었다(법 제3조 제2항). 즉, 법률에 명시된 "보호대상자에 해당하지 아니하여도 생활이 어려운 자로서 일정한 기간 동안 이 법이 정하는 보호의 일부가 필요하다고 보건복지부장관이 정하는 자를 보호대상자로 본다". 그러나 이 규정을 적용하기 위하여 필요한 절차가 마련되지 않았기 때문에 이 규정의 실질적인 의미는 없었다.

「생활보호법」은 보호대상자의 현재의 개별적인 생활수요를 구체적으로 보호하여야 한다. 따라서 기존에 생활보호대상자에 대한 조사를 매년 1회 실시하였으나 이제 수시로 할 수 있도록 하였다(법 제17조 제1항). 보호대상자를 입법목적에 적합하게 선정하기 위해서는 자산 및 소득이 충실히 파악되어야 한다. 이에 보호기관은 관련 전산망을 이용하고자 협조를 요청할 수 있고, 이 경우 관계기관의 장은 정당한 이유 없이 이를 거부할 수 없다. 보호기관은 정보가 남용되지 않도록 수집 정보는 이 법의 목적 이외에 다른 용도로 사용하거나 제공할 수 없다(법 제20조 제2, 3항).

이 시기에 생활보호행정에 있어서 두 가지 중요한 변화가 있었다. 첫째, 1987년 사회복지 전달체계를 정비하고 전문화하기 위하여 사회복지전문인력을 읍 · 면 · 동 사무소에 배치하였다. 이는 특히 생활보호대상자의 선정과 급여를 합리화하는 목적을 가졌다. 둘째, 기존에는 선정기준뿐 아니라 급여산정에 있어서 불합리한 점이 있었다. 즉 선정기준을 충족하는 경우 수급자의 소득수준에 관계없이 일률적으로 행정적으로 결정된 보호금액이 지급되었다. 이는 보충성의 원칙에 충실하지 않으며, 또 경우에 따라서는 (상대적으로) 과잉급여가 지급될 가능성도 있었다. 전혀 소득이 없는 보호대상자는 생계보호급여로서 최저생활을 행하는 데 부족한 반면, 선정기준에 거의 가까운 수준의 소득이 있는 경우 수급자는 최저생계비를 초과하는 소득을 갖게 되기 때문이다. 이에 1996년 차등보호제도를 도입하였다.[43] 이에 따라 기본급여에 가구소득의 다과(多寡)에 따라 차등화된 급여가 지급되도록 하였다. 소득간 등급은 5구간으로 나누었다.

1997년 개정 법률은 처음으로 최저생계비 개념을 도입하였다. 이는 1995년 제정된 「사회보장기본법」이 규정한 최저생계비 공표제도에 영향을 받은 것으로 보인다. 최저생계비는 국민이 건강하고 문화적인 생활을 유지하기 위하여 필요한 최소한의 비용을 말한다. 최저생계비는 중앙생활보호위원회의 심의를 거쳐 보건복지부장관이 매년 12월 1일까지 공표한다. 이때 일반 국민의 소득 · 지출수준과 보호대상자의 생활실태, 물가상승률 등을 고려한다. 중앙생활보장위원회는 관계 공무원과 생활보호업무 또는 최저생계비 계측조사에 관한 학식과 경험이 있는 자뿐 아니라 피보호자로 구성되어 전문성과 대표성을 갖도록 하였다(법 제16조 제2항). 보건복지부장관은 최저생계비를 결정하기 위하여 필요한 계측조사를 5년마다 실시한다(법 제2조 제5호, 제5조의 2). 1997년 개정 법률이 이와 같이 최저생계비 공표제도를 두었지만 생계보호대상자의 선정 및 급여수준을 결정하는 기준으로 기능하지는 못했다. 「생활보호법」을 대체하여 1999년 제정된 「국민기초생활보장법」은 수급권자를 소득인정액이 최저생계비 이하인 자로 하고, 급여의 수준은 법률상의 급여와 수급자의 소득인정액을 포함하여 최저생계비 이상이 되도록 하였다(법 제5조 제1항, 제7조 제2항). 1997년 개정 법률은 아직 이와 같은 체계적인 법제화의 단계에 이르지는 못했다.

「생활보호법」은 1982년 개정 법률에서 최저생활보장과 자활의 조성을 입법

43) 당시 차등급여 구상에 대해서는 김미곤/김학석/박인아, 생활보호대상자에 대한 보충급여제도 도입방안(한국보건사회연구원, 1995) 참조. 이밖에 유호식, "생계보호비의 차등지급에 관한 소고", 한국사회정책 제3집(1996), 185면 이하 참조.

목적으로 선언하였다. 그러나 자활사업이 활성화되지는 못했다. 최저생활을 보장하는 과제도 벅찼기 때문이다. 1997년 개정 법률은 자활사업을 위한 조직을 부분적으로 정비하였다. 자활후견기관을 설립하여 자활을 위하여 필요한 교육, 정보제공, 상담 및 직업교육, 취업알선 등의 사업을 수행하도록 하고, 그 운영비용의 전부 또는 일부를 지원할 수 있도록 하였다(법 제11조의 2). 또 보호대상자는 상호 협력하여 자활공동체를 설립·운영할 수 있다. 자활공동체에는 사업자금을 융자하고, 국공유지를 우선적으로 임대하는 등의 지원을 할 수 있다(법 제11조의 3).

「의료보호법」은 1991년 개정 법률에 의하여 보호기간을 180일 이내로 제한하였다. 다만, 보호기관이 시·군·구 의료보호심의위원회의 심의를 거쳐 보호기간의 연장 승인을 한 경우, 그리고 폐결핵·정신질환 기타 보건사회부장관이 정하는 질병에 대해서는 보호기간이 제한되지 않는다(법 제9조 제1항). 보호기간은 1995년 개정 법률에 의하여 210일까지 연장할 수 있도록 하였고, 시행령에 의하여 1996년부터 보호기간은 240일로 연장되었다. 1997년 보호기간은 다시 270일로 연장되었다. 또 폐결핵·정신질환 이외에 65세 이상의 자, 「장애인복지법」에 의하여 등록한 장애인, 「국가유공자예우 등에 관한 법률」상의 국가유공자 등에 대해서 보호기간에 제한을 두지 않았다. 본인부담비율을 공공부조법의 특성에 적합하게 조정하였다. 1991년 개정 시행령에 의하여 의료보호 2종 대상자가 2차 진료에 소요되는 비용의 기금 부담비율을 기존에 50% 내지 80%에서 80% 이내로 하였으며, 의료부조대상자의 기금부담비율 역시 80% 이내로 하였다. 의료부조대상자가 외래진료를 받는 경우에 기금부담비율을 기존에 진료비의 3분의 1로 하였던 것을 국가재정을 참작하여 보건사회부장관이 정하도록 하였다(시행령 제3조 제2항). 기존에 2종 보호대상자의 경우 외래진료에 대한 진료비부담이 없었으나 1994년 개정 시행령은 진료남용을 방지하기 위하여 상징적으로 진료당 1,000원을 부담하게 하였다. 이는 1995년 1,500원으로 인상되었다(시행령 제16조 제2항).

Ⅳ. 아동복지법, 노인복지법, 장애인복지법

1. 개 관

이 시기에 사회보험입법이 활발했고, 또 이를 둘러싼 복지정치가 이해당사자뿐 아니라 사회운동 차원에서 전개되었다. 그러나 「생활보호법」과 마찬가지로 사회복지관련법의 입법은 정체되어 있었다. 다만 위에서 언급했듯이 복지전달체계의 중요성이 인식되었다. 1987년 이후 저소득층 집단거주지역 동사무소에 사회복지전문인력을 배치하기 시작하였다.

「아동복지법」과 「장애인복지법」은 1981년 제정된 이후 이 시기에 전혀 개정되지 않았다. 여성의 취업이 증가하고 자녀양육에 대한 지원이 필요하게 되었기 때문에 1989년 아동복지시설의 종류에 탁아시설을 추가하는 정도의 변화가 있었다. 1990년에 「장애인고용촉진 등에 관한 법률」이 제정되어 장애인을 위한 복지조치가 생활영역별로 세분화될 발전방향을 예고하였다. 이 시기 후반인 1997년 「장애인 · 노인 · 임산부 등의 편의증진보장에 관한 법률」이 제정되었다.

이 시기에 「노인복지법」은 가장 활발하게 개정되었다. 「노인복지법」은 1989년과 1997년 두 차례에 걸쳐 전부 개정되었다. 1988년 「국민연금법」이 시행되면서 1989년 노인의 소득보장을 위하여 노령수당을 처음으로 도입하였다. 다만 아래에서 서술하는 바와 같이 그 의미는 제한적이었다. 이후 노령수당은 경로연금(1997년), 그리고 오랜 논란 끝에 기초노령연금(2007년), 기초연금(2014년)으로 발전하였다. 같은 시기에 고령사회에서 노인의 취업을 지원하고, 또 연령을 이유로 히는 차별을 금지하기 위하여 「고령자고용촉진법」이 제정되었다.

2. 노인복지법

1980년대 중반 이후 우리 사회의 고령화 경향은 가시화되었다. 이에 노인문제를 국가정책 및 사회정책적으로 공론화하고 대응방안을 모색하여야 했다. 이 시기에 「노인복지법」은 다음과 같은 문제에 중점을 두었다.

노인복지에 대한 정치적 및 정책적 비중을 강화하기 위하여 국무총리 소속하에 자문기관으로 노인복지대책위원회를 두었다(법 제5조). 그러나 위원회에는 주로 관련 부처장관이 위원으로 참여하기 때문에(시행령 제3조) 노인 등 당사자의 이해관계와 공익의 관점을 투입할 수 있는 구조를 갖지는 못했다. 1997년 전부 개정된 법률에서는 기존의 노인복지대책위원회를 중앙노인복지대책위원회로 하고, 지역에 지방노인복지대책위원회를 두었다.

65세 이상의 저소득노인에게 노령수당을 지급할 수 있도록 하였다(법 제13조). 그러나 노령수당은 노인에 대한 보편적 소득보장과는 거리가 멀었다. 노령수당에 관한 규정은 임의규정이었고, 또 수준은 예산의 범위 안에서 보건사회부장관이 정하도록 하였기 때문이다(시행령 제20조).[44] 1997년 전부 개정된 「노인복지법」은 노령수

44) 다만 시행령에서 노인수당 지급연령을 65세 이상의 자로 하였기 때문에 시행에 있어서 노인복지

당의 명칭을 경로연금으로 바꾸고, 지급요건과 지급액에 관한 규정을 법률에 두었다. 경로연금은 노령수당과 달리 강행규정으로 형성되었다. 이는 1998년 「국민연금법」에서 급여수준을 낮추었기 때문에 이를 보충하는 목적이 있었다. 그러나 경로연금은 명칭과는 달리 계속급여가 아니었으며, 또 적용대상이 제한적이었다. 경로연금의 지급대상은 65세 이상 「생활보호법」에 의한 보호대상자, 65세 이상의 자로서 본인 및 그 배우자와 부양의무자의 소득을 합산한 액이 대통령령으로 정하는 금액 이하이고, 그 재산을 합산한 액이 대통령령에 정하는 금액 이하인 자이다(법 제9조, 시행령 제15조). 경로연금액은 「국민연금법」의 특례노령연금의 최저지급액을 감안하여 결정한다. 경로연금 지급대상자 및 그 배우자가 모두 연금을 지급받을 권리가 있는 경우에는 그 중 1인에 대해서는 25%를 감액한다.

노인의 요양 및 주거를 지원하기 위하여 노인복지시설의 범위를 확대하였다. 노인복지시설에 실비 양로시설 및 요양시설, 노인복지주택을 추가하였다. 또 경로당, 노인교실, 노인휴양소 등 노인여가시설을 설치하도록 하였다(법 제18조 이하). 노인복지시설 이외에 노인이 가정에서 보호와 지원을 받을 수 있도록 하였다. 이는 초기에는 가정봉사사업으로 운영되다가 1994년 재가노인복지사업으로 정착되었다. 재가노인복지사업으로 가정봉사원 파견사업, 주간보호사업, 단기보호사업 등이 시행된다(법 제11조, 20조의 2 이하). 1997년 전부 개정된 「노인복지법」은 고령사회에서 노인의 건강 및 사회생활에 대한 지원을 새로이 구상하였다. 노인에게 지역봉사활동의 기회를 부여하고 노인에 적합한 직종을 개발하여 일할 기회를 보장할 수 있도록 하였다(법 제23조 이하). 이를 위한 「고령자고용촉진법」은 1991년 이미 제정되었다. 치매 등 노인질병을 관리하는 사업을 추진하고 재활요양사업을 실시할 수 있도록 하였다(법 제29, 30조). 이밖에 노인에 대한 여러 가지 지원을 확대하였다. 실효적으로 경로우대를 하기 위하여 노인에게 일상생활과 관련된 시설의 이용요금을 할인하는 자에게 지원을 할 수 있도록 하였다(법 제10조 제3항, 제12조). 이밖에 노인의 소득활동을 지원하기 위하여 생업지원, 제조담배소매인 및 홍삼판매인 지정 등의 지원을 할 수 있도록 하였다(법 제15, 16조).

사업지침이 노령수당 수급연령을 70세 이상으로 하는 것은 위법하다. 대판 1996.4.12, 95누7727 참조.

3. 장애인복지법, 장애인고용촉진 등에 관한 법률과 장애인·노인·임산부 등의 편의증진보장에 관한 법률

(1) 장애인복지법

1981년 제정된 「심신장애자복지법」은 1989년 「장애인복지법」으로 이름을 바꾸면서 전부 개정되었다. 1980년대 후반 이후 장애인문제가 사회적 의제로 부각되었고, 장애우권익문제연구소 등을 중심으로 장애인운동이 활발하게 전개되었다. 개정 법률은 장애인정책에 관한 국가의 책임을 체계화하였다. 즉 국가는 장애발생의 예방, 장애의 조기 발견과 복지를 증진하여야 하며, 장애인이 능력을 최대로 활용하여 사회·경제생활에 참여할 수 있도록 하여야 한다(법 제4, 5조). 이를 위하여 의료조치뿐 아니라 교육과 직업지도, 문화환경의 정비 등을 할 수 있도록 필요한 조치를 강구하여야 한다(법 제9, 12, 13, 15조). 장애인의 고용을 촉진하기 위한 사업을 실시하여, 국가 및 지방자치단체는 장애인을 직접 고용하도록 노력하고, 일반 사업자에 장애인의 고용을 권유할 수 있다. 장애인고용을 적극적으로 추진하기 위하여 1990년 「장애인고용촉진 등에 관한 법률」을 별도로 제정하였다(법 제30조). 또 국가 또는 지방자치단체는 방송국의 장에게 중요한 방송프로에 청각장애인을 위한 수화 또는 자막을 방영하도록 요청할 수 있고, 요청을 받은 방송국의 장은 특별한 이유가 없는 한 이에 응하여야 한다(법 제35조).

중증장애인을 특별히 보호하는 근거 규정을 두었다(법 제10조). 부분적으로 소득보장에 관한 규정을 새로이 두었다. 중증장애인이 부양하는 자녀의 교육비를 지급할 수 있으며(법 제22조), 장애가 심하여 자립이 현저히 어려운 장애인에 생계보조수당을 지급할 수 있다(법 제34조). 그러나 이는 임의규정이었으며, 보편적인 성격을 갖지는 못했다. 실제 생계보조수당의 수급자는 「생활보호법」에 의한 생활보호대상자와 의료부조대상자 중 중증의 중복장애, 중증의 정신지체 등을 이유로 다른 사람의 도움이 없이는 일상생활을 영위하기 어려운 자에 한정되었다(시행령 제31조). 생계보조수당의 금액은 장애인보호에 소요되는 비용을 고려하여 예산의 범위 내에서 보건사회부장관이 정하도록 하였기 때문에 안정성이 결여되어 있었다.

장애인복지에 관한 사항을 심의·건의하기 위하여 보건사회부에 중앙장애인복지위원회, 지방자치단체에 지방장애인복지위원회를 둔다. 장애인복지위원회에는 장애인복지에 관한 학문적 및 실무적 전문가가 참여하고, 특히 위원 중 3분의 1 이상은 장애인으로 위촉하도록 하여 당사자 및 공공의 이익이 균형 있게 반영될 수 있도록 하였다(법 제6조, 시행령 제4조). 이 점은 위에서 서술한 노인복지대책위원회의 구성에 비해서 뚜렷한 장점이었다. 장애인의 실태를 파악하기 위하여 장애인 실태조사를 5년 마다 행한다(법 제18조). 또 수급권자임을 명확히 하기 위하여 장애인 등록제도를 도입하였고, 등록장애인에게 장애인수첩을 교부한다(법 제19조). 장애인에 대한 상담 및 지도업무를 담당하기 위하여 기초지방자치단체에 장애인복지지도원을 두도록 하였다(법 제7조).

(2) 장애인고용촉진 등에 관한 법률

1989년 전부 개정된 「장애인복지법」은 제30조에 장애인의 고용을 촉진하는 규정을 두었다. 이러한 정책을 「장애인복지법」 자체에서 구체화하는 데에는 한계가 있다. 이에 1990년 「장애인고용촉진 등에 관한 법률」이 제정되어 1991년 시행되었다. 이는 위에서 언급했듯이 장애인복지정책이 생활영역별로 세분화되는 경향을 예고하였다. 또 복지의 이념을 강화하면서 동시에 평등의 이념이 작용하여 다른 생활영역으로 장애인복지가 확대되는 계기가 되었다. 이 법은 장애인의 고용촉진과 직업재활, 그리고 직업안정을 목적으로 한다(법 제1조). 이를 위하여 장애인에 대한 직업지도, 직업훈련, 적응지도, 사업주에 대한 고용지도 등의 사업을 행한다(법 제7조 이하). 장애인고용촉진업무를 수행하기 위하여 장애인고용촉진공단을 설립하였다(법 제12조 이하).

장애인고용을 실효적으로 보장하기 위하여 장애인고용의무, 고용지원금 및 장려금, 고용부담금 등을 두었다. 고용의무제도는 장애인의 고용을 촉진하는 수단으로 일반적으로 채택되는 가산점 제도에 비해서 강력한 효과를 갖는다. 그러나 민간기업이 고용의무를 지기 때문에 고용에 따르는 지원이 이루어져야 하며, 사업주가 고용의무를 이행하는 대신 아래에서 설명하는 고용부담금을 납부하여 장애인고용에 실효성이 낮아질 우려도 있었다.[45] 1995년 개정 법률은 장애인고용 우수사업자를 우대하는 규정을 도입하였지만 구체화되지는 못했다(법 제11조의 2). 국가 및 지방자치단체는 장애인을 소속 공무원 정원의 2% 이상 고용하도록 노력하여야 한다(법 제34조). 300인 이상 사업장의 사업주는 근로자 총수의 1% 이상 5%의 범위에서 장애인을 고용하여야 한다. 1991년 시행 당시 기준고용율을 2%로 하였다. 다만 경과규정을 두어 1991년 1%, 1992년 1.6%, 그리고 1993년 2%의 기준고용율을 적용하도록 하였다(법 제35조, 시행령 제33,34조). 기준고용율을 초과

45) 이러한 문제점 및 현황에 대해서는 전광석, "장애인의무고용의 규범적 정당성과 제도적 타당성", 법학연구(연세대 법학연구원) 제21권 제1호(2011), 131면 이하; 전광석, "장애인고용부담금의 헌법적 정당성 및 제도적 타당성", 헌법판례연구 제11권(2010), 155면 이하 등 참조.

하여 장애인을 고용하는 경우에는 고용지원금을, 그리고 고용의무사업장이 아닌 사업장의 사업주가 장애인을 고용하는 경우에는 고용장려금을 지급할 수 있다(법 제37조). 지원금 및 장려금의 지급단가는 부담기초액의 50% 이하로 하였다.

1993년 개정 시행령은 장애인고용의 유인을 강화하기 위하여 지급단가를 부담기초액의 50% 이상 100% 이하로 인상하였다. 이에 비해서 기준고용률에 미달하는 장애인을 고용하는 사업주는 장애인고용부담금을 납부하여야 한다. 1995년 개정 법률은 예컨대 직업재활시설에 도급을 주어 그 생산품을 납품받는 사업주와 같이 간접적으로 장애인고용에 기여하는 사업주에 대해서는 부담금을 감면할 수 있도록 하였다. 고용부담금은 장애인을 고용하는 경우에 필요한 시설·장비의 설치 비용, 고용관리에 필요한 비용, 그밖에 장애인을 고용하기 위하여 특별히 소요되는 비용을 고려하여 정하는 부담기초액을 기준으로 정해진다. 고용부담금을 납부하고 장애인고용의무를 기피하는 것을 방지하기 위하여 부담기초액은 최저임금액의 60% 이상이 되도록 하였다(법 제38조). 고용부담금 수입은 장애인고용촉진기금에 편입된다(법 제48조).

(3) 장애인·노인·임산부 등의 편의증진보장에 관한 법률

장애인·노인·임산부 등은 생활에 밀접한 시설 및 설비 등이 이들의 신체적 상황에 적합하게 설치되어 있지 않은 경우에는 정상적인 일상 생활 및 사회참여를 할 수 없다. 1997년 이들을 배려하기 위하여 「장애인·노인·임산부 등의 편의증진보장에 관한 법률」(이하 '편의증진보장법')이 제정되었다. 이 법은 1998년 시행되었다. 구체적인 급부를 통하여 생활 및 사회참여의 기회를 보장하는 방법 이외에 시설 및 설비 등을 정비하여 평등을 실현하는 구상은 차별금지법 제정작업으로 이어졌다. 2005년 「교통약자의 이동편의증진법」이 제정되었다. 이 법률들은 장애인을 유일한 규율대상으로 하지는 않지만 장애인이 주된 보호의 대상으로 예정되어 있었다.

「편의증진보장법」에 의하여 시설주는 도로, 공원, 공공건물 및 공중이용시설, 교통수단, 통신시설 등 편의시설을 이용할 때 최단거리로 이동할 수 있도록 설치하고 다른 사람의 도움이 없이 자유롭게 접근할 수 있도록 하여야 한다(법 제3조 이하, 제7조). 이를 위하여 편의시설의 종류, 구조 및 재질에 관한 세부기준을 정한다(법 제8조). 국가 및 지방자치단체는 사인(私人)인 시설주가 기준에 따라 시설 및 설비를 설치하는 데 따르는 부담을 경감하기 위하여 금융지원과 기술지원

등 필요한 조치를 강구하여야 하며, 시설의 설치에 소요된 비용에 대해서는 조세를 감면한다(法 제13조). 장애인이 시설을 편리하게 이용할 수 있도록 휠체어·점역안내책자 등을 비치하여야 한다(法 제16조). 또 장애인전용 주차구역을 설치하여야 한다(法 제17조). 시설주가 편의시설 설치의무를 이행하지 않은 경우 시정명령을 내릴 수 있다. 이를 이행하지 않은 경우 벌금을 과하며, 또 이행강제금을 부과할 수 있다(法 제23, 25, 28조).

제 9 절 정 리

이 장에서는 1987년 헌법개정으로부터 1997년 외환위기가 발생하기 전까지의 시기를 서술하였다. 1980년대에 이른바 '3저 호황'에 힘입어 경제가 가파르게 성장하였고, 물가는 안정적으로 유지되었다. 국민의 잠재해 있던 복지욕구를 일깨우고 복지의 지체를 추완하는데 있어서 이와 같은 고용 및 소득안정은 유리한 환경이 되었다. 1977년 시행된 의료보험이 적용대상을 대규모 직장근로자에 한정하는 것은 더 이상 정당화될 수 없었다. 의료의 사회화는 다른 사회적 위험을 사회보험을 통하여 보호하는 과제를 가속화하는 계기가 되었다. 1974년 시행이 예정되었지만 유보되었던 국민복지연금이 더 이상 지체될 수 없었다. 1987년 예정된 대통령선거는 사회보장입법을 촉진하는 정치적 촉매였다.

이와 같은 배경에서 의료보험은 이미 1988년과 1989년 농어촌주민 및 도시지역주민으로 적용이 확대되어 실질적으로 전국민보험으로 발전하였다. 1988년 「국민연금법」이 시행되었다. 사회보장법이 보호하는 위험 및 상황이 확대되고 개인 생활이 사회보장법관계에 편입되면서 사회보장입법은 복지의 이념과 함께 평등의 이념이 견인하게 되었다. 이전 시기에 사회보장입법이 지체되었기 때문에 기존의 복지를 비교의 대상으로 삼아 상향적 평등을 실현하는 여지가 제한적이었던 상황이 이제 변화하였다. 의료보험과 국민연금의 확대에는 이와 같이 복지와 평등의 이념이 함께 작용하였다.

「장애인복지법」이 제정되고 장애인운동에 영향을 받아 장애인과 비장애인 간의 차별금지뿐 아니라 장애인 간에 장애의 종류와 정도에 따라 복지에 평등하게 접근할 수 있어야 한다는 문제가 점검되어야 했다. 또 1990년 「장애인고용촉진 등에 관한 법률」이 제정되어 장애인고용이 적극적인 지원의 대상이 되면서 장애인의 인간다운 생활과 사회참여 및 편입을 통한 사회통합의 관점이 고용뿐 아니라 다른 생활 영역으로 확대될 것을 예고하였다.

위와 같은 변화는 사회보장법에 대한 이해에 중요한 영향을 주었다. 첫째, 현상적으로 보면 의료보험과 국민연금이 가입대상을 확대하였다. 이 시기에 「고용보험법」이 제정되면서 전통적인 4대 사회보험이 모두 갖추어졌다. 이로써 개인의 중요한 생활국면이 모두 공법체계에 편입되었다. 둘째, 국민 생활의 상당 부분이 정치적 의사결정의 대상이 되었으며, 이로써 사회보장법의 정치적 성격은 강화되었다. 1980년대 말 의료보험이 전국민으로 확대되면서 다시 점화된 의료보험 관리운영방식에 관한 논의에서 당시 주요 정당 모두가 법안을 작성하여 제출하였던 것이 좋은 예이다. 이는 1973년 「국민복지연금법」의 제정, 그리고 1976년 「의료보험법」의 제정에서 복지정치의 장이 형성되어 있지 않았던 상황과 비교된다. 이와 같은 사회보장의 정치화는 이중적 효과가 있다. 사회보장법의 제정과 개정이 개인 생활에 민감한 영향을 미치며, 이와 같은 상황에서 다양한 이해당사자가 의사결정에 참여함으로써 정치적 정당성과 제도적 안정성을 제고할 수 있어야 한다. 1986년 「국민연금법」의 제정에 있어서 노사의 이익관계가 본격적으로 투입되어 제도형성에 영향을 주었다. 또 1988년 농어촌 의료보험의 실시에 있어서는 의료보장쟁취공동위원회(의보공위), 전국의료보험대책위원회(전의대) 등 시민단체가 직접 법안을 작성하고, 또 적극적으로 의견을 개진하였던 것이 좋은 예이다. 이에 비해서 정치적 영향력이 없거나 미약한 집단과 그들의 문제는 공론의 장에 진입하지 못하고 정체되었다. 사회보험법들이 활발하게 제정 및 개정되었던 데 비해서 「생활보호법」과 사회복지관련법들은 부분적으로 예외가 있기는 하였지만 대부분 오랫동안 정체되었다. 셋째, 1990년대 신자유주의가 지배적인 사조로 등장하고 세계화가 진행되면서 사회보장의 이념과 제도를 근본적으로 검토하는 계기가 되었다. 사회보험에서 급여의 범위와 수준을 넓히고 높이는 진전이 이루어지지는 않았다. 국민연금의 수준은 낮아졌고, 민간부분에 의하여 보충하는 구상이 나타났다.

신자유주의와 세계화의 예후는 사회보장입법이 팽창하는 경향에 잠재적인 제어 요소가 되었다. 초기에는 근로연계복지, 그리고 후반부에 생산적 복지의 구상이 제시되었지만 아직 구체적인 제도의 변화가 뒤따르지는 않았다. 의료보험은 가장 기본적인 자유의 조건으로서 적시에 적합한 보호가 이루어져야 하기 때문에 다른 제도에 부담을 전가하는 형태로 개정이 될 수는 없었다. 다만

1977년 의료보험이 시행된 이후 단기간에 농어촌 및 도시지역으로 적용범위가 확대되면서 근본적인 문제들이 나타나기 시작하였다. 첫째, 직장근로자와는 달리 지역 주민의 경우 소득파악율이 제한적이기 때문에 기존의 보험료산정의 방법을 그대로 적용할 수 없었고, 자동차, 재산 등을 보험료 부과의 대상에 포함하면서 불합리가 발생하였고, 또 지속되었다. 둘째, 의료보험의 대상이 전국민으로 확대되면서 1977년과 1982년 점화되었던 통합방식으로의 전환이 새로운 국면을 맞게 되었다. 국민연금에서는 기존의 보험료률과 급여수준을 유지하는 경우 연금재정이 지속될 수 없다는 점이 처음부터 인식되었다. 그러나 국민연금의 지급은 아직 많은 시간을 남겨 두고 있었고, 따라서 장기적인 지속가능성의 사고와 단기적인 정치적인 이해관계가 대립하면서 합리적인 개정에 이르지 못했다. 1985년 이후 예고된 고령사회 및 저출산의 우려 역시 1995년에 부분적으로 제도에 반영되었지만 진지하지는 않았다. 1960년대 제정된 이후 지속적으로 급여의 종류와 수준을 개선하여 왔던 「공무원연금법」은 이미 1990년대 초반 이후 자체 재정으로 연금사업을 운영할 수 없는 상황이었다. 이에 1995년 공무원연금 1차 개혁이 이루어졌지만 이는 모수(母數)개혁에 그쳤다. 또 기존의 연금수급자 및 재직중인 공무원에게는 적용되지 않도록 함으로써 개혁의 효과는 미약하였다. 아직 지속가능성의 위기인식이 낮았던 것이다.

1960년대 중반 이후 산업화 시대에 숙련 및 비숙련노동에 대한 수요가 증가하면서 오랫동안 노동시장은 완전고용에 가까운 상태에 있었다. 1990년대 노동시장의 유연화가 추진되면서 고용보장이 시대의 의제가 되었다. 그러나 고용보장이 실현될 수 있는 시대는 저물어 가고 있었다. 세계적인 단위에서의 기업경쟁이 심화되면서 숙련노동에 대한 수요가 증가하는 대신 비숙련노동에 대한 수요는 감소하였다. 그리고 경제환경의 변화에 신속히 적응할 수 있도록 노동시장을 개편하여 유연성을 확보하는 것은 국가경쟁력을 강화하는 필수적인 요소가 되어가고 있었다. 이로써 비정규직 근로자, 그리고 노동시장 양극화의 문제를 예고하였다. 이와 같은 시대적 배경에서 1993년 「고용보험법」이 제정되었고 1995년 시행되었다. 「고용보험법」의 시행은 상징적으로 다음과 같은 시대적 과제를 징표하였다. 첫째, 우리 사회에서 사회적 위험을 시장 자체에서 보호할 수 있는 한계는 벗어났다. 둘째, 국가는 이와 같은 시장의 기능상의 한계를 존중하면서 동시에 복지를 강화하여 이를 메울 수 있어야 한다. 1997년 이후 다음 시대의 과제는 여기에 있었다.

제 7 장 복지정치의 구조화, 사회구조의 변화 (1998-2007년)

제 1 절 1997년 외환위기, 시장기능의 강화와 사회안전망의 구축

이전 시기 후반기, 즉 1990년대에 진입하면서 신자유주의의 사조와 세계화로 인한 전지구적 경쟁의 구도에서 완전고용과 소득의 평등을 동시에 실현하는 것은 어려운 현실이 되었다. 1990년대 이후 자본 및 노동시장에서는 신자유주의의 사조를 피할 수 없었고, 근로연계복지, 생산적 복지, 사회투자국가 등의 구호와 정책은 신자유주의가 남긴 빈곤과 불평등에 힘겹게 맞서게 되었다.[1] 1997년말 우리나라에 닥친 외환위기는 노동시장의 유연화를 보다 강하게 요청하였다. 이는 시장의 기능을 강화하면서, 동시에 사회적 안전망을 구축하여 시장의 복지기능이 갖는 한계를 적극적으로 보충하는 이중의 과제를 부과하였다.[2] 복지정책은 고용정책, 경제 및 재정정책과 연관관계에서 형성되어야 했고, 이를 조정하는 민주주의의 부담은 그만큼 컸다.[3] 이는 복지정책의 논의에 있어서 구조적인 변화를 가져왔다. 이제 노동운동은 본격적으로 복지문제로 관심을 확대하였다.[4] 이전 시기에 맹아를 보였던 복지시민운동은 이 시기에 보다 활발해졌다. 1999년 「국민기초생활보장법」의 제정은 기초생활보장법 제정추진연대의 활동이 결정적인 계기가 되었다.

이 시기에는 고용불안이 깊어졌을 뿐 아니라, 저출산 고령사회가 심화되면서 사회보장의 목표와 재정건전성의 균형관계가 시대의 의제가 되었다. 고용을

1) 이에 대해서는 예컨대 정무권, "'국민의 정부'의 사회정책 – 신자유주의의 회귀? 사회통합으로의 전환?", 김연명(편), 한국 복지국가 성격논쟁 I(인간과 복지사, 2002), 58면 이하 참조.
2) 이 점에 대해서는 예컨대 최영기/전광석/이철수/유범상, 한국의 노동법 개정과 노사관계 – '87년 이후 노동법 개정사를 중심으로(한국노동연구원, 2000), 239면 이하 및 432면 이하 참조.
3) 이와 같은 복지정책의 다차원적 관련성에 대해서는 예컨대 이혜경, "한국 복지국가 성격 논쟁의 함의와 연구방향", 김연명(편), 한국 복지국가 성격논쟁 I(인간과 복지, 2002), 454면 이하 참조.
4) 외환위기 이후 노동의 복지에 대한 관심과 한계에 대해서는 예컨대 유범상, "한국의 노동정치와 사회보장의 '만남'; 의미, 구조, 전략", 상황과 복지 제14호(2003), 69면 이하 참조.

지원하여 구조적인 빈곤을 보호하는 정책은 '생산적 복지'로 이름지워졌다. '생산적 복지'는 이전 시대에 등장한 개념이었지만 1990년대 후반에 와서 다시 복지정책의 기조로 제시되었다. 그러나 사회보장의 생산적 기능에 관한 구상이 여전히 명확하지는 않았다.[5] 추상적인 차원에서 생산적 복지는 자유시장경제에서 공정한 소득분배, 국가의 재분배, 그리고 자활을 위한 사회적 투자의 요소로 구성된다고 이해되었다.[6] 사회보장과의 연관성이 다음과 같이 구체화되기도 하였다. 즉 생산적 복지는 기초생활의 보장, 사회보험의 확대 및 내실화, 사회취약계층을 위한 다양한 취업방안을 추구한다. 이는 우리 사회에서 처음으로 복지정책의 패러다임을 변화 혹은 형성하는 시도였으며, 또 1990년대 초반의 논의수준에 비해서는 진화하였지만 여전히 추상적이거나 내용이 불명확하였다.

당시 정부는 사회안전망을 정비하는 작업이 시장의 구조조정과 효율성을 실현하기 위한 전제조건이라는 사실을 인식하고 있었다. 양적으로 보면 이 시기에 국민연금과 특히 고용보험의 가입대상이 확대되었고, 복지예산은 큰 폭으로 증가하였다. 예컨대 국내총생산 대비 복지예산의 비율은 1995년 5.7%에서 1999년 11.8%로 2배 이상 증가하였다.[7] 그러나 그 결과 고용과 소득평등을 균형있게 유지할 것인가, 아니면 고용의 불안정은 피할 수 없으며 사회보험에서 오히려 복지의 계층화가 심화되고, 복지정책은 최저생활보장에 집중할 것이며, 그 결과 국민 전체의 복지는 소홀히 될 것인가에 대해서는 예측이 엇갈렸다.[8]

2003년 출범한 노무현 정부에서는 이전 시기 생산적 복지와 그 이념에 있어서 크지 차이가 나지 않는 사회투자국가가 새로운 복지패러다임으로 등장하였다.[9] 이 당시 제시된 생산적 복지와 사회투자국가는 모두 기존의 복지정책

5) 생산적 복지에 관한 다양한 이해방법에 대해서는 예컨대 남찬섭, "경제위기 이후 복지개혁의 성격－구상, 귀결, 복지국가체제에의 함의", 김연명(편), 한국 복지국가 성격논쟁 I(인간과 복지, 2002), 149면 이하 참조.

6) 이에 대해서는 박광준, 한국사회복지역사론(양서원, 2013), 285면 이하; 정무권, "세계화, 민주화, 한국의 발전주의 생산레짐과 복지체제의 재편", 한국사회정책 제14집 제2호(2007), 48면 이하 등 참조.

7) 이 점에서 당시 시기를 복지국가의 맹아로 평가하는 견해로는 예컨대 성경륭, "한국 복지국가 발전의 정치적 기제－노무현정부와 이명박정부 비교분석", 김병섭 외, 우리 복지국가의 역사적 변화와 전망(서울대 출판문화원, 2015), 531면 참조.

8) 1990년대 후반 우리 복지국가의 성격에 대해서 사회복지학자들 사이에 신자유주의, 보수적 조합주의, 국가책임의 확대 등의 논쟁이 있었다. 이에 대해서는 김연명(편), 한국 복지국가 성격논쟁 I(인간과 복지, 2002), 51면 이하, 90면 이하, 119면 이하, 152면 이하 등 참조. 이밖에 김원섭, "한국 복지국가 연구에 관한 이론적 고찰", 아세아연구 제54권 제4호(2011), 194면 이하, 201면 이하; 송호근/홍경준, 복지국가의 태동(나남, 2006), 182면 이하, 270면 이하 등 참조.

9) 당시 사회투자국가의 개념 및 타당성에 관한 논쟁으로는 예컨대 김영순, "사회투자국가가 우리의

과 비교하면 새로운 지평을 여는 패러다임이라는 점에서는 공통점이 있었다. 즉 복지정책이 고용과 밀접한 연관성을 갖게 되었고, 또 소득보장에 비해서 혹은 소득보장과 함께 사회복지서비스를 확대하여 고용을 지원하고, 국가복지의 부담을 덜을 수 있다는 구상이었다. 실제 2004년 이후 복지예산은 국방예산을 넘어서기 시작하였다. 그러나 사회투자국가의 과제는 새롭고, 또 복잡하였으며, 논의의 지평이 넓었다. 아직 소득 및 의료보장이 지체되고 있었기 때문에 과제는 중첩되어 있었다. 이 시대는 전통적인 복지국가의 과제인 소득보장을 실현하고, 동시에 새로운 사회적 위험을 보호하고 자립의 기반을 지원하기 위한 서비스를 확대하는 과제를 남겼다.[10] 예컨대 건강보장률은 아직 63%에 머물러 OECD회원국 평균 85%에 훨씬 밑돌았고, 사회서비스의 지출규모 역시 정체되어 있었다.[11] 또 복지구상이 정책으로 이어지지 못한 경우도 관찰되었다. 예컨대 공공부조가 확대되었지만 생산성과 직접 연계되지 않는 아동, 노인 등을 위한 사회서비스에 있어서 주목할 만한 변화가 있지는 않았다.[12]

외환위기를 극복하기 위한 구조조정이 시행되면서 우리 역사에서 겪지 못한 정도의 높은 실업률, 그리고 빈곤율을 경험하게 되었다. 빈곤률은 1996년 4% 내외에서 1999년 8% 내외로 급증하였다. 실업률은 1997년 이전에는 약 2%로 거의 완전고용을 유지한 반면 1998-99년에는 7% 내외로 급격히 증가하였다.[13] 이미 1996년 「근로기준법」에서 정리해고가 도입되었고, 이 시기에 법원은 정리해고의 요건은 점차 완화하여 적용하였다.[14] 이어 파견근로제가 특정 업종에 도입되면서 노동의 양극화와 분절이 예상되었다. 더구나 노동시장의 유연성이 기

대안인가?. 최근 한국의 사회투자국가 논의와 그 문제점", 경제와 사회 제74호(2007), 84면 이하; 양재진, "사회투자국가가 우리의 대안이다. 사회투자국가 비판론에 대한 반비판", 경제와 사회 제75호(2007), 319면 이하 등 참조.

10) 이 점에 대해서는 예컨대 성경륭, 위 각주 7의 논문, 57면; 이혜경, "한국 복지국가의 전개－정부와 민간복지의 관계 변화", 김병섭 외, 우리 복지국가의 역사적 변화와 전망(서울대 출판문화원, 2015), 320면 등 참조.

11) 예컨대 백종만, "사회(복지)서비스에서 공공과 민간의 역할변화", 김병섭 외, 우리 복지국가의 역사적 변화와 전망(서울대 출판문화원, 2015), 309면 이하 참조.

12) 이 점에 대해서는 예컨대 조흥식, "사회복지정책제도의 변화와 전망", 김병섭 외, 우리 복지국가의 역사적 변화와 전망(서울대 출판문화원, 2015), 117면, 121면 참조.

13) 1990년대 이후 노동빈곤의 상황에 대해서는 예컨대 윤희숙, "근로빈곤층의 빈곤현황과 정책평가", 보건복지포럼(2013.3), 33면 이하 참조.

14) 초기 정리해고의 요건은 엄격하였으나(대판 1987.4.28, 86다카1873; 1989.5.23, 87다카2132), 이후 점차 완화되었다(대판 1991.12.10, 91다8647 참조). 정리해고의 요건이 더욱 완화되는 경향에 대해서는 대판 2002.7.9, 2001다29452; 2003.11.13, 2003두4119; 2013.6.13, 2011다60193; 2014.11.13, 2014다20875 등 참조).

술적 혹은 생산적 조정을 위한 목적이 아니라 노동비용을 절감하기 위한 수단이 되면서 비정규직이 대규모로 발생할 가능성이 커가고 있었다. 이후 시기에 본격적으로 나타나는 근로빈곤의 문제는 이때 이미 싹트고 있었다. 이와 같은 상황에서 고용보험의 적용대상은 획기적으로 확대되어야 했다. 그러나 고용보험은 가입대상 및 보호의 수준, 그리고 급여기간에 제한이 있기 때문에 복지기능이 제한적이었다.

고용사회에서 실업은 최저생활을 할 수 없는 원인이 되기 때문에 고용 자체, 그리고 실업으로 인한 소득상실을 보장하는 외에 최저생활을 보장하는 법과 제도를 충실히 하는 문제가 시급하였다. 기존의 「생활보호법」이 갖는 문제, 특히 보편성의 원칙이 실현될 수 없는 흠결이 제거되어야 했다. 이에 최저생활보장을 위한 보편적인 사회안전망을 구축하기 위하여 1999년 「생활보호법」을 폐지하고 「국민기초생활보장법」이 제정되었다. 고용보험의 확대, 그리고 「국민기초생활보장법」의 제정을 계기로 이 시기 사회보장예산은 급격히 증가하였다. 특히 복지예산의 증가율에 비해서 기초생활보장을 위한 예산의 증가율이 훨씬 높았다. 다만 「국민기초생활보장법」은 지도이념 자체가 명확하지 못했고(최저생활보장과 자활보호의 긴장관계), 실효성이 미흡했으며(보편성의 미실현), 또 입법목적을 실현하기 위하여 필요한 하부구조를 충실히 갖추지 못했다는 문제가 있었다(직업훈련 및 취업알선 조직 등).[15] 최저생활보장의 이념에 집중하였기 때문에 소득활동을 장려하는 자활보호의 이념은 희생되었다. 또 최저생활보장의 목표에 있어서도 특히 재산기준, 부양의무기준 등과 같은 급여조건이 보편성의 원칙을 실현하는 데 장애가 되었다. 근로빈곤이 새로운 사회적 위험으로 비중을 더해가고 있었지만 이를 본격적으로 사회안전망에 포섭하기에는 사회적 합의도 부족했고, 또 이를 위한 하부구조가 결여되어 있는 등을 이유로 벅찬 과제였다.

전통적인 4대 사회보험이 완비되면서 여전히 배제되어 있는 인적 대상, 그리고 사회적 위험에 대한 사회정책의 진화가 필요했다. 사회보험을 중심으로 한 포섭과 배제의 논리가 이제 사회보장법 전체로 확장된 것이다. 시장에 접근이 제한되어 있는 장애인과 노인, 아동 등, 그리고 주로 이들이 필요로 하는 서비스가 보충되어야 했고, 또 부분적으로 실현되었다. 이러한 변화는 정책

15) 「국민기초생활보장법」의 시행과정에서 나타나는 이러한 문제점에 대해서는 방하남/황덕순, “노동과 복지의 연계를 위한 정책설계 및 실현방안－국민기초생활보장제도의 자활사업을 중심으로”, 사회보장연구 제18권 제2호(2002), 92면 이하; 박능후, “국민기초생활보장제도 수급자의 근로동기 강화요인 연구”, 사회보장연구 제21권 제4호(2005), 227면 이하 등 참조.

과 입법, 그리고 입법의 실효성에 대해 새로운 조명을 필요로 하였다. 즉, 다양한 집단과 생활영역에 대한 보호의 필요성을 유형화하여 법제화할 때 필연적으로 나타나는 불균형의 문제, 입법이 서비스를 규율대상으로 할 때 나타나는 법제화의 한계, 그리고 법집행의 흠결 등이 새로운 과제였다. 평등의 이념이 복지를 견인하는 영역 역시 확대되었다. 특히 장애인의 경우 절대적으로 보호의 대상일 뿐 아니라 장애인은 필연적으로 비장애인과 비교의 대상이 된다. 이에 기존의 「장애인복지법」 외에 2007년 「장애인차별금지 및 권리구제 등에 관한 법률」이 제정되었다.

이 시기에 또 하나의 획기적인 입법은 2007년 제정된 「노인장기요양보험법」이다. 고령사회에서 가족의 기능이 약화되면서 노인 등 스스로 일상생활을 하는데 제한이 있는 집단에 대한 보호가 사회화되어야 했다. 「노인장기요양보험법」의 제정에 있어서는 여러 차원에서 정책적 및 입법적 과제가 나타났다. 가족정책과 노인정책, 고용정책과 여성정책의 관계가 재조명되어야 했다. 지금까지 가족 내에서 노인 부양이 주로 여성에 의하여 이루어졌는데, 이를 요양정책의 주어진 현실로서 인정할 것인가, 아니면 이러한 관행을 전환하는 정책 및 입법이 형성되어야 하는가의 문제이다. 법적으로 보면 「노인복지법」과 새로이 제정된 「노인장기요양보험법」의 기능적 보충관계를 형성하는 문제, 그리고 기본적으로는 서비스를 내용으로 하는 법률관계를 실체법적·절차법적 및 조직법적 규율을 통하여 경제성과 실효성을 보장하는 문제 등이 새로운 과제였다.

제 2 절 사회보장의 구조변화

1997년 이후 진행된 기업의 구조조정 및 노동시장의 유연화, 그리고 저출산 고령사회의 심화는 국민연금 및 고용보험 등을 근본적으로 재점검하는 계기가 되었다. 다음과 같은 몇 가지 구조적인 변화가 관찰되었다.

일반적으로 급격한 구조조정을 위하여 대부분의 의제가 포괄적으로 자본과 노동의 협의와 합의를 필요로 했다. 그만큼 노동운동은 복지문제로 비중을 두어가고 있었다. 특히 외환위기의 상황에서 사회보장의 개편은 노동과 자본의 합의를 쉽게 이끌어낼 수 있었고, 이는 국회에서 해당 의제에 대한 결정을 거의 대체하였다.

민주주의의 의사결정 및 사회단위에서 국민 및 이해관계인의 참여가 활성화되었고, 또 공익의 관점에서 시민단체의 의견 표현이 활발해졌다. 참여민주주의는 정치학[16], 헌법[17], 그리고 행정법[18]의 시대적 주제였다. 사회보장에서는 당사자들이 제도 내에서, 그리고 일반적인 민주주의의 의사결정과정에 참여하여 자신의 이익을 최대한으로 실현하는 구조가 나타났다.[19] 이는 사회보험에서는 사용자와 근로자의 관계, 특히 건강보험에서는 가입자와 요양기관, 국가와 요양기관의 관계 등에서 당사자의 참여를 강화하는 현상으로 나타났다. 이미 1977년 「의료보험법」 개정에서 대한의학협회는 의료보험의 주요 의사결정에 참여하여 의료계의 이익을 반영하기 위하여 조직법을 정비하는 노력을 한 바 있다. 그러나 전체적으로 제도 내에서 당사자의 이익관계를 반영·조정하는 의사결정과 민주주의의 의사결정은 협력 및 긴장관계에 있으며, 이는 사회보장법의 근본적인 정책 및 이론적 과제가 되었다.

시민운동의 영향은 1999년 '국민기초생활보장법 제정추진연대'의 활동에 대표적으로 나타나 있다. 그러나 역설적으로 일부 이익집단이 관련되어 있는 사회보장법에서 이익투쟁은 심화되었다. 예컨대 연금수준을 하향 조정하는 1998년과 2007년 「국민연금법」의 개정은 정치적으로는 거의 주목을 받지 못했다. 이에 비해서 공무원을 대상으로 하는 연금법의 개정은 당사자인 공무원의 격렬한 저항에 부딪쳤고, 이는 국회에서 개정작업에 결정적인 영향을 미쳤다. 또 요양급여비용의 수가(酬價)를 조정하는 문제는 「국민건강보험법」에 관한 일반적인 개정에 비해서는 논의의 집중도가 훨씬 높았다. 이는 입법의 현실에 있어서도 관찰되었다. 위에서 언급했듯이 이 시기에 장애인 및 노인 등 집단의 개별적인 생활이 독자적으로 규율대상이 되었다.

일반적으로 현재의 이익관계가 미래의 지속가능성의 기준보다 우선하였다. 예컨대 사회서비스에 있어서 아동에 비해서 노인 및 장애인이 우선적으로 정치

---

16) 대의민주주의의 실패와 심의민주주의의 필요성을 촉발하는 견해로는 예컨대 임혁백, "심의민주주의", 세계화시대의 민주주의(나남, 2000), 160면 이하 참조. 이후의 논의상황에 대해서는 예컨대 김주성, "심의민주주의인가, 참여민주주의인가?", 한국정치학회보 제42집 제4호(2008), 12면 이하, 17면 이하 참조.

17) 이에 대해서는 예컨대 양건, "참여민주주의·시민운동·법", 공법연구 26집 제1호(1998), 35면 이하; 정종섭, "시민단체와 참여민주주의", 공법연구 26집 제1호(1998), 61면 이하 등 참조.

18) 이에 대해서는 예컨대 박정훈, "행정법의 구조변화로서의 참여와 협력", 공법연구 제30집 제5호(2002), 1면 이하 등 참조.

19) 사회보장에서 참여를 제도화하는 시도와 과제에 대해서는 예컨대 조흥식, "사회복지와 참여민주주의", 참여사회연구소(편), 참여민주주의와 한국 사회(창작과 비평사, 1997), 293면 이하 참조.

적으로 주목을 받았다.[20] 사회보험에서 재정안정성을 위하여 제도를 조정하는 경우 현재 가입자에게 재정적 부담을 지우는 보험료 인상의 수단은 거의 채택되지 않고, 미래 실현될 급여청구권을 불이익하게 조정하는 방안이 선호되었다.

위와 같은 사회보장의 거시환경에 관한 구조변화는 다음과 같은 과제를 예고하였다. 외환위기 이후 고용보험의 확대, 「국민기초생활보장법」의 제정은 시대의 경제적 상황에 환원될 수 있는 조치였다. 이 점에서 보면 우리 복지국가가 아직 적극적인 성격을 띠었다고 볼 수 없었다. 그러나 이로 인하여 형성되는 의사결정구조의 변화는 (참여)민주주의의 확대와 밀접한 구조적 관련성을 갖는다. 즉 경제적 상황을 극복하기 위한 조치가 이제 복지와 평등을 견인하고, 또 독자성을 갖게 되는 결과가 되었다. 세대 간의 불균형의 문제는 민주주의의 일반적인 한계와 관련되어 있다. 결국 경제와 복지, 그리고 복지와 정치의 함수관계가 앞으로 우리 사회보장의 구조적 틀을 형성하게 되었다.

제 3 절 노동시장의 유연화와 사회보장법; 고용보험법의 적용 확대 · 급여 개선과 국민기초생활보장법의 제정

Ⅰ. 고용보험법

1. 적용 확대

1997년말 외환위기가 발생하였다. 이는 우리의 독자적인 노력으로 극복할 수 없었고, 우리 정부는 국제통화기금(IMF), 세계은행(World Bank) 등 국제금융기구의 지원을 받아야 했다. 국제통화기금은 우리 정부에 강력한 구조조정을 요청하였다. 이 경우 발생하는 실업자에 대한 소득보장을 내용으로 하는 "실업자지원 확충, 직업훈련 강화, 노동시장 구조조정 등 정부의 고용보험제도 강화계획을 1998년 2월 중 발표"하기로 합의하였다. 여기에는 고용보험의 개선과 관련하여 실업급여 최저기준의 인상과 최저지급기간의 연장, 고용상태가 극도로 어려운 기간에 실업급여의 지급기간을 특별히 연장하는 가능성 등이 포함되어야 한다. 이러한 합의사항은 1998년 개정 「고용보험법」에 반영되었다. 2000

20) 아동정책에서 나타나는 이러한 딜레마에 대해서는 예컨대 전광석, "사회복지법의 규범체계와 과제", 법제연구 제41호(2011), 16면 이하 참조.

년에 들어 와서 「고용보험법」은 여성이 임신과 출산으로 인하여 일과 가정을 함께 하지 못하고 경력을 단절하는 상황을 지원하는 규정을 두기 시작하였다. 이에 육아휴직 및 산전후 휴가급여가 도입되었다.

1998년 일련의 개정 법률에 의하여 「고용보험법」의 적용대상을 전체 사업장으로 확대하였다. 고용보험의 가입대상을 기존에는 실업급여(10인 이상 사업장)와 고용안정사업 및 직업능력개발사업(50인 이상 사업장)으로 구분하여 규율하였으나 1998년 5인 이상 사업장에 고용보험사업을 모두 적용하도록 하였다. 같은 해 고용보험은 농업·임업·어업 및 수렵업 중 4인 이하 사업장, 가사서비스업 등을 제외하고 전체 근로자에 확대되었다(시행령 제2조). 이는 1996년 「근로기준법」에 경영상의 이유로 인한 정리해고에 관한 규정을 도입하면서 제도의 시행을 2년간 유예하였던 규정을 폐지하고 시행시기를 앞당기는 배경이 되었다.

2000년대에 들어와서 사회보험 사각지대가 본격적으로 주목을 받았다. 2002년 개정 법률은 다음과 같은 조치를 취하여 적용대상을 확대하였다. 기존에 3월 이내 기간을 정하여 고용되는 일용근로자를 적용대상에서 제외하였으나 이제 그 범위를 1월 기간을 정하여 고용되는 일용근로자로 하여 적용대상을 확대하였다(법 제8조 제3호). 다만 일용근로자는 입직과 이직이 빈번하기 때문에 실업 여부를 판단하기 어려웠다. 이에 일용근로자의 경우 1개월 근로일수가 10일 미만인 경우 실업급여를 지급하도록 하였다. 또 일반 근로자가 일용근로자로 짧은 기간 근로를 하고 실업급여를 받는 것을 방지하기 위하여 보험가입기간 180일 중 90일 이상을 일용근로자로 근로하였어야 한다(법 제31조 제1항 제5,6호). 일용근로자의 경우 임금의 높고 낮음의 변화가 심하기 때문에 급여기초임금일액의 산정방식에 관하여 별도의 규정을 두었다(법 제35조). 기존에는 65세 이상인 자와 60세 이후에 새로이 고용된 자가 고용보험의 적용대상에서 제외되었다. 60세 이후에 새로이 고용된 자는 재취업의 가능성이 제한된다고 보았기 때문이다. 그러나 고령자의 취업이 활발하고, 또 이를 촉진하기 위하여 60세 이후 신규 고용근로자를 제외하는 것이 더 이상 타당하지 않다고 생각하여 해당 규정을 삭제하였다. 2004년 고용보험의 적용대상에서 제외되는 단시간 근로자의 기준을 축소하여 적용범위를 확대하였다. 즉 기존에 적용이 배제되는 단시간 근로의 기준이 1개월 근로시간 80시간에서 60시간으로 축소되었다(시행령 제3조 제1항). 2005년 개정 법률은 고용안정·직업능력개발사업은 65세 이상인 자에게도 적용되어 지원을 받을 수 있도록 하였다(법 제8조). 나아가서 피보험자 이외에 취업의사를 가진 자에 대해서 고용안정·직업능력개발사업을 실시할 수 있도록 하였다(법 제15조 제1항). 이는 국고지원을 필요로 하였지만 이에 관한 명시적인 규정을 두지는 않았다.

2005년 개정 법률은 자영업자가 임의로 고용보험에 가입할 수 있도록 하였다(법 제83조의 2). 이는 직장 근로자의 실업을 예방하고 취업을 촉진하는 전통적인 「고용보험법」의 범주를 벗어난 것이었다. 이 점을 고려하여 「고용보험법」은 고용안정·직업능력개발사업에 한하여 자영업자에게 적용하도록 하였다. 이에 상응하여 고용보험에 가입하는 자영업자는 소득 및 임금수준을 고려하여 실업급여사업을 제외하고 고용안정·직업능력개발사업에 대한 보험료를 부담한다(보험료징수법 제49조의 2).

2. 급여 및 급여조건의 개선, 급여구조의 변화

(1) 급여 및 급여조건의 개선

급여조건을 완화하였다. 1999년 실업급여를 수급하기 위하여 필요한 보험가입기간이 기존의 12개월에서 6개월로 단축되었다(법 제31조 제1항 제1호). 2002년 개정 법률은 급여가 유예되는 대기기간을 기존에 신고일로부터 14일에서 7일로 단축하였다. 취업촉진수당 중 조기재취직수당은 조기재취업수당으로 명칭을 바꾸고 조기재취업수당의 급여요건이 완화되었다. 기존에 조기재취직수당은 수급자격자가 재취직을 한 경우에 지급받지 못한 구직급여를 지급하여 취직을 유인하기 위한 목적을 가졌다. 조기재취업수당은 재취직 외에 영리를 목적으로 하는 사업으로 확대하여 창업을 하는 경우에도 지급될 수 있다(법 제50조).

1998년 최저구직급여제도가 도입되어 구직급여일액이 최저임금일액의 70%에 미달하는 경우에는 최저임금일액의 70%에 해당하는 액을 수급자격자의 구직급여일액으로 하였다. 이는 1999년 90%로 다시 인상되었다(법 제36조 제2항). 2006년 구직급여의 산정기준인 임금일액의 최고액이 7만원에서 8만원으로 인상되었다(시행령 제48조 제1항). 「고용보험법」은 수급권의 남용을 방지하기 위하여 허위 기타 부정한 방법으로 실업급여를 받은 경우 그 이후에는 실업급여를 받을 수 없었다. 이 규정은 약간 완화되었다. 즉 허위 기타 부정한 방법이 경미한 경우에는 2주간에 한하여 실업급여를 받을 수 없고, 이후 다시 실업급여를 받을 수 있다(법 제47조 제2항).

연령과 보험가입기간에 따른 구직급여의 최저지급기간은 1998년 30일에서 60일로, 1999년 90일로 연장되었으며, 최장지급기간은 210일에서 240일로 연장되었다(법 별표). 기존에는 직업훈련을 받는 기간에 구직급여가 연장될 수 있었다. 1998년 개정 법률은 구직급여가 연장될 수 있는 경우를 추가하였다. 첫째, 취직이 특히 곤란한 수급자격자에 대해서는 60일의 범위 내에서 구직급여가 연장될 수 있다(법 제42조의 2, 시행령 제52조의 2)(개별연장급여). 둘째, 실업이 급증하는 등의 사유가 발생한 경우 60일의 범위 내에서 구직급여가 연장 지급될 수 있다. 3개월 간 계속하여 실업률이 6% 이상 되는 경우가 여기에 해당한다(특별연장급여)(법 제42조의 3, 시행령 제52조의 3). 이밖에 한시적으로 실업급여 수급요건을 완화하였다. 즉 2000년 6월 30일까지의 기간 동안에 이직한 자에 대해서 기준기간을 12월로 하고, 피보험단위기간을 6월로 하였다(부칙 제3조).

실업급여의 재원을 확충하기 위하여 고용보험료율의 범위를 기존의 임금액의 1.5%에서 3.0%로 인상하였다(법 제57조 제1항). 고용안정사업의 보험료율은 0.2%에서 0.3%로, 실업급여사업의 보험료율은 0.6%에서 1.0%로 인상되었다. 2002년 보험료율은 다시 0.15%와 0.9%로 인하되었다.

(2) 급여구조의 변화

2005년 개정 법률은 급여구조를 바꾸었다. 즉 고용안정사업과 직업능력개발사업은 이제 고용안정·직업능력개발사업으로 통합 운영된다(법 제4조 제1항). 2005년 개정 법률은 구조조정으로 인한 실업을 예방하고 고용을 유지하는 전통적인 과제에서 벗어나 적극적으로 고용창출지원 등 취업촉진을 위한 지원의 근거를 마련하고, 고령인력의 고용을 촉진하기 위하여 필요한 지원을 할 수 있도록 하였다(법 제15조의 2, 18, 18조의 3). 임금피크제를 도입하는 경우 임금피크제 보전수당을 지급하도록 하였다(시행령 제22조의 4). 이 시기에 여성 및 고령인력에 대한 고용지원이 강화되었다. 예컨대 비정규직근로자의 고용안정을 위하여 직업능력개발훈련에 대한 지원을 강화하였다(시행령 제27조 제3항 이하). 여성 비정규직근로자가 임신 및 출산으로 인하여 경력이 단절되는 것을 방지하기 위하여 육아휴직중 대체인력을 고용하는 경우 육아휴직장려금 및 대체인력채용장려금을 지급하도록 하였다(시행령 제22조의 5 이하). 2007년 개정 시행령은 고령자 고용지원을 위하여 정년을 56세 이상으로 연장하거나 정년에 이른 후에도 고령근로자를 퇴직시키지 않는 사업주에게 장려금을 지급하도록 하였다(시행령 제25조).

3. 산전후 휴가급여와 육아휴직급여의 도입

2000년 「남녀고용평등법」은 모성보호 및 직장과 가정생활의 양립을 지원하기 위한 규정을 도입하였다. 이와 같이 정책의 중점이 이동하면서 기존의 「남녀고용평등법」은 2007년 「남녀고용평등과 일·가정 양립지원에 관한 법률」로 이름을 바꾸었다. 산전후 휴가에 대한 지원으로 「근로기준법」 제72조에 의한 산전후 휴가기간 90일 중 유급휴가기간 60일 이외에 무급휴가기간에는 산전후 휴가급여를 지급하도록 하였다. 또 1년 이내의 범위에서 육아휴직을 부여하였다(남녀고용평등법 제18,19조).

이와 같은 「남녀고용평등법」의 입법목적에 실효성을 부여하기 위하여 보험가입기간을 충족한 가입자에게 「고용보험법」이 일정한 급여를 하도록 하였다. 산전후 휴가급여로서 산전후 휴가기간이 60일을 초과하는 일수에 대해서 「근로기준법」의 통상임금에 해당하는 급여를 지급한다. 산전후 휴가급여의 최고액과 최저액을 두었으며, 최저액은 「최저임금법」에 의한 최저임금월액으로 하였다(법 제55조의 7 이하. 시행령 제68조의 8). 육아휴직급여로서 육아휴직을 30일 이상 부여받은 경우 가입자에게 월 20만원을 지급한다(법 제55조의 2, 시행령 제68조의 3). 2002년과 2004년, 2007년 육아휴직급여의 수준은 30만원, 40만원, 50만원으로 인상되었다.

4. 보험료 통합징수

고용보험과 산업재해보상보험은 고용관계를 중심으로 운영되며 보험료의 산정기준과 징수방식 등이 유사하다. 이에 2003년 고용보험과 산업재해보상보험의 보험료를 통합징수하기 위하여 「고용보험 및 산업재해보상보험의 보험료 징수 등에 관한 법률」이 제정되어 2005년 시행되었다.

Ⅱ. 국민기초생활보장법의 제정과 시행

1. 권리에 기반한 보편적 사회안전망-1999년 국민기초생활보장법의 제정

위에서 서술했듯이 1997년 말 외환위기 국면이 전개되면서 경제의 구조조정 및 노동시장의 유연성을 제고하는 정책전환은 피할 수 없었다. 그리고 이러한 전환을 위해서 필요한 전제조건이 충실히 인식되었다. 이에 고용안정조치를 통하여 사전적으로 실업을 예방하고, 또 사후적으로 실업으로 인한 소득상실을 보상하는 제도가 정비되어야 했다. 1990년대 중반까지 거의 완전고용이 유지되었지만 실업률은 1998년과 1999년 7.0%, 8.21%로 치솟았다. 「고용보험법」의 과제는 무거워졌다. 그러나 고용보험은 사회보험의 특성상 가입대상이 소득근로자로 한정되어 있고, 또 실업급여는 한시적으로 지급된다. 이에 최후의 사회적 안전망이 정비되어야 했다. 기간제고용, 시간제고용 등 비정규직이 증가하면서 신빈곤(new poverty), 즉 근로빈곤의 문제가 더 이상 정책의 주변에 머무를 수는 없게 되었다.[21] 1961년 이후 기본적인 구조를 그대로 유지하고 있었던 「생활보호법」은 처음부터 입법목적과 불균형하게 형성되었지만, 새로운 문제상황에서 최저생활을 보장하는 목적에는 더욱 적합하지 않았다. 이러한 문제인식 및 체계전환의 논의에 있어서 시민단체(국민기초생활보장법 제정추진연대)가 국민복지최저선(national minimum) 확보운동을 전개하면서 구체적인 의제를 선정하고 제도개선을 구상하였다. 이에 「생활보호법」을 폐지하고 1999년 「국민기초생활보장법」을 제정하는 결실을 맺었다. 「국민기초생활보장법」이 시행되기 전까지 기존의 「생활보호법」이 갖는 흠결은 한시적 생활보호사업이 담당하였다(법 제3조 제2항). 기존의 「의료보호법」은 2001년 「의료급여법」으로 명칭을 바꾸었다.

2. 국민기초생활보장법의 주요 내용

(1) 보편성의 원칙

「국민기초생활보장법」은 보편성의 원칙을 실현하는 규범 구조를 갖추었다. 보편적인 최저생활보장이 장애요소였던 「생활보호법」 제3조가 폐지되었다. 「국민기초생활보장법」은 연령, 정신 및 신체상태 등의 원인에 관계 없이 최저생활을 할 수 없는 상황을 모두 보호의 대상으로 하였다. 또 수급요건을 충족하지 않는 경우에도 빈곤을 예방하기 위하여, 그리고 다시 빈곤상태에 처하게 되는 것을 방지하기 위하여 일반 조항을 두었다. 즉, 수급권자에 해당하지 않는 경우에도 생활이 어려운 자로서 일정 기간 동안 급여의 전부 혹은 일부가 필요하다고 인정되는 경우 수급권자가 될 수 있다(법 제5조 제2항).

(2) 수급자 선정기준의 단일화와 합리화

1) 소득기준

국민기초생활보장의 수급자는 소득을 기준으로 선정된다. 즉 소득인정액이 최저생계비 이하인 자는 수급권자가 될 수 있다(법 제5조 제1항). 최저생계비의 개념은 1997년 「생활보호법」 개정 법률에서 처음으로 도입되었다(법 제5조의 2). 이는 1995년

21) 근로빈곤의 새로운 사회적 상황 및 이로부터 제기되는 새로운 빈곤문제에 대해서는 예컨대 전광석, 복지국가론－기원 · 발전 · 개편(신조사, 2012), 203면 이하 참조. 이밖에 위 각주 13 참조.

제정된 「사회보장기본법」의 최저생계비 공표에 관한 규정이 영향을 미친 것으로 보인다(법 제10조 제2항). 그러나 1997년 「생활보호법」에서는 최저생계비가 선정기준 및 급여기준과 명시적으로 연계되어 있지는 못했다. 즉, 「국민기초생활보장법」 제5조 제1항에 해당하는 규정을 두지 않았다. 소득인정액은 소득평가액과 재산의 소득환산액을 합한 금액을 말한다(법 제2조 제7, 8, 9호). 최저생계비는 국민의 소득·지출 수준과 수급권자의 생활실태, 물가상승률 등을 고려하여 매년 공표한다(법 제6조). 이와 같이 선정기준을 명확히 함으로써 기초생활보장급여에 대한 법적 권리의 성격은 강화되었다. 이와 같은 태도는 용어의 변화에도 나타나 있다. 「국민기초생활보장법」은 기존의 보호대상자, 피보호자, 보호기관 등의 용어를 수급자, 수급권자, 보장기관으로 바꾸었다. 최저생계비에 대한 사회적 합의의 성격을 강화하였다. 최저생계비는 중앙생활보장위원회의 의결에 의하여 결정된다. 기존에 위원회는 심의기관에 머물렀었다(생활보호법 제5조의 2). 이러한 의결이 사회적 합의의 성격을 갖도록 중앙생활보장위원회를 구성하였다. 즉, 공공부조 혹은 사회복지 전문가 뿐 아니라 공익을 대표하는 자가 참여하였다(법 제20조 제3항).

소득과 재산의 기준을 단일화하여 소득인정액을 적용하는 것은 기존에 수급자 선정기준을 합리화하는 의미가 있었다. 기존에 「생활보호법」에서는 수급자로 선정되기 위해서 소득과 재산 각각의 기준을 모두 충족시켜야 했다. 이와 같은 기준에 따르면 소득이 없는 자가 재산 기준을 약간 넘는 수준의 재산을 보유하고 있는 경우에도 수급자가 될 수 없었다. 이는 일반적으로 소득이 없는 자의 경우 재산은 주거목적의 주택 등으로서 처분할 수 없는 경우가 대부분이기 때문에 합리적인 기준이 아니었다. 또 재산이 없는 자가 소득기준을 넘는 소득이 있는 경우에도 수급자로 선정될 수 없었다. 「국민기초생활보장법」에서는 소득, 그리고 재산을 소득으로 환산한 액을 종합적으로 고려하여 수급권자를 선정하였다(법 제2조 제7호). 소득평가액은 실제 소득에서 가구 특성별 지출비용을 공제하고, 또 일부 근로소득을 공제하여 산정된다(법 제2조 제8호). 실제 소득에서 공제되는 지출비용으로는 경로연금, 장애수당, 아동양육비, 만성 질환으로 인하여 지속적으로 지출되는 의료비 등이다. 실제 소득에서 근로소득의 일부를 공제하는 문제는 최저생활보장과 자활지원의 이념이 충돌하는 지점이었다. 소득이 선정기준을 소폭 초과한다고 해서 수급자격을 상실시키는 경우에는 근로유인이 상실될 것이다. 따라서 자활을 지원하기 위해서는 소득의 일부를 소득인정액에서 공제하여야 하지만, 이는 최저생활보장의 이념에서 보면 과잉보장에 해당하기 때문이다.

「국민기초생활보장법」은 우선 기초생활보장에 집중하였기 때문에 근로소득의 공제에는 소극적이었다. 특수한 상황에서 얻은 근로소득에 한하여 공제의 대상으로 하였다. 예컨대 장애인재활사업에서 얻은 소득, 자활공동체에 참여하여 얻은 소득의 10% 혹은 15%에 해당하는 액을 공제하였다(시행규칙 제2조). 재산의 소득환산액은 수급대상자의 재산에서 기초공제액과 부채를 공제하고 남은 가액에 소득환산율을 곱하여 산정된다(시행규칙 제4조). 소득환산율은 일반 재산과 금융재산, 그리고 승용차에 대해서 각각 월 4.17%, 6.26%, 그리고 100%로 하였다. 그러나 실제 생활에 소요되는 재산에 과도한 환산율을 적용하여 생활기반을 잠식할 우려가 있었고, 또 환산율이 지나치게 높아 수급자 선정에 장애가 되었다.[22]

위와 같이 변경된 수급자 선정기준이 즉시 적용되지는 않았다. 기존에 소득과 재산을 각각 선정기준으로 적용하였던 경우에 비해서 소득인정액을 기준으로 수급자를 선정하는 경우 오히려 불이익이 발생할 우려가 있었다. 이러한 이유로 소득과 재산을 통합하여 선정하는 방식은 2003년부터 적용하기로 하였다(부칙 제1조). 위와 같은 새로운 선정기준을 적용하여 생계보호 수급대상인원은 기존에 약 54만명에서 약 139만명으로 1.5배 증가하였다. 또 예산은 기존에 1.8조원에서 3.4조원으로 약 80% 증가하였다. 그러나 여전히 사각지대가 넓게 남아 있었으며, 이는 예산상의 제약, 그리고 비현실적인 재산기준 및 부양의무기준이 주요 원인이었다. 예컨대 2007년 최저생계비 이하의 인구는 약 523만명으로 조사되었다. 이 중 기초보장수급자는 153만명에 불과하였다. 부양의무기준 및 재산기준을 충족하지 못하여 수급자로 선정되지 못하는 규모는 각각 103만명, 267만명에 달했다.[23] 또 같은 이유로 65세 이상 노인인구의 수급비율은 2001년 9.3%에서 2009년 7.5%로 오히려 감소하였다.

2) 부양의무기준

1961년 「생활보호법」은 부양의무와 생활보호의 관계에 관한 인식이 없었다. 이에 대해서는 위에서 서술하였다. 1982년 개정 법률에서도 민법을 준용하였기 때문에 부양의무자의 범위가 비현실적으로 넓었다. 또 부양의무자 본인의 경제적 상황을 고려하지 않고 부양의무를 인정하였다. 특히 부양의무자 본인의 최

22) 재산의 소득환산제의 문제점에 대해서는 제1장 각주 169 참조.
23) 이에 대해서는 보건복지부/한국보건사회연구원, 국민기초생활보장제도 10년사(2010), 204면 참조.

저생계비를 기준으로 부양능력을 판단하였기 때문에 부양의무를 이행한 결과 부양의무자 스스로가 최저생활을 할 수 없는 상황에 처할 수 있었다.

(3) 자활급여와 차상위자

1982년 개정 법률이 입법목적으로 자활조성을, 그리고 급여의 종류로서 자활보호를 도입하였지만 노동시장과 연계하는 구상으로 발전하지는 못했다. 「국민기초생활보장법」은 자활급여 수급자에 생계급여수급자뿐 아니라 차상위자를 포함시켰다. 이에 자활사업을 이원화하였다. 첫째, 근로능력이 있는 수급자(취업수급자)는 자활에 필요한 사업에 참여할 것을 조건으로 생계급여를 지급받을 수 있다(조건부 수급자). 이로써 근로능력이 있는 자를 생계급여의 대상에서 제외하는 오랜 전통은 폐지되었으며, 근로빈곤층이 최저생활보장의 대상에 편입될 수 있게 되었다. 이는 복지와 고용서비스를 연계하여 수급자의 탈빈곤을 지원하는 도전적 과제였으며, 동시에 최저생활보장이 더 이상 현금급여 중심이 아니라 서비스급여로 중점을 옮기는 의미를 가졌다. 취업수급자에 대한 생계급여는 3개월 단위로 지급 여부를 결정한다. 취업수급자는 18세 이상 60세 미만의 수급자를 말한다. 다만 중증장애인, 2개월 이상 치료 또는 요양이 필요한 자, 임산부·공익근무요원 등 법률상 의무를 이행중인 자, 그밖에 근로가 곤란하다고 인정되는 자는 제외된다(법 제9조 제5항, 시행령 제7,8조). 둘째, 근로능력이 없는 수급자(비취업 수급자) 역시 자활급여의 대상이다. 이들의 경우에는 자활사업에 참여 여부가 생계급여의 지급에 영향을 미치지 않는다.

1999년 「국민기초생활보장법」은 근로빈곤층을 적극적으로 포섭하여 탈수급과 탈빈곤을 실현하는 과제를 가졌다. 그러나 자활조성과 관련하여 「국민기초생활보장법」은 처음부터 입법목적과 입법 그 자체가 불균형의 관계에 있었다. 실제 근로유인의 문제는 첨예한 의제가 되었으며, 위에서 지적했듯이 자활조성의 이념은 후퇴하였다. 또 자활사업을 활성화하기 위하여 필요한 구조적 및 제도적 여건이 미비되어 있었다. 구조적으로 보면 조건부수급자의 규모가 협소하고, 조건면제 및 조건유예 수급자의 규모가 컸기 때문에 자활의 과제를 실현할 수 있는 여지가 제한적이었다. 또 이들의 자활을 지원하기 위하여 필요한 정책경험과 프로그램 및 조직의 기반이 없었다. 그 결과 자활조성의 과제는 실현되기 힘들었다.

3. 시행 이후 제도 개선

(1) 수급권자–차상위자와 외국인 등

「국민기초생활보장법」은 시행과정에서 입법목적을 실현하는 데 부분적으로 한계를 보였으며, 이를 개선하는 입법적 보충이 이루어졌다. 1999년 「국민기초생활보장법」은 여전히 사후적으로 최저생활을 보장하는 이념에 주력하였고, 빈곤을 예방하는 과제 및 제도는 소홀히 되었다. "차상위자"의 개념이 도입되었다. 차상위자는 수급권자에 해당하지 않지만 소득인정액이 최저생계비의 100분의 120 이하에 해당하는 자를 말한다. 그러나 이는 수급자 범위의 변동을 예측하기 위한 것이었으며, 직접 빈곤을 사전에 예방하는 목적을 갖지는 않았다(법 제24조, 시행령 제36조). 2007년 개정 법률에서 비로소 차상위자에 대한 급여규정을 도입하였다. 즉, 이들에게는 가구별 생활여건을 고려하여 예산의 범위 내에서 생계급여와 해산급여를 제외한 급여를 전부 혹은 일부 실시할 수 있다(법 제7조 제3항, 시행령 제5조의 3). 이로써 수급자 선정에 있어서 단일기준이 아니라 급여별로 독자적인 기준을 적용하는 입법적 가능성을 예고하였다. 차상위자에게 장제급여와 자활급여가 지급되었다. 그러나 차상위자에 대한 자활급여는 예산상의 제약, 자활사업에 대한 경험 부족 등의 문제가 작용하여 참여율이 낮았고, 또 활성화되지도 못했다.

최저생활보장의 권리는 인권의 성격을 가지며, 기본적으로 외국인에게도 보장되어야 한다. 다만 급여의 종류와 수준에 있어서 내국인과 합리적인 차별을 할 수는 있다.[24] 그러나 기존에 「생활보호법」뿐 아니라 「국민기초생활보장법」 역시 이 문제에 대해서 침묵하여 왔다. 2005년 개정 법률은 처음으로 외국인에 관한 규정을 두었다. 즉 국내에 체류하고 있는 외국인 중 대한민국 국민과 혼인하여 대한민국 국적의 미성년 자녀를 양육하고 있거나, 대한민국 국민인 배우자와 이혼하거나 그 배우자가 사망한 사람으로서 대한민국 국적의 미성년 자녀를 양육하는 자는 수급요건을 갖춘 경우 수급권자가 된다(법 제5조의 2, 시행령 제5조의 2). 이러한 외국인에 관한 특례 규정은 국제사회보장법의 원칙에 충실한 것은 아니었다. 외국인의 빈곤 자체를 보호하는 것이 아니라 외국인이 혼인 혹은 자녀양육 등의 형태로 대한민국과 특별한 관계를 갖는 경우에 한하여 수급자격을 인정하였기 때문이다.

고령사회가 심화되고 노인의 취업을 지원하는 필요성이 인식되면서 자활사

24) 이 점에 대해서는 예컨대 전광석, 국제사회보장법론(법문사, 2002), 457면 이하 참조.

업에 참여할 것을 조건으로 생계급여를 지급하는 연령을 조정하였다. 2003년 개정 시행령에서 이는 기존의 60세에서 64세로 조정하였다(시행령 제7조). 이밖에 2002년 시행규칙의 개정을 통하여 소득평가액에서 공제되는 근로소득의 범위를 증액하였다. 즉 장애인이 장애인복지관 및 장애인직업재활시설에서 얻은 소득, 자활공동체에 참가하여 얻은 소득, 그리고 학생이 얻은 소득의 경우 30%를 공제하도록 하였다. 2004년 개정 시행규칙은 공제되는 대상인 소득에 공공근로에서 얻은 소득을 추가하였다(시행규칙 제2조). 그러나 근로소득 일반에 대해서 소득의 일부를 공제하는 단계로 발전하지는 못했다.

(2) 사각지대; 부양능력기준, 재산기준, 최저생계비

「국민기초생활보장법」이 「생활보호법」에 비해서 규범구조를 개선하였지만 여전히 부분적으로 수급자 선정기준이 불합리하였다. 따라서 「국민기초생활보장법」이 제정·시행된 후에도 최저생활보장의 사각지대는 넓었다. 실제 빈곤계층은 수급자에 비해서 3-4배에 이른다는 것이 일반적인 견해였다. 예컨대 2005년 한 조사에 따르면 빈곤층은 전인구의 10.6%에 달했으나 기초생활수급자는 2.8%인 138만명에 불과했다. 위에서 지적했듯이 특히 노인빈곤률이 점점 늘어나고 있음에도 불구하고 노인의 수급률은 낮은 수준에 머물러 있었다. 그만큼 국민기초생활보장사업이 사회경제적 변화를 반영하는 탄력성이 없었다. 기초생활보장 수급률이 현실적 변화를 반영하지 못하는 가장 중요한 원인은 부양의무기준과 재산 기준이었다. 특히 빈곤상태에 있음에도 불구하고 수급요건을 충족시키지 못하는 원인은 상당 부분 부양능력 판정기준에 있었다.

부양의무기준과 관련하여 규범적인 문제와 행정집행의 문제가 함께 작용하였다. 1999년 「국민기초생활보장법」은 부양의무의 범위를 독자적인 구상에 따라서 좁게 규정했지만 여전히 '규범적으로' 부양의무의 범위가 넓었다. 이는 가족구조가 변화하고, 가족구성원 사이에 연대가 희박해지는 상황에서 현실적이지 못했다. 이에 2004년 개정 법률은 부양의무자의 범위를 '1촌의 직계혈족 및 그 배우자, 생계를 같이 하는 2촌 이내의 혈족'으로, 그리고 2007년 개정 법률은 '1촌의 직계혈족 및 그 배우자'로 축소하였다. 부양능력을 판정하는 기준을 조금 완화하였다. 예컨대 2006년 부양의무자의 실제 소득이 수급권자 및 당해 부양의무자 각각의 최저생계비를 합한 금액의 120%에서 130%로 완화되었다(시행령 제4조 제1항).

'행정집행'에 있어서는 이른바 간주부양비제도가 수급권을 행사하는데 장애요소였다.[25] 이는 특히 최저생활보장에 있어서 입법목적이 법률 그 자체뿐 아니라 법률의 적용에 있어서 충실히 반영되어야 한다는 점을 일깨워준다. 수급신청인에게 부양의무자가 존재하며 부양의무자가 완전 혹은 부분적으로 부양능력이 있는 경우에는 실제 부양의무의 이행 여부에 관계없이 일정 부분 부양의무가 이행되었다고 간주하고 그만큼 생계급여를 제한하는 집행이 이루어졌다. 규범적으로 보면 부양의무자가 부양을 거부하거나 기피하는 경우에는 부양을 받을 수 없는 사유로 인정된다(시행령 제5조 제4호). 그러나 간주부양비 관행에서는 실제 부양이 거부 혹은 기피되는 경우에도 부양의무가 이행될 것을 기대할 수 없는 경우에 한하여 부양의무기준을 적용하지 않았다. 예컨대 가족관계가 단절되는 경우에 한정하여 부양을 받을 수 없는 것으로 해당 규정의 적용범위를 축소하였다. 이러한 관행은 심지어 법원에서 위법으로 확인되었음에도 불구하고 계속 되었다.[26] 이와 같이 부양을 간주하는 실무는 현재의 생활을 구체적으로 보호하는 공공부조의 이념에 정면으로 반하는 것이었다. 또 부양의무이행의 기대가능성에 대한 행정적 재량이 지나치게 넓게 인정되는 결과가 되었다. 이러한 행정관행은「국민기초생활보장법」제46조 제1항의 취지를 무시한 것이었다.[27] 이에 따르면 수급자에게 부양능력이 있는 부양의무자가 있는 경우에는 보장기관은 보장비용의 전부 또는 일부를 부양의무의 범위 내에서 징수할 수 있다. 이 규정의 취지는 부양의무가 이행되지 않은 경우에 보장기관이 우선 생계급여를 지급하고 이에 소요된 비용을 비용의무자로부터 환수할 수 있다고 해석할 수 있기 때문이다(선지원 후구상(先支援 後求償)). 부양의무기준에 따른 문제를 극복하기 위한 대안으로 부양의무규정을 폐지하는 안, 부양의무기준을 대폭 완화하는 안, 그리고 개별 급여의 종류별로 부양의무기준을 차별화하는 안 등이 검토되

25) 간주부양비의 운영실태에 대해서는 예컨대 김남근, "기초생활수급자 부양의무자 요건의 법적 쟁점－대구고등법원 2010누2549 판결 및 서울고등법원 2010누2145 판결을 중심으로－", 사회보장법학 제1권 제1호(2012), 166면 이하 참조. 이 밖에 부양의무기준의 일반적인 문제에 대해서는 위 제1장 각주 168 참조.

26) 대구고법 2011.4.29, 2010누2549 참조. 이에 비해서 부양의 거부 및 기피에 대한 엄격한 해석을 통하여 간주부양비를 합법화하는 판결로는 서울고법 2011.1.11, 2010누2145 참조. 이에 대해서는 보건복지부/한국보건사회연구원, 국민기초생활보장제도 10년사(2010), 204면 참조.

27) 법 제46조 제1항의 입법취지에 비추어 위 각주 26의 판례를 비교 분석하는 문헌으로는 예컨대 양승광, "국민기초생활보장법상 부양의무자의 부양의 기피·거부", 사회보장법연구 제4권 제2호(2015), 13면 이하 참조. 이밖에 이 문제에 대한 한국과 일본의 비교법적 고찰로는 片桐由喜, "생활보호제도와 사적 부양제도의 합리적 조정－한국 법리에서 배우다", 사회보장법학 제2권 제2호(2013), 225면 이하 참조.

었다. 아래 제8장에서 서술하는 2014년 개정 법률에서 개별급여체계로의 전환은 부양의무 기준을 개별급여의 종류별로 차별화하는 의미를 가졌다.

소득인정액 기준과 관련해서는 특히 재산의 소득환산제도가 개선되어야 했다. 환산의 대상이 되는 재산의 범위, 그리고 환산률이 합리적으로 조정되어야 하며, 그렇지 못할 경우에는 수급권자가 재산을 소진(消盡)하도록 강요하는 결과가 되기 때문이다. 재산기준에서 공제되는 기본재산액이 비현실적으로 낮았으며, 부분적으로 재산환산률이 너무 높았다. 예컨대 주거용 재산은 현재 사용되고 있기 때문에 처분에 제한이 있음에도 불구하고 일반재산과 동일한 환산률을 적용하였다.[28] 이미 보편적인 생활수단에 속하는 자동차에 대해서 100%의 환산률을 적용하는 것 역시 현실성이 없었다. 최저생계비를 기준으로 수급권자를 선정하는 경우에 사회의 전반적인 소득수준 및 생활수준이 향상되었음에도 불구하고 수급자의 최저생활수준이 정체되어 사회의 발전에 참여하지 못하고 사회통합에서 배제되는 문제도 검토가 필요했다.

2004년 개정 법률은 최저생계비의 공표 시한을 매년 12월 1일에서 9월 1일로 조정하였다. 12월 1일을 공표시한으로 하는 경우 다음 해 수급자 선정 및 급여 수준의 결정에 반영될 수 없었기 때문이다. 또 최저생계비 계측조사주기를 기존에 5년에서 3년으로 단축하여 선정기준과 급여수준이 적시에 조정될 수 있도록 하였다(법 제6조 제1항). 최저생계비가 아니라 중위소득을 기준으로 수급자를 선정하는 대안이 논의되기 시작하였다. 이와 같은 논의가 현실적으로 가능했던 이유는 「국민기초생활보장법」이 시행된 이후 최저생계비 증가율이 3% 이상이었으며, 이는 물가인상률을 윗돌았다. 따라서 수급자 선정기준을 최저생계비 대신 중위소득으로 대체하더라도 예산 부담이 크지 않을 것으로 예상되었다.[29]

주거급여와 관련해서는 주거비용의 지역적 차이가 크기 때문에 표준적인 주거급여가 실제 주거비용을 보장하지 못하고, 또 주거비용이 과다한 경우에는 생계급여를 축소시키는 효과가 있기 때문에 최저생활을 보장할 수 없었다. 1999년 「국민기초생활보장법」에서 도입된 주거급여가 외형적으로는 독립적인 급여였지만 실질적으로는 생계급여와 함께 현금급여로서 지급되었기 때문에 최저주거보다는 소득보장적 주거비 지원으로서 기능하였기 때문이다. 교육급여와

28) 주거 목적의 재산을 보호하는 필요성은 세법에서 주목을 받은 바 있다. 이에 대해서는 헌재 2008.11.13, 2006헌바112등, 20-2(하), 69면 이하 참조.

29) 이 점에 대해서는 예컨대 박능후, "국민기초생활보장제도 10년의 성과 평가", 보건복지포럼(2010.9), 10면 이하 참조.

관련해서도 개별적인 보호의 필요성이 인식되었다.

(3) 탈수급, 노동시장 진입

1990년대 후반 이후 근로빈곤층이 증가하면서 이들에 대한 기초생활보장사업은 더 이상 주변적인 정책으로 남아 있을 수 없게 되었다. 1997말 이후 재정위기가 닥친 2008년에 이르기까지 취업빈곤층은 9%로 증가하였다. 2007년 근로빈곤층 규모는 32만명이었으며, 이들에 의한 부양인구는 42만명에 달하였다. 이는 전체 국민기초생활보장 수급자의 51%에 해당하는 규모였다. 기존의 국민기초생활보장제도는 자활급여를 통하여 복지정책과 고용정책을 협력적으로 실현하는 데 한계가 있었다. 자활이 새로운 이념으로 제시되었지만 실질적으로는 근로능력자가 생계급여를 받기 위한 조건의 성격이 강했다. 자활의 목표를 실현하기 위한 의지도, 이를 실현하기 위하여 필요한 프로그램 및 조직적 기반도 마련되어 있지 않았기 때문이다. 그 결과 「국민기초생활보장법」이 시행된 이후 관련 예산이 대폭 상승하였지만 이에 상응하여 기초생활보장에의 의존률이 낮아지지는 못했다.[30] 구체적으로 다음과 같은 여러 가지 미비점이 지적되었다.

취업대상자가 자활사업에 참여하여 자활능력을 갖기 위해서는 직업교육 및 훈련이 효율적으로 시행되어야 하며, 이어 취업이 알선되어야 한다. 특히 취업이 알선되기 위해서는 취업대상자의 능력과 시장에서의 수요가 어느 정도 일치하여야 한다. 그런데 현실적으로 노동시장의 수요를 파악하고 이에 맞추어 직업훈련을 시행하는 체제가 정비되어 있지 못했다.[31] 2007년 개정 법률은 이 점을 반영하여 자활급여를 보충하고, 자활을 지원하기 위한 조직을 설치하였다. 중앙자활센터는 조사·연구·교육 및 홍보사업을, 그리고 지역자활센터는 정보제공·상담·직업교육 및 취업알선을 담당한다(법 제15조의 2, 제16조). 수급자의 자활은 같은 목적을 갖는 다른 법령에 의한 지원체제와 협력을 필요로 한다. 이에 지역자활센터, 「직업안정법」에 의한 직업안정기관, 그리고 「사회복지사업법」에 의한 사회복지시설의 장 등과 자활기관협의체를 구성하도록 하였다(법 제17조). 수급자의 실질적인 고용촉진을 유인하기 위한 지원을 도입하였다. 즉, 상시 근로자의 일정비율 이상을 수급자로 채용하는 기업에 대해서는 사업자금 융자, 국가 또는 지

30) 이에 대한 정책분석으로는 예컨대 여유진/송근호, "공적 이전 프로그램의 재분배효과; 한국·독일·스웨덴·영국 비교연구", 사회보장연구 제26권 제4호(2010), 105면 이하 참조.

31) 이 점에 대해서는 예컨대 방하남/황덕순, "노동과 복지의 연계를 위한 정책설계 및 실천방안-국민기초생활보장제도의 자활사업을 중심으로", 사회보장연구 제18권 제2호(2002), 92면 이하 참조.

방자치단체가 실시하는 사업의 우선 위탁 및 조달 구매 시 생산품의 우선 구매 등의 지원을 할 수 있다(법 제18조의 2).

자활급여 수급자가 자활사업에 참여하여 최저생계비 이상의 소득을 얻는 경우에는 더 이상 생계급여의 수급자가 될 수 없다. 이에 자활사업에 종사하는 취업대상자가 최저생계비 미만의 소득활동을 하거나 소득을 신고하지 않는 문제가 빈번히 발생하였다. 즉, 수급자가 일반노동시장에 진입하는 것을 꺼리고 자활지원사업에 계속 남으려는 경향을 뚜렷하게 보였다. 그 결과 기초생활보장 수급자의 비율이 지속적으로 높은 수준을 유지하였다. 이는 취업대상자의 취업과 탈빈곤의 입법목적에 반하는 것이었다.[32] 자활의 이념을 표방한「국민기초생활보장법」에서 역설적으로 근로빈곤층이 불이익을 볼 수 있다는 우려가 있었다. 1999년「국민기초생활보장법」은 이 점을 충실히 고려하지 못하였다. 소득인정액 산정에 있어서 '가구특성에 따른 지출요인과 근로를 유인하기 위한 요소'를 반영한다는 원칙적인 규정을 두기는 하였다(법 제2조 제8호). 그러나 이 규정은 비취업 대상자에 한하여 구체화되었고, 취업대상자에게 근로유인을 부여하는 소득공제가 도입되지 않았다. 근로유인을 통한 탈빈곤보다는 강제근로를 통한 최저생계보장의 이념이 우선하였기 때문이다. 또 2차 노동시장에서 비취업근로자를 대상으로 하는 자활사업의 경우 참여자의 소득파악이 용이한 반면 일반노동시장에서의 소득은 파악되기 어렵다는 점이 작용하였다. 일반노동시장에서 얻는 소득을 공제하는 경우에 과잉수급이 발생한다는 우려가 지나치게 강조되었다.

자활급여와 관련된 또 하나의 근본적인 문제는 고용노동부의 고용증진사업이「국민기초생활보장법」의 자활급여와 기능이 중복된다는 점이다. 2003년과 2006년 도입된 사회적 일자리사업,「사회적 기업육성법」등이 대표적인 예이다. 이에 자활급여와 고용노동부의 각종 취업사업 및 창업지원프로그램에 대한 통합관리가 필요하게 되었다. 이밖에 고용노동부의 사업이 주로 노동능력이 있는 근로자를 일반 노동시장에 편입시키는 목적을 갖게 되면서「국민기초생활보장법」의 자활급여는 주로 근로능력이 낮은 수급자를 대상으로 하게 되었으며, 그만큼 취업률 및 탈빈곤율이 개선될 수 없었다. 여기에는 예산상의 제약으로

32) 이미「국민기초생활보장법」시행 초기에 통합급여체계가 자활사업의 발전에 장애가 된다는 지적이 이루어진 바 있다. 이에 대해서는 예컨대 김수현 외, 자활지원제도 체계정립방안 연구(보건복지부) 참조.

인하여 기초생활보장사업이 최저생활보장에 집중하면서 상대적으로 자활급여가 소홀히 되었다는 점도 작용하였다.[33)]

제 4 절 국민건강보험법의 제정과 관리운영의 개편 등, 국민연금법 및 공무원연금법의 개혁

Ⅰ. 국민건강보험법의 제정과 관리운영의 개편 등

1. 개편논의의 정치적 및 사회경제적 배경

의료보험의 관리운영방식은 이미 1976년「의료보험법」제정 당시부터 첨예하게 의견이 대립되었던 주제였다. 이에 관한 논쟁은 이후 1982년, 그리고 1989년 다시 점화되었다. 특히 1989년 통합방식으로 전환하는 국민의료보험법안이 국회에서 의결되었으나 대통령이 거부권을 행사하여 폐기된 바 있다. 그러나 이미 1988년 및 1989년 실질적으로 전국민의료보험이 실시되면서 조합단위의 관리운영방식은 더 이상 유지될 수 없었다. 질병의 사회화가 제도적으로, 그리고 국민의식 속에서 진행된 상황에서 특정 조합에의 소속 여부에 따라 재정부담 및 진료의 종류와 내용이 달리진다는 것은 더 이상 정당화될 수 없었다. 또 직장근로자를 기업 단위의 조합에 가입하게 하고, 조합에 자율성을 부여하며, 또 이는 기업의 노무관리에 유용하다는 구상도 더 이상 유지될 수 없었다. 의료보험 관리운영방식의 전환은 당시 정치적 및 사회경제적 상황에서 불가피하였다.[34)]

1997년 말 외환위기를 겪으면서, 그 해 같은 시기에 대통령선거가 실시되었다. 의료보험 관리운영의 통합은 김대중 당선자의 공약이었으며, 당선 후 곧 통합일원화를 위한 작업에 착수하였다. 위에서 이미 설명했듯이 의료보험 관리운

---

33) 예컨대 2003년 독일에서「고용촉진법」상의 실업부조와「사회부조법」상의 자활급여를 통합하여 구직자에 대한 기초보장(Grundsicherung für Arbeitssuchende)을 독립하여 편성한 것은 합리적인 고용증진과 동시에 사회부조사업에서 자활사업의 재정적인 부담을 경감하는 목적을 가졌다. 이에 대해서는 전광석, 독일 사회보장법과 사회정책(박영사, 2008), 212면 이하 참조.

34) 당시 의료보험통합의 시대적 과제에 대해서는 예컨대 이진석, "보건의료정책의 역사적 변화와 전망", 김병섭 외, 우리 복지국가의 역사적 변화와 전망(서울대 출판문화원, 2015), 111면 참조.

영의 방식에 있어서 오랫동안 뚜렷한 대립이 형성되어 있었다. 여당과 야당, 경영계와 노동계의 대립이 그것이다. 노동계의 경우 다시 한국노총과 민주노총은 어느 정도 차이가 있었다. 정치적인 대립은 대통령선거에서 야당후보자가 당선됨으로써 쉽게 극복되었다. 경영계와 노동계의 대립은 외환위기를 극복하기 과정에서 1998년 1월 구성된 제1기 노사정위원회에서 여러 가지 사항에 대한 합의가 포괄적으로 이루어지면서 극복될 수 있었다.[35] 1998년 6월 출범한 제2기 노사정위원회에서는 의료보험 통합일원화에 관하여 보다 구체적인 논의가 이루어졌다.[36]

자영인의 소득파악이 중요한 쟁점이었다. 이 점에 있어서 기본적으로 노사는 같은 입장이었다. 그렇지 않은 경우 필연적으로 보험료율이 인상되고, 이는 통합으로 인한 재정부담이 직장근로자와 기업에 전가된다는 논리였다. 실제 당시 직장근로자와 지역 주민의 소득파악율은 현저히 차이가 있었다. 즉 직장근로자의 소득은 100% 파악되는 반면 지역 주민의 경우 도시자영인 및 농어민의 소득파악율이 각각 23% 및 55%, 전체 평균 약 28%에 불과했다.[37] 이와 같은 문제를 극복하기 위하여 다음과 같은 정책적 노력이 필요했다. 첫째, 근본적으로 자영인의 소득을 충실히 파악하기 위한 조치가 취해져야 한다. 이를 위하여 국무총리 산하에 '자영인소득파악위원회'를 설치하였다. 그러나 이는 아무런 성과를 이루지 못했다. 둘째, 직장근로자와 지역 주민의 소득파악율이 크게 달랐기 때문에 이 점을 고려하여 공평하게 보험료를 부과하는 방법을 개발하여야 한다. 이는 현실적인 정책방향이었다.

구조적인 이유에서 지역의료보험이 직장근로자에 어느 정도 재정부담을 전가하는 것을 피할 수 없었다. 지역주민의 소득이 충실히 파악될 수 없다는 문제 외에 지역 주민은 퇴직 후 지역의료보험에 편입되기 때문에 직장근로자에 비해서 상대적으로 질병 발생의 위험과 치료비용의 부담이 크기 때문이다. 이에 정부의 재정지원이 통합방식으로 전환하는 데 있어서 핵심적인 쟁점이며, 또 전제조건이었다. 이 점에 대해서 노사정은 합의에 이르지 못했다. 노사정위원회에서는 두 가지 안이 대립하였다. 첫째, 지역가입자에 대한 정부의 재정지원을 50%로 하고 이를 법률에 규정하는 안이다. 경영계의 입장이었다. 한국노

35) 노사정위원회에서 사회보장 사안에 대한 협의와 합의과정에 대해서 자세히는 최영기/전광석/이철수/유범상, 위 각주 2의 책, 447면 이하 참조.
36) 최영기/전광석/이철수/유범상, 위 각주 2의 책, 451면 이하 참조.
37) 헌재 2000.6.29, 99헌마289, 12-1, 952면 참조.

총도 같은 입장이었다. 이에 비해서 정부는 의료보험에 재정을 지원하지만 구체적인 지원비율을 법률에 정하는 것을 받아들이지는 않았다. 둘째, 우선 의료보험조직을 통합하고, 자영인의 소득파악이 일정한 수준에 이른 후 재정을 통합하는 안이다. 민주노총은 이 안을 찬성하였다. 경영계도 제1안이 관철될 수 없는 경우 재정의 분리를 대안으로 제시했다. 보건복지부는 이 안에 동의하지 않았다. 통합방식은 소득재분배를 강화하는 효과를 가져야 하는데, 재정을 분리하는 경우 이러한 입법목적은 실현될 수 없기 때문이다.

직장의료보험에 누적된 적립금의 처리가 또 하나의 쟁점이었다. 기존의 적립금은 의료보험이 통합되면서 신설 공단에 승계될 것인데, 이로써 직장의료보험조합 및 조합원의 재산권을 침해한다는 문제였다. 이는 이후 헌법재판소에서 위헌심사의 대상이 되었다.[38)]

2. 의료보험의 단계적 통합

(1) 지역의료보험과 '공무원 및 사립학교교직원 의료보험'의 통합

직장의료보험과 지역의료보험조합을 통합하기 위한 법 및 제도 형성을 위해서는 아직 협의절차가 필요했다. 이에 우선 지역의료보험조합과 단일공단에 의하여 관리·운영되고 있었던 공무원 및 사립학교교직원 의료보험공단을 통합하기로 하였다. 단계적인 의료보험통합을 위하여 1997년 12월 31일 「국민의료보험법」이 제정되었으며 1998년 7월 1일 시행되었다. 기존의 지역의료보험조합과 공무원 및 사립학교교직원 의료보험공단은 '국민의료보험관리공단'으로 통합되었다(법 제9조). 지역의료보험에 대한 국고부담의 비율이 명시되지는 않았으며, 국고부담은 임의적이었다. 즉 국고는 매연도 예산의 범위 안에서 대통령령이 정하는 바에 의하여 의료보험사업에 필요한 비용의 일부를 부담할 수 있다(법 제57조).

지역가입자의 소득이 충실하게 파악될 수 없기 때문에 보험료부과의 형평을 위하여 보험료부과표준을 이원화하였다. 기본적으로 지역가입자의 경우 소득과 재산, 자동차가 보험료부과표준이 된다. 다만 소득에 관한 객관적인 자료가 없거나 소득이 500만원 이하인 세대의 경우 소득과 재산, 가입자의 장애정도 및 성·연령에 따른 경제활동참가율을 고려하여 산정한 평가소득을 부과표준으로 본다(시행령 제4조). 2002년 보험료 부과표준은 소폭 조정되었다. 즉 소득금액이 500만

38) 헌재 2000.6.29, 99헌마289, 12-1, 945면 이하 참조.

원을 초과하는 세대의 경우 소득과 재산이, 그리고 소득금액이 500만원 이하인 세대의 경우 재산·생활수준 및 경제활동참가율을 기준으로 평가소득을 산정한다. 지역의료보험과 공무원 및 사립학교교직원 의료보험이 통합되면서 공무원과 사립학교 교직원의 보험료율이 소폭 인상되었다. 공무원의 경우 4.2%에서 5.6%로, 사립학교교직원의 경우 3.3%에서 4.4.%로 인상되었다.

실체법적 변화는 다음과 같다. 기존에 의료보험에서는 보험자가 요양기관을 지정하였다. 1998년 개정 법률은 이와 같은 지정제도를 폐지하고 「의료법」상의 의료기관은 지정절차 없이 요양기관으로 당연 지정되도록 하였다(법 제30조).[39] 1998년 헌법재판소는 요양기관 지정취소에 관한 규정(법 제33조 제1항)을 위헌으로 판단하였다. 지정취소에 관한 사유를 시행령에 포괄적으로 위임하였기 때문이다.[40] 1999년 개정 법률은 지정취소에 관한 규정을 삭제하였다. 지정요청을 받은 요양기관은 정당한 이유 없이 이를 거부할 수 없다(법 제30조 제4항). 이밖에 1997년 개정 법률은 요양급여기간을 300일 이상으로 하였다(법 제27조 제2항).

(2) 국민건강보험법의 제정과 시행

1) 조직 및 재정통합

지역의료보험과 '공무원 및 사립학교교직원 의료보험공단'이 국민의료보험관리공단으로 1차적으로 통합된 후 1999년 「국민건강보험법」이 제정되어 직장의료보험조합과 국민의료보험관리공단이 국민건강보험공단으로 통합되었다(법 제12조). 기존의 의료보험 혹은 국민의료보험 대신 국민건강보험의 명칭을 사용하였다. 질병·부상에 대한 사후적인 치료뿐 아니라 예방·진단·치료·재활, 그리고 출산·사망 및 건강증진 등 적극적인 과제를 갖는다는 의미였다(법 제1조).

가입자는 여전히 직장가입자와 지역가입자로 구분되었지만 재정을 통합하여 운영한다(법 제33조 제2항). 이 법은 2000년 1월 1일 시행된다. 다만 재정통합에는 2년의 유예기간을 두었다. 2000년 12월 31일까지는 직장가입자와 공무원 및 사립학교 교직원의 의료보험재정을 구분하여 계리하고, 또 보험료율을 달리 할 수 있다. 또 2002년 1월 1일 이전까지 직장가입자와 지역가입자의 재정을 구분하여 계리할 수 있다(부칙 제10조). 2002 개정 법률은 재정통합의 유예기간을 다시 2003년 6월

---

39) 이와 같은 당연지정제는 여러 차례 헌법재판소에서 위헌판단의 대상이 되었다. 헌재 2002.10.31, 99헌바76등, 14-2, 410면 이하; 2014.4.24, 2012헌마865, 헌재공보(2014), 875면 이하 등 참조.

40) 헌재 1998.5.28, 96헌가1, 10-1, 509면 이하 참조. 이 결정에 대해서 자세히는 전광석, "요양기관의 지정취소에 대한 위헌결정", 전광석, 헌법판례연구(법문사, 2000), 357면 이하 참조.

30일까지 연장하였다. 기존에 의료보험조합 및 의료보험연합회의 권리와 의무는 국민건강보험공단이 포괄적으로 승계한다. 의료보험조합의 재산은 국민건강보험공단의 재산으로 본다(부칙 제7조). 이로써 1977년 의료보험 도입 당시부터, 더 거슬러 올라가면 1963년 「의료보험법」 제정논의에서 이미 뜨거운 주제였던 관리운영방식이 통합일원화되었다. 국민건강보험공단에 공무원 및 교직원을 포함하여 모든 직장근로자와 지역주민이 가입하게 되어 전체 국민의 약 97.5%가 수급자격자가 되었다. 다만 의료보험 통합방식과 함께 논의되었던 의료보험과 의료보호의 제도통합이 이루어지지는 않았다. 「의료보호법」은 그대로 유지되었으며, 이 법에 의하여 의료급여를 받는 자는 건강보험 가입자에게 제외된다. 「의료보호법」은 2001년 전부 개정되면서 「의료급여법」으로 이름을 바꾸었다.

2) 국민건강보험재정건전화특별법

건강보험통합에는 지역의료보험의 구조적인 문제로 인하여 예견되는 재정적자를 지원하는 문제가 뒤따랐다. 이를 충실히 지원할 수 없는 경우 재정부담은 직장가입자에게 전가될 것이었다. 이에 2002년 「국민건강보험재정건전화특별법」(이하 '재정건전화특별법')이 제정되었다. 이 법은 2006년 12월 31일까지 적용될 한시법이었으나 이후 효력 기간이 연장되었다. 이 법의 중요한 규율대상은 재정건전화를 위한 조직법적 정비와 건강보험에 대한 국고지원이었다.

「재정건전화특별법」에 의하여 건강보험정책심의위원회가 설치되었다. 심의위원회의 위원장은 보건복지부차관이며, 가입자대표, 의약계대표, 공익대표 등이 위원으로 참여한다(법 제4조). 심의위원회는 요양급여의 기준, 요양급여비용, 지역가입자의 월별 보험료액, 직장가입자의 보험료율, 그밖에 건강보험에 관한 주요사항을 심의·의결한다(법 제3조). 지역건강보험에 대한 정부지원은 다음과 같이 이원적이다. 지역건강보험의 급여비용 및 사업비의 40%를 국고에서, 그리고 10%를 「국민건강증진법」에 의한 국민건강증진기금에서 지원한다(법 제15조).

3) 요양급여비용의 결정절차 및 비용심사

요양급여비용의 결정방식이 근본적으로 개정되었다. 기존에 요양급여비용은 보건복지부장관이 일방적인 처분으로 정해 왔다. 다만 보건복지부장관은 의료보험심의위원회의의 심의를 거쳐야 한다(법 제35조). 건강보험은 질병을 사회화하는 의미가 있었고, 질병의 사회화가 효과적으로 이루어지기 위해서는 민간의료기관 역시 어느 정도 사회화되어야 한다. 이는 예컨대 「의료법」상의 의료기관이 자신의 의사와 관계 없이 요양기관으로 당연 지정되며, 요양급여비용의 산정기준이 시장에서 일반 상품과 같이 수요와 공급에 의하여 결정되는 것이 아니라 모든 국민의 부담능력을 고려하여 결정하는 형태 등으로 실현된다. 그러나 의료기관은 여전히 자신의 의료행위에 대한 정당한 보상을 받아야 할 권리가 있고, 이는 직업의 자유에 의하여 헌법적으로 보호된다. 이 점에서 보면 기존에 요양급여비용의 결정기준을 보건복지부장관이 일방적으로 결정하는 것은 의료기관의 기본권에 우호적인 방식은 아니었다.

「국민건강보험법」은 요양급여비용을 공단의 이사장과 의약계를 대표하는 자와의 계약으로 정하도록 변경하였다(법 제42조). 이와 같이 요양급여비용의 결정절차를 전환한 것은 환영할만하다. 그러나 구체적으로 보면 다음과 같은 문제에 대한 개선이 필요했다.[41] 첫째, 계약에 의한 규율의 범위가 좁았다. 즉 계약의 대상은 당해 요양급여의 상대가치점수의 점수당 단가에 한정되었다. 이밖에 요양급여범위의 결정, 요양급여의 종류와 내용, 분류당 상대가치점수 등 중요한 문제들은 여전히 보건복지부장관이 고시에 의하여 정한다. 둘째, 공단의 이사장과 의약계 대표와의 계약은 계약기간 만료일 전 3개월 이내에 체결되어야 하며, 그 기간 내에 체결되지 못하는 경우에는 보건복지부장관이 건강보험심의조정위원회의 심의를 거쳐 정하는 금액을 요양급여비용으로 한다. 결국 계약의 양 당사자 간에 합의가 이루어지지 않은 경우 계약의 한 당사자가 계약 조건을 결정하는 구도가 되었다. 요양급여비용에 관한 합의가 쉽게 이루어질 수 있는 사안은 아니기 때문에 이후 오랫동안 계약에 의하여 요양급여비용을 결정하는 입법의도는 실현될 수 없었다.

건강보험은 가입자에게 현물급여가 지급되고 요양기관은 가입자가 아니라 공단에 요양급여비용을 청구하는 구조를 갖는다. 이 경우 가입자는 (본인의 일부부담을 제외하고는) 요양급여비용을 직접 부담하지 않기 때문에 요양기관에 접근성이 높아진다는 장점이 있다. 다만 이와 같은 구조에서는 가입자도, 또 요양기관도 요양급여비용의 증가에 둔감하여 재정이 남용될 우려가 있다. 따라서 요양기관이 청구하는 급여비용에 대한 심사가 중요하다. 「국민건강보험법」은 국민건강보험공단과 별도로 건강보험심사평가원을 설립하여 요양급여비용을 심사하는 과제를 위임하였다(법 제55조 이하).

41) 이 점에 대해서는 전광석, "국민건강보험의 법률관계 – 헌법적 접근의 가능성", 의료법학 제2권 제1호(2001), 320면 이하 참조.

3. 이후 국민건강보험법의 전개

「국민건강보험법」은 가입자 구분을 정비하였다. 1988년과 1989년 의료보험이 농어촌 및 도시지역으로 확대되면서 동시에 기존에 가입대상이었던 5인 이상 사업장 근로자 이외의 근로자, 즉 5인 미만 사업장 근로자도 가입대상에 포함되었다. 이들은 직장근로자임에도 불구하고 지역가입자로 분류되어 왔다. 이는 4인 이하 사업장은 일반적으로 영세기업이기 때문에 사용자의 보험료부담을 덜어 주려는 목적이 있었다. 그러나 이들 근로자가 보험료 전액을 부담하는 것은 형평성에 반하는 것이었다. 이에 2000년 「국민건강보험법」은 4인 이하 사업장의 근로자를 직장가입자로 분류하였다(법 제6조 제2항 제2호). 2003년 기존에 직장가입자에서 제외되었던 시간제 근로자 일부를 직장가입자에 포함시켰다. 즉 1개월 근로시간이 80시간 이상인 근로자는 직장가입자가 된다(시행령 제10조). 가입자를 전국민으로 확대하면서 일부 보험료부담능력이 없는 자, 즉 도서·벽지·농어촌 등 거주자, 65세 이상인 자, 등록 장애인, 일부 국가유공자, 휴직자에 대해서 보험료의 일부를 경감할 수 있도록 하였다(법 제66조의 2). 2006년 개정 법률은 실업자에 대한 특례를 새로이 두었다(제93조의 2). 직장근로자가 퇴직하는 경우 지역가입자로 편입되는데 소득이 상실되었음에도 불구하고 재산기준이 적용되기 때문에 보험료가 오히려 증가하는 문제가 발생하였기 때문이다. 이들은 신청에 의하여 최장 6개월 동안 직장가입자의 자격을 유지한다(임의계속가입자). 임의계속가입자에 적용되는 보수월액은 퇴직 전 3개월간 보수의 평균액을 기준으로 산정한다. 임의계속가입자의 보험료는 가입자가 전액을 부담한다. 이후 임의계속가입기간은 24개월로 연장되었다.

가입자가 본인일부부담으로 인하여 요양급여를 받을 수 없는 상황을 보호하기 위하여 2004년 본인부담금보상제도를 도입하였다. 이는 이미 1979년 도입되었지만 당시 본인부담금보상은 부가급여로서 조합 정관에 의하여 정하였다. 이제 본인부담금보상이 법정급여로 규정되었다. 이에 따르면 가입자가 6개월 동안 본인부담액이 300만원을 초과하는 경우 그 초과하는 금액은 공단이 부담한다. 2007년 본인부담금 상한액이 300만원에서 200만원으로 낮추어졌다(시행령 제22조). 2005년 개정 시행령은 암 등 중증환자의 진료접근을 수월하게 하고 비용부담을 경감하기 위하여 이들 환자의 경우 본인부담비율을 기존에 20% 내지 50%에서 10%로 인하하였다. 2007년 개정 시행령에 의하여 건강검진을 세분화하여 일반건강검진, 암검진, 영유아건강검진으로 구분하였다. 그러나 여전히 비급여대상이 넓었기 때문에 의료보장률이 향상되지는 않았다.

의료보험 도입 초기에 이미 진료비용 산정방식으로 행위별 수가제와 포괄수가제가 선택적으로 논의되었다. 1977년 의료보험에서 행위별 수가제가 채택되었고, 이는 진료비용이 팽창하는 원인으로 지적되어 왔다. 이에 포괄수가제로의 전환이 검토되었으며, 2012년 일반적인 입원진료에 대한 포괄수가제가 도입되었다. 저출산에 대한 조치로서 출산지원제도가 도입되었다. 2004년 개정 시행령에 의하여 자연분만에 대한 요양급여, 신생아에 대한 입원진료의 경우 본인부담비용을 면제하도록 하였다(100분의 100 급여). 2005년 100분의 100 급여는 6세 미만의 신생아 입원진료로 확대되었다(시행령 별표 2. 제4호).

기존에 군복무 중인 현역병 및 무관후보생 등이 질병 혹은 부상을 입은 경우 군부대 혹은 군병원에서 진료를 받을 수 있지만 민간병원을 이용하기 위해서는 본인이 진료비용을 부담하여야 했다. 2004년 개정 법률은 현역병인 군인이 건강보험의 가입자는 아니지만 건강보험의 요양급여체계를 통하여 진료를 받을 수 있도록 하였다. 이 경우 공단이 부담하는 비용은 진료를 받는 자가 소속된 기관, 즉 법무부장관, 국방부장관 등으로부터 예탁 받아 지급할 수 있다(법 제54조의 2).

「국민건강보험재정건전화특별법」에 의한 지원은 2004년 개정 법률에 의하여 전체 비율은 그대로 유지되었지만 국고지원은 40%에서 35%로 줄었고, 국민건강증진기금에 의한 지원은 10%에서 15%로 늘렸다(법 제15조 제1항). 재정건전화특별법의 유효기간은 2006월 12월 31일까지였다. 이에 2006년 개정 법률은 「재정건전화특별법」에서 규율되고 있었던 건강보험정책심의위원회 등에 관한 규정을 「국민건강보험법」으로 편입시켰다. 2007년 국고지원의 기준을 변경하였다. 즉 기존에 지역건강보험 급여비용 및 사업비 대신 당해 연도 보험료 예상수입액을 국고지원의 기준으로 하였으며, 기준액의 14%에 해당하는 액을 국고에서 지원하도록 하였다(법 제92조). 이밖에 기존과 마찬가지로 국민건강증진기금에서 지원을 받을 수 있다. 이 기간 보험료율은 점진적으로 인상되었다. 2008년 직장근로자의 보험료율은 5.08%로, 지역가입자의 보험료부과점수당 금액은 148.90원으로 조정되었다(시행령 제43조의 2).

Ⅱ. 국민연금법 1차 개혁

1. 개혁 논의의 배경

이 시기에 「국민연금법」은 직장근로자와 농어촌주민에 이어 도시지역주민으로 적용범위를 확대하였다. 같은 시기에 국민연금 시행 이후 10년의 경험을 통하여 나타난 문제, 그리고 향후 변화하는 환경에서 기능을 유지하기 위한 조건을 근본적으로 점검하는 과제가 나타났다. 이에 문제에 대한 진단과 개선을 행한 후 가입대상을 확대하는 절차가 바람직했다. 실체법적으로는 예컨대 연금산정에 있어서 균등부분과 소득비례부분을 분리하고 균등부분은 다른 보편적인 제도를 보충하는 방안 등이 논의되었다.[42] 또 외환위기를 극복하는 과정에서 세계은행(World Bank)은 보다 구체적인 연금개혁안을 다음과 같이 제안하였다. 1) 법정퇴직금을 완전적립의 사적연금으로 전환한다. 2) 재정운영에 있어서 사적연금의 방식을 도입하여 공적 연금에 대한 정치적 및 관료적 통제를 배제한다. 3) 공무원연금을 국민연금에 접근시키는 제도 조정이 필요하다. 4) 개인연금 등 연금성 저축에 대한 관리·감독을 강화한다.

그러나 이와 같은 진단과 처방에 대한 합의가 쉽지 않았고, 또 국민연금을 도시지역 주민으로 확대하는 문제를 더 이상 미룰 수는 없었다.[43] 이에 상당부분을 개정 혹은 보충하는 작업과 가입대상을 확대하는 내용을 담은 국민연금법 개정안이 1998년 12월 31일 의결되었고, 1999년 1월 1일 시행되었다.

2. 개정 법률의 주요 내용

(1) 가입대상의 확대; 전국민 국민연금

1999년 4월 1일자로 국민연금은 도시지역주민으로 확대되었다. 이밖에 5인 미만 사업장 근로자, 임시 및 일용직근로자, 시간제 근로자 등이 가입대상에 포함되었다(법 제10조). 도시지역주민에 적용되는 보험료율을 점진적으로 인상하도록 하였다. 즉 1999년 4월부터 2000년 6월까지는 3%를 적용하고, 2000년 7월부터 2005년 6월까지는 매년 1%씩 인상하여 2005년 7월부터는 법정보험료율 9%를

42) 이에 대해서는 예컨대 양재진, "국민연금제도", 양재진 외, 한국의 복지정책 결정과정—역사와 자료(나남, 2008), 137면 이하 참조.

43) 제도개선과 가입확대의 선후 관계에 관한 당시 논의에 대해서는 국민연금 20년사(국민연금공단, 2008), 85면 이하 참조.

적용하도록 하였다. 이에 따라 농어촌 지역가입자의 보험료율도 조정하였다. 즉 기존에 농어촌 지역가입자는 2000년 6월까지 3%, 2000년 7월부터 2005년 6월까지 6%, 그 이후 9%를 적용하기로 하였다. 그러나 개정 법률에서는 2000년 6월까지 3%, 2000년 7월부터 4%로 인상하고 그 후 1년마다 1%씩 인상되어 2005년 7월 이후 9%의 보험료율이 적용되도록 하였다.

국민연금이 도시지역으로 확대되면서 새로운 문제가 뒤따랐다. 위에서 서술하였듯이 국민연금은 낮은 보험료율과 이에 비해서는 상대적으로 높은 급여를 지급하는 구조를 띠었다. 그런데 직장근로자 외에 자영인이 가입자가 되면서 부담과 급여의 불균형구조는 더욱 심화될 우려가 있었다. 자영인의 소득파악율이 낮기 때문에 보험료 부과대상인 소득이 실제 소득과 차이가 있는 경우에는 국민연금의 소득재분배효과가 오히려 고소득자에게 유리하게 작용할 것이기 때문이다. 이로써 보험재정이 악화될 수 있었다. 이밖에 국민연금에 자영인이 포함되고, 또 국민연금이 모든 국민의 노후생활의 경제적 기초가 될 것이 예상되면서 국민연금제도 및 기금의 운영에 가입자의 참여를 강화하여야 했다. 의료보험과 국민연금을 농어촌으로 확대하는 과정에서는 국고지원이 중요한 쟁점이었다. 이에 비해서 국민연금을 도시지역에서 실시하는 논의과정에서는 국고지원이 의제가 되지는 않았다.

(2) 급여조건의 완화, 연금분할청구권, 급여수준의 인하

1990년대 이후, 특히 1997년 외환위기 이후 고용불안이 깊어지면서 연금수급요건인 가입기간을 비교적 장기인 20년 혹은 15년으로 하는 것이 현실적이지 않았다. 이에 감액노령연금의 수급요건을 완화할 필요가 있었다. 감액노령연금과 조기노령연금의 수급조건은 각각 기존의 가입기간 15년에서 10년, 그리고 20년에서 10년으로 단축되었다. 또 국민연금과 특수직역연금 간을 이동하는 국민이 각각의 제도에서 연금수급에 필요한 가입기간 혹은 재직기간을 충족하지 못하여 연금을 수급할 수 없는 문제도 해결되어야 했다. 이를 위해서는 두 제도의 가입기간과 재직기간을 합산하는 조치가 필요했다. 그러나 이에 관한 법률, 즉 「국민연금과 직역연금의 연계에 관한 법률」은 2009년 비로소 제정되었다.

가족구성원은 소득활동과 가사활동을 하며, 이들 활동은 가족의 유지에 같은 비중의 기여를 한다. 그럼에도 불구하고 민법의 부부별산제에 의하여 이혼시에 혼인기간에 형성된 재산은 소득활동을 하는 남성의 명의로 되어 있는 것이 일반적이었다. 1990년 개정 민법은 가사활동에 경제적 및 법적 가치를 인정하지 않는 것이 부부 및 남녀평등의 이념에 반한다는 인식에 기초하여 '이혼시 재산분할청구권'을 도입하였다(민법 제839조의 2). 이러한 이념은 공적연금에도 확대되어야 했지만 오랜 시간이 걸렸다. 1998년 개정 「국민연금법」은 '이혼시 재산분할청구권'의 이념을 반영하는 규정을 도입하였다.[44] 혼인기간이 5년 이상인 자가 다음에 해당하게 되는 때에는 그때부터 배우자이었던 자의 노령연금을 분할한 연금을 지급받는다. 1. 노령연금수급권자인 배우자와 이혼한 후 60세가 된 때, 2. 60세가 된 이후에 노령연금수급권자인 배우자와 이혼한 때, 3. 60세가 된 이후에 배우자이었던 자가 노령연금수급권을 취득한 때, 4. 배우자이었던 자가 노령연금수급권을 취득한 후 본인이 60세가 된 때 등이다. 분할연금액은 배우자이었던 자의 노령연금액 중 혼인기간에 해당하는 연금액의 50%이다. 이는 분할비율을 확정하지 않은 민법과 차이가 있었다. 분할연금수급권자가 재혼한 때에는 재혼기간 동안 분할연금의 지급을 정지한다(법 제57조의 2). 분할연금제도는 국민연금에 한정되지 않고 모든 공적 연금으로 확대되어야 했다. 그럼에도 분할연금에 관한 규정이 공무원연금 등에서는 2015년에 비로소 도입된 것은 이례적이었다.

질병을 원인으로 장해가 발생한 경우에 기존에는 가입기간 1년 이상을 급여의 조건으로 하였으나 개정 법률은 이를 폐지하였다. 질병과는 달리 부상을 원인으로 장애가 발생한 경우 받는 장애연금의 경우 가입기간에 관한 조건은 이미 1989년 폐지된 바 있다.

국민연금 가입자가 확대되고, 본격적으로 연금지급의 시기가 가까워지면서 연금기금에 대한 진지한 계측이 필요했다. 재정추계에 따르면 연금기금은 2020년대 초반까지 상승하다가 2025년 적자재정으로 전환되며, 이후 기금이 급격히 감소하여 2033년경에는 완전히 고갈될 것으로 예상되었다.[45] 이와 같은 재정불안의 근본적인 원인은 9%의 낮은 보험료율에 비해서는 상대적으로 연금급여의 수준이 높다는 데 있었다. 국민연금에서 재정안정을 장기적으로 유지하기 위하여 두 가지 조치가 취해졌다. 첫째, 급여수준을 인하하였다. 국민연금에서 40년

44) 1990년 민법 개정에 의하여 도입된 이혼시 재산분할청구권의 이념 및 사회보험에의 확대 필요성에 대해서는 예컨대 전광석, "혼인과 가족의 보호와 남녀평등권", 전광석, 사회보장법학(한림대 출판부, 1994), 106면 이하 참조.

45) 위 제5장 각주 74 참조.

가입기간을 기준으로 평균소득자가 받는 연금수준은 기존에 70%에서 60%로 낮아졌다. 이는 기본연금의 산정에 있어서 A값과 B값에 대한 승수를 2.4에서 1.8로 축소하는 형태로 이루어졌다(법 제47조). 가급연금액의 수준은 배우자의 경우 연 15만원, 그밖의 유족의 경우 연 10만원으로 인상하였고, 이를 법률에 직접 규정하였다(법 제48조 제1항). 이와 같은 급여인하를 상쇄하는 조치로 1997년 「노인복지법」은 기존의 노령수당의 명칭을 경로연금으로 바꾸고, 강행규정으로 하였다. 그러나 경로연금은 「생활보호법」을 보충하는 데 머물렀기 때문에 실질적으로 국민연금이 남긴 보장의 공백을 보충할 수는 없었다. 둘째, 연금수급연령을 기존에 60세에서 65세로 높였다. 즉 2013년부터 5년에 1세씩 연장하여 2033년에 65세가 되도록 하였다(부칙 제3조). 이에 비해서 보험료율을 인상하는 조치가 취해지지는 못했다. 장기간의 가입기간이 경과한 후 미래에 지급되는 급여의 삭감에 비해서 보험료 인상이 현재 가입자에게 주는 경제적 부담에 대한 정치적 저항이 크기 때문이다. 이 문제에 관한 논의는 2018년말 이후 현재에도 진행 중에 있다.

(3) 연금기금의 안정성, 투명성 강화

장기적으로 연금재정을 안정화하기 위한 조치가 취해졌다. 즉 5년 마다 국민연금 재정수지에 관한 계산을 실시하고 재정운영 전반에 관한 계획을 수립하여 국무회의의 심의를 거쳐 대통령의 승인을 얻어야 한다. 또 이를 국회에 제출하고 공시하도록 하였다(법 제4조). 위에서 서술했듯이 1988년 국민연금이 시행되면서 「국민투자기금법」 및 「공공자금관리기금법」에 의하여 국민연금기금을 강제로 예탁하게 되어 있었다. 그러나 이 경우 국민연금기금이 목적 외로 사용되며, 수익성이 약화되는 문제가 있었다. 헌법재판소는 「공공자금관리기금법」에 의한 강제예탁을 합헌으로 결정하였다.[46] 그러나 강제예탁제도는 정책적으로는 타당하지 않았고, 국민연금의 재정을 악화시키는 중요한 원인으로 지목되어 왔다. 이에 1998년 개정 법률은 연금기금의 강제예탁을 폐지하였다.

보건복지부에 설치되는 국민연금심의위원회에 지역가입자 대표가 추가로 참여하여 전체적으로 가입자대표의 구성비율이 높아졌다. 위원회의 구성에 관한 사항을 시행령에서 법률로 옮겨 규율함으로써 위원회구성이 안정적이게 되었다

46) 헌재 1996.10.4, 96헌가6, 8-2, 308면 이하 참조. 이 결정에 대해서 자세히는 전광석, "국민연금기금의 운용과 통제-헌재 1996.10.4, 96헌가6 결정을 중심으로", 전광석, 헌법판례연구(법문사, 2000), 367면 이하, 389면 이하 등 참조.

(법 제5조). 국민연금기금의 운영을 투명화하고 가입자의 참여를 보장하기 위하여 국민연금기금운용위원회의 위원의 수를 15명에서 20인으로 늘렸다. 국민연금기금운용위원회의 위원장을 기존에 재정경제부장관에서 보건복지부장관으로 변경하였다. 이로써 경제정책에 비해서 복지정책의 관점이 기금운용의 기준이 될 수 있는 조직적 기반이 갖추어졌다(법 제84조). 또 전문적 지식에 기초하여 기금의 운용을 통제할 수 있도록 기금운용실무평가위원회를 설치하였다(법 제84조의 2).

국민연금기금의 운용에 대한 사전적 및 사후적 통제를 강화하였다. 사전적으로 보건복지부장관은 매년 기금운용계획을 수립하여 운용위원회 및 국무회의의 심의를 거쳐 대통령의 승인을 얻어야 하며, 정부는 기금운용계획을 국회에 보고하여야 한다. 사후적으로 보건복지부장관은 기금의 운용내역을, 재정경제부장관은 관리기금에 예탁된 기금의 사용내역을 운용위원회에 제출하여야 한다. 운용위원회의 위원장은 기금의 운용내역과 사용내역을 운용위원회의 심의를 거쳐 국회에 제출하고 공시하여야 한다(법 제87조).

(4) 퇴직금 전환금의 폐지

1986년 「국민연금법」의 제정 논의에서 국민연금과 퇴직금의 조정은 특히 노사 간에 핵심적인 쟁점이었다. 퇴직금전환금은 노사의 이익관계를 절충하는 의미가 있었다. 1998년 개정 법률은 퇴직금전환금을 폐지하였다. 그 이유가 명확하지는 않다. 또 이례적으로 개정논의에서 이 점이 주목을 받지도 않았다. 다음과 같은 상황이 작용했을 것으로 추측된다. 국민연금의 가입대상이 지역주민으로 확대되었지만, 퇴직금전환금은 지역주민에 대해서는 적용될 수 없다. 이 경우 직장근로자와 자영인의 보험료부담의 차이가 크게 된다는 점을 우려했을 것이다. 직장근로자는 퇴직금전환금을 제외하고 보험료를 부담하는 반면 자영인은 전체 보험료를 모두 부담하여야 하기 때문이다. 또 국민연금의 수준이 낮아지면서 이를 보충하기 위하여 퇴직금의 기능은 강화되어야 한다. 그런데 퇴직금의 일부를 국민연금에 전환하는 것은 더 이상 타당하지 않다고 보았을 것이다. 퇴직금전환금은 국민연금을 시행하면서 퇴직금의 존폐를 둘러싼 노사 간의 타협의 산물이었기 때문에 퇴직금전환금이 폐지되면서 이제 퇴직금제도에 대한 보다 적극적인 새로운 구상이 필요하게 되었다.

(5) 그밖의 변화

1998년 개정 법률은 일부 용어를 바꾸었다. '장해'를 '장애'로, 그리고 '장해급여'를 '장애급여'로 하였다. 또 '갹출' 혹은 '갹출료'를 '납부' 혹은 '보험료' 등의 용어로 바꾸었다. 한시적으로 보험료를 납부할 능력이 없는 기간에 보험료를 납부하지 않으면서 계속 보험관계를 유지하고(납부 예외), 또 소득활동을 다시 시작하는 경우 보험료를 소급하여 납부하여(추후납부) 보험가입기간의 공백으로 인하여 연금액이 낮아지지 않도록 하였다. 3세 미만의 유아를 보육 중인 경우, 「병역법」에 의한 병역의무를 이행하는 경우, 학교에 재학 중인 경우, 교도소에 수용 중인 경우, 보호감호시설 또는 치료감호시설에 수용 중인 경우, 행방이 불명한 경우, 재해·사고 등으로 소득이 감소되거나 기타 소득이 있는 업무에 종사하지 않는 경우에 납부예외규정이 적용된다. 보험료를 납부하지 않은 기간은 가입기간에 산입되지 않는다(법 제77조의 2, 시행령 제49조). 이들은 납부 예외가 인정되었던 기간의 전부 또는 일부에 대해서 보험료의 추후납부를 신청할 수 있다. 추후 보험료를 납부한 경우에는 그에 상응하는 기간은 가입기간의 계산에 산입한다(법 제77조의3).

3. 이후 국민연금법의 전개

1998년 개정 이후 2007년 새로운 개혁조치가 취해질 때까지 「국민연금법」은 거의 변화가 없었다. 시간제 근로자 등 비정규직 근로자의 비중이 커지고 사회문제로 발전하면서 이들을 국민연금의 가입자로 포함시키는 조치가 취해졌다. 기존에 일용직 근로자 혹은 3개월 이내의 기한부로 사용되는 근로자는 가입대상에서 제외되었으나 2003년 시행령 개정을 통하여 1개월 이상 계속 사용되는 일용근로자, 또 1개월 동안 근로시간이 80시간 이상인 시간제 근로자 등 비정규직 근로자를 가입대상으로 하였다(시행령 제2조). 또 건강보험에 있어서와 마찬가지로 기존에 5인 미만 사업장의 근로자를 더 이상 지역가입자가 아니라 직장가입자로 분류하였다(시행령 제19조 제1항 제1호).

2000년 개정 법률에 의하여 기본연금의 요소 중 A값(균등부분)의 산정방법이 변경되었다. 기존에 균등부분은 연금수급 전년도의 평균소득월액이었다. 개정 법률은 소비자물가상승률에 의하여 현재가치화한 연금수급 직전 3년간의 평균소득월액의 평균액을 산정요소로 하였다(법 제47조 제1항 제1호). 그만큼 연금수준이 낮아지는 효과가 있고, 이는 연금재정의 안정에 기여할 것으로 기대되었다.

국민연금에 가입한 외국인의 반환일시금 수급권은 상호주의에 따라 엄격하게 제한되어 있었다. 2007년 개정 법률은 일부 외국인에 대해서 이러한 제한을 완화하였다. 즉 「외국인근로자의 고용 등에 관한 법률」의 규정에 따른 외국인 근로자인 가입자, 「출입국관리법」에 따라 산업연수활동을 할 수 있는 체류 자격을 가지고 필요한 연수기간 동안 지정된 연수 장소를 이탈하지 아니한 외국인 가입자는 상호주의의 적용을 받지 않고 반환일시금 수급요건을 갖춘 경우 이를 지급받을 수 있다(법 제102조 제2항 제2,3호). 이들 외국인 근로자는 대부분 저개발국가에서 온 점을 감안하여 반환일시금을 지급하도록 한 것이다.

Ⅲ. 국민연금법 2차 개혁

1. 연금액 인하

1998년 연금수준을 낮추고 수급연령을 연장하는 등의 조치를 취한 이후 2007년 다시 연금 수준을 낮추는 개정이 필요하게 되었다. 1998년 개정 법률이 도입하여 2003년 처음으로 실시된 국민연금재정계산위원회의 계측에 의하면 변경된 연금산정방식에서도 2036년 연금재정의 적자가 발생하고 2046년 연금재정은 고갈될 것으로 예측되었다. 이를 방지하기 위해서는 보험료인상이 불가피하였다. 일부 조사에 따르면 11.85%에서 19.85%의 보험료율 인상이 필요했다. 그러나 보험료율 인상은 정치적으로 가능하지 않았다. 이에 연금수준을 낮추는 개정을 하였다. 다만 이 경우 연금수준이 낮아지고 노인빈곤이 예방될 수 없다는 문제가 인식되었다. 이에 노후소득보장을 보완하기 위하여 「기초노령연금법」을 제정·시행하는 정치적 합의가 이루어졌다. 이후 비로소 「국민연금법」은 개정될 수 있었다. 이제 국민연금은 평균소득자의 경우 기존에 생애평균소득의 60%에서 다시 40%로 낮아졌다. 이를 위하여 기본연금의 산정에 있어서 A값과 B값에 대한 승수는 1.8에서 1.2로 낮아졌다(법 제51조 제1항).

2. 그밖의 개정

2007년 개정 법률은 사회적 보상의 목적으로 보험가입기간을 산입하는 제도를 처음으로 도입하였다. 첫째, 국민연금에서 자녀양육을 지원하여 저출산의 사회문제를 완화하도록 하였다. 즉 2 이상의 자녀가 있는 가입자가 노령연금수급권을 취득한 때 자녀가 2명인 경우에는 12개월, 3명 이상인 경우에는 2자녀를 초과하는 자녀 1명마다 18개월을 더한 개월 수를 국민연금 가입기간에 추가로 산입한다. 이에 필요한 재원은 국가가 전부 또는 일부를 부담한다(법 제19조). 국민연금은 다세대간 계약에 기초하여 운영되며, 미래세대에 안정적인 인구구조가 유지될 때 제도가 지속될 수 있다. 이 점에서 보면 자녀양육지원은 연금제도의 기능에 필수적인 조건이다.[47] 그러나 2 이상의 자녀를 양육하는 경우에 비로소 지원의 대상으로 하는 것은 자녀양육을 지원하는 필요성을 주목하였지만 이를 넘어서서 국민연금에 대한 구조적 이해는 아직 충분하지 않았다. 둘째, 현역병 또는 공익근무요원으로서 의무를 이행한 자가 노령연금 수급권을 취득한 때 6개월을 가입기간에 추가로 산입한다. 이는 국가 및 사회의 존속을 위한 활동을 보상하는 취지이다. 가입기간을 추가로 산입하는 데 필요한 재원은 국가가 전부를 부담한다(법 제18조). 자녀양육지원과는 달리 국방의 의무이행에 대한 보상은 국민연금의 고유한 과제가 아니기 때문에 이에 필요한 재원을 국가가 부담하도록 한 것이다.

1998년 도입된 연금분할청구권에 관한 규정은 청구권자가 재혼한 때에는 재혼기간 동안에는 분할연금의 지급을 정지하였다. 그러나 이는 재혼에 불이익한 처우를 하는 결과가 되어 혼인의 자유와 조화될 수 없었다. 이에 2007년 개정 법률은 재혼 기간에 연금의 지급을 정지하는 규정을 삭제하였다. 2007년 개정 법률은 「국민연금법」에 부분적으로 남아 있는 남녀를 차별하는 규정을 정비하였다. 유족연금 수급자인 배우자의 자격과 관련하여 기존에는 부(夫)의 경우 60세 이상이거나 장애등급 2급 이상에 해당하여야 한다는 제한을 두었으나 이를 삭제하였다(법 제73조 제1항 제1호).[48] 또 기존에는 처(妻)인 배우자의 경우 5년간 유족연금을 지급한 후 50세에 달할 때까지 지급을 정지하였다. 이 규정 역시 삭제되었다. 개정 법률은 연금수급자가 사망한 경우 성별에 관계없이 3년간 유족연금을 지급한 후 55세가 될 때까지 지급을 정지하도록 하였다(법 제76조). 개정 전 두 규정은 모두 부부 간의 전통적인 기능분담을 전제로 일반적으로 처인 배우자는 소득활동을 하지 않기 때문에 가입자인 배우자가 사망한 경우 새로운 경제적 상황에 처하게 되고, 이에 적응하기 위하여 필요한 기간 유족연금을 지급한다는 의미를 가졌다. 그런데 오늘날 이와 같은 전형이 더 이상 유지되고 있지 않으며, 실

47) 이 점에 대해서는 예컨대 전광석, "사회보장재정의 규범적 논의구조", 사회보장법학 제4권 제1호(2015), 22면 이하 참조. 이 밖에 위 제1장 각주 98 참조.

48) 개정 전 규정에 대한 헌법적 심사로는 헌재 2008.11.27, 2006헌가1, 20-2(하), 138면 이하 참조.

질적인 보호의 필요성을 기준으로 연금수급조건을 개편할 필요가 있었다.

Ⅳ. 공무원연금 2차 개혁

1. 1995년 1차 개혁 이후의 상황

1995년 「공무원연금법」의 개정에 대해서는 연금수급자 및 기존 공무원의 기득권을 지나치게 보호하며, 또 공무원연금에 일반 재정이 대규모로 투입되는 문제가 남았기 때문에 비난여론이 높았다. 여기에는 다음과 같은 외부적 환경도 작용하였다. 즉 외환위기 이후 1998년 정부의 구조개혁에 따라 연금수급자가 증가하였고 이로써 공무원연금의 재정이 더욱 악화되었다. 기금의 수입과 지출의 균형을 유지하기 위한 개혁의 필요성이 높아졌으며, 이에 「공무원연금법」은 2000년 12월 30일 다시 개정되었다.

2. 2차 개혁의 주요 내용 및 남겨진 문제

2000년 개정 법률은 대부분 공무원연금의 재정을 개선하기 위한 조치들로 구성되어 있다. 1995년 도입된 연금수급연령에 관한 규정이 1996년 1월 1일 이전에 임용된 공무원에 대해서도 적용되도록 하였다. 다만 기존 공무원의 신뢰를 보호하기 위하여 경과규정을 두었다. 첫째, 2001년 1월 1일 현재 재직기간이 20년 이상인 공무원에게는 연령기준을 적용하지 않는다. 둘째, 재직기간이 20년 미만인 공무원의 경우 재직기간이 20년이 된 후에 20년에 미달하는 기간 이상을 재직하고 퇴직한 때에는 60세에 달하지 않아도 연금을 수급할 수 있다. 셋째, 일반적으로 기존 공무원의 경우 연금수급연령을 50세로 하고 2년에 1세씩 인상하여 2019년부터 연령기준을 60세로 한다(법 제46조 제1, 2항, 부칙 제10조).

2000년 개정 법률은 연금산정 및 조정의 기준을 수급자에게 불이익하게 변경하였다. 연금산정의 기준을 기존의 최종보수월액에서 최종 3년간의 평균보수월액으로 변경하였다(법 제3조 제1항 제5호, 제27조 제3항). 이는 2000년 「국민연금법」 개정 법률에서 기본연금산정요소 중 균등부분(이른바 'A'값)의 산정기준을 연금수급 전년도 소득월액에서 연금수급 직전 3년간 평균소득월액으로 변경하였던 선례를 따른 것이었다. 그러나 여전히 가입자 개인의 소득비례부분(이른바 'B'값)을 전체 가입기간 중 평균소득을 기준으로 산정하는 국민연금과는 차이가 있었다. 공무원연금의 조정기준을 합리화하였다. 기존에 연금은 재직자 보수기준에 따라 조정되었으나 개정 법률은 이를 전국소비자물가변동률로 변경하였다. 공무원연금의 수입을 증대시키기 위하여 기여금율의 상한을 기존에 보수월액의 7.5%에서 8.5%로 다시 인상하였다(법 제66조 제2항, 제69조 제1항, 시행령 제65조의 3).

공무원연금과 소득을 조정하는 규정의 적용범위를 확대하였다. 이에 관한 기존의 규정(법 제47조)은 헌법재판소에서 위헌으로 결정되었다.[49] 위헌결정의 가장 중요한 이유는 연금의 지급이 정지되는 대상취업기관, 지급이 정지되는 사유인 소득수준, 지급정지율 혹은 지급정지액에 대하여 구체적으로 범위를 정하지 않고 행정입법에 위임하였기 때문에 포괄위임에 해당한다는 것이다. 이에 비해서 실체법적 문제, 즉 연금수급자가 근로소득이 있는 경우 연금의 일부를 감액하는 규정 자체는 헌법에 위반되지 않는다고 판단하였다. 이에 2000년 개정 법률은 연금과 소득의 조정문제를 정비하였다. 위에서 살펴보았듯이 기존에는 수급자가 국가 및 지방자치단체와 재정적 관련성이 있는 기관에 재취업하여 소득을 얻는 경우에 연금수준을 조정하였다. 이 경우에는 국가 또는 지방자치단체와 같은 공공재정에서 연금과 소득이 지급되어 이중으로 부담이 된다는 논리였다.[50] 2000년 개정 법률은 재취업기관의 종류와 관계없이 사업소득 혹은 근로소득이 있는 경우에는 연금의 지급을 일부 정지할 수 있도록 하였다. 또 지급이 정지되는 금액의 상한을 연금수급자가 받을 연금의 2분의 1로 법률에 명시하였다(법 제47조, 시행령 제40조). 연금청구권의 50%에 해당하는 부분은 공무원이 납부하는 기여금에 의하여 형성되었으며, 따라서 재산권적 보호가 강화된다고 보았기 때문이다.[51]

공무원연금에 대한 정부지원을 확대하고, 또 국가 및 지방자치단체의 책임을 강화하였다. 첫째, 퇴직급여 및 유족급여에 소요되는 비용을 기여금 및 부담금으로 충당할 수 없는 경우에는 국가 또는 지방자치단체가 그 부족한 금액(보전금)을 부담한다(법 제69조 제1항 단서). 둘째, 정부보증에 관한 일반적인 규정을 두었다. 즉 "국가 및 지방자치단체는 공무원연금재정의 안정을 위하여 예산의 범위 안에서 책임준비금을 연금기금에 적립하여야 한다"(법 제69조의 2).

49) 위 제4장 각주 53, 54 참조.
50) 이는 실제 1994년 「군인연금법」에 대한 위헌결정에서 나타난 논리였다. 헌재 1994.6.30, 92헌가9, 6-1, 551면 이하 참조.
51) 초기에 입법자는 아직 이와 같은 사고는 없었다. 이에 대해서는 위 제3장 각주 61 참조.

3. 이후의 전개

위에서 언급했듯이 2000년 개정 법률은 공무원연금의 조정기준을 기존의 재직자 보수변동률 대신 전국소비자물가변동률로 변경하였다. 그런데 2000년 이후 공무원의 보수가 현실화되면서 퇴직시기에 따라서 연금액의 차이가 크게 되었다. 이를 조정할 필요가 있었다. 2003년 개정 법률은 전국소비자물가변동률이 공무원 보수변동률과의 차이가 2% 이상이 되는 때에는 그 차이가 2%를 넘지 않도록 하였다(법 제43조의 2 제3항). 이와 같은 보정조치에는 「공무원연금법」의 개정에 적극적으로 의견과 이익을 투입하기 시작한 공무원노동조합의 영향이 컸다.[52)]

연금과 수급자의 소득을 조정하는 규정을 정비하였다. 특히 소득이 있는 경우 소득의 다과(多寡)에 관계없이 일률적으로 연금의 2분의 1이 감액되는 점이 문제였다. 이에 2003년 개정 법률은 해당 조항을 전면적으로 재정비하였다. 퇴직연금수급자가 사업소득 혹은 근로소득이 있고 합산 소득월액이 전년도 평균임금월액을 초과한 때에는 연금이 부분적으로 감액된다. 이때 감액의 수준을 소득에 따라서 차등화하였다. 예컨대 초과소득월액이 50만원 미만인 경우에는 초과소득월액의 10%, 초과소득월액이 50만원 이상 100만원 미만인 경우에는 5만원에 초과소득월액의 20%를 합한 액, 초과소득월액이 100만원 이상 150만원 미만인 경우에는 15만원에 초과소득월액의 30%를 합한 액이 감액된다(법 제47조 제2항).

제 5 절　고령사회의 새로운 실험; 노인장기요양보험법의 제정과 시행

Ⅰ. 고령사회의 현실적 상황과 규범적 대응

1. 현실적 상황

고령사회 및 저출산의 문제는 이미 1980년대 중반에 예후를 보였으며, 1995년 이후 본격적으로 진행되었다. 2000년대 이후 이와 같은 상황은 새로운 정책 의제가 되었다. 이는 사회보장법의 과제이기도 하였다. 고령사회는 노인인구가 전체 인구에서 차지하는 비율이 점점 증가하고, 또 평균수명이 높아지는 의

52) 이에 대해서는 민효상, "공무원연금 제도개혁의 거부자(veto player)와 상쇄관계(trade-off)에 관한 연구", 한국정책학회보 제18권 제3호(2009), 242면 이하 참조.

미를 내포하고 있다. 우리나라에서 65세 이상 노인인구비율은 2000년 7.2%였으며, 2010년 11.0%, 2018년 14.3%, 그리고 2026년 20.8%에 이르러 초고령사회에 진입할 것으로 예측되었다. 이에 노후에 개인이 스스로의 능력으로 일상생활을 영위할 수 없는 상황이 일반화되어 가고 있었다. 이에 비해서 그동안 진행된 가족구조의 변화로 인하여 노인을 가족 내부에서 장기적으로 요양하는 가능성은 점점 줄어들고 있었다. 가족규모의 축소, 독거노인의 증가, 이혼의 증가 및 미혼 등을 이유로 단독가구가 증가하는 등의 요소가 함께 작용하여 장기요양이 사회문제가 되어가고 있었다. 또 질병 등과 같은 전통적인 사회적 위험과 달리 장기요양문제를 사전에 인식하는 능력은 낮았고, 정책이 이를 선도하지도 않았다.

2000년대에 들어와서 비로소 장기요양문제를 사회화하는 공감대가 형성되었다. 서구 사회에서 장기요양문제는 이미 1980년대 후반 본격적으로 논의되었고, 그 결과 예컨대 독일이 1995년에, 그리고 일본이 2000년에 장기요양문제를 사회보험의 방식으로 보호하는 입법을 하였다.[53] 「노인장기요양보험법」은 2007년 제정되었고, 2008년 7월부터 시행되었다.

2. 규범적 대응

사회보장법 전체 체계에서 보면 노인장기요양의 문제는 다음과 같은 상황을 배경으로 제기되었다.

노령에 이를수록 신체 및 심리기능이 감소하고, 또 질병에 대한 이환율(罹患率)이 높아지며, 질병에 이어 요양보호의 필요성이 발생한다. 이는 건강보험의 재정부담을 가중시켰다. 실제 건강보험 진료비에서 노인의료비가 차지하는 비중이 1990년 8.2%이었으나, 이미 2001년 17.8%에 달했으며, 이는 지속적으로 상승하여 2006년 25.7%에 이르렀다.[54] 노인의 질병은 많은 경우 장기요양문제를 동반할 가능성이 있었다. 특히 불필요한 입원비가 증가하는 경우 건강보험에 대한 부담은 더욱 커진다(이른바 '사회적 입원'의 문제). 실제 노인장기요양보

53) 각국에서 장기요양을 보호하는 다양한 유형에 대해서는 예컨대 남현주, "비공식수발자들을 위한 사회정책적 지원에 관한 비교연구－독일, 오스트리아, 영국을 중심으로", 사회복지정책 제36권 제2호(2009), 311면 이하 등 참조.

54) 보건복지부, 보건복지백서(2008), 186면 참조. 노인질병에 수반되는 장기요양의 문제에 대해서는 예컨대 권순만, "인구고령화와 의료비 지출 및 장기요양제도 도입의 정책과제", 사회보장연구 제22권 제2호(2006), 3면 이하 참조.

험이 실시되면서 시설급여가 지급되는 결과 노인의료비가 큰 폭으로 감소하였다.[55] 2000년 건강보험관리운영의 통합, 그리고 의약분업 시행 이후 나타난 건강보험 재정위기는 노인장기요양보험을 도입하는 또 하나의 계기였다.[56] 이 점은 거꾸로 노인장기요양보험이 노인 1인당 진료비를 약 418만원 감축시킬 것이라는 예측에서도 확인된다.[57] 노인장기요양의 문제는 국민연금의 기능을 저해하는 우려도 있다. 노후에 가장 중요한 소득보장의 기제인 국민연금이 장기요양을 위하여 지출될 가능성이 많을 것이기 때문이다.

노인장기요양이 독자적으로 보호되지 않을 경우 이 부담은 건강보험 외에 최종적으로는 「국민기초생활보장법」 혹은 「노인복지법」이 담당하게 된다. 그런데 「국민기초생활보장법」은 비전형적인 원인에 의하여 발생하는 빈곤을 보호한다. 따라서 국민기초생활보장사업이 고령사회에서 전형적인 위험인 장기요양을 보호하는 경우 자신의 고유한 과제에 충실할 수 없게 된다. 예컨대 1995년 장기요양보험을 도입한 독일의 경우 가장 중요한 제도적 이유는 1980년대 이후 보편화되어 가는 장기요양의 문제를 사회부조(Sozialhilfe)가 담당하게 되면서 사회부조가 본래의 제도적 목적에 충실할 수 없게 되었다는 인식에 있었다.[58] 「노인복지법」은 노인에 대한 일반적이고 종합적인 보호를 행하기 때문에 역설적으로 정책적 관심은 분산되어 있다. 그 결과 노인장기요양문제에 집중하는데 한계가 있었다. 「노인복지법」의 보호조치는 주로 시설에서 공급자 중심으로 이루어져 왔다. 또 「노인복지법」은 규범적으로는 보편적이지만 현실적으로는 선택적으로 저소득층을 대상으로 하여 왔다. 이에 노인장기요양보험은 보편적인 제도로서, 수요자 중심의 보호를, 그리고 시설보호뿐 아니라 재가보호 등 다양한 방법을 전문적으로 시행하여야 할 과제를 갖는다.

Ⅱ. 노인장기요양보장의 특수성

노인장기요양은 다음과 같은 특수성이 있었으며, 「노인장기요양보험법」의

55) 보건복지부, 보건복지백서(2010), 201면 참조.

56) 2000년 노인장기요양보호정책 기획단이 구성되었으며, 2003년 설치된 공적노인요양추진기획단은 연구의 결과를 책자로 발표하였다. 공적노인요양보장체계 개발연구(I)－재정운영방식 및 시설 인력인프라 확충방안(2004); 공적노인요양보장체계 개발연구(Ⅱ)－평가판정체계 및 수가급여체계(2004) 등 참조.

57) 보건복지부, 보건복지백서(2010), 201면 참조.

58) 이에 대해서는 전광석, 독일의 사회보장법과 사회정책(박영사, 2008), 135면 이하 참조.

제정에 있어서 고려되어야 할 요소였다.

1. 사회변화와 실험적 입법

「노인장기요양보험법」은 기존에 가족이 담당했던 노인요양의 기능을 보충 혹은 대체할 수 있어야 한다. 그런데 이에 대해서는 세분화된 논의가 필요했다. 가족구성원에 의한 요양을 여전히 원칙으로 하고 이를 보충할 것인가, 아니면 이는 더 이상 현실성이 없으며, 따라서 「노인장기요양보험법」은 이를 대체하여야 하는가? 전자의 경우에 나타나는 가족부담은 여전히 가족 자체의 문제로 볼 것인가, 아니면 이러한 부담을 경제적 보상 혹은 유인을 통하여 경감시켜야 하는가? 가족에 의한 요양이 비용보상의 대상에서 제외되는 경우에는 노인장기요양보험이 가족의 기능을 대체하는 가능성이 높아진다. 이에 비해서 가족구성원에 의한 요양을 원칙으로 하며, 비용보상을 하는 경우에는 노인장기요양보험은 가족의 기능을 보충하는 제도로 형성된다. 이와 같은 방법이 수급자에게 친화적이고 효과적이지만 일반적으로 여성이 요양요원이 되며 그 결과 여성에 부담이 가중되고, 또 여성의 사회진출이 저해되는 문제를 남긴다. 예컨대 우리보다 앞서 「장기요양보험법(Pflegeversicherungsgesetz)」을 제정·시행하였던 독일의 경우 가족의 기능이 유지되어 있는 경우에는 현금급여를 청구하는 사례가 압도적으로 많았다. 그러나 가족에 의한 요양가능성이 줄어들고, 또 여성의 경제활동 참가가 증가하면서 현금급여의 청구비율이 점점 낮아지고, 상대적으로 현물급여가 차지하는 비중이 증가할 것으로 예상되었다.[59] 일본의 경우에는 가족에 의한 요양활동과 이에 대한 현금보상을 배제하였다. 가족에 현금급여를 지급하고, 또 보상수준이 낮은 경우에는 여성이 주로 요양활동을 하게 될 것이고, 이는 여성의 사회진출 및 활동을 저해한다고 보았기 때문이었다.[60] 이 점에서 「노인장기요양보험법」은 실험적 입법이었다.

---

59) 이에 대해서는 예컨대 Thomas Klie, "Pflege im sozialen Wandel-Wirkungen der Pflegeversicherung auf die Situation Pflegebedürftiger", *Vierteljahresschrift für Sozialrecht*(1999), 363면 이하 참조.

60) 일본의 예에 대해서는 Miyoko Motozawa, "Probleme der japanischen Pflegeversicherung", *Zeitschrift für ausländisches und internationales Arbeits-und Sozialrecht*(2003), 93면 이하 참조. 요양제도에 대한 여성주의적 접근 일반에 대해서는 예컨대 박영란, "돌봄 노동 여성의 욕구와 노인요양보장정책", 사회보장연구 제23권 제1호(2007), 27면 이하 참조.

2. 부분적 보호와 종합적 고찰의 필요성

「노인장기요양보험법」에서는 서비스가 지급된다는 점에서 건강보험과 유사하다. 그러나 노인장기요양보험은 개인의 사회적 위험 전체가 아니라 일부를 보호하였다. 즉 월한도액의 범위 내에서 급여를 지급한다. 따라서 「노인장기요양보험법」은 노인장기요양과 관련이 있는 다른 사회보장제도 및 사법(私法)의 제도와 기능적인 협력이 필요하다. 이 점이 체계적으로 이해되지 않은 경우 제도 간에 급여가 중복되거나 혹은 제도 간에 서로 과제를 전가하여 과잉 혹은 과소보호의 위험이 발생하게 된다.[61)]

3. 결정과 집행의 다원적 구조

노인장기요양급여는 지급결정 및 절차가 다원적이라는 특징이 있다. 이 점 역시 건강보험과 비교된다. 건강보험에서는 급여의 조건 및 내용에 대한 결정, 그리고 급여의 집행이 모두 요양기관, 즉 의사를 중심으로 이루어진다. 이에 비해서 노인장기요양보험에서는 급여의 조건에 관한 1차적인 소견은 의사가, 급여의 조건을 확인하는 절차는 건강보험공단이 관할한다. 또 장기요양등급은 등급판정위원회가 판정하고, 구체적인 급여의 종류와 내용 및 비용 등은 수급권자와 장기요양기관 간의 계약에 의하여 결정된다. 그리고 구체적인 급여의 집행은 장기요양기관에서 이루어진다.

이와 같이 「노인장기요양보험법」의 입법목적은 여러 단계에서 결정과 절차, 그리고 이들 결정과 절차 간의 상호연계 속에서 실현된다. 이에 상응하여 노인장기요양보험에서 국가의 조정 및 규제가 필요하며, 이 과정에서 규범의 역할과 한계가 지속적으로 점검되어야 한다. 이와 같은 구조적 다원성과 복잡성은 노인장기요양보험이 거의 전체 국민을 대상으로 하고, 또 전체 요양시설을 제도적으로 포섭하면서 더욱 깊어졌다.

61) 「노인장기요양보험법」 제정과 관련된 입법 및 정책과제에 대해서는 예컨대 전광석, "한국의 노인장기요양 관련 법제도의 현황과 과제", 사회보장법학 제2권 제1호(2013), 111면 이하, 137면 이하; 정희선, "노인장기요양보험법 제정사", 사회보장법연구 창간호(2012), 163면 이하 등 참조.

Ⅲ. 노인장기요양보험법의 도입-쟁점 및 제도화

1. 제도선택의 문제; 사회보험과 조세, 사회보험과 민간보험, 관리운영

사회보험의 방식과 조세를 재원으로 운영되는 제도적 보호 중 선택의 문제는 일반적으로 논의가 필요하고, 또 외국의 경우 진지하게 검토된 바 있다.[62)] 공적 보험방식과 민간보험방식의 선택 역시 논의가 필요했다. 공적 보험에서는 법률에 의하여 가입자가 확정되면 곧 보호의 대상이 되지만 민간보험의 경우 계약의 체결에 의하여 비로소 보호가 되기 때문에 공적 보험의 방식이 일반적으로 선호된다. 공적 사회보험의 방식으로 쉽게 합의가 이루어졌다. 일반적으로 보면 우리 사회보장이 사회보험을 중심으로 전개되어 왔으며, 정책적 유사성을 기준으로 보면 노인장기요양보험은 건강보험과 연계하여 논의되었다. 또 조세방식에 비해서 보험료를 재원으로 하는 경우 재정부담에 있어서 유리하기 때문이다. 기존의 사회보험과 마찬가지로 재원의 50%를 사용자가 부담하게 되는 경우 과연 요양문제가 고용과 관련성이 있는가 하는 의문이 제기되고, 그렇기 때문에 사용자의 부담에 대한 저항이 있을 수 있다. 그러나 노인장기요양보험의 보험료율이 높지 않기 때문에 이 문제 역시 심각한 논의의 대상은 아니었다.[63)]

노인장기요양보험의 관리운영의 주체로서 건강보험공단과 기존에 노인복지 사무를 담당하였던 지방자치단체가 선택적으로 논의되었다. 국민건강보험공단의 경우 이미 기존 인력이 전문성을 갖추고 있으며, 또 등급판정 등에 있어서 전문적·통일적으로 제도를 운영할 수 있기 때문에 공단을 관리운영의 주체로 하였다. 다만 지방자치단체의 지역적 특수성과 수급자에 대한 근거리행정의 장점을 반영할 수 있도록 등급판정위원회에 지방자치단체의 장이 추천한 위원이 적극적으로 참여할 수 있는 절충이 이루어졌다.[64)]

---

62) 독일의 예에 대해서는 Eberhard Eichenhofer, *Sozialrecht*(J.C.B. Mohr, 1995), 194면 이하; Gerhard Igl, "Pflegeversicherung", Ruland/Becker/Axer(편), *Sozialrechtshandbuch*(Nomos, 2018), 973면 이하 등 참조.

63) 예컨대 독일의 경우 이 문제는 심각하게 논의된 바 있다. 이에 대해서는 예컨대 Otto Ernst Krasney, "Versicherter Personenkreis und Pflegeleistungen des SGB XI", *Vierteljahresschrift für Sozialrecht*(1994), 2면 이하 참조. 독일에서는 사용자의 새로운 보험료 부담은 근로자에 대한 유급휴일을 삭감하는 조치를 통하여 상쇄되었다. 사회법전 제11권 제58조 제3항 참조.

64) 이에 대해서는 박인, 노인장기요양보험제도의 입법과정과 내용(한국법제연구원, 2008), 36면 이하 참조.

2. 적용대상의 문제; 선택성과 포괄성

장기요양의 문제는 노인에 국한되지 않으며 누구에게나 발생할 수 있다. 장애인이 대표적이다. 그러나 「노인장기요양보험법」은 대상의 포괄성을 포기하고 이중적으로 수급대상자를 제한하였다. 첫째, 65세 이상의 노인을 수급자로 하였다. 예컨대 일본의 경우 40세 이상의 자도 수급자로 하는 경우와 비교된다. 다만 일본의 경우 가입자격 역시 40세 이상으로 한 점에서 가입자의 범위는 제한적이다. 둘째, 장애인을 수급대상에 포함시킬 것인가, 아니면 우선 노인을 보호하고 (같은 제도를 통하여, 혹은 별개의 제도를 통하여) 제도의 적용범위를 확대시킬 것인가의 문제가 보다 진지하게 논의되었다. 나이에 관계 없이, 따라서 장애인을 포함시키는 대표적인 국가가 독일이다. 독일의 사회법전(SGB)은 연령에 관계 없이 "신체적·정신적 및 심리적 질병 또는 장애로 인하여 통상 반복하여 행하는 일상생활을 지속적으로 혹은 잠정적으로 6개월 이상 상당한 정도로 수행할 수 없기 때문에 도움을 필요로 하는 상태"를 보호의 대상으로 했으며, 여기에 장애인이 포함되었다.[65]

우리나라에서는 우선 노인을 대상으로 하였다. 장애인은 사회보험의 방식이 아니라 국가의 일반과제로서 조세를 재원으로 보호하여야 하며, 교육 및 재활의 관점을 포괄하는 보다 종합적인 보호가 필요하다는 논리, 그리고 장애인을 처음부터 포함시킬 경우 발생할 재정부담이 작용하였다. 이에 65세 이상의 노인을 보호대상으로 하고, 장애인과 관련해서는 다음과 같은 부대결의를 하였다.[66] 즉 장애인에게 장기요양급여에 상응하는 복지서비스를 도입할 것인가의 여부에 대한 보고서를 국회에 보고하도록 한다.[67] 이러한 계획에 따라서 2011년 「장애인활동지원에 관한 법률」이 제정되었다.

3. 급여의 종류와 수준, 본인부담

이론적으로, 그리고 비교법적으로 보면 장기요양급여는 현물 혹은 현금, 또 혼합형태로 제공될 수 있다. 「노인장기요양보험법」에서는 현물급여를 원칙으로

---

65) 사회법전 제11권 제14조 참조. 독일에서 제도 도입 당시 이 문제에 관한 논의에 대해서는 Gerhard Igl, "Entstehungsgeschichte der sozialen Pflegeversicherung- Eine Einführung", *Vierteljahresschrift für Sozialrecht*(1994), 261면 이하 참조.

66) 이 문제를 포함하여 「노인장기요양보험법」의 제정과정에 대해서는 예컨대 박인, 위 각주 64의 논문, 10면 이하; 정희선, 위 각주 61의 논문, 170면 이하 등 참조.

67) 이에 대해서는 국민건강보험공단, 2011 노인장기요양보험법 해설, 31면 이하 참조.

하며, 예외적으로 현금급여가 지급된다. 가족에 의한 요양활동은 보상의 대상이 아니다. 이는 장기요양이 아직 가족구성원에 의하여 제공된다는 가정에 기초해 있으며, 이 점은 앞으로 근본적인 검토가 필요한 과제로 남아 있다.

노인장기요양보험에서 재정부담은 중요한 쟁점이었다. 위에서 언급한 바와 같이 적용대상자를 소극적으로 획정한 것도 이러한 이유 때문이었다. 이외에 재정건전성을 유지하기 위한 조치를 취하였다. 첫째, 월급여한도액을 도입하여, 건강보험과는 달리 노인장기요양보험은 부분 보호에 한정된다. 둘째, 본인일부부담제도를 도입하였다. 셋째, 국민건강보험과 마찬가지의 수준으로 장기요양보험에 국고지원을 한다.

Ⅳ. 노인장기요양보험법의 주요 내용

1. 보호되는 위험과 인적 범위

노인장기요양보험에 의하여 보호되기 위해서는 다음과 같은 요건을 충족하여야 한다. 첫째, 원칙적으로 65세 이상의 노인이어야 한다. 65세 미만인 자로서 치매·뇌혈관성질환 등 노인성 질병을 가진 자는 보호의 대상이 될 수 있다(법 제2조 제1호). 노인성 질환의 종류를 열거하였다. 알츠하이머병에서의 치매, 혈관성 치매 등 21종류의 질환이 열거되었다(시행령 별표 1). 둘째, 6개월 이상 동안 혼자서 일상생활을 수행하기 어렵다고 인정되어야 한다. 셋째, 신체활동·가사활동의 지원 또는 간병 등을 위하여 서비스 혹은 이에 갈음하는 현금급여에 의한 보호를 필요로 하는 상태이다(법 제2조 제2호). 2008년 도입 당시 노인인구의 약 4.2%가 노인장기요양 급여대상자였다.

국민건강보험의 가입자는 동시에 노인장기요양보험에 가입된다. 이들 가입자와 그 피부양자가 장기요양인정을 신청할 자격을 갖는다(법 제7조 제3항, 제12조). 거의 98%에 해당하는 국민이 건강보험수급자격을 갖기 때문에 장기요양보험 역시 국민보험의 성격을 띠었다. 이밖에 「의료급여법」 제3조 제1항에 따른 수급권자가 신청자격을 갖는다. 여기에는 국민기초생활보장 수급자가 포함된다. 이는 새로운 입법기술이다. 의료급여수급권자는 가입자가 아니면서 노인장기요양보험의 수급자격을 부여하고 있기 때문이다. 이들에 대한 급여비용은 국가 혹은 지방자치단체가 부담한다.[68] 국민건강보험 가입자인 외국인도 노인장기요양보험에 가입된다(법 제7조 제3항).

68) 이러한 입법례는 예컨대 국민건강보험에서 현역병 등의 건강보장에서 적용되고 있다. 즉 이들은

2. 급여의 종류와 내용, 절차

(1) 기본원칙

노인장기요양이 가족 내에서 가장 효율적으로 이루어진다는 점을 중시하여 재가급여를 우선적으로 제공하도록 하였다(재가급여 우선의 원칙)(법 제3조 제2항). 가족구성원이 요양을 하고 보상을 받기 위해서는 요양요원자격을 취득하여야 한다. 노인장기요양에 대한 욕구는 수급자가 처한 상황에 따라 다양하다. 이에 수급자의 심신상태·생활환경, 수급자와 그 가족의 욕구 및 선택을 종합적으로 고려하여 필요한 급여를 적정하게 제공하여야 한다(적절성 및 개별성의 원칙)(법 제3조 제1항). 노인장기요양은 다른 제도와 연계하여 종합적으로 보호되어야 한다. 장기요양은 노인의 심신상태 및 건강이 악화되지 않도록 의료서비스와 연계하여 제공되어야 한다. 특히 요양등급 1급에 해당하는 중증요양대상자의 경우 의료서비스와의 연계가 강화되어야 한다(종합적인 보호의 원칙)(법 제3조 제3항).

다른 사회적 위험과 마찬가지로 장기요양이 필요한 상태를 사전에 예방하여야 하며, 국가는 이에 필요한 비용을 지원할 수 있다(예방우선의 원칙)(법 제4조 제2항). 이는 노인장기요양보험만의 과제는 아니다. 국민연금은 장기요양의 예방에 직접 정책적 관련성을 갖는다. 장기요양의 필요성이 예방되는 경우 국민연금의 지출을 감소시킬 수 있기 때문이다. 장기요양이 예방될 수 있다면 건강보험의 부담은 어느 정도 감소된다. 이는 장기요양제도를 도입하는 기본적인 취지 중의 하나였다.[69] 이에 비해서 질병의 예방은 장기요양사업에 직접적으로 긍정적인 영향을 미친다. 그만큼 건강보험에서 질병 그 자체뿐 아니라 장기요양이 필요한 상태로 발전하는 것을 방지할 수 있어야 한다.

이밖에 장기요양보호를 위해서는 요양기관이 확충되고, 또 효율적으로 운영되어야 하기 때문에 국가 및 지방자치단체는 이에 대한 행정적 및 기술적 지원을 하고, 또 감독하여야 한다(법 제4조 제4항, 제37조). 장기요양기관에 대한 평가는 공단이 관할한다(법 제54조).

(2) 본인부담

노인장기요양보험에서 급여비용의 일부는 수급자가 부담한다. 재가급여와 시

가입자가 아니지만 건강보험급여가 제공되며, 이들에 대한 요양급여비용은 이들이 소속하고 있는 정부 부처가 부담한다(국민건강보험법 제60조 참조).

69) 위 각주 54, 55 참조.

설급여에 있어서 본인부담은 각각 장기요양급여비용의 100분의 15, 100분의 20이다(법 제40조 제1항). 시설보호보다는 되도록 재가급여를 유도하기 위하여 본인부담률을 차등화 하였다. 국민기초생활보장 수급자는 본인부담이 없다. 본인부담은 수급자의 상황에 따라 경감 혹은 면제될 수 있다. 의료급여수급권자, 소득·재산 등이 보건복지부장관이 고시하는 일정 금액 이하인 자, 천재지변 등의 사유로 인하여 생계가 곤란한 자 등의 경우 본인부담금의 100분의 50을 경감한다(법 제40조 제3항). 또 장기요양급여를 받은 금액의 총액이 보건복지부장관이 정하는 금액 이하에 해당하는 수급자가 가족 등으로부터 방문요양에 상당하는 장기요양을 받은 경우에 본인부담금 일부를 감면할 수 있다(법 제41조). 급여이용을 자제하도록 유인하기 위한 규정이다.

다음과 같은 비용은 수급자가 모두 부담한다. 월한도액을 초과하는 비용, 인정급여의 종류와 내용과 다른 선택을 하여 장기요양급여를 받은 경우 그 차액, 법정급여의 범위 및 대상에 포함되지 않은 장기요양급여비용(비급여대상) 등이 여기에 해당한다(법 제40조 제2항). 식사재료비, 1인실 또는 2인실 이용에 따른 추가비용, 이·미용비, 그밖에 일상생활에 통상 필요한 것과 관련된 비용으로 수급자에게 부담시키는 것이 적당하다고 보건복지부장관이 정하여 고시한 비용 등이 여기에 해당한다(시행규칙 제14조 제1항).

(3) 급여의 종류와 내용, 절차

급여는 기본적으로 현물급여로 지급되며, 예외적으로 현금급여가 지급될 수 있다. 급여의 종류는 재가급여, 시설급여 및 특별현금급여로 구성된다(법 제23조). 수급자는 요양기관을 자유롭게 선택할 수 있다. 다만 의료급여수급권자의 요양급여는 시·군·구가 재정을 부담하기 때문에 주소지를 관할하는 시·군·구에 소재하는 요양기관에서 이루어진다. 장기요양급여는 월한도액의 범위 내에서 제공된다. 재가급여의 월한도액은 장기요양등급 및 장기요양급여의 종류 등을 고려하여 산정되며, 장기요양위원회의 심의를 거쳐 등급별로 보건복지부장관이 정한다(법 제28조). 시설급여의 월한도액은 소요된 장기요양기관의 각종 비용과 운영현황 등을 고려하여 보건복지부장관이 정하는 1인당 급여비용에 월간 일수를 곱하여 산정한다(시행규칙 제22조).

요양급여의 제공절차는 수급권자의 신청에 의하여 개시된다. 신청에 있어서 원칙적으로 의사의 소견서가 첨부되어야 한다(법 제13조). 공단은 신청서를 검토하고 방문조사를 행한다(법 제14조). 이를 기초로 등급판정위원회가 최종적으로 등급을 결정하고, 공단은 장기요양인정서를 발급한다. 이때 공단은 표준장기요양이용계획서를 작성하여 함께 송부한다(법 제17조). 요양급여는 수급자와 장기요양기관 간에 계약에 의하여 실행된다. 이때 급여의 종류와 등급에 따라 월한도액의 범위 내에서 표준장기요양이용계획서를 고려하여 계약을 체결한다. 장기요양기관은 급여제공계획 및 내용을 설명하고 수급권자의 동의를 얻어야 한다.

3. 장기요양기관, 장기요양요원, 비용보상관계

장기요양기관은 필요한 인력 및 시설을 갖추어야 하며, 소재지를 관할하는 시장·군수 및 구청장은 「노인복지법」 제31조에 따른 노인복지시설 중 신청에 의하여 장기요양기관을 지정한다(법 제31조, 시행령 제10조). 이에 비해서 재가급여를 제공하는 재가요양기관은 신고에 의하여 요양기관으로 활동할 수 있다(법 제32조). 재가요양기관의 경우 인적 및 물적 시설기준을 충족하면 요양활동에 제한은 없으며, 장기요양시설의 경우에도 인적 및 물적 기준을 충족하는 한 지정청구권을 갖는다. 이로써 장기요양의 수요를 기준으로 요양기관의 공급을 통제하는 구상은 없었다. 오히려 「노인장기요양보험법」은 요양급여의 제공주체를 개방화하여 개인사업 혹은 민간영리단체 간에 경쟁체제가 운영되도록 하였다. 이는 기존에 「노인복지법」에서는 사회복지법인을 중심으로 요양사업이 이루어졌던 것에 비해서 큰 변화이다. 그 결과 시설의 공급과잉으로 인하여 서비스의 질이 하락하고, 또 부정수급 등의 문제가 발생하였다. 장기요양급여는 장기요양요원에 의하여 제공된다. 요양요원자격을 가진 동거 혹은 비동거 가족이 요양을 제공할 수 있다. 다만 이 경우 일반 요양요원에 비해서 급여인정시간이 제한되어 있고, 보상의 수준이 낮다.

장기요양기관은 수급자에게 제공된 재가 혹은 시설급여의 비용을 건강보험공단에 청구한다. 구체적인 보상의 내용은 보건복지부장관이 고시하는 「장기요양급여비용 등에 관한 고시」에 규율되어 있다. 공단은 비용청구를 심사한 후 본인부담금을 제외한 공단부담금을 지급한다. 재가 및 시설급여비용은 급여의 종류 및 장기요양등급 등을 기준으로 장기요양위원회의 심의를 거쳐 보건복지부장관이 정하여 고시한다(법 제39조 제1항). 이는 「국민건강보험법」에서 2000년 이후 요양기관 대표자와 공단과의 계약에 의하여 비용산정방식이 결정되는 것과 차이가 있다.

4. 재정 및 관리·운영

노인장기요양보험은 가입자가 사용자와 함께 납부하는 보험료를 재원으로 운영된다. 보험료는 국민건강보험료액에 장기요양보험료율을 곱하여 산정된다. 장기요양보험료율은 장기요양위원회의 심의를 거쳐 대통령령으로 정한다. 2008년 시행 당시 보험료율은 4.05%였다(법 제9조, 시행령 제4조). 1급 및 2급 장애인, 희귀난치성 질환자 등이 가입자 혹은 피부양자에 해당하지만 수급자로 인정되지 못하는 경우에는 보험료의 30%를 경감한다(법 제10조, 시행령 제5조). 장애인의 경우 이미 건강보험에서 보험료 경감의 혜택을 받기 때문에 이중으로 경감이 이루어지는 셈이다(국민건강보험법 제75조 및 시행령 제45조).

노인장기요양보험의 회계는 국민건강보험과 독립하여 관리된다(법 제8조 제3항, 법제50조 제1항). 장기요양보험재정 중 국가 및 지방자치단체가 부담하는 재정, 즉 주로 의료급여수급권자를 위한 요양급여의 재정은 구분하여 운영된다. 다만 관리운영에 필요한 재정은 통합하여 운영할 수 있다(법 제50조 제2항). 노인장기요양사업에 국고보조가 지급된다. 장기요양보험료 예상수입액의 20%가 국고보조금으로 지원된다. 이밖에 국가와 지방자치단체는 의료급여수급권자의 장기요양급여비용, 의사소견서 발급비용, 방문간호지시서 발급비용 중 건강보험공단이 부담하여야 할 비용 및 관리운영비의 전액을 부담한다(법 제58조, 시행령 제28조).

노인장기요양사업은 보건복지부장관이 관장하며, 국민건강보험공단이 보험자로서 사업을 관리·운영한다. 건강보험공단은 장기요양사업을 수행하는 조직을 건강보험을 수행하는 사업과 독립하여 두어야 한다(법 제7조). 장기요양 인정 및 등급 판정을 위하여 공단에 장기요양등급판정위원회를 둔다. 등급판정위원회는 시·군·구 단위로 설치한다. 등급판정위원회 위원 15인 중 7인은 지방자치단체의 장이 추천한 위원을 위촉한다. 판정업무의 전문성과 통일성을 기하기 위하여 건강보험공단이 조사 및 판정업무를 담당하지만 시·군·구의 특수한 사정, 그리고 근거리행정의 장점을 등급판정에 있어서 반영할 수 있도록 하기 위한 조치이다.

V. 남긴 과제

2008년 시행된 「노인장기요양보험법」은 수급대상자의 범위와 다른 제도와의 관계, 급여의 내용과 수준, 그리고 전달체계와 관련하여 다음과 같은 과제를 남졌다.

1. 수급자 선정 및 범위

기본적으로 65세 이상의 자로서 요양등급 3등급 이상에 해당하는 경우에 수급권자가 될 수 있다. 따라서 등급에 미달하지만 실제 거동능력이 없기 때문에 보호의 필요성이 있음에도 불구하고 보호를 받지 못하는 경우가 있다. 예컨대 등급외 자 중 약 22.5%가 치매 혹은 중풍과 같이 상시 요양이 필요한 자로 추정되었다. 다른 나라와 비교하면 제도 자체에 차이가 있기는 하지만 독일과 일본의 경우 전체 노인 중 약 11% 및 16.8%가 요양보호를 받고 있다. 이에 비해서 우리나라의 경우 제도 도입 초기 수급비율이 약 4.2%였으며, 2012년 수급비율은 약 6%로 확대되었다. 확대 속도는 예상보다 빠른 편이었다. 여기에는 장기요양에 대한 인식이 빠르게 확산되었고, 또 장기요양기관 및 시설이 공급 과잉되면서 수요를 창출한 측면도 있다.

2. 급여의 범위, 종류 및 내용

노인장기요양보험에서 본인일부부담은 재정상의 이유로 피할 수 없었지만, 이로 인하여 보호의 사각지대가 발생하는 문제는 최소화되어야 한다. 건강보험과는 달리 노인장기요양보험에서 본인부담상한에 관한 규정은 없다. 장기요양보험급여는 월한도액의 범위에서 지급되기 때문에 본인부담이 갖는 효과는 건강보험에 비해서는 완화되어 있다. 그러나 특히 중증요양등급에 해당하는 경우에는 과도하게 본인부담이 부과되어 실질적으로 보호를 받는데 장애가 될 수 있다. 실제 일반노인과 국민기초생활수급자인 노인에 비해서 의료급여수급자인 노인의 이용률이 낮은 것은 본인부담이 원인일 가능성이 높다.

월한도액 제도 역시 재정적인 이유에서 채택되었다. 그런데 특히 치매노인과 같이 상시 요양을 필요로 하는 경우에는 월한도액을 초과하는 요양비용이 발생할 수 있고, 이는 결국 본인이 부담하여야 한다. 실제 당시 전체 수급자 중 약 54%에 해당하는 수급자가 치매 및 중풍과 같이 상시 요양을 필요로 했다. 이러한 상황은 다음과 같은 두 가지 차원에서 노인장기요양보험을 도입하는 취지에 반한다. 첫째, 요양문제가 공적과제가 되었음에도 불구하고 실질적으로 보호되지 못하고 있다. 둘째, 현물급여의 원칙은 장기요양의 문제를 시장에 의존하지 않고 직접 보호하는 장점이 있다. 그런데 위와 같은 상황을 방치하는 경우 현물급여가 실질적으로는 현금급여와 같이 운영되는 결과가 된다.

비급여대상의 구체적인 범주와 관련하여 신체 및 가사활동 외에 사회적 및 심리적 보조활동에 대한 배려가 필요하다. 현행법상 이는 요양급여의 대상은 아니다. 노인의 사회적 및 심리적 상황은 일상생활의 범주에 속하지만 이는 장기요양수급자에 한하여 나타나는 문제는 아니다. 이에 비해서 통상 일상생활을 수행하기 위하여 필요한 비용과 장기요양에 필요한 비용을 구분하는 문제는 해석을 필요로 한다. 예컨대 소득활동을 위한 지원 등은 신체 및 가사활동의 범주에 해당하지 않기 때문에 급여의 대상이 아니다. 그러나 치매와 같은 인지적 장애의 경우 이 구분은 모호하다. 왜냐하면 이 경우 엄격히 신체 및 가사활동에 대한 보호뿐 아니라 상시 관찰과 보호 및 지원이 필요하기 때문이다. 결국 이러한 인지적 장애의 경우 요양급여의 종류와 월한도액의 설정에 있어서 모두 특별한 배려가 필요하다.

3. 하부구조 구축의 문제

(1) 장기요양 하부구조에 대한 근본적인 재점검의 필요성

지금까지 노인요양기관 및 시설은 주로 저소득층 노인을 대상으로 「노인복지법」에 의하여 지방자치단체가 관할하여 왔다. 그런데 「노인장기요양보험법」이 시행되면서 노인요양기관 및 시설은 전체 국민을 대상으로 하게 되었고, 따라서 거시적인 중요성을 갖게 되었다. 이를 계기로 다음과 같은 세 가지 측면에서 근본적이고 종합적인 검토가 필요했다. 첫째, 노인장기요양의 제공 여부, 급여의 종류와 내용 및 수준이 통일적인 기준에 따라 결정되어야 한다. 둘째, 노인장기요양이 더 이상 주어진 예산의 범위에서 공급자의 일방적인 결정이 아니라 투명하고 경제적인 기준에 따라 제공되어야 한다. 셋째, 노인장기요양기관은 시장에서 경쟁을 통하여 서비스제공을 합리화하여야 하며, 나아가서 노인요양의 실질적 효과가 실현될 수 있도록 사전적 및 사후적 감독체계를 구축하여야 한다.[70)]

노인요양서비스가 시장에 방임될 수는 없으며, 서비스의 시장화는 노인장기요양의 입법목적에 기여하는 한도에서 정당성을 갖는다. 구조적으로 보면 공적시설과 민간시설 간의 관계, 민간시설 간의 경쟁구도, 요양시설의 확충과 충실

70) 이에 관한 비교법적 논의로는 석재은, "한국 장기요양서비스의 복지혼합; OECD 국가들과의 비교적 접근", 사회보장연구 제24권 제4호(2008), 197면 이하 참조.

화, 요양시설의 지역적 분포 등이 점검되어야 한다. 기능적으로 보면 요양요원의 교육을 통하여 전문성과 효율성을 제고하는 과제가 전체 사회정책적 중요성을 갖게 되었다.[71)]

(2) 적정공급과 전달체계의 문제

노인장기요양보험은 기본적으로 장기요양서비스의 시장화를 염두에 두고 공급에 대한 통제를 하지 않았다. 그러나 제도시행 이후 시설 및 기관의 공급이 적절한 수요를 초과하여 서비스 질이 하락하고, 요양요원의 근로환경이 저하되며, 또 부정수급이 발생하는 등의 문제를 낳았다.[72)]

요양수급자는 일반적으로 자기판단능력이 저하되어 있기 때문에 시장에서의 경쟁구도 속에서 자신의 결정에 의하여 적절하고 경제적인 서비스를 형성하는데 한계가 있다. 이러한 문제를 예컨대 요양기관 허가제를 도입하여 공급을 통제하는 방법으로 대처할지 혹은 공급의 문호는 열어 두고 엄격한 평가를 할 것인가에 대한 검토가 필요하다. 공법상의 계약에 기초하여 비용보상을 결정하는 건강보험과는 달리 요양급여비용을 정부가 장기요양위원회의 심의를 거쳐 결정하도록 한 것은 공급을 통제하지 않는 대신 취해진 조치이다. 이밖에 급여전달체계에 있어서 수급자 본인의 특성과 의사를 개별적으로 존중하는 가능성과 한계의 문제는 그 중요성에도 불구하고 아직 논의되고 있지 못하다. 예컨대 독일의 경우 2008년 법률 개정을 통하여 특히 여성의 경우에 문제가 되겠지만 동성(同性)에 의한 서비스를 받을 수 있도록 한 바 있다(사회법전 제11권 제2조 제2항 제2문).[73)]

노인장기요양보험은 기본적으로 현물급여의 원칙에 의하여 실현된다. 현물급여의 원칙은 장기요양을 직접 보호하는 장점이 있지만 제도의 목적이 실현되기 위해서는 서비스의 전달이 효율적이어야 한다. 국민건강보험공단이 장기요양인정서와 함께 표준장기요양이용계획서를 작성하여 발부하고, 이에 기초하여

---

71) 이 점에 대해서는 예컨대 최인덕/이상림/이정면, "노인장기요양보험 대상자 및 시설, 인력추계", 사회보장연구 제26권 제2호(2010), 375면 이하 참조. 이밖에 이윤경, "노인장기요양보험제도 현황 및 정책과제", 보건복지포럼(2009), 26면 이하 참조.

72) 이 점에 있어서 일본이 갖는 문제점에 대해서는 예컨대 유호선, "독일과 일본의 장기요양보험제도 하의 서비스공급체계에 대한 복지혼합(welfare mix) 분석－역사제도주의적 관점에서", 사회보장연구 제23권 제3호(2007), 특히 220면 이하 참조. 이밖에 이석민/원시연, "노인장기요양보험제도의 사회적 성과에 대한 평가; 이론주도평가의 관점", 한국사회와 행정연구 제22권 제4호(2012), 309면 이하 참조.

73) 이에 대해서 자세히는 예컨대 Winfried Boecken, "Zur Frage eines Anspruchs von Pflegebedürftigen auf gleichgeschlechtliche Pflege", *Die Sozialgerichtsbarkeit*(2008), 698면 이하 참조.

수급자가 장기요양기관과 계약을 체결하여 서비스를 지급받는다. 그런데 공단의 제한된 인력으로 개별적인 요양수요에 충실하게 표준장기요양이용계획서를 작성하기를 기대하기는 어렵다. 이에 개별적인 수요를 충실히 파악하여 공단과 장기요양기관을 연계하는 별도의 제도가 필요한가에 대한 검토가 필요하다.[74] 건강보험에서는 질병에 대한 신속한 조치가 필요하기 때문에 요양기관의 사전적 판단이 우선적으로 존중되어야 한다. 이에 비해서 장기요양은 상대적으로는 신속성이 덜 요구되기 때문에 더욱 체계적인 계획에 기초하여 급여가 지급되는 절차가 충실히 형성되어야 한다.

장기요양서비스에 대한 사전적 및 사후적 질 관리는 또 다른 문제이다. 서비스의 질적 관리는 다음과 같이 형성되어야 한다. 첫째, 서비스의 질적 관리를 위해서는 사전적으로 서비스의 가격, 내용 등에 관한 중요한 정보에 누구나 접근하여 판단할 수 있도록 투명하여야 한다. 이때 비로소 소비자인 수급자가 자유로운 선택을 할 수 있기 때문이다.[75] 둘째, 수급자에 대한 충실한 상담이 필요하다. 이러한 상담은 국민건강보험공단이 담당한다. 이밖에 지방자치단체에게 적극적으로 이러한 역할을 부여하는 방안, 혹은 외국의 입법례를 참고하여 공단이 작성하는 표준장기요양이용계획서의 내용이 장기요양기관과 수급자 간의 계약에 충실히 반영될 수 있도록 지원하는 방안 역시 검토되어야 한다. 셋째, 서비스의 질적 관리에 있어서 국가의 행위형태가 합리적으로 형성되어야 한다. 장기요양과 같은 포괄적인 서비스에 있어서 국가가 세부적인 지침을 제정하여 통제하는 것은 불가능하고, 또 바람직하지도 않다. 특히 노인장기요양보험에 있어서는 요양기관을 매개로 하여 서비스가 제공되기 때문에 국가의 행위양식은 전통적인 명령과 금지의 수단뿐 아니라 국가와 요양기관 간의 협력관계를 통하여 입법목적을 실현하여야 한다. 이 두 가지 행위수단이 적용되는 영역과 계기를 구분하여 기존의 법제를 형성하는 것은 앞으로의 과제이다.

74) 이에 관한 외국의 입법례에 대해서는 예컨대 임정기/최명민/김욱, "노인장기요양보험에서의 케어매니지먼트기능과 운영에 관한 인식 연구", 한국사회정책 제18집 제3호(2011), 192면 이하 참조. 독일은 2009년 법률 개정을 통하여 일종의 케어매니저(care manager)를 도입하여 요양계획을 작성하고 이를 실현하는 과제를 담당하도록 하였다. 이에 대해서는 Peter Udsching, "Reform der Pflegeversicherung-in drei Etappen", *Die Sozialgerichtsbarkeit*(2007), 696면 이하 참조.

75) 이 점을 포함하여 노인장기요양보험에서 정보제공 및 홍보의 필요성에 대해서는 예컨대 김인철/견진만/윤광진, 노인장기요양보험법에 대한 입법평가(한국법제연구원, 2009), 62면 이하 참조.

제 6 절 장애인정책의 이념적 보완-복지입법의 확대와 차별금지법의 제정

Ⅰ. 개 관

이 시기에 장애인지원의 국면이 넓어졌다. 또 우리 사회에서 장애 및 장애인에 대한 인식이 변화하면서 복지와 더불어 평등이 장애인정책의 이념으로 자리 잡게 되었다. 특히 장애에 대한 이해에 있어서 의료 및 재활을 넘어서서 사회적 관점이 중요하게 작용하게 되었고, 또 장애인정책이 구조적으로 다원화되었다. 이에 복지입법이 개선되었고, 차별금지법이 제정되어 장애인정책을 이념적으로 보충하였다. 장애인정책이 이 시기에 주목을 받은 것은 그동안 「국민건강보험법」 및 「국민연금법」의 적용대상이 전체 국민으로 확대되면서 개인의 생활이 사회보장법의 구조에 편입되었다는 사실이 영향을 미쳤다. 즉 이제 장애 및 장애인에 대한 국가 및 사회의 책임의식이 강화되었다.

이 시기에 장애인입법에는 장애인, 그리고 그 보호자들의 (입법)운동, 장애에 대한 시민의식의 변화 및 발전, 이를 뒷받침하는 이론의 형성, 특히 장애에 대한 사회적 모델을 주목하는 학술적 논의 등이 영향을 미쳤다.[76] 외국의 장애인입법 및 국제협약 역시 장애인운동 및 장애인정책을 지원하는 요소였다.[77] 예컨대 독일은 1994년 헌법 개정을 통하여 "모든 국민은 장애를 이유로 불이익을 받지 않는다"는 조항을 삽입하였으며, 이는 장애인에 대한 불이익을 금지할 뿐이며 장애인에 대한 특별한 보호는 허용된다는 내용으로 이해되었다.[78] 국제연합(UN)은 앞 장에서 서술하였듯이 1971년과 1975년 장애인권리선언을 채택한데 이어 1981년 장애인의 참여권을 보장하기 위하여 '장애인의 해'를 선포한

---

76) 사회적 관점에 기초하여 장애를 인식하는 당위성에 대한 공론화 작업에 대해서는 예컨대 김도현, 차별에 저항하라; 한국장애인운동 20년(1987-2006)(박종철 출판사, 2007); 정근식, 나는 나쁜 장애인이고 싶다(삼인, 2002) 등 참조. 당시 사회적 모델의 연구 동향에 대해서는 예컨대 김경미/김미옥, "한국 장애인복지학 연구동향에 관한 분석과 고찰", 한국사회복지학 제58권(2006), 269면 이하 참조. 이밖에 Adam M. Samaha, "What Good Is the Social Model of Disability?", *Chicago Law Review*, vol.74(2007), 1251면 이하 참조.

77) 이에 대해서는 전광석, 국제사회보장법론(법문사, 2002), 442면 이하 참조.

78) 이에 대해서는 예컨대 Ulrike Davy, "Das Verbot der Diskriminierung wegen einer Behinderung im deutschen Verfassungsrecht und im Gemeinschaftsrecht", *Die Behinderten in der sozialen Sicherung*, Schriftenreihe des Deutschen Sozialrechtsverbandes Bd.49, (2002), 18면 이하 참조.

바 있다. 국제연합은 2006년 장애인보호를 위한 기본장전으로서 「장애인권리협약(Convention on the Rights of Persons with Disabilities)」을 채택하였다. 이 협약은 2008년 3월 현재 125개국이 서명하였고, 17개국이 비준하였다.[79] 이 협약은 이미 그 제정과정에서 장애에 대한 인식의 변화 및 장애인정책의 전환을 위한 중요한 준거틀을 제공하였다.

1999년 「장애인복지법」이 전부 개정되었다. 2000년 「장애인고용촉진 등에 관한 법률」은 「장애인고용촉진 및 직업재활법」으로 이름을 바꾸고 개정되었다. 1977년 제정된 기존의 「특수교육진흥법」은 입법목적을 명확히 하여 2007년 「장애인 등에 대한 특수교육법」으로 개칭 · 개정되었다. 2005년 「교통약자의 이동편의증진법」이 제정되어 장애인지원의 생활국면이 확대되었다. 장애인에 특유한 법은 아니지만 2001년 「국가인권위원회법」이 제정되어 포괄적인 기준에 따른 차별이 금지되었다(법 제2조 제4호). 2001년 이후 국가인권위원회에 진정된 사건을 보면 사회적 신분이나 기타 사유 등과 같이 정형화되기 어려운 사유를 제외하고는 장애를 이유로 한 차별사건이 가장 많은 부분을 차지하고 있었다.[80] 2007년 「장애인차별금지 및 권리구제에 관한 법률」(이하 '장애인차별금지법')이 제정되어 장애인정책이 진화하는 계기가 되었다.

Ⅱ. 장애인복지입법의 확대

1. 장애인복지법

1999년 「장애인복지법」이 전부 개정되어 2000년 1월 1일 시행되었다. 개정법률은 장애인정책의 중점에 변화를 가져왔다. 첫째, 장애인복지를 위한 객관적 규범의 성격에서 탈피하여 장애인의 인간다운 생활 및 이에 관한 권리를 강조하였다. 상징적으로 장애인의 권리에 관한 독립 규정을 두었다(법 제4조). 즉 장애인은 인간으로서의 존엄과 가치를 존중받으며, 이에 상응하는 처우를 받는다(제1항). 장애인은 국가 · 사회의 구성원으로서 정치 · 경제 · 사회 · 문화 기타 모든 분야의 활동에 참여할 권리가 있다(제2항). 둘째, 장애인복지의 목적으로 소극적인 생활안정에 그치지 않고 적극적으로 사회참여와 평등을 통한 사회통합을 강조하였다

79) 장애인권리협약의 제정경과에 대해서는 이익섭, "장애인권리협약의 의미와 핵심과제", 보건복지포럼(2007.5), 1면 이하 참조.

80) 국가인권위원회, 장애인차별금지 및 권리구제 등에 관한 법률 설명회(2008), 159면 참조.

(법 제1, 3, 8조). 장애인복지에 대한 정책조정 및 활성화를 위하여 국무총리 소속 하에 장애인복지조정위원회를 설치하였다(법 제11조). 위촉위원 중 3분의 1 이상을 장애인으로 하여 장애인대표가 장애인정책의 심의·조정에 참여할 수 있다(시행령 제3조). 나아가서 2007년 개정 법률은 장애인 및 장애인의 보호자가 장애인 관련 정책결정에 우선적으로 참여할 권리를 가짐을 명시하였다(법 제4조 제3항, 제5조). 또 정부 부처별로 해당 기관의 장애인정책을 효율적으로 수립·집행할 수 있도록 장애인정책책임관을 두도록 하였다(법 제12조).

장애인복지의 핵심적인 쟁점은 장애의 개념과 범주이다. 장애는 기본적으로 신체, 정신 및 심리적인 상태가 주어진 기능을 정상적으로 수행할 수 없기 때문에 장기간에 걸쳐 일상생활 또는 사회생활에 상당한 제약을 받는 경우를 말한다(법 제2조). 그러나 구체적인 보호의 대상은 정책적으로 결정된다. 입법례에 따라서는 장애인의 범주에 관한 일반조항을 두는 경우가 있다. 예컨대 독일의 사회법전(SGB) 제9권 제2조는 "장애정도가 50% 이상이고 사회법전의 장소적 적용범위 내에 합법적으로 거주·상시 체류하거나 혹은 법률상의 고용상태에 있는 중증장애인"뿐 아니라 "유사 중증장애인, 즉 장애정도가 50%에 이르지 않지만 30% 이상이며, 중증장애인의 다른 요건을 충족시키는 경우로서 고용보장을 위한 조치가 없으면 법률상의 고용의 기회를 취득 혹은 유지하지 못하는 자"를 함께 열거하고 있다.[81] 이에 비해서 우리 「장애인복지법」은 장애의 유형을 열거하는 방법을 택하고 있다. 이 경우 규범적인 장애의 범주를 현실적인 장애의 상황에 접근시키는 지속적인 노력이 필요하다. 1981년 「심신장애자복지법」은 지체부자유, 시각장애, 청각장애, 음성 및 언어기능장애, 정신박약자의 다섯 가지를 분류하였다. 1999년 「장애인복지법」은 시행령 개정을 통하여 열 가지 종류로 장애의 유형을 확대하였다. 뇌병변장애, 신장장애, 심장장애, 정신지체, 발달장애 등이 추가되었다(시행령 별표 1). 2003년 장애의 유형은 다시 5가지가 보충되었다. 호흡기장애, 간장애, 안면장애, 장루 및 요루장애, 간질장애 등이 그것이다.[82]

장애인이 참여를 통하여 사회에 편입되고 사회통합을 실현하기 위한 조치를 보충하였다. 기존에 의료 및 재활, 교육과 직업재활 외에 장애인의 정보접근, 편의시설의 이용, 선거권 행사, 주택 보급, 문화환경의 정비 등에 관한 국가 및

81) 이밖에 장애개념의 개방성에 대해서는 예컨대 김두식, "누가 장애인인가; 장애모델과 장애의 개념", 인권과 정의(2002.1), 131면 이하 등 참조.

82) 이에 대해서는 예컨대 서동우 외, 2단계 장애범주 확대방안 연구(보건복지부, 한국보건사회연구원, 2000) 참조.

지방자치단체, 그리고 경우에 따라 민간사업 및 민간행사주최자 등의 의무에 관한 규정을 두었다(법 제20조 이하). 장애인의 소득보장을 위하여 기존의 생계보조수당 대신 장애수당, 장애아동수당 및 보호수당을 도입하였다(법 제44, 45조). 그러나 장애수당은 여전히 「생활보호법」에 의한 보호대상자 중 중증장애인에 한하여 지급되었다. 즉 장애로 인하여 생활에 추가적으로 소요되는 비용을 보편적으로 보장하는 단계에 이르지는 못했다. 이러한 엄격한 수급요건은 장애아동수당 및 보호수당에도 적용되었다(시행령 제25조). 2005년 개정 법률은 「국민기초생활보장법」에 의한 생계급여수급자인 모든 장애인에게 장애수당을 지급하도록 하였다(법 제44조 제1항 단서).

2007년 개정 법률은 특히 중증장애인 및 여성장애인을 중점적으로 지원하였다. 중증장애인의 자립생활을 지원하기 위하여 중증장애인자립생활지원센터를 설립하였고, 중증장애인의 일상생활 및 사회생활을 지원하기 위하여 활동보조인의 파견 등 활동보조서비스를 지원할 수 있다(법 제53조 이하). 여성장애인을 특별히 보호하기 위한 일반조항을 두었다(법 제7조). 국가 및 지방자치단체는 임산부인 여성장애인 및 신생아의 건강관리를 위하여 산후조리도우미 등의 지원을 할 수 있다(법 제37조).

2. 장애인고용촉진 및 직업재활법

기존 법률에서는 장애인고용의무가 일정 규모 이상의 민간기업에 한하여 적용되었으며, 국가 및 지방자치단체에 대해서는 권고사항으로 되어 있었다. 이는 그 동안 장애인고용을 선도하여야 하는 주체가 오히려 고용의무로부터 면제되어 있다는 비난을 받아 왔다. 이에 2000년 개정 법률은 국가 및 지방자치단체에 소속 공무원 정원의 2% 이상을 고용하는 의무를 부과하였다. 직무의 성격상 장애인의 근무가 적합하지 않은 직무분야 등에 대해서는 이를 적용하지 않을 수 있다. 다만 국가 및 지방자치단체는 이러한 직역에서도 장애인을 고용하도록 노력하여야 한다(법 제23조). 공안직군공무원, 검사, 경찰, 소방·경호공무원 및 군인 등이 여기에 해당한다(시행령 별표 1). 이와 같은 적용제외 직종에 관한 규정은 그 타당성 여부에 대해서 의문이 제기되어 왔다. 2005년 개정 법률은 적용제외 직종을 대폭 축소하였으며 그 결과 최초 적용제외율은 약 67%에 달했지만 이후 약 15%로 낮아졌다.

장애인고용의무가 적용되는 기업의 범위가 확대되었다. 고용의무가 적용되는 기업이 기존에 300인 이상 사업장에서 50인 이상 300인 미만 사업장으로 확대되었다. 다만 경과규정을 두어 200인 이상 300인 미만 사업장은 2006년부터, 100인 이상 200인 미만 사업장은 2007년부터 부담금 납부의무가 적용된다. 이에 따르면 50인 이상 100인 미만 사업장은 장애인고용의무가 있기는 하지만 부담금 규정이 적용되지 않기 때문에 장애인고용의무는 실질적으로는 권고조항이 될 뿐이다. 중증장애인의 고용을 촉진하기 위하여 중증장애인을 고용하는 경우에는 부담금의 2분의 1을 감액할 수 있도록 하였다(법 제27조 제2항).

장애인의무고용률은 1993년 이후 2%로 그대로 유지되었다. 의무고용률은 2010년 이후 비로소 높아졌다. 2004년 개정 법률은 의무고용율의 조정기준과 기간에 관한 규정을 도입하였다. 즉 의무고용률은 전체 인구 중 장애인의 비율, 전체 근로자 총수에 대한 장애인근로자의 비율, 장애인 실업자 수 등을 고려하여 5년마다 정한다(법 제24조 제3항).

기존에 기준고용률을 초과하여 장애인을 고용한 사업주에게 지급되었던 고용지원금, 고용의무사업장이 아닌 사업장의 사업주가 장애인을 고용한 경우에 지급되었던 고용장려금을 고용장려금으로 통일하였다. 고용장려금의 산정기초가 되는 지급단가를 현실화하여 최저임금액 수준으로 하였다. 여성장애인 및 중증장애인에 대해서는 일반적인 지급단가의 2배의 범위 내에서 따로 정할 수 있다(법 제26조).

Ⅲ. 장애인차별금지법의 제정 및 시행

1. 입법 배경

2000년 이후 장애인정책은 복지와 더불어 평등의 이념을 지향하였다. 1980년대 후반 이후 장애우권익문제연구소 등 장애인단체의 입법촉구, 외국의 입법례 등이 차별금지법의 제정을 견인하였다.[83] 특히 1990년 미국에서 제정·시행되었던 「장애인차별금지법」(ADA; Americans with Disabilities Act)이 전범(典範)이 되었다.

이 시기 차별금지법의 제정에는 다음과 같은 몇 가지 상황이 영향을 미쳤다. 첫째, 장애인은 본질적으로 비장애인과 비교의 대상이 되며, 따라서 「장애

83) 장애인입법에 관한 세계적인 경향에 대해서는 예컨대 이소영, "유럽과 미국의 장애인 반차별법", 미국헌법연구 제17권 제2호(2006), 특히 370면 이하 참조.

인복지법」 역시 처음부터 차별금지를 목표로 하였다. 1981년 제정된「심신장애자복지법」은 아직 이에 관한 인식이 없었으나 1989년「장애인복지법」은 인간의 존엄과 가치와 함께 평등을 장애인복지의 기본이념으로 제시하였다(법 제3조 제2항). 이러한 장애인정책에 내재해 있는 이념이 이 시기에 새롭게 조명을 받은 것이다. 둘째, 그동안 진행된 장애인복지입법은 절대적 보호를 지향하였지만 실제 장애 및 장애인의 범주, 지원대상인 생활국면, 지원의 종류와 내용 및 수준 등에 대한 구체적인 결정을 거쳐서 정책이 형성되기 때문에 필연적으로 이 결정에 포섭되지 못하는 사각지대가 발생한다. 이는 평등의 관점에서 보면 차별에 해당하며, 따라서 차별금지를 통하여 복지의 이념이 보충되어야 한다.[84]

2. 입법과정 및 쟁점

「장애인차별금지법」의 제정은 장애인단체가 선도하였다. 열린네트워크가 처음으로 장애인차별금지법안을 작성하였으며, 장애우권익문제연구소의 초안이 뒤따랐다. 이후 차별금지법의 제정에 뜻을 같이 하는 단체가 '장애인차별금지법제정추진연대'를 결성하였으며, 단체는 입법에 비판적인 협력을 하였다.[85]

「장애인차별금지법」의 제정과정에서 쟁점은 다음과 같았다.

첫째, 일반적인 차별금지법을 제정하고 그곳에서 장애를 차별금지의 사유로 둘 것인가, 아니면 장애인을 특유한 규율대상으로 하는 차별금지법을 제정할 것인가 하는 문제이다. 이는「장애인차별금지법」을 제정하는 방향으로 쉽게 합의가 되었다. 차별금지를 통하여 장애인의 권리와 이익을 보장하는 것이 입법논의의 출발점이었기 때문에 일반적인 차별금지법을 제정하는 경우 장애인을 지원하는 특유한 관점이 상실될 우려가 있고, 또 일반적인 차별금지법 제정에는 훨씬 다양하고 복잡한 요소가 작용하기 때문에 입법이 지체될 수 있기 때문이다. 이는 일반적인 차별금지법의 제정 작업이 일찍이 추진되었음에도 불구하고 아직 제정될 수 없는 이후의 상황을 보아도 알 수 있다.

84) 장애인평등의 이념 및 복지이념과의 상호관계에 대해서는 예컨대 전광석, "헌법과 장애인정책; 복지와 평등의 이념적 보완관계를 중심으로", 전광석, 한국사회와 장애인정책-복지와 차별금지(인간과 복지, 2011), 35면 이하 참조.

85)「장애인차별금지법」의 제정 경과 및 내용에 대해서는 박종운, "장애인차별금지법 제정의 과제와 전망", 국제인권법 제7호(2004), 51면 이하; 이승기, "장애인차별금지법의 제정과정, 쟁점, 그리고 합의", 사회보장연구 제23권 제3호(2007), 229면 이하; 전광석, "장애인차별금지법의 제정방향", 장애와 고용 제53권(2004 가을), 5면 이하 등 참조.

둘째, 장애 및 차별의 개념에 대한 이해방법이다. 장애의 개념과 관련하여 현재의 장애뿐 아니라 과거 및 미래의 장애를 포함시키는 문제가 논의되었다. 차별의 개념에 직접차별뿐 아니라 간접차별을 포함한다는 데에 이론이 없었다. 다만 장애인차별금지는 소극적으로 주어진 상황을 평등하게 취급할 뿐 아니라 장애인이 비장애인과 같이 일상생활과 사회생활, 그리고 직업생활을 할 수 있도록 지원을 할 수 있을 때 비로소 목적이 실현될 수 있다. 이는 1차적으로는 국가 및 지방자치단체의 책임에 해당하지만 시설과 설비를 설치 및 관리·운영하는 민간의 협력 역시 필요하다. 이에 한편으로는 정당한 편의제공을 유도하기 위하여 시설 및 설비를 관리·운영하는 민간인에 대한 지원, 그리고 다른 한편 이 법의 실효성을 보장하기 위한 권리구제의 문제가 핵심적인 쟁점이었다. 예컨대 「장애인차별금지법」이 실효성을 갖기 위해서는 법적 의무를 이행하지 않는 시설 및 설비의 관리·운영자에게 징벌적 손해배상의 책임을 묻는 방안이 논의되었다.

셋째, 장애를 이유로 한 차별금지영역은 고용, 교육, 재화·시설·용역의 제공 및 이용, 권리구제절차, 참정권 등이었다. 이는 여러 법안 사이에 큰 차이가 없었다.

3. 장애인차별금지법의 주요 내용

「장애인차별금지법」은 2007년 제정되었다. 「장애인차별금지법」은 「장애인복지법」과는 달리 장애를 유형화하고, 또 장애를 등급화하여 보호 여부 및 정도를 결정하는 형태로 기능하지는 않는다. 차별금지 및 평등은 기본적으로 체계적·형식적인 기준에 따라 실현되어야 하며, 이와 같은 과정에서 나타나는 개별적이고 실질적인 불이익은 「장애인복지법」이 보호하여야 한다. 「장애인차별금지법」의 기준에 따라 시설 및 설비가 설치된 경우에도 예컨대 장애의 정도가 중하여 정상적인 시설 및 설비를 비장애인과 같이 이용할 수 없는 경우가 있으며, 이 경우 특별한 조치가 취해져야 한다. 장애에는 현재의 장애뿐 아니라 과거의 장애가 포함되며, 장애가 있음을 추측하여 차별하는 것도 금지된다(법 제6조).

「장애인차별금지법」은 차별행위를 다양하게 유형화하였다. 차별행위에는 직접차별 뿐 아니라 간접차별이 포함된다. 간접차별이란 형식상으로는 장애인을 제한·배제·분리·거부 등에 의하여 불리하게 대하지 않지만 정당한 사유 없이 장애를 고려하지 않는 기준을 적용하여 장애인에게 불리한 결과를 초래하는 경우를 말한다(법 제4조 제1항 제2호).[86] 정당한 사유 없이 장애인에 대하여 정당한 편의제공을 거부하는 것이 금지되며 시설 및 설비를 운영·관리하는 자에게 적극적으로 정당한 편의제공의 의무를 부과하였다(법 제4조 제1항 제3호). 국가 및 지방자치단체는 정당한 편의제공의 책임을 실현하기 위하여 필요한 기술적·행정적 및 재정적 지원을 하여야 한다(법 제8조 제2항). 차별금지의 영역으로 고용, 교육, 재화와 용역의 제공 및 이용, 사법·행정절차 및 서비스와 참정권, 모·부성권·성 등, 가족·가정·복지시설, 건강권 등을 열거하였다(제2장). 장애인인 여성 및 아동에 대해서는 별도의 장을 두어 국가 및 지방자치단체의 책임을 강조하였다(제3장).

「장애인차별금지법」의 입법목적은 권리구제절차가 충실히 갖추어졌을 때 실현된다. 가장 중요한 권리구제기관은 국가인권위원회이다. 차별로 인한 피해자는 국가인권위원회에 진정할 수 있다. 진정이 이유 있는 경우 국가인권위원회는 시정을 권고할 수 있다. 시정명령제도를 도입하였다. 즉 법무부장관은 권고를 받은 자가 정당한 이유없이 권고를 이행하지 않고 그 피해의 정도가 심각하고 공익에 미치는 영향이 중대하다고 인정되는 경우 피해자의 신청에 의하여 혹은 직권으로 시정명령을 할 수 있다(법 제43조). 권리구제의 실효성을 높이기 위하여 특례를 두었다. 첫째, 손해발생의 추정에 관한 규정이다(법 제46조). 차별행위로 인하여 손해가 발생한 것은 인정되지만 피해자가 재산상의 손해를 입증할 수 없는 경우에는 차별행위를 한 자가 그로 인하여 얻은 재산상 이익을 피해자가 입은 재산상 손해로 추정한다. 둘째. 입증책임의 분배에 관한 규정이다(법 제47조). 차별행위가 있었다는 사실은 차별행위를 당하였다고 하는 자가 입증하여야 한다. 이에 비해서 차별행위가 장애를 이유로 한 차별이 아니라거나 혹은 정당한 사유가 있었다는 점은 차별행위를 당하였다고 주장하는 자의 상대방이 입증하여야 한다.

86) 간접차별의 개념과 유형에 대해서 자세히는 김선희, 간접차별법리에 관한 비교법적 연구(헌법재판연구원, 2017) 참조.

제 7 절 그밖의 사회보장입법

Ⅰ. 산업재해보상보험법–사용자책임보상법과 사회보장법의 사이

이 시기에 「산재보험법」은 적지 않은 변화를 겪었다. 「산재보험법」은 민법의 손해배상과 「근로기준법」의 재해보상책임이 근로자의 업무상의 재해로 인한 소득상실 혹은 감소를 보상하는 데 충실하지 못했기 때문에 이를 극복하기 위하여 구상되었다. 이후 「산재보험법」은 사용자책임보상의 성격을 유지하면서 근로자에 대한 사회보장의 성격을 강화하였다. 고용관계에 억매이지 않고 가입대상을 확대하며, 소득상실 및 감소를 사후에 보상하는데 그치지 않고, 산업재해를 사전에 예방하고, 또 피해 근로자의 사회적 및 직업적 재활을 위한 지원을 하여 기존의 직장 혹은 직종에 다시 복귀하는 조치를 보충하였다. 1999년 개정 법률은 입법목적에 "재해근로자의 재활 및 사회복귀를 촉진"하는 목적을 삽입하여 이 점을 명확히 하였다. 이에 상응하여 2002년 개정 법률은 기금의 명칭을 "산업재해보상보험기금"에서 "산업재해보상보험 및 예방기금"으로 바꾸었다(법 제80조). 이와 같은 변화는 기금에 관한 규정에 반영되었다. 정부는 산재예방사업의 수행을 위하여 회계연도마다 기금지출예산 총액의 3%의 범위 내에서 정부의 출연금으로 세출예산에 계상하여야 한다(법 제80조 제3항). 또 기금지출예산 총액의 5% 이상을 재해예방사업의 용도로 계상하여야 한다(법 제81조 제2항, 산업보건법 제61조의 3). 이 비율은 2004년 개정 법률에 의하여 8%로 높아졌다.

「산재보험법」은 기원상으로는 업무상의 재해에 대한 사용자의 책임을 대체하여 근로자를 보호하기 위하여 도입되었지만 실질적으로 근로자와 같은 상황에 있는 자를 가입대상에 포함시켜야 한다는 인식이 나타나기 시작하였다. 이에 1999년 개정 법률은 50인 미만을 고용하는 중소기업 사업주가 임의로 산재보험에 가입할 수 있도록 하였다(법 제104조의 4). 2004년 개정 법률에 의하여 근로자를 사용하지 않는 중소기업 사업주도 산재보험에 임의가입할 수 있게 되었다(법 제105조의 4). 전체적으로 가입대상이 확대되었다. 1998년 그동안 가입대상에서 제외되었던 금융보험업에 「산재보험법」이 적용되었다(시행령 제3조 제1항). 1999년 5인 미만, 1인 이상 전체 사업장으로 가입범위가 확대되었다.

급여의 종류와 내용에 있어서 사회보장의 기능을 보충하였다. 재요양급여를 도입하여 근로자의 재해에 대한 보호를 강화하였다. 즉 요양급여를 받는 자가 치유 후 요양의 대상이 되었던 부상 또는 질병이 재발하거나 혹은 악화된 경우 다시 요양을 받을 수 있다(법 제40조의 2). 휴업급여는 요양급여를 받는 동안 상실된 소득을 보상하는 급여이다. 그런데 수급자가 일정 연령에 이른 경우에는 노동능력이 낮아질 것이므로 이 경우에는 휴업급여를 일반적인 급여수준인 평균임금의 70%가 아니라 평균임금의 65%로 감액할 수 있도록 하였다(법 제41조 제2항). 1999년 개정 법률은 간병급여를 도입하였다(법 제42조의 3). 기존에는 요양급여의 일환으로 개호료가 지급되었으나 부상 및 질병을 입은 근로자의 사후관리를 위하여 간병급여를 도입하고 상황에 따라서 상시 혹은 수시간병을 하도록 하였다. 유족의 생활보장을 강화하기 위하여 유족급여를 원칙적으로 연금으로 지급하되 유족연금 수급자가 원하는 경우 일부를 일시금으로 지급할 수 있게 하였다(법 제42조 제2, 3항).

1999년 개정 법률은 급여산정의 기초가 되는 평균임금과 관련하여 최고보상기준금액과 최저보상기준금액제도를 도입하였다(법 제38조 제6항). 이는 산재가 발생하기 전 수급자의 급여 수준에 따라 산재보험 급여액이 지나치게 차이가 있으며, 또 높은 수준의 급여를 받는 수급자로 인하여 산재보험의 필요한 사업에 재정이 투입되지 못한다는 점을 시정하기 위한 목적을 가졌다. 최고보상기준금액은 과거 3년간의 전체 근로자의 임금수준과 임금계층별 근로자 분포비 및 임금상승율 등을 고려하여 매년 노동부장관이 정하여 고시한다. 최저보상기준금액은 최초에는 과거 3년간 전체 근로자의 임금수준과 임금상승률 등을 고려하여 정하였으나, 2000년 개정 시행령은 「최저임금법」에 의한 최저임금의 전년대비 조정률을 기준으로 정하도록 하였다(시행령 제26조의 2). 장의비에 대해서도 최고 및 최저금액을 정하였다(법 제38조 제6항, 제45조 제2항). 그러나 산재보험급여는 근로자에게 업무상의 재해에 대한 사용자의 책임을 대체하는 성격을 가지며, 따라서 산재보험급여는 업무상의 재해가 발생하기 전 소득상황을 어느 정도 보장할 수 있어야 한다. 최고보상기준금액제도가 이와 같은 「산재보험법」의 성격과 합치하는가에 대해서는 검토가 필요하였다. 이와 같은 제도의 도입은 사용자책임보상과 사회보장의 이념 간에 갈등을 일으켰다. 이는 헌법재판소에서 심판의 대상이 되었으며, 기본적으로는 합헌으로 결정되었다.[87)]

87) 헌재 2004.11.25, 2002헌바52, 16-2(하), 297면 이하 참조. 다만 최고보상기준금액을 도입하면서 짧은 경과기간에 관한 규정으로 인하여 기존 수급자의 신뢰를 침해한다고 결정한 바 있다. 헌재 2009.5.28, 2005헌바20, 21-1(하), 446면 이하 참조. 이에 대해서 자세히는 전광석, "산업재해보상보험법과 헌법재판—사용자보상책임의 규범구조와 사회보장의 기능", 헌법학연구 제24권 제1호(2018), 46면 이하 참조.

Ⅱ. 사회보상법

기존의 「국가유공자예우 등에 관한 법률」이 「국가유공자 등 예우 및 지원에 관한 법률」로 개칭되면서 국가유공자의 개념과 범주를 재검토하여야 했다. 국가유공자의 개념 및 범주가 불명확하였고, 또 새로운 보상요건을 추가하는 정치적 요청이 높아가고 있었다.

2000년 개정 법률에 의하여 4.19혁명공로자를 국가유공자로 추가하였다. 4.19혁명공로자는 혁명에 참가하여 사망 혹은 부상을 입은 것은 아니지만 건국포장을 받은 자이다(법 제4조 제1항 제10의2호). 1997년 개정 법률은 취업보호를 실시하는 공·사기업체를 기존에 16인 이상 기업체에서 20인 이상 기업체로 축소하였다. 또 취업보호를 실시하는 제조업체의 규모를 50인 이상 기업체에서 200인 이상 기업체로 축소하였다(법 제30조).

취업보호를 위하여 도입된 가산점제도를 적용하여 취업되는 유공자, 유족 및 가족의 비중은 국가공무원직 합격자의 30% 내외에 이르렀다. 이에 가산점제도로 인하여 유공자가 아닌 지원자의 평등권을 침해한다는 헌법소원심판이 청구되었으나 2001년 헌법재판소는 합헌으로 결정하였다.[88] 같은 규정에 대해서 2006년 헌법재판소는 헌법불합치결정을 하였다.[89] 가산점제도로 인하여 특히 유공자의 유족 및 가족의 수혜비율이 압도적으로 높았으며, 앞으로 이러한 상황이 더 커질 가능성이 있었다.[90] 이에 2005년 개정 법률은 가점(加點)을 받아 채용시험에 합격하는 사람이 해당 채용시험 선발예정인원의 30%를 초과할 수 없도록 하였다(법 제31조 제3항). 2006년 헌법불합치결정의 취지에 따른 개정은 2007년 이루어졌다. 헌법재판소의 결정은 국가유공자 본인은 우선적으로 취업보호의 대상이지만 이 규정이 국가유공자의 유족 및 가족에 적용되는 한 헌법에 합치하지 않는다는 것이다. 이에 취업보호를 위하여 부여하는 가점을 차등화하였다. 즉 국가유공자 자신에는 10%의 가점, 그리고 국가유공자의 유족에게는 5%의 가점을 부여하였다. 또 채용시험과목 중 한 과목 이상의 점수가 40% 미만인 경우에는 가점의 혜택을 적용하지 않는다(법 제31조).

수당의 종류를 보충하였다. 즉 65세 이상 무공수훈자에게 무공영예수당이,

---

88) 헌재 2001.2.22, 2000헌마25, 13-1, 405면 이하 참조.
89) 헌재 2006.2.23, 2004헌마675, 18-1(상), 269면 이하 참조.
90) 이에 대해서 자세히는 헌재 2006.2.23, 2004헌마675, 18-1(상), 282면 이하 참조.

6.25전몰군경자녀 중 연금지급순위가 선순위인 1인에 대하여 6.25전몰군경자녀 수당이 지급된다(법 제16조의2 및 제16조의3). 2004년 개정 법률은 무공영예수당의 수급연령을 65세에서 60세로 낮추었다.

Ⅲ. 아동복지법과 노인복지법

이 시기에 「아동복지법」 및 「노인복지법」은 거의 변화가 없었다. 「노인복지법」은 고령사회에서 노인문제의 심각성과 복잡성을 인식하면서 특히 노인학대, 치매문제를 주목하였다. 또 노인의 소득보장과 사회통합을 위하여 취업지원을 강화하였다. 2000년대 들어와서 노인학대가 사회문제화되었다. 이에 2004년 개정 법률은 노인학대 방지를 위한 상세한 규정을 두었다. 국가 및 지방자치단체는 노인학대의 방지 및 보호를 위하여 긴급전화 및 노인보호전문기관을 설치하여야 한다. 노인학대 행위를 유형화하고 이를 금지시켰다(법 제39조의 4 이하). 2005년 개정 법률은 노인의 취업지원에 관한 규정을 보충하였다. 국가 및 지방자치단체는 노인의 능력과 적성에 적합한 일자리를 개발·보급하고 교육훈련 등을 담당할 기관을 직접 설치·운영하거나 다른 법인 및 단체에 위탁할 수 있으며, 국가 및 지방자치단체는 이에 소요되는 비용을 부담한다(법 제23조의 2 하, 제45조). 2007년 개정 법률은 노인치매에 주목하여 치매에 대한 개념을 규정하였으며(법 제1조의 2 제3호), 지방자치단체의 보건소에 치매예방 및 치매환자관리를 위하여 치매상담센터를 설치하도록 하였다(법 제29조의 2). 제도적으로 보면 「노인장기요양보험법」이 시행되면서 노인에게 필요한 사회적 서비스에 대한 인식이 보편화되었고, 또 2007년 「국민연금법」이 연금수준을 인하하면서 노인의 빈곤을 방지하는 대체수단을 모색하게 되었다. 이 점은 이후 시기에 「기초노령연금법」의 제정을 둘러싼 논의에서 첨예한 쟁점이 되었다.

2004년 종합적인 아동정책을 수립·조정하고 정책의 이행을 감독·평가하기 위하여 국무총리 소속 하에 아동정책조정위원회를 설치하였다. 위원회는 25인 이내의 위원으로 구성되며, 아동정책에 관련된 경험 및 지식을 운영에 반영하기 위하여 아동관련 단체의 장이나 아동에 대한 학식과 경험이 풍부한 자 중에서 15인 이내의 위원을 위촉한다(법 제4조의 2). 1990년대 이후 외국인 근로자가 증가하고, 또 외국인과 혼인이 증가하면서 다문화가정에 사회적 관심이 두어지기 시작하였다. 이에 2006년 개정 법률은 아동에 대한 차별금지의 사유로 '인종'을 추가하였다(법 제3조).

제8절 정 리

이 시기는 1997년 발생한 외환위기를 기점(起點)으로 한다. 외환위기를 계기로 기존의 사회보장법은 이전에는 경험하지 못했던 대내적 및 대외적 환경에 처하게 되었고, 또 이로부터 영향을 받았다. 외환위기를 극복하기 위하여 구조조정이 필요했다. 노동시장을 유연화하여 노동의 공급과 수요를 산업구조의 개편에 맞추어 신속하게 조정하는 것이 중요한 과제였다. 이는 고용유형에 변화를 가져왔다. 1970년대 산업화 이후 유지되었던 종신고용·전일제고용 및 정규고용이 전형적인 고용유형의 지위를 상실하고 한시적 고용·시간제고용 및 비정규고용이 확산되었다. 동시에 이와 같은 고용유형의 변화에는 이전에는 경험하지 못했던 대규모의 실업이 발생하는 문제가 뒤따랐다. 이와 같은 노동시장유연화정책은 국제통화기금(IMF) 및 세계은행(World Bank) 등 국제금융기구의 권고이기도 하였다. 노동시장 유연화의 시대적 처방은 사회보장법의 뒷받침을 받아야 했다. 이에 한편으로는 1995년 이미 시행된 「고용보험법」의 적용범위를 신속히 확대하고, 또 급여구조 및 급여조건을 개선하였다. 다른 한편 고용보험의 가입자는 근로자에 한정되며, 또 급여기간이 제한적이기 때문에 기존에 오랫동안 최저생활보장의 기본법이었지만 기능이 제한적이었던 「생활보호법」을 전면적으로 정비하여야 했다. 이에 1999년 「생활보호법」을 대체하여 「국민기초생활보장법」이 제정되었다.

「의료보험법」은 이미 1980년대 후반 거의 전체 국민을 수급자로 하였다. 이에 사회보험의 성격은 약화되고 전국민을 위한 건강제도의 성격을 띠게 되었다. 이와 같은 성격의 변화로 인하여 직장단위의 의료보험조합을 운영하고 직장과 지역을 구분하며, 또 공무원 및 사립학교교직원 의료보험을 독자적으로 운영하는 것은 더 이상 정당성 및 타당성이 없었다. 질병 및 건강의 문제는 가장 기본적인 자유의 조건이기 때문에 국가 전체 단위에서 모든 국민이 진료의 기회를 보장받을 수 있어야 하기 때문이다. 이에 1999년 「국민건강보험법」이 제정되어 조합방식은 통합방식으로 전환되었다. 고령사회가 깊어지면서 건강보험에서 노인의료비의 지출은 가파르게 상승하고 있었다. 2007년 제정된 「노인장기요양보험법」은 노인질병을 부분적으로 흡수하여 보호할 것이 기대되었다. 이를 위해서는 건강보험이 보호하는 질병과 노인장기요양보험이 보호하는 요양에 대한 개념 및 범주가 구분될 수 있어야 한다. 또 질병과 장기요양이 교차적으로 반복되는 경우 이에 대한 관할 및 재정의 분담이 체계적으로 정비되어야 했다.

국민연금은 고령사회가 심화되면서 개혁이 필요한 전형적인 사회보장제도이다. 이에 1998년과 2007년 두 번에 걸쳐 연금수준을 낮추는 개정이 있었다. 이로써 국민연금이 국민의 노후 소득보장을 위한 기본적인 제도임에도 불구하고 적절한 생활을 보장할 수 없었고, 다른 제도에 의한 보충이 필요하게 되었다. 이에 이후 시기에 기초연금이 논의의 중심이 되었다. 1988년 시행된 국민연금의 연금지급시기가 가까워지면서 제도를 합리화하는 개정도 이루어졌다. 연금분할청구권이 대표적인 예이다. 장기적으로 국민연금의 지속가능성을 유지하기 위하여 보험료를 인상하여야 했지만 이는 가입자에게 현재 경제적 부담을 가중시키기 때문에 꺼려졌다. 1960년 시행된 공무원연금은 이 시기에 이미 수입을 초과하여 급여를 지출하고 있었고, 이에 개혁의 필요성이 어느 제도보다도 강했다. 「공무원연금법」은 1995년과 2000년 2차에 걸쳐 개정되었다. 그러나 1차 개정의 내용은 개혁의 필요성에 미치지 못했고, 특히 재정을 안정화하기 위한 개정 규정들이 기존 공무원에게는 적용되지 않기 때문에 개정의 효과는 제한적이었다. 이에 앞으로 공무원연금에 대한 보다 근본적인 개혁을 예고하였다.

질병, 산업재해, 장애·노령·사망 및 실업 외에 장기요양을 독자적으로 보호하는 사회보험으로서 노인장기요양보험이 도입되었다. 이는 기본적으로는 장기요양문제 자체가 고령사회에서 전형적인 위험의 성격을 띠게 되었고, 따라서 사회보험의 방식에 의한 대응을 필요로 했기 때문에 도입되었다. 그러나 다음과 같은 점도 작용하였다. 즉 이를 보호하는 독자적인 제도가 창설되지 않을 경우 건강보험과 국민기초생활보장, 노인복지 등이 이를 부담하여야 하는데, 이 경우 이들 제도는 자신의 고유한 과제에 충실할 수 없게 된다. 이는 역설적으로 보면 노인장기요양보험이 시행된 이후에도 가입자가 아닌 노인의 장기요양, 요양등급에 해당하지 않기 때문에 보호될 수 없는 상황, 그리고 노인장기요양보험에 의한 보호대상이 아닌 신체 및 정신적인 문제 등에 대해서는 여전히 국민건강보험과 노인복지, 그리고 국민기초생활보장제도가 고유한 목적의 범위 내에서 기능하여야 한다는 의미를 갖는다.

장애인복지는 이 시기에 차별금지법에 의하여 이념적, 그리고 제도적으로 보완되었다. 장애의 개념 및 범주, 급여의 종류와 내용 및 수준은 유형화하여 정책적으로 결정되며, 이와 같은 결정에서 배제되는 경우 장애인복지의 사각지대가 발생한다. 이는 평등의 이념에 의하여 메워져야 한다. 장애인차별금지는 적극적으로 정당한 편의를 제공하여 장애인에게 비장애인과 마찬가지로 정상적인 일상생활과 사회 및 직업생활을 할 수 있도록 하여야 한다. 그런데 정당한 편의제공은 국가 및 지방자치단체뿐 아니라 시설 및 설비를 설치하고 관리·운영하는 민간의 협력이 필요하다. 이와 같은 규범적 장애를 극복하고, 또 복지의 공백을 메워서 장애인의 인간다운 생활을 보장하는 과제가 지속적으로 검토되어야 한다.

외환위기를 계기로 도입되었고, 혹은 적용이 확대된 「고용보험법」, 「국민기초보장생활법」, 그리고 「국민건강보험법」 및 「국민연금법」의 개혁은 2007년 다시 찾아온, 이번에는 전세계에 걸쳐 있었던 재정위기의 시기에 새로운 상황을 맞게 되었다. 이로써 사회보장법은 기존의 개혁논의를 충실히 이어가고 동시에 새로운 사회경제적 환경에 적합하게 진화하여야 할 이중적인 과제를 갖게 되었다.

제 8 장 재정 및 제도의 위기, 저출산사회와 사회보장, 고용과 복지, 재사회화, 탈표준화(2007년 이후 시기)

제 1 절 1997년말과 2007년 이후 상황의 차이, 새로운 상황의 유형

2007년 이후 우리 사회에서 기존의 상황은 더욱 심화되거나 혹은 새로운 상황을 맞게 되었다. 또 1997년말을 계기로 도입된 제도들이 의도한 바와 같은 기능을 수행하지 못하는 경우도 있었다. 1997년말 이후의 시기는 유용한 학습기간이었지만 학습의 범위와 깊이를 넘는 상황이 기다리고 있었다. 사회보장법의 형성에 작용하는 구조적인 문제에 있어서 1997년말의 시기와 2007년 이후의 시기는 다음과 같은 점에서 차이가 있었다.

1997년말의 상황은 외환관리의 실패에 결정적인 원인이 있었다. 당시 외환위기는 국제통화기금(IMF), 세계은행(World Bank) 등의 지원을 받아 헤쳐 나갈 수 있었지만 지원에 대한 대가도 있었다. 즉 이들 국제기구는 지원의 조건으로 강력한 정책 변화를 주문하였다. 우리 경제 및 노동시장의 개편이 기본적인 방향이었다. 여기에는 사회보장에 관한 권고도 포함되어 있었다. 이에 대해서는 앞 장에서 서술한 바 있다. 그러나 1997년말의 상황은 기본적으로는 우리나라에 특유한 것이었으며, 또 정책노력에 따라서 극복될 수 있었다. 실제 정치권은－객관적인 평가를 별론으로 하고－'1997년 사태는 극복되었다'는 주장을 할 수 있었다. 이에 비해서 2007년의 재정위기는 미국이 진원지(震源地)였지만 거의 전세계에 영향을 미쳤고 그 구조적 내용은 어느 정도 동질적이었으며, 처방 또한 그러했다. 자본의 노동에 대한 지배가 강화되었고, 노동시장의 분절은 더욱 깊어갔다. 사회양극화 및 사회적 배제(social exclution), 그리고 사회통합이 시대의 의제가 되었다. 새로운 사회적 위험(new social risks)이 공론화되었고, 빈곤문제는 구조화되고, 또 새로운 모습을 띠어가고 있었다(new poverty). 그리고 이는 우리 1997년말의 상황과는 달리 일회적인 혹은 단기간의 정책 처방을 통하여 '극복'될 수 있는 문제가 아니었다. 사회보장은 단순히 제도개선의 문제에 그치지 않고 전통적인 구조를 점검하고 재구조화하는 사고를 필요로 하였다.

2007년 이후의 상황은 다음과 같은 몇 가지 유형으로 나눌 수 있다. 첫째, 1990년대 이후 상황이 구조화하고 깊어지는 유형이다. 국가재정 및 사회보장재정의 지속가능성에 대한 우려, 그리고 제도에 대한 불신이 이러한 범주에 속한다. 둘째, 오래 전부터 상황 자체의 심각성이 예고되었으나 이 시기에 비로소 본격적으로 인식되었던 문제들이다. 저출산 고령사회로의 진행이 여기에 속하는 대표적인 문제이다. 셋째, 시대의 상황과 추상적인 과제는 인식되고 있었으나 처방의 방향에 대한 논의가 지체되고 있었던 문제들이다. 사회보장에서 고용이 차지하는 위상 및 역할에 대한 재인식의 필요성과 제도적 대응방안에 대한 논의가 이러한 유형에 속한다. 넷째, 위 모든 문제들이 함께 작용하여 사회보장의 사회통합기능이 새롭게 주목을 받아야 했다. 위에서 언급했듯이 빈곤문제는 사회적 배제의 문제로 의제화되면서 복잡하고 다원적인 정책적 대응이 필요하게 되었다. 이에 비해서 소득보장에 있어서는 저부담 고급여의 구조는 더 이상 현실성이 없었으며, 중부담 중급여 혹은 저부담 저급여가 대안으로 논의되었다. 그러나 낮은 수준의 평등을 보편적으로 실현하는 방법이 훨씬 현실적이며, 또 규범적 타당성도 있었다. 다만 낮은 수준의 보편적 평등은 필연적으로 보장의 공백을 발생시키고, 이는 개별적, 그리고 구체적으로 메워져야 했다. 우리에게 새로운 문제였지만 이미 국민의 복지의식이 높아진 상황에서 복지국가, 그리고 국가 자체의 신뢰와 연계된 과제였다.

제 2 절　새로운 상황과 과제

Ⅰ. 재정 및 제도의 위기

이 시기에 연금보험 등 사회보험의 재정문제는 새로운 차원을 띠게 되었다. 2007년 재정위기는 일부 국가에서는 국가부도 등의 결과를 가져왔다(예; 그리스). 이는 사회보장재정에도 직접적인 영향을 미쳤으며, 또 일부 국가에서는 사회보장의 재정부담이 국가재정의 위기로 이어지기도 하였다. 이에 지속가능성 혹은 지속가능한 발전(sustainability, sustainable development)의 문제가 또 다른 시대의 의제가 되었다. 이는 현재 세대가 과도하게 남긴 국가부채로 인하여

미래 세대가 재정적인 처분능력을 상실하는 상황이 방지되어야 한다는 명제였다.[1]

이 시기 사회보장의 재정위기는 이중적인 구조를 띠었다. 첫째, 국민건강보험은 이미 1988년과 1989년에, 그리고 국민연금은 1995년과 1999년에 농어민과 도시지역주민을 가입자 범위에 포함하여 전국민 사회보험으로 발전하였다. 이는 사회보험재정 및 국가재정에 영향을 미쳤다. 사회보험능력, 즉 보험료 납부능력이 미약한 가입자에 대해서 국고보조가 필수적이었기 때문이다. 건강보험은 조직 및 재정이 통합되면서 국고 및 국민건강증진기금에서 지원을 받았으며(국민건강보험법 제108조), 국민연금에서는 소규모 사업장 근로자에 대한 보험료 지원을 하였다(국민연금법 제100조의3, 시행령 제75조의2, 제73조의3). 이로써 사회보험재정과 국가재정이 어느 정도 혼재하게 되었으며, 또 국가재정의 위기가 사회보장의 재정에 영향을 미칠 개연성이 있었다.[2] 둘째, 사회보험에서는 가입자가 보험료를 납부하고 사회적 위험이 발생하면 이를 보호하기 위한 급여가 지급된다. 즉 어느 정도 급부와 반대급부가 균형을 이루어야 하며, 국민연금 및 특수직역연금에서는 이러한 균형관계가 장기간 지속될 수 있어야 한다. 그런데 1988년 시행된 국민연금과 같이 저부담 및 (상대적인) 고급여의 구조를 띠고 있는 제도에서 이러한 균형관계가 지속될 수 없다는 위기의식이다.

지속가능성의 측면에서 보면 사회보장, 특히 연금제도에서 위기의 징후는 수입과 지출 모두에 걸쳐 있었다. 고령사회가 깊어지면서 연금수급기간이 길어졌고 그 결과 연금지출이 급증할 것으로 예상되었다. 이에 비해서 저출산과 고용의 불안정으로 인하여 연금의 수입구조는 악화될 것이 예견되었다. 국민건강보험에서는 노인진료비가 급증하는 문제를 재정부담을 조정하여 합리화하는 과제가 시급했다.

사실 위와 같은 재정위기 혹은 부담의 문제 자체는 새로운 것이 아니었다. 이미 서술하였듯이 국민연금의 재정부담은 처음부터 예견되었다. 이 문제는 1990년대 후반 이후 본격적으로 논의되었다. 국민연금은 1998년 연금수준을 인하하는 개정을 하였으며, 2007년 또 다시 연금수준을 낮추었다. 국민연금의 경우 이와 같이 비교적 충실한 학습을 할 수 있었고, 또 적시에 제도내용을 조정

1) 이 점에 대해서는 예컨대 전광석, "지속가능성과 세대 간 정의", 헌법학연구 제17권 제2호(2011), 281면 이하 참조.

2) 국가재정과 사회보장재정이 혼재하는 상황에 대해서는 예컨대 전광석, "사회보장재정의 규범적 논의구조", 사회보장법학 제4권 제1호(2015), 19면 이하 참조.

하였다. 그리고 국민연금의 수준이 낮아졌고, 국민연금이 노후에 적절한 생활의 기반이 될 수 없다는 사실은 뚜렷해졌다. 잠재해 있던 이러한 우려는 연금수급 시기가 다가오면서 커지고, 또 현실로 나타났다. 이는 국민연금에 대한 신뢰를 위기에 빠뜨렸다. 2004년 '안티국민연금'이 나타났고, '국민연금 8대 비밀'이 근거 없이 퍼져갔다.[3] 그러나 국민연금의 수준을 상향 조정하는 것은 불가능했다. 이를 위하여 필요한 보험료의 인상은 일종의 금기(taboo)였다. 미래의, 그리고 장기적인 효과를 갖는 급여의 인하조치에 비해서 현재 부담이 되는 보험료의 인상은 정치적으로 가능한 선택이 아니었다. 따라서 노후소득보장의 공백은 다른 공적 제도 혹은 사적 배려를 지원하여 보충되어야 했다. 사실 우리나라에서 사회보험이 도입된 후 비교적 이른 시기에 근로자의 범위를 넘어서 전국민을 가입자로 포괄하게 되면서 사회보험에서 적절한 생활수준을 보장하는 목표를 실현하기는 어려웠다. 고용과 소득이 안정적인 근로자와 소득이 불규칙하고, 또 충실하게 파악될 수 없는 지역 주민을 위한 사회보험을 별도로 운영하였다면 사정은 달랐을 것이다. 그러나 연금보험에서 직장근로자와 지역주민의 조직 및 재정적 분리는 복지의 평등을 훼손하는 함의가 있었다. 이는 정책 대안이 될 수 없고, 또 정치적으로 관철될 수도 없었다.

국민연금의 수준이 낮아지면서 노인빈곤은 넓고 깊어질 우려가 있었으며, 이제 빈곤정책은 더 이상 주변부의 문제가 아니라 사회의 핵심의제가 되었다. 이에 2007년 「기초노령연금법」이 제정되었다. 이는 사회보장방법론적으로 보면 개별적인 집단의 특유한 문제를 구체적으로 보호하는 새로운 시도였다. 그러나 이로써 사회보장법에서 사고(思考)의 부담은 커졌다. 문제를 개별적으로 관찰하고 이를 구체적으로, 혹은 추상적으로 보호하는 방법에 대한 논의가 필요해졌다. 구체적으로 보면 기초노령연금을 국민연금과 연계하여 노인빈곤을 추상적으로 보호하거나, 국민기초생활보장을 보충하여 구체적으로 보호할 것인가의 문제였다. 이로써 개별 사회보장법을 기능적으로 조율하여 법체계를 형성하는 작업은 복잡해졌고, 또 실제 기능을 평가하는 작업도 어려워졌다. 이 점에 대한 올바른 인식과정은 아직 진행 중이다.

건강보험의 상황은 국민연금과는 차이가 있었다. 건강보험은 현재 가입자가 부담하는 보험료를 재원으로 급여가 지급되는 구조를 띠고 있다. 그리고 질

3) 국민연금사편찬위원회, 실록 국민의 연금(2015), 334면 이하 참조.

병치료 및 건강보장을 위해서는 질병이 발생하면 즉시, 혹은 적어도 적시(適時)에, 그리고 적절한 급여를 지급하여야 하며, 그렇지 않은 경우 가장 기본적인 자유의 조건이 상실된다. 일반적으로 보면 이와 같은 위험의 특수성과 중요성은 가입자에게 쉽게 인식될 수 있다. 이에 건강보험에서는 적정한 수준에서 보험료를 지속적으로 인상할 수 있었다. 그러나 노인의료비가 급증하는 고령사회의 구조적인 문제는 건강보험의 재정으로 극복될 수 있는 문제가 아니었다. 2007년 「노인장기요양보험법」의 제정은 장기요양의 새로운 문제를 보호하는 조치였지만 동시에 어느 정도는 질병과 구분이 되지 않는 노인장기요양문제를 건강보험에서 분리하여 건강보험의 재정을 건전화하는 목적도 가졌다.

Ⅱ. 저출산 사회의 사회보장

멀리 보면 1980년대 중반에 예후를 보였던 저출산 고령사회의 의미는 1990년대 중반 이후 서서히 체감되기 시작했다. 우리나라에서 오랫동안 시행된 인구억제를 내용으로 하는 인구정책은 1980년대 중반 이후 더 이상 타당하지 않게 되었다. 이때 이미 인구증가율이 낮아지기 시작했다. 그러나 문제의 인식은 지체되었고, 정책의 전환은 더욱 늦었다. 예컨대 세법에서 3자녀부터 소득공제의 혜택을 배제하는 규정, 「의료보험법」에서 2자녀에 한하여 분만급여를 지급했던 규정은 1990년대 중반에 와서 비로소 폐지되었다.[4] 1950년대 베이비붐, 그리고 1960년대 및 1970년대 과다인구에 대한 두려움과 강력한 인구억제를 경험한 세대가 과소인구, 저출산의 문제를 진지하게 받아들이는 데에는 어느 정도 시간이 걸렸다. 1980년대 초반 이미 서부유럽에서 저출산 문제는 핵심적인 사회문제가 되었다.[5] 우리 사회에서 저출산의 문제는 2000년대에 들어 와서 본격적으로 공론의 장에 들어 왔다.[6] 저출산은 기본적으로 국가존속과 관련된 문제이며, 또 거시경제질서에서 보면 노동인구의 고령화와 생산인력의 감소로 나타난다. 사회적으로 보면 세대 간 분열, 그리고 세대 간 형평 및 통합의 문제를 제기한다.[7] 미래의 한정된 성장잠재력을 현재 세대가 선취(先取)하는 문

4) 이와 관련된 헌법재판소의 결정으로는 헌재 1997.12.24, 95헌마390, 9-2, 817면 이하 참조.
5) 예컨대 독일의 상황에 대해서는 Franz-Xaver Kaufmann, *Schlumpfende Gesellschaft*(Suhrkamp, 2005), 30면 이하 참조.
6) 이현승/김현진, 대한민국-저출산 고령화의 시한폭탄(삼성경제연구소, 2003), 13면 이하 참조.
7) 세대 간 정의 및 지속가능성의 헌법적 구조에 대해서는 예컨대 전광석, 위 각주 1의 논문, 274

제에 정치적 및 정책적 관심이 집중되어야 했다. 2005년 비로소 「저출산고령사회기본법」이 제정되었다.

저출산은 사회보장의 전제조건과 직접 관련되어 있었다. 특히 다음 두 가지 점에 대한 인식이 필요했다. 첫째, 다음 세대와의 인구균형이 유지될 수 없으면 현재 보험료를 부담하는 세대에게 지급할 연금의 재원이 축소되며, 그 결과 연금청구권이 실현될 수 없게 된다. 결국 연금보험의 법적 구조에서 미래 세대, 즉 자녀가 필수적인 구성원이며, 따라서 이에 대한 배려는 연금보험의 기능에 구조적으로 관련되어 있다.[8] 저출산이 깊어질수록, 그리고 저출산에도 불구하고 사회보험이 기능하는 데 필요한 정책이 취해지지 않는다면 세대 간 연대의식은 더욱 엷어질 것이다. 둘째, 저출산은 자녀양육의 부담, 이로 인한 여성 근로자의 경력 단절과 가족의 경제적 부담, 자녀가 생활할 미래 사회에 대한 불안 등이 함께 원인이 되었다. 이 점이 인식되었지만 현상에 대한 구조이해와 처방은 계속 지체되었다. 사실 저출산은 위와 같은 다양한 요소를 배경으로 하였기 때문에 국가정책을 통하여 출산률을 정상화시키는 데에는 한계가 있다. 특히 출산정책은 필연적으로 자녀, 그리고 자녀세대 자체에 대한 배려가 주요 관심이 아니라 자녀를 양육하는 현재 세대를 지원하기 때문에 정책의 관심이 분산되어 있는 점도 장애가 된다.[9] 또 체념적으로 보면 우리나라에서 저출산은 일종의 문화적 경향이 되었다고 볼 수도 있다. 이와 같은 정책적 및 인식의 한계를 고려하면 사회보장과 관련하여 저출산은 다음과 같은 과제를 제시한다.

저출산은 가족의 의미와 기능, 그리고 사회보장에서 가족의 위상에 대한 근본적인 이해의 전환이 필요한 문제였다. 적어도 장기적인 보장을 내용으로 하는 연금보험 및 장기요양보험 등에 있어서는 가족에 대한 사회적 보호를 넘어서 가족이 복지실현의 장(forum)이며, 따라서 자녀양육이 사회보장의 잠재적 기반이라는 이해가 필요했다. 이와 같은 시각에서 보면 자녀양육은 보험료에 의한 재정적 기여와 동등한 가치가 있다는 사실이 적극적으로 인식되어야 했다. 예컨대 2007년 개정 「국민연금법」은 자녀를 양육하는 가입자에게 보험료 납부의무를 면제하고 그 기간의 일부를 보험가입기간으로 인정하였다(법 제19조). 그러나 이는 두 자녀 이상을 양육하는 조건 하에서 적용되었다. 결국 개별적인 지원의

면 이하 참조.

8) 이에 대해서는 위 제7장 각주 47 참조.

9) 일반적으로 아동(복지)정책에 있어서 관찰되는 이러한 문제에 대해서는 예컨대 전광석, "사회복지법의 규범체계와 과제", 법제연구 제41호(2011), 16면 이하 참조.

필요성을 인식하고는 있었지만, 자녀양육을 구조적으로 국민연금에 편입하는 구상에 이르지는 못했다. 또 국민연금 이외의 사회보험에도 자녀양육을 구조화하여 지원을 확대하는 문제가 본격적으로 검토되지는 못했다.

우리 사회에서 저출산은 사회보장재정의 지속가능성에 관한 일반적인 문제, 그리고 여성의 자녀양육과 직업활동을 동시에 지원하는 특별한 문제로 의제화하는데 그쳤다. 물론 자녀양육지원은 여성의 직업활동, 그리고 가족의 형성 및 존속에 관한 개인의 행태 및 선택을 위하여 필수적이었다. 그러나 사회의 최소단위인 가족의 부양 및 사회적 기능이 국가와 사회, 자본과 노동의 관계에서 새롭게 조명되어야 했다. 성인 남성이 부양하는 가족(male breadwinner model)이 자본의 노동에 대한 배려와 책임에 의하여 유지되고, 또 가족구성원 간의 기능분담을 통하여 서비스가 제공될 수 있다는 전제는 더 이상 타당할 수 없게 되었다.[10] 소득 기준에 따라 자녀양육지원의 여부를 결정하고, 따라서 자녀양육지원을 선택적으로 시행하는 구상은 사회보험과 공공부조 이분론의 전통적인 방법론이 남긴 잔상(殘像)이었다. 사회보험이 소득활동을 하는 가장의 소득상실을 보상하고, 공공부조가 선택적으로 최저생계를 보장하는 사회보장의 체계에서 자녀양육을 보편적으로 지원하는 사고는 낯설었다.

Ⅲ. 고용과 복지

1990년대 이후, 그리고 2007년 노동시장의 유연성이 더욱 강화되면서 고용의 불안정, 그리고 이에 따르는 소득의 불안정은 피할 수 없었고, 실제 널리 퍼져갔다. 특히 노동시장이 정규직과 비정규직으로 이중구조화되고 이동이 단절된 상황에서 분배의 불평등이 널리 퍼질수록 이를 사회보장에서 소득재분배를 통하여 교정하는 것은 한계가 있었다.[11] 이는 실제 관련 지표를 통해 확인할 수 있었다.[12] 사회보험 중 특히 국민연금과 고용보험에서 정규직과 비정규직의

10) 이에 대해서는 전광석, 복지국가론－기원·발전·개편(2012, 신조사), 169면 이하 참조.

11) 고용과 소득 및 복지의 악순환 구조에 대해서는 예컨대 서정희, "비정규직의 불안정 노동－비정규 고용형태별 노동법과 사회보장법에서의 배제", 노동정책연구 제15권 제1호(2015), 12면 이하, 14면 이하, 23면 이하 참조.

12) 우리나라에서 고용 및 소득보장, 그리고 복지 상황의 각종 부정적인 지표에 대해서는 예컨대 김대환, "고용친화적 사회경제정책으로의 전환; 유연안정화 체제의 구축", 산업관계연구 제20권 제1호(2010), 8면 이하; 양재진/최영준, "한국 복지국가의 진단과 개혁과제－남부 유럽과 자유주의 복지국가의 혼합형에서 벗어나기", 동향과 전망 제92호(2014), 19면 이하, 24면 등 참조.

가입률은 현저한 차이가 있었다(국민연금 92.7%; 19.3%, 고용보험 80.0%; 20.7%). 이에 사회보장을 재구조화하는 변화가 필요했다. 사회보장의 수단과 방법 간에 기능의 재배치를 통하여 사회보장의 수요를 내재화하는 방법이 주목을 받았다. 전통적으로 사회보험에서 고용은 사회보장의 매체였으며, 이는 고용관계 그 자체, 그리고 공적 체계에 부과된 과제였다. 즉 고용과 소득이 안정되고, 자본이 노동에 대한 책임과 배려에 기초하여 사회보장의 재원을 부분적으로 부담하며, 이를 통하여 사회적 위험이 공법적으로 보호될 수 있었다(고용을 매개로 한 복지생산). 그런데 이제 완전고용은 더 이상 실현될 수 없었고, 소득보장을 위하여 사회보장재정을 투입하는 여력은 제한적이며, 또 사회보장의 방법이 (예컨대 사회복지서비스 등으로) 분산되어야 하는 상황에서는 오히려 분배정책에 의하여 재분배의 부담이 덜어져야 한다. 적극적인 노동시장정책에 의하여 고용을 창출하고, 고용 그 자체가 사회보장의 기능을 수행할 수 있어야 했다(고용에 의한 복지생산). 사회적 투자를 통한 복지생산(예컨대 스웨덴), 노동시장의 유연화와 낮은 수준의 사회보장의 보편화(예컨대 네덜란드) 등이 각국의 대응방법이었다.[13)]

우리 노동시장에서 분절화의 정도는 높아가고 있었다. 비정규직근로자를 사회보장에 포섭하는 문제는 이미 1990년대 제기되었지만 이 시기에 깊어갔다.[14)] 유연안정성(flexicurity)이 시대의 의제가 되었다. 구조조정과 정리해고, 비정규직 문제, 고용 및 소득의 불안정, 청년실업, 노인빈곤, 세대 간 불평등 등 우리 사회의 분열을 다극화시키는 상황이 한꺼번에 다가오고 있었다. 이는 전통적인 복지국가의 분열양상에 비해서 훨씬 복잡하게 전개되었다.[15)]

노동시장의 분절은 필연적으로 사회보장의 양극화로 이어질 위험이 있었다. 이로써 사회보장의 실현방법은 다음과 같이 노동법과 긴밀한 연관을 갖게 되었다. 첫째, 사회보장의 적절한 수준을 유지하기 위하여 노동법적 조치가 필요했

---

13) 네덜란드에서 보편적 사회보험의 구상과 제도발전에 대해서는 예컨대 이승윤/남재욱, "네덜란드 근로시간 유연화와 사회보장제에 대한 사례연구", 사회보장연구 제34권 제2호(2018), 125면 이하 참조. 이밖에 Jelle Visser/Anton Hemerijck, "Die pragmatische Anpassung des niederländischen Sozialstaats", Stephan Leibfried/Uwe Wagschal(편), *Der Deutsche Sozialstaat*(Campus, 2000), 452면 이하 참조. 사회적 투자와 복지생산방법의 전환에 대해서는 예컨대 Franz-Xaver Kaufmann, "Humanvermögen", Herbert Obinger/ Elmar Rieger(편), *Wohlfahrtsstaatlichkeit in entwickelten Demokratien*(Campus, 2009), 100면 이하 참조. 이 밖에 제7장 각주 9 참조.

14) 이에 대한 포괄적인 연구로는 예컨대 성은미, "비정규노동과 사회보장", 이호근(편), 비정규노동과 복지(인간과 복지, 2011), 17면 이하 참조,

15) 이에 대해서는 아래 각주 26 참조.

다.[16] 예컨대 최저임금의 충실한 정비가 사회보장의 유용한 방법이 될 수 있다. 이와 같은 분배정책이 제도화될 때 주관적으로는 현재의 수요가 보호될 뿐 아니라 미래의 생활위험에 대한 배려를 할 수 있고, 또 객관적으로는 사회보장이 기능할 수 있다. 이에 노동법은 더 이상 자유화와 임금투쟁이 아니라 고용 및 소득안정, 그리고 복지문제로 관심을 옮겨갔다. 둘째, 사회보험법 자체의 독자적인 대응이 필요했다. 규범적으로 비정규직 근로자를 가입대상에 포섭하고, 또 현실적으로 가입을 유도하는 과제이다. 비정규직 근로자의 문제는 이미 이전 시기에 사회보험의 사각지대의 주제로 논의되어 왔다.[17] 그런데 이제 이 문제는 사회보장 전체 구도에 영향을 미치는 핵심적인 요소가 되었다. 사회보험이 낮은 수준의 평등을 이념으로 하고, 이로 인하여 나타나는 보장의 공백은 개별적인 생활위험을 구체적으로 보호하는 제도에 의하여 보충되어야 한다. 그런데 이러한 과제는 사회보험이 모든 근로자에게 기본적인 사회보장의 수단으로 기능할 수 있을 때 그만큼 부담이 덜어지고, 또 실현될 수 있다.[18] 셋째, 사회보장법이 기능하기 위하여 필요한 노동법적 조치가 규범적·현실적으로 단순하지는 않았다. 최저임금을 둘러싼 최근의 논의가 보여주듯이 이러한 정책이 노동법 자체, 즉 고용관계에 미치는 영향이 적지 않다. 또 최저임금 등의 노동법적 조치가 사회보장의 기능에 미치는 영향 및 그 정도에 대해서는 아직 구체적인 평가를 남겨 두고 있다.

전통적으로 노동자보험으로 출발한 사회보험이 1980년대 후반(건강보험), 90년대 후반(국민연금) 자영인을 비롯하여 전국민을 포섭하게 되면서 사회보장법에 의한 사회통합은 전체 사회정책의 과제가 되었다. 또 새로운 사회문제를 기존의 사회보험과 공공부조의 이원적 체계가 감당할 수는 없다는 한계도 인식되었다. 사회보험은 새로운 상황에 대한 준비가 되어 있지 않았고, 공공부조는 적용범위가 제도적으로, 또 행정집행에 있어서 협소하였다. 공공부조가 최후의 사회적 안전망으로 새삼스럽게 구상되었고, 기존에 「생활보호법」이 가졌던 구조적 문제는 1999년 「국민기초생활보장법」이 시행되면서 개선되었다.[19] 그러나

16) 이 시기 노동법이 경험하는 새로운 상황과 과제에 대해서는 예컨대 도재형, "노동법의 위기와 회생, 그리고 과제", 인권과 정의(2016.6), 69면 이하 참조.

17) 이에 대해서는 예컨대 김연명, "비정규직 근로자에 대한 사회보험 확대", 한국사회복지학 제45권(2001), 78면 이하 참조.

18) 사회보험의 보편성이 갖는 규범적 의미에 대해서는 전광석, "사회보장법과 사회통합", 사회보장법학 제5권 제2호(2016), 154면 이하 참조.

19) 이에 대해서는 전광석, "최저생활보장의 규범적 기초—헌법 및 관련 법제의 형성과 과제를 중심

「국민기초생활보장법」은 '제도적으로' 여전히 부양의무기준 및 재산기준 등이 입법목적의 실현에 장애가 되었고, '집행에 있어서는' '간주부양비제도'로 인하여 구조적 전환을 충실하게 이행하지 못하고 있었다. 또 '이념적으로' 수급자의 자립을 지원할 여력이 없었다. 이에 「국민기초생활보장법」이 빈곤을 보편적으로 보장하는 전통적인 과제 외에 근로빈곤 및 노인빈곤 등 새로운 빈곤을 대처하기에 역부족이었다.

전체적으로 보면 소득보장을 위한 사회보장이 성숙하기도 전에 새로운 상황에 대응하기 위하여 다양한 방법론을 적용하여야 하는 것은 큰 부담이었다. 이 과정에서 예컨대 「고용보험법」은 소득보장과 동시에 적극적 노동시장정책을 추진하는 벅찬 과제를 갖게 되었고, 「국민기초생활보장법」은 최저생활보장과 자활보호의 목표 사이에서 중심을 잡지 못하고 있었다.[20] 이에 비해서 민주화 이후 시기에 복지국가의 이념과 제도에 대한 국민의 기대는 이미 성장해 있었다. 경제성장과정에서 희생된 시기에 대한 잠재해 있던 보상심리가 표면으로 떠올랐다. 이는 국민의 사회보장에 대한 인식이 민감해지고 개인생활이 공적 사회보장에 포섭되는 정도가 증가할수록 더욱 뚜렷하게 관찰될 수 있었다. 자연적인 위험이나 상황만큼이나 공적 제도에 의하여 포섭될 수 없기 때문에 나타나는 제도적 불이익, 그리고 불평등에 민감하게 되었다. 예컨대 빈곤은 더 이상 개인의 운명과 같은 자연적인 문제 혹은 시장에서 왜곡된 분배의 결과로 인식되는 데 그치지 않고 사회보험, 그리고 특히 공공부조가 기능하지 못하며, 또 새로운 사회보장의 방법이 지체되고 있는 데 원인이 있다고 인식되었다.

Ⅳ. 사회분열과 새로운 빈곤

2007년 이후 전통적인 자본과 노동의 분열과 대립 및 협력의 층위가 복잡해졌다. 자본과 노동의 분열은 깊어갔다. 자본은 국경을 넘어 자유롭게 이동할 수 있게 되었고, 노동은 자본을 유치할 수 있을 때 고용관계를 형성·유지할 수 있다는 점에서 자본에 종속되었다. 또 노동과 노동이 경쟁하는 힘겨운 상황이 되었다. 자본은 대기업과 중소기업, 영세상공업으로 분열되었고, 노동은 정규직과

으로", 저스티스 제156호(2016), 69면 이하 참조.

20) 이와 관련하여 「고용보험법」 및 「국민기초생활보장법」의 딜레마에 대해서는 예컨대 안학순, "한국 고용보험제도의 적극적 노동시장정책에서 소득보장 기능 강화로의 전환과정에 관한 연구", 연세사회복지연구 제5권(1998), 149면 이하; 전광석, 위 각주 19의 논문, 73면 이하 등 참조.

비정규직, 숙련직과 비숙련직, 취업자와 실업자 등으로 나뉘어지고 고착되었다. 특히 노동이 정규직 중심의 폐쇄적인 연대에 집착하면서 시대의 의제를 외면한 결과 자본과의 경쟁관계는 열악해졌고, 또 노동에 대한 전체 사회의 신뢰는 낮아졌다.[21] 여기에 더하여 재정투자와 국가부채, 연금수혜계층과 기여계층의 불균형은 세대 간의 분열과 갈등의 원인이 되었다. 산업부문 간 및 지역 간 격차도 커졌다. 특히 실업, 그리고 고용의 불안정이 증가하고, 실업이 장기화되었다. 청년실업의 규모는 커졌다. 불안정 고용이 안정적인 고용에 이르는 중단단계(stepping stone)가 아니라 반복되거나 고착화하는 경향을 보였으며(trap), 이는 생소했다(노동의 이중구조화, 이동단절). 노동자는 주관적 인격성과 구체적 생활상황으로부터 사상(捨象)하여 생산의 객관적인 요소로 추상화되었다. 이러한 실체는 인적 자본(human capital)이라는 용어로 포장되었지만 자본에 대한 종속은 깊어갔다. 이러한 가운데 근로관계에 있으면서 최저생활을 유지할 수 없는 상황, 즉 근로빈곤의 새로운 개념과 현상이 나타났고, 퍼져갔다.[22]

1990년대 이후 복지국가이론의 한 축을 형성했던 탈상품화(de-commodification)는 더 이상 이론적 효용성을 유지할 수 없었다.[23] 노동이 상품화에 의존하지 않고 노동을 할 수 없는 상황에서도 소득대체율이 높은 복지급여를 통하여 정상적인 생활을 영위할 수 있는 유형(사회민주주의 복지레짐)은 처음부터 기능할 수 없었지만, 고용과 복지의 새로운 상황에서는 더욱 그랬다. 전체적으로 사회보장의 기반으로서 고용사회 자체가 불안정하고, 또 노동이 더 이상 충실한 생활의 기반이 될 수 없는 근로빈곤층이 증가하는 상황에서는 탈상품화를 논의할 수 있는 장은 상실되었다. 탈상품화의 이론적 가치는 실업의 한시적 성격, 노동으로의 복귀를 전제로 비로소 인정될 수 있기 때문이다.[24]

산업 및 산업구조의 변화로 인하여 시장에서 소득의 불평등은 깊어갔다.[25]

21) 이에 관한 실증적인 연구로는 예컨대 이병훈, "노동양극화와 연대의 위기, 활로는 있는가"; 윤영삼, "비정규직과 정규직은 어떻게 하나가 될 수 있을까", 윤홍식(엮음), 우리는 한 배를 타고 있다(이매진, 2012), 192면 이하, 209면 이하 등 참조.

22) 새로운 빈곤에 관한 논의에 대해서는 예컨대 김영란, "신빈곤(new poverty)의 발생구조와 빈곤정책의 변화에 관한 연구", 사회복지정책 제20집(2004), 245면 이하; 박제성, "사회적 형평과 사회적 양극화, 그리고 사회적 연대", 노동법연구 제20권(2006), 97면 이하 등 참조.

23) 탈상품화를 기준으로 복지국가의 유형을 분류하는 이론적 시도에 대해서는 Gøsta Esping-Andersen, *The Three Worlds of Welfare Capitalism*(Princeton University Press, 1990), 35면 이하 참조.

24) 근로빈곤층의 상황과 관계 없이 탈상품화의 이론이 갖는 문제점에 대해서는 전광석, 위 각주 10의 책, 51면 이하 참조.

25) 이에 대해서는 노상헌, "빈곤과 노동법의 과제", 노동법논총 제33권(2015), 176면 이하; 조임영,

반복적이고 지속적으로 나타나는 근로빈곤의 다른 극단에는 주식시장에서 거대이윤에 참여하여 자본가의 지위를 누리는 근로자(다렌도르프(Dahrendorf)의 표현에 의하면 'global class')가 상대적 박탈감을 극대화시켰다. 1980년대 부동산 호황기에 다수 국민이 가졌던 중산층에의 심리적 소속감은 엷어지고, 또 실질적으로 중산층은 점점 줄어들었다. 이는 위에서 이미 언급했듯이 전통적인 사회보험이 감당할 수 있는 문제가 아니었다. 또 이는 전통적인 공공부조의 과제도 벗어나는 것이었다. 일반적인 빈곤, 그리고 특히 근로빈곤이 널리 퍼지고 있는 상황에서 사회의 주변 집단에게 최저생활을 한시적으로 보호하는 공공부조의 효용성은 약화되었다. 이제 오히려 빈곤문제가 정치적 공론의 장에 적극적으로 편입되어야 하며, 결코 복지국가담론의 주변문제에 그칠 수는 없게 되었다.[26] 근로빈곤의 문제 외에 우리 사회에서 노인빈곤률이 OECD국가 중 압도적으로 가장 높은 현상은 일반적인 빈곤의 현황을 상징적으로 보여주는 지표였다.

Ⅴ. 재사회화와 탈표준화

1990년대 말을 거쳐 2007년의 재정위기를 겪으면서 사회보장은 낮은 수준의 평등한 복지가 갖는 한계, 즉 복지의 공백을 기존과는 다른 방법으로 메워가야 했다. 국민연금과 건강보험 등 사회보험에서는 개인의 자율적 결정에 의하여 보장을 강화하고, 보험능력이 없는 취약한 집단에 대해서는 이들의 개별적인 상황을 구체적으로 보호하여야 했다. 국민연금이 남긴 보장의 공백을 기초연금을 통하여 메우려는 시도를 하였다. 국민연금에서 비정규직 근로자 등이 제도적인 이유에서 혹은 자발적으로 제외되는 범위가 넓었다. 이들이 특히 보

"노동의 위기, 한국사회", 민주법학 제58호(2015), 40면 이하 등 참조.

26) 오늘날 다극화된 사회분열과 사회통합의 담론과 구조적 변화에 대해서는 예컨대 전광석, "사회적 불평등의 구조, 평등의 이념과 규범", 법학연구(연세대 법학연구원) 제28권 제3호(2018), 12면 이하; Hans Günter Hockerts/Winfried Süß(편), *Soziale Ungleichheit im Sozialstaat*(R. Oldenbourg, 2010); Stephan Lessenich/Frank Nullmeier(편), *Deutschalnd– eine gespaltene Gesellschaft*(Campus Verlag, 2006) 등 참조. 이에 비해서 1980년대 복지국가의 분열 문제는 사회보험 가입자 및 수급자와 이로부터 배제된 집단과의 관계, 그리고 사회보험 가입자 및 수급자와 공공부조 수급자의 관계로 의제화되었다. 이에 대해서는 예컨대 Hilary Silver, "Social exclusion and social security", *International Labour Review*(1994), 561면 이하; Florian Tennstedt/Stephan Leibfried(편), *Politik der Armut und Die Spaltung des Sozialstaats*(Suhrkamp, 1985) 등 참조.

호의 필요가 있음에도 불구하고 오히려 적용이 제외되어 있어 사회보장법의 사회적 성격이 의문시되었다. 특히 비정규직 근로자의 문제는 이미 1990년대 중후반 이후 사회적 의제가 되었지만 이들의 고용 및 소득의 불안정이 복지의 불안정으로 이어지는 문제는 이 시기에 본격적으로 정책 및 담론의 대상이 되었다. 그러나 이러한 논의에도 한계는 있었다. 우리 사회보장, 특히 사회보험이 전체적으로 '낮은 수준의 평등한 복지'를 지향하기 때문에 일반적으로 소득이 낮은 비정규직 근로자에게 사회보험급여가 생활의 기반이 될 수는 없기 때문이다.

낮은 수준의 평등한 복지를 선택적으로 보충하기 위해서는 사회보장방법론이 다원화되어야 했다. 공공부조법과 사회복지서비스가 특히 주목을 받았다. 공공부조는 개인의 개별적인 빈곤상황을 구체적으로 보호하는 안전망의 역할을 하기 때문이다. 2014년 「국민기초생활보장법」은 이 점을 반영하여 근본적으로 개정되었다. 개정 법률은 세 가지 점에서 시대의 과제를 수용하였다.[27] 첫째, 최저생활보장에 있어서 평등의 이념을 강화하였다. 즉 기존에 수급자 선정 및 급여결정의 기준을 최저생계비에서 기준 중위소득으로 바꾸었다. 이로써 최저생활보장의 흠결을 평등의 이념에 의하여 메울 것이 기대되었다. 둘째, 공공부조법은 최저생활 그 자체뿐 아니라 개인이 스스로의 능력으로 최저생활을 실현할 수 있는 조건을 보장하여야 한다. 이에 자활보호의 급여조건을 완화하여, 생계급여를 지급받으면서 직업훈련 및 취업지원을 받을 수 있도록 하였다. 또 취업이 유지되기 위해서 적정한 근로유인이 제도화되어야 했다. 이는 1999년 「국민기초생활보장법」을 제정할 때 충실하게 반영되지 못했던 이념적 긴장관계를 정비하고, 또 기능의 전제조건을 갖추기 위한 시도였다. 다만 이러한 개선의 방향이 아직 명확히 제도화로 이어지지는 못했다. 셋째, 생계급여, 주거급여, 교육급여, 의료급여 등 개별적인 생활수요는 최저생활을 유지하는 데 독자적인 의미를 가지며, 따라서 개별적으로 급여의 조건과 내용이 형성되어야 한다. 이에 개정 「국민기초생활보장법」은 기존의 통합체계에서 개별체계로 전환하였다. 예컨대 생계급여와 의료급여의 선정기준 및 급여기준이 분리되었다. 의료급여 수급자격을 유지하기 위하여 생계급여 수급자 선정기준인 소득인정액을 넘지 않도록 소득활동을 하지 않거나 제한적으로 행하며, 이로써 근로유인을 억제하는 문제가 예방될 수 있게 되었다.

27) 이에 대해서 자세히는 전광석, 위 각주 19의 논문, 78면 이하 참조.

사회복지서비스는 초기에 아동, 노인, 장애인 등 사회적 취약집단의 보호와 지원, 그리고 사회통합에 중점을 두었다. 이후 고용을 통한 사회보장의 필요성이 강조되면서 고용지원이 강화되었다. 고용보험과 국민기초생활보장제도는 고용안정과 직업능력개발, 그리고 자활급여를 통하여 고용을 지원하는 이념을 추구하였지만 이념과 제도를 정비하는데 아직 먼 길을 남겨 놓고 있다. 또 고령사회의 전형적인 사회적 위험인 장기요양문제는 아직 건강보장과 같은 정책적 주목을 받지 못하고 있다.

제 3 절 기초연금법의 시행과 국민기초생활보장법의 개편

Ⅰ. 2007년 국민연금법의 개정과 기초노령연금법의 제정 및 시행

1. 입법의 배경

2007년 「국민연금법」이 개정되어 연금수준이 낮아지면서 국민연금이 노후생활보장의 충실한 기반이 될 수 없다는 사실은 명확해졌다. 이에 대해서는 제7장에서 서술하였다. 이는 국민연금 그 자체뿐 아니라 국가의 복지정책 전반에 대한 정당성과 신뢰에 미치는 영향이 적지 않았다. 이와 같은 제도의 위기에는 다음과 같은 외부적인 요소가 작용하였다. 첫째, 사적 이전(transfer)을 통하여 개인의 노후생활을 보장하는 가능성은 점점 약화되어 가고 있었다. 실제 우리나라에서 노인빈곤율은 OECD 국가 중 가장 높았다. 둘째, 모든 국민에게 최저생활을 보장하는 「국민기초생활보장법」은 현실과 거리가 있는 부양의무기준으로 인하여 노인빈곤을 보호하는 데 한계가 있었다. 국민의 노후소득보장을 보충하기 위한 조치로서 2007년 「기초노령연금법」이 제정되어 2008년 시행되었다. 그러나 기초노령연금은 보장의 목표가 모호하였으며, 입법목적과 정책수단이 일치하지 않았고, 또 제도적 안정성이 있지도 않다.

2. 기초노령연금법의 주요 내용 및 시행

「기초노령연금법」은 기존의 「노인복지법」의 경로연금을 발전시킨 형태로 도입되었다. 경로연금과 비교하여 기초노령연금의 특징 및 주요 내용을 보면 다음과 같다.

기초노령연금의 수급자범위를 확대하였다. 수급연령은 경로연금과 마찬가지로 65세이다. 기존의 경로연금은 수급자를 「생활보호법」에 의한 보호대상자로 한정하였으며, 부양의무에 관한 조건이 엄격하게 적용되었다. 이에 비해서 기초노령연금은 여전히 「국민기초생활보장법」상의 소득인정액을 기준으로 수급자를 선정하였지만 본인과 배우자의 소득만을 선정기준으로 하였고, 부양의무에 관한 조건은 적용하지 않았다(법 제3조). 부양의무기준으로 인하여 수급자로 선정되지 못했던 비율이 높았던 점을 생각하면 노후에 기초생활을 보장하는 데 작용했던 규범적 장애가 제거된 셈이다.

기초노령연금의 산정은 국민연금과 연계되었다. 기초노령연금의 산정기준을 국민연금의 산정요소 중 A값, 즉 전체 가입자 평균소득월액의 5%로 정하였다. 이는 기존에 「노인복지법」상의 경로연금이 국민연금 특례노령연금의 최저지급액과 연계시켰던 것과 차이가 있었다. 수급자의 소득인정액과 국민연금액을 합한 금액이 선정기준금액을 넘는 경우에는 연금액의 일부를 감액하여 지급할 수 있다. 본인 및 배우자가 모두 기초노령연금을 받는 경우에는 각각의 연금액에 대하여 16.5%를 감액한다(법 제5조, 시행령 제5조). 국가와 지방자치단체는 기초노령연금의 비용을 분담한다. 국가는 지방자치단체의 노인인구비율 및 재정여건 등을 고려하여 40% 이상 90% 이하의 범위에서 비용을 부담한다(법 제19조, 시행령 제16조 및 별표).

국민연금의 수준이 낮아지고 기초노령연금이 도입되면서 국민연금과 기초노령연금, 그리고 국민기초생활보장이 다원적으로 노후소득을 보장하고, 또 노인빈곤을 보호하기 위하여 협력하는 관계가 형성되었지만 협력의 방법론은 또 다른 과제가 되었다. 이에 관한 논의는 현재까지 체계적인 수준에 이르지는 못하고 있다.[28] 기초노령연금은 전국민, 즉 전체 노인을 대상으로 하여 정액급여를 지급하여 노인빈곤을 보호하는 목적을 가졌다. 이는 「기초노령연금법」의 도입 취지와 법체계에 있어서 혼란을 주었다.[29] 우선, 엄격히 체계적으로 보면 기초

28) 최근 이에 관한 다양한 방법론에 대해서는 예컨대 김원섭 외, "우리나라 공적 연금의 보편적 중층보장체계로의 재구축 방안에 관한 연구", 사회보장연구 제32권 제4호(2016), 1면 이하 참조. 이밖에 비교정책적 논의로는 유호선, "다층노후소득보장제도의 유형화 및 유형별 특성의 분석-유럽연합 국가들을 중심으로", 사회보장연구 제29권 제4호(2013), 169면 이하 참조.

29) 「기초노령연금법」의 목표와 관련된 이러한 지적에 대해서는 예컨대 김지혜, "빈곤과 기초노령연금법", 사회보장법학 제2권 제1호(2013), 51면 이하 참조. 이밖에 기초노령연금의 기능에 대한 논의에 대해서는 예컨대 윤석명, "인구고령화를 반영한 공적 연금 재정전망과 정책과제; 국민연금과 기초노령연금을 중심으로", 보건복지포럼(2011.8), 16면 이하; 이용하/김원섭, "인수위 기초연금 도입(안)에 대한 평가와 전망", 사회보장연구 제29권 제2호(2013), 5면 이하 등 참조.

노령연금이 국민연금의 기능을 보충한다는 명제 자체가 성립할 수 없었다. 국민연금은 수급권자의 소득 및 재산상황에 관계없이 연금을 지급한다는 점에서 개인의 생활을 추상적으로 보호한다. 그런데 기초노령연금 역시 정액의 급여를 지급하기 때문에 여전히 보호가 추상적이며, 그 결과 노인빈곤을 구체적으로 보호하는 목적이 실현될 수 없다. 국민연금 수급자의 경우 부분적으로 기초노령연금액을 감액하고, 특수직역연금 수급자를 지급대상에서 제외하는 것 역시 체계적이지 않다(법 제5조 제1항, 제14조). 국민연금과 특수직역연금의 급여는 개인생활을 추상적으로 보호한다. 그런데 「기초노령연금법」은 연금수급 여부에 관계 없이 구체적인 상황을 노인빈곤을 보호하여야 하기 때문이다. 아래에서 살펴보듯이 기초연금은 수급자의 범위를 법률에서 직접 정하였다. 즉 기초연금수급자는 65세 이상의 노인 중 70%가 되도록 한다. 이 규정이 타당성을 갖기 위해서는 국민연금에 의한 보장률이 매우 낮은 계층 혹은 국민기초생활보장사업이 최저생활을 보장할 수 있는 집단이 이 규모에 이른다는 전제가 성립되어야 한다. 그러나 이를 뒷받침할 근거는 찾기 어렵다. 결국 이와 같은 수급자 범위에 관한 규정은 자의적이며, 기능성과 안정성이 상실되어 있다. 이와 같은 제도가 노후소득보장의 중심이 될 수는 없다.

기초노령연금은 오히려 국민기초생활보장을 보충하도록 형성하는 것이 사회보장의 목표에 충실하고, 제도의 안정성이 보장된다. 국민기초생활보장은 최저생활을 보장하는 목표가 뚜렷하며, 또 노인빈곤을 극복하기 위한 구체적이고 개별적인 보호를 할 수 있기 때문이다.[30] 특히 국민기초생활보장과는 달리 기초노령연금은 부양의무와 관련된 조건을 삭제하였기 때문에 기존에 국민기초생활보장에서 이로 인하여 청구권을 행사할 수 없었던 상황이 극복될 수 있다.

위와 같이 노후소득을 보장하고 노인빈곤을 보호하기 위한 여러 제도가 기능하는 방법론이 체계화되어 있지 않은 상황은 이른바 기본소득(basic income)을 도입하는 데 부정적인 환경이다. 기본소득의 체계적 위상과 기능을 예측할 수 없기 때문이다.[31]

30) 기초생활보장제도를 중심으로 노인빈곤을 보호하는 각국의 예에 대해서는 예컨대 박미현/정영순, "노후소득보장의 사각지대해소를 위한 국민기초생활보장제도 개혁방안 연구", 사회보장연구 제25권 제4호(2009), 103면 이하 참조.

31) 기본소득의 다양한 개념 및 정책구상, 그리고 평가에 대해서는 예컨대 양재진, "기본소득은 미래 사회보장의 대안인가?", 한국사회정책 제25집 제1호(2018), 48면 이하; 백승호/이승윤, "기본소득 논쟁 제대로 하기", 한국사회정책 제25집 제3호(2018), 37면 이하 참조. 이밖에 기본소득과 헌법의 정합성에 대해서는 김주영, "기본소득제도의 실행가능성에 관한 소고", 세계헌법연구 제24권

3. 이후의 발전

「기초노령연금법」은 시행을 앞두고 부분적으로 개정되었다. 연금수준을 단계적으로 인상하도록 하였다. 즉 연금액은 국민연금 전체가입자 평균소득월액(A값)의 5%에서 2028년까지 단계적으로 10%로 인상하였다(부칙 제4조의 2). 기초노령연금의 수급자가 2008년 7월 1일 이후 65세 이상의 노인 중 60%가 되도록 하고, 2009년 1월 1일 기준으로 70%가 되도록 한다(부칙 제3조 제2항). 이와 같이 법률에서 직접 수급자의 규모를 확정하는 것은 이례적이었다. 노인빈곤을 보호하기 위해서는 개인의 개별적인 상황을 고려하여 수급자를 선정하고, 또 구체적으로 급여가 형성되어야 한다. 그런데 「기초노령연금법」은 정액의 급여를 지급하여 구체적인 수요를 고려할 수 있는 여지가 없었으며, 수급자의 상황에 관계 없이 수급자의 전체 규모를 결정하였기 때문이다. 노인빈곤이 점차 증가하면서 정치적 쟁점이 되었지만, 이에 대한 정책적 타당성 및 체계에 대한 검토는 소홀히 되었다.

「기초노령연금법」은 2014년 「기초연금법」으로 개칭되었다. 「기초연금법」은 수급자의 범위를 전체 65세 이상의 노인 중 70%로 하였고, 선정기준액을 정할 때 이러한 정책목표를 반영하도록 하였다(법 제3조). 이와 같은 규정방식이 갖는 문제점에 대해서는 위에서 지적하였다. 기초연금의 금액을 법률에서 직접 정하였다. 즉 기초연금의 기준이 되는 기준연금액은 20만원으로 하고, 이후 기준연금액은 매년 전국소비자물가상승률을 반영하여 보건복지부장관이 고시한다(법 제5조, 부칙 제7조). 2018년 개정 법률은 기준연금액을 25만원으로 인상하였다. 국민연금 수급자의 경우 받을 수 있는 기초연금에서 국민연금 산정요소 중 소득재분배급여금액(이른바 'A값')에 3분의 2에 해당하는 금액을 공제하고, 기준연금액의 2분의 1에 해당하는 부가연금을 더하여 지급한다(법 제5조 제4항).

제2호(2018), 37면 이하; 노호창, "기본소득의 헌법적 근거에 관한 모색적 연구", 헌법논총 제28집(2017), 111면 이하; 이재희, 기본소득(basic Income)에 대한 헌법적 검토(헌법재판소 헌법재판연구원, 2018); 홍석한, "기본소득의 헌법적 정당성에 관한 시론적 고찰", 공법학연구 제18권 제3호(2017), 190면 이하 등 참조.

Ⅱ. 국민기초생활보장법의 개편

1. 2014년 이전 소폭 개정

2014년 전반적인 개편이 이루어지기 전까지 「국민기초생활보장법」은 거의 변화가 없었으며, 지난 시대의 문제는 그대로 유지되고 있었다. 2005년 개정 법률에 이어 2011년 개정 법률에서 외국인 수급자의 범위를 확대하였다. 즉 대한민국 국민과 혼인하여 본인 또는 배우자가 임신 중인 경우, 그리고 대한민국 국적의 직계존속과 생계나 주거를 같이하고 있는 경우에도 수급권자가 될 수 있다(법 제5조의 2). 그러나 기초생활보장은 인권의 성격을 갖고 있음에도 불구하고 여전히 일반적으로 외국인을 수급대상자로 하는 단계로 발전하지는 못했다.

자활지원에 관한 규정이 부분적으로 보충되었다. 2011년 개정 법률은 수급자가 창업 등을 통하여 자활할 수 있도록 자산형성을 지원하였다. 또 형성된 자산이 자활에 투입될 수 있도록 배려하였다. 즉, 지원에 의하여 형성된 자산은 수급자의 소득환산 시 이에 산입되지 않는다. 2012년 개정 법률은 기존의 중앙 및 지역자활센터 외에 광역자활센터를 보충하였다(법 제15조의 3). 지방자치단체의 장은 수급자의 자활을 체계적으로 지원하기 위하여 수급자 가구별로 자활지원계획을 수립하고 그에 따라 급여를 실시한다(법 제28조). 이와 같은 조직법적인 개선에도 불구하고 특히 취업근로자와 비취업근로자를 구분하고 각각의 특성에 따라 독자적인 프로그램을 협력적으로 운영하는 문제, 취업 후 사후관리의 문제, 취업과 자활을 지원하는 보상체계, 자활급여와 복지급여를 연계하는 문제 등이 체계화되지 못하였다. 전문화된 사례관리(case management)를 통하여 프로그램의 효율성을 증진하는 문제 역시 남겨진 과제였다. 예산상의 제약으로 인하여 기초생활보장사업이 최저생활보장에 집중하면서 상대적으로 자활급여가 소홀히 되는 문제는 여전히 남았다.[32] 예컨대 2009년 당시 일반적인 실업률에 비해서 청년 실업률이 약 9.2%로 가파르게 상승하고 있었다.

2. 개별적 · 상대적 사회안전망; 2014년 개정 법률

1999년 「국민기초생활보장법」의 제정과 시행 과정에서 제기된 문제를 근본적으로 개선하기 위하여 2014년 「국민기초생활보장법」이 이른바 맞춤형복지의

---

32) 위 제7장 각주 32 참조.

구호 아래 대폭 개정되었으며, 이는 2015년 7월 1일 시행되었다.

(1) 상대적 빈곤개념의 도입

기존에 절대적 빈곤의 개념에서 상대적 빈곤의 개념으로 전환을 하였다.[33] 이에 따라 수급자 선정기준으로 기존의 최저생계비 대신에 기준 중위소득을 적용하였다. 이로써 헌법적으로 보면 최저생활보장에서 복지이념과 동시에 '평등한 복지'의 이념이 실현되었다. 기준 중위소득은 국민 가구소득의 중위값을 말하며, 이는 중앙생활보장위원회의 심의·의결을 거쳐 고시한다(법 제2조 제11호, 제6조의 2). 그동안 최저생계비는 계측방법과 주체에 따라 차이가 있었고, 또 예산과 연계하여 정치적 및 정책적 변수가 결정에 영향을 미쳤다.[34] 이에 비해서 기준 중위소득은 자의적으로 조정 혹은 악화되는 여지를 축소하였다는 점에서 제도의 안정성이 높아졌다. 다만 일반적으로 소득 수준이 감소하는 경우에는 기준 중위소득을 기준으로 형성되는 수급자 선정 및 급여기준이 최저생계비에 미달할 수도 있다는 우려가 있었다. 이 점과 관련하여 「국민기초생활보장법」은 두 가지 조치를 취했다. 먼저, 수급자 선정기준을 기준 중위소득으로 전환하였지만 최저생계비를 공표하는 제도는 그대로 유지하였다(법 제20조의 2 제4항). 즉, 비교의 기준이 제시되어 있는 셈이다. 다음, 아래에서 서술하듯이 개별 급여종류별로 수급자 선정기준과 최저보장수준을 매년 중앙생활보장위원회의 심의·의결을 거쳐 결정하도록 하였다(법 제6조 제2항).

(2) 통합급여에서 개별급여로의 전환

1) 실체법적 개별화와 개별적인 관리

위에서 언급한 바와 같이 자활급여와 관련하여 근로를 유인하는 수단이 존재하지 않았다. 이는 탈빈곤의 목표에 장애가 되는 요소를 배제하여야 한다는 일반론으로 발전하였다. 즉, 기존에는 수급자 선정기준을 충족시키지 못하는 경

---

33) 빈곤, 특히 상대적 빈곤에 대한 다양한 이해방법에 대해서는 예컨대 Richard Hauser, "Armut und Armutsbegriff aus wirtschaftswissenschaftlicher Sicht; Ressorcenarmut, Lebenslagenarmut und Armut als Mangel an Verwirklichungschancen", Mausch/Spellbrink/Becker/Leibfried(편), *Grundlagen und Herausforderungen des Sozialstaats. Bundessozialgericht und Sozialstaatsforschung*(Erich Schmidt Verlag, 2015), 444면 이하 참조.

34) 그동안 최저생계비 결정과정에 대한 경험적 연구로는 예컨대 남찬섭, "최저생계비 결정과정에 관한 연구; 중앙생활보장위원회와 전문위원회 회의록을 중심으로", 사회보장연구 제21권 제4호(2005), 255면 이하 참조.

우에 「국민기초생활보장법」의 모든 급여에 대한 수급자격을 상실하기 때문에 수급자가 탈수급을 기피하는 경향이 있었다. 특히 의료급여가 문제가 되었으며, 이밖에 교육급여 및 주거급여도 마찬가지의 문제를 가졌다. 의료급여와 관련하여 수급자격을 상실하는 경우에 수급자는 의료급여 대상자에서 건강보험 가입자로 전환된다. 이 경우에는 보험료를 납부하여야 하며, 또 진료비용의 일부를 본인이 부담하여야 하기 때문이다. 국민기초생활보장제도의 수급자로 남아 있는 경우에 그만큼 편익이 크다.

이에 개별적인 수요에 따라서 수급자 선정기준을 달리 하는 구상이 개선의 방향으로 제시되었다. 이에 따르면 기본급여인 생계급여 외에 주거급여, 의료급여, 교육급여, 해산급여, 장제급여 및 자활급여에 대해서 급여의 종류별로 수급자 선정기준과 최저보장수준이 결정된다. 또 거주지역에 따라 최저생활비용에 차이가 있다는 사실을 고려하여, 지방자치단체는 조례에 정하는 바에 따라 급여의 범위와 수준을 초과하여 실시할 수 있도록 하였다(법 제4조 제4항). 그동안 보편적인 보호를 실시하는 데 장애가 되었던 부양의무에 관한 규정 역시 급여별로 차등 적용한다.

2014년 개정 법률은 조직법에서도 중요한 변화를 가져왔다. 즉, 기존에 국민기초생활보장급여는 보건복지부가 통합 관리하였던 반면 이제 급여별로 관할부서를 달리하였다. 또 부분적으로 별도의 법률을 제정하거나 해당 급여를 규율하는 다른 법률과 연계하여 급여가 실시된다. 예컨대 주거급여는 국토교통부가 관할하고, 「주거급여법」이 독자적으로 제정되어 해당 사업을 규율한다.[35] 이에 비해서 교육지원과 관련해서는 보건복지부의 국민기초생활보장사업과 교육부의 저소득층 교육지원사업이 협력하여 사업을 관할한다. 이는 급여의 특성에 따라서 합리적이고 충실한 보호를 하여 사각지대를 줄일 수 있는 장점이 있다. 반면 개별적인 급여를 관할하는 부서 간에 입법목적을 달성하기 위한 협력과 조정이 더욱 필요하게 되었다. 또 부분적으로 사업 내용이 중복되면서 행정부담이 증가하는 문제를 일으킬 수 있다. 이에 보건복지부가 전체적인 조정과 협

35) 기존의 중요 주택정책이었던 공공임대주택사업과 「주거급여법」에 의한 개별적 보호의 상호 협력관계에 대해서는 예컨대 김수현, "주거복지정책의 변화와 전망", 김병섭 외, 우리나라 복지국가의 역사적 변화와 전망(서울대 출판문화원, 2015), 258면 이하; 문준혁, "주거권 보장에 대한 사회보장법적 검토; 「주거기본법」을 중심으로", 사회보장법연구 제5권 제1호(2016), 51면 이하; 이호근, "「주거급여법」 도입과 사회적 취약계층 주거권 확보를 위한 주거정책 및 법·제도 개선방안", 사회보장연구 제31권 제1호(2015), 169면 이하 등 참조.

력을 담당하였다. 예컨대 소관 중앙행정기관의 장은 최저생활을 보장하기 위하여 3년 마다 기초생활보장 기본계획을 수립하여 보건복지부장관에게 제출한다. 보건복지부장관은 기본계획을 평가하고, 그 결과를 종합하여 기초생활보장 종합계획을 수립하여야 한다(법 제20조의 2).

2) 선정기준과 급여

생계급여의 선정기준인 소득인정액은 기준 중위소득의 30% 이상에서 결정된다(법 제8조). 교육급여의 선정기준은 기준 중위소득의 50% 이상으로 한다(법 제12조). 위에서 언급했듯이 교육급여는 「초·중등교육법」에 의한 교육비 지원제도와 연계하여 실시된다. 주거급여는 별도의 법률, 즉 「주거급여법」에 의하여 시행된다(법 제11조 제2항). 의료급여의 선정기준은 기준 중위소득의 40% 이상으로 한다(법 제12조의 3). 해산급여와 장제급여는 생계급여, 주거급여, 의료급여 중 하나 이상의 급여를 받는 수급자에게 실시한다(법 제13. 14조). 수급자 선정기준을 충족하지 않은 경우에도 보호의 필요성이 있는 경우에 수급권을 인정하는 일반조항은 그대로 유지되었다(법 제14조의 2).

부양의무기준과 관련하여 부양의무자의 최저생계비를 기준으로 부양능력을 판단하는 규정이 갖는 문제에 대해서는 위에서 언급하였다. 이에 개정 법률은 부양능력의 판단기준으로 최저생계비 대신 기준 중위소득을 채택하였다. 즉, "기준 중위소득 수준을 고려하여 대통령령으로 정하는 소득·재산 기준 미만인 경우" 부양능력이 없는 것으로 본다(법 제8조의 2 제1항 제1호). 이로써 부양의무자의 부양의무의 범위를 자신의 최저생활을 기준으로 소진(消盡)하여야 하는 문제는 어느 정도 극복될 수 있다. 그러나 위에서 언급한 바와 같은 간주부양비제도와 관련된 문제는 여전히 남아 있다. 부양능력과 관련하여 재산기준이 갖는 문제는 재산의 소득환산액을 완화하여 적용할 수 있도록 별도로 보건복지부장관이 고시한다. 특히 주거용 재산에는 낮은 환산율이 적용된다.[36] 교육급여에는 부양의무에 관한 규정을 적용하지 않는다. 교육급여에 의한 지원은 대부분 의무교육을 대상으로 하기 때문에 부양의무기준을 적용하여 수급자를 선정하는 것이 바람직하지 않고, 또 실제 부양의무기준을 적용하는 경우에는 주로 조부모(祖父母)의 부양능력을 기준으로 선정 여부가 결정되는데 조부모에게 손자녀에 대한 교육

---

36) 기초생활보장에서 재산기준에 관한 입법례에 대해서는 박미현/정영순, 위 각주 30의 논문, 106면 이하 참조.

의무를 부담시키는 것이 타당하지 않기 때문이다.

(3) 자활급여의 문제

1) 개별 급여체계로 개편의 필요성과 한계

「국민기초생활보장법」은 궁극적으로는 수급자가 국가의 지원이 없이 스스로 인간다운 생활을 할 수 있는 조건을 보장하고, 또 최저생활을 할 수 없는 상황을 예방하여야 한다. 이와 같은 입법목적, 그리고 모든 국민에게 인간다운 생활을 보장하는 헌법의 이념에서 볼 때 기초생활보장사업에서 자활급여는 핵심적인 위상을 갖는다. 이러한 관점에서 2014년 개별급여체계로 전환하기 이전에 이미 「국민기초생활보장법」은 차상위자에게 자활급여를 제공한 바 있다. 그러나 위에서 언급했듯이 자활급여의 실효성은 매우 낮았다.

「국민기초생활보장법」은 최저생활보장에 집중하고, 자활급여는 독립적인 선정 및 급여체계를 형성할 수 있도록 별도의 법률, 예컨대 '빈곤예방 및 저소득층 자립지원법' 혹은 '실업부조법'을 제정하는 문제가 진지하게 논의되었다. 이 경우 「국민기초생활보장법」은 노동시장에 관한 법률로 성격을 전환하게 된다. 그리고 생계급여와 자활급여는 통합하여 실업부조와 같은 성격을 갖게 될 것이다.[37] 그러나 이러한 구상은 실현되지 못했다. 기초생활보장수급자의 절대 다수가 생계급여대상자인 상황에서 자활급여에 관한 법률을 독립적으로 제정하더라도 실제 기능하지 못할 것으로 우려되었기 때문이다. 그러나 근로빈곤층의 규모가 증가하는 경향은 피할 수 없으며, 이들에 대한 취업지원을 위하여 전문적이고 집중적인 관리가 필요했다. 또 「국민기초생활보장법」은 근로능력이 없는 집단에 대한 최저생활보장에 집중할 수 있어야 한다. 이 점에서 보면 근로빈곤층의 자활과 탈빈곤을 특유한 입법목적으로 하는 독립법률이 제정·시행되는 것이 올바른 발전방향이다.

2) 직업능력훈련 및 취업알선 지원

1999년 「국민기초생활보장법」이 시행된 후에도 여전히 수급자에게 취업을 목표로 하는 프로그램을 개발·운영하는 체계가 확립되지는 못했다. 특정한 기

37) 이에 대한 제안으로는 예컨대 양승광, 미취업 청년의 노동권 보장에 관한 연구, 성균관대학교 법학전문대학원 박사학위청구논문(2018), 186면 이하 참조. 이밖에 노대명, "한국 공공부조제도의 패러다임 전환 필요성에 대한 고찰", 한국사회정책 제18집 제1호(2011), 102면 이하; 이병희, "한국형 실업부조 도입의 쟁점과 과제", 한국사회정책 제20집 제1호(2013), 123면 이하 등 참조. 이러한 입법례에 대해서는 위 제7장 각주 33 참조.

술을 보유하고 있는 근로빈곤층에 대해서는 훈련 혹은 재훈련을 거쳐 노동시장에 진입할 수 있도록 지원하여야 한다. 그리고 기준 중위소득을 초과하는 소득이 있는 경우에도 일정한 범위에서 근로소득을 공제하여 취업을 유인하고, 또 이로써 수급자의 지위에 그대로 머무르는 유인을 극복할 수 있어야 한다. 일반적으로 근로빈곤층은 기술보유률이 낮기 때문에 직업능력훈련 자체가 정비되어야 한다. 사회적 수요에 적합한 직업능력을 갖지 못하는 경우에는 취업을 알선하여 수급자를 벗어나더라도 고용의 안전성이 취약하여 소득의 향상에도, 또 장기적인 자활에도 기여할 수 없으며, 이로써 근로빈곤은 그대로 유지되고, 반복적으로 나타날 수 있기 때문이다.[38] 직업능력훈련 및 취업알선지원에 있어서는 특히 수급자의 적성과 사회적 수요를 고려하여 훈련기관과 자활사업 참여자 간에 긴밀한 의사소통이 이루어져야 한다. 또 근로빈곤층이 취업한 후에도 사후관리가 이루어져야 한다.

자활사업참여자가 자신의 적성과 희망에 적합한 직업능력훈련과 취업알선을 받을 수 있도록 조직이 정비되어야 한다. 이때 지원조직은 통일적이고 간편한 절차를 통하여 수급자에게 서비스를 제공할 수 있어야 한다. 특히 현재 직업능력훈련 및 취업알선지원이 보건복지부와 고용노동부로 이원화되어 있기 때문에 두 부서의 긴밀한 협력과 조정을 위한 조치가 필요하다.

3) 근로유인

1999년 「국민기초생활보장법」이 자활급여를 도입하였지만 당시 근로빈곤층을 생계급여의 수급대상으로 하는 문제 자체가 논의의 중심에 있었다. 따라서 근로유인을 위하여 최저생계비 이상의 소득이 있는 경우에 일부 소득을 소득인정액 산정에서 공제하는 필요성은 주목을 받지 못했다. 사실 소득인정액 산정에서 수급자의 소득의 일부를 공제하여 근로를 유인하는 문제는 1996년 「생활보호법」이 차등급여제도를 도입하면서 제기되었지만 본격적인 정책 논의로 이어지지는 못했다. 이제 2014년 수급자의 탈빈곤과 자활에 중점을 두는 법률 개정에 있어서 근로유인의 문제는 더 이상 미룰 수 없는 과제였다. 두 가지 접근방법이 고려될 수 있었다. 첫째, 최저생계비에 가까운 지점까지 소득을 공제하여 소득인정액을 산정하고, 그 결과 수급자격을 계속 유지시키는 방법이다.[39]

---

38) 과거 자활사업의 이와 같은 경험에 대해서는 예컨대 류만희, "자활사업의 운영구조의 전략적 전환", 사회보장연구 제24권 제4호(2008), 122면 이하 참조.

39) 이러한 제안으로는 예컨대 박능후, "국민기초생활보장제도 수급자의 근로동기 강화요인 연구",

이는 근로유인과 동시에 빈곤이 예방되는 장점이 있지만 예산의 부담이 뒤따른다. 둘째, 근로소득이 최저생계비를 초과하는 지점에서 일반적인 수급자격을 박탈하지만 예컨대 의료급여와 같이 개별적으로 보호의 필요가 있는 경우에는 계속 수급자격을 인정하는 방법이다. 이는 근로유인을 어느 정도 유지하면서 개별적인 상황을 보호하는 효과가 있다. 2014년 개정 법률은 후자의 방법을 선택하였다.

그러나 이와 같은 문제인식이 있었음에도 불구하고 2014년 개정 법률에서도 이에 대한 명확한 입법적 결정을 할 수는 없었다. 즉, 기존의 법률과 마찬가지로 비취업대상자인 장애인 등에 대한 사회보장급여의 소득, 학생·장애인·노인이 얻은 소득의 30%를 공제하는 데 그쳤다. 이에 비해서 취업대상자가 일반적인 노동시장에 진입하여 고용을 유지하는 유인은 결여되어 있었다. 이밖에 재량규정으로 다음과 같은 가능성을 두었다. 즉, 근로소득 및 사업소득의 10%의 범위 내에서 소득을 공제할 수 있으며, 가구특성에 따라 추가적인 지출이 필요하다고 인정되는 경우 보건복지부장관이 정하는 금품이 공제될 수 있다(시행령 제5조의 2).

이와 같이 근로유인에 있어서 소극적인 태도에는 다음과 같은 여러 상황이 작용하였다. 첫째, 소득공제는 필연적으로 예산상의 부담이 된다. 둘째, 최저생계비 혹은 기준 중위소득을 초과하는 소득이 있을 때 소득을 공제하여 수급자격을 그대로 유지시키는 경우 비취업빈곤층과의 형평의 문제가 제기될 것이다. 셋째, 사실 위에서 제시한 두 가지 사유는 극복할 수 없는 문제가 아니다. 예산상의 부담은 정치적 결정의 문제이며, 비취업빈곤층과의 형평의 문제는 탈빈곤과 자활의 입법목적을 실현하기 위하여 어느 정도는 피할 수 없다. 제도의 실효성과 관련하여 보다 근본적인 문제는 근로소득을 공제하는 유인을 제공하여 실제 수급자가 안정적인 일자리를 갖고 유지할 수 있어야 한다는 점이다. 결국 근로유인의 문제는 위에서 언급한 직업능력훈련 및 취업알선, 그리고 사후관리를 위한 인프라가 구축되었을 때 비로소 실효성을 가질 수 있다. 그리고 이때 비로소 개인이 능력을 최대한 발휘하여 인간다운 생활을 실현하는 헌법의 이념이 실현될 수 있다.[40] 이와 같은 이념과 제도가 결여되어 있었던 것이 2014년

사회보장연구 제21권 제4호(2005), 227면 이하 참조. 예컨대 독일의 경우 저소득 근로자에 대해서는 정액의 소득공제를 하며, 이 금액을 초과하면 정률, 즉 20% 혹은 10%의 소득공제를 한다. 독일사회법전 제2권 제11조 제1항 제2문 제2호 및 제30조 참조.

40) 복지국가에서 주목을 받는 이와 같은 이념의 전환에 대해서는 예컨대 Thorsten Kingreen,

개정 법률이 근본적인 전환을 할 수 없었던 결정적인 이유였다.

4) 조직적 · 기능적 및 행정적 연계성

국민기초생활보장사업에서 자활급여는 입법목적과 실행수단에 있어서 뚜렷한 불균형을 보였다. 1982년 이후 자활급여는 주로 비취업근로자의 기초생활을 보장하기 위한 사업에 집중하였으며, 이 경우 비취업근로자의 취로사업과 이들에 대한 기초보장이라는 비교적 단순한 사업이 중심을 이루었다. 그런데 1999년 「국민기초생활보장법」이 제정된 이후, 특히 자활과 탈빈곤을 입법목적으로 2014년 법률이 개정되면서 취업수급자의 직업능력훈련과 취업알선, 이들의 사후관리가 필수적인 실행수단이 되었다. 그런데 이 사업에 있어서 보건복지부는 경험과 인프라를 갖추고 있지 못하였다. 비취업수급자의 기초생활보장은 국민기초생활보장을 관할하는 보건복지부가, 그리고 취업수급자에 대한 고용서비스는 고용노동부가 담당하는 것이 적합하다. 다만 고용노동부가 취업수급자에 대한 복지서비스를 담당할 인력과 경험이 없다는 점은 여전히 문제로 남아 있다. 이러한 상황에서 교육급여의 예에서 보듯이 보건복지부와 고용노동부가 공동으로, 혹은 긴밀히 협력하여 고용서비스를 시행하는 조직적 개편이 필요하다.

이와 같은 조직적 및 기능적 협력을 위해서는 위에서도 지적했듯이 이를 독자적으로 규율하는 법을 「국민기초생활보장법」과 독립하여 제정 · 시행하는 방안이 적극적으로 검토되어야 한다.[41] 현행법에서 이러한 세분화된 취업지원을 위한 조직적 협력의 가능성이 없는 것은 아니다. 자활기관협의체가 여기에 해당한다(법 제17조). 여기에는 지역자활센터와 직업안정기관이 상시적으로 참여하며, 실질적으로 사례관리를 할 것이 기대되었다. 그러나 현재 이 제도는 거의 기능하지 못하고 있다. 이러한 조직 및 기능적 구도에서 참여자의 능력과 의지뿐 아니라 자율적인 의사를 적극적으로 존중하는 절차를 정비하여 주관적으로는 복지정책에서 인간의 존엄을 실현하고, 객관적으로는 정책의 효율성을 높이도록 하는 것은 또 하나의 남겨진 과제이다.

"Rechtliche Gehalte sozialpolitischer Schlüsselbegriffe; Vom daseinsvorsorgenden zum aktivierenden Sozialstaat", *Aktivierung und Prävention– Chancen für Effizienzsteigerung in den Sozialleistungsbereichen*, Schriftenreihe des Deutschen Sozialrechtsverbandes 52(2004), 13면 이하 참조.

41) 부처 간 조직적 및 기능적 협력과 사례관리의 필요성에 대해서는 예컨대 임수경/권혁창, "근로연계복지정책효과와 전달체계 성격에 관한 연구", 사회보장연구 제29권 제4호(2013), 224면 이하 참조.

제 4 절 공무원연금 개혁

Ⅰ. 2009년 공무원연금 3차 개혁

1. 연금산정 및 조정기준의 재개정

공무원연금에서 기존의 제1차 및 제2차 개정이 모수개혁에 머물렀고, 또 재정개선의 효과는 크지 않았다. 「공무원연금법」은 2009년 다시 개정되었다. 2009년 개정의 목적은 두 가지였다. 첫째, 이전의 개정과 마찬가지로 재정안정성을 확보하기 위한 것이다. 둘째, 위험순직공무원의 개념을 도입하여 일반 공무원에 비해서 보상범위 및 수준을 인상하였고, 부분적으로 급여를 보충하였다.

연금산정의 기준을 기존에 퇴직 전 3년간 평균보수월액에서 국민연금과 마찬가지로 전체 재직기간 평균보수월액(평균기준소득월액)으로 변경하였다(법 제3조 제1항 제6호). 이는 연금산정기준에 관한 한 구조적 변화가 완성되는 의미를 가졌다.[42] 연금수급연령을 연장하고 연금수준을 낮추었다. 연금수급연령은 기존에 60세에서 65세로 늦추어졌다. 이는 신규 공무원부터 적용된다(법 제46조 제1항). 국민연금과는 달리 이미 재정적자가 나타났음에도 불구하고 10년 이상 뒤쳐진 조치였다. 기존에 연금지급률은 1년당 평균기준소득월액의 2.1%였다. 이를 1.9%로 인하하였다(법 제46조 제4항). 연금액의 조정방식을 변경하였다. 기존에는 연금액을 전국소비자물가 변동률을 반영하여 조정하되 전국소비자물가 변동률이 공무원 보수인상률과 2% 이상 차이가 나는 경우에는 2% 이내로 조정하도록 하였다. 2009년 개정 법률은 전국소비자물가 변동률만을 반영하여 연금액을 조정하도록 하였다(법 제43조의 2). 이는 공무원 연금이 수급자의 구매력을 유지하는 목적을 명확히 한 것이었다.

연금수급자에게 소득이 있는 경우 지급이 정지되는 연금액을 높였다. 기존

42) 사실 공무원을 대상으로 하는 사회보험 혹은 부양제도를 운영하고 있는 국가에서는 생애평균소득이 아니라 최종소득 혹은 최종 몇 년간의 소득수준을 연금산정의 기준으로 하는 것이 일반적이다. 이 점에 대해서는 Ulrich Becker/Peter A. Köhler/Yasemin Körtek(편), *Die Alterssicherung von Beamten und ihre Reformen im Rechtsvergleich*(Nomos, 2010), 53면 이하(독일), 116면 이하(덴마크), 124면 이하(노르웨이) 등 참조. 독일의 경우 이는 헌법적 효력을 갖는다고 이해되고 있다. *BVerfGE* 11, 210; 61, 58; 76, 324; 117, 372 등 참조. 위에서 서술한 「공무원연금법」 개정에 있어서 이 점이 검토되지는 않았다. 또 헌법재판소는 공무원연금이 임금후불의 성격이 있기 때문에 생애평균소득을 연금산정의 기준으로 하는 것이 타당하다는 설시를 하기도 하였다. 헌재 2003.9.25, 2001헌마93등, 15-2(상), 358면 참조. 그만큼 우리 「공무원연금법」의 개정에 있어서 이론적 및 비교법적 사고가 없었다는 것을 알 수 있다.

에는 소득수준에 따라서 일정액을 초과하는 소득의 10%에서 30%의 범위에서 지급을 정지하였으나 개정 법률은 그 비율을 30%에서 70%로 상향 조정하였다(법 제47조 제2항). 유족연금액의 수준 역시 낮아졌다. 즉 유족연금액을 퇴직연금액의 70%에서 60%로 낮추었다(법 제49조 제2항). 공무원 또는 공무원이었던 자가 금고 이상의 형의 선고를 받은 경우 퇴직급여액을 감액하는 규정에 대해서 헌법재판소가 헌법불합치결정을 내렸다. 공무원의 신분이나 직무상 의무와 관련이 없는 범죄 혹은 과실범죄의 경우에도 퇴직급여액을 감액하는 것은 헌법에 합치하지 않는다는 것이다.[43] 이에 개정 법률은 퇴직연금액의 감액 사유에서 직무와 관련이 없는 경우, 소속 상관의 정당한 직무상의 명령에 따른 경우, 그리고 과실로 인한 경우를 제외하였다(법 제64조). 기여금률 및 부담금률을 인상하였다. 즉 기존에 기준소득월액의 5.5%에서 7%로 인상하였다(법 제66조 제2항). 이는 기존에 산정기준이었던 보수월액 기준으로 8.5%에서 10.8%로 인상된 것이다. 기준소득월액의 다과(多寡)에 따라 연금수급자 간에 연금액이 지나치게 차이가 나지 않도록 새로이 기준소득월액에 상한을 두었다. 즉 기여금 산정기준인 기준소득월액은 공무원 전체의 기준소득월액의 1.8배를 초과할 수 없다(법 제66조 제2항). 이로써 오랫동안 형성되어 온 「공무원연금법」의 목적, 즉 기존의 생활수준을 보장하는 목적은 부분적으로 상실되었으며, 공무원의 경우에도 보장의 공백을 메울 보충적인 제도가 필요하게 되었다.

2. 순직공무원 제도

순직공무원이란 생명과 신체에 대한 고도의 위험을 무릅쓰고 직무를 수행하다가 위해(危害)를 입고, 해당 위해가 직접 원인이 되어 사망한 공무원을 말한다. 경찰관이나 수사관이 범인이나 피의자를 체포하다가 입은 위해(危害), 소방공무원이 재난·재해 현장에서 화재진압이나 인명구조작업 중 입은 위해가 여기에 해당한다(법 제3조 제1항 제2호). 순직공무원의 유족에게는 순직유족연금 외에 순직유족보상금을 일시금으로 지급한다(법 제61조 제4항). 2016년 개정 법률에서 '순직공무원'은 '위험직무순직공무원'으로 용어를 변경하였다. 그밖에 공무상 사망한 공무원을 '순직공무원'으로 정의하였다.

43) 헌재 2007.3.29, 2005헌바33, 19-1, 211면 이하 참조.

3. 2009년 개혁 이후 변화

2011년 개정 법률은 순직공무원의 범위에 국외에서 천재지변·전쟁·교전·폭동·납치·테러·감염병 등의 위난상황이 발생했을 때 대한민국 국민에 대한 보호 또는 사고수습의 업무를 수행하던 중 위해를 입은 공무원이 추가되었다(법 제3조 제1항 제2호 타목). 요양급여를 개선하였다. 즉 요양기간이 2년이 지나도 계속 치료가 필요한 경우 1년까지 요양급여를 연장할 수 있다(법 제35조 제2항). 기존에 자녀 또는 손자녀가 유족급여를 수급하기 위한 자격은 18세 미만이었다. 2012년 개정 법률은 이를 19세 미만으로 하였다(법 제3조 제2항 제1호, 제57조 제1항 제4호). 이는 민법에서 성인연령이 20세에서 19세로 변경된 후속조치였다.

Ⅱ. 2015년 공무원연금 4차 개혁

1. 소득재분배 연금산정방식, 지출억제와 수입증대

2009년 개정 법률은 여전히 공무원연금의 재정안정에 기여하는 데 부족하였다. 정부의 공무원연금 총부담액은 5.2조에 달했다. 2016년에서 2025년까지 10년간 정부보전금은 70조원, 그리고 2050년에는 약 39조에 이를 것으로 예측되었다.[44] 이에 수입을 늘리고(보험료율의 인상), 지출을 억제하는(연금수준의 인하, 연금수급연령의 상향 조정 등) 방향으로 개정은 피할 수 없었다. 1995년 이후 여러 차례 있었던 「공무원연금법」의 개정은 대부분 모수개혁에 그쳤다. 2015년 개정 법률은 사회적 합의를 도출하는 과정을 거쳤다는 점에서 이전과는 절차적으로 차이가 있었다. 그리고 공무원노동조합의 저항 속에 어느 정도 타협이 불가피했다.[45] 이밖에 2015년 개정은 그동안 지적되어 왔던 보호의 공백도 주목하였다. 「공무원연금법」은 공무와의 원인관계가 없는 장해를 보호하지 않았으며, 이 점에 대한 보충이 필요했다. 국민연금에서는 가입기간이 10년 이상이 되면 연금수급권(감액노령연금)을 갖는 반면 공무원연금에서는 연금수급권을 갖기 위해서는 20년 재직기간이 필요했다. 이 점 역시 개선되어야 했다. 2015년 개정 법률은 「국민연금법」의 예에 따라서 연금산정에 있어서 소득재분배의 요

44) 이에 대해서는 정창률/김진수, "한국 공무원연금 개혁 평가 및 발전방향", 사회보장연구 제31권 제4호(2015), 232면 이하 참조.

45) 2015년 공무원연금법의 개정 경과에 대해서는 예컨대 정창률/김진수, 위 각주 44의 논문, 228면 이하 참조.

소를 도입하였다. 즉 이제 연금은 공무원 개인의 재직기간 중 평균기준소득월액과 함께 공무원 전체의 기준소득월액의 평균액을 산정의 기초로 하였다(법 제27조 제2항). 이는 기여금의 산정기준인 기준소득월액에 한도를 두는 규정과 함께 공무원연금의 기능을 일반적인 사회보장에 접근시키는 변화였다.

2015년 개정 법률은 재정안정을 위한 기존의 개정 방향을 이어갔다. 지출을 줄이기 위하여 다음과 같은 조치가 취해졌다. 첫째, 2009년 개정 법률은 연금수급연령을 60세에서 65세로 높였지만 이를 재직 중인 공무원에 대해서는 적용하지 않았다. 2015년 개정 법률은 이 규정을 기존 공무원에게도 적용하였다. 다만 경과규정을 엄격히 하여 2010년 이후에 임용된 공무원의 연금수급연령을 65세로 하고, 그 이전에 임용된 공무원의 경우 이를 점진적으로 높여 2033년 65세가 적용되도록 하였다(부칙 제7조). 이로써 공무원연금은 연금수급연령의 연장에 있어서 국민연금과 보조를 같이 하게 되었다. 둘째, 연금의 수준이 2009년에 이어 다시 인하되었다. 즉 퇴직연금액은 재직기간 1년당 평균기준소득월액의 1.9%에서 2035년에 1.7%로 단계적으로 낮아진다(법 제27조 제2항, 제46조 제4항). 셋째, 잠정적으로 퇴직연금의 조정을 동결하였다. 즉 2016년에서 2020년까지 퇴직자에게 적용되는 전국소비자물가변동률에 따른 연금조정은 정지된다(부칙 제5조). 넷째, 2009년 개정 법률이 규정한 기준소득월액의 상한을 전체공무원 기준소득월액의 1.8배에서 1.6배로 더욱 낮추었다(법 제27조 제2항, 제66조 제2항).

공무원연금의 수입을 증가시키기 위한 조치는 다음과 같다. 첫째, 기여금율 및 부담금율의 단계적 인상에 관한 규정을 이례적으로 법률에 직접 정했다. 즉 기여금율 및 부담금률은 기존에 기준소득월액의 7%에서 2016년 8%, 2017년 8.25%, 2018년 8.5%, 2019년 8.75%, 2020년 9%로 인상된다(법 제66조 제2항, 제69조 제1항). 둘째, 기여금 납부기간을 기존에 33년에서 36년으로 연장하였다(법 제46조 제4항).

2. 분할연금, 장해급여

개정 법률은 분할연금제도를 도입하였다(법 제46조의 3 이하). 분할연금제도는 가족의 존속과 유지를 위하여 소득활동과 가사활동이 동등한 기여를 함에도 불구하고 연금청구권이 가사활동을 한 배우자에 부여될 수 없다는 불평등을 시정하는 이념에 기초해 있다. 이는 국민연금에서는 이미 1998년 도입된 바 있다. 이러한 이념과 제도를 「공무원연금법」이 오랫동안 도입하지 못했었던 것은 이례적이었다. 「공무원연금법」은 위에서 언급한 바와 같이 공무 외의 사유로 인한 장해를 보호하지 않았고, 또 공무원은 국민연금의 가입대상이 아니기 때문에 결국 공무 외의 사유로 인한 장해는 보호될 수 없었다. 이에 개정 법률은 비공무상 장해연금을 새로이 도입하였다. 비공무상 장해연금은 공무상 장해연금의 50% 수준으로 하였다(법 제51조 제2호, 제52조 제2항).

Ⅲ. 공무원재해보상에 관한 분리 입법

2018년 기존「공무원연금법」의 공무상 재해보상에 관한 규정을 분리하여 「공무원재해보상법」을 제정하여 규율하였다. 비공무상재해에 대한 보상은「공무원연금법」에서 계속 규정된다. 이로써 일반 국민의 경우 국민연금과 산재보상이 이원적으로 운영되는 체계가 공무원에도 확대되게 되었다.

제 5 절 그밖에 사회보장법의 변화

Ⅰ. 사회보험법

1. 국민건강보험법

이 시기「국민건강보험법」은 이미 오래 전부터 지적되었던 보험료 부과체계를 개편하였다. 또 노인의료비 및 요양급여비용이 증가하는 문제에 대한 대응이 필요했다. 단시간근로자의 규모가 확대되면서 직장가입자의 요건을 부분적으로 완화하였다.

국민건강보험에서는 직장가입자와 지역가입자 간의 보험료 부담의 불균형이 계속 문제로 지적되었다. 이에 2012년 개정 법률은 기존에 보수월액 보험료 외에 직장가입자에게 보수 이외에 다른 소득이 있는 경우에 이를 부분적으로 보험료 부과대상으로 하였다(소득월액보험료). 이는 사용자의 부담에는 영향을 미치지 않았다(법 제71조). 사실 이는 입법의도와는 관계 없이 사회보장재정에 근본적인 질문을 제기하였다. 첫째, 고용관계에서 지급되는 보수 외에 자산소득이 사회보험에서 보험료 부과의 대상으로 일반화될 수 있는가 하는 문제이다. 둘째, 전통적으로 사회보험에서 보험료는 노동과 자본, 근로자와 사용자가 공동으로 부담하여 왔다. 자본이 노동을 매개로 가치를 창출하며, 따라서 자본이 노동의 사회보장에 일정한 책임을 부담하는 구상에 자본과 노동이 합의할 수 있었기 때문이다. 그런데 가입자의 자산소득을 보험료 부과대상으로 하면서 이제 사용자에 비해서 가입자의 부담을 가중하는 방식이 일반화될 수 있는가 하는 질문이 제기된 것이다. 셋째, 자연스럽게 다음과 같은 질문도 제기되어야 한다. 즉, 가입자의 자산소득 뿐 아니라 자본 역시 사회보장재정에 기여하는 방안에 대한 논의가 필요했다. 또 다른 차원에서 보면 지금까지 직장가입자와 지역가입자의 보험료 부과방식에 있어서 차이를 정당화하는 논거였던 직장가입자와 자영인의 경제생활의 유형에 관한 "본질적인 차이"가 이제는 사라진 것인지 하는 의문 역시 제기되었다.[46] 이 모든 문제가 건강보험과는 달리 국민연금에서는 아직 제기되지 않는 불균형에 대한 설명의 부담도 여전히 남아 있다.

소득월액 보험료의 부과대상은 보수월액 보험료가 부과되는 보수를 제외한 소득이다. 이자소득, 배당소득, 사업소득, 근로소득 등이 포함된다. 다만 소득액이 일정한 금액을 초과하는 경우에 한하여 보험료 부과대상이 된다. 시행령에서 이는 7,200만원으로 하였다. 보험료 부과대상인 소득월액에는 상한이 있다. 즉 소득월액이 7,810만원을 초과하는 경우 7,810만원을 소득월액으로 한다. 소득월액 보험료의 보험료율은 보수월액 보험료율의 2분의 1로 한다(법 제69조, 제71조, 시행령 제41조). 2014년 개정 법률은 기존에는 국가가 사립학교교원 및 직원에 대한 보험료를 일부 부담하였지만, 이제 부담의 범위를 교원에 한정하였다(법 제76조). 보험료율은 2008년 이후 조금씩 인상되었다. 2008년 직장가입자의 보험료율은 5.08%로 하고, 지역가입자의 보험료 부과점수당 금액은 148원 90전으로 하였다. 2009년에는 각각 5.33%와 156원 20전으로, 2010년에는 각각 5.64%와 165원 40전으로, 2011년에는 각각 5.8%와 170원으로, 2012년에는 각각 5.89%와 172원 70전으로, 2013년에는 각각 5.99%와 175원 60점으로, 2014년에는 각각 6.07%와 178원으로, 2015년에는 각각 6.12%와 179.6원으로 인상되었다(시행령 제43조의 2).

노인의료비가 빠르게 증가하는 문제에 대한 정책적 대응이 필요했다. 이에 2007년 장기요양입원환자에 대한 수가(酬價) 특례를 도입하였다. 요양병원에서 요양급여 중 입원에 대한 상대가치점수를 일종의 포괄수가(包括酬價)로 구성하였다. 즉 요양급여 각 항목의 점수 및 약제, 치료재료의 비용을 합산하여 그 정

46) 직장가입자와 지역가입자 모두 소득을 일원화된 기준으로 보험료를 산정하는 제안에 대해서는 정창률 외, "한국 건강보험 보험료 부담의 형평성에 관한 연구", 사회보장연구 제30권 제2호(2014), 339면 참조.

도를 구분하고 여기에 1일당 상대가치점수를 산정하도록 하였다(시행령 제24조 제4항). 동시에 요양병원 입원환자의 급여남용을 억제하기 위하여 본인부담비율을 인상하였다. 즉 요양병원 입원환자 중 신체기능저하군으로 분류된 환자의 경우 입원비용의 40%를 본인이 부담한다(시행령 별표 2 제1호 가목). 2008년 개정 법률은 장제비를 폐지하였다. 이에 비해서 출산을 장려하기 위한 조치가 일부 도입되었다. 20만원의 범위 내에서 출산 전 진료비를 부가급여로 지급하였다. 부가급여란 법에 규정한 요양급여 외에 대통령령이 정하는 바에 의하여 지급될 수 있는 급여를 말한다(법 제46조). 출산 전 진료비는 2009년 임신·출산 진료비로 명칭을 바꾸고 임신 중 진료 및 출산비용뿐 아니라 출산 전후 산모의 건강관리와 관련된 진료를 위하여 사용할 수 있도록 하였다. 임신·출산 진료비는 2010년 30만원이었으며, 2011년 40만원, 2012년 50만원으로 인상되었다. 2012년 개정 시행령은 임신·출산 진료비를 둘 이상의 태아를 임신한 경우에는 70만원이 지급되도록 하였다. 2016년 이 금액은 90만원으로 인상되었다(시행령 제25조 제2항).

2009년 개정 시행령은 본인부담상한액에 관한 규정을 합리화하였다. 본인부담상한액은 저소득 가입자가 본인부담으로 인하여 진료를 받을 수 없는 것을 방지하기 위하여 도입되었으며, 본인부담액이 6개월 동안 200만원을 넘는 경우 그 초과비용을 공단이 부담하였다. 개정 법률은 본인부담상한액을 가입자의 소득수준, 정확히는 보험료 부담수준에 따라 200만원에서 400만원 범위에서 차등화하였다(시행령 제22조 제1항, 별표 3). 암환자의 경우 진료비 부담이 크기 때문에 이를 경감하기 위하여 본인부담비율을 요양급여 총비용의 10%에서 5%로 인하하였다.

2011년 개정 시행령은 단시간 근로자의 국민건강보험 가입자격을 기존에 월 근로시간 80시간에서 60시간으로 축소하였다(시행령 제10조). 이는 같은 해 「국민연금법」 시행령이 단기간 근로자의 직장가입자의 자격을 기존에 월 근로시간 80시간에서 60시간으로 단축한 것과 보조를 같이 한 것이었다.

「국민건강보험 요양급여의 기준에 관한 규칙」(이하 '요양급여기준규칙')에서 정한 진료의 방법과 내용 이외에 요양기관 및 가입자의 선택의 범위가 좁다는 비판이 계속 있어 왔다. 이에 2013년 가입자가 진료비용을 모두 부담하여(100분의 100 급여) 요양급여를 지급할 수 있는 가능성을 넓혔다. 요양급여의 경제성이 낮거나 경제성이 불확실하지만 필요성이 인정되는 경우로서, 예컨대 치료효과가 낮거나 비용이 많이 들기는 하지만 사회적 요구가 있는 경우, 치료효과가 우수할 것으로 예상되지만 임상적 유용성에 관한 자료의 축적이 필요한 경우 등이 여기에 해당한다(시행령 제19조 제2항 별표 2 제4호). 그러나 이러한 조치가 건강보장률에 영향을 미치는 요소는 아니었다. 건강보험에 의한 보장률은 여전히 63%에 머물렀다. 이는 의료기관의 비용보상체계에 다음과 같은 영향을 미쳤다. 즉 법정급여의 경우 원가보전률이 75-80%에 머물렀지만 비급여에 대한 보전률은 200%에 이르렀다. 그 결과 의료기관이 비급여진료에 치중하고 또 비급여의 경우 가입자가 진료비용 전액을 부담하여야 하기 때문에 저소득층의 진료부담은 가중되었다. 문재인정부는 비급여를 대폭 축소하는 정책을 제시하였지만(이른바 "문재인 케어"), 그 실현 여부는 아직 유동적이다.

2. 국민연금법

2007년「국민연금법」2차 개정 이후 국민연금 자체의 변화는 거의 없었다. 국민연금과 특수직역연금 간에는 재직기간을 합산하여 연금청구권이 성립될 수 있도록 법률이 제정되었다. 또 국민연금의 사각지대를 메우기 위한 미세한 개정이 있었다.

(1) 국민연금과 직역연금 연계

기존에 공무원, 군인, 사립학교교직원 등을 대상으로 하는 직역연금에서는 합산제도가 있었지만 이들 직역연금과 국민연금 간에는 합산제도가 없었다. 그런데 국민연금에서는 가입자가 10년 이상 가입했을 때, 그리고 공무원연금에서는 공무원의 재직기간이 20년이 되었을 때 비로소 연금청구권을 갖기 때문에 각각의 연금법에서 필요한 기간을 충족할 수 없는 경우에는 전체 가입기간 및 재직기간이 장기인 경우에도 연금을 수급할 수 없었다. 이에 국민연금과 직역연금 간을 이동하는 근로자의 연금수급권을 보장하기 위하여 2009년「국민연금과 직역연금의 연계에 관한 법률」(이하 '공적연금연계법')이 제정되었다.

연금의 연계는 신청에 의하여 이루어진다. 연금연계제도는 각각의 연금에 관한 기간만으로는 연금청구권을 가질 수 없는 자에게 연금을 지급하기 위한 목적을 갖는다. 따라서「국민연금법」에 의한 노령연금청구권을 이미 갖거나 공무원연금에서 재직기간이 20년 이상인 경우에는 각각의 연금법이 적용되며,「공적연금연계법」이 적용되지는 않는다(법 제3조). 연금연계급여로서 연계노령연금, 연계퇴직연금, 연계노령유족연금 및 연계퇴직유족연금이 있다. 공적연금의 연계는 재정중립적으로 운영된다. 연계연금 수급권을 갖는 자는 본인이 가입하였던 연금관리기관에 지급을 청구하며, 각 연금관리기관은 자신이 지급하는 연금 부분에 대해서 재정을 부담한다.

(2) 사각지대 축소를 위한 입법

국민연금은 사각지대를 축소하기 위한 입법을 계속 하였다. 단시간 근로자에게 가입자격을 부여하기 위하여 기존의 가입자격기준인 월 근로시간 80시간을 60시간으로 단축하였다. 위에서 언급했듯이 국민건강보험도 이에 따르는 개정을 하였다. 영세사업장의 경영자가 사업장가입자가 될 수 있도록 하였다(법 제3조 제1항 제2호). 사업장에 종사하는 기초생활보장수급자는 국민연금에 가입할 수 있다. 다만 본인이 원하는 경우에는 적용이 제외될 수 있다(법 제8조 제3항). 민법 개정에 의하여 성인연령이 20세에서 19세가 됨에 따라 자녀의 유족연금의 지급기간은 19세 미만으로 연장하였다(법 제73조). 그러나 19세는 일반적으로 아직 교육과정에 있기 때문에 유족연금의 수급연령을 연장하거나 아직 교육과정에 있는 경우에는 예외적으로 계속 지급될 수 있도록 하여야 한다. 2016년 개정 법률은 유족연금을 받을 수 있는 연령을 자녀의 경우 25세로 연장하였다. 손자녀의 수급연령은 기존과 같이 19세이다(법 제75조 제1항).

소규모사업장의 근로자가 가입자가 되면서 보험료 부담을 덜어주기 위하여 연금보험료의 일부를 예산에서 지원할 수 있도록 하였다. 2006년 개정 법률에 의하면 10명 미만의 근로자를 사용하는 사업장이 적용대상이며, 지원수준은 사용자와 근로자가 부담하는 연금보험료의 2분의 1의 범위에서 고용노동부장관과 협의하여 고시한다(법 제100조의 3, 시행령 제73조의 2 이하). 농어촌주민의 보험료를 지원하였다. 즉 임의계속가입자로 된 농어업인에게 2019년 12월 31일까지 연금보험료 중 100분의 50의 범위에서 대통령령으로 정하는 바에 따라 농어촌구조개선특별회계에서 지원한다(2014년 법률 부칙 제7조).

2016년 개정 법률은 '1인 1연금'을 실현하기 위하여 기존의 가입자가 경력단절 등을 이유로 더 이상 가입자격을 유지할 수 없었던 경우에 추후 소급하여 보험료를 납부하여 연금청구권을 취득할 수 있도록 하였다(법 제92조). 이로써 가입자의 배우자로서 별도의 소득이 없는 자, 사업중단, 실직 및 휴직을 이유로 보험료를 납부할 수 없었던 자가 추후에 소급하여 연금청구권을 가질 수 있게 되었다. 같은 취지에서 유족연금 수급권자의 범위를 확대하였다. 기존에 노령연금 수급권자 혹은 장애등급 2급 이상인 장애연금 수급권자 이외에 가입기간이 10

년 이상인 가입자 또는 가입자였던 자, 연금보험료를 낸 기간이 가입대상기간의 3분의 1 이상인 가입자 또는 가입자였던 자, 사망일 5년 전부터 사망일까지의 기간 중 연금보험료를 낸 기간이 3년 이상인 가입자 또는 가입자였던 자가 사망한 경우에도 유족연금을 지급한다(법 제72조). 유족연금의 지급률을 인상하였다. 동일한 사유로 인하여 수급권자에게 「국민연금법」에 따른 2 이상의 수급권이 발생하면 수급권자의 선택에 따라 그 중 하나만 지급하고 다른 급여의 지급은 정지된다. 다만 선택하지 않은 급여가 유족연금일 때에는 기존에는 유족연금액의 20%를 지급하였다. 2016년 개정 법률은 이를 30%로 인상하였다(법 제56조 제2항).

(3) 실업크레딧 제도

2015년 「국민연금법」은 실업크레딧 제도를 도입하였다. 이는 가입자가 실업기간에 보험료를 납부할 수 없기 때문에 발생하는 노후보장의 공백을 보상하는 목적을 갖는다. 이에 따르면 국민연금 가입자가 「고용보험법」에 의한 구직급여를 받는 기간이 국민연금 가입기간으로 산입된다. 추가로 산입되는 기간은 1년을 초과할 수 없다. 추가산입을 받기 위해서는 재산 및 소득이 보건복지부장관이 고시하는 기준 이하이어야 한다. 가입자는 구직급여액의 절반에 해당하는 소득으로 가입한 것으로 본다. 이때 일반회계, 국민연금기금 및 고용보험기금에서 연금보험료의 4분의 3의 범위에서 지원할 수 있다(법 제19조의 2, 시행령 제25조의 2항). 예컨대 고용보험은 국민연금 보험료의 25%의 범위에서 고용보험기금에서 지원을 한다(법 제55조의 2).

실업크레딧제도는 일반적으로 보면 특정한 사회적 위험이 발생한 경우 여기에 다른 사회적 위험이 따르며, 이를 보호하는 문제를 주목한 것이었다. 즉 실업크레딧제도는 고용보험이 실업으로 인하여 상실된 소득을 보장하면서, 가입자가 국민연금에 보험료를 납부할 수 없기 때문에 노후소득보장을 배려할 수 없는 2차적 상황을 보호한다. 다만 이때 보호의 주체는 고용보험인가 혹은 국민연금인가의 문제는 근본적인 논의를 필요로 한다. 실제 실업크레딧제도는 구직급여 수급자에 한하여 적용되기 때문에 실업으로 인한 노후소득보장의 공백을 보호하는 효과적인 제도인지는 의문이었다.[47] 실업으로 인하여 소득이 상실

47) 이 점과 관련하여 고용보험 가입자의 국민연금 보험료 지원에 관한 정책적 평가에 대해서는 예컨대 김진수/권소영/유혜림, "국민연금 실업크레딧의 실효성에 대한 연구: 급여수준 적정성 및 적용가능성을 중심으로", 사회보장연구 제31권 제3호(2015), 49면 이하 참조.

되고, 또 그 결과 노후소득보장을 배려할 수 없는 근로자의 규모에 비해서 구직급여 수급자는 지극히 일부분이기 때문이다.

3. 산업재해보상보험법

(1) 직업재활, 예방사업, 사각지대 축소

2007년 12월 14일 「산재보험법」은 전부 개정되었다. 이는 '경제사회발전노사정위원회'의 산재보험제도 개선안이 영향을 미쳤다. 개정 법률의 중점은 산재근로자의 의료 및 재활서비스를 확충하고, 직업·사회복귀를 촉진하며, 산재근로자 간 보험급여의 형평성과 합리성을 증진하는데 있었다. 이전 시기에 「산재보험법」의 사회보장의 기능을 발전시켜 왔던 경향은 더욱 강화되었다.

1999년 개정 법률이 산재근로자의 사회 및 직업재활을 입법목적에 보충하였으나 직업재활은 예산사업으로 시행되었고, 임의규정이었다. 2007년 개정 법률은 직업재활급여를 명시하였고, 또 실효성을 확보하는 조치를 취하였다(법 제72조 이하). 직업훈련대상자에게는 직업훈련에 필요한 비용 및 직업훈련수당이 지급된다. 직업재활 및 재고용은 사업주의 협력을 필요로 한다. 이에 산재근로자의 고용을 유지하거나 직장적응훈련 또는 재활운동을 실시하는 경우 사업주에게 직장복귀지원금, 직장적응훈련비 및 재활운동비를 지급하도록 하였다. 산업재해를 사전에 예방하는 사업에 더욱 중점을 두었다. 상징적으로 2009년 개정 법률은 기존의 '산업재해보상보험심의위원회'를 「산업안전보건법」상의 '산업안전보건정책심의위원회'와 통합하여 '산업재해보상보험 및 예방심의위원회'로 바꾸었다(법 제8조).

산재예방을 유인하기 위하여 기존에는 사용자의 보험요액에 대한 보험급여비용의 비율에 따라 보험료율을 인상 혹은 인하하는 조치를 취해왔다(개별실적요율제도). 그러나 이 제도는 적용사업장이 제한되어 있었다. 예컨대 2009년 적용비율은 약 3%에 불과했다. 이에 산재예방을 강화하기 위하여 2013년 이른바 예방요율제도가 도입되었다.[48] 이에 따르면 사업주가 안전보건을 위하여 재해예방활동을 실시하고 고용노동부장관의 인정을 받은 때에는 30%의 범위 내에서 산재보험료율을 인하할 수 있다(고용보험 및 산업재해보상보험의 보험료 징수에 관한 법률 제15조 제3항). 이는 사용주의 산재예방사업 자체에 대한 보상이며, 사후 보험사고의 발생 여부에 영향을 받지 않

48) 개별실적요율제도의 현황, 예방요율 제도의 다양한 실현형태 및 각국의 입법례에 대해서는 김상호, "산재보험 예방요율제도 도입방안", 사회보장연구 제26권 제2호(2010), 124면 이하 참조.

는다는 점에서 새로운 구상과 제도였다.

사회보험에서 사각지대의 문제는 「산재보험법」에서도 예외가 아니었다. 근로자와 유사하게 노무를 제공하지만 「근로기준법」이 적용되지 않는 이른바 특수형태근로종사자가 대표적인 예이다. 2007년 개정 법률은 특수형태근로종사자를 부분적으로 산재보험가입대상에 포함시켰다(법 제125조). 보험설계사, 콘크리트믹서트럭 운전사, 학습지 교사, 골프장캐디 등이 여기에 해당한다(시행령 제125조). 2012년 택배업무 종사자, 퀵서비스종사자, 그리고 2016년에는 대부업 등의 대출모집인, 신용카드회원 모집인, 대리운전업무 종사자가 적용대상에 추가되었다. 이들의 산재보험 보험료는 사업주와 특수형태근로종사자가 각각 2분의 1씩 부담한다(고용보험 및 산업재해보상보험의 보험료징수 등에 관한 법률 제49조의 3). 다만 특수형태근로종사자는 신청에 의하여 적용제외를 신청할 수 있다(법 제125조 제4항). 법률 개정 이후 특수형태근로종사자의 가입률이 높지는 않았다. 예컨대 2012년 4개 직종에서 적용률은 16.2%에 불과했다.[49] 여기에는 다음과 같은 원인이 작용하였다. 첫째, 사업주의 압력에 의하여 특수형태근로종사자가 적용제외를 신청하는 현상이 나타났다. 둘째, 사용자가 보험료 전액을 부담하는 일반 근로자와 달리 특수형태근로종사자는 자신이 보험료의 50%를 부담하기 때문에 근로자 자신의 가입유인이 감소된다. 셋째, 보다 근본적으로 보면 특수형태근로종사자는 일반적으로 「산재보험법」에 의하여 보호되어야 하며, 현행법과 같이 적용대상을 선별적으로 열거하는 것은 「산재보험법」의 본질에 반한다.[50] 따라서 「근로기준법」상 근로자에 해당하지 않더라도 근로의 종류와 내용에 관계없이 사용자의 이익을 위하여 업무를 수행하는 자는 모두 「산재보험법」에 의한 보호의 대상이 될 수 있어야 한다.

(2) 급여의 형평성 및 효율성 제고

재해근로자 간에 형평을 도모하기 위하여 급여의 산정기준인 평균임금을 조정하였다. 기존에 재직근로자의 경우 평균임금은 동종근로자의 통상임금의 변동률에 따라 증감되었다. 연금수급자의 경우에는 전체 근로자의 임금상승률에

49) 김종진, "특수고용노동자 산재보험 적용의 현실과 문제점", 노동사회(2012), 107면 이하 참조.
50) 이에 대해서는 예컨대 오종은, "산재보험 사각지대 해소를 위한 연구; 퀵서비스 종사자를 중심으로", 사회보장연구 제27권 제4호(2011), 11면 이하; 정희선, "업무상의 재해로 사망한 일용근로자에 대한 산업재해보상보험의 문제점", 사회보장법연구 제2권 제2호(2013), 155면 이하; 조연민, "산업재해보상보험법상 특수형태근로종사자 특례제도에 대한 비판적 검토－판례의 경향과 입법안을 중심으로", 사회보장법연구 제5권 제2호(2016), 241면 이하 등 참조.

따라 연금액을 조정하였다. 그 결과 대기업과 중소기업 간, 그리고 재직자와 연금수급자 간에 형평이 상실되었다. 이에 개정 법률은 평균임금을 일률적으로 전체 근로자의 임금평균액의 변동률에 따라 조정하도록 하였다. 또 근로자가 60세에 이른 후에는 소비자물가변동률을 적용하도록 하였다(법 제36조 제3항). 이는 기본적으로 수급자에게 전체 근로자의 평균생활수준을 보장하면서, 소득활동을 하지 않는 연령에 이른 경우에는 구매력을 유지하는 목적을 가졌다. 같은 취지에서 최고보상기준액과 최저보상기준금액의 산정방법도 단순화하였다. 즉 최고보상기준금액과 최저보상기준금액을 각각 전체 근로자의 임금평균액의 1.8배, 0.5배 수준으로 하였다(법 제36조 제6항). 사회보장을 강화하기 위하여 저소득근로자에 대한 휴업급여의 수준을 높였다. 즉 휴업급여 지급액이 최저보상기준금액의 80% 이하인 경우에는 평균임금의 90%에 해당하는 액을 휴업급여로 지급한다(법 제54조).

기존에 진폐근로자는 휴업급여와 상병보상연금을 함께 지급받았기 때문에 요양급여를 받지 않으면서 장해급여만을 받는 근로자와 형평이 상실되어 있었다. 2010년 개정 법률은 진폐근로자에 대한 급여를 합리화하였다(법 제91조의 3 이하). 즉 진폐근로자에게 기존에 지급되었던 휴업급여와 상병보상연금을 폐지하고 일반적인 재해근로자와 마찬가지로 본인에게는 진폐보상연금, 그리고 유족에게는 진폐유족연금이 지급된다.

재해근로자가 우수한 시설과 인력을 갖춘 의료기관에서 요양을 받을 수 있도록 「국민건강보험법」상의 종합전문요양기관을 산재요양을 위하여 당연지정할 수 있다(법 제43조 제1항 제2호). 그 동안 이들 기관이 산재보험 의료기관으로 지정되는 것을 기피하여 왔기 때문에 취한 조치였다. 이와 같은 당연지정제도에 대해서 헌법소원심판이 청구되었으나 기각되었다.[51)]

(3) 재해인정기준

「산재보험법」에서 가장 중요한, 그리고 분쟁의 여지가 많은 문제가 업무상 재해인정기준이다. 업무상 재해로 인정되는 경우 일반 사회보험에 비해서 수급자에게 유리한 산재보험급여가 지급되기 때문이다. 그럼에도 불구하고 「산재보험법」은 업무상의 재해인정기준을 고용노동부령에 위임하고 있었기 때문에 포괄위임에 해당하며, 따라서 헌법에 위반되거나 혹은 적어도 법치국가원리에 충실하지 못하다는 비판을 받아 왔다. 2007년 개정 법률은 그동안 주로 시행령

51) 헌재 2011.6.30, 2008헌마595, 23-1(하), 418면 이하 참조.

및 시행규칙에서 규율되었던 업무상 재해인정기준을 법률 자체에서 규정하였다. 근로자가 근로계약에 따른 업무나 그에 따르는 행위를 하던 중 발생한 사고, 사업주가 제공한 시설물 등을 이용하던 중 그 시설물 등의 결함이나 관리소홀로 발생한 사고, 사업주가 제공한 교통수단이나 그에 준하는 교통수단을 이용하는 등 사업주의 지배관리 하에서 출퇴근 중 발생한 사고, 사업주가 주관하거나 사업주의 지시에 따라 참여한 행사나 행사준비 중에 발생한 사고, 휴게시간 중 사업주의 지배관리 하에 있다고 볼 수 있는 행위로 발생한 사고 등이 업무상의 사고에 해당한다(법 제37조 제1항).

(4) 출퇴근 재해

개정 법률은 부분적으로 사용자의 지배관리 하에 있는 출퇴근 재해를 업무상의 재해에 포함시켰다. 즉 '사업주가 제공한 교통수단이나 그에 준하는 교통수단을 이용하는 등 사업주의 지배관리 하에서 출퇴근 중 발생한 사고'는 업무상의 재해에 해당한다. 다만 출퇴근용으로 이용한 교통수단의 관리 또는 이용권이 근로자측의 전속적 권한에 속하지 않아야 한다(법 제37조 제1항 제1호 다., 시행령 제29조). 그러나 여전히 출퇴근 재해가 일반적으로 업무상의 재해로 인정되지는 못했다.[52] 이에 출퇴근 행위는 업무행위의 전단계이며, 업무행위와 밀접불가분의 관계에 있음에도 불구하고 업무상의 재해로 인정되지 못하는 것은 평등의 원칙에 위반된다는 위헌법률심판이 청구되었다. 1993년과 2013년 헌법재판소는 각하, 그리고 합헌의 결정을 하였다.[53] 이 규정에 대해서 헌법재판소는 2016년 헌법불합치결정을 하였다.[54] 2017년 출퇴근 재해를 업무상의 재해에 포함시키는 개정이 이루어졌다. 이에 따르면 '사업주가 제공한 교통수단이나 그에 준하는 교통수단을 이용하는 등 사업주의 지배관리 하에서 출퇴근 중 발생한 사고'뿐 아니라 '그밖에 통상적인 경로와 방법으로 출퇴근하는 중 발생한 사고' 역시 업무상의 재해로

52) 업무상의 재해에 대한 해석에 있어서 출퇴근재해를 포함시키는 여부에 대해서는 적극적인 견해와 소극적인 견해가 나뉘어져 있었다. 적극적인 견해로는 예컨대 김복기, "통근재해 보호의 근거와 보호범위", 노동법연구 제9권(2000), 122면 이하; 김영문, "사업주를 위한 활동으로서의 업무의 개념과 통근재해", 비교사법 제6호(1997), 22면 이하; 박종희, "통근 재해 보호를 위한 입법정책적 방안 연구", 안암법학 제42호(2013), 309면 이하 등 참조.

53) 헌재 1993.9.27, 93헌마45, 5-2, 362면 이하; 2013.9.26, 2012헌가16, 25-2(상), 630면 이하 등 참조.

54) 헌재 2016.9.29, 2014헌바254, 28-2(상), 316면 이하 참조. 이 결정에 대해서 자세히는 전광석, "사회보장법에서 헌법문제와 입법정책－헌재 2016.9.29, 2014헌바254를 중심으로", 법조 최신 주요 판례(2016.4), 426면 이하 참조.

인정된다(법 제37조 제1항 제3호 나.). 다만 구체적인 입법에 있어서 「산재보험법」의 사용자책임 보상법의 성격과 사회보장법적 성격을 충실히 고려하여야 했다.

비교법적으로 보면 예컨대 독일의 산재보험법(Unfallversicherungsgesetz)과 일본의 노동자재해보상보험법(勞動者災害補償保險法)은 모두 출퇴근 재해를 보상하는 것은 사실이다. 그러나 다음과 같은 특수성이 이해되어야 한다.

독일과 일본에서 모두 출퇴근 재해는 업무상의 재해와는 별개의 보상요건으로 규율되었다.[55] 독일과 일본의 산재보험법은 모두 초기에는 출퇴근 재해를 업무상의 재해에 포함시키지 않았으나, 이후 (독일의 경우 1925년, 일본의 경우 1973년) 법률 개정에 의하여 비로소 출퇴근 재해를 보상의 요건으로 추가하였다. 법리적으로 보면 출퇴근 행위가 업무상의 행위에 해당하지 않지만 출퇴근 재해에 대한 보호의 필요성을 인정하고 업무상의 재해와 독립하여 보상하도록 한 것이다.[56]

특히 일본의 경우 출퇴근 재해를 보호하고 있지만 일반적인 업무상의 재해와는 여러 가지 차이를 두고 있다. 출퇴근 재해에 대해서는 보상이 아니라 보호(保護通勤)라는 용어를 사용한다. 여기에는 출퇴근 재해에 대한 보호가 업무상의 재해에 대한 보상과는 달리 사용자의 보상책임을 대체하는 성격을 갖지는 않는다는 의미가 내포되어 있다. 이는 급여 및 재정방식에 있어서 여러 차별적 규정을 통하여 표현되었다.[57] 출퇴근 재해에 지급되는 요양급여에 있어서는 근로자의 본인부담이 있다. 업무상의 재해에 있어서는 재해예방을 유인하기 위하여 보험료액 대비 보험급여비용의 비율에 따라 보험료율을 조정하는 반면, 출퇴근 재해에 대한 보험료율 결정에는 이러한 방식이 적용되지 않는다. 즉 보험료율이 모든 가입자에게 동일하게 정해져 있다. 이는 독일의 경우에도 마찬가지이다. 또 우리 「산재보험법」과 같이 업무상의 재해가 3일 이내에 치유될 수 있는 경우에는 요양급여를 지급하지 않고, 이 기간 동안 사용자가 재해보상책임을 부담하는데 이 규정이 출퇴근 재해에는 적용되지 않는다. 이는 업무상의

55) 독일 및 일본의 입법례를 소개하고 있는 문헌으로는 예컨대 이상광, "통근길의 재해", 인권과 정의(1992.4), 112면 이하; Wolfgang Spellbrink, "Unfallversicherung", Ruland/Becker/Axer(편), *Sozialrechtshandbuch*(Nomos, 2018), 870면 이하; 김유성, "통근도상의 재해", 법학(서울대 법학 연구소) 제27권 제4호(1986), 63면 이하; 이승우, "통근재해와 업무상 재해", 법률행정논총 제23집 제1호(2003), 284면 이하 등 참조.

56) 이에 관한 당시 독일의 학설과 판례에 대해서는 예컨대 Bertram Schulin, *Handbuch des Sozialversicherungsrechts* Bd.2. Unfallversicherungsrecht(C.H.Beck, 1996), 15면 이하 참조.

57) 이에 대해서는 김유성, 위 각주 55의 논문, 63면 이하; 박종희, 위 각주 52의 논문 328면 이하 등 참조.

재해와는 달리 출퇴근 재해에 대해서 사업주의 예방의무 및 조치가 영향을 미칠 수 없다고 판단하였기 때문이다.

마지막으로 업무상 재해에 대한 보상과는 달리 출퇴근 재해에 대한 보호를 받는 기간에는 「근로기준법」상 해고보호에 관한 규정이 적용되지 않는다.

위와 같은 비교법적 검토의 결과 오히려 출퇴근 재해를 업무상의 재해와 다른 방법과 내용으로 보상할 수 있으며, 적어도 업무상의 재해와 출퇴근 재해를 동등하게 평가하여야 하는 헌법적 필연성은 없다. 다른 사회보험법과 달리 1960년대 초반 「산재보험법」의 제정에 있어서 노동 및 자본의 역할이 크지는 않았다. 이는 산재보험이 사용자 보상책임을 대체하는 성격이 있고, 따라서 사용자에게도 유용하였으며, 또 이는 노사평화에 기초한 산업발전에 기여한다고 이해되었기 때문이다.[58] 그러나 출퇴근 재해보상과 같이 재정부담의 형평성에 영향을 미치는 사안은 새로운 노사 간의 쟁점이 될 가능성이 있다. 특히 2000년대 이후 「산재보험법」의 개정논의가 노사정의 복지정치에 편입되어 왔다는 상황을 염두에 두면 더욱 헌법과 입법정책의 기능분담이 신중히 검토되어야 한다.

4. 고용보험법

2007년 이후 재정위기 및 구조조정의 시대를 배경으로 사회보장은 구조적 변화를 겪게 되었다. 한편으로는 실업이 증가하면서 고용을 매개로 사회보장을 실현하는 가능성은 줄어들었다. 특히 청년실업률이 증가하면서 기존의 사회보장의 실현구조가 잠식되어 갔다. 비정규직근로자가 새로운 고용유형으로 자리 잡으면서 근로관계에 있으면서 최저생활을 할 수 없는 근로빈곤이 증가하였다. 또 가족의 부양기능은 점점 약화되었으며, 국민연금의 급여수준은 1998년과 2007년 2차례의 개정을 통하여 낮아졌다. 기초연금은 국가의 일방적인 급여이기 때문에 국가재정의 한계를 고려하여야 했다. 이에 청년, 노인 등 고용취약계층의 고용을 촉진하고, 비정규직근로를 안정화시켜 고용 그 자체가 복지의 기반이 되어야 했다. 실업이 구조화된 상황에서 구직급여의 대상이 확대되고, 또 급여는 적정한 수준을 유지하여야 했다. 이에 고용보험의 부담은 점점 무거워졌다. 이와 같은 재정수요를 고려하여 실업급여 보험료율은 기존의 0.9%에서 2011

58) 이에 대해서는 위 제4장 제2절 Ⅲ.2. 참조.

년과 2013년 각각 1.1%, 1.3%로 인상되었다.

(1) 적용대상의 확대

고용보험은 개인이 고용에 접근하고 이를 유지하여 스스로의 능력으로 생활을 형성할 수 있도록 능동적 지원을 하여야 한다. 이를 위하여 규범적으로 고용보험의 적용대상이 확대되어야 한다. 또 현실적으로는 본인 혹은 사용자의 보험료 부담을 이유로 가입을 기피하지 않도록 하여야 한다.

2008년 개정 법률은 공무원 중 별정직 및 계약직 공무원이 신청에 의하여 고용보험사업 중 실업급여와 관련하여 가입할 수 있도록 하였다(법 제10조 제3호). 일반직 공무원은 고용이 보장되어 있지만 별정직 및 계약직 공무원은 실제 신분이 일반 근로자와 마찬가지의 상황에 있기 때문이다. 2012년 개정 법률은 적용대상을 자영인으로 확대하였다. 즉 근로자를 사용하지 않거나 50인 미만 근로자를 사용하는 자영업자는 신청에 의하여 고용보험의 실업급여에 가입할 수 있다(법 제2조 제1호). 「국민기초생활보장법」에 의하여 자활을 위한 근로를 제공하는 사업에도 소득인정액이 최저생계비 이상인 경우 「고용보험법」이 적용되도록 하였다(법 제113조의 2). 기존에 65세 이상인 자는 취업능력이 제한되어 있다는 가정 하에 적용대상에서 제외되었다. 2013년 개정 법률은 고용보험에 가입되어 있던 65세 이상의 자는 가입자격을 계속 유지하도록 하였다. 이로써 이들이 65세 이후에 이직한 경우에는 실업급여를 지급받을 수 있다(법 제10조 제1호).

(2) 고용지원의 강화

2008년 개정 법률은 구직급여 수급자가 직업능력개발훈련을 받는 경우 지급되는 훈련연장급여의 수준을 구직급여의 70%에서 100%로 인상하였다(법 제54조 제2항). 2016년 개정 법률은 「고용상 연령차별금지 및 고령자고용촉진에 관한 법률」 상의 고령자·준고령자(법 제2조 제1, 2호)에 대한 직업능력개발훈련을 촉진하기 위하여 이들에 대한 직업훈련을 하는 경우 우대지원을 할 수 있도록 하였다(법 제27조).

여성의 육아부담은 고용을 유지하는 데 장애가 된다. 2012년 개정 법률은 육아를 이유로 근로시간을 단축하는 근로자에게 감소된 소득의 일부를 지원하는 육아기 근로시간 단축급여를 도입하였다(법 제73조의 2). 「근로기준법」은 임산부의 출산전후휴가를 90일 부여하여 왔다. 개정 「근로기준법」은 2명 이상을 동시에 출산하는 다태아 임산부는 산후회복에 많은 시간이 필요하므로 출산전후휴가를

120일로 연장하였다. 이를 위하여 출산전후휴가 기간의 급여를 고용보험에서 전부 혹은 부분적으로 지급할 수 있도록 하였다(법 제76조).

5. 보험료 통합징수

2007년 「노인장기요양보험법」이 제정되어 우리나라에서 사회보험법이 완비되었다. 사회보험 보험료징수업무는 업무의 성격이 유사하지만 각각 독립된 사회보험관리기관이 담당하기 때문에 가입자의 불편을 초래하고, 또 업무의 효율성이 낮다는 지적을 받아 왔다. 이에 2009년 사회보험 보험료 통합징수제도를 도입하였다. 사회보험료 징수업무를 국민건강보험공단이 통합하여 담당하며, 사회보험관리기관은 보험료 징수업무를 국민건강보험공단에 위탁하였다.

Ⅱ. 사회보상법

이 시기에 국가유공자보상급여를 합리화하는 작업은 계속되었다. 국가유공자로 군인이나 경찰공무원 외에 소방공무원을 명시하였다(법 제4조 제1항 제5호). 보국훈장을 받은 사람의 범위도 명확히 하였다. 즉 군인으로서 보국훈장을 받은 사람뿐 아니라 군인 외의 사람으로서 간첩체포, 무기개발 등의 사유로 보국훈장을 받은 사람이 포함된다(법 제4조 제1항 제8호).

공무원이 재직 중 공무로 상이를 받은 경우에 기존에는 재직 중 이미 공상공무원으로 등록하여 과잉보상이 되었다. 이에 2009년 개정 법률은 공상공무원의 등록시기를 퇴직 후로 조정하였다(법 제4조 제1항 제14호). 취업보호와 관련하여 헌법재판소가 국가유공자 가점(加點)제도에 대한 불합치결정을 함에 따라 가점을 받아 채용하는 인원을 선발예정인원의 30%로 제한하였다는 점에 대해서는 위에서 서술한 바 있다. 2009년 개정 법률은 이를 부분적으로 완화하는 규정을 두었다. 즉 채용시험의 응시자 수가 선발예정인원과 같거나 적은 때에는 30% 초과 금지에 관한 규정은 적용되지 않는다(법 제31조 제3항 단서).

새로운 보상급여를 도입하였다. 유공자의 배우자, 미성년자녀 등을 위하여 중상이부가수당을 도입하였다(법 제15조의 2, 제16조). 국가유공자 본인, 배우자, 그리고 부모 등은 고령자로서 요양을 받을 가능성이 많다. 2012년 개정 법률은 이를 지원하기 위하여 이들이 「노인장기요양보험법」에 의하여 재가 혹은 시설보호를 받는 경우 본인부담의 일부를 지원할 수 있도록 하였다(법 제63조의 2).

Ⅲ. 아동복지법, 노인복지법, 장애인복지법

1. 아동복지법

「아동복지법」은 2011년 전부 개정되었다. 아동정책의 기본계획을 수립하고, 아동정책의 집행, 이에 대한 감독 및 평가를 위하여 조직을 정비하였다. 보건복지부장관은 5년마다 아동정책기본계획을 수립한다. 이는 아동정책조정위원회의 심의를 거쳐 확정된다(법 제7조). 보건복지부장관은 5년 마다 아동의 종합실태를 조사하여 그 결과를 공표하여야 한다. 또 이를 기본계획에 반영하여야 한다(법 제11조).

아동학대가 사회문제화함에 따라 아동학대를 방지하기 위한 세부적인 규정을 두었다(법 제24조 이하). 2014년 아동학대를 독자적으로 규율하는 「아동학대범죄의 처벌 등에 관한 법률」이 제정되었다. 이에 따라 「아동복지법」을 정비하였으며, 이때 예컨대 아동학대 범죄자에게 아동복지기관 등에 취업을 10년까지 제한할 수 있도록 하였다(법 제29조의 3). 그러나 이 규정은 헌법재판소에서 직업의 자유를 지나치게 침해한다는 이유로 위헌으로 결정되었다.[59] 이에 다음과 같이 두 가지 사항을 보충하였다. 첫째, 아동학대 범죄자에 대한 취업제한은 법원의 선고에 의한다. 둘째, 재범의 위험성이 현저히 낮은 경우, 그밖에 취업을 제한해서는 안되는 특별한 사정이 인정되는 경우에는 취업제한에 관한 규정을 적용하지 않는다.

2. 노인복지법

이 시기에 「노인복지법」에서는 노인의 취업지원, 그리고 노인학대의 문제가 주요 개정 대상이었다. 2011년 개정 법률은 노인의 취업지원을 위한 기구를 노인인력개발기관, 노인일자리지원기관, 그리고 노인취업알선기관으로 세분화하였다. 이는 국가 또는 지방자치단체가 직접 설치·운영하거나 그 운영의 전부 혹은 일부를 법인 혹은 단체에 위탁할 수 있다(법 제23조의 2).

노인학대를 예방하기 위한 기구를 정비하였다. 노인의 인권보호를 담당하는 중앙노인보호전문기관과 노인학대 신고전화 등을 운영하는 지역노인보호전문기

59) 헌재 2018.6.28, 2017헌마130등, 30-1(하), 696면 이하 참조. 유사한 취지에서 취업을 제한하는 규정들에 대해서 헌법재판소가 잇달아 위헌결정을 내렸다. 헌재 2015.12.23, 2014헌바446, 27-2(하), 585면 이하; 2016.3.31, 2013헌마585등, 28-1(상), 453면 이하; 2016.7.28, 2013헌바389 등 참조. 특히 2013헌바389 결정은 「아동복지법」 제29조의 3과 같은 내용을 갖는 구 「아동·청소년의 성보호에 관한 법률」의 규정이 심판의 대상이었다.

관을 설치하였다(법 제39조의 5). 2015년 개정 법률은 노인보호전문기관과 수사기관이 노인학대에 효과적으로 대처할 수 있는 근거를 보충하였다(법 제39조의 7, 제61조의 2 제3항 제1호). 노인학대 관련 범죄를 저지른 자가 10년까지 노인관련기관을 운영하거나 노인관련기관에 취업할 수 없다. 이러한 규정의 헌법적 문제에 대해서는 위에서 언급하였으며, 이에 「아동복지법」 개정 법률과 같은 내용으로 개정되었다(법 제39조의 17). 2016년 개정 법률은 노인학대의 연령기준을 65세로 명시하고, 또 노인학대의 유형에 정서적 학대를 포함시켰다(법 제39조의 6, 제39조의 9).

3. 장애인복지입법의 세분화

(1) 개관

이전 시기에 「장애인차별금지법」을 제정하여 평등을 장애인정책의 기본이념으로 편입하였다. 2007년 이후 시기에는 대상계층별, 또 생활영역별로 세분화하여 장애인을 지원하는 법률들이 제정되었다. 이는 이전 시기에 복지 및 평등의 이념을 포괄적으로 실현하기 위한 법률에 비해서 새로운 유형에 해당한다. 대상계층을 세분화하여 장애아동 및 발달장애인을 규율대상으로 하는 「장애아동복지지원법」 및 「발달장애인 권리보장 및 지원에 관한 법률」이 제정되었다. 장애인의 소득 및 활동을 지원 혹은 보장하기 위하여 「장애인연금법」, 「장애인활동지원에 관한 법률」 등이 제정되었다. 이로써 「장애인복지법」은 장애인정책의 기본법의 성격을 띠게 되었다. 이와 같이 장애인복지입법이 대상을 세분화하고 규율영역을 확대하면서 이들의 기능을 조정하는 과제는 더욱 필요하고, 또 복잡해졌다.

(2) 장애인복지법, 장애인고용촉진 및 직업재활법

이 시기에 「장애인복지법」에서 중요한 변화는 없었다. 장애인정책이 정치과정에서 공론화될 수 있도록 하부구조를 정비하였다. 즉 정부는 장애인정책종합계획과 해당 연도의 사업계획, 전년도 사업계획의 추진실적 및 추진성과의 평가결과를 국회 소관 상임위원회에 보고하여야 한다(법 10조의 3). 2015년 개정 법률은 장애인 인식개선을 위한 교육을 실시하는 기관을 대학과 평생교육기관으로 확대하였다(법 제25조).

2019년 그동안 장애정도를 측정하는 기준이었던 장애등급제를 폐지하였다. 이는 장애의 종류와 정도가 각 생활영역에서 미치는 영향이 다양하기 때문에 획일적인 기준에 따른 보호 및 지원을 하는 것이 타당하지 않다는 그동안의 문제 제기를 수용한 것이었다. 이로써 장애인복지의 대상 및 조치 결정이 중요한 변화를 겪게 되었다.

2009년 「장애인고용촉진 및 직업재활법」에 의한 의무고용과 관련하여 공기업 및 준정부기관에서 의무고용률을 기존의 2%에서 3%로 높였다. 민간기업의 의무고용률이 2%로 유지되고 있었던 점에 비추어 보면 공공부문이 의무고용을 선도하는 목적을 가졌다(법 제28조의 2). 공기업 및 준정부기관에서 의무고용비율은 2017년 3.2%로 인상되었으며, 2019년 이후 3.4%의 의무고용률이 적용되도록 하였다(법 제28조의 2 제1항). 국가 및 지방자치단체의 의무고용률 역시 2017년 3.2%, 그리고 2019년 이후 3.4%로 높였다(법 제27조 제1항). 민간기업에서는 2015년 1월 1일부터 2016년 12월 31일까지 2.7%, 2017년 1월 1일부터 2018년 12월 31일까지 2.9%, 그리고 2019년 이후에는 3.1%의 의무고용률이 적용되도록 하였다(시행령 제25조). 기존에 민간기업과는 달리 국가 및 지방자치단체에는 의무고용률을 준수하지 않은 경우에도 고용부담금이 부과되지 않았으며, 이 점이 개선과제로 지적되어 왔다. 2017년 개정 법률은 의무고용률을 준수하지 않은 국가 및 지방자치단체에 고용부담금을 부과하도록 하였다(법 제32조의 2).

2009년 개정 법률은 '중증장애인 2배 카운트제도'를 도입하였다. 의무고용제가 시행되면서 기업이 경증장애인의 고용을 선호하고 그 결과 중증장애인의 고용을 오히려 기피하였다. 이에 중증장애인의 고용을 유인하기 위하여 중증장애인을 고용하는 경우에는 의무고용률 및 고용부담금과 관련된 산정에 있어서 2배수의 장애인을 고용한 것으로 보도록 하였다(법 제28조의 3). 장애인고용을 담당하는 '장애인고용촉진공단'의 명칭이 '장애인고용공단'으로 바뀌었다. 2011년 개정 법률은 장애인고용의무가 적용되는 기업임에도 불구하고 장애인을 1명도 고용하지 않은 기업에 대해서 제재를 강화하였다. 즉 이들 기업에 대해서는 고용부담금의 산정기초인 부담기초액을 최저임금액으로 상향 조정하였다(법 제33조 제3항). 일반적인 부담기초액은 최저임금의 60%로 되어 있다.

2016년 개정 법률에 의하여 고용노동부장관은 중앙행정기관의 장과 협의하여 장애인의 고용촉진 및 직업재활을 위한 기본계획을 5년마다 수립하여야 한다(법 제7조). 기존에 기본계획수립에 관한 규정이 있었으나 개정 법률은 5년마다 기본계획을 수립하도록 하여 중기계획을 지향하면서 단기계획을 수립·평가하는 기반을 마련하였다.

(3) 장애인연금법, 장애인 활동지원에 관한 법률

1) 장애인연금법

기존에 장애인의 소득보장은 「장애인복지법」의 장애수당이 담당하였다. 그러나 장애수당은 「국민기초생활보장법」에 의한 생계급여수급자 등으로 수급자가 제한되어 있었고, 또 지극히 낮은 수준이었다(법 제49조). 즉 장애수당은 공공부조를 보충하는데 그쳤다. 예컨대 2014년 장애수당은 장애정도와 소득수준에 따라 월 2만원 혹은 4만원에 불과했다. 2010년 장애인의 소득을 보장하기 위하여 「장애인연금법」이 제정되었다.

「장애인연금법」은 장애인이 정상적인 생활을 수행하는데 필요한 비용을 보편적으로 지원하는 내용을 갖지는 않는다. 이는 수급조건에 있어서 두 가지로 나타났다. 첫째, 18세 이상의 중증장애인에 한하여 장애인연금의 수급자격이 있다. 둘째, 장애인연금을 수급하기 위해서는 소득인정액이 소득·재산·생활수준과 물가상승률 등을 고려하여 보건복지부장관이 고시하는 선정기준에 미달하여야 한다(법 제2조 제1호, 제4조, 시행령 제2조, 제4조). 장애인연금은 기초급여와 부가급여로 구성된다(법 제5조). 기초급여는 근로능력의 감소로 인하여 줄어드는 소득을 보전하기 위한 급여이다. 따라서 소득인정액과 기초급여액을 합하여 일정금액 이상인 경우에는 기초급여액은 감액 지급된다. 기초급여액은 「국민연금법」상 급여의 산정요소 중 균등부분(A값)의 5%에 해당하는 액으로 하며, 2028년까지 단계적으로 균등부분(A값)의 10%에 해당하는 액으로 인상한다(법 부칙 제4조). 수급권자와 그 배우자가 모두 기초급여를 받는 경우에는 각각의 기초급여액의 20%를 감액하여 지급한다. 기초노령연금 지급대상자에게는 기초급여를 지급하지 않는다(법 제6조). 이는 장애인연금 중 기초급여와 기초노령연금이 같은 목적을 갖기 때문이다. 부가급여는 장애로 인하여 추가로 드는 비용을 보전하기 급여이다(시행령 별표).

2014년 개정 법률을 수급권자의 범위와 관련하여 이례적인 규정을 두었다. 즉 장애인연금을 받는 사람이 18세 이상 중증장애인 전체의 70% 수준이 되도록 한다(법 제4조 제2항). 이는 「기초연금법」에서 수급권자의 범위에 관한 규정과 같은 유형에 해당한다. 「기초연금법」과 마찬가지로 공무원연금, 군인연금, 사립학교교직원 연금 등을 수급하는 자는 장애인연금 수급대상에서 제외된다(법 제4조 제3항). 개정 법률은 기초급여액의 조정에 관한 규정을 두었다. 즉 기초급여액은 전국소비자물가변동률에 따라 인상된다(법 제6조 제1항). 기초급여액은 우선 20만원으로 한다(부칙 제5조).

2) 장애인활동지원에 관한 법률

2007년 「노인장기요양보험법」이 제정되는 과정에서 장기요양에 대한 지원이 필요한 장애인을 적용대상에 포함하는 문제가 논의되었다. 그러나 장애인지원의 필요성이 인정되지만 사회보험의 방식이 적당하지 않으며, 따라서 장애인의 활동을 지원하는 별도의 법률을 제정하기로 부대결의를 한 바 있다. 이에 2011년 「장애인활동 지원에 관한 법률」이 제정되었다.

장애인활동지원의 수급자는 중증장애인에 한정된다(법 제5조). 수급자격은 지방자치단체에 설치된 장애인활동지원 수급자격심의위원회에서 정한다(법 제8조). 수급자격의 유효기간은 최소 1년 이상으로 하며, 이후 수급자격의 갱신을 신청하여야 한다. 시행령은 수급자격의 최초 유효기간을 2년으로 하였다. 연속하여 2회 이상 같은 활동지원등급으로 수급자격을 인정받는 사람의 경우에는 2회부터 3년으로 한다(법 제13조, 시행령 제15조). 지원은 활동보조, 방문목욕, 방문간호, 주간보호, 그밖의 활동지원의 형태로 이루어진다(법 제16조). 활동지원급여는 노인장기요양에 있어서와 같이 월한도액의 범위 내에서 지급된다(법 제18조). 월한도액은 기본급여와 추가급여를 더한 금액으로 한다. 기본급여는 활동지원등급에 따라 산정되며, 장애의 정도에 따라 소요되는 금액을 유형화한 것이다. 추가급여는 출산 여부, 독거 여부, 취업·취학 여부 등의 생활환경에 따른 구체적인 수요를 기준으로 산정된다. 수급자가 가족인 활동지원인력으로부터 활동지원급여를 받는 경우에는 월한도액의 2분의 1의 범위에서 지원금액을 줄일 수 있다(시행규칙 제15조).

활동지원기관을 설치·운영하려는 자는 시설 및 인력기준을 갖추고 지방자치단체의 지정을 받아야 한다(법 제20조). 활동지원은 활동보조원에 의하여 제공된다. 활동보조인으로 활동하기 위해서는 활동보조인교육기관에서 교육과정을 수료하거나, 일정한 자격을 갖추어야 한다(법 제27조). 활동지원기관이 활동지원급여를 제공한 경우 지방자치단체에 급여비용을 청구한다(법 제31조). 급여비용은 활동지원급여의 종류 및 활동지원등급에 따라 보건복지부장관이 정하여 고시한다(법 제32조). 노인장기요양보험에서와 마찬가지로 급여비용의 일부를 본인이 부담한다. 일부본인부담은 수급자와 부양의무자의 소득 및 재산에 따라 급여비용의 15%의 범위 내에서 차등화되어 있다. 비급여대상, 그리고 월한도액을 초과하는 활동지원급여에 대한 비용은 수급자가 모두 부담하여야 한다. 이에 비해서 「국민기초생활보장법」에 따른 수급자는 본인부담이 없다(법 제33조).

(4) 발달장애인 권리보장 및 지원에 관한 법률

1) 발달장애인의 특수성

2014년 「발달장애인 권리보장 및 지원에 관한 법률」(이하 '발달장애인법')이 제정되었다. 이 법은 특정한 장애를 특별히 보호하기 위한 법률이라는 특수성이 있다. 절대적으로 보면 발달장애인은 거의 모든 생활영역에서 상시, 그리고 장기간(거의 평생) 보호를 필요로 한다. 상대적으로 보면 이러한 발달장애인의 특수성은 다른 장애인, 예컨대 신체장애인에 비해서 전형적으로 나타난다.

위와 같은 이유에서 비교법적으로 보면 미국은 1990년 「장애인법(Americans with Disabilities Act; ADA)」에 앞서서 이미 1963년 독자적으로 「발달장애인법(Developmental Disabilities Assistance & Bill of Rights Act: DDAct)」을 제정하여 운영하여 왔다. 그 밖의 일부 국가에서도 발달장애인을 보호하는 독자적인 법률을 제정하여 시행하고 있다. 일본의 「발달장애자지원법」(2004)이 대표적인 예이다. 다만 이들 법률들이 기본법인 일반 장애인법과 어떠한 관계에 있는가, 특히 미국의 경우 「장애인법」이 「발달장애인법」에 비해서 후에 제정되었는데 「발달장애인법」의 내용들이 「장애인법」에 흡수되어 규율되고 있는지, 여전히 「발달장애인법」이 독자적인 의미가 있는가에 대해서는 아직 본격적인 연구검토가 이루어진 바 없다. 또 예컨대 일본의 「발달장애자지원법」과 관련해서는 이 법이 실질적인 규범력과 실효성을 어느 정도 갖추고 있는가에 대한 평가도 필요하다.[60]

2) 입법기술적 선택

우리나라에서 특정한 장애를 지원하기 위한 법률이 처음 제정되었기 때문에 이를 계기로 전체 장애인 및 장애인의 상황을 규율하는 장애인기본법을 제정하는 제안, 기존의 「장애인복지법」을 보충하는 방법과 발달장애를 보호하는 개별법을 제정하는 제안 등이 있었다.[61]

장애인기본법을 제정하는 방법은 현단계에서는 현실성이 없고, 또 규범력이 의심스러웠다. 이 경우 기본법이 방대해지고, 또 기본법을 제정하고, 기본법이

---

60) 아직 본격적인 평가에 해당한다고 볼 수는 없지만 일본 「발달장애자지원법」이 주로 선언적 성격을 갖는 규정들로 구성되어 있다는 지적에 대해서는 윤희봉, "일본의 발달장애자지원법에 관한 고찰", 특수아동교육연구 제14권 제4호(2012), 299면 참조.

61) 이에 대해서는 전광석, "장애인정책과 입법방법론 – 발달장애인법안을 중심으로", 저스티스 137호(2013.8), 109면 이하 참조.

실효성을 갖기 위해서는 장애범주 사이에, 그리고 생활위험 간에 보호의 필요성 및 우선순위, 그리고 현실적인 보호의 가능성을 기준으로 종합적인 점검이 필요했다. 재정부담의 문제도 검토되어야 한다. 이와 같이 다양한 쟁점에 대한 합의가 쉽지 않기 때문에 기본법을 제정하는 작업이 지체될 수 있다. 이는 장애인차별금지를 위하여 일반 차별금지법을 제정하는 안이 현실성이 없었던 것과 같은 맥락이다. 기본법이 제정되더라도 대부분의 경우 정책프로그램을 보충하고, 이를 선언적으로 규정하는 형태로 이루어질 우려가 있었다. 이 경우 법률은 기본적으로는 추상적인 합의의 결과이며, 구체적인 합의는 완전히 개방되거나 다른 규범형식에 의한 결정에 유보될 가능성이 높았다. 「장애인복지법」은 기본이념으로서 사회참여와 평등의 관점을 강조하고(법 제4조), 보호의 방법으로서 의료와 재활 이외에 고용과 교육, 생활안정 등을 보충하여 왔다(법 제1조). 그러나 실질적인 변화는 행정적 결정에 유보되거나 아니면 「장애인복지법」의 기본이념을 구체화하는 개별 법률의 제정에 의하여 비로소 실현되었다. 결국 기본법 개정이 정책적 의미는 있겠지만 규범적 의미가 뒤따르지는 않았다는 것이 그 동안의 경험이었다.

「장애인복지법」을 개정 혹은 보충하여 발달장애인을 특별히 지원하는 방법에서는 기본법이 갖는 한계가 그대로 남는다. 이는 예컨대 「장애인복지법」에서 중증장애인과 여성장애인에 관한 규정(법 제6조 및 제7조)과 같이 발달장애인을 특별히 보호하는 선언적 규정을 두거나 혹은 기본적인 정책 및 복지조치에 관한 장(법 제2장 및 제3장)에서 발달장애인의 특수성을 강조하는 형태가 될 것이다. 그러나 이러한 형태의 개정 혹은 보충은 발달장애인의 특수성을 배려하는 규범적 기초가 될 수 없다. 이 경우 해당 조문의 내용이 추상적이며, 이러한 조문을 근거로 국가 혹은 지방자치단체의 구체적 배려의무 혹은 개인의 국가 및 지방자치단체에 대한 구체적인 청구권을 도출할 수는 없기 때문이다. 다만 이러한 추상적인 선언이 국민 일반에게 발달장애에 대한 인식을 제고하고, 또 정치적 및 정책적으로 입법권과 행정기능을 촉진하며, 발달장애인 혹은 일반 국민이 기존의 법률 및 행정상황을 비판적으로 검토하는 계기가 될 수는 있었을 것이다.

발달장애인을 보호하는 법률을 제정하는 방법은 실체법과 절차법, 그리고 조직법적으로 근본적인 새로운 구상에 기초하여 발달장애인의 특수성을 배려할 수 있다는 점에서 바람직하다. 다만 이 경우 다음과 같은 몇 가지 점에 대한 검토가 선행되어야 한다. 그렇지 않을 경우 입법 그 자체의 정당성에 의문이 제기되고, 또 집행에 있어서도 어려움이 발생할 수 있다.

첫째, 기존의 「장애인복지법」 및 「장애인차별금지법」에서 발달장애인의 특수성을 반영할 수 없는 상황이 종합적으로 분석·평가되어야 한다. 이는 규범과 현실에 대한 충실한 이해, 그리고 규범과 현실의 상호작용을 검토하는 작업이다. 사실 이러한 선행작업은 개별 법률을 개정하는 경우에도 필요하지만 새로운 법률을 제정하는 경우 더욱 필요하다. 둘째, 기존의 법률을 개정하는 경우에는 장애인법의 입법유형을 유지하면서 개별적이고 부분적인 보충을 하기 때문에 발달장애인에 특유한 규정의 실체법적 정당성과 실효성에 대한 논의가 필요하다. 이에 비해서 발달장애인법을 새로이 제정하는 방법은 입법유형의 정당성에 대한 문제를 제기한다. 즉 왜 기존의 유형 내에서의 개정으로는 입법목적을 달성할 수 없으며, 새로운 유형, 즉 특정한 종류의 장애를 대상으로 하는 입법이 필요한가에 대한 설명이 필요하다. 셋째, 새로운 입법유형의 도입으로 인하여 장애인법 및 전체 법체계 간의 체계정합성의 문제가 발생한다. 하나의 유형에서 추구하는 목적과 목적을 실현하는 수단 등이 다른 유형에서 변형을 겪을 때 그 자체가 평등에 위반되는 것은 아니지만 평등심사를 극복하기 위해서는 그 정당화 사유가 제시되어야 한다.

3) 발달장애인법의 제정과 시행

위와 같은 방법론에 대한 논의 끝에 2014년 「발달장애인법」이 제정되었다. 발달장애인은 「장애인복지법」상의 지적장애인, 자폐성장애인 등을 말한다(법 제2조 제1호). 다른 장애인법과의 관계에서 「발달장애인법」이 우선적으로 적용된다(법 제7조). 발달장애인의 권리와 관련하여 특히 발달장애인의 자기결정권이 보장되어야 하며, 성년후견제를 이용할 수 있도록 지원한다(법 제8,9조). 발달장애인의 형사·사법절차에서의 권리를 보장하기 위하여 발달장애인지원센터의 직원 등이 법원의 심리과정에서 보조인이 될 수 있으며, 법원은 발달장애인을 증인으로 심문하는 경우 발달장애인과 신뢰관계에 있는 자를 동석하게 하여야 한다(법 제12조).

발달장애인은 본인 혹은 보호자의 신청에 의하여 장애인을 지원하기 위한 다른 법률에 의한 서비스를 신청하여야 한다(법 제18조). 「발달장애인법」은 개인별 지원계획을 도입하였다. 신청에 의하여 지방자치단체의 장은 지역발달장애인지원센터에 개인별 지원계획의 수립을 의뢰하여야 하며, 지역발달장애인지원센터의 장은 당사자 및 그 가족의 특성을 고려하여 서비스의 내용, 방법 등이 포함된 개인별 지원계획을 수립하여야 한다. 이는 지방자치단체의 장의 심사를 거쳐 승인을 받은 후 효력을 갖는다(法 제19조). 발달장애인에게 재활 및 발달지원, 고용 및 직업훈련지원, 평생교육지원, 문화·예술·여가·체육활동 등 지원, 소득보장, 거주시설·주간활동·돌봄지원 등의 조치가 취해진다(법 제24조 이하).

「발달장애인법」이 개인별지원계획제도를 도입한 것은 발달장애인은 생활의 전체 국면이 지원을 필요로 한다는 점에서 적합하다. 그러나 이에 관한 규정이 구체화되지 않았기 때문에 그 실효성은 의문이다. 또 대부분의 지원이 선언적 규정으로 되어 있어, 「발달장애인법」을 독자적으로 제정한 취지가 상실되어 있다. 구체적인 기준과 내용이 결여되어 있는 소득보장에 관한 규정(法 제28조)이 대표적인 예이다.

제 6 절 정 리

2007년 이후 시기는 미국에서 진원(震源)하였지만 전세계에 영향을 미친 재정위기를 배경으로 변화하는 경제 및 사회적 환경에서 사회보장법이 대응하고 또 적응하는 과제를 갖고 출발하였다. 전세계적인, 그리고 우리에게도 영향을 미친 재정위기는 사회보장재정과 관련하여 지속가능성을 점검하는 계기가 되었다. 그런데 사실 지속가능성의 관점에서 사회보장을 점검하는 문제가 새로운 것은 아니었다. 서구 선진복지국가를 중심으로 보면 재정의 지속가능성은 1980년대 이후 지속적인 정책의제였고, 동시에 정치문제였다. 재정위기보다 중요한 문제는 제도의 위기였다. 즉 사회보장제도에 부과된 기능에 의문이 제기되었다. 이는 2007년 「국민연금법」의 개정을 둘러싼 논의과정에서 본격적으로 사회문제가 되었다. 제도의 위기는 이중으로 닥쳐왔다. 첫째, 1998년에 이어 2007년 연금수준이 낮아지면서 국민연금이 노후에 소득을 충실히 보장할 수 없다는 점은 뚜렷해졌다. 둘째, 국민연금이 보편적인 소득보장을 위한 제도로 기능하기 위해서는 모든 국민, 적어도 모든 소득근로자가 국민연금에 가입하고 노후에 연금을 지급받을 수 있어야 한다. 그런데 이 시기에 전일제, 종신, 그리고 정규직의 전통적인 고용유형이 보편성을 상실하고 시간제 근로자, 비정규직근로자의 비중이 점점 높아갔으며, 이들이 국민연금의 가입대상에서 제외되면서 국민연금의 보편성은 실현되기 어려웠다.

이는 다음과 같은 과제를 부과하였다. 즉, 국민연금과 같이 기초소득을 보장하는 제도가 보장의 공백을 남겼기 때문에 개인은 다른 생활관계에서, 혹은 다른 사회보장제도에 의하여 노후소득을 보충할 수 있어야 한다. 예컨대 고용관계에서 최저임금 등을 통하여 현재의 기본적인 생활이 보장되고, 또 이에 기초하여 미래의 복지기대가 형성되어야 한다. 이를 위하여 가장 기본적으로는 모든 개인이 고용에 평등하게 접근할 수 있어야 한다. 이로써 노동법의 사회(보장)적 기능이 다시 주목을 받았고, 「고용보험법」은 기존의 구직급여에 집중하였던 기조에서 벗어나 능동적 및 적극적 노동시장의 과제를 다시 주목하여야 했다. 사회보장에 있어서는 노후소득보장이 다원화되어야 했다. 이에 기초(노령)연금이 도입되었으며, 기초연금은 국민연금 및 노후소득과의 관계에서 기능·협력하도록 설계되어야 했다.

1977년 「의료보험법」은 처음부터 낮은 보험료 부담과 낮은 급여를 지향하였다. 이는 복지의 관점에서 보면 문제가 있었지만 모든 국민을 의료보험에 포섭하기 위해서는 필요한 선택이었다. 1988년 시행된 국민연금은 1998년과 2007년의 개정을 거치면서 복지의 사고는 어느 정도 희생되었다. 현실적으로는 국민연금은 '낮은 수준의 평등한 복지'를 지향하고, 위에서 서술한 기초연금 혹은 개인의 자기결정에 의한 복지배려가 보완되어야 했다. 이로써 복지를 실현하는 국가의 과제는 더욱 복잡해졌다. 국가는 다층적 및 다원적 차원에서 기능적으로 협력·보충하도록 제도를 형성하고, 또 이를 사후 평가하면서 지속적으로 진화시켜야 하기 때문이다.

이 시기에 빈곤문제 역시 새로운 양상을 띠었다. 근로빈곤이 널리 퍼지게 되었고, 노인빈곤률은 거의 50%에 이르렀다. 이로써 빈곤문제가 더 이상 주변적인 사회문제가 아니라 사회보장의 중심에 위치하게 되었다. 2014년 개정 「국민기초생활보장법」은 빈곤의 이해에 있어서 기존의 절대적 빈곤 대신 상대적 빈곤의 개념으로 전환하였다. 이로써 기초생활보장에서 평등의 이념이 보충되었다. 또 개별급여별로 독자적인 선정기준을 적용하였으며, 자활급여를 강화하였다. 이밖에 기존에 기초생활보장에서 비현실적인 부양의무기준 및 재산기준을 적용하였기 때문에 넓은 사각지대를 남겼으며, 이 문제에 대한 전향적인 입법과 집행이 필요했다. 빈곤문제에 있어서도 국가의 과제는 복잡해졌다. 모든 국민에게 최저생활을 보장하는 방법론이 다원화되었기 때문이다. 국가는 1차적으로 능동적인 지원을 통하여 수급자가 스스로의 능력으로 최저생활을 할 수 있도록 지원하여야 한다. 이를 위하여 국가는 수급자의 직업 및 직업능력훈련을 강화하고 적극적으로 취업을 알선하여야 한다. 그리고 이에 필요한 하부구조 및 프로그램을 충실히 갖추어야 한다. 또 취업상태가 유지될 수 있도록 배려하여야 한다. 보다 근본적으로 보면 능동적 지원을 통하여 최저생활을 보장하기 위해서는 교육 등 고용 이외에 분야에서 최저생활에 필요한 조건을 갖추도록 지원의 범위를 확대하여야 한다.

낮은 수준의 '평등한 복지'는 '다원적' 및 '다층적' 협력과 보충을 필요로 한다. 이 시기 진행된 장애인입법을 중심으로 보면 다음과 같은 세 가지 관점에 대한 인식이 필요했다. 첫째, 평등이념이 실현되는 지평은 거의 제한이 없다. 그러나 평등의 이념을 제한 없이 확장하여 실현하는 요구를 정책 및 규범이 일시에 그리고 모든 생활영역에서 충족할 수는 없다. 따라서 정치적 및 정책적 선택의 과정을 거쳐야 하며, 그리고 이에 상응하는 입법형성이 필요하다. 정치적 선택이 결정되고, 또 정책적 실현의지가 갖추어진 경우에는 규범은 객관적으로 구체적이어야 하며, 주관적으로 권리의무관계를 명확히 할 수 있도록 형성되어야 한다. 이에 비해서 정치적 배려 및 정책능력 및 의지가 아직 성숙되지 않았을 경우에는 추상적인 선언의 형태에 머물고, 또 개별적인 법률관계에 기초하여 권리와 의무가 형성되는 단계에 이르지는 못한다. 이 시기에 제정된 「장애아동지원에 관한 법률」, 「발달장애인법」 등이 이에 해당하는 예이다. 둘째, 지난 시기에 이미, 그리고 이 시기에 국민의 복지의식과 욕구는 증가하였지만, 특정한 제도가 이러한 의식과 욕구를 따라갈 수는 없었다. 예컨대 「장애인연금법」이 중증장애인을 적용대상으로 하였지만 이들의 소득을 충실히 보장하는 데에는 한계가 있다. 따라서 장애인의 소득보장을 특유한 목적으로 제정된 법, 즉 「장애인연금법」은 장애인의 그밖의 수요를 보호하는 법과 기능적으로 협력할 수 있어야 한다. 예컨대 장애인고용 및 활동에 대한 지원이 충실해지면서 소득보장의 부담은 그만큼 줄어들게 될 것이다. 셋째, 장애인입법은 일반적인 사회보장법 혹은 세법과의 연계 속에서 기능적으로 보충되어야 한다. 국민연금, 기초연금 등이 장애인에게 기초급여를 지급할 수 있다면 「장애인연금법」은 장애인의 특유한 비용지출을 집중적으로 보호하는 데 충실할 수 있다.

제9장 다가오는 시대, 시대를 뒤돌아보며

제1절 국가의 과제, 실현 수단의 다원성·다층성과 협력관계

1980-90년대를 거치면서 거시적으로 사회보장의 의제는 정치과정에 편입되었고, 사회보장법의 미시적인 법률관계들은 개인의 생활형성에 중요한 영향을 주는 요소로 발전하여 왔다. 1990년대 후반 이후 사회보장, 혹은 복지국가에 관한 공론의 장은 외재적으로는 세계화, 재정의 위기, 내재적으로는 복지의 보편성과 선별성, 같은 선상에서 국가이념에 관한 근본적인 논의를 수반하였다. 특히 우리나라의 경우 1990년대말 외환위기라는 특수한 배경에서 사회보장은 국가과제에 전면적으로 편입되었다. 사회보장은 명확히, 그리고 돌이킬 수 없이 전체 국민의 문제였고, 국가의 중요 과제이며, 또 경제 및 재정 위기를 극복하기 위한 전제조건이었다. 좁은 범위의 사회적 연대와 전체 국민을 포괄하는 국민적 연대가 공존하게 되었다. 이와 같은 과정을 거치면서 지난 수십년 동안 형성된 복지국가의 거시구조와 미시적 법률관계는 이미 어느 정도 생활유형으로, 그리고 생활문화로 정립되어 있다. 다가오는 시대에 국민 모두에게 인간다운 생활을 보장하는 국가의 과제가 정치과정의 중심에 위치해 있을 것이다.

국가과제에 대한 근본적인 인식의 변화는 이미 나타나고 있다. 첫째, 국민연금을 통하여 국민의 노후소득을 전체적으로 보장하는 것은 처음부터 제도의 목표가 될 수 없었으며, 1990년대 이후 새로운 상황에서 이러한 진단은 더욱 뚜렷해졌다. 이에 국민연금에 의한 보장의 공백이 메워져야 한다. 국민연금이 노후소득보장을 위하여 다른 제도에 의하여 보충되어야 한다는 점은 처음부터 인식되었으나 국민연금이 지급되면서, 그리고 국민연금의 급여수준을 낮추는 개정을 하고, 또 일반적으로 복지의식이 성장하면서 훨씬 복잡한 과제가 되었다. 보장의 공백을 판단하는 기준은 무엇인가, 이들을 포괄적으로 보호할 것인가, 집단의 특성을 기준으로 선별적으로 보호할 것인가, 이들의 구체적인 수요를 개별적으로 보호할 것인가, 추상적으로 보호할 것인가 등의 문제에 대한 구상과 정책결정이 필요하기 때문이다. 둘째, 건강보험 및 국민연금과 같은 기본적인 제도가 재정적 한계로 인하여 기능이 제한적이기 때문에 국가는 기본제도가 보장할 수 없는 개별적인 수요를 구체적으로 보호하는 방법을 개발하는 과제를 갖게 되었다. 보편적인 서비스가 중요한 역할을 할 것이라는 점은 쉽게 예상할 수 있다. 이를 목적에 충실하게 규범화하고, 또 이에 필요한 인적 및 물적 요건이 정비되어야 한다. 이때 특히 대인적 서비스에 관한 미시적 법률관계에 있어서 당사자의 참여와 자유를 존중하여 자율성을 보장하는 것은 또 다른 과제이다. 셋째, 사회보장제도 자체의 기능적 및 재정적 한계를 고려하면 개인에게 자율적인 배려의 가능성을 지원하여 복지기능을 분산하는 것은 필연적인 발전방향이다. 다만 이 경우에도 국가의 과제가 축소되는 것은 아니다. 국가는 여전히 이와 같은 자율적인 결정이 사회보장의 목적에 충실하게 기능할 수 있도록 입법 및 집행단계에서 지원하고, 그 실효성을 관찰·감독하고, 보충하여야 하기 때문이다.

다원적 및 다층적 구조에서 복지를 실현하는 국가의 과제에서 보면 기능 상호 간의 관계에 대한 이해는 필수적이다. 이때 비로소 전체적으로 사회보장법에 의한 분배와 재분배의 상황을 이해하고, 입법목적을 기준으로 평가할 수 있으며, 이에 기초하여 입법개선의 필요성을 인식하고, 실현할 수 있기 때문이다. 이를 실현하는 방법에 대한 전체적인 구상은 아직 존재하지 않으며, 다가오는 시대의 도전적 과제이다.

제 2 절 시대를 뒤돌아보며

사회보장법의 역사는 사회보장의 전개를 시대적으로 충실히 서술하는 필수적인 부분이며, 동시에 일반역사를 구성하는 부분역사이다. 이는 사회보장법이 사회보장 및 일반역사에 편입되어 서술될 수 있을 때 시대에 대한 설명능력을 가질 수 있는 의미가 있다. 보다 일반적으로 보면 법학연구는 법의 역사를 필수적인 구성부분으로 한다. 기존 법률은 시대의 변화에 따라서 생명력을 유지하기 위하여 필연적으로 개정되어야 하며, 이와 같은 개정의 계기를 이해하지 않고 법률의 내용을 충실히 파악할 수는 없기 때문이다. 또 법이 제정 혹은 개정되는 배경이었던 구체적인 상황을 파악할 수 없다면 추상적 규범을 설명하는 이론이 형성될 수도 없다. 이 점에서 법학연구는 (적어도 부분적으로는) 과거지향적이다. 그러나 지나간 시대의 사실을 있는 그대로 서술하는 것은 가능하지도 않으며, 또 역사서술이 역사 그 자체를 따라가기는 벅차다. 이와 같은 한계를 인식하면 사회보장법의 역사서술은 시대를 바라보는 현재의 관점을 유지할 수 있을 때 의미를 갖는다. 과거가 존재론적 실체는 아니며, 관점에 따라서 서술하고 그러한 관점들이 경합하면서 비로소 '과거의 현재'에 가까워질 수 있기 때문이다. 그리고 이때 현재의 관점은 서술의 대상인 과거에 접근하고 현재와의 관계에서 역사를 이해·설명하는 기준이 된다. 우리의 경우 이 점에 있어서도 사회보장법의 역사 연구가 아직 지체되고 있으며, 또 연구인력이 부족한 것은 역사 자체를 부분적으로나마 이해하는 데 심각한 결함이다.

위와 같은 학문적 인식과 연구상황이 지체되는 경우 역사서술은 역사 그 자체에 충실하지 않고 목적론적으로 기울어질 위험도 있다. 시대구분의 기준에서 보면 특정한 시대의 상대성과 특수성이 사라질 수도 있다. 예컨대 시대구분의 기준으로 제시한 복지와 평등의 관점은 역사연구자가 사료를 분석하고 과거를 재구성하는 의미를 가지며, 역사서술은 이때 비로소 실존적 현재와 연계될 수 있다. 이에 비해서 현재의 관점에서 과거를 선별적으로 관찰하는 방법은 충실한 역사서술에 장애가 된다. 이때 역사서술은 현재의 (정책적) 목적을 위하여 도구화될 우려가 있기 때문이다. 따라서 역사연구자는 과거에 자신을 위치시키고 객관적으로 관찰하는 태도를 유지하여야 한다. 이때 역사연구는 현실의 정책적 판단에 있어서 직접적이고 구체적인 처방을 암시하거나 혹은 교훈을 줄 수는 없어도 논의의 지평을 제시하고 규범과 문제에 대한 이해에 단서를 제공하는 기여를 할 수 있다. 그러나 과거의 역사로부터 현재의 사회문제를 해결하기 위한 당위적 규범을 획득하는 것은 무리이다. 당대의 사회문제를 극복하는 것은 역사의 본질에서 보면 불가능하다. 새로운 사회문제가 출현하고, 또 기존의 사회문제는 계속 새로운 형태를 띠어가기 때문이다. 이 점에서 역사 서술은 본질적으로 '미완성'이며, 사회보장법에 관한 이 연구 역시 완성된 서술이 될 수 없다.

이 점에서 보면 "역사는 앞으로 어떠한 일이 일어날 것인지 설명해줄 수 없으며, 단지 우리가 해결하려고 하는 문제를 말해줄 수 있을 뿐이다"라는 명제도 사회보장법의 역사에 관한 한 지나친 기대이다.[1] 오히려 역사서술의 효용성은 다음과 같다. 즉, 역사서술은 현재의 상황을 접근하는 문제구조를 제시해 줄

1) 이러한 명제에 대해서는 에릭 홉스봄, 역사론, 강성호 옮김(민음사, 2002), 69면 참조.

수 있다. 낮은 수준의 평등한 복지의 구조, 노동과 자본, 그리고 노동과 빈곤에 이어 노동(정규직)과 노동(비정규직)의 긴장관계, 사회적 및 국민적 연대의 이념적 및 제도적 협력과 긴장관계, 유형화된 추상적 보호와 개별적이고 구체적인 보호를 위한 방법론의 분화 등이 과거의 역사서술이 우리에게 전해주는 문제구조들이다.

사항색인

[ㄱ]

가급연금　227
가산점제도　360
가족　96
간접세　19
간접차별　356
간주부양비제도　312, 374
갑근세 면세점　179
강제예탁　327
개별연장급여　304
거택보호대상자　240
건강검진　322
건강보장률　297
건강보험정책심의위원회　320
건강보험제도 도입을 위한 연구회　100, 140
건강진단　267
결정적 계기(epochal moment)　85
경로연금　288, 327
경로의존성(path dependency)　45, 77
경제기획원　200
경제사회발전 5개년계획　192
경제적·사회적 및 문화적 권리에 관한 인권 규약　192
경제질서　51, 248
경제협력개발기구(OECD)　254
경찰원호법　166
계약지정방식　156
고령사회　334
고령자고용촉진법　288
고용보험 및 산업재해보상보험의 보험료 징수 등에 관한 법률　305
고용보험법　21, 269, 302
고용부담금　291
고용안정사업　271
고용에 의한 복지생산　372
고용을 매개로 한 복지생산　372
고용장려금　291
고용지원금　291
공공자금관리기금법　232, 327
공무원노동조합　392
공무원 및 사립학교교직원 의료보험법　210
공무원연금　332
공무원연금관리공단　234
공무원연금법　129, 162, 233
공무원재해보상법　394
공중보건　24
광역조합방식　210
교육급여　385
교육보호　239
교육지원　384
교통약자의 이동편의증진법　291, 351
구빈법(Poor Law)　27
구호법(救護法)　123
구호준칙　125
구호준칙 3C호　125
구호행정　122
국가공무원법　130
국가유공자 등 예우 및 지원에 관한 법률　283
국가유공자 등 특별원호법　237
국가유공자 및 월남귀순자 특별원호법　168
국가유공자보상　34
국가유공자 예우 등에 관한 법률　237
국가인권위원회　357
국가인권위원회법　351
국민건강보험공단　319
국민건강보험재정건전화특별법　320
국민건강제도(NHS)　200
국민건강증진기금　323
국민기초생활보장법　21, 107, 306
국민기초생활보장법 제정추진연대　300
국민복지연금법　101, 176, 178, 222
국민복지연금실시준비위원회　212, 214
국민복지연금 특별회계법　182
국민복지최저선(National Minimum)　252
국민생활보장법　127

국민연금 8대 비밀 368
국민연금과 직역연금의 연계에 관한 법률 397
국민연금관리공단 230
국민연금기금운용위원회 216, 223, 230
국민연금법 105, 212
국민의료보험관리공단 318
국민의료보험법 318
국민의료보험법안 265
국민투자기금법 182, 232
국세청 200
국제노동기구 138
국제법 54
국제연합 헌장 137
국제장애인의 해(International Year of Disabled Persons) 243
국제통화기금(IMF) 301
군사원호대상자고용법 167
군사원호대상자임용법 167
군사원호대상자정착대부법 168
군사원호법 166
군사원호보상급여금법 168
군사원호보상법 167
군사원호특별회계법 168
군인 134
군인연금 234
군인연금법 163, 165
귀속재산 불하 117
그리스 366
근로기준법 127
근로복지공단 282
근로연계복지 295
근로유인 22, 309, 315, 388
기금운용실무평가위원회 328
기본급여 271
기본보험료 262
기본소득(basic income) 380
기본연금 225
기업경영참여 115
기준 중위소득 383
기초노령연금법 330, 378
기초연금법 20, 84, 381
긴급조치 191

[ㄴ]

남녀고용평등과 일·가정 양립지원에 관한 법률 305
남녀고용평등 및 일·가정 양립지원에 관한 법률 17
남북접촉에 즈음한 남북사회정책의 이념 및 기조에 관한 비교고찰 보고서 194
납부 예외 329
넓은 의미의 사회보장법 8
네덜란드 110, 372
노동부 236
노동자연금보험(후생연금) 177
노동자재해보상보험법 404
노령수당 220, 242, 287
노령수령 233
노사정위원회 317
노인 32
노인복지대책위원회 287
노인복지법 20, 242, 336
노인빈곤 368
노인빈곤률 376
노인의료비 335, 395
노인장기요양보험법 20, 299
노인치매 361
노인학대 361
농민노령보장제도(Alterssicherung der Landwirte) 258
농어촌 국민연금 257
농어촌특별세관리특별회계 259
농지개혁 117
능력비례보험료 262

[ㄷ]

대불(代拂)제도 206
대통령긴급명령 제15호「경제의 안정과 성장에 관한 긴급명령」 184
대한민국 어린이헌장 172
대한의학협회 198
독립유공자예우에 관한 법률 283
독일 335, 337, 346, 350, 352, 404
등급판정위원회 339, 345

[ㅁ]

막스(Karl Marx) 10
맞춤형복지 382
명백성통제 48
무갹출연금 220
무상으로 진료받을 권리 194
문재인 케어 397
미국 413
민주주의 50, 93

[ㅂ]

바이마르 헌법 115
반환일시금 216, 221
발달장애인 414
발달장애인 권리보장 및 지원에 관한 법률 413
발달장애인법(Developmental Disabilities Assistance & Bill of Rights Act: DDAct) 413
발달장애자지원법 413
방면위원제도(方面委員制度) 124
법실증주의 26
법정급여 202
법정비급여 203
보건사회부 200, 209
보이지 않는 손 13
보충성의 원칙 6
보편성의 원칙 306
복지 3대입법 214
복지예산 296
본인부담금보상제도 322
본인일부부담 203
부가급여 202
부과방식(pay-as-you-go) 44
부양의무 170
부양의무자 284
북한 헌법 194
분할연금제도 326, 393
blame avoidance 25
비공무상 장해연금 394
비버리지보고서(Beveridge-Report; Social Insurance and Allied Services) 100
비스마르크(Bismarck) 199
비취업 수급자 309

[ㅅ]

사각지대 311, 373
사기업에서 근로자의 이익분배균점권 115
사내복지(기업복지) 190
사례관리(case management) 382
사립학교교원연금법 185
사회과학 62
사회민주주의 복지레짐 375
사회발전 및 개발에 관한 선언(Declaration on Social Progress and Development) 192
사회법전 340
사회보상 34
사회보장 276
사회보장기본법 105, 274
사회보장심의위원회 144, 149, 277
사회보장에 관한 법률 68, 157
사회보장에의 권고(Wandel Report, 1948) 121
사회보장제도심의위원회 139
사회보장청 223
사회보장 최저기준에 관한 협약 제102호 100, 202
사회보험 보험료 통합징수제도 407
사회보험재정 43
사회복지전문인력 285
사회안전망 296
사회적 모델 243
사회적 위험(new social risks) 81
사회적 입원 335
사회통합 365
사회투자국가 95, 295, 296, 297
산업재해보상보험 및 예방기금 358
산업재해보상보험 및 예방심의위원회 400
산재보험법 151, 158, 234
삶의 질 세계화 65
3금조항 254
3대 복지입법 251
3저호황 251
상대가치점수의 점수당 단가 321

상대적 빈곤의 개념 383
상대적 특수성 90
상병보상연금 236
상호주의 261, 276
새로운 빈곤(new poverty) 80
생산적 복지 255, 295, 296
생활보호대상자 중학교 과정 수업료 지원규정 239
생활보호법 169, 239
선별적 복지의 확대 99
선지원 후구상(先支援 後求償) 312
성인남성 부양자에 대한 소득보장(male breadwinner model) 32
성인 남성이 부양하는 가족(male breadwinner model) 371
성장과 분배의 불균형 189
세계보건기구(WHO) 243
세계은행(World Bank) 301, 324
세계인권선언 137, 192
세계화 254, 295
세법 17
소규모 자작농 117
소득공제 18
소득월액보험료 394
소득인정액 306
소득재분배 69
소득파악율 317, 325
소득환산율 308
손해발생의 추정 357
순직공무원 391
슈몰러(Gustav Schmoller) 37
스웨덴 110, 372
시대구분 89
시설보호대상자 240
시장 13
시장의 내재적 한계 4, 13
신자유주의 253, 295
신체장애인의 권리선언 243
신한국건설 254
실업 39
실업급여 271
실업률 297
실업보험 114, 268
실업부조법 22, 386
실업크레딧 399
심신장애자복지법 242

[ㅇ]

아동 31
아동권리선언(declaration on the rights of children) 172
아동노동법규 121
아동복리법 149, 171
아동복지법 241
아동학대범죄의 처벌 등에 관한 법률 408
안티국민연금 368
여성 96
역사 전체(histoire totale) 74
연금개혁(Rentenreform) 44
연금기금 326
연금분할청구권 331
연금수급연령제도 131
열린네트워크 355
예방급여 41
예방요율제도 400
예방우선의 원칙 342
외국인 260, 276, 310, 330, 382
외환위기 295
요양급여기간 266
요양취급기관 203, 208
우리 공동의 미래(Our Common Future) 51
원호대상자직업재활법 168
월한도액 343, 346
위생국 설치에 관한 건(1945.12) 121
위험순직공무원 390
위험직무순직공무원 391
유신헌법 191
유연안정성(flexicurity) 372
유족특별급여 236
육아휴직급여 305
은사진휼자금 궁민구조 규정」(恩賜賑恤資金 窮民救助 規程) 124
의료급여 384
의료급여법 320
의료보장 10개년 계획 192, 196

의료보장쟁취공동위원회; 의보공위 252
의료보험 195
의료보험법 102, 154, 161
의료보험법안 146
의료보험 실시계획 192
의료보험조합 205
의료보호법 205
의료보호에 관한 규칙 196
의사협회(AMA) 195
이혼시 재산분할청구권 326
인간다운 생활을 할 권리 247
인적 자본(human capital) 375
인지적 장애 347
1948년 헌법 113
일반역사 74
일본 335, 337, 340, 346, 404, 413
일제청산 117
임금변동순응률제도 235
임금피크제 304
임신·출산 진료비 396
임의계속가입자 322
입증책임의 분배 357

[ㅈ]

자녀양육 370
자녀양육지원 43, 331
자영인소득파악위원회 317
자활급여 21, 309, 386
자활보호 239, 377
자활보호대상자 240
자활사업 286
자활지도사업에 관한 임시조치법 171
장기요양급여비용 등에 관한 고시 344
장기요양인정서 344
장애 33
장애등급제 409
장애수당 353
장애우권익문제연구소 355
장애인 340
장애인고용공단 410
장애인고용의무 290, 353
장애인고용촉진 등에 관한 법률 289
장애인고용촉진 및 직업재활법 351
장애인권리협약(Convention on the Rights of Persons with Disabilities) 351
장애인·노인·임산부 등의 편의증진보장에 관한 법률 291
장애인 등에 대한 특수교육법 351
장애인법(Americans with Disabilities Act; ADA) 413
장애인복지법 289
장애인연금법 411
장애인의무고용률 354
장애인재활 10년선언 243
장애인정책 98
장애인차별금지법(ADA; Americans with Disabilities Act) 354
장애인활동 지원에 관한 법률 412
장애인활동지원에 관한 법률 340
장해특별급여 236
재가급여 우선의 원칙 342
재산환산률 313
재정위기 109
재정자금운용법 131
재정통합 319
재해보상 38, 128
재해부조금 281
재활 41
저출산 369, 370
저출산고령사회기본법 370
적립방식(capital funding) 44
적절성 및 개별성의 원칙 342
전국경제인연합(전경련) 197
전국의료보험대책위원회(전의대) 252
전국종합경제회의 139
전몰군경유자녀보호법 167
정당한 편의제공 357
정리해고 268
정부보증 333
정신지체인의 권리선언 243
정치적 및 시민적 권리에 관한 인권규약 192
조건부 수급자 309
조기재취업수당 303
조선광부노무부조규칙 128

조선광업령 128
조선구호령 1, 99, 123, 169
조선임시약헌 119, 267
조합방식 199
좁은 의미의 사회보장법 7
종합적인 보호의 원칙 342
주거급여 313, 384
주거급여법 24
주체사상(主體思想) 194
중증장애인 289
중증장애인 2배 카운트제도 410
지속가능성 300
지속가능한 발전(sustainable development) 51
직업능력개발사업 271
직장존속보장청구권 11
직장폐쇄 11
직접차별 356
진폐근로자 402

[ㅊ]

차등보호제도 285
차상위자 309, 310
참여민주주의 300
체계정당성 55
최고보상기준금액 359
최고회의 의장 지시각서 141
최저구직급여제도 303
최저보상기준금액제도 359
최저보상 산정기준 고시제도 235
최저생계비 276, 285, 307
추후납부 329
출산지원제도 323
출퇴근 재해 403
취업빈곤층 314
취업 수급자 309
취직촉진수당 271
치매 288, 346

[ㅌ]

탈빈곤 47
탈상품화(de-commodification) 375
탈수급 47
통시적 요소 89
통합방식 208
퇴직금 213, 218, 270
퇴직금전환금 229, 328
퇴직금제도 12
퇴직급여 22
퇴직수당 278
특별연장급여 304
특수형태근로종사자 401

[ㅍ]

파견근로제 297
87년 체제 249
평등의 확대 99
평등한 복지 97, 98
포괄수가제 323
포괄위임 333
표준장기요양이용계획서 344
PL 480 122

[ㅎ]

한국개발연구원(KDI) 214
행위별 수가제 323
행정입법 71
헌법 53
헌법재판소 249
후생국보 3C호 121
휼구규칙(恤救規則) 123

저자 소개

〔약　력〕

연세대학교 법과대학 및 동대학원(법학사, 법학석사)
독일 뮌헨대학교 법과대학(법학박사)
한림대학교 법학과 교수
한국공법학회 학술장려상(1994년 헌법 분야) 수상
헌법재판소 연구위원
헌법재판소 헌법재판연구원장
한국사회정책학회 회장, 한국헌법학회 회장, 한국사회보장법학회 회장, 한국헌법판례학회 회장, 한국공법학회 부회장
현재 연세대학교 법학전문대학원 교수

〔저　서〕

Das Recht der sozialen Sicherheit und seine verfassungsrechtlichen Rahmenbedingungen in der Bundesrepublik Deutschland und in der Republik Korea(Nomos, 1990)
복지국가의 기원(역)(교육과학사, 1992; 법문사, 2005)
사회보장법학(한림대출판부, 1993)
독일사회보장법론(법문사, 1994)
법학개론(공저)(박영사, 1995, 전정2판 2013)
환경오염의 법적 구제와 개선책(공저)(소화, 1996)
한국 가족정책의 이해(공저)(학지사, 1996)
한국사회보장법론(법문사, 1997; 제12판, 집현재, 2019)
한국의 노동법 개정과 노사관계(공저)(한국노동연구원, 2000)
헌법판례연구(법문사, 2000)
판례헌법(공저)(신조사, 2002)
국제사회보장법론(법문사, 2002)
독일사회보장법과 사회정책(박영사, 2008)
사회변화와 입법(공저)(오름, 2008)
한국사회와 장애인정책－복지와 차별금지－(편저)(인간과 복지, 2011)
지속가능성과 법학의 과제(편저)(연세대 출판부, 2012)
복지국가론－기원, 발전, 개편－(신조사, 2012)
한국헌법학의 개척자들(집현재, 2015)(대한민국 학술원 우수학술도서(2016) 선정)
헌법의 기초(집현재, 2016, 제2판 2018)
사회보장법(신조사, 2011, 제5판 2018)
한국헌법론(제14판, 집현재, 2019)

한국사회보장법의 역사

2019년 5월 2일 초판 인쇄
2019년 5월 10일 초판 발행

저 자 전 광 석
발행인 위 호 준
발행처 도서출판 집현재
04091 서울특별시 마포구 토정로 222
한국출판콘텐츠센터 417호
전 화 (02) 332-4922 FAX (02) 3142-4922
홈페이지 www.jhjbook.co.kr
E-mail: jyp4922@naver.com

출판등록 2010년 10월 25일
등록번호 제105-91-57581호

정가 30,000원 ISBN 978-89-97304-00-4

이 도서의 국립중앙도서관 출판예정도서목록(CIP)은 서지정보유통지원시스템 홈페이지(http://seoji.nl.go.kr)와 국가자료공동목록시스템(http://www.nl.go.kr/kolisnet)에서 이용하실 수 있습니다.
(CIP제어번호: CIP2019016913)

※ 저자와의 협의에 따라 인지 첩부를 생략합니다.